國家社科基金重大項目
『漢語等韻學著作集成、數據庫建設及系列專題研究』
（17ZDA302）

二〇二〇年度國家古籍整理出版專項經費資助項目

宋元切韻學文獻叢刊

李軍 李紅 主編

經史正音切韻指南校注

〔元〕劉鑑 著 李紅 校注

鳳凰出版社

圖書在版編目（CIP）數據

經史正音切韻指南校注 /（元）劉鑑著；李紅校注. 南京：鳳凰出版社，2024. 12. --（宋元切韻學文獻叢刊 / 李軍，李紅主編）. -- ISBN 978-7-5506-4461-8

Ⅰ. H114.9

中國國家版本館CIP數據核字第2024SA1605號

書　　名	經史正音切韻指南校注
著　　者	〔元〕劉　鑑 著　李　紅 校注
責任編輯	孫　州
裝幀設計	陳貴子
責任監製	程明嬌
出版發行	鳳凰出版社(原江蘇古籍出版社) 發行部電話025-83223462
出版社地址	江蘇省南京市中央路165號，郵編：210009
照　　排	南京凱建文化發展有限公司
印　　刷	金壇古籍印刷廠有限公司 江蘇省金壇晨風路186號，郵編：213200
開　　本	880毫米×1230毫米　1/32
印　　張	27.5
字　　數	673千字
版　　次	2024年12月第1版
印　　次	2024年12月第1次印刷
標準書號	ISBN 978-7-5506-4461-8
定　　價	380.00圓

(本書凡印裝錯誤可向承印廠調换，電話：0519-82338389)

《宋元切韻學文獻叢刊》序

漢語等韻學是中國傳統語言文字學最基礎的分支學科之一，是中國傳統學術和傳統文化中最具理論創新性和系統性的學科之一，亦可以稱爲中國古典漢語音系學。西方以研究、介紹具有區别意義的音位而興起的音系學始於十九世紀七十年代①，而中國以圖表形式，以最小析異對的方式對音系最小區别特徵和語音系統進行分析描寫的古典音系學，即漢語等韻學，在唐宋之際就已經非常成熟②。漢語等韻學可以分爲兩個階段：宋元切韻學、明清等韻學。宋元切韻學，也可以説是『宋代的漢語音系學』③。流傳至今的宋元切韻學文獻有：（一）南宋紹興辛巳年（一一六一）張麟之刊《韻鏡》，（二）南宋紹興辛巳年鄭樵述《通志·七音略》，（三）南宋

① 英國共時音系學早期代表人物亨利·斯威特《語音學手册》（一八七七）提出了非區别性的音素與區别性的音素概念，實質上代表了音位學理論的誕生。

② 魯國堯《中國音韻學的切韻圖與西洋音系學（Phonology）的『最小析異對』（minimal pair）》，《古漢語研究》二〇〇七年第四期，第二——一〇頁。

③ 魯國堯《〈盧宗邁切韻法〉述論》，《魯國堯語言學論文集》，江蘇教育出版社，二〇〇三年十月，第三四〇頁。

淳熙丙午年（一一八六）左右盧宗邁《盧宗邁切韻法》，（四）南宋嘉泰癸亥年（一二〇三）刊託名司馬光的《切韻指掌圖》，（五）無名氏《四聲等子》，（六）元惠宗至元丙子年（一三三六）劉鑑《經史正音切韻指南》，（七）等韻理論與象數理論相結合的北宋邵雍《皇極經世觀物篇·聲音唱和圖》（一〇七二年左右），（八）取三十六字母之翻切，以聲起數，以數合卦的南宋淳祐辛丑年（一二四一）祝泌《皇極經世解起數訣》，（九）闡述反切門法的金代□髓《解釋歌義》等。

漢語等韻學的興起與發展，與梵語悉曇學密切相關。『韻圖的辦法歸根結蒂是印度傳過來的，因此產生韻圖的第一步是印度的聲明學，特別是聲韻相配的圖表形式介紹到中國』①。《隋書·經籍志》有《婆羅門書》，即『西域胡書，能以十四字貫一切音，文省而義廣』。日本安然《悉曇藏》記載謝靈運論悉曇之語：『《大涅槃經》中有五十字，以爲一切字本。牽此就彼，反語成字……其十二字譬如此間之言；三十四字譬如此間之音，以就言便爲諸字。』②三十四字爲體文，『體文者，紐也』（章太炎《國故論衡》），紐即聲母；十二字爲摩多，即韻母。悉曇文字這種分析音節的方式，以及拼合音節的方法，必然會啓發中國學者加以借鑑，以之作爲分析漢語音節結構的手段。『唐人就是受到「悉曇」體文的啓發，並參照藏文字母的體系，給漢語創製了

① 潘文國《韻圖考》，華東師範大學出版社，一九九七年九月，第二四頁。
② 趙蔭棠《等韻源流》，商務印書館，二〇一七年十一月，第二〇——二一頁。

字母』①。而韻圖聲韻經緯輾轉相拼的方式，應當也是受悉曇家『字輪』的影響。所謂『字輪』，就是『從此輪轉而生諸字也』②。空海《悉曇字母並釋義》十二字後注云：『此十二字（按：迦、迦、祈、雞、句、句、計、蓋、句、晧、欠、迦）者，一箇「迦」字之轉也。從此一「迦」字門出生十二字。如是一一字母各出生十二字，一轉有四百八字。』因此趙蔭棠先生認爲：『《韻鏡》與《七音略》之四十三轉，實係由此神襲而成。』③《悉曇章》圖上聲右韻，具備了等韻圖聲韻經緯相交以列字的韻圖排列方式的雛形，對後來漢語切韻圖的出現當具有比較直接的影響。

悉曇學或聲明學促進漢語等韻學產生的具體時間是什麽？真正意義上分析漢語韻書語音結構的韻圖表和系統的理論體系產生於何時？由於文獻不足，暫難定論。羅常培先生（一九三五）認爲，『至於經聲緯韻，分轉列圖，則唐代沙門師仿悉曇體制，以總攝《切韻》音系者也』④，即認爲唐代當已經出現表現《切韻》音系的韻圖。現存最早的切韻學文獻《韻鏡》《七音略》都刊行於南宋，不過現存文獻中記載有唐高宗時關涉韻圖理論的武玄之《韻銓》，日僧安然《悉曇藏》著録了其部目。《韻銓》『明義例』四韻例，反映該書已經具備了比較系統的切韻理

---

① 唐作藩《音韻學教程》，北京大學出版社，二〇一六年五月，第二七頁。

② 趙蔭棠《等韻源流》，第三一頁。

③ 趙蔭棠《等韻源流》，第三二頁。

④ 羅常培《羅常培語言學論文集》，商務印書館，二〇〇四年十二月，第一四二頁。

論，引述如下：

> 凡爲韻之例四也：一則四聲有定位，平、上、去、入之例是也。二則正紐以相證，令上下自明，『人』『忍』『仞』『日』之例是也。三則傍通以取韻，使聲不誤，『春』『真』『人』『倫』之例是也。四則雖有其聲而無其字，則闕而不書，『辰』『蠢』『脣』是也。①

按四聲相承的方式列韻，同聲母字上下四聲相承，同五音字旁通，有音無字列空圈，這些都具有切韻圖的顯著特徵。趙蔭棠先生認爲武玄之使用了『正紐』概念，説明三十六字母還未産生，所以『必非什麽講等韻之書，不過滿載韻字如後來之《廣韻》與《集韻》而已』②。潘文國先生則認爲該書應當是『圖表形式的韻書』，因爲『衹有圖表纔有出現空格的可能』③。武氏之書已佚，難以臆斷。不過該書有十五卷之多，當非『圖表形式的韻書』。韻例反映該書除了韻書部分之外，當另有韻圖形式的表格，如宋楊中脩《切韻類例》之『一圖一篇』（見下文）。當時三

① 趙蔭棠《等韻源流》，第四四頁。
② 趙蔭棠《等韻源流》，第四五頁。
③ 潘文國《韻圖考》，第二六頁。

十六字母雖然還没有出現，但並不妨礙時人對聲母的辨析。在三十六字母産生之前，《玉篇》以助紐字作爲聲母的輔助拼讀工具，未嘗不可以作爲聲母的代表字組。因此《韻銓》一書很可能已經出現了韻圖形式的韻表或具備了韻圖的語音分析理論體系。

晚唐守温字母的出現，無疑對切韻學理論的成熟與發展起到了至關重要的推動作用，宋代切韻學的繁榮發展與唐以前悉曇學的影響，以及聲明學與漢語音韻分析理論的有機結合是分不開的。現存最早的韻圖《韻鏡》《七音略》雖刊行於南宋紹興年間，但北宋初年切韻學理論已經非常成熟，切韻圖也應當在一定範圍内流傳。邵雍（一〇一一—一〇七七）《皇極經世觀物篇·聲音唱和圖》以翕、闢區分十天聲，與等韻開、合相對應；以清、濁、開、發、收、閉區分十二地音，與韻圖三十六字母的清濁分類，以及聲母與四等韻的拼合關係基本一致。北宋沈括（一〇三一—一〇九五）《夢溪筆談》也記載了比較詳細的切韻法，引述如下：

> 今切韻之法，先類其字，各歸其母。脣音、舌音各八，牙音、喉音各四，齒音十，半齒、半舌音二，凡三十六，分爲五音。天下之聲總於是矣。每聲復有四等，謂清、次清、濁、平也，如顛、天、田、年，邦、胮、龐、厖之類是也，皆得之自然，非人爲之。如幫字横調之爲五音，幫、當、剛、臧、央是也；幫，宫之清；當，商之清；剛，角之清；臧，徵之清；央，羽之清。縱調之爲四等，幫、滂、傍、茫是也；幫，宫之清；滂，宫之次清；傍，宫之濁；茫，宫之不清不濁。就本音、

本等調之爲四聲，幫、幫、傍、博是也。幫，宫清之平；滂，宫清之上；傍，宫清之去；博，宫清之入。四等之聲，多有聲無字者，如封、峰、逢，止有三字；邕、胸，止有兩字；竦、火、欲、以，皆止有一字。五音亦然，滂、湯、康、蒼，止有四字。四聲則有無聲，亦有無字者，如蕭字、肴字全韻皆無入聲。此皆聲之類也。

所謂切韻者，上字爲切，下字爲韻。切須歸本母，韻須歸本等。切歸本母，謂之『音和』，如『德紅爲東』之類，德與東同一母也。字有重中重、輕中輕，本等聲盡，泛入别等，謂之『類隔』。雖隔等，須以其類，謂脣與脣類，齒與齒類。如武延爲綿、符兵爲平之類是也。韻歸本等，如冬與東字，母皆屬端字，冬乃端字中第一等聲，故都宗切，宗字第一等韻也，以其歸精字，故精徵音第一等聲。東字乃端字中第三等聲，故德紅切，紅字第三等韻也，以其歸匣字，故匣羽音第三等聲。又有互用、借聲，類例頗多，大都自沈約爲《四聲》，音韻愈密。然梵學則有華、竺之異，南渡之後，又雜以吴音，故音韻龐駁，師法多門。①

沈氏所述切韻法，有韻圖的信息，也有關於門法的介紹，説明切韻法已經非常成熟。所論及的韻圖聲母的排列順序始幫終日，喉音『影曉匣喻』相次，與《韻鏡》《七音略》一致。所舉四

① 諸雨辰譯注《夢溪筆談》，中華書局，二〇一六年九月，第三三六——三三七頁。

等相承、五音相調之例，多與韻圖相合。如『四等之聲，多有聲無字者，如封、峰、逢，止有三字』，《韻鏡》《七音略》第二圖『鍾』韻平聲非組聲母無明母字，衹列有『封、峰、逢』三字；『邕、胸止有兩字』，《七音略》同圖平聲喉音聲母位衹有『邕、匈』二字；『竦、火、欲、以皆止有一字』，《韻鏡》《七音略》上聲齒音四等衹有『竦』，入聲喉音四等衹有『欲』。（其中『火、以』二字當爲訛誤，或爲『用、旭』二字之訛。因爲該段舉例均爲鍾韻字，不當雜入他韻字。）『蕭字、肴字全韻皆無入聲』，與宋代前期切韻圖入聲衹與陽聲韻相承，不與陰聲韻相承的特點一致①。這説明宋代初年切韻學理論以及韻圖的編撰已經成熟，羅常培先生認爲『等韻圖肇自唐代，非宋人所創』②，有一定的道理。

宋代切韻學文獻應當已經非常發達了，但流傳範圍並不廣泛。《晦庵先生朱文公文集》卷五十《答楊元範》：『字畫音韻，是經中淺事，故先儒得其大者多不留意。』③因此切韻之學不被士人階層所知曉，切韻學著作流通不廣，是有其社會原因的。或有肄此業者，終爲淺學，其學

---

① 有關《夢溪筆談》所言切韻法，魯國堯《沈括〈夢溪筆談〉所載切韻法繹析》有詳細論述。見《魯國堯語言學論文集》，第三一七—三二五頁。

② 羅常培《羅常培語言學論文集》，第一四〇頁。

③ 《晦庵先生朱文公文集》，《朱子全書（修訂本）》，上海古籍出版社、安徽教育出版社，二〇一〇年九月，第二二八九頁。

不顯，流傳至今者自然不多。不過由於切韻學與佛學關係密切，自漢魏以降，辨析音理，分析韻書語音系統，拼合韻書反切讀音的切韻學，當首先在佛學界發展、成熟起來。鄭樵《七音略》序指出：『七音之韻，起自西域，流入諸夏，梵僧欲以其教傳之天下，故爲此書。雖重百譯之遠，一字不通之處，而音義可傳。華僧從而定之，以三十六爲之母。重輕、清濁，不失其倫，天地萬物之音備於此矣。雖鶴唳風聲，雞鳴狗吠，雷霆驚天，蚊虻過耳，皆可譯也，況於人言乎？所以日月照處，甘傳梵書者，爲有七音之圖，以通百譯之義也。』精通音韻之學，也成爲佛學的基礎，鄭樵所謂『釋氏以參禪爲大悟，通音爲小悟』。鄭樵在説明《七音略》來源時，就明確指出：『臣初得《七音韻鑑》，一唱而三嘆，胡僧有此妙義，而儒者未之聞。』即《七音略》之藍本爲《七音韻鑑》，其基本理論當出自佛教界，但該書是否爲胡僧所作，則存疑。史籍所載，宋代所見切韻文獻中亦多爲釋家所著，如：

《宋史·藝文志》第二〇二卷『小學類』有僧守温《清濁韻鈐》一卷、釋元冲《五音韻鏡》一卷。

《通志·艺文略》『音韻』部分有僧鑑言《切韻指元疏》五卷、僧守温《三十六字母圖》一卷、僧行慶《定清濁韻鈐》一卷、《切韻内外轉鈐》一卷、《内外轉歸字》一卷。

晁公武《郡齋讀書志》『小學類』指出，『論音韻之書，沈約《四聲譜》及西域反切之學是也』。其中記載有《四聲等第圖》一卷，『皇朝僧宗彦撰，切韻之訣也』。

宋代切韻學發展繁榮的主要原因，當與官方對韻書字書編撰的重視有關。官方韻書《廣韻》《集韻》以及字書《大廣益會玉篇》《類篇》，即第二、三代『篇韻』的頒行，爲切韻學理論與韻書語音結構系統的分析相結合，滿足韻書字書反切拼讀的需要提供了前提條件。字學與韻學雖爲淺學，『然不知此等處不理會，卻枉費了無限辭説牽補，而卒不得其本義，亦甚害事也』①。因此切韻學在宋代逐漸爲儒家所接受並推廣開來，也在情理之中。

宋代切韻學理論與韻圖的編撰，當是在唐五代切韻理論與韻圖的基礎上，進一步與宋代韻書相結合而逐步發展完善起來的。受聲明學影響，唐五代初期切韻學當已經産生，音韻分析理論也已經逐步與韻書語音分析相結合，《切韻》系韻圖當已經出現。宋代韻書與字書的繁榮，促使了唐五代韻圖與宋代韻書的結合。宋代切韻圖就是爲分析韻書語音結構系統、拼讀字書反切服務的。魯國堯先生結合文獻記録，將宋元前期切韻圖根據其所分析的對象，分爲《廣韻》系列與《集韻》系列。其中《韻鏡》《七音略》是《廣韻》系韻圖，而已佚的楊中脩《切韻類例》、盧宗邁《盧宗邁切韻法》所述及的韻圖爲《集韻》系列韻圖。

《韻鏡》所據韻圖爲《指微韻鏡》，《七音略》所據韻圖爲《七音韻鑑》，兩書同刊於南宋紹興三十一年（辛巳年，一一六一），張麟之初刊《韻鏡》時當未見《七音略》。紹興辛巳（一一六一）

① 《晦庵先生朱文公文集》，《朱子全書（修訂本）》，第二二八七頁。

張麟之《識語》，對《韻鏡》的來源與特點進行了介紹：

既而得友人授《指微韻鏡》一編，微字避聖祖名上一字。且教以大略曰：『反切之要，莫妙於此。不出四十三轉，而天下無遺音。其製以韻書，自一東以下，各集四聲，列爲定位，實以《廣韻》《玉篇》之字，配以五音清濁之屬，其端又在於橫呼。雖未能立談以竟，若按字求音，如鏡映物，隨在現形，久久精熟，自然有得。』於是蚤夜留心，未嘗去手。忽一夕頓悟，喜而曰：『信如是哉！』遂知每翻一字，用切母及助紐歸納，凡三折，總歸一律。即是以推千聲萬音，不離乎是。自是日有資益，深欲與衆共知，而或苦其難，因撰《字母括要圖》，復解數例，以爲沿流求源者之端。庶幾一遇知音，不惟此編得以不泯，余之有望於後來者亦非淺鮮。聊用鋟木，以廣其傳。

張麟之明確指出，《韻鏡》所據韻圖爲《指玄韻鏡》，避趙公明玄朗上一字而改名爲《指微韻鏡》，則《指玄韻鏡》成書年代當在北宋大中祥符五年（一〇一二）之前。韻圖形制與其所刊《韻鏡》相同，橫列五音聲母，以清濁相別，四欄分韻列字，四聲相承，欄分四等。張麟之在《指玄韻鏡》的基礎上，撰寫了《字母括要圖》，復解『數例』（即『《韻鑑》序例』）。韻圖形制仍舊，韻圖内容以列《廣韻》《玉篇》字爲主，爲與第二代『篇韻』相輔的韻圖。《韻鏡》也許經歷過再版，四十二年後的嘉泰三年（一二〇三）張麟之《韻鏡序作》指出，自己在年二十得《韻鏡》之學後，『既而又得莆陽夫子鄭公樵進卷先朝，中有《七音序》，略其要語曰「七音之作，起自西域，流入諸夏，梵僧欲以此教傳天下，故爲此書」』。《序作》同時對淳熙年間楊倓所撰《韻譜》横列三十六字母的編撰體例進行了評價，認爲『因之則是，變之非也』。這一方面反映了張氏對《韻譜》的批評，另一方面也透露了《韻鏡》四十三轉有『因之』的特點。對《七音略》，張麟之則認爲『其用也博』，説明了《七音略》與《韻鏡》體例、内容具有很大程度的一致性，因此非常認可。同時也交代了二者來源不同，而同歸一途。有關《七音略》的來源問題，鄭樵亦有明確説明，《七音序》指出：

江左之儒，識四聲而不識七音，則失立韻之源……四聲爲經，七音爲緯，江左之儒知縱有平、上、去、入爲四聲，而不知衡有宫、商、角、徵、羽、半徵、半商爲七音。縱成經，衡成緯，經緯不交，所以失立韻之源。七音之韻，起自西域，流入諸夏。梵僧欲以其教傳之天下，故爲此書，雖重百譯之遠，一字不通之處，而音義可傳。華僧從而定之，以三十六爲之母，重輕、清濁，不失其倫，天地萬物之音備於此矣。雖鶴唳風聲，雞鳴狗吠，雷霆驚天，蚊虻過耳，皆可譯也，況於人言乎？所以日月照處，甘傳梵書者，爲有七音之圖，以通百譯之義也……均，言韻也。古無韻字，猶言一韻聲也……琴者，樂之宗也；韻者，聲之本也。

皆主於七，名之曰韻者，蓋取均聲也。

臣初得《七音韻鑑》，一唱而三嘆，胡僧有此妙義，而儒者未之聞。及乎研究制字，考證諧聲，然後知皇頡、史籀之書已具七音之作，先儒不得其傳耳。今作《諧聲圖》，所以明古人制字通七音之妙。又述内外轉圖，所以明胡僧立韻得經緯之全。釋氏以參禪爲大悟，通音爲小悟，雖七音一呼而聚，四聲不召自來，此其麤淺者耳。至於紐躡杳冥，盤旋寥廓，非心樂洞融天籟，通乎造化者，不能造其閫。

字書主於母，必母權子而行，（按，《六書略》『會意』：『文有子母，母主義，子主聲，一子一母爲諧聲。諧聲者，一體主義，一體主聲，二母合爲會意。會意者，二體俱主義，合而成字也。』）然後能別形中之聲。韻書主於子，必子權母而行，然後能別聲中之形。所以臣更作字書，以母爲主，亦更作韻書，以子爲主。今兹内外轉圖用以別音聲，而非所以主子母也。

鄭樵序認爲『七音之韻，起自西域，流入諸夏』，華僧定三十六字母，爲七音之圖。即認爲切韻學是受西域梵學影響，由華僧結合漢語特點將其完善起來的。唐五代以降，切韻學的成熟與發展可以説是第一次西學東漸對漢語音韻學産生重要影響的結果，是中國傳統學術第一次接受外來文化影響而自我發展完善的結果。以圖表形式經以四聲韻，緯以七音聲母，開合分圖，四等列字，以『「最小析異對」原理……創造出神奇之物——切韻圖』，彰顯了先賢的原創精神①。

《七音略》韻圖原名《七音韻鑑》，鄭樵認爲乃『胡僧妙義』，但並没有指出爲胡僧所作。此書當在釋家流行已久，但『儒者未之聞』而已。不過從韻圖内容來看，此書與《韻鏡》一樣當最終修訂於宋初，都是以三十六字母系統分析《廣韻》音系結構和反切系統的，很可能都是在唐五代時期與第一代『篇韻』相輔的切韻圖的基礎上改編的。除了韻圖之外，原本没有其他類似檢例的内容。鄭樵對《七音韻鑑》韻圖内容也没有做過改動，衹是『作《諧聲圖》，所以明古人制字通七音之妙。又述内外轉圖，所以明胡僧立韻得經緯之全』。所謂『述』，説明了鄭樵衹是對《七音韻鑑》『内外轉圖』進行了刊佈，並未對切韻圖内容進行過改動。

從《韻鏡》與《七音略》切韻圖的比較來看，二者的差異主要表現在《韻鏡》以七音清濁區分三十六字母，《七音略》直接列以三十六字母之名；《韻鏡》以『開』『合』標記韻圖，《七音略》以『重中重』『重中輕』『輕中輕』『輕中重』區分開合。韻圖形制與内容則大體一致。羅常培先生對二者異同進行比較後認爲，『《七音略》所據之《七音韻鑑》與《韻鏡》同出一源』『皆於原型有所損益，實未可强分先後也』。即從韻圖所列各韻的順序來看，《韻鏡》與《七音略》原本當爲表現《切韻》音系的，宋以後，始據《廣韻》進行了補充、修訂，以與《廣韻》音系一致，故有『實以《廣

① 魯國堯《中國音韻學的切韻圖與西洋音系學（Phonology）的『最小析異對』（minimal pair）》，第二頁。

韻》《玉篇》之字』的特點。這也反映了『切韻圖是層纍地造出來的』①。李新魁對《韻鏡》列字與《廣韻》《集韻》《禮部韻略》進行過比較，發現《韻鏡》三千六百九十五字，僅一百七十二字不是使用《廣韻》的反切首字②。可見其與《廣韻》的關係是非常密切的，亦與張麟之《識語》所言『實以《廣韻》《玉篇》之字』是相符的。

《集韻》系列韻圖，據魯國堯先生研究，大致有兩部，一是已佚的楊中脩《切韻類例》，一是盧宗邁《盧宗邁切韻法》所述及的韻圖。楊中脩《切韻類例》已佚，但孫覿《鴻慶居士文集》卷三十『《切韻類例》序』對該書進行了介紹：

昔仁廟詔翰林學士丁公度、李公淑增崇韻學，自許慎而降，凡數十家，總爲《類篇》《集韻》，而以賈魏公、王公洙爲之屬。治平四年司馬温公繼纂其職，書成上之，有詔頒焉。今楊公又即其書科別户分，著爲十條，爲圖四十四，推四聲子母相生之法，正五方言語不合之訛，清濁重輕，形聲開合。梵學興而有華竺之殊，吴音用而有南北之辯。解名釋象，纖

① 魯國堯《〈盧宗邁切韻法〉述論》，第三五〇頁。
② 李新魁《〈韻鏡〉研究》，《語言研究》一九八七年第二期，第一三三——一三四頁。

悉備具，離爲上下篇，名曰《切韻類例》……具見於一圖二篇之中。①

《盧宗邁切韻法》『跋語』亦云：『世傳切韻四十四圖，用三十六母與《集韻》中字，隨母所屬，次第均佈於圖間。』②説明《盧宗邁切韻法》所述韻圖與楊中脩《切韻類例》一樣，均爲《集韻》系列韻圖，且均爲四十四韻圖，可看作是與第三代『篇韻』相輔而行的韻圖。

《集韻》系列韻圖具有宋元前期切韻學向後期切韻學轉型的特點，從語音系統來看，反映的都是《切韻》系列韻書的語音系統，韻圖爲四十三或四十四。但在五音排列順序方面，前期切韻圖爲始幫終日型，如《韻鏡》《七音略》；後期切韻圖注重韻圖結構的對稱性，多爲始見終日型，即除半舌、半齒音外，牙、喉音均衹有一組聲母，故居兩頭；舌、齒、脣音上下兩組聲母並列，故居中間。後期切韻圖在前期切韻圖基礎上，將牙音與脣音位置交換，如《四聲等子》《經史正音切韻指南》。《盧宗邁切韻法》所述韻圖聲母的順序已經與後期切韻圖一致，也是始見終日。不過在喉音聲母的排列上，《盧宗邁切韻法》所述韻圖仍爲『影曉匣喻』，而不是後期切

---

① 魯國堯《〈盧宗邁切韻法〉述論》，第三四一頁。

② 同上。

韻圖的『曉匣影喻』①，具有比較典型的過渡性特徵。

宋元後期切韻學的顯著特徵是以攝爲單位大量合併相關韻系，韻圖數量減少，入聲與陰、陽聲韻相承，在一定程度上由反映韻書語音系統開始向反映實際語音轉變。如《切韻指掌圖》《四聲等子》各二十圖，《經史正音切韻指南》二十四圖。

不過，關於《切韻指掌圖》的成書年代問題，學術界還是有爭議的。世傳《切韻指掌圖》爲司馬光所作，則當成書於十一世紀中葉，即北宋時期，但該書刊行時間則在南宋嘉泰癸亥（一二〇三）。陳澧《切韻考外編》據鄒特夫考證，認爲切韻指掌圖實際上就是楊中脩所作。楊中脩《切韻類例》見上文介紹，共四十四圖，與《切韻指掌圖》二十韻圖差别較大。趙蔭棠先生對此專文進行了考證，認爲《切韻指掌圖》當爲託司馬温公之名，其成書年代當在淳熙三年（一一七六）以後與嘉泰三年以前②。

從韻圖編撰體例看，《切韻指掌圖》與《四聲等子》《經史正音切韻指南》相比更具有宋元前期切韻圖的特點，除了按綫性順序横列外，三十六字母的順序與《盧宗邁切韻法》所述韻圖一致，同樣是始見終日，喉音爲『影曉匣喻』。韻母的排列上，《切韻指掌圖》也與前期切韻圖一樣

① 魯國堯《〈盧宗邁切韻法〉述論》，第三五三頁。
② 趙蔭棠《等韻源流》，第一〇九—一一三頁。

是『四聲統韻』，即四欄分列四聲韻，四聲欄各列四等字。而後期切韻圖如《四聲等子》《經史正音切韻指南》則是『韻統四聲』，即四欄分列四等韻，各等欄四聲上下相承。《切韻指掌圖》横列三十六字母的列圖方式，南宋時期亦有其例。張麟之《韻鏡序作》指出：『近得故樞密楊侯倓淳熙間所撰《韻譜》，其自序云「朅來當塗，得歷陽所刊《切韻心鑑》，因以舊書，手加校定，刊之郡齋」。徐而諦之，即所謂《洪韻》，特小有不同。舊體以一紙列二十三字母爲行，以緯行於其上，其下間附一十三字母，盡於三十六，一目無遺。楊變三十六，分二紙，肩行而繩引，至横調則淆亂不協，不知因之則是，變之非也。』《切韻指掌圖》的體例當與楊倓《韻譜》、歷陽《切韻心鑑》有一定的承襲關係。

《四聲等子》的成書年代與著者不詳，趙蔭棠認爲該書成書年代『不能遲到南宋』①，李新魁認爲『當在《廣韻》《集韻》行世之後』②。其理由是《四聲等子》序有『按圖以索二百六韻之字』。《經史正音切韻指南》則是與《五音集韻》《四聲篇海》相輔而行的，可看作是與第四代『篇韻』相輔而行的韻圖。該圖刊行於元惠宗至元丙子年（一三三六），受《四聲等子》影響很大，也可以説是在《四聲等子》二十圖基礎上，根據《五音集韻》一百六十韻的框架，將其改編爲二十四韻

① 趙蔭棠《等韻源流》，第九一頁。
② 李新魁《漢語等韻學》，中華書局，二〇〇四年五月，第一八〇頁。

圖的。正因爲《經史正音切韻指南》與《四聲等子》體例、内容的相似性，明代等韻學家多將《經史正音切韻指南》稱爲《四聲等子》，如袁子讓《字學元元》。

儘管宋元切韻圖根據其内容的不同，可分爲前期、後期兩個階段，根據與韻書的相輔關係的不同，前期切韻圖可分爲《廣韻》系、《集韻》系，但宋元切韻圖的理論體系都是一致的。首先，宋元切韻圖的編撰宗旨與語音基礎是一致的，都是爲分析《切韻》系韻書語音系統和拼讀韻書、字書反切服務的。其次，韻圖最核心的切韻理論，都是以開合四等作爲分析韻母系統的基本單位，以三十六字母作爲韻圖的聲母系統。最後，韻圖的基本編撰體例、使用方式都是以經調平、上、去、入四聲韻，與反切下字相關聯；緯調宫、商、角、徵、羽、半徵、半商七音，與反切上字相關聯，將『上字爲切，下字爲韻』的韻書、字書反切音，直觀映照在韻圖經緯相交所代表的字音上。韻圖既是韻書的音系結構表，也是拼讀反切的音節表。宋元切韻圖的形制與切韻理論，充分反映了中國古典音系理論的獨特表現方式和在語音分析方法方面所取得的獨特成就。宋元切韻學奠定了漢語音韻學的理論基礎，爲漢語等韻學的發展，尤其是明清等韻學的繁榮提供了理論與實踐方面的原動力。

宋元切韻學理論在宋代初年就已經非常成熟了，切韻學理論也被易學數理學家所借鑑，以推源宇宙萬物之音的起源、産生與發展，其中代表性的著作就是邵雍《皇極經世觀物篇·聲音唱和圖》與祝泌的《皇極經世解起數訣》。《聲音唱和圖》是《皇極經世書》中闡述天聲、地音律呂唱和的圖表。分十天聲，取天干之數，即韻部；十二地聲，取地支之數，即聲母類。天聲以四象日、月、星、辰與平、上、去、入相配，平、上、去、入四聲韻各復以四象日、月、星、辰區分闢、翕，共一百一十二韻。地音以四象水、火、土、石與開、發、收、閉相配，相當於根據與韻母四等拼合關係而區分的聲母類；開、發、收、閉復以四象水、火、土、石之柔、剛區分清、濁，共一百五十二聲母類。《聲音唱和圖》天聲一百一十二韻的區分，地音一百五十二聲母的分類，天聲之翕闢，地音之清濁對立、開發收閉分類，都是受切韻學理論的影響。而其天聲、地音律呂唱和，以天聲各韻輾轉唱地音各聲母，以地音各聲母類輾轉和天聲各韻，與韻圖聲韻經緯相交以表現反切讀音的方式是完全一致的。因此，可以説，《聲音唱和圖》的圖表形制、表現語音的方式，與漢語切韻學理論是一致的。《聲音唱和圖》是宋元前期切韻學理論與象數理論相結合而衍生的另一派切韻學著作。

祝泌《皇極經世解起數訣》則是以宋元前期切韻圖的形式進一步闡述《聲音唱和圖》天聲、地音律呂唱和的韻圖，將邵雍以曆數、律數闡述聲音之微義，以韻圖形式直觀地表現出來。祝泌『聲音韻譜序』指出：

> 惟《皇極》用音之法，於脣、舌、牙、齒、喉、半，皆分輕與重。聲分平、上、去、入，音分開、發、收、閉，至精至微。蓋聲屬天陽，而音屬地陰，天之大數不過七分，而聲有七均。地

之大數不過八方，而陰數常偶。故音有十六，不可缺一，亦非有餘也。余學《皇極》起物數，皆祖於聲音。二百六十四字之姆，雖得其音，而未及發揚。偶因官守之暇，取德清縣丞方淑《韻心》，當塗刺史楊俊（按，當爲倓）《韻譜》，金虜《總明韻》相參合，較定四十八音，冠以二百六十四姥，以定康節先生聲音之學。若辨《心鑑》，合輕重於一致，紊喉音之先後，誠得其當。添入《韻譜》之所無，分出牙喉之音，添增半音之字，合而成書。

《皇極經世解起數訣》共八十韻圖，横列聲母，縱列平、上、去、入四聲韻，韻分四等，韻圖形制與《韻鏡》《七音略》一致。不過祝泌將聲母一百五十二音據開、發、收、閉進行了分類，開、發、收、閉四類各分清、濁，共八類，八類聲母分别横列相應的韻圖聲母位。卷首以『一百五十二音八卦』表的方式對聲母分類進行了歸納。韻圖聲母綫性排列方式與楊倓《韻譜》相同；聲母按脣、舌、牙、齒、喉、半音的順序排列，韻母爲《廣韻》二百零六韻系統，與宋代前期切韻圖《韻鏡》《七音略》一致。入聲同配陰、陽聲韻，配陰聲韻是受《聲音唱和圖》的影響，配陽聲韻與《韻鏡》《七音略》相同，而入配陰陽同時也是宋元後期切韻圖的顯著特徵；喉音『曉匣影喻』相次，也與後期切韻圖相同。祝泌《起數訣》以宋代切韻學理論闡述邵雍《唱和圖》的聲音之學，將宋元切韻學理論與象數理論相結合，在漢語等韻學史上産生了重要的影響，是『皇極經世』系列著作中最具有代表性的切韻學文獻之一。

宋元切韻韻圖是以三十六字母系統、開合兩呼四等的韻母分析理論，將《切韻》系列韻書的語音系統以表格的方式進行展現，以經緯相交的方式對其反切讀音進行拼切的圖表。不過由於三十六字母與《切韻》系列韻書的聲母系統存在一定的差異，韻圖的聲母系統、四等的格局與韻書語音系統存在一定的矛盾，因此就會產生韻圖的語音結構與韻書反切所反映的語音系統不相容的情況，需要在韻圖編撰過程中以一定的規則進行調整。爲了幫助韻圖使用者正確瞭解韻圖規則，正確使用韻圖以拼讀反切，門法應運而生。另一方面，由於語音的變化，韻書、字書反切與實際語音也存在一定的矛盾，如輕、重脣類隔切，精、照互用切等，這也需要以門法的形式進行調和。調和後一類反切的門法在唐末守温《韻學殘卷》中就有論述，出現了『類隔』『憑切』等切字法的説明，宋初沈括《夢溪筆談》也有同樣的記載。而調和韻圖與韻書反切矛盾的門法，隨着切韻學的成熟與切韻圖的繁榮，在宋元時期開始盛行起來。如《通志·藝文略》『音韻』部分記載，《切韻指元論》三卷，僧鑑言著《切韻指元疏》五卷；晁公武《郡齋讀書志》記載有《切韻指玄論》三卷，『皇朝王宗道撰，論字之五音清濁』，《四聲等第圖》一卷，『皇朝僧宗彦撰，切韻之訣也』。《五音集韻》寒韻『韓』小韻記載：『韓孝彦……注《切韻指玄論》，撰《切韻澄鑑圖》，作《切韻滿庭芳》，述《切韻指迷頌》。』以上著録文獻當多爲切韻門法之類的著作，可惜今均亡佚。《四聲等子》卷首記載有比較豐富的門法内容，元劉鑑《經史正音切韻指南》『玉鑰匙』十三門法與『玄關歌』五音歌訣則記載了比較系統的門法。不過，有關這些門法内容的來源及門法的發展演變過程，現在還存在許多空白。《四聲等子》序指出：『切韻之作，始乎陸氏；關鍵之設，肇自智公。』『其指玄之論，以三十六字母約三百八十四聲，别爲二十圖，畫爲四類。審四聲開闔，以權其輕重；辨七音清濁，以明其虚實。極六律之變，分八轉之異。』指出智公撰寫了《指玄論》。但智公是誰，《指玄論》内容如何，並没有明確交代。

黑水城出土的《解釋歌義》殘抄本，俄羅斯科學院東方研究所聖彼得堡分所藏品，巾箱本，首尾殘佚。首頁題『解釋歌義壹畚』，據聶鴻音、孫伯君（二〇〇六）介紹，原件護封左面題簽『□髓解歌義壹畚』，聶氏認爲作者當爲金代女真人□髓①。該書主要内容有兩部分，一是『訟（頌）』，是王忍公以歌訣形式對智甾《指玄論》門法的闡釋；二是『義』，即□髓對王忍公歌訣的注疏，實際上也就是對智甾門法的注疏，也有對《指玄論》及王忍公相關情況的介紹。該書是現存最早最完整的切韻門法專書，爲瞭解宋元切韻學理論，尤其是門法理論的發展過程提供了非常珍貴的資料。

目前所見宋元切韻學文獻是構建漢語等韻學理論或漢語音系學理論最重要的資料，奠定了漢語等韻學發展的理論基礎。因此，對宋元切韻學文獻進行系統整理和校注，對深入歸納總結傳統音系學理論的發展，對深入推進漢語等韻學研究與漢語語音史研究具有重要的價

① 聶鴻音、孫伯君《黑水城出土音韻學文獻研究》，文物出版社，二〇〇六年四月，第一〇八頁。

值。近年來，學術界對宋元切韻學文獻的研究已經非常深入，對這些文獻的校注也取得了一定的成果，尤其以《韻鏡》的校注成果最爲豐富。《韻鏡》自宋淳祐年間流入日本，在國内幾乎失傳，賴清末黎庶昌出使日本，始影印《覆永禄本韻鏡》，收入《古逸叢書》，重新得到學術界的關注。但因其久在異域，難免有誤，故對此書進行整理校勘者甚衆，如馬淵和夫《韻鏡校本和廣韻索引》（一九七七）、龍宇純《韻鏡校注》（一九八二）、李新魁《韻鏡校證》（一九八二），目前整理最全面最深入的是楊軍《韻鏡校箋》（二〇〇七）。而刊行時間相近的《七音略》，與《韻鏡》相比，學術界關注度並不高，最早對其進行簡單校注的有羅常培先生《〈通志·七音略〉研究》（景印元至治本《通志·七音略》序）（一九三五），楊軍《七音略校注》（二〇〇三）則是目前學術界對《七音略》校注最全面、最精細的著作。

相比於這兩部宋元早期切韻圖，現存其他宋元切韻學文獻儘管在研究方面已經取得了一定的成就，但對其進行校勘，尤其是對這些文獻内容之間的關聯性進行校釋，還有很大程度的不足。宋元漢語切韻學文獻理論自成體系，著作層次豐富，學術影響力極大。進一步推動宋元切韻學乃至漢語等韻學理論體系的研究，迫切需要編撰一部完整的宋元切韻學文獻整理叢書，爲深入開展漢語等韻學研究提供可資參閲的文獻資料，擴大這些文獻的受衆面，減少研究者的文獻搜集、抄録及繁瑣的整理、對比、檢索環節，推進宋元切韻學研究的廣度和深度，最大限度地展現文獻的使用價值，讓宋元切韻學文獻重新焕發新的活力，從而形成百花齊放的研究局面，促進漢語等韻學這門傳統學科的健康發展。

有鑑於此，本課題組聯合了音韻學界的專家學者，通力合作，編撰了《宋元切韻學文獻叢刊》。中國音韻學研究會原會長、南京大學魯國堯教授自始至終爲本叢刊的策劃、編撰、出版給予了精心的指導與幫助。魯國堯先生早年在日本發現了在學術史上沉埋八百餘載的《集韻》系列切韻學文獻《盧宗邁切韻法》，並著文向學術界公佈了這一宇内孤本，提出了許多富有卓見的切韻學理論觀點，如『切韻圖是層纍地造出來的』、漢語等韻學分爲宋元切韻學與明清等韻學兩個階段、宋元早期切韻學文獻分爲《廣韻》系列與《集韻》系列等。這些觀點都已經得到了學術界的廣泛接受與認可。魯先生以八十四歲高齡，答應對《盧宗邁切韻法》以及《夢溪筆談》卷十五『藝文二』之『切韻之學』條進行更深入細緻的校釋、闡述，將其納入《宋元切韻學文獻叢刊》，以惠澤學林。先生長者之風，高山仰止。楊軍先生在《韻鏡》《七音略》的校注方面取得了豐碩的成果，是國内外的權威專家，其《韻鏡校箋》《七音略校注》在學術界産生了巨大的反響，是音韻學研究者的必備參考書目。爲使《宋元切韻學文獻叢刊》更具有系統性、權威性，楊軍先生在承擔繁重科研任務的情況下，允諾對《韻鏡》《七音略》進行重新校釋，並在叢刊編撰過程中給予了許多建設性與指導性意見，受益良多。子課題負責人首都師範大學李紅教授作爲主編之一，在承擔叢刊的策劃、組稿的過程中，不僅負責了《切韻指掌圖》《皇極經世解起數訣》的校注任務，同時還協助楊軍先生對《七音略校箋》進行了補訂，對《韻鏡校箋》進行了編訂。李紅教授在《切韻指掌圖》研究方面創獲頗多，其《切韻指掌圖研究》（二〇一一）在學術界有一定的影響力，對《切韻指掌圖》《皇極經世解起數訣》的校注也是其多年來的學術積纍。中央民族大學婁育博士在《經史正音切韻指南》研究方面成果豐碩，其《〈經史正音切韻指南〉文獻整理與研究》（二〇一三）資料搜集全面，考證翔實、深入，是當前《經史正音切韻指南》研究難得的力作之一，在《經史正音切韻指南》校注方面也有了長期的積纍。安徽大學王曦教授搜集了大量《四聲等子》的文獻資料，爲幫助我們順利完成《四聲等子》的校注工作，將這些資料無償提供給了課題組，並協助李紅教授，二人合作完成了《四聲等子》的校注、校對與編寫任務，稟承學術乃公器之心，其情可嘉。孫伯君先生《黑水城出土等韻抄本〈解釋歌義〉研究》（二〇〇四）對《解釋歌義》的門法進行了梳理和研究；聶鴻音、孫伯君兩位先生（二〇〇六）對包括《解釋歌義》在内的黑水城音韻學文獻進行了深入研究。我們在聶、孫二君研究的基礎上，對《解釋歌義》重新進行了校釋，並將其與《四聲等子》所述門法，特别是《經史正音切韻指南》『玉鑰匙』十三門法、『玄關歌訣』進行了比較研究。爲了更全面地瞭解漢語等韻門法的發展演變過程，我們在對《解釋歌義》進行校釋的基礎上，將宋元以來對門法、『玄關歌訣』進行注釋、評議的相關文獻進行了初步搜集，將其中幾家有代表性的注解進行了彙集，並附董同龢《等韻門法通釋》對相關門法内容的疏證，以幫助音韻學研究者和愛好者對漢語等韻門法有比較全面的瞭解。

漢語等韻學一直被稱爲『絶學』，章學誠《文史通義·申鄭》認爲，『七音之學』等『誠所謂專門絶業』。近年來黨和國家領導人一直提倡『要講清楚中華優秀傳統文化的歷史淵源、發展脉絡、基本走向，講清楚中華文化的獨特創造、價值理念、鮮明特色，增强文化自信和價值觀自信』，冷門絶學的研究日益受到重視。我們對具有悠久的研究歷史、獨特的研究理論體系、獨創的語音分析理論與方法，具有鮮明中國特色的漢語切韻學文獻進行搜集整理，主要目的是希望能够進一步推動漢語等韻學研究的開展，重新構建中國古典音系學理論體系，梳理一千多年來中國古典音系學在學術創造方面的影響、在知識傳播方面的價值，及其對中國文化、社會生活所産生的重要推動意義，並爲以上研究提供基礎的文獻資料。

《宋元切韻學文獻叢刊》是國家社科基金重大項目『漢語等韻學著作集成、數據庫建設及系列專題研究』（17ZDA302）的階段性成果，同時獲得了二〇二〇年度國家古籍整理出版專項經費資助項目的資助。叢刊的出版要特別感謝鳳凰出版社總編輯吴葆勤編審的幫助、指導，感謝孫州、張沬、莫培三位責編的辛苦勞動；同時感謝首都師範大學李紅紅、黄麗娜、黄美琪、羅娟、劉洋，南昌大學但鋭、梅那、肖銀鳳、李洋華、余月等同學在參與課題研究過程中付出的努力。

最後，要特別感謝日本國立國會圖書館、國立公文書館、早稻田大學圖書館，美國哈佛大學哈佛燕京圖書館、中國國家圖書館、南京圖書館等國内外藏書機構爲本次《宋元切韻學文獻叢刊》編撰提供的珍稀版本；特別感謝上海古籍出版社對俄藏黑水城門法文獻《解釋歌義》圖版的授權。

爲方便讀者閱讀，本叢書多採用『一圖一注』的編排方式；同時爲滿足讀者閱讀參考完整文獻的需要，各書末多附各切韻文獻影印底本。其中《韻鏡》另附兩種重要版本，《七音略》另附一種重要版本，這三種版本以及《盧宗邁切韻法》，今特地採用全彩影印的方式，以充分體現其版本特點與價值。

是爲序。

李軍
辛丑年十月

由於各方面的原因，婁育博士未能按原定計劃繼續承擔《經史正音切韻指南》的校注工作，該項工作最後由李紅教授領銜承擔完成。不過，爲幫助校注工作的順利開展，婁育博士提供了其所積累的大量相關資料。

李軍
甲辰年九月

目録

凡例

1 本校注以中國國家圖書館藏明弘治刊本《新編經史正音切韻指南》爲底本，按韻圖從左至右順序出校，以聲調、等及聲母標識圖内列字位置，再列出校字。江攝圖因開合同圖，故增加開合爲標識。參校日本近衛文庫藏明正德八年本、日本京都大學藏《五音集韻》所附正德十一年本、文津閣《四庫全書》本、《碧琳琅館叢書》本、《叢書集成續編》本。諸本版本情況詳見本書末。

2 凡諸本列字有異、文字錯訛，或一字兩見者、列位有誤者，一般出校。

3 與《廣韻》《集韻》不同，非小韻首字者出校。

4 本校注所據《廣韻》主要爲張士俊澤存堂翻刻宋本《廣韻》，參考了余迺永《新校互注宋本廣韻》相關内容；所據《集韻》主要爲顧千里嘉慶十九年（一八一四）重修曹氏刻本，參考了趙振鐸《集韻校本》相關内容。

5 列字與《韻鏡》《七音略》不同，則參考韻書及相關資料以辨其正訛或明其所據之差異，儘量出校。

6 本校注所據《韻鏡》爲永禄本，《七音略》爲元至治本，《切韻指掌圖》爲宋本，《皇極經世解起數訣》爲明本，《四聲等子》爲咫進齋 B 本參見李紅、王曦《四聲等子校注》。

7 本校注中，個别生僻字在《廣韻》《集韻》和韻圖中未見，則適當參考其他韻書進行輔助研究。

8 本校注以《五音集韻》爲重要參照，屬《五音集韻》所特有，均寫明從《五音集韻》。

9 本校注所對比《切韻指掌圖》《四聲等子》爲合韻韻圖，主要用於證明列字之正誤。三種韻圖同位置韻字亦隨文列出，並簡要標識音韻地位。

10 本校注對脣音列字，説明列字原因及位置，對其正訛不加判斷。

11 本校注對《切韻指南》列字正誤所作判斷，分『是』、『誤』、『亦無誤』三種情況。『是』表示列字無誤，『誤』表示列字有錯訛等，『亦無誤』表示列字依據的是《集韻》，或雖非《廣韻》《集韻》小韻首字，但據音韻地位可列於此。

12 由於本叢書中李軍著《〈解釋歌義〉與等韻門法》系統解讀論述了《切韻指南》『門法玉鑰匙』部分，故本校注不再對此部分進行校注整理。

經史正音切韻指南序

夫讀書必執韻執韻須知切切乃爲學之急務者儒之不可闕者古有四聲等子爲傳流之正宗然而中間分析尚有未明不能曲盡其旨又且溺於經堅仕然之法而失其真者多矣安西劉鑑士明達儒也特造書府來訪於余出示其所編前賢未載不傳之秘欲鋟諸梓以廣其傳名曰經史正音切韻指南余嘉其能求古之道以正今之失俾四方學者得其全書易求誨於先覺云後至元丙子歲仲冬吉日

雲谷熊澤民序

聲韻之學其來尚矣凡窮經傳史以聲求字必得韻而後知韻必得法而後明法必得傳而後

通誠諸韻之總括訂字之權衡也雖五土之音均同一致孰不以韻為則焉但能歸韻母之橫豎審清濁之重輕即知切脚皆有名派聲音妙用本乎自然吾以浮淺小法一槩求切而不究其源者予亦未敢輕議其非但恐施於誦讀之間則習為蔑裂矣略如時忍切腎字時掌切上字同是濁音皆當呼如去聲却將上字呼如清音賞字其蹇切件字其兩切強字亦如去聲又以強字呼如清音磃丘仰切字然則亦以時忍切如哂字其蹇切如遣字可乎倘因礙致思而欲叩其詳者止是清濁之分也又如符羈切如肥字本是皮字都江切如當字本是樁字士魚切如殊字本是鋤字詳里切如洗字本是似字

此乃門法之分也如是誤者豈勝道耶其雞稱齋癸稱貴菊稱韭字之類乃方言之不可憑者則不得已而姑從其俗至讀聖賢之書首貴乎知音其可不稽其本哉其或稽者非口授難明幸得傳者歸正隨謬者成風以致天下之書不能同其音也故僕於暇日因其舊制次成十六通攝作檢韻之法析繁補隙詳分門類并私述玄關六段總括諸門盡其蘊奧名之曰經史正音切韻指南與韓氏五音集韻互為體用諸韻字音皆由此韻而出也末兼附字音動靜顯與朋友共之庶為斯文之一助云爾至元二年歲在丙子良月關中劉鑑士明自序

旹大明弘治九年仲冬吉日金臺釋子思宜重刊

熊澤民序

夫讀書必執韻[一]，執韻須知切，乃爲學之急務，吾儒之不可闕者。古有《四聲等子》[二]，爲傳流之正宗，然而中間分析尚有未明。不能曲盡其旨，又且溺於經堅仁然[三]之法，而失其真者多矣。安西劉君士明[四]通儒也，特造書府[五]來訪於余，出示其所編前賢千載不傳之秘，欲鋟諸梓[六]，以廣其傳，名曰《經史正音切韻指南》，余嘉其能求古之道以正今之失，俾[七]四方學者，得其全書，易求誨於先覺[八]云。後至元丙子歲仲冬吉日[九]，雲谷[一〇]熊澤民序。

〔一〕執韻：依照韻學，即爲明音韻。

〔二〕《四聲等子》，著者不詳，約爲南宋時期韻圖，合韻韻圖，《切韻指南》以其爲藍本。劉鑑自序『因其舊制，次成十六通攝』，所依舊制，當爲《四聲等子》。

〔三〕經堅仁然：指助紐字。是古人由於對字母(反切)的作用和拼切的方法認識不足，在拼切時用來幫助拼切字音的一組組雙聲字。古人拼切的方法，如《玉篇》『切字要法』所述，「(切語)上字喉聲，下二字即以喉聲應之(如歌字居何切，居經堅歌)；上字脣音，下二字即以脣音接之(如邦字悲江切，悲賓邊邦)。」……居—經堅—歌，就是這裏所説的「凡三折」。助紐字多用『經堅』『仁然』，故用此四字指代用助紐字來拼合字音的方法。

〔四〕劉士明：劉鑑，字士明。高明先生認爲是安西路人，今陝西關中道東部之地。

〔五〕造書府：造，到；去。書府，指中書省或秘書省。宋蘇軾《謝卿材可直秘閣福建轉運使》：「釋此大邦，付之一路，仍進直於書府，俾增重於使權。」

〔六〕鋟：刻；雕刻。鋟梓，刻板印刷。書板多用梓木，故稱。元韋居安《梅磵詩話》卷上：「眉山史學齋繩祖内子著《錦官百詠》，鋟梓於柯山倅廨。」

〔七〕俾：使。《書·湯誥》：「俾予一人，輯寧爾邦家。」《詩·邶風·緑衣》：「我思古人，俾無訧兮。」毛傳：「俾，使。」

〔八〕先覺：覺悟早於常人的人。《孟子·萬章上》：「天之生此民也，使先知覺後知，使先覺覺後覺也。」韓道昭《至元庚寅重刊改併〈五音集韻〉序》中，亦提到「故先覺之士，其論辯至詳……」。

〔九〕仲冬，冬季的第二個月，即農曆十一月，《書·堯典》：「日短星昴，以正仲冬。」吉日，指朔日。農曆每月初一。《周禮·地官·黨正》：「及四時之孟月吉日，則屬民而讀邦法以糾戒之。」鄭玄注：「以四孟之月朔日讀法。」亦指朔日。農曆每月初一。《周禮·地官·黨正》：「及四時之孟月吉日，則屬民而讀邦法以糾戒之。」鄭玄注：「以四孟之月朔日讀法。」元丙子年，爲元惠宗至元二年，公元一三三六年。

〔一〇〕雲谷：疑爲熊澤民之字。《鄭堂讀書記》載：「……卷首有至元丙子自序及熊雲谷澤民序。」餘不可考。

劉鑑自序

聲韻之學，其來尚〔一〕矣。凡窮經博史，以聲〔二〕求字，必得韻〔三〕而後知韻，必得法〔四〕，而後明法，必得傳而後通，誠諸韻之總括、訂字之權衡也〔五〕。雖五土〔六〕之音均同一致，孰不以韻爲則焉〔七〕？但能歸韻母之橫竪〔八〕，審清濁之重輕〔九〕，即知切脚皆有名派。聲音妙用，本乎自然。若以浮淺小法一概求切而不究其源者，予亦未敢輕議其非，但恐施於誦讀之間，則習爲蔑裂〔一〇〕矣。

〔一〕此句引自《改併〈五音集韻〉序》。據成化年間《重刊〈五音篇韻〉》第六册《五音集韻》卷，書前有兩篇《至元庚寅重刊改併〈五音集韻〉序》，作者一爲韓道昇，序篇開首「夫聲韻之術，其來尚矣」；作者二爲韓道昭，開篇亦云：「聲韻之學，其來尚矣！」《切韻指掌圖》「董南一序」也以「音韻之學尚矣」開頭。尚：久，遠。《史記·三代世表序》：「五帝三代之記，尚矣。」唐杜甫《發同谷縣》詩：「況我飢寒人，焉能尚安宅？」

〔二〕聲：此處當指字音。

〔三〕韻：此處當指音韻。

〔四〕本句意爲，從字音去尋求對字的理解，必然要涉及音韻，要疏通音韻則一定要懂得音韻的規則。

〔五〕總括：猶概括。權衡：法度；標準。《韓非子·守道》：『明於尊位必賞，故能使人盡力於權衡，死節於官職。』《朱子語類》卷三七：『義當守經則守經，義當用權則用權，所以謂義可以總括得經權。』該句意爲明音韻必須懂法則（門法），法則要得到傳授然後才能通曉，這些法則是對韻的概括，審訂經史用字的標準。

〔六〕五土：一曰山林、川澤、丘陵、水邊平地、低窪地等五種地形地勢。一曰指青、赤、白、黑、黃五色土。古代帝王鋪填社壇、分封諸侯儀式所用之土。此處代指天下之音，相當於五方。《禮記·王制》：『五方之民，言語不通，嗜欲不同。』孔穎達疏：『五方之民者，謂中國與四夷也。』

〔七〕焉：近衛庫本作『馬』，形誤。

〔八〕韻圖表格的形式，按橫豎排列韻字，《切韻指南》門法部份涉及韻在韻圖中的排列規則，如喻下憑切，雖喻母字爲三等，但以韻字的反切上字來排列其在韻圖中的位置，故韻母的橫豎要遵守一定的規則。

〔九〕清濁、輕重均爲分析聲母的術語。《通志·七音略序》『華僧從而定之，以三十六爲之母，重輕清濁，不失其倫，天地萬物之音，備於此矣。』一般認爲，重輕指重脣、輕脣。在《七音略》中，則用重輕來表示開合，重中重、重中輕爲開口，輕中輕、輕中重爲合口。清濁是清聲母與濁聲母的合稱。高明『即謂反語上下字皆有區別也。反語上字明發音之部位與方法，有五音（或七音）及清濁等別，韻圖通常歸於橫格；反語下字明收音之洪細與高低，有四等及四聲諸別，韻圖通常歸於豎格。』

〔一〇〕蔑裂：蔑，目腫不明；裂，割裂。蔑裂，此處指錯訛割裂。郝大通《太古集序》：「其先師太古真人舊有《崑崙文集》，當時進行者，蔑裂訛漏極多。」

略如「時忍」切「腎」字、「時掌」切「上」字，同是濁音，皆當呼如去聲〔一〕，卻將「上」字呼如清音「賞」〔二〕字；「其蹇」切「件」字、「其兩」切「強」〔三〕字，亦如去聲，又以「強」字呼如清音「硄」〔四〕，丘仰切字〔五〕；然則亦以「時忍」切如「哂」字、「其蹇」切如「遣」字〔六〕，可乎？倘因礙致思而欲叩其詳者，止是清濁之分也〔七〕。又如「符羈」切如「肥」字，本是「皮」字〔八〕；「都江」切如「當」字，本是「椿」字〔九〕；「士魚」切如「殊」字，本是「鋤」字〔一〇〕；「詳里」切如「洗」字，本是「似」字〔一一〕，此乃門法之分也〔一二〕。如是誤者，豈勝道耶？〔一三〕「其雞」稱「齏」〔一四〕，「癸」稱「貴」〔一五〕，「菊」稱「韭」〔一六〕字之類，乃方言之不可憑者，則不得已而姑從其俗〔一七〕。

〔一〕腎，禪母上聲；上，禪母上聲。《切韻指南》時代，已發生濁上變去，故均讀爲去聲。考圖內，腎字位於臻攝外三禪母上聲位。

〔二〕賞，書母上聲。按語音規律，「上」當音變爲去聲，不應該讀爲上聲。

〔三〕件，群母上聲；強，群母上聲，按濁上變去，均當變爲去聲。圖内宕攝内五開口圖，群母上聲位列「勥」；「件」字，位於山攝外四群母上聲位。文津閣本作「其兩切硄」。

〔四〕磽，溪母上聲。『強』字當讀爲去聲，不應該出現讀爲上聲的現象。弘治九年本、清碧琳琅本、《叢書集成》本爲『磽』，近衛庫本、明正德本、文津閣本爲『磽』。

〔五〕以上諸例，作者旨在説明，濁音清化，若爲全濁上聲字，則變爲去聲。所以『上』字中古爲上聲，不能只考慮聲母清化，而認爲讀爲『賞』，『強』字不能讀爲上聲『磽』。

〔六〕哂，書母上聲；時忍切，時爲禪母，故時忍切當切爲去聲。遣，溪母上聲；其蹇切，其爲群母，故其蹇切亦當切爲去聲。《切韻指南》作者指出，用這兩個反切去切清聲母字，是不可以的。

〔七〕作者認爲這種語音現象是源於清濁之分，雖未提及聲調變化，僅以清濁爲原因，亦無誤。

〔八〕肥，奉母；皮，並母。《廣韻》中『皮，符羈切』。然語音變化後，輕脣音非敷奉變爲脣齒擦音，若以『符羈切』拼合，能拼出『肥』字的讀音。此爲門法中的輕重交互門。

〔九〕椿，都江切。都爲端母，若按端母，則拼出『當』字，此爲端知類隔，屬門法中類隔門。

〔一〇〕鋤，士魚切，爲崇母；殊，知母。時音知照合流，屬門法中正音憑切門。

〔一一〕似，詳里切，爲邪母；洗，心母。邪母上聲清化當爲去聲，屬門法中振救門。

〔一二〕以上的字例出現讀錯音的現象，均與門法相關。

〔一三〕《切韻指南》旨在明經史讀音，作者認爲若不懂韻法，按反切的今音去拼合讀音，會導致很多錯誤，如上面所列舉出來的音例。如果字音讀錯，就不能够很好地理解經史。

〔一四〕雞，見母齊韻；齏，精母齊韻。此二字混同，爲不分尖團，屬聲母變化。

〔一五〕癸，見母旨韻；貴，見母未韻。此二字上去混，屬方音。

〔一六〕菊，見母屋韻；韭，見母尤韻。此二字混同，爲入聲韻消變故，屬韻母變化。亦爲方音。

〔一七〕以上音例，均爲語音演變的結果，但於經史正音，作者視其爲方音與俗音。

至讀聖賢之書，首貴乎知音，其可不稽〔一〕其本哉！其或稽者，非口授難明，幸得傳者歸正〔二〕。隨謬者成風，以致天下之書不能同其音也〔三〕。故僕於暇日，因其舊制〔四〕，次成十六通攝，作檢韻之法，析繁補隙，詳分門類，并私述『玄關六段』〔五〕，總括諸門，盡其蘊奧，名之曰《經史正音切韻指南》，與韓氏《五音集韻》互爲體用〔六〕，諸韻字音皆由此韻而出也。末兼附《字音動靜》〔七〕，願與朋友共之，庶爲斯文之一助云爾。

〔一〕稽：考核，查考。《易·繫辭下》：『於稽其類。』孔穎達疏：『稽，考也。』《漢書·司馬遷傳》：『網羅天下放失舊聞，考之行事，稽其成敗興衰之理。』本句再次申明，讀經史必正音，必須考正其本音。

〔二〕歸正：回到正道。《後漢書·儒林傳論》：『故人識君臣父子之綱，家知違邪歸正之路。』《晉書·孔坦傳》：『誠反族歸正之秋，圖義建功之日也。』

〔三〕本句提出《切韻指南》的寫作背景，語音變化導致讀書音上的差異。

〔四〕舊制：其所依據韻圖的體例，當爲《四聲等子》《切韻指掌圖》之類的合韻韻圖。

〔五〕玄關六段：指下所述『分五音』、『辨清濁』、『明等第』、『交互音』、『檢篇韻法』、『檢篇卷數捷法』六個部分。

〔六〕《五音集韻》：金代韓道昭編撰的一部韻書，成書於金泰和八年（一二〇八），後於崇慶元年（一二一二）修訂。作者表明，《切韻指南》與《五音集韻》是本體與作用的關係，密切相關，具有同一性。指出《切韻指南》内列字完全依據《五音集韻》。

〔七〕《字音動靜》：即書末附《經史動靜字音》。

至元二年，歲在丙子良月〔一〕，關中劉鑑〔二〕士明自序。時大明弘治九年仲冬吉日，金臺釋子思宜重刊。

〔一〕良月，十月的代稱。晉陶潛《和郭主簿》之二：「檢素不獲展，厭厭竟良月。」宋歐陽修《延福宮開啓密詞》：「寒律正時，適臨於良月。」

〔二〕與熊澤民序所記「安西」不同，劉鑑自稱爲關中，《四庫全書總目》（卷四十二經部四十二，清乾隆武英殿刻本）所載《四聲等子》提要，又稱「關西劉士明」。

新編經史正音切韻指南

分五音

見溪羣疑是牙音　知徹澄孃舌上音
端透定泥舌頭音　非敷奉微輕脣音
幫滂並明重脣音　照穿牀審禪正齒音
精清從心邪齒頭音　來日半舌半齒音
曉匣影喻是喉音

辨清濁

端見純清與此知　精隨照影及幫非
次清十字審心曉　穿透滂敷清徹溪
全濁羣邪澄並匣　從禪定奉與牀齊
半清半濁微孃喻　疑日明來共八泥

明等第

端精二位兩頭居　知照中間次第呼
來曉見幫居四等　日非三等外全無

交互音

知照非敷遞互通　泥孃穿徹用時同
澄床疑喻相連屬　六母交參一處窮

檢篇韻法

篇中類出韻中字　韻內分開篇內音
見字求聲篇內檢　知聲取字韻中尋

檢篇卷數捷法

一序二見溪三內是群疑端透泥定四澄孃徹五知幫滂六內取明並七為基非敷微八奉精清從九歸心邪十內有照穿牀十一審禪行十二曉匣影十三喻母俱十四來日十五宜

新編經史正音切韻指南

分五音〔一〕

見溪群疑是牙音〔二〕

端透定泥舌頭音　知徹澄孃舌上音

幫滂並明重脣音　非敷奉微輕脣音

精清從心邪齒頭音　照穿牀審禪正齒音

曉匣影喻〔三〕是喉音　來日半舌半齒音

〔一〕分五音，分析聲母的發音部位。《切韻指掌圖》『辨五音例』：『欲知宮舌居中（喉音），欲知商開口張（齒頭、正齒），欲知角舌縮卻（牙音），欲知徵舌柱齒（舌頭、舌上），欲知羽撮口聚（脣重、脣輕）。』對五音的區分仍辨析『宮商角徵羽』，雖亦有發音部位，但不如《切韻指南》科學直觀。

〔二〕《切韻指南》韻圖聲母次序始見終日，『分五音』同時表明了韻圖聲母排列情況，見組單列，幫非、精照同列，表明牙音只有一套聲母，但脣音、齒音均爲兩套聲母。

〔三〕《韻鏡》《七音略》《切韻指掌圖》均爲「影曉匣喻」。《四聲等子》「七音綱目」爲「影曉匣喻」，韻圖内爲「曉匣影喻」。

辨清濁〔一〕

端見純清與此知　精隨照影及幫非
次清十字審心曉〔二〕　穿透滂敷清徹溪
全濁群邪澄並匣　從禪定奉與牀齊
半清半濁微孃喻　疑日明來共八泥

〔一〕辨清濁，分析聲母的發音方法。純清相當於全清，半清半濁是爲次濁，也稱不清不濁。《切韻指掌圖》辨字母清濁歌：「横偏第一是全清，第二次清總易明。全濁第三聲自穩，不清不濁四中成。」

〔二〕一般來説，審心曉爲全清。《切韻指掌圖》辨字母清濁歌：「齒中第四全清取（心審），第五從來類濁聲（禪斜）。唯有來日兩箇母，半商半徵濁清平。」《韻鏡》《七音略》均爲全清。

明等第〔一〕

端精二位兩頭居〔二〕　知照中間次第呼〔三〕

來曉見幫居四等〔四〕　日非三等外全無〔五〕

〔一〕明等第主要説明聲母與等之間的關係，按韻圖的分佈規則各聲母字列於幾等位。

〔二〕端組聲母拼合一四等字，精組可拼合三等字，但按韻圖規則精組三等字列於四等位，爲假四等，故端精組字排在韻圖一、四等位，謂『兩頭居』。《切韻指掌圖》辨分韻等第歌：『端透定泥居兩邊』、『精清兩頭爲真的』。

〔三〕知組聲母拼合二、三等，照二拼合二、三等，照三拼合三等，故知照組聲母字在韻圖中位於二、三等位，謂『中間』。《切韻指掌圖》辨分韻等第歌：『知徹澄孃中心納』、『中間照審義幽玄』。

〔四〕《切韻指掌圖》辨分韻等第歌：『見溪群疑四等連』、『幫滂四等亦俱全』、『來居四等都收後』、『影曉雙飛亦四全』。

〔五〕非組和日母均只拼合三等字，故除三等外『全無』。《切韻指掌圖》辨分韻等第歌：『更有非敷三等數』、『日應三上是根源』。

交互音〔一〕

知照〔二〕非敷〔三〕遞互通　泥孃穿徹用時同

澄牀疑喻〔四〕相連屬　六母交參一處窮〔五〕

〔一〕交互音，考其內容通用例，對時音與今音的矛盾作以調和。

〔二〕「知照」以及下面的「穿徹」「澄牀」表現的是知照合流的語音現象，表明中古這三組聲母每組內已經合流。

〔三〕「非敷」，表現「非敷合一」的語音現象。

〔四〕「影喻」，表現影母和喻母已演變爲零聲母。

〔五〕該句表明，在讀經史時，前人的注音中經常出現這三組聲母的混同，遇到這種情況就統一讀時音即可。但此種解釋與《切韻指南》正音觀似有不合，但《指南》並非完全依據《切韻》音，其爲合韻韻圖，表現了語音的演變。

檢篇韻法〔一〕

篇中類出韻中字〔二〕　韻内分開篇内音〔三〕

見字求聲篇内檢〔四〕　知聲取字韻中尋〔五〕

〔一〕檢篇韻法，實爲指明韻圖的使用方法。《切韻指掌圖》檢例上：『先求上切居何母，次求引韻去横搜。本眼空時上下取，此葉全無前後收。見字偶然又不識，平上去入可尋求。更有照禪五母下，韻居三等二相侔。』可助理解。

〔二〕指將韻按類分出成篇，實分爲十六攝，每攝爲『篇』，將某攝中的字彙集在一篇之内。

〔三〕每篇即每攝再按介音區分，分爲開合。

〔四〕先看某一字的反切上字，查找其聲母。

〔五〕知道某字的聲母後，再到韻中該聲母下查詢。

檢篇卷數捷法〔一〕

一序〔二〕二見溪，三内是群疑。

端透泥定四，澄孃徹五知。

幫滂六内取，明並七爲基。

非敷微八奉，精清從九歸。

心邪十内有，照穿牀十一。

審禪行十二，曉匣影〔三〕十三。

喻母俱十四，來日十五宜。

〔一〕該法爲韻圖内聲母排列的次序。《改併五音集韻》序例中所載《五音檢篇入册頌》曰：『序目爲初二見溪，三來真本是群疑。四逢端透泥和定，五遇澄孃徹與知。六使幫滂堅作本，七交明並的爲基。八中微共非敷奉，九内精清從有規。

十須再顯心邪字，十一穿牀照母窺。
十二審禪形作伴，十三匣曉影相隨。
深喉喻母居十四，十五重編來日宜。
如此昌黎增改併，五音攝盡永無移。」

〔二〕此處「序」，把韻圖的次序，《切韻指南》韻圖每一圖均有「圖名」，例：通攝内一。

〔三〕《切韻指南》聲母次序爲「曉匣影」，該處與《五音檢篇入册頌》「匣曉影」不同，當是作者按圖内聲母順序改動。

通攝內一	見	溪	群	疑	端	透	定	泥	幫	滂	並	明
					知	徹	澄	孃	非	敷	奉	微
	公	空	頣	[illegible]	東	通	同	齈	○	[illegible]	蓬	蒙
	轒	孔	○	湡	董	侗	動	繷	琫	○	菶	蠓
	貢	控	○	○	凍	痛	洞	齈	○	○	槰	幪
	穀	哭	○	擢	穀	禿	獨	耨	卜	扑	暴	木
	○	○	○	○	○	○	○	○	○	○	○	○
	○	○	○	○	○	○	○	○	○	○	○	○
	○	○	○	○	○	○	○	○	○	○	○	○
	○	○	○	○	○	○	○	○	○	○	○	○
侷門	恭	銎	蛩	顒	中	蹖	重	醲	封	峯	逢	犛
	拱	恐	[illegible]	○	冢	寵	重	○	覂	捧	奉	○
	供	恐	共	○	湩	蹱	重	○	諷	葑	俸	艨
	輂	曲	局	玉	瘃	栜	躅	傉	工	蝮	幞	媢
	○	○	○	○	○	○	○	○	○	○	○	○
	○	○	○	○	○	○	○	○	○	○	○	○
	○	○	○	○	○	○	○	○	○	○	○	○
	○	○	○	○	○	○	○	○	○	○	○	○

精	清	從	心	邪	曉	匣	影	喻	來	日		
照	穿	床	審	禪							韻	
㚇	怱	叢	檧	○	烘	洪	翁	○	籠	○	東	冬
總	○	從	敵	○	嗊	澒	蓊	○	曨	○	董	○
糉	謥	敤	送	○	烘	哄	瓮	○	弄	○	送	宋
鏃	瘯	族	速	○	嚳	穀	屋	○	祿	○	屋	沃
○	○	崇	○	○	○	○	○	○	○	○		
○	○	○	○	○	○	○	○	○	○	○		
○	○	[illegible]	○	○	○	○	○	○	○	○		
縬	珿	鷟	縮	○	○	○	○	○	○	○		
鍾	衝	○	舂	鱅	胷	雄	邕	○	龍	茸	鍾	
腫	䡴	○	○	尰	洶	○	擁	○	隴	宂	腫	
種	揰	○	○	○	○	○	雍	○	贚	䩸	用	
燭	娖	贖	束	蜀	旭	○	○	○	錄	辱	燭	
縱	樅	從	蜙	松	○	○	○	容	○	○		
縱	憁	○	悚	○	○	○	○	勇	○	○		
縱	○	從	○	頌	○	○	○	用	○	○		
足	促	○	粟	續	○	○	○	欲	○	○		

此攝指掌作獨韻所用之字不出本圖之内

第一圖　通攝内一　侷門

《經史正音切韻指南》第一圖列通攝字，圖左有『此攝《指掌》作獨韻』，『獨韻者，所用之字不出本圖之内』。《切韻指南》沿《切韻指掌圖》列爲獨韻，故僅一圖。對應《韻鏡》内轉第一開、内轉第二開合；《七音略》内轉第一重中重、内轉第二輕中輕。一等列目爲東冬、董、送宋、屋沃，等内收字以東（以平賅上去）爲主，空位處補入冬韻字，與《切韻指掌圖》同，故列目東在冬前。二等無標目，二等位列字爲假二等，故未列目。三等列目爲鍾，實爲東鍾韻字，以鍾爲主，平聲僅一字爲東韻，故三等標目未列東。四等無標目，均爲精組及喻四母字，爲假四等，故未列目。

1　本圖平聲一等位有列字，考等内所有字，平聲涵冬、東二韻。

2　平一群　頄　弘治九年本、碧琳琅本、《叢書集成》本，列字字形均爲『頄』；近衛庫本、正德十一年本、文津閣本，列字字形均爲『頄』。《廣韻》《集韻》均無平一群母小韻；《五音集韻》該字字形爲『頄』，渠公切，群母東韻。此字當寫作『頎』，《康熙字典》：『《五音集韻》渠公切，音窮。面上也。』《韻鏡》《七音略》《起數訣》《切韻指掌圖》，均空位；《四聲等子》通攝内一重少輕多韻，列『頄』字。『頄』收於《五音集韻》東一群母位，而群母不當有一等字，《切韻指南》從《五音集韻》，然字形訛，當校正爲『碩』。

3 平一疑　㟼　弘治九年本、近衛庫本、正德十一年本、文津閣本，列字字形均爲『㟼』；碧琳琅本、《叢書集成》本，列字字形均爲『㟭』。《廣韻》《集韻》此字字形爲『㟭』；『㟼』，五東切，疑東平開一通；《五音集韻》字形爲『㟼』，其餘同《廣韻》。《韻鏡》内轉第一開、《起數訣》第一圖開音清、《切韻指掌圖》二圖、《四聲等子》通攝内一重少輕多韻，列字均爲『㟭』；《七音略》内轉第一重中重列『㟼』；『㟼』爲『㟭』字形訛。『㟭』爲《廣韻》《集韻》《五音集韻》東一疑母位小韻首字，《七音略》列字形訛，誤；弘治九年本、近衛庫本、正德十一年本、文津閣本列字爲形訛，誤，當校改爲『㟭』；碧琳琅本、《叢書集成》本是。

4 平一透　通　弘治九年本、正德十一年本、文津閣本，列字字形均爲『通』；近衛庫本、碧琳琅本、《叢書集成》本，列字字形均爲『通』。『通』，《廣韻》他紅切，《集韻》他東切，透東平開一通；《五音集韻》同《廣韻》。《韻鏡》内轉第一開、《七音略》内轉第一重中重、《起數訣》第一圖開音清、《切韻指掌圖》二圖、《四聲等子》通攝内一重少輕多韻，列字均爲『通』。『通』爲《廣韻》《集韻》《五音集韻》東一透母位小韻首字，當列於此位。『通』爲『通』俗訛，弘治九年本、正德十一年本、文津閣本是；近衛庫本、碧琳琅本、《叢書集成》本當校正爲『通』。

5 平一泥　齈　《廣韻》《集韻》奴凍切，泥送去開一通，本不當列於此；然《康熙字典》記：

『《集韻》奴冬切，音農。《玉篇》鼻齈也。《集韻》鼻病。』《集韻》二冬收『齈』，可列於此；《五音集韻》奴東切，泥東平開一通，依《五音集韻》亦可列於此。《韻鏡》内轉第二開合、《切韻指掌圖》二圖、《四聲等子》通攝内一重少輕多韻，列字均爲『農』，泥母冬韻字；《七音略》空位，誤；《起數訣》第一圖開音清，列『齈』。『齈』爲《五音集韻》東一泥母位小韻首字，《七音略》空位誤；《切韻指南》從《五音集韻》。

6 平一清　怱　《廣韻》倉紅切，《集韻》麤叢切，清東平開一通；《五音集韻》同《廣韻》。《韻鏡》内轉第一開，列字爲『怱』；《七音略》内轉第一重中重、《起數訣》第一圖開音清、《切韻指掌圖》二圖、《四聲等子》通攝内一重少輕多韻，列字均爲『葱』。『怱』爲《廣韻》《集韻》《五音集韻》東一清母位小韻首字，下收有『葱』字，列字以『怱』爲佳，《切韻指南》是，《七音略》亦無誤。

7 平一心　檧　《廣韻》蘇公切，《集韻》蘇叢切，心東平開一通；《五音集韻》同《廣韻》。《韻鏡》内轉第一開，心母一等位列『揔』，爲『檧』字刊刻誤；《七音略》内轉第一重中重，列字爲『檧』，《廣韻》倉紅切，平東清母，列於此位不合，當爲『檧』字誤；《起數訣》第一圖開音清、《切韻指掌圖》二圖、《四聲等子》通攝内一重少輕多韻，列字均爲『檧』。『檧』爲《廣韻》《集韻》《五音集韻》東一心母位小韻首字，《韻鏡》列字形訛，誤；《七音略》列字誤；《切韻指南》是。

8 本圖上聲一等位有列字，考等内所有字，上聲涵董韻字。

9 上一見　䩻　《廣韻》《集韻》均無上一見母位小韻；《五音集韻》古孔切，見董開一上通。《玉篇》記：『䩻，古孔切，公上聲。生皮也。』《韻鏡》《七音略》《切韻指掌圖》均空位；《起數訣》第一圖開音清、《四聲等子》通攝内一重少輕多韻，列字均爲『䩻』。『䩻』爲《五音集韻》董一見母位小韻首字，《韻鏡》《七音略》從《廣韻》空位；《切韻指南》從《五音集韻》。

10 上一疑　湡　《廣韻》遇俱切，疑母虞韻字；《集韻》吾蓊切，疑董上開一通；《五音集韻》五蓊切，疑母董韻。依《廣韻》不當列於此，依《集韻》《五音集韻》可列於此位。《韻鏡》《切韻指掌圖》均空位；《七音略》内轉第一重中重、《起數訣》第一圖開音清、《四聲等子》通攝内一重少輕多韻，列字均爲『湡』。『湡』爲《集韻》《五音集韻》董一疑母位小韻首字，《韻鏡》從《廣韻》空位；《切韻指南》從《集韻》《五音集韻》。

11 上一精　總　《廣韻》作孔切，《集韻》祖動切，精董上開一通；《五音集韻》同《廣韻》。《韻鏡》内轉第一開、《七音略》内轉第一重中重、《起數訣》第一圖開音清、《切韻指掌圖》二圖、《四聲等子》通攝内一重少輕多韻，列字均爲『總』。《廣韻》《集韻》《五音集韻》董一精母位小韻首字爲『緫』，當列於此位，『緫』『總』爲異體字，《韻鏡》《七音略》列異體無誤，《切韻指南》是。

12 上一從　嵸　《廣韻》無上一從母小韻；《集韻》才總切，從董上開一通；《五音集韻》同《集韻》。《韻鏡》《起數訣》《切韻指掌圖》均空位；《七音略》内轉第一重中重、《四聲等子》通攝内一重少輕多韻，列字均爲『嵸』，『嵸』爲《集韻》《五音集韻》董一從母位小韻首字，《韻鏡》從《廣韻》空位；《七音略》無誤；《切韻指南》從《集韻》。

13 上一心　敵　『敵』爲『𢿞』訛誤。『𢿞』，《廣韻》《集韻》先孔切，心董上開一通；《五音集韻》同《廣韻》。《韻鏡》内轉第一開、《切韻指掌圖》二圖，列字均爲『敵』；爲『𢿞』形訛；《七音略》内轉第一重中重、《四聲等子》通攝内一重少輕多韻，列字均爲『𢿞』；《起數訣》第一圖開音清，列字爲『嵸』，精母董韻，不當列於此。『𢿞』爲《廣韻》《集韻》《五音集韻》董一心母位小韻首字，當列於此位，《韻鏡》《切韻指南》列字誤；當校改爲『𢿞』。

14 上一匣　澒　《廣韻》胡孔切，《集韻》户孔切，匣董上開一通；《五音集韻》同《廣韻》。《韻鏡》列字爲『𢥞』，《康熙字典》記：『《廣韻》呼孔切，《集韻》虎孔切，並音嗊。』此字爲曉母董韻字，不當列於匣母位；《七音略》内轉第一重中重、《起數訣》第一圖開音清、《切韻指掌圖》二圖、《四聲等子》通攝内一重少輕多韻，列字均爲『澒』。『澒』爲《廣韻》《集韻》《五音集韻》董一匣母位小韻首字，當列於此位，《韻鏡》列字誤，《切韻指南》是。

15 上一來　曨　弘治九年本、近衛庫本、正德十一年本、碧琳琅本、《叢書集成》本，列字均爲『曨』，文津閣本列字爲『朧』。『曨』，《廣韻》力董切，《集韻》魯孔切，來董上開一通；《五音集韻》同《廣韻》。《韻鏡》内轉第一開，來母一等位列『矓』，爲『曨』字刊刻誤；《七音略》内轉第一重中重、《切韻指掌圖》二圖，均列『曨』；《起數訣》第一圖開音清、《四聲等子》通攝内一重少輕多韻，列字爲『籠』。『曨』爲《廣韻》《五音集韻》董一來母位小韻首字，下收有『籠』字，且《五音集韻》另下收有『朧』字；『籠』爲《集韻》董一來母位小韻首字，下收有『朧』字。列字當以『曨』爲佳，《韻鏡》列字形訛，誤；文津閣本從《集韻》，其餘諸本是。

16 本圖去聲一等位有列字，考等内所有字，去聲涵宋送二韻字。

17 去一端　湅　《廣韻》《集韻》多貢切，端送去開一通；《五音集韻》同《廣韻》。《韻鏡》内轉第一開、《七音略》内轉第一重中重、《起數訣》第一圖開音清、《切韻指掌圖》二圖、《四聲等子》通攝内一重少輕多韻，列字均爲『湅』。『湅』爲《廣韻》《五音集韻》送一端母位小韻首字，下收有『湅』字；『湅』爲《集韻》送一端母位小韻首字，下收有『湅』字。《韻鏡》《七音略》無誤，《切韻指南》是。

18 去一並　槰　《廣韻》無去一並母小韻，《集韻》菩貢切，並送開一去通；《五音集韻》同《集韻》。《韻鏡》内轉第一開，並母一等位列『摓』，並母鍾韻，不當列於此；《七音略》内轉第一重中重，列字爲『摓』，爲『槰』刊刻誤；《起數訣》第一圖開音清，列字爲『摓』；《切韻指掌圖》空位；《四聲等子》通攝内一重少輕多韻，列字爲『蓬』，爲『槰』之異體字。『槰』爲《集韻》《五音集韻》送一並母位小韻首字，《韻鏡》列字誤；《七音略》列字形訛，亦誤；《切韻指南》是。

19 去一明　幪　弘治九年本、近衛庫本、正德十一年本、碧琳琅本、《叢書集成》本，列字均爲

『懞』；文津閣本，列字爲『蠓』。『懞』，《廣韻》莫弄切，《集韻》蒙弄切，明送去開一通；《五音集韻》同《廣韻》。《韻鏡》内轉第一開，列字爲『夢』，明三送韻字，不當列於此位；《七音略》内轉第一重中重、《四聲等子》通攝内一重少輕多韻，列字爲『蠓』；《起數訣》第一圖開音清，列『蠓』，明母董韻，誤；《切韻指掌圖》二圖亦列字爲『懞』，《康熙字典》：『《集韻》或作蠓。』『蠓』『懞』互爲異體字。『懞』爲《廣韻》《集韻》《五音集韻》送一明母位小韻首字，《韻鏡》列字誤；《切韻指南》是。

20 去一精　糉　《廣韻》《集韻》作弄切，精送去開一通；《五音集韻》同《廣韻》。《韻鏡》内轉第一開、《起數訣》第一圖開音清、《四聲等子》通攝内一重少輕多韻，列字均爲『糉』；《七音略》内轉第一重中重、《切韻指掌圖》二圖，列字均爲『粽』，爲『糉』俗體字。『糉』爲《廣韻》《集韻》《五音集韻》送一精母位小韻首字，當列於此位，《七音略》無誤，《切韻指南》是。

21 去一從　𩣺　弘治九年本列字爲『𩣺』；近衛庫本、正德十一年本、文津閣本、碧琳琅本、《叢書集成》本列字均爲『𩣺』；『𩣺』字當爲『𩣺』誤。『𩣺』，《廣韻》《集韻》徂送切，從送去開一通；《五音集韻》同《廣韻》《集韻》。《韻鏡》内轉第一開、《七音略》内轉第一重中重、《起數訣》第一圖開音清、《切韻指掌圖》二圖、《四聲等子》通攝内一重少輕多韻，列字均爲『𩣺』。『𩣺』爲《廣韻》《集韻》《五音集韻》送一從母位小韻首字，當列於此位，弘治九年本列字形訛，當校正爲『𩣺』；其餘諸版本是。

22 去一匣 哄 《廣韻》《集韻》胡貢切，匣送開一去通；《五音集韻》同《廣韻》。《韻鏡》内轉第一開，《起數訣》第一圖開音清、《切韻指掌圖》二圖，列字均爲『閧』；《七音略》内轉第一重中重，《四聲等子》通攝内一重少輕多韻，匣母一等位列『哄』。『哄』爲《廣韻》《集韻》《五音集韻》送一匣母位小韻首字，下收有『閧』字，列字以『哄』爲佳，《韻鏡》無誤，《切韻指南》是。

23 本圖入聲一等位有列字，考等内所有字，入聲涵沃、屋二韻字。

24 入一疑 𤍜 《廣韻》五沃切，《集韻》吾沃切，疑沃入合一通；《五音集韻》同《廣韻》。《韻鏡》内轉第二開合，《起數訣》第三圖收音清、《切韻指掌圖》二圖、《四聲等子》通攝内一重少輕多韻，列字均爲『㸌』；《七音略》空位，誤。『㸌』爲《廣韻》《集韻》《五音集韻》沃一疑母位小韻首字，當列於此位，《七音略》空位誤，《切韻指南》是。

25 入一泥 耨 《廣韻》内沃切，《集韻》奴沃切，泥沃入合一同，《五音集韻》同《廣韻》。《韻鏡》内轉第二開合，《七音略》内轉第二輕中輕，《起數訣》第三圖收音清，列字均爲『褥』；《切韻指掌圖》空位，誤；《四聲等子》通攝内一重少輕多韻，列字爲『耨』。『褥』爲《廣韻》《五音集韻》沃一泥母位小韻首字，且下收『耨』字，列字以『褥』爲佳，《韻鏡》《七音略》是，《切韻指南》亦無誤。

26 入一並 暴 弘治九年本、近衛庫本、正德十一年本、碧琳琅本、《叢書集成》本，列字均爲『暴』；文津閣本，列字爲『僕』。『暴』，《廣韻》蒲木切，《集韻》步木切，並屋開一入通；《五音集韻》同《廣韻》。《韻鏡》内轉第一開、《四聲等子》通攝内一重少輕多韻，列字均爲『暴』；《七音略》内轉第一重中重、《切韻指掌圖》二圖，列字均爲『瀑』；《起數訣》第一圖開音清，列字爲『僕』。『暴』爲《廣韻》《五音集韻》屋一並母位小韻首字，下收有『瀑』『僕』二字；『僕』爲《集韻》屋一並母位小韻首字，下收有『暴』『瀑』二字。文津閣本從《集韻》，弘治九年本等列字訛，當校正爲『暴』，其餘版本是。

27　入一曉　哲　弘治九年本、正德十一年本、文津閣本，列字均爲『哲』；近衛庫本，列字爲『啓』；碧琳琅本、《叢書集成》本，列字均爲『壴』。《廣韻》《集韻》此字字形爲『壴』，《廣韻》《集韻》呼木切，曉屋入開一通；《五音集韻》此字字形爲『哲』，其餘同《廣韻》。《韻鏡》列字爲『熇』，《廣韻》曉母屋韻；《七音略》列字爲『縠』，《廣韻》匣母屋韻，不當列於此，誤；《起數訣》第一圖開音清、《四聲等子》，列字爲『壴』；《切韻指掌圖》二圖列『磬』，亦誤。『哲』，《康熙字典》記：『又《廣韻》《集韻》呼木切，音㱿。義同。』《五音集韻》書作哲』。《五音集韻》形訛，此字字形當爲『壴』。『壴』爲《廣韻》《集韻》屋一曉母位小韻首字，下收有『熇』字，列字當以『壴』爲佳。《韻鏡》無誤，《七音略》列字誤；《切韻指南》碧琳琅本、《叢書集成》本是；其餘諸版本字形均誤，當校正爲『壴』。《五音集韻》亦訛。

28　入一匣　縠　弘治九年本，列字爲『穀』，『穀』字形訛；近衛庫本、正德十年本、文津閣本、碧琳琅本、《叢書集成》本列字均爲『縠』。『縠』，《廣韻》《集韻》胡谷切，匣屋入開一通；《五音集韻》同《廣韻》。《韻鏡》内轉第一開、《起數訣》第一圖開音清、《切韻指掌圖》二圖、《四聲等子》通攝内一重少輕多韻，列字均爲『縠』；《七音略》内轉第一重中重，匣母位空位，『縠』列於曉母位，誤。『縠』爲《廣韻》《集韻》《五音集韻》屋一匣母位小韻首字，當列於此位，《七音略》列於曉母位，誤；《切韻指南》是。

29 入一來　禄　弘治九年本、近衛庫本、正德十一年本、文津閣本，列字均爲『禄』；碧琳琅本、《叢書集成》本，列字均爲『祿』，二字爲異體字。『禄』，《廣韻》《集韻》盧谷切，來屋入開一通；《五音集韻》同《廣韻》。《韻鏡》内轉第一開、《七音略》内轉第一重中重、《起數訣》第一圖開音清、《切韻指掌圖》二圖、《四聲等子》通攝内一重少輕多韻，列字均爲『禄』。『禄』爲《廣韻》《集韻》《五音集韻》屋一來母位小韻首字，當列於此位，《切韻指南》諸本列字均是。

本圖二等位有列字，但無標目，考等内列字，入聲爲燭韻字。

30 入二牀　嶌　《廣韻》無燭三崇母小韻，《集韻》仕足切，崇燭入開三通；《五音集韻》同《集韻》。《韻鏡》内轉第二開合，列字爲『嵩』，爲『嶌』字形訛；《七音略》内轉第二輕中輕、《四聲等子》通攝内一重少輕多韻，列字均爲『嶌』；《起數訣》第四圖開音濁、《切韻指掌圖》空位。『嶌』爲《集韻》《五音集韻》燭三崇母位小韻首字，按韻圖規制列於二等位，《韻鏡》列字形訛，《切韻指南》從《集韻》。

31 本圖平聲三等位有列字，考等内所有字，平聲涵鍾韻字。

32 平三敷　峯　《廣韻》《集韻》敷容切，敷鍾平合三通；《五音集韻》同《廣韻》。《韻鏡》内轉第二開合、《起數訣》第四圖開音濁，列字爲『峯』；《七音略》内轉第二輕中輕列『峰』，爲『峯』異體字；《切韻指掌圖》二圖列『豐』，滂母鍾韻；《四聲等子》通攝内一重少輕多韻列『封』，幫母鍾韻，誤。『峯』爲《廣韻》《集韻》《五音集韻》鍾三滂母位小韻首字，當列於此位，《七音略》列異體無誤，《切韻指南》是。

33 平三微　犛　《廣韻》無平三微母小韻，《集韻》鳴龍切，微鍾平合三通；《五音集韻》同《集韻》。《韻鏡》《七音略》《切韻指掌圖》《四聲等子》均空位，《起數訣》第四圖開音濁，列『犛』。『犛』爲《集韻》《五音集韻》鍾三明母位小韻首字，《韻鏡》《七音略》從《廣韻》空位；《切韻指南》從《集韻》《五音集韻》。

34 平三穿　衝　弘治九年本、近衛庫本、正德十一年本、文津閣本，列字均爲『衝』；碧琳琅本、《叢書集成》本，列字均爲『衝』，《説文》記：「『衝』爲『衝』本字」。『衝』，《廣韻》尺容切，《集韻》昌容切，昌鍾三平開通；《五音集韻》同《廣韻》。《韻鏡》内轉第二開合，列字爲『衝』；《七音略》内轉第二輕中輕、《起數訣》第四圖開音濁、《四聲等子》通攝内一重少輕多韻，列字均爲『衝』，《切韻指掌圖》二圖，列字爲『充』，昌母東韻。『衝』爲《廣韻》《集韻》《五音集韻》鍾三昌母位小韻首字，《七音略》無誤；《切韻指南》諸家版本均是。

35 平三曉　胷　《廣韻》《集韻》許容切，曉鍾平開三通；《五音集韻》同《廣韻》。《韻鏡》内轉第二開合、《七音略》内轉第二輕中輕，列字均爲『匈』；《起數訣》第四圖開音濁，列字爲『胷』；《切韻指掌圖》二圖、《四聲等子》通攝内一重少輕多韻，列字爲『肙』，爲『胷』字異體字。『胷』爲《廣韻》《五音集韻》鍾三曉母位小韻首字，下收有『匈』字；『胷』『匈』同爲《集韻》鍾三曉母位小韻首字。《韻鏡》《七音略》無誤，《切韻指南》是。

36 本圖上聲三等位有列字，考等内所有字，上聲涵腫韻字。

37 上三群　梁　《廣韻》渠隴切，《集韻》巨勇切，群腫上開三通；《五音集韻》同《廣韻》。《韻鏡》内轉第二開合，列字爲『拲』，見母腫韻，誤；《七音略》内轉第二輕中輕列『粱』，當爲『梁』字形訛，誤；《起數訣》第四圖開音濁、《切韻指掌圖》二圖、《四聲等子》通攝内一重少輕多韻，列字均爲『梁』。『梁』爲《廣韻》《集韻》《五音集韻》腫三群母位小韻首字，當列於此位，《韻鏡》《七音略》列字均誤；《切韻指南》是。

38 上三禪　尰　《廣韻》時宂切，《集韻》竪勇切，禪腫上開三通；《五音集韻》同《廣韻》。《韻鏡》内轉第二開合、《切韻指掌圖》二圖、《四聲等子》通攝内一重少輕多韻，列字均爲『尰』；《七音略》内轉第二輕中輕，列字字形爲『𡰝』，爲『尰』字形訛，誤；《起數訣》第四圖開音濁，列『瘇』，《集韻》船母腫韻。『尰』爲《廣韻》《集韻》《五音集韻》腫三禪母位小韻首字，當列於此位，《七音略》列字爲形訛，誤；《切韻指南》是。

39 上三曉　洶　《廣韻》許拱切，《集韻》詡拱切，曉腫上開三通；《五音集韻》同《廣韻》。《韻鏡》空位，誤；《七音略》內轉第二輕中輕、《起數訣》第四圖開音濁、《切韻指掌圖》二圖、《四聲等子》通攝內一重少輕多韻，列字均爲『洶』。『洶』爲《廣韻》《集韻》《五音集韻》腫三曉母位小韻首字，當列於此位，《韻鏡》空位誤；《切韻指南》是。

40 上三日　宂　《廣韻》而隴切，《集韻》乳勇切，日腫三上開通；《五音集韻》同《廣韻》。《韻鏡》內轉第二開合、《四聲等子》通攝內一重少輕多韻，列字均爲『宂』；《七音略》空位；《起數訣》第四圖開音濁、《切韻指掌圖》二圖，列字爲『冗』。『宂』爲《廣韻》《集韻》《五音集韻》腫三日母位小韻首字，『冗』『宂』爲異體字，《七音略》空位誤，《切韻指南》是。

41 本圖去聲三等位有列字，考等內所有字，去聲涵用、送二韻字。

42 去三疑　○　弘治九年本空位；近衛庫本、正德十一年本、文津閣本、碧琳琅本、《叢書集成》本，列字均爲『⿰山午』。《廣韻》《集韻》均無去三疑母位小韻，《五音集韻》牛仲切，疑母送韻。《韻鏡》《七音略》《起數訣》《切韻指掌圖》《四聲等子》均空位；《康熙字典》記：『《玉篇》牛仲切，顒去聲。《正字通》譌字。』據《康熙字典》，此字當爲『⿰山中』字訛誤；『⿰山中』，《康熙字典》記：『《字彙》牛仲切，顒去聲。山名。』《字彙》成書於明代，故弘治九年本空位；韻母雖未寫『送』，但《切韻指南》爲合韻韻圖，可列送韻字；其餘諸本當據《字彙》列此字。

43 去三徹　踵　《廣韻》《集韻》《五音集韻》丑用切，知用去開三通。《韻鏡》內轉第二開合、《起數訣》第四圖開音濁，列字爲『踵』，《廣韻》之隴切，《集韻》主勇切，章腫上開三通，不當列於此位，此字當爲『蹱』字誤；《七音略》内轉第二輕中輕、《切韻指掌圖》二圖、《四聲等子》通攝内一重少輕多韻，列字均爲『蹱』。『蹱』爲《廣韻》《五音集韻》用三徹母位小韻首字，當列於此位，《韻鏡》列字誤；《切韻指南》是。

44 去三 孃 ○ 《廣韻》去三娘母位有『㧦』小韻，『㧦』，《廣韻》穠用切，《康熙字典》記：『又《唐韻》穠用切，《集韻》戎用切，宂去聲。』娘用三去開通；《五音集韻》無去三娘母位小韻。《韻鏡》内轉第二開合，列字爲『㧦』；《七音略》内轉第二輕中輕，列字爲『㭜』，《康熙字典》記：『《唐韻》如融切，《集韻》而融切，音戎。』日母東韻字，不當列於此；《起數訣》第四圖開音濁、《切韻指掌圖》二圖、《四聲等子》通攝内一重少輕多韻，亦均列『㧦』。『㧦』爲《廣韻》《集韻》用三娘母位小韻首字，當列於此位，《七音略》列字誤；《切韻指南》空位誤，當校補『㧦』字。

45 去三 敷 葑 《廣韻》方用切，非用去合三通；《集韻》芳用切，敷用去合三通；依《廣韻》不當列於此位，依《集韻》可列於此位；《五音集韻》同《集韻》。《韻鏡》《七音略》《四聲等子》均空位；《起數訣》第四圖開音濁，列字爲『葑』；《切韻指掌圖》二圖，列字爲『賵』，滂母送韻。《廣韻》無用三滂母小韻，『葑』爲《集韻》《五音集韻》用三滂母位小韻首字，《韻鏡》《七音略》從《廣韻》空位；《切韻指南》從《集韻》《五音集韻》。

46 去三 微 艨 《廣韻》無用三明母小韻，《集韻》忙用切，《五音集韻》無用切，明用去合三通。

《韻鏡》《切韻指掌圖》《四聲等子》均空位；《七音略》內轉第二輕中輕、《起數訣》第四圖開音濁，列字爲『艨』。《廣韻》無用三明母小韻，『艨』爲《集韻》《五音集韻》用三明母位小韻首字，《韻鏡》從《廣韻》空位；《七音略》無誤；《切韻指南》從《集韻》《五音集韻》。

47　去三穿　揰　《廣韻》無去三昌母小韻，《集韻》昌用切，昌用去開三通；《五音集韻》同《集韻》。《韻鏡》空位；《七音略》內轉第二輕中輕，列字爲『揰』，《康熙字典》記：『《集韻》《類篇》昌用切，音惷。梳也。』可列於此位；《起數訣》第四圖開音濁、《四聲等子》通攝內一重少輕多韻，列字均爲『揰』；《切韻指掌圖》二圖，穿母用送韻位列『銃』，昌母送韻。『揰』爲《集韻》《五音集韻》用三昌母位小韻首字，《韻鏡》從《廣韻》空位；《切韻指南》從《集韻》《五音集韻》。

48　去三曉　○　弘治九年本，空位；近衛庫本、正德十一年本、文津閣本、碧琳琅本、《叢書集成》本，列字均爲『⿺走息』。『⿺走息』，《廣韻》《集韻》香仲切，曉送去開三通；《五音集韻》同《廣韻》。《韻鏡》內轉第一開、《切韻指掌圖》二圖、《四聲等子》通攝內一重少輕多韻，列字均爲『⿺走息』；《七音略》空位，誤；《起數訣》第二圖收音濁，列『趄』，爲『⿺走息』字形訛，誤。『⿺走息』爲《廣韻》《集韻》《五音集韻》送三曉母位小韻首字，當列於此位，《七音略》、弘治九年本空位誤，均當補『⿺走息』字；近衛庫本、正德十一年本、文津閣本、碧琳琅本、《叢書集成》本是。

49　去三影　雍　《廣韻》《集韻》於用切，影用去開三通；《五音集韻》同《廣韻》。《韻鏡》空位，誤；《七音略》内轉第二輕中輕、《起數訣》第四圖開音濁、《切韻指掌圖》二圖、《四聲等子》通攝内一重少輕多韻，列字均爲『雍』。『雍』爲《廣韻》《集韻》《五音集韻》用三影母位小韻首字，《韻鏡》空位誤，當補；《切韻指南》是。

50 去三喻 ○ 弘治九年本、《叢書集成》本，均空位；近衛庫本、正德十一年本、文津閣本、碧琳琅本，列字均爲『趙』。『趙』，《廣韻》《集韻》千仲切，清送去開三通；然《康熙字典》記：『又《廣韻》《集韻》于仲切』，云送去開三通，依此音切可列於此；但此當爲『千仲切』或『子仲切』訛誤；《五音集韻》承韻書訛誤，亦作『于仲切』。《韻鏡》《七音略》《起數訣》《切韻指掌圖》《四聲等子》均空位。《廣韻》無去三云母小韻，『趙』收於《五音集韻》送三云母位；《韻鏡》《七音略》從《廣韻》空位；韻目雖未寫『送』，但《切韻指南》爲合韻韻圖，可列送韻字；弘治九年本、《叢書集成》本亦從《廣韻》空位；近衛庫本、正德十一年本、文津閣本、碧琳琅本均從《五音集韻》誤，當删。

51 本圖入聲三等位有列字，考等内所有字，入聲涵燭、屋二韻字。

52 入三徹 梀 《廣韻》《集韻》丑玉切，徹燭入開三通；《五音集韻》同《廣韻》。《韻鏡》内轉第二開合，舌音次清位列『㡛』，爲形訛，誤；《七音略》内轉第二輕中輕、《起數訣》第四圖開音濁、《四聲等子》通攝内一重少輕多韻、《切韻指南》通攝内一侷門，列字均爲『梀』；《切韻指掌圖》二圖，列字爲『畜』，徹母屋韻。『梀』爲《廣韻》《集韻》《五音集韻》燭三徹母位小韻首字，當列於此位，《韻鏡》列字爲形訛，誤；《切韻指南》是。

53　入三娘　傉　《廣韻》内沃切，泥沃入合一通；《集韻》女足切，娘燭入開三通；依《廣韻》不當列於此位，依《集韻》則可列於此位；《五音集韻》同《集韻》。《韻鏡》空位；《七音略》内轉第二輕中輕，列字爲『溽』，日母燭韻字，誤；《起數訣》第四圖開音濁、《四聲等子》通攝内一重少輕多韻，列字爲『傉』；《切韻指掌圖》二圖，娘母位列字爲『肭』，娘母屋韻。《廣韻》無入三娘母位小韻，『傉』爲《集韻》《五音集韻》燭三娘母位小韻首字，《韻鏡》從《廣韻》空位無誤；《七音略》列字誤；《切韻指南》從《集韻》《五音集韻》。

54　入三非　匚　弘治九年本、近衛庫本、正德十一年本、文津閣本，列字均爲『匚』；碧琳琅本、《叢書集成》本，列字均爲『亡』。『匚』，《廣韻》未收，《集韻》甫玉切，幫燭三入合通，依《集韻》可列於此位，《五音集韻》同《集韻》。『亡』，《廣韻》《集韻》武方切，明陽三平開宕；或《集韻》微夫切，明虞三平合遇；均不當列於此位，『亡』當爲『匚』字形訛。《韻鏡》内轉第二開合、《起數訣》第四圖開音濁，列字爲『轐』，幫母燭韻；《七音略》空位；《切韻指掌圖》二圖、《四聲等子》通攝内一重少輕多韻，列字均爲『福』，幫母屋韻。『轐』爲《廣韻》燭三幫母位小韻首字，而『匚』爲《集韻》《五音集韻》燭三幫母位小韻首字，《韻鏡》是；《七音略》空位誤；弘治九年本、近衛庫本、正德十一年本、文津閣本從《集韻》《五音集韻》；碧琳琅本、《叢書集成》本列字誤，當校改爲『匚』。

55 入三奉　幞　《廣韻》房玉切，《集韻》逢玉切，並燭入合三通；《五音集韻》同《廣韻》。《韻鏡》内轉第二開合、《起數訣》第四圖開音濁，列字均爲「幞」；《七音略》空位，誤；《切韻指掌圖》二圖、《四聲等子》通攝内一重少輕多韻，列字均爲「伏」，並母屋韻。「幞」爲《廣韻》《集韻》《五音集韻》燭三並母位小韻首字，當列於此位，《七音略》空位誤，當補「幞」；《切韻指南》是。

56 入三微　娼　《廣韻》莫沃切，明沃入合一通；《集韻》某玉切，明燭入合三通；《五音集韻》武玉切，明燭入開三通。《韻鏡》内轉第二開合，列「娼」字，爲「娼」字形訛；《七音略》内轉第二輕中輕、《起數訣》第四圖開音濁，列「娼」；《切韻指掌圖》《四聲等子》均空位。「娼」爲《集韻》《五音集韻》燭三明母位小韻首字，當列於此位，《韻鏡》列字爲形訛，誤；《切韻指南》是。

57 入三穿　娖　《廣韻》測角切，《集韻》叉角切，初覺入開二江；《五音集韻》尺足切，昌燭入開三通，依《廣韻》《集韻》不當列於此，依《五音集韻》可列於此。《韻鏡》内轉第二開合、《七音略》内轉第二輕中輕、《起數訣》第四圖開音濁、《四聲等子》通攝内一重少輕多韻，均列「觸」，昌母燭韻；《切韻指掌圖》二圖，列「俶」，昌母屋韻。「觸」爲《廣韻》《集韻》燭三昌母位小韻首字，《韻鏡》《七音略》是；「娖」爲《五音集韻》燭三昌母位小韻首字，《切韻指南》從《五音集韻》。

58　入三影　◯　弘治九年本，空位；　近衛庫本、正德十一年本、文津閣本、碧琳琅本、《叢書集成》本，列字均爲『郁』。『郁』，《廣韻》於六切，《集韻》乙六切，影屋入開三通；《五音集韻》同《廣韻》。《韻鏡》内轉第一開、《七音略》内轉第一重中重、《切韻指掌圖》二圖、《四聲等子》通攝内一重少輕多韻，列字均爲『郁』；《起數訣》第二圖收音濁，列『戫』，影母屋韻。『郁』爲《廣韻》《集韻》《五音集韻》屋三影母位小韻首字，且下收有『戫』，列字以『郁』爲佳；韻目雖未寫『屋』，但《切韻指南》爲合韻韻圖，可列屋韻字。　弘治九年本空位誤，當補『郁』字，其餘諸版本是。

59　入三喻　◯　弘治九年本，空位；　近衛庫本、正德十一年本、文津閣本、碧琳琅本、《叢書集成》本，列字均爲『囿』。『囿』，《廣韻》《集韻》于六切，云屋入開三通；《五音集韻》同《廣韻》。《韻鏡》内轉第一開、《七音略》内轉第一重中重、《起數訣》第二圖收音濁，均列『囿』；《切韻指掌圖》二圖，於喻四位列『囿』，誤；《四聲等子》空位。『囿』爲《廣韻》《集韻》《五音集韻》屋三云母位小韻首字，韻目雖未寫『屋』，但《切韻指南》爲合韻韻圖，可列屋韻字。　弘治九年本空位誤，當補『囿』字，其餘諸版本是。

60　入三來　録　弘治九年本、碧琳琅本、《叢書集成》本，列字均爲『録』；　近衛庫本、正德十一年本、文津閣本，列字均爲『録』；　二字互爲異體字。『録』，《廣韻》力玉切，《集韻》龍玉切，來燭三入開通；《五音集韻》同《廣韻》。《韻鏡》内轉第二開合、《七音略》内轉第二輕中輕、

《四聲等子》通攝内一重少輕多韻，列字均爲「録」；《起數訣》第四圖開音濁，列「録」；《切韻指掌圖》二圖，來母位列字爲「六」，來母屋韻。「録」爲《廣韻》《集韻》《五音集韻》入三來母位小韻首字，《切韻指南》諸家版本均是。

61 本圖四等位有列字，但無標目，考等内所有列字，平聲均爲鍾韻，上聲均爲腫韻，去聲均爲用韻，入聲均爲燭韻。

62 平四精 縱 《廣韻》即容切，《集韻》將容切，精鍾平開三通；《五音集韻》同《廣韻》。《韻鏡》内轉第二開合、《起數訣》第三圖收音清，列字均爲「縱」；《七音略》内轉第二輕中輕、《切韻指掌圖》二圖，列字均爲「蹤」；《四聲等子》空位。「縱」爲《廣韻》《集韻》《五音集韻》鍾三精母位小韻首字，按韻圖規制列於四等位，且下收有「蹤」字，列字以「縱」爲佳，《七音略》無誤，《切韻指南》是。

63 平四心 蜙 《廣韻》息恭切，《集韻》思恭切，心鍾平開三通；《五音集韻》同《廣韻》。《韻鏡》内轉第二開合、《七音略》内轉第二輕中輕，列字均爲「淞」；《起數訣》第三圖收音清，列「蜙」；《切韻指掌圖》二圖，列「嵩」，心母東韻三等字；《四聲等子》空位。「蜙」爲《廣韻》《集韻》《五音集韻》鍾三心母位小韻首字，按韻圖規制列於四等位，且下收有「淞」字，列字以「蜙」爲佳，《韻鏡》《七音略》無誤，《切韻指南》是。

64 平四喻 容 《廣韻》《集韻》餘封切，以鍾平開三通；《五音集韻》同《廣韻》。《韻鏡》内轉第二開合，喻三位列『容』，喻四位列『庸』，誤；《七音略》内轉第二輕中輕、《起數訣》第三圖收音清，列字均爲『容』；《切韻指掌圖》二圖，喻四位列『融』，以母東韻三等字；《四聲等子》空位。『容』爲《廣韻》《集韻》《五音集韻》鍾三以母位小韻首字，按韻圖規制列於四等位，《韻鏡》列字誤；《切韻指南》是。

65　上四精　縱　《廣韻》子冢切，《集韻》足勇切，精腫上開三通；《五音集韻》同《廣韻》。《韻鏡》内轉第二開合、《起數訣》第三圖收音清，列字均爲『縱』；《七音略》内轉第二輕中輕，列字爲『樅』，清母鍾韻，當爲『縱』字形訛；《切韻指掌圖》精母上聲四等位，列字爲『縱』；《四聲等子》空位。『縱』爲《廣韻》《集韻》《五音集韻》腫三精母位小韻首字，按韻圖規制列於四等位，《七音略》列字爲形訛，誤；《切韻指南》是。

66　上四清　憁　《廣韻》且勇切，《集韻》取勇切，清腫上開三通；《五音集韻》同《集韻》。《韻鏡》内轉第二開合，列字爲『⿰忄松』，《玉篇》記：『尺隴切，衝上聲。恐也。』列字誤；《七音略》内轉第二輕中輕，列字爲『⿰口松』；據楊軍《七音略校注》記，『憁』與『⿰巾松』同爲《集韻》腫三清母位小韻首字，『⿰口松』從口，乃『⿰巾松』字形訛，大誤；《起數訣》第三圖收音清，列字爲『衳』，《集韻》清母鍾韻，誤；《切韻指掌圖》二圖，列字爲『⿰巾松』；據《玉篇》所記，『憁』與『⿰巾松』互爲異體字；《四聲等子》空位。『憁』爲《廣韻》《集韻》《五音集韻》腫三清母位小韻首字，按韻圖規制列於四等位，《韻鏡》《七音略》均列字誤；《切韻指南》是。

67 上四喻　勇　《廣韻》余隴切，《集韻》尹竦切，以腫上開三通；《五音集韻》同《廣韻》。《韻鏡》内轉第二開合，列字爲『甬』；《七音略》内轉第二輕中輕，列字爲『悀』；《起數訣》第三圖收音清，列於上聲四等影母位，誤；《切韻指掌圖》二圖，列字爲『勇』；《四聲等子》空位。『勇』爲《廣韻》《五音集韻》腫三以母位小韻首字，按韻圖規制列於四等位，下收有『甬』『悀』二字。《韻鏡》《七音略》列字無誤；《切韻指南》是。

68 入四從　〇　弘治九年本，空位；近衛庫本、正德十一年本、文津閣本、碧琳琅本、《叢書集成》本，列字均爲『歒』。『歒』，《廣韻》才六切，《集韻》就六切，從屋入開三通；《五音集韻》同《廣韻》。《韻鏡》内轉第一開、《七音略》内轉第一重中重、《切韻指掌圖》二圖，列字均爲『歒』；《起數訣》第一圖開音清，列『摵』，《集韻》從母屋韻；《四聲等子》空位。『歒』爲《廣韻》《集韻》《五音集韻》屋三從母位小韻首字，按韻圖規制列於四等位，弘治九年本空位誤，當補『歒』字。近衛庫本、正德十一年本、文津閣本、碧琳琅本、《叢書集成》本是。

69 入四喻　欲　《廣韻》余蜀切，《集韻》俞玉切，以燭入開一通；《五音集韻》同《廣韻》。《韻鏡》内轉第二開合，於喻三位列『欲』字，喻四位空位；《七音略》内轉第二輕中輕、《起數訣》第三圖收音清，列『欲』；《切韻指掌圖》列字爲『育』，以母屋韻；《四聲等子》空位。『欲』爲《廣韻》《集韻》《五音集韻》燭韻以母位小韻首字，按韻圖規制列於四等位，《韻鏡》列於三等位，誤；《切韻指南》是。

江攝外一

見幫曉喻屬開知照來日屬合

見	溪	群	疑	端	透	定	泥	幫	滂	並	明
				知	徹	澄	孃	非	敷	奉	微
江	腔	○	㟝	椿	惷	幢	膿	邦	胮	龐	厖
講	控	○	○	○	○	○	擃	綁	㩧	棒	[illegible]
絳	[illegible]	○	○	戇	[illegible]	撞	鬞	○	脹	○	[illegible]
覺	殼	㩁	嶽	斲	逴	濁	搦	剝	璞	雹	邈
開口呼				合口呼				開口呼			

精照	清穿	從牀	心審	邪禪	曉	匣	影	喻	來	日		韻
○	囱	淙	雙	○	肛	栙	胦	○	瀧	○		江
○	傯	○	聳	○	傋	項	慃	○	○	○		講
○	糉	漴	淙	○	惷	巷	○	○	○	○		絳
捉	娖	浞	朔	○	吒	學	渥	○	犖	○		覺

此攝指掌亦作獨韻

精、清、從、心：合口呼

曉、匣、影、喻：開口呼

來、日：合口呼

第二圖　江攝外一　見幫曉喻屬開口知照來日屬合

《切韻指南》第二圖列江攝字，其中脣牙喉音字爲開口，舌齒音字爲合口，開合同圖。《切韻指南》江攝區分開合，承自《四聲等子》。《四聲等子》宕攝、江攝合併，在《四聲等子》宕攝内五陽唐重多輕少韻江全重開口呼圖中，江攝字包括全部的脣音、牙音、喉音字以及部分的齒音字；而在《四聲等子》宕攝内五圖中，江攝只有舌齒音字。《切韻指南》並未將江攝和宕攝合圖，展現了一定的保守性。

《切韻指南》除上聲知母位『𢫬』外，和《五音集韻》的小韻完全一致，且均用小韻首字。絳韻溪母位『䍃』和覺韻群母位『㹢』均不見於《廣韻》《集韻》，《韻鏡》《七音略》等韻圖亦無，僅見於《五音集韻》，蓋承自《玉篇》《字彙》等字書。『𢫬』當删；『脹』當校改爲『胖』。

另，《七音略》外轉第三重中重一圖中，上、去、入聲字皆誤抄於三等位，今徑標二等。

1　本圖平聲二等位有列字，考等内所有字，平聲涵江韻字。

2　平二疑　開口　㟁　弘治九年本、近衛庫本、正德十一年本、文津閣本作『㟁』，碧琳琅本、《叢書集成》本作『㟁』。《廣韻》未收『㟁』字形，有『㟁』，《廣韻》五江切，《集韻》吾江切，疑江二平開江；《五音集韻》收字爲『⿰山兒』，反切同《廣韻》，疑母江韻。《韻鏡》外轉第三開合、《七音略》外轉第三重中重、《起數訣》第五圖發音清、《切韻指掌圖》十四圖、《四聲等子》宕攝内五陽唐重多輕少韻江全重開口呼，列字均爲『㟀』。『㟀』爲《廣韻》《集韻》江二疑母位小韻首字，《五音集韻》小韻首字作『⿰山兒』，『⿰山兒』爲『㟀』形訛，列『⿰山兒』者從《五音集韻》之誤。《切韻指南》碧琳琅本、《叢書集成》本列『㟀』字是，其他版本當校正爲『㟀』。

3 平二知　合口　樁　弘治九年本、近衛庫本、正德十一年本、碧琳琅本、《叢書集成》本作『樁』，文津閣本作『椿』。『樁』，《廣韻》都江切，《集韻》株江切，知江二平開江；《五音集韻》同《廣韻》。《韻鏡》外轉第三開合，列字爲『摏』，書母鍾韻，俗訛；《七音略》外轉第三重中重、《切韻指掌圖》十四圖、《四聲等子》宕攝内五，列字均爲『椿』，徹母諄韻，形訛；《起數訣》第六圖發音濁，列字爲『樁』。『樁』爲《廣韻》《集韻》《五音集韻》江二知母位小韻首字，《切韻指南》從《四聲等子》列於合口，文津閣本列『椿』形訛，當校改爲『樁』，弘治九年本等其他各版本《切韻指南》是。

4 平二徹　合口　惷　《廣韻》《集韻》丑江切，徹江二平開江；《五音集韻》同《廣韻》。《韻鏡》外轉第三開合、《七音略》外轉第三重中重、《起數訣》第六圖發音濁、《切韻指掌圖》十四圖、《四聲等子》宕攝内五，列字均爲『惷』。『惷』爲《廣韻》《集韻》《五音集韻》江二徹母位小韻首字，《切韻指南》從《廣韻》，且從《四聲等子》列於合口，《切韻指南》是。

5　平二澄　合口　幢　《廣韻》宅江切，《集韻》傳江切，澄江二平開江；《五音集韻》同《廣韻》。《韻鏡》外轉第三開合、《七音略》外轉第三重中重、《起數訣》第六圖發音濁、《切韻指掌圖》十四圖、《四聲等子》宕攝内五，列字均爲『幢』。『幢』爲《廣韻》《集韻》《五音集韻》江二澄母位小韻首字，《切韻指南》從《四聲等子》列於合口，《切韻指南》是。

6　平二孃　合口　⿰耳農　《廣韻》女江切，《集韻》濃江切，孃江二平開江；《五音集韻》同《廣韻》。《韻鏡》外轉第三開合、《七音略》外轉第三重中重、《起數訣》第六圖發音濁，列字均爲『⿰耳農』；《切韻指掌圖》十四圖，列字爲『膿』，泥母冬韻，形訛；《四聲等子》宕攝内五，列字爲『膿』。『⿰耳農』爲《廣韻》《集韻》《五音集韻》江二孃母位小韻首字，下收有『膿』，列字以『⿰耳農』爲佳，《切韻指南》從《四聲等子》列於合口，《切韻指南》是。

7　平二滂　開口　胮　《廣韻》匹江切，《集韻》披江切，滂江二平開江；《五音集韻》同《廣韻》。《韻鏡》外轉第三開合、《起數訣》第五圖發音清、《切韻指掌圖》十四圖、《四聲等子》宕攝内五陽唐重多輕少韻江全重開口呼，列字均爲『胮』；《七音略》外轉第三重中重，列字爲『胮』，『膖』之俗體。『胮』爲《廣韻》《集韻》《五音集韻》江二滂母位小韻首字，下收有『膖』字，列字以『胮』爲佳，《切韻指南》是。

8　平二明　開口　厖　《廣韻》《集韻》莫江切，明江二平開江；《五音集韻》同《廣韻》。《韻鏡》外轉第三開合、《起數訣》第五圖發音清、《切韻指掌圖》十四圖、《四聲等子》宕攝内五陽唐重多輕少韻江全重開口呼，列字均爲『厖』；《七音略》外轉第三重中重，明母位列『尨』，明母江韻。『厖』爲《廣韻》《五音集韻》江二明母位小韻首字，下收有『尨』字，『尨』爲《集韻》江二明母位小韻首字，列字以『厖』爲佳，《切韻指南》是。

9 平二穿　合口　囱　《廣韻》無此『囱』字形，有『囪』，『囪』『囱』二字異體。『囪』，《廣韻》楚江切；『囱』，《集韻》《五音集韻》初江切，初江二平開江。《韻鏡》外轉第三開合、《七音略》外轉第三重中重，列字均爲『牎』，初母江韻；《起數訣》第六圖發音濁、《切韻指掌圖》十四圖，列字均爲『窻』；《四聲等子》宕攝内五，列字爲『窻』，『窻』『窻』二字異體。『囪』爲《廣韻》江二初母位小韻首字，下收有『牎』『窻』，『囱』爲《集韻》《五音集韻》江二初母位小韻首字，列字以『囪』爲佳，《切韻指南》從《集韻》《五音集韻》，且從《四聲等子》列於合口。

10 平二床　合口　淙　《廣韻》士江切，《集韻》鉏江切，崇江二平開江；《五音集韻》同《廣韻》。《韻鏡》外轉第三開合、《七音略》外轉第三重中重、《起數訣》第六圖發音濁、《切韻指掌圖》十四圖、《四聲等子》宕攝内五，列字均爲『淙』。『淙』爲《廣韻》《集韻》《五音集韻》江二崇母位小韻首字，《切韻指南》從《四聲等子》列於合口，《切韻指南》是。

11 平二審　合口　雙　弘治九年本、近衛庫本、正德十一年本作『雙』，文津閣本作『雙』，碧琳琅本、《叢書集成》本作『雙』。『雙』『雙』爲『雙』之形訛字，《廣韻》《集韻》未收『雙』字形，有『雙』，《廣韻》所江切，《集韻》疎江切，生江二平開江；《五音集韻》同《廣韻》。《韻鏡》外轉第三開合、《七音略》外轉第三重中重、《起數訣》第六圖發音濁、《切韻指掌圖》十四圖、《四聲等子》宕攝内五，列字均爲『雙』。『雙』爲《廣韻》《集韻》《五音集韻》江二生母位小韻首字，列字以『雙』爲佳，《切韻指南》從《四聲等子》列於合口。弘治九年本、近衛庫本、正德十一年本、文津閣本當校改爲『雙』，碧琳琅本、《叢書集成》本列字是。

12　平二曉　開口　肛　《廣韻》許江切，《集韻》虚江切，曉江二平開江；《五音集韻》同《廣韻》。《韻鏡》外轉第三開合，列字爲『舡』，曉母江韻；《七音略》外轉第三重中重、《起數訣》第六圖發音濁、《切韻指掌圖》十四圖、《四聲等子》宕攝内五陽唐重少輕多韻江全重開口呼，列字均爲『肛』。『肛』爲《廣韻》《集韻》《五音集韻》江二曉母位小韻首字，下收有『舡』字，列字以『肛』爲佳，《切韻指南》是。

13　平二匣　開口　栙　《廣韻》下江切，《集韻》胡江切，匣江二平開江，《五音集韻》同《廣韻》。《韻鏡》外轉第三開合、《七音略》外轉第三重中重、《起數訣》第六圖發音濁、《切韻指掌圖》十四圖、《四聲等子》宕攝内五陽唐重少輕多韻江全重開口呼，列字均爲『降』。『栙』爲《廣韻》《五音集韻》江二匣母位小韻首字，下收有『降』字，『降』爲《集韻》江二匣母位小韻首字，列字以『栙』爲佳，《切韻指南》是。

14　平二來　合口　瀧　《廣韻》吕江切，《集韻》閭江切，來江二平開江；《五音集韻》同《廣韻》。《韻鏡》外轉第三開合、《七音略》外轉第三重中重、《起數訣》第六圖發音濁、《切韻指掌圖》十四圖、《四聲等子》宕攝内五，列字均爲『瀧』。『瀧』爲《廣韻》《集韻》《五音集韻》江二來母位小韻首字，《切韻指南》從《四聲等子》列於合口，《切韻指南》是。

15 本圖上聲二等位有列字，考等内所有字，上聲涵講韻字。

16 上二溪　開口　控　《廣韻》一音苦貢切，溪送一去開通；又苦江切，溪江二平開江；均不合於此位。《集韻》克講切，《五音集韻》苦講切，溪講二上開江。《韻鏡》《七音略》《切韻指掌圖》空位；《起數訣》第六圖發音濁、《四聲等子》宕攝内五陽唐重少輕多韻江全重開口呼，列字均爲『控』。『控』爲《集韻》《五音集韻》講二溪母位小韻首字，《韻鏡》《七音略》從《廣韻》空位，《切韻指南》從《集韻》《五音集韻》。

17 上二知　合口　〇　弘治九年本空位，近衛庫本、正德十一年本、碧琳琅本、《叢書集成》本作『⿰扌四』，文津閣本作『柶』。『⿰扌四』，《廣韻》《集韻》《五音集韻》均未收，且無講二知母位字。《康熙字典》：『《字彙補》知亮切，音帳。《五音集韻》整而不亂也。』若按此『知亮切』，『⿰扌四』爲知母漾韻，不當列於此位。《韻鏡》《七音略》《起數訣》《切韻指掌圖》《四聲等子》均空位。文津閣本所列『柶』，心母至韻，亦不合於此位。近衛庫本、正德十一年本、碧琳琅本、《叢書集成》本講二知母位列『⿰扌四』誤，文津閣本列『柶』亦誤，當删；弘治九年本空位是。

18 上二孃　合口　擃　《廣韻》未收；《集韻》《五音集韻》匿講切，孃講二上開江。《韻鏡》《七音略》《切韻指掌圖》空位；《起數訣》第六圖發音濁、《四聲等子》宕攝内五，列字爲『攮』。『攮』爲《集韻》《五音集韻》講二孃母位小韻首字，《韻鏡》《七音略》從《廣韻》空位，《切韻指南》從《集韻》《五音集韻》，且從《四聲等子》列於合口。

19　上二幫　開口　⿱封糸　《廣韻》巴講切，《集韻》字形爲『⿰糸封』，補講切，『⿰糸封』『⿱封糸』二字異體，幫講二上開江；《五音集韻》同《廣韻》。《韻鏡》外轉第三開合，《切韻指掌圖》十四圖，列字均爲『⿱封糸』；《七音略》外轉第三重中重、《起數訣》第五圖發音清，幫講二上位列『⿰糸封』；《四聲等子》宕攝内五陽唐重多輕少韻江全重開口呼，幫母位列『⿱邦皮』，爲『⿱封皮』字形訛。『⿱封糸』爲《廣韻》《五音集韻》講二幫母位小韻首字，下收有『⿱封皮』字，列字以『⿱封糸』爲佳，《七音略》合於《集韻》，《切韻指南》是。

20　上二滂　開口　㩧　《廣韻》未收；《集韻》《五音集韻》普講切，滂講二上開江，可列於此位。《韻鏡》《切韻指掌圖》空位；《七音略》外轉第三重中重，列字爲『耩』，見母講韻，誤；《起數訣》第五圖發音清、《四聲等子》宕攝内五陽唐重多輕少韻江全重開口呼，列字爲『㩧』。『㩧』爲《集韻》《五音集韻》講二滂母位小韻首字，《韻鏡》從《廣韻》空位無誤，《七音略》列字誤，《切韻指南》從《集韻》《五音集韻》。

21　上二明　開口　⿰亻尨　《廣韻》武項切，《集韻》母項切，明講二上開江；《五音集韻》同《廣韻》。《韻鏡》外轉第三開合、《起數訣》第五圖發音清、《切韻指掌圖》十四圖、《四聲等子》宕攝内五陽唐重多輕少韻江全重開口呼，列字均爲『𠈋』；《七音略》外轉第三重中重，明講二上位列『㤶』，《集韻》明母江韻，又音明母絳韻，均不合於此位，列『㤶』字誤，蓋形訛。『𠈋』爲《廣韻》《集韻》《五音集韻》講二明母位小韻首字，《七音略》列字誤，《切韻指南》是。

22 上二穿　合口　𠐍　《廣韻》未收；《集韻》《五音集韻》初講切，初講二上開江，可列於此位。《韻鏡》《七音略》《切韻指掌圖》空位；《起數訣》第六圖發音濁，列字爲『𠐍』；《四聲等子》宕攝內五，列字爲『𠐍』，『𠐍』右部件『窻』爲『窗』之俗體，《康熙字典》：『窻，《玉篇》：俗窗字。』又《康熙字典》：『窻，同窗。』『窻』『窓』二字異體，『𠐍』爲『𠐍』之俗訛。『𠐍』爲《集韻》《五音集韻》講二初母位小韻首字，《韻鏡》《七音略》從《廣韻》空位，列字以『𠐍』爲佳，《切韻指南》從《集韻》《五音集韻》，且從《四聲等子》列於合口。

23 上二審　合口　聳　《廣韻》未收；《集韻》《五音集韻》雙講切，生講二上開江，可列於此位。《韻鏡》《七音略》《切韻指掌圖》空位；《起數訣》第六圖發音濁，列字爲『摗』；《四聲等子》宕攝內五，列字爲『聳』。『聳』爲《集韻》《五音集韻》講二生母位小韻首字，下收有『摗』字，列字以『聳』爲佳，《韻鏡》《七音略》從《廣韻》空位，《切韻指南》從《集韻》《五音集韻》，且從《四聲等子》列於合口。

24 本圖去聲二等位有列字，考等內所有字，去聲涵絳韻字。

25 去二溪　開口　飍　《廣韻》《集韻》未收；《五音集韻》可降切，溪絳二去開江；《康熙字典》：『《玉篇》可講切，腔上聲。亂風。又可降切，腔去聲。義同。』按此『可降切』，當列於此位。《韻鏡》《七音略》《起數訣》《切韻指掌圖》《四聲等子》均空位。『䬆』爲《五音集韻》絳二溪母位小韻首字，《韻鏡》《七音略》從《廣韻》空位是，《切韻指南》從《五音集韻》。

26 去二知　合口　戇　《廣韻》《集韻》陟降切，知絳二去開江；《五音集韻》同《廣韻》。《韻鏡》外轉第三開合、《七音略》外轉第三重中重、《切韻指掌圖》十四圖、《四聲等子》宕攝内五，列字均爲『戇』；《起數訣》第六圖發音濁，列字爲『惷』，《集韻》一音知母絳韻。『戇』爲《廣韻》《集韻》《五音集韻》絳二知母位小韻首字，《切韻指南》從《四聲等子》列於合口。

27 去二徹　合口　朁　《廣韻》丑絳切，《集韻》丑降切，徹絳二去開江；《五音集韻》同《廣韻》。《韻鏡》外轉第三開合、《七音略》外轉第三重中重、《起數訣》第六圖發音濁、《切韻指掌圖》十四圖、《四聲等子》宕攝内五，列字均爲『朁』。『朁』爲《廣韻》《集韻》《五音集韻》絳二徹母位小韻首字，《切韻指南》從《四聲等子》列於合口。

28 去二澄　合口　幢　《廣韻》直絳切，《集韻》丈降切，澄絳二去開江；《五音集韻》同《廣韻》。《韻鏡》外轉第三開合、《七音略》外轉第三重中重、《起數訣》第六圖發音濁、《四聲等子》宕攝内五，列字均爲『幢』；《切韻指掌圖》十四圖，列字爲『橦』，澄母江韻，蓋形訛。『幢』爲《廣韻》《集韻》《五音集韻》絳二澄母位小韻首字，《切韻指南》從《四聲等子》列於合口。

29 去二孃　合口　鬞　《廣韻》女江切，孃江二平開江，不合於此位；《集韻》《五音集韻》尼降切，孃絳二去開江。《韻鏡》外轉第三開合、《切韻指掌圖》十四圖，均爲空位；《七音略》外轉第三重中重、《起數訣》第六圖發音濁、《四聲等子》宕攝内五，列字爲『鬞』。『鬞』爲《集韻》《五音集韻》絳二孃母位小韻首字，《韻鏡》從《廣韻》空位，《七音略》從《集韻》列『鬞』，《切韻指南》從《集韻》《五音集韻》，且從《四聲等子》列於合口。

30 去二滂　開口　脹　《廣韻》《集韻》知亮切，知漾三去開宕，不當列於此位；《廣韻》《集韻》絳二滂母位小韻首字爲『胮』，匹絳切，滂絳二去開江，當列於此位，義爲『脹臭皃』；《五音集韻》絳二滂母位小韻首字爲『脹』，此位未收『胮』，脹，匹絳切，亦注『脹臭皃』。《韻鏡》外轉第三開合、《七音略》外轉第三重中重、《起數訣》第五圖發音清、《切韻指掌圖》十四圖、《四聲等子》宕攝内五陽唐重多輕少韻江全重開口呼，列字均爲『胮』。《五音集韻》絳二滂母位小韻首字爲『脹』，『脹』本爲知母漾韻；《玉篇・肉部》：『胮，胮脹也。』蓋義近訛誤；『胮』爲《廣韻》《集韻》絳二滂母位小韻首字，《切韻指南》從《五音集韻》之誤，當從《廣韻》《集韻》校改爲『胮』。

31 去二明　開口　㤶　《廣韻》未收；《集韻》《五音集韻》尨巷切，明絳二去開江，按此『尨巷切』，可列於此位。《韻鏡》外轉第三開合，明母位列『䏵』，明母腫韻，蓋『㤶』之形訛；《七音略》《切韻指掌圖》空位；《起數訣》第五圖發音清、《四聲等子》宕攝内五陽唐重多輕少韻江全重開口呼，列字爲『恾』。『恾』爲《集韻》《五音集韻》絳二明母位小韻首字，《七音略》從《廣韻》空位，《切韻指南》從《集韻》《五音集韻》。

32　去二穿　合口　稯　《廣韻》楚絳切，《集韻》楚降切，初絳二去開江；《五音集韻》同《廣韻》。《韻鏡》外轉第三開合、《七音略》外轉第三重中重、《起數訣》第六圖發音濁、《四聲等子》宕攝内五，列字均爲『稯』；《切韻指掌圖》空位。『稯』爲《廣韻》《集韻》《五音集韻》絳二初母位小韻首字，《切韻指南》從《四聲等子》列於合口。

33　去二床　合口　漴　《廣韻》士絳切，《集韻》仕巷切，崇絳二去開江；《五音集韻》同《廣韻》。《韻鏡》外轉第三開合、《七音略》外轉第三重中重、《起數訣》第六圖發音濁、《四聲等子》宕攝内五，列字均爲『漴』；《切韻指掌圖》空位。『漴』爲《廣韻》《集韻》《五音集韻》絳二崇母位小韻首字，《切韻指南》從《四聲等子》列於合口。

34　去二審　合口　淙　《廣韻》色絳切，《集韻》朔降切，生絳二去開江；《五音集韻》同《廣韻》。《韻鏡》外轉第三開合，《七音略》外轉第三重中重、《四聲等子》宕攝内五，列字均爲『淙』；《起數訣》第六圖發音濁，列字爲『漴』，牀母絳韻，形訛；《切韻指掌圖》空位。『淙』爲《廣韻》《集韻》《五音集韻》絳二生母位小韻首字，《切韻指南》從《四聲等子》列於合口。

35　去二曉　開口　朁　《廣韻》未收；《集韻》《五音集韻》赫巷切，曉絳二去開江。按此『赫巷切』，可列於此位。《韻鏡》《切韻指掌圖》空位；《七音略》外轉第三重中重、《起數訣》第六圖發音濁，列字均爲『戇』，知母絳韻，不當列於此位；《四聲等子》宕攝内五陽唐重少輕多韻江全重開口呼，列字爲『⿱艹替』。『⿱艹替』爲《集韻》《五音集韻》絳二曉母位小韻首字，《韻鏡》從《廣韻》空位，《切韻指南》從《集韻》《五音集韻》。

36 本圖入聲二等位有列字，考等内所有字，入聲涵覺韻字。

37 入二溪　開口　殻　『殻』當爲『㱿』形訛。『㱿』，《廣韻》溪母覺韻位爲『㱿』，苦角切，溪覺二入開江；《集韻》《五音集韻》此位收『㱿』字，反切同《廣韻》，『㱿』爲『㱿』之形訛，《康熙字典》：『㱿，《字彙》㱿字之譌。』《集韻》《五音集韻》收字誤。《韻鏡》外轉第三開合、《切韻指掌圖》十四圖、《四聲等子》宕攝内五陽唐重少輕多韻江全重開口呼，列字均爲『㱿』；《七音略》外轉第三重中重，列字爲『殼』，『殼』之異體；《起數訣》第六圖發音濁，列字爲『慤』，『慤』之俗訛。『㱿』爲《廣韻》覺二溪母位小韻首字，下收有『慤』字，列字以『㱿』爲佳，『殻』爲『㱿』之形訛，《切韻指南》從《集韻》《五音集韻》之誤，當從《廣韻》校改爲『㱿』。

38 入二群　開口　巐　《廣韻》《集韻》未收；《五音集韻》巨角切，群覺二入開江；《康熙字典》：『《字彙》巨角切，音腳。《玉篇》山名。《正字通》按《爾雅・釋山》，本作霍，俗作巐』。按此『巨角切』，可列於此位。《韻鏡》《七音略》《起數訣》《切韻指掌圖》《四聲等子》均空位。『巐』爲《五音集韻》覺二群母位小韻首字，《韻鏡》《七音略》從《廣韻》《集韻》空位，《切韻指南》從《五音集韻》。

39 入二疑　開口　嶽　《廣韻》五角切,《集韻》逆角切,疑覺二入開江;《五音集韻》同《廣韻》。《韻鏡》外轉第三開合、《四聲等子》宕攝内五陽唐重少輕多韻江全重開口呼,列字均爲『岳』,疑母覺韻;《七音略》外轉第三重中重、《起數訣》第六圖發音濁、《切韻指掌圖》十四圖,列字均爲『嶽』。『嶽』爲《廣韻》《集韻》《五音集韻》覺二疑母位小韻首字,下收有『岳』字,列字以『嶽』爲佳,《切韻指南》是。

40 入二知　合口　斲　《廣韻》《集韻》竹角切,知覺二入開江;《五音集韻》同《廣韻》。《韻鏡》外轉第三開合、《七音略》外轉第三重中重、《切韻指掌圖》十四圖,列字均爲『斲』;《起數訣》第六圖發音濁、《四聲等子》宕攝内五,列字爲『卓』。『斲』爲《廣韻》《集韻》《五音集韻》覺二知母位小韻首字,下收有『卓』字,列字以『斲』爲佳,《切韻指南》從《四聲等子》列於合口。

41 入二徹　合口　逴　《廣韻》敕角切,《集韻》敕角切,徹覺二入開江;《五音集韻》同《廣韻》。《韻鏡》外轉第三開合、《七音略》外轉第三重中重、《起數訣》第六圖發音濁、《切韻指掌圖》十四圖、《四聲等子》宕攝内五,列字均爲『逴』。『逴』爲《廣韻》《集韻》《五音集韻》覺二徹母位小韻首字,《切韻指南》從《四聲等子》列於合口。

42 入二澄　合口　濁　《廣韻》《集韻》直角切,澄覺二入開江;《五音集韻》同《廣韻》。《韻鏡》外轉第三開合、《七音略》外轉第三重中重、《起數訣》第六圖發音濁、《切韻指掌圖》十四圖、

《四聲等子》宕攝内五，列字均爲『濁』。『濁』爲《廣韻》《集韻》《五音集韻》覺二澄母位小韻首字，《切韻指南》從《四聲等子》列於合口。

43 入二孃　合口　搦　《廣韻》女角切，《集韻》昵角切，孃覺二入開江；《五音集韻》同《廣韻》。《韻鏡》外轉第三開合、《七音略》外轉第三重中重、《起數訣》第六圖發音濁、《切韻指掌圖》十四圖，列字均爲『搦』；《四聲等子》空位。『搦』爲《廣韻》《集韻》《五音集韻》覺二孃母位小韻首字，《切韻指南》從《四聲等子》列於合口。

44 入二幫　開口　剥　碧琳琅本、《叢書集成》本作『剝』，『剥』之異體。《廣韻》《集韻》《五音集韻》北角切，幫覺二入開江。《韻鏡》外轉第三開合、《七音略》外轉第三重中重、《起數訣》第五圖發音清、《切韻指掌圖》十四圖、《四聲等子》宕攝内五陽唐重多輕少韻江全重開口呼，列字均爲『剥』。『剥』爲《廣韻》《集韻》《五音集韻》覺二幫母位小韻首字，《切韻指南》是。

45 入二照　合口　捉　《廣韻》《集韻》側角切，莊覺二入開江；《五音集韻》同《廣韻》。《韻鏡》外轉第三開合、《七音略》外轉第三重中重、《起數訣》第六圖發音濁、《切韻指掌圖》十四圖、《四聲等子》宕攝内五，列字均爲『捉』。『捉』爲《廣韻》《集韻》《五音集韻》覺二莊母位小韻首字，《切韻指南》從《四聲等子》列於合口。

46 入二穿　合口　娖　《廣韻》《集韻》測角切，初覺二入開江；《五音集韻》同《廣韻》。《韻鏡》

外轉第三開合、《七音略》外轉第三重中重、《切韻指掌圖》十四圖、《四聲等子》宕攝内五，列字均爲『娖』；《起數訣》第六圖發音濁，列字爲『擉』。『娖』爲《廣韻》《五音集韻》覺二初母位小韻首字，下收有『擉』字，列字以『娖』爲佳，《切韻指南》從《四聲等子》列於合口，《切韻指南》是。

47 入二床　合口　浞　《廣韻》士角切，《集韻》仕角切，崇覺二入開江；《五音集韻》同《廣韻》。《韻鏡》外轉第三開合、《七音略》外轉第三重中重、《起數訣》第六圖發音濁、《切韻指掌圖》十四圖、《四聲等子》宕攝内五，列字均爲『浞』。『浞』爲《廣韻》《集韻》《五音集韻》覺二崇母位小韻首字，《切韻指南》從《四聲等子》列於合口。

48 入二審　合口　朔　《廣韻》所角切，《集韻》色角切，生覺二入開江；《五音集韻》同《廣韻》。《韻鏡》外轉第三開合、《七音略》外轉第三重中重、《起數訣》第六圖發音濁、《切韻指掌圖》十四圖、《四聲等子》宕攝内五，列字均爲『朔』。『朔』爲《廣韻》《集韻》《五音集韻》覺二審母位小韻首字，《切韻指南》從《四聲等子》列於合口。

49 入二曉　開口　吒　《廣韻》許角切，《集韻》黑角切，曉覺二入開江；《五音集韻》同《廣韻》。《韻鏡》空位；《七音略》外轉第三重中重、《起數訣》第六圖發音濁、《切韻指掌圖》十四圖、《四聲等子》宕攝内五陽唐重少輕多韻江全重開口呼，列字均爲『吒』。『吒』爲《廣韻》《集韻》《五音集韻》覺二曉母位小韻首字，《韻鏡》空位係誤脱，《切韻指南》是。

50 入二來　合口　犖　《廣韻》呂角切，《集韻》力角切，來覺二入開江；《五音集韻》同《廣韻》。《韻鏡》外轉第三開合、《七音略》外轉第三重中重、《起數訣》第六圖發音濁、《切韻指掌圖》十四圖、《四聲等子》宕攝内五，列字均爲「犖」。「犖」爲《廣韻》《集韻》《五音集韻》覺二來母位小韻首字，《切韻指南》從《四聲等子》列於合口。

止攝内二	見	溪	群	疑	端 知	透 徹	定 澄	泥 孃	幫 非	滂 敷	並 奉	明 微
	○	○	○	○	○	○	○	○	○	○	○	○
	○	○	○	○	○	○	○	○	○	○	○	○
	○	○	○	○	○	○	○	○	○	○	○	○
	○	○	○	○	○	○	○	○	○	○	○	○
開口呼	○	○	○	○	○	○	○	○	陂	○	○	糜
	○	○	○	○	○	○	○	○	彼	破	被	美
	○	○	○	○	○	○	○	○	○	合口呼		○
	○	○	○	○	○	○	○	○	○			○
通門	飢	攲	奇	狋	知	絺	馳	尼	陂	鈹	皮	縻
	几	起	技	擬	徵	褫	豸	狔	彼	破	被	美
	冀	器	芰	[illegible]	智	屎	緻	膩	賁	帔	備	[illegible]
	暨	○	姞	耴	窒	抶	秩	暱	筆	拂	弼	密
入声字見於臻攝	○	○	衹	[illegible]	○	○	○	○	卑	紕	舭	彌
	枳	企	○	○	○	體	弟	○	匕	諀	婢	洱
	繫	棄	○	○	帝	○	地	○	庳	譬	鼻	寐
	吉	詰	佶	[illegible]	窒	○	耋	昵	必	匹	邲	蜜

字母																
精照	○	○	○	○	菑	批	裝	櫛	支	止	志	質	貲	姊	恣	堲
清穿	○	○	○	○	差	㓼	廁	㓼	鴟	齒	⿰多阝	叱	雌	此	次	七
從床	○	○	○	○	茌	士	○	⿰齒出	○	舓	示	實	慈	薋	自	疾
心審	○	○	○	○	釃	史	駛	瑟	詩	始	屍	失	思	枲	四	悉
邪禪	○	○	○	○	○	○	○	○	時	視	嗜	[illegible]	詞	似	寺	○
曉	○	○	○	○	○	○	○	○	犧	喜	戲	肸	咦	○	○	欯
匣	○	○	○	○	○	○	○	○	○	○	○	○	○	○	系	○
影	○	○	○	○	○	○	○	○	醫	倚	懿	乙	伊	○	撎	一
喻	○	○	○	○	○	○	○	○	○	矣	○	○	移	以	異	逸
來	○	○	○	○	○	○	○	○	離	邐	吏	栗	○	○	○	○
日	○	○	○	○	○	○	○	○	而	爾	二	日	○	○	○	○
韻									脂	旨	至	質				
									微	尾	未	物				

微韻宜併入脂韻

第三圖　止攝内二　開口呼　通門　入聲字見於臻攝

《經史正音切韻指南》第三圖列止攝開口字，與《韻鏡》内轉第四開合、内轉第六開、内轉第八開、内轉第九開，及《七音略》内轉第四重中輕、内轉第六重中重、内轉第八重中重、内轉第九重中重相當，其合韻性質承自《切韻指掌圖》及《四聲等子》。

《切韻指南》三等標目爲『脂旨至質』並『微尾未物』，標注『微韻宜併入脂韻』，二等及四等有列字，但無標目，來源實際與三等相同。考各等所有列字，平聲涵脂支之三韻，上聲涵旨紙止三韻，去聲涵至寘志三韻。本圖入聲全部配自臻攝質韻和櫛韻。在列字方面，開口圖雖標注『微韻宜併入脂韻』，但各等平上去聲列字未見微尾未韻字，脂旨至、支紙寘、之止志各韻字皆有。《五音集韻》脂旨至、支紙寘、之止志合韻，合韻後韻母標爲脂旨至，《切韻指南》列字基本選用《五音集韻》脂旨至三韻小韻首字。

另外，本圖在二等位脣音列『陂、縻、彼、破、被、美』六字，依照反切下字在《五音集韻》中的合口屬性，在圖中標注『合口呼』，因止攝合口圖有非組字而列於本圖二等，不表示其爲二等字，該列圖方式不見於前代韻圖。同時，這六字在開口圖内又依前代韻圖列於三等位。

1 本圖二等未標韻目，二等平上去聲均收脂支之韻系三等字，二等入聲收質韻、櫛韻三等字，除『陂、縻、彼、破、被、美』六字及照組假二等外，《五音集韻》均列於三等位，無標目以表示收字實爲三等。

2 平二幫　合口　陂　《廣韻》彼爲切，《集韻》斑縻切，幫支三平開止；《五音集韻》波爲切，幫母脂韻。『陂』爲《廣韻》《集韻》支韻幫母重紐三等位小韻首字、《五音集韻》脂韻幫母重紐三等位小韻首字，因其反切下字屬合口，按《切韻指南》列字原則當列於合口，又因止攝合口圖三等位有字，《切韻指南》列於開口圖二等，旨在標注其爲『合口』，不表示其爲二等。

3 平二明　合口　縻　《廣韻》靡爲切，《集韻》忙皮切，明支三平開止；《五音集韻》反切同《廣韻》，明母脂韻。『縻』爲《廣韻》《集韻》支韻明母重紐三等位小韻首字，《五音集韻》脂韻明母重紐三等位小韻首字，因其反切下字屬合口，按《切韻指南》列字原則當列於合口，又因止攝合口圖三等位有字，《切韻指南》列於開口圖二等，旨在標注其爲『合口』，不表示其爲二等。

4 平二照　菑　《廣韻》側持切，《集韻》莊持切，莊之三平開止；《五音集韻》反切同《廣韻》，莊母脂韻。《韻鏡》内轉第八開、《起數訣》第十六圖開音濁、《切韻指掌圖》十八圖、《四聲等子》止攝内二重少輕多韻開口呼，列字均爲『菑』；《七音略》内轉第八重中重内重，列字爲『甾』。『菑』爲《廣韻》《集韻》之三莊母位小韻首字、《五音集韻》脂三莊母位小韻首字，下收有『甾』字，列字以『菑』爲佳，《七音略》無誤，《切韻指南》是。

5 平二床　茌　《廣韻》士之切，《集韻》仕之切，崇之三平開止；《五音集韻》士宜切，崇母脂韻。《韻鏡》内轉第八開、《切韻指掌圖》十八圖，列字爲『茬』；《七音略》内轉第八重中重内重、《四聲等子》止攝内二重少輕多韻開口呼，列字爲『茌』；《起數訣》第十六圖開音濁列字爲『漦』，來母之韻，誤，此當爲『漦』形訛，俟母之韻。『茬』爲《廣韻》之三崇母位小韻，『茬』『茌』同爲《集韻》之三崇母位小韻首字；《五音集韻》脂三崇母位小韻首字爲『[illegible]』，下收有『茬』『茌』；『茌』爲『茬』之俗體字，列字以『茬』爲佳，《七音略》《切韻指南》從《集韻》。

6 平二審　釃　弘治九年本、近衛庫本、正德十一年本、碧琳琅本、《叢書集成》本均爲『釃』，文津閣本作『師』。『釃』，《廣韻》所宜切，《集韻》山宜切，生支三平開止；《五音集韻》反切同《廣韻》，生母脂韻。『師』，《廣韻》疏夷切，《集韻》霜夷切，生脂三平開止；《五音集韻》所宜切，生母脂韻。《韻鏡》内轉第四開合、《七音略》内轉第四重中輕内重、《起數訣》第八圖收音濁，列字均爲『釃』；《切韻指掌圖》十八圖、《四聲等子》止攝内二重少輕多韻開口呼，列字均爲『師』，生母脂韻。『釃』爲《廣韻》《集韻》支三生母位小韻首字、《五音集韻》脂三生母位小韻首字；『師』爲《廣韻》《集韻》脂三生母位小韻首字，《五音集韻》『釃』小韻下收『師』字；文津閣本列字亦無誤，弘治九年本及其他版本《切韻指南》是。

7 平二禪 ○ 《廣韻》《集韻》之韻俟母位有漦小韻。『漦』，《廣韻》《集韻》俟甾切，俟之三平開止；《五音集韻》吕支切，來母旨韻，不合於此位。《韻鏡》空位；《七音略》内轉第八重中重内重、《切韻指掌圖》十八圖、《四聲等子》止攝内二重少輕多韻開口呼，列字均爲『漦』；《起數訣》空位。『漦』爲《廣韻》《集韻》之韻俟母位小韻首字，《五音集韻》無脂韻俟母位小韻，《韻鏡》空位誤，《切韻指南》從《五音集韻》空位。

8 平二來 ○ 止攝來母列於三等，二等不當有字。《七音略》内轉第六重中重，脂韻來母二等位列『梨』字。『梨』，《廣韻》力脂切，《集韻》良脂切，來脂三平開止；不當列此，當列於三等位。《韻鏡》内轉第六開，於三等位列『棃』；《起數訣》第十二圖收音濁，於三等位列『梨』；《切韻指掌圖》十八圖，於三等位列『釐』，來母之韻；《四聲等子》止攝内二重少輕多韻開口呼，於三等位列『離』，來母支韻。『棃』爲《廣韻》脂三來母位小韻首字，下收有『梨』字，注『上同』，『棃』『梨』二字異體，列字以『棃』爲佳，《韻鏡》從《廣韻》是，《七音略》列字錯位，《切韻指南》於三等位列『離』，二等位空位是。

9 上二幫 合口 彼 《廣韻》甫委切，《集韻》補靡切，幫紙三上開止；《五音集韻》反切同《廣韻》，幫母旨韻。『彼』爲《廣韻》《集韻》紙韻幫母重紐三等位小韻首字、《五音集韻》旨韻幫母重紐三等位小韻首字，因其反切下字屬合口，按《切韻指南》列字原則當列於合口，又因止攝合口圖三等位有字，《切韻指南》列於開口圖二等，旨在標注其爲『合口』，不表示其爲二等。

10 上二滂　合口　殅　《廣韻》匹靡切，《集韻》普靡切，滂紙三上開止；《五音集韻》反切同《廣韻》，滂母旨韻。『殅』爲《廣韻》《集韻》紙韻滂母重紐三等位小韻首字、《五音集韻》旨韻滂母重紐三等位小韻首字，因其反切下字屬脣音，按《切韻指南》列字原則當列於合口，又因止攝合口圖三等位有字，《切韻指南》列於開口圖二等，旨在標注其爲『合口』，不表示其爲二等。

11 上二並　合口　被　《廣韻》皮彼切，《集韻》部靡切，並紙三上開止；《五音集韻》反切同《廣韻》，並母旨韻。『被』爲《廣韻》《集韻》紙韻並母重紐三等位小韻首字、《五音集韻》旨韻並母重紐三等位小韻首字，因其反切下字屬脣音，按《切韻指南》列字原則當列於合口，又因止攝合口圖三等位有字，《切韻指南》列於開口圖二等，旨在標注其爲『合口』，不表示其爲二等。

12 上二明　合口　羙　弘治九年本、近衛庫本、正德十一年本作『羙』，文津閣本、碧琳琅本、《叢書集成》本作『美』，『羙』爲『美』之異體。『美』，《廣韻》無鄙切，《集韻》母鄙切，明旨三上開止；《五音集韻》同《廣韻》。『美』爲《廣韻》《集韻》《五音集韻》旨韻明母重紐三等位小韻首字，因其反切下字屬脣音，按《切韻指南》列字原則當列於合口，又因止攝合口圖三等位有字，《切韻指南》列於開口圖二等，旨在標注其爲『合口』，不表示其爲二等。文津閣本、碧琳琅本、《叢書集成》本列字是，弘治九年本、近衛庫本、正德十一年本亦無誤。

13 上二穿　㓼　《廣韻》初紀切，《集韻》測紀切，初止三上開止；《五音集韻》反切同《廣韻》，初母旨韻。《韻鏡》內轉第八開、《七音略》內轉第八重中重內重、《切韻指掌圖》十八圖，列字爲『剎』，『剎』『㓼』二字異體；《起數訣》第十六圖開音濁、《四聲等子》止攝內二重少輕多韻開口呼，列字均爲『㓼』。『㓼』爲《廣韻》止三初母位小韻首字、《五音集韻》旨三初母位小韻首字，列字以『㓼』爲佳，《韻鏡》《七音略》無誤，《切韻指南》是。

14 上二禪　○　《廣韻》《集韻》止韻俟母位有俟小韻，『俟』，《廣韻》《集韻》牀史切，俟止三上開止；《五音集韻》鉏里切，崇母旨韻，不合於此位。《韻鏡》內轉第八開、《七音略》內轉第八重中重內重、《切韻指掌圖》十八圖、《四聲等子》止攝內二重少輕多韻開口呼，列字均爲『俟』；《起數訣》空位。『俟』爲《廣韻》《集韻》止三俟母位小韻首字，《五音集韻》無俟母，《切韻指南》從《五音集韻》空位。

15 去二照　𧚭　《廣韻》《集韻》爭義切，莊寘三去開止；《五音集韻》反切同《廣韻》，莊母至韻。《韻鏡》內轉第四開合，列字爲『柴』，崇母佳韻，誤，『柴』當爲『𧚭』之形訛；《七音略》內轉第四重中輕內重、《起數訣》第八圖收音濁，列字均爲『𧚭』；《切韻指掌圖》十八圖、《四聲等子》止攝內二重少輕多韻開口呼，列字爲『胾』，莊母志韻。『𧚭』爲《廣韻》《集韻》寘三莊母位小韻首字、《五音集韻》至三莊母位小韻首字，列字以『𧚭』爲佳，《韻鏡》列字形訛，《切韻指南》是。

16 去二穿　廁　《廣韻》《集韻》初吏切，初志三去開止；《五音集韻》反切同《廣韻》，初母至韻。《韻鏡》内轉第八開、《起數訣》第十六圖開音濁，列字爲『廁』；《七音略》内轉第八重中重内重、《切韻指掌圖》十八圖、《四聲等子》止攝内二重少輕多韻開口呼，列字均爲『厠』，『厠』爲『廁』之異體。『廁』爲《廣韻》《集韻》志韻初母小韻首字、《五音集韻》至三初母位小韻首字，列字以『廁』爲佳，《七音略》亦無誤，《切韻指南》是。

17 去二床　○　《廣韻》《集韻》志韻崇母位有『事』小韻。『事』，《廣韻》鉏吏切，《集韻》仕吏切，崇志三去開止；《五音集韻》神至切，船母至韻，不合於此位。《韻鏡》内轉第八開、《七音略》内轉第八重中重内重、《切韻指掌圖》十八圖、《四聲等子》止攝内二重少輕多韻開口呼，列字均爲『事』；《起數訣》空位。『事』爲《廣韻》《集韻》志三崇母位小韻首字，《五音集韻》無至三崇母位小韻，《切韻指南》從《五音集韻》空位。

18 去二審　駛　《廣韻》踈吏切，生志三去開止；《集韻》志三生母位小韻首字爲『駛』，未收『駛』字，疏吏切；《五音集韻》反切同《廣韻》，生母至韻。《康熙字典》記：『駛』，《唐韻》《集韻》《韻會》踈吏切，《正韻》式至切，並音試。《説文》疾也。一曰馬行疾。杜甫《雨詩》：「潺潺石間溜，汩汩松上駛。」俗本譌作駛。『駛』爲『駛』之俗訛。《韻鏡》内轉第八開，列字爲『駛』；《七音略》内轉第八重中重内重，列字爲『駛』，形誤；《起數訣》第十六圖開音濁，列字爲『駚』，溪母央韻，誤，此當爲形訛；《切韻指掌圖》十八圖，列字爲『駛』；《四聲等子》止攝内二重少輕多韻開口呼，列字爲『使』，生母志韻。『駛』爲《廣韻》志三生母位小韻首字、《五音集韻》至三生母位小韻首字，《集韻》志三生母位小韻首字爲『駛』，《七音略》列字形誤，《切韻指南》從《廣韻》《五音集韻》。

19 入二穿 刹 弘治九年本及其他各版本作『刹』，文津閣本作『⿰杀阝』。『刹』，《廣韻》初栗切，初質三入開臻；《集韻》測乙切，初櫛三入開臻；《五音集韻》反切同《廣韻》，初母質韻。『⿰杀阝』，《廣韻》親吉切，清質三入開臻，不合於此位，『⿰杀阝』當爲『刹』字形訛。《韻鏡》空位；《七音略》外轉第十七重中重，列字爲『剎』，『刹』之俗訛；《起數訣》第十二圖收音濁，於三等位列『刹』字，列字錯位；《切韻指掌圖》十八圖，列字爲『剎』，『刹』之俗體；《四聲等子》止攝内二重少輕多韻開口呼，列字爲『測』，初母職韻。『刹』爲《廣韻》《五音集韻》質三初母位小韻首字、《集韻》櫛三初母位小韻首字，列字以『刹』爲佳；《韻鏡》空位是，《七音略》外轉圖二等不當列三等齒音；文津閣本《切韻指南》列字形訛，當校改爲『刹』，弘治九年本及其他各版本是。

20 本圖平聲三等位有列字，考等内所有字，平聲涵脂、微二韻字。

21 平三見 飢 弘治九年本作『飢』，其他各版本作『飢』。『飢』，《廣韻》居夷切，《集韻》居狋切，見脂三平開止；《五音集韻》居宜切，見母脂韻。《韻鏡》内轉第六開、《七音略》内轉第六重中重、《起數訣》第十一圖收音清，列字均爲『飢』；《切韻指掌圖》十八圖，列字爲『其』，見母之韻；《四聲等子》止攝内二重少輕多韻開口呼，列字爲『畸』，見母支韻。『飢』爲《廣韻》《集韻》《五音集韻》脂韻見母重紐三等位小韻首字，列字以『飢』爲佳，弘治九年本《切韻指南》列字缺筆，當校改爲『飢』，其他各版本是。

22 平三溪　䭘　弘治九年本作『䭘』，近衛庫本、正德十一年本、碧琳琅本、《叢書集成》本作『䭘』，文津閣本作『䭘』。『䭘』爲『䭘』之形訛字。『䭘』，《廣韻》去奇切，《集韻》丘奇切，溪支三平開止；《五音集韻》反切同《廣韻》，溪母脂韻。《韻鏡》内轉第四開合，列字爲『䭘』；《七音略》内轉第四重中輕内重，列字爲『䭘』，形訛；《起數訣》第八圖收音濁，列字爲『欹』，正作『鼓』，溪母支韻；《切韻指掌圖》十八圖，列字爲『欺』，溪母之韻；《四聲等子》止攝内二重少輕多韻開口呼，列字爲『䭘』，『䭘』之異體字。『䭘』爲《廣韻》《集韻》支三溪母位小韻首字，『䭘』爲《五音集韻》脂韻溪母重紐三等位小韻首字，『䭘』『䭘』均爲『䭘』之形訛，列字以『䭘』爲佳，《七音略》列字形訛，文津閣本《切韻指南》列字是，其他各版本當校改爲『䭘』。

23 平三群　奇　弘治九年本、近衛庫本、正德十一年本、文津閣本作『奇』，碧琳琅本、《叢書集成》本作『竒』，『竒』『奇』二字異體。『奇』，《廣韻》《集韻》渠羈切，群支三平開止；《五音集韻》反切同《廣韻》，群母脂韻。《韻鏡》内轉第四開合、《七音略》内轉第四重中輕内重、《起數訣》第八圖收音濁、《四聲等子》止攝内二重少輕多韻開口，列字均爲『奇』；《切韻指掌圖》十八圖，列字爲『其』，群母之韻。『奇』爲《廣韻》《集韻》支韻群母重紐三等位小韻首字、

《五音集韻》脂韻群母重紐三等位小韻首字，列字以『奇』字爲佳，碧琳琅本、《叢書集成》本亦無誤，弘治九年本及其他各版本《切韻指南》是。

24 平三疑　狋　《廣韻》《集韻》《五音集韻》牛肌切，疑脂三平開止。《韻鏡》内轉第六開、《起數訣》第十一圖收音清，列字均爲『狋』；《七音略》内轉第六重中重，列字爲『示』，船母至韻，應是寫脱犬旁；《切韻指掌圖》十八圖，列字爲『疑』，疑母之韻；《四聲等子》止攝内二重少輕多韻開口呼，列字爲『宜』，疑母支韻。『狋』爲《廣韻》《集韻》《五音集韻》脂韻疑母重紐三等位小韻首字，列字以『狋』字爲佳，《七音略》形誤，《切韻指南》是。

25 平三幫　陂　《廣韻》彼爲切，《集韻》班糜切，幫支三平開止；《五音集韻》波爲切，幫母脂韻。《韻鏡》内轉第四開合、《七音略》内轉第四重中輕内重、《起數訣》第七圖收音清、《四聲等子》止攝内二重少輕多韻開口呼，列字均爲『陂』；《切韻指掌圖》十九圖，列字爲『碑』，幫母支韻。『陂』爲《廣韻》《集韻》支韻幫母位重紐三等小韻首字、《五音集韻》脂韻幫母重紐三等位小韻首字，下收有『碑』字，列字以『陂』爲佳，《切韻指南》按其反切下字將其歸爲合口，因合口三等位列非組字，故將重脣放於開口圖，於二等位標識爲合口。

26 平三滂　鈹　《廣韻》敷羈切，《集韻》攀糜切，滂支三平開止；《五音集韻》反切同《廣韻》，滂母脂韻。《韻鏡》内轉第四開合、《七音略》内轉第四重中輕内重、《切韻指掌圖》十九圖，列字均爲『鈹』；《起數訣》第七圖收音清、《四聲等子》止攝内二重少輕多韻開口呼，列字爲『披』，滂母支韻。『鈹』爲《廣韻》《集韻》支韻滂母位重紐三等小韻首字、《五音集韻》脂韻滂母重紐三等位小韻首字，下收有『披』字，列字以『鈹』爲佳，因其反切下字屬開口非脣音，按《切韻指南》列字原則列於開口，《切韻指南》是。

27　平三並　皮　《廣韻》符羈切，《集韻》蒲糜切，並支三平開止；《五音集韻》反切同《廣韻》，並母脂韻。《韻鏡》内轉第四開合、《七音略》内轉第四重中輕内重、《起數訣》第七圖收音清、《切韻指掌圖》十九圖、《四聲等子》止攝内二重少輕多韻開口呼，列字均爲『皮』。『皮』爲《廣韻》《集韻》支韻並母位重紐三等小韻首字、《五音集韻》脂韻並母重紐三等位小韻首字，因其反切下字屬開口非脣音，按《切韻指南》列字原則列於開口，《切韻指南》是。

28　平三明　縻　《廣韻》靡爲切，《集韻》忙皮切，明支平開三止；《五音集韻》反切同《廣韻》，明母脂韻。《韻鏡》内轉第四開合，列字爲『糜』，明母支韻；《七音略》内轉第四重中輕内重、《起數訣》第七圖收音清、《切韻指掌圖》十九圖，列字均爲『縻』，明母脂韻，《七音略》《起數訣》此字不當列於支韻；《四聲等子》止攝内二重少輕多韻開口呼，列字爲『縻』。『縻』爲《廣韻》《集韻》支韻明母位重紐三等小韻首字、《五音集韻》脂韻明母重紐三等位小韻首字，下收有『糜』字，列字以『縻』爲佳，《韻鏡》亦無誤，《七音略》或從王三之誤，《切韻指南》按其反切下字將其歸爲合口，因合口三等位列非組字，故將重脣放於開口圖，於二等位標識爲合口。

29 平三床　○　《廣韻》《集韻》無支三船母位小韻。《韻鏡》內轉第四開合支韻船母三等位有『疵』。『疵』，《廣韻》疾移切，《集韻》才支切，從支三平開止；《五音集韻》疾之切，從母脂韻。《七音略》內轉第四重中輕內重、《四聲等子》止攝內二重少輕多韻開口呼，均於從母四等位列『疵』字；《起數訣》第七圖收音清、《切韻指掌圖》十八圖，均於從母一等位列『慈』。『疵』爲《廣韻》《集韻》支三從母位小韻首字，按韻圖規制，當列於四等從母位，《韻鏡》列字錯位，《切韻指南》空位是。

30 平三喻　○　《廣韻》《集韻》無之三云母位小韻。《七音略》內轉第八重中重內重，之韻云母位列『飴』字。『飴』，《廣韻》與之切，《集韻》盈之切，以之三平開止；《五音集韻》弋枝切，以母脂韻；均不合於此位。《韻鏡》內轉第八開、《起數訣》第十五圖開音清，均於四等位列『飴』字。『飴』爲《廣韻》《集韻》之三以母位小韻首字，當列於四等位，《七音略》誤，《切韻指南》空位是。

31 本圖上聲三等位有列字，考等內所有字，上聲涵旨、尾二韻字。

32 上三群　技　弘治九年本、近衛庫本、正德十一年本作『技』，文津閣本、碧琳琅本、《叢書集成》本作『技』。『技』，《集韻》匹角切，滂母覺韻，當爲『技』之形訛字。『技』，《廣韻》渠綺切，《集韻》巨綺切，群紙三上開止；《五音集韻》反切同《廣韻》，群母旨韻。《韻鏡》內轉第四開合、《七音略》內轉第四重中輕內重、《起數訣》第八圖收音濁、《四聲等子》止攝內二重少輕多韻開口呼，列字均爲『技』；《切韻指掌圖》十八圖，列字爲『技』，形訛。『技』爲《廣韻》《集韻》紙韻群母重紐三等位小韻首字，《五音集韻》旨韻群母重紐三等位小韻首字，文津閣本、碧琳琅本、《叢書集成》本《切韻指南》列字是，弘治九年本、近衛庫本、正德十一年本當校改爲『技』。

33 上三徹　褫　弘治九年本作『褫』，其他各版本作『褫』。『褫』，《廣韻》息移切，心支三平開止，不合於此位，『褫』當爲『褫』字形訛。『褫』，《廣韻》敕豸切，《集韻》丑豸切，徹紙三上開止；《五音集韻》旨三徹母位小韻首字作『褫』，反切同《廣韻》。《韻鏡》內轉第四開合、《七音略》內轉第四重中輕內重、《起數訣》第八圖收音濁、《切韻指掌圖》十八圖、《四聲等子》止攝內二重少輕多韻開口呼，列字均爲『褫』。『褫』爲《廣韻》紙三徹母位小韻、《集韻》紙三徹母位小韻首字，『褫』爲《五音集韻》旨三徹母位小韻首字，弘治九年本《切韻指南》從《五音集韻》之誤，應校改爲『褫』，其他各版本是。

34 上三孃　狔　弘治九年本、文津閣本作『狔』，近衛庫本、正德十一年本作『⿰白尼』，碧琳琅本、《叢書集成》本作『昵』。『狔』，《廣韻》女氏切，《集韻》乃倚切，孃紙三上開止；《五音集韻》反切同《廣韻》，孃母旨韻。『昵』，《廣韻》尼質切，孃母質韻，不合於此位。『⿰白尼』『昵』二字均誤。《韻鏡》內轉第四開合，列字爲『柅』；《七音略》內轉第四重中輕內重、《切韻指掌圖》十八圖、《四聲等子》止攝內二重少輕多韻開口呼，列字均爲『狔』；《起數訣》第八圖收音濁，列字爲『跜』，『梶』之俗體。『跜』爲《廣韻》紙三孃母位小韻首字、《五音集韻》旨三孃母位小韻首字，下收有『梶』字，『梶』爲《集韻》紙三孃母位小韻首字，列字以『跜』爲佳，《韻鏡》疑爲後人據《集韻》所改，弘治九年本、文津閣本《切韻指南》是，近衛庫本、正德十一年本、碧琳琅本、《叢書集成》本當校改爲『跜』。

35 上三幫　彼　《廣韻》甫委切，《集韻》補靡切，幫紙三上開止；《五音集韻》反切同《廣韻》，幫母旨韻。《韻鏡》内轉第四開合、《七音略》内轉第四重中輕、《起數訣》第七圖收音清、《切韻指掌圖》第十九圖、《四聲等子》止攝内二重少輕多韻開口呼，列字均爲『彼』字。『彼』爲《廣韻》《集韻》紙韻幫母重紐三等位小韻首字、《五音集韻》旨韻幫母重紐三等位小韻首字，《切韻指南》按其反切下字將其歸爲合口，因合口三等位列非組字，故將重脣放於開口圖，於二等位標識爲合口。

36 上三滂　破　《廣韻》匹靡切，《集韻》普靡切，滂紙三上開止；《五音集韻》反切同《廣韻》，滂母旨韻。《韻鏡》内轉第四開合、《七音略》内轉第四重中輕、《起數訣》第七圖收音清、《切韻指掌圖》第十九圖、《四聲等子》止攝内二重少輕多韻開口呼，列字均爲『破』字。『破』爲《廣韻》《集韻》紙韻滂母重紐三等位小韻首字、《五音集韻》旨韻滂母重紐三等位小韻首字，《切韻指南》按其反切下字將其歸爲合口，因合口三等位列非組字，故將重脣放於開口圖，於二等位標識爲合口。

37 上三並　被　弘治九年本作『被』，其他各版本作『被』，『被』爲『被』之形訛。『被』，《廣韻》皮彼切，《集韻》部靡切，並紙三上開止；《五音集韻》反切同《廣韻》，並母旨韻。《韻鏡》内轉第四開合、《七音略》内轉第四重中輕、《起數訣》第七圖收音清、《切韻指掌圖》第十九圖、《四聲等子》止攝内二重少輕多韻開口呼，列字均爲『被』字。『被』爲《廣韻》《集韻》紙韻並母重紐三等位小韻首字、《五音集韻》旨韻並母重紐三等位小韻首字，弘治九年本《切韻指南》列字形訛，當校改爲『被』，其他各版本是。《切韻指南》按其反切下字將其歸爲合口，因合口三等位列非組字，故將重脣放於開口圖，於二等位標識爲合口。

38 上三明　美　弘治九年本作『美』，其他各版本作『美』，『美』爲『美』字形訛。《廣韻》《集韻》未收『美』字，有『美』，《廣韻》無鄙切，《集韻》母鄙切，明旨三上開止；《五音集韻》同《廣韻》。《韻鏡》内轉第六開、《七音略》内轉第六重中重、《起數訣》第十一圖收音清，列字均爲『美』；《切韻指掌圖》第十九圖、《四聲等子》止攝内二重少輕多韻開口呼，列字均爲『靡』，『美』爲《廣韻》《集韻》《五音集韻》旨韻明母重紐三等位小韻首字，弘治九年本列字形訛，當校改爲『美』，其他各版本是。《切韻指南》按反切下字將其歸爲合口，因合口三等位列非組字，故將重脣放於開口圖，於二等位標識爲合口。

39 上三床　舓　《廣韻》神帋切，《集韻》甚尒切，船紙三上開止；《五音集韻》反切同《廣韻》，船母旨韻。《韻鏡》内轉第四開合，列字爲『舐』；《七音略》内轉第四重中輕内重，列字爲

『舓』；《起數訣》《切韻指掌圖》空位；《四聲等子》止攝内二重少輕多韻開口呼，列字爲『舓』。『舓』爲《廣韻》紙三船母位小韻首字，下收有『舓』字，注上同，收有『舐』，注爲俗；《集韻》『舓』『舓』『舐』三字並列於小韻首；《五音集韻》『舓』『舓』並爲旨三船母位小韻首字，下收『舐』，注爲俗；『舓』爲異體，『舐』爲俗體，列字以『舓』爲佳，《韻鏡》《七音略》亦無誤，《切韻指南》是。

40 上三曉　喜　《廣韻》虚里切，《集韻》許巳切，曉止三上開止；《五音集韻》反切同《廣韻》，曉母旨韻。《韻鏡》内轉第八開、《四聲等子》止攝内二重少輕多韻開口呼，列字均爲『喜』；《七音略》内轉第八重中重内重、《起數訣》第十六圖開音濁，列字均爲『憙』；《切韻指掌圖》十八圖，列字爲『𪖙』，曉母旨韻。『喜』爲《廣韻》《集韻》止三曉母位小韻首字、《五音集韻》旨三曉母位小韻首字，《廣韻》《五音集韻》下收有『憙』字，列字以『喜』爲佳，《七音略》亦無誤，《切韻指南》是。

41 上三影　倚　弘治九年本、近衛庫本、正德十一年本、文津閣本作『倚』，碧琳琅本、《叢書集成》本作『倚』，『倚』爲『倚』之異體。『倚』，《廣韻》於綺切，《集韻》隱綺切，影紙三上開止；《五音集韻》反切同《廣韻》，影母旨韻。《韻鏡》内轉第四開合、《起數訣》第八圖收音濁、《四聲等子》止攝内二重少輕多韻開口呼，列字均爲『倚』；《七音略》内轉第四重中輕内輕、《切韻指掌圖》十八圖，列字均爲『倚』。『倚』爲《廣韻》紙韻影母重紐三等位小韻首字，『倚』爲

《集韻》紙韻影母重紐三等位小韻首字、《五音集韻》旨韻影母重紐三等位小韻首字，列字以『倚』爲佳，碧琳琅本、《叢書集成》本《切韻指南》列字是，其他各版本亦無誤。

42 上三喻　矣　弘治九年本、正德十一年本、碧琳琅本、《叢書集成》本作『矣』，近衛庫本、文津閣本作『矣』，『矣』爲『矣』字形訛。『矣』，《廣韻》于紀切，《集韻》羽巳切，云止三上開止；《五音集韻》反切同《廣韻》，云母旨韻。《韻鏡》內轉第八開，列字爲『以』，以母止韻，誤；《七音略》內轉第八重中重內重、《切韻指掌圖》十八圖，列字均爲『矣』；《起數訣》第十六圖開音濁，列字爲『譩』，影母止韻，誤；《四聲等子》空位。『矣』爲《廣韻》《集韻》止三以母位小韻首字、《五音集韻》旨三以母位小韻首字，《韻鏡》於三等位列『以』字誤，四等位無字並誤，弘治九年本、正德十一年本、碧琳琅本、《叢書集成》本《切韻指南》列字是，近衛庫本、文津閣本形訛，當校改爲『矣』。

43 上三日　爾　《廣韻》兒氏切，《集韻》忍氏切，日紙三上開止；《五音集韻》反切同《廣韻》，日母旨韻。《韻鏡》內轉第四開合、《七音略》內轉第四重中輕內重，列字均爲『爾』；《起數訣》第八圖收音濁，列字爲『尒』，『尒』之形訛；《切韻指掌圖》十八圖，列字爲『耳』，日母止韻；《四聲等子》止攝內二重少輕多韻開口呼，列字爲『尒』。『爾』爲《廣韻》紙三日母位小韻首字、《五音集韻》旨三日母位小韻首字，下收有『尒』字，『尒』爲《集韻》紙三日母位小韻首字，列字以『爾』爲佳，《切韻指南》是。

44 本圖三等位有列字，考等内所有字，去聲涵至、未二韻字。

45 去三溪　器　弘治九年本作『器』，近衛庫本、正德十一年本作『器』，文津閣本、碧琳琅本、《叢書集成》本作『器』，『器』『器』均爲『器』之異體。『器』，《廣韻》去冀切，《集韻》去異（冀）切，溪至三去開止；《五音集韻》同《廣韻》。《韻鏡》内轉第六開、《七音略》内轉第六重中重、《起數訣》第十一圖收音清，列字均爲『器』；《切韻指掌圖》十八圖，列字爲『亟』，溪母志韻；《四聲等子》止攝内二重少輕多韻開口呼，列字爲『椅』，影母紙韻。『器』爲《廣韻》《集韻》《五音集韻》至韻溪母重紐三等位小韻首字，近衛庫本、正德十一年本《切韻指南》列字是，其他各版本亦無誤。

46 去三徹　屎　《廣韻》丑利切，《集韻》丑二切，徹至三去開止；《五音集韻》同《廣韻》。《韻鏡》空位；《七音略》内轉第六重中重、《起數訣》第十二圖收音濁，列字爲『屎』；《切韻指掌圖》十八圖，列字爲『眙』，徹母志韻；《四聲等子》止攝内二重少輕多韻開口呼，列字爲『屎』，書母旨韻，誤。『屎』爲《廣韻》《集韻》《五音集韻》至三徹母位小韻首字，《韻鏡》誤脱，《切韻指南》是。

47 去三明　縻　《廣韻》靡爲切，明支三平開止，不合於此位；《集韻》縻寄切，明寘三去開止；《五音集韻》靡寄切，明母至韻。《韻鏡》空位；《七音略》内轉第四重中輕内重、《切韻指掌圖》十九圖，列字均爲『魅』，明母至韻；《起數訣》第七圖收音清，列字爲『縻』，明母支韻，誤；《四聲等子》止攝内二重少輕多韻開口呼，列於明母脂韻，至韻位列『媚』，明母至韻。《廣韻》寘韻明母開口重紐三等位無字；『縻』爲《集韻》寘韻明母重紐三等位小韻，《五音集韻》至韻明母重紐三等位小韻首字；《韻鏡》從《廣韻》空位是，《七音略》列『魅』於第四圖誤，《切韻指南》從《集韻》《五音集韻》，又因其反切下字屬開口，按《切韻指南》列字原則列於開口，《切韻指南》是。

48 去三穿　𨛬　『𨛬』爲『卶』字形訛。『卶』，《廣韻》《集韻》充豉切，昌寘三去開止；《五音集韻》反切同《廣韻》，昌母至韻。《韻鏡》内轉第四開合、《七音略》内轉第四重中輕内重、《起數訣》第八圖收音濁、《四聲等子》止攝内二重少輕多韻開口呼，列字均爲『𨛬』；《切韻指掌圖》十八圖，列字爲『熾』，昌母志韻。『卶』爲《廣韻》《集韻》寘三昌母位小韻首字，爲《五音集韻》至三昌母位小韻首字，《韻鏡》《七音略》列字形訛，《切韻指南》並訛，當校改爲『卶』。

49 去三床　示　《廣韻》《集韻》神至切，船至三去開止；《五音集韻》同《廣韻》。《韻鏡》内轉第六開、《七音略》内轉第六重中重，列字均爲『示』；《起數訣》第十二圖收音濁、《切韻指掌圖》十八圖船母位空位，於禪母位列『示』字，蓋船禪相混；《四聲等子》空位。『示』爲《廣韻》《集韻》《五音集韻》至三船母位小韻首字，《切韻指南》是。

50 去三禪　嗜　《廣韻》常利切，《集韻》時利切，禪至三去開止；《五音集韻》同《廣韻》。《韻鏡》内轉第六開、《七音略》内轉第六重中重，列字均爲『嗜』；《起數訣》第十二圖收音濁、

《切韻指掌圖》十八圖，列字爲『示』，船母至韻，蓋船禪相混；《四聲等子》止攝内二重少輕多韻開口呼，列字爲『豉』，禪母寘韻。『嗜』爲《廣韻》《集韻》《五音集韻》至三禪母位小韻首字，《切韻指南》是。

51 去三曉　戲　弘治九年本、近衛庫本、正德十一年本、文津閣本作『戲』，碧琳琅本、《叢書集成》本作『戲』，『戲』爲『戲』之俗體。『戲』，《廣韻》《集韻》香義切，曉寘三去開止；《五音集韻》反切同《廣韻》，曉母至韻。《韻鏡》内轉第四開合、《七音略》内轉第四重中輕内重、《起數訣》第八圖收音濁、《四聲等子》止攝内二重少輕多韻開口呼，列字均爲『戲』；《切韻指掌圖》十八圖，列字爲『憙』，曉母志韻。『戲』爲《廣韻》《集韻》寘韻曉母重紐三等位小韻首字，『戲』爲《五音集韻》至韻曉母重紐三等位小韻首字，列字以『戲』爲佳，弘治九年本、近衛庫本、正德十一年本、文津閣本《切韻指南》從《五音集韻》，碧琳琅本、《叢書集成》本列字是。

52 本圖入聲三等位有列字，考等内所有字，入聲涵物、質二韻字。

53 入三見　暨　弘治九年本及其他各版本作『暨』，文津閣本作『曁』。『暨』，《廣韻》居乙切，《集韻》戟乙切，見質三入開臻；《五音集韻》同《廣韻》。『曁』，《廣韻》許既切，曉母未韻，又音其冀切，群母至韻；《集韻》許既切，曉母未韻，又音居代切，見母代韻；《五音集韻》收《廣韻》《集韻》共三種音切，均不合於此位，『曁』當爲形訛。《韻鏡》外轉第十七開、《七音略》外轉第十七重中重、《四聲等子》止攝内二重少輕多韻開口呼，列字均爲『暨』；《起數訣》第十二圖收音濁，列字爲『暨』，爲『暨』之俗體；《切韻指掌圖》十八圖，列字爲『訖』，見母迄韻。『暨』爲《廣韻》《集韻》《五音集韻》質韻見母重紐三等位小韻首字，列字以『暨』爲佳，文津閣本《切韻指南》誤，當校改爲『暨』，其他各版本是。

54 入三溪 ○ 弘治九年本、近衛庫本、正德十一年本、碧琳琅本、《叢書集成》本空位，文津閣本作『乞』。『乞』，《廣韻》去訖切，《集韻》欺訖切，溪迄三入開臻；《五音集韻》同《廣韻》。『乞』爲《廣韻》《集韻》《五音集韻》迄三溪母位小韻首字，本圖列目爲質，所收韻字均爲《五音集韻》質韻字，故弘治九年本、近衛庫本、正德十一年本、碧琳琅本、《叢書集成》本空位是，文津閣本當删。

55 入三疑 耴 弘治九年本、近衛庫本、正德十一年本、碧琳琅本、《叢書集成》本作『耴』，文津閣本作『取』。『耴』，《廣韻》魚乙切，《集韻》逆乙切，疑質三入開臻；《五音集韻》同《廣韻》。『取』，《廣韻》七庾切，清母麌韻，一音倉苟切，清母厚韻，均不合於此位，當爲『耴』之形訛。《韻鏡》外轉第十七開、《七音略》外轉第十七重中重，列字均爲『耴』；《起數訣》空位；《切韻指掌圖》十八圖，於四等位列『耴』字，誤；《四聲等子》止攝内二重少輕多韻開口呼，列字爲『逆』，疑母陌韻。『耴』爲《廣韻》《集韻》《五音集韻》質三疑母重紐三等位小韻首字，文津閣本《切韻指南》列字形誤，當校爲『耴』，其他各版本是。

56 入三徹　抶　《廣韻》丑栗切，《集韻》敕栗切，徹質三入開臻；《五音集韻》同《廣韻》。《韻鏡》外轉第十七開、《起數訣》第十二圖收音濁、《切韻指掌圖》十八圖，列字均爲『抶』；《七音略》外轉第十七重中重，列字爲『秩』，澄母質韻，當爲『抶』字之形訛；《四聲等子》止攝内二重少輕多韻開口呼，列字爲『彳』，徹母昔韻。『抶』爲《廣韻》《集韻》《五音集韻》質三徹母位小韻首字，《七音略》列字形訛，《切韻指南》是。

57 入三孃　暱　《廣韻》《集韻》尼質切，孃質三入開臻；《五音集韻》同《廣韻》。《韻鏡》外轉第十七開、《七音略》外轉第十七重中重、《起數訣》第十二圖收音濁、《切韻指掌圖》十八圖，列字均爲『暱』；《七音略》外轉第十七重中重，列字爲『暱』；《四聲等子》止攝内二重少輕多韻開口呼，列字爲『匿』，泥母職韻。『暱』爲《廣韻》《集韻》《五音集韻》質三娘母位小韻首字，《集韻》《五音集韻》下收有『暱』字，列字以『暱』爲佳，《七音略》列字從《集韻》，《切韻指南》是。

58 入三滂　拂　《廣韻》敷勿切，滂物三入合臻，不合於此位；《集韻》《五音集韻》普密切，滂質三入開質。《韻鏡》《七音略》《切韻指掌圖》空位；《起數訣》第十五圖開音清，列字爲『堛』，滂母職韻；《四聲等子》止攝内二重少輕多韻開口呼，列字爲『⿰金乏』，定母盍韻，誤。『拂』爲《集韻》《五音集韻》滂母質韻重紐三等位小韻，《韻鏡》《七音略》從《廣韻》空位是，《切韻指南》從《集韻》《五音集韻》，因其反切下字屬開口，按《切韻指南》列字原則列於開口。

59 入三明　密　《廣韻》美筆切，《集韻》莫筆切，明質三入開臻；《五音集韻》同《廣韻》。《韻鏡》外轉第十七開，《切韻指掌圖》十九圖，列字均爲「密」；《七音略》外轉第十七重中重、《起數訣》第十三圖閉音清，列字均爲「蜜」，《廣韻》彌畢切，質韻明母重紐四等位小韻首字，當列於四等；《四聲等子》止攝内二重少輕多韻開口呼，列字爲「窅」，明母職韻。「密」爲《廣韻》《集韻》《五音集韻》明母質韻重紐三等位小韻首字，因其反切下字屬開口，按《切韻指南》列字原則列於開口，《七音略》列字錯位，《切韻指南》是。

60 入三牀　實　《廣韻》神質切，《集韻》食質切，船質三入開臻；《五音集韻》同《廣韻》。《韻鏡》外轉第十七開、《七音略》外轉第十七重中重，列字均爲「實」；《起數訣》第十二圖收音濁、《切韻指掌圖》十八圖，於禪母位列「實」，蓋船禪相混之故；《四聲等子》止攝内二重少輕多韻開口呼，列字爲「射」，船母昔韻。「實」爲《廣韻》《集韻》《五音集韻》質三船母位小韻首字，《切韻指南》是。

61 入三禪　崍　《廣韻》《集韻》未收；《五音集韻》時質切，禪質三入開臻，訓「不空也」，《玉篇》：「實，時質切，不空也。」《韻鏡》《七音略》空位；《起數訣》第十六圖開音濁，列「食」，船母職韻，蓋船禪相混；《切韻指掌圖》十八圖，列字爲「實」，船母質韻，蓋船禪相混；《四聲等子》止攝内二重少輕多韻開口呼，列字爲「石」，禪母昔韻。《廣韻》《集韻》質韻禪母位無字，『崍』爲《五音集韻》質三禪母位小韻，《韻鏡》《七音略》從《廣韻》空位是，《切韻指南》從《五音集韻》。

62 入三曉　肸　《廣韻》義乙切，《集韻》黑乙切，曉質三入開臻；《五音集韻》同《集韻》。《韻鏡》外轉第十七開，列字爲『肸』；《七音略》外轉第十七重中重，列字爲『肝』，形訛；《起數訣》第十二圖收音濁，列字爲『肹』；《切韻指掌圖》十八圖，列字爲『迄』，曉母迄韻；《四聲等子》止攝内二重少輕多韻開口呼，列字爲『虩』，曉母陌韻。『肸』爲《廣韻》《集韻》《五音集韻》曉母質韻重紐三等位小韻首字，『肹』爲其異體字，列字以『肸』爲佳，《七音略》列字形訛，《切韻指南》是。

63 入三喻　○　《廣韻》《集韻》質韻云母位有『颶』小韻，《廣韻》於筆切，《集韻》越筆切，云質三入開臻；《五音集韻》質韻喻母三等位無字，『颶』字位於術三云母位，于聿切，云術三入合臻。《韻鏡》外轉第十七開、《七音略》外轉第十七重中重、《起數訣》第十二圖收音濁，列字均爲『颶』；《切韻指掌圖》《四聲等子》空位。『颶』爲《廣韻》《集韻》質三云母位小韻首字，《韻鏡》《七音略》從《廣韻》《集韻》列字是，《切韻指南》從《五音集韻》空位。

64 入三日　日　《廣韻》人質切，《集韻》入質切，日質三入開臻；《五音集韻》同《廣韻》。《韻鏡》外轉第十七開，列字爲『月』，爲『日』字形訛；《七音略》外轉第十七重中重、《起數訣》第十二圖收音濁、《切韻指掌圖》十八圖、《四聲等子》止攝内二重少輕多韻開口呼，列字均爲

『日』。『日』爲《廣韻》《集韻》《五音集韻》質三日母位小韻首字，《韻鏡》字形訛誤，《切韻指南》是。

65 本圖四等位有列字，但無標目，考等内所有字，平聲涵之、支、脂三韻字。

66 平四溪 ◯ 《廣韻》之韻溪母位有抾小韻，『抾』，《廣韻》丘之切，一音去其切，《集韻》丘其切，溪之三平開止；《五音集韻》去奇切，溪母脂韻。《韻鏡》内轉第八開，四等位列字爲『抾』；《七音略》《起數訣》《四聲等子》空位；《切韻指掌圖》十八圖，列字爲『溪』，溪母齊韻。『抾』爲《廣韻》之三溪母位小韻，之韻非重紐韻，《廣韻》當是後增，應併入『去其切』；《集韻》將『抾』字合併於『丘其切』欺小韻。《五音集韻》收於脂韻溪母，當列於三等位，《切韻指南》空位是。

67 平四群 祇 弘治九年本、碧琳琅本、《叢書集成》本作『祇』，近衛庫本、正德十一年本、文津閣本作『祇』。『祇』，《廣韻》旨夷切，《集韻》蒸夷切，章脂三平開止；不當列於此位。群母重紐四等位有『祇』，《廣韻》巨支切，《集韻》翹移切，群支三平開止；《五音集韻》反切同《廣韻》，群母脂韻。《韻鏡》内轉第四開合、《切韻指掌圖》十八圖、《四聲等子》止攝内二重少輕多韻開口呼，列字爲『祇』；《七音略》内轉第四重中輕内重、《起數訣》第七圖收音清，列字均爲『祇』。『祇』爲《廣韻》《集韻》支韻群母重紐四等位小韻首字、《五音集韻》脂韻群母重紐四等位小韻首字，近衛庫本、正德十一年本、文津閣本《切韻指南》是，弘治九年本、碧琳琅本、《叢書集成》本列『衹』字誤，當校改爲『衹』。

68 平四疑　觬　《廣韻》無支韻疑母重紐四等位小韻；『觬』，《集韻》語支切，疑支三平開止；《五音集韻》反切同《集韻》，疑母脂韻。《韻鏡》《七音略》空位；《起數訣》第七圖收音清、《四聲等子》止攝内二重少輕多韻開口呼，列字均爲『觬』；《切韻指掌圖》十八圖，列字爲『倪』，疑母齊韻。『觬』爲《集韻》《五音集韻》疑母支韻重紐四等位小韻首字，《韻鏡》《七音略》從《廣韻》空位是，《切韻指南》從《集韻》《五音集韻》。

69 平四並　舭　『𣬈』，爲『毗』本字，《説文》：『人臍也。從囟，囟取氣通也。』『毗』，《廣韻》房脂切，《集韻》頻脂切，並脂三平開止；《五音集韻》同《廣韻》。《韻鏡》内轉第六開、《七音略》内轉第六重中重、《起數訣》第十一圖收音清，列字均爲『毗』；《切韻指掌圖》十九圖，列字爲『鼙』，並母齊韻；《四聲等子》止攝内二重少輕多韻合口呼，列字爲『毘』；『毘』『毗』二字爲異體字。『毘』爲《廣韻》《集韻》《五音集韻》並母脂韻重紐四等位小韻首字，下收有『毗』字，列字以『毘』爲佳，《韻鏡》《七音略》列『毗』字無誤，《切韻指南》是。

70 平四明　彌　《廣韻》武移切，《集韻》民卑切，明支三平開止；《五音集韻》反切同《廣韻》，明母脂韻。《韻鏡》内轉第四開合、《七音略》内轉第四重中輕内重、《四聲等子》止攝内二重少輕多韻開口呼，列字均爲『彌』；《起數訣》第七圖收音清，列字爲『瀰』，《康熙字典》記：『瀰，《唐韻》奴禮切，《集韻》《韻會》《正韻》乃禮切，音禰。《説文》水滿也。與瀰同』，『瀰』，明母支韻；《切韻指掌圖》十九圖，列字爲『迷』，明母齊韻。『彌』爲《廣韻》《集韻》明母支韻重紐四等位小韻首字、《五音集韻》明母脂韻重紐四等位小韻首字，下收有『瀰』字，列字以『彌』爲佳，《切韻指南》是。

71 平四定　○　《集韻》脂韻定母位有『踶』小韻。『踶』，《廣韻》池爾切，澄母紙韻，一音特計切，定母霽韻，均不合於此位；《集韻》徒祁切，定脂三平開止。《韻鏡》《七音略》空位；《起數訣》第十一圖收音清、《四聲等子》止攝内二重少輕多韻開口呼，列字爲『踶』；《切韻指掌圖》十八圖，列字爲『蹄』，定母齊韻。『踶』爲《集韻》脂韻定母位小韻當爲類隔切、實爲澄母。《五音集韻》收於澄母三等。《廣韻》《五音集韻》無脂韻定母位小韻，《切韻指南》從《廣韻》《五音集韻》空位是。

72 平四精　貲　《廣韻》即移切，《集韻》將支切，精支三平開止；《五音集韻》反切同《廣韻》，精母脂韻。《韻鏡》内轉第四開合、《七音略》内轉第四重中輕内重，列字均爲『貲』；《起數訣》第七圖收音清，於一等位列『貲』字；《切韻指掌圖》十八圖，於一等位列『兹』字，精母之韻，《起數訣》《切韻指掌圖》上升爲一等字，列字表現語音變化；《四聲等子》止攝内二重少輕多韻開口呼，列字爲『資』，精母脂韻。『貲』爲《廣韻》《集韻》支三精母位小韻首字、《五音集韻》脂三精母位小韻首字，《切韻指南》是。

73 平四清　雌　《廣韻》此移切，《集韻》七支切，清支三平開止；《五音集韻》反切同《廣韻》，清母脂韻。《韻鏡》内轉第四開合、《七音略》内轉第四重中輕内重、《四聲等子》止攝内二重少輕多韻開口呼，列字均爲『雌』；《起數訣》第七圖收音清、《切韻指掌圖》十八圖，於一等位列『雌』字，列字表現語音變化。『雌』爲《廣韻》《集韻》支三清母位小韻首字、《五音集韻》脂三清母位小韻首字，《切韻指南》是。

74 平四從　慈　弘治九年本、正德十一年本、文津閣本、碧琳琅本、《叢書集成》本作『慈』，近衛庫本作『慈』，『慈』『慈』二字異體。『慈』，《廣韻》疾之切，《集韻》牆之切，從之三平開止；《五音集韻》反切同《廣韻》，從母脂韻。《韻鏡》内轉第八開、《七音略》内轉第八重中重内重，列字均爲『慈』；《起數訣》第十五圖開音清、《切韻指掌圖》十八圖，於一等位列『慈』字，列字表現語音變化；《四聲等子》止攝内二重少輕多韻開口呼，列字爲『疵』，從母支韻。『慈』爲《廣韻》《集韻》之三從母位小韻首字、《五音集韻》脂三從母位小韻首字，列字以『慈』字爲佳，《切韻指南》是。

75 平四心　思　《廣韻》息兹切，《集韻》新兹切，心之三平開止；《五音集韻》反切同《廣韻》，心母脂韻。《韻鏡》内轉第八開、《七音略》内轉第八重中重内重，列字均爲『思』；《切韻指掌圖》十八圖、《起數訣》第十五圖開音清，於一等位列『思』字，列字表現語音變化；《四聲等子》止攝内二重少輕多韻開口呼，列字爲『斯』，心母支韻。『思』爲《廣韻》《集韻》之三心母位小韻首字、《五音集韻》脂三心母位小韻首字，《切韻指南》是。

76 平四邪　詞　《廣韻》似兹切，《集韻》詳兹切，邪之三平開止；《五音集韻》反切同《廣韻》，邪母脂韻。《韻鏡》内轉第八開、《七音略》内轉第八重中重内重、《四聲等子》止攝内二重少輕多韻開口呼，列字均爲『詞』；《起數訣》第十五圖開音清、《切韻指掌圖》十八圖，於一等位列『詞』字，列字表現語音變化。『詞』爲《廣韻》《集韻》之三邪母位小韻首字、《五音集韻》脂三邪母位小韻首字，《切韻指南》是。

77 平四曉　咦　《廣韻》喜夷切，《集韻》馨夷切，曉脂三平開止；《五音集韻》同《廣韻》。《韻鏡》内轉第六開，列字爲『夷』，以母脂韻，誤；《七音略》内轉第六重中重、《起數訣》第十二圖收音濁，列字爲『咦』；《切韻指掌圖》十八圖，列字爲『醯』，曉母齊韻；《四聲等子》空位。『咦』爲《廣韻》《集韻》《五音集韻》脂韻曉母重紐四等位小韻首字，《韻鏡》列字誤，《切韻指南》是。

78 本圖上聲四等位有列字，但無標目，考等内所有字，上聲涵紙、止、旨三韻字。

79 上四見　枳　《廣韻》居帋切，《集韻》頸尒切，見紙三上開止；《五音集韻》反切同《廣韻》，見母旨韻。《韻鏡》内轉第四開合，列字爲『踦』，《廣韻》居綺切，紙韻見母位重紐三等字，當列於三等，誤；《七音略》内轉第四重中輕、《起數訣》第七圖收音清、《四聲等子》止攝内二重少輕多韻開口呼，列字爲『枳』；《切韻指掌圖》第十八圖，列字爲『几』，見母旨韻。『枳』爲《廣韻》見母紙韻重紐四等位小韻、《集韻》見母紙韻重紐四等位小韻首字、《五音集韻》見母旨韻重紐四等位小韻首字，《韻鏡》誤，《切韻指南》是。

80 上四透　體　《廣韻》他禮切，透薺四上開蟹，不合於此位；《集韻》天以切，透止三上開止；《五音集韻》反切同《集韻》，透母旨韻。《韻鏡》《七音略》空位；《起數訣》第十五圖開音清，《切韻指掌圖》十八圖、《四聲等子》止攝内二重少輕多韻開口呼，列字爲「體」。《廣韻》無止韻透母位小韻，《韻鏡》《七音略》從《廣韻》空位是；「體」爲《集韻》止三透母位小韻首字，《五音集韻》旨三透母位小韻首字，因聲母爲舌頭，且反切下字「以」爲喻四，三等爲徹母字「恥，丑里切」。故《五音集韻》承《集韻》列於四等，《切韻指南》從《集韻》《五音集韻》。

81 上四定　弟　《廣韻》徒禮切，定薺四上開止，不合於此位；《集韻》蕩以切，定止三上開止；《五音集韻》反切同《集韻》，定母旨韻。《韻鏡》《七音略》空位；《起數訣》第十五圖開音清，《切韻指掌圖》十八圖、《四聲等子》止攝内二重少輕多韻開口呼，列字均爲「弟」。《廣韻》無止韻定母位小韻，《韻鏡》《七音略》從《廣韻》空位是；「弟」爲《集韻》止三定母位小韻首字，《五音集韻》旨三定母位小韻首字，因聲母爲舌頭，且反切下字「以」爲喻四，三等位有澄母字「峙，丈里切」。故《五音集韻》録《集韻》列於四等，《切韻指南》從《集韻》《五音集韻》。

82 上四明　渳　《廣韻》綿婢切，《集韻》母婢切，明紙三上開止；《五音集韻》反切同《廣韻》，明母旨韻。《韻鏡》内轉第四開合、《七音略》内轉第四重中輕、《四聲等子》止攝内二重少輕多韻開口呼，列字爲「弭」；《起數訣》第七圖收音清，列字爲「瀰」；《切韻指掌圖》第十九圖，列字爲『瀰』。『瀰』爲《廣韻》紙韻明母重紐四等位小韻首字、《五音集韻》旨韻明母重紐四等位小韻首字，下收有『弭』『瀰』二字，『弭』爲《集韻》紙韻明母重紐四等位小韻首字，列字以『瀰』爲佳；《韻鏡》當爲後人所改，《七音略》從《集韻》亦無誤，《切韻指南》是。

83 上四精 姊 弘治九年本、正德十一年本作『姉』，近衛庫本、文津閣本、碧琳琅本、《叢書集成》本作『姊』，『姉』爲『姊』之形訛。『姊』，《廣韻》將几切，《集韻》蔣兕切，精旨三上開止；《五音集韻》同《廣韻》。《韻鏡》内轉第六開，列字爲『姉』，形訛；《七音略》内轉第六重中重，列字爲『姉』，形訛；《起數訣》第十一圖收音清，於一等位列『姊』字；《切韻指掌圖》十八圖，於一等位列『紫』字，精母紙韻，《起數訣》《切韻指掌圖》上升爲一等，列字表現語音變化；《四聲等子》止攝内二重少輕多韻開口呼，列字爲『濢』，精母旨韻。『姊』爲《廣韻》《集韻》《五音集韻》旨三精母位小韻首字，列字以『姊』爲佳；《韻鏡》《七音略》列字形訛，近衛庫本、文津閣本、碧琳琅本、《叢書集成》本《切韻指南》列字是，弘治九年本、正德十一年本當校改爲『姊』。

84 上四清 此 《廣韻》雌氏切，《集韻》淺氏切，清紙三上開止；《五音集韻》跐氏切，清母旨韻。《韻鏡》内轉第四開合、《七音略》内轉第四重中輕内重、《四聲等子》止攝内二重少輕多韻開口呼，列字均爲『此』；《起數訣》第七圖收音清、《切韻指掌圖》十八圖，於一等位列『此』字，列字表現語音變化。『此』爲《廣韻》《集韻》紙三清母位小韻首字、《五音集韻》旨三清母位小韻首字，《切韻指南》是。

85 上四從　薺　《廣韻》即移切，精支三平開止，不合於此位；《集韻》自爾切，從紙三上開止；《五音集韻》反切同《集韻》，從母旨韻。《韻鏡》《七音略》《切韻指掌圖》空位；《起數訣》第七圖收音清，於一等位列『薺』字，列字表現語音變化；《四聲等子》止攝內二重少輕多韻開口呼，列字爲『薺』。《廣韻》無紙三開從母位小韻，『薺』爲《集韻》紙三從母位小韻、《五音集韻》旨三從母位小韻，《韻鏡》《七音略》從《廣韻》空位是，《切韻指南》從《集韻》《五音集韻》。

86 上四心　枲　《廣韻》胥里切，《集韻》想止切，心止三上開止；《五音集韻》反切同《廣韻》，心母旨韻。《韻鏡》內轉第八開、《七音略》內轉第八重中重內重，列字均爲『枲』；《起數訣》第十五圖開音清，於一等位列『枲』字；《切韻指掌圖》十八圖，於一等位列『死』字，心母旨韻，《起數訣》《切韻指掌圖》上升爲一等，列字表現語音變化；《四聲等子》止攝內二重少輕多韻開口呼，列字爲『徙』，心母紙韻。『枲』爲《廣韻》《集韻》止三心母位小韻首字、《五音集韻》旨三心母位小韻首字，《切韻指南》是。

87 上四邪　似　《廣韻》詳里切，《集韻》象齒切，邪止三上開止；《五音集韻》反切同《廣韻》，邪母旨韻。《韻鏡》內轉第八開、《七音略》內轉第八重中重內重，列字均爲『似』；《起數訣》第十五圖開音清，於一等位列『似』字；《切韻指掌圖》十八圖，於一等位列『兕』字，邪母旨韻，《起數訣》《切韻指掌圖》上升爲一等，列字表現語音變化；《四聲等子》止攝內二重少輕多韻開口呼，四等位列字爲『兕』。『似』爲《廣韻》《集韻》止三邪母位小韻首字、《五音集韻》旨三邪母位小韻首字，《切韻指南》是。

88 本圖去聲四等位有列字，但無標目，考等内所有字，去聲涵至、志、寘三韻字。

89 上四喻　以　《廣韻》羊己切，《集韻》養里切，以止三上開止；《五音集韻》反切同《廣韻》，以母旨韻。《韻鏡》内轉第八開，喻三位列『以』字，誤；《七音略》空位；《起數訣》第十五圖開音清，影母位列字爲『以』，誤；《切韻指掌圖》十八圖，列字爲『吟』，影母薺韻；《四聲等子》止攝内二重少輕多韻開口呼，列字爲『酏』，以母紙韻。『以』爲《廣韻》《集韻》止三以母位小韻首字、《五音集韻》旨三以母位小韻首字，《韻鏡》誤列於喻三位，又誤脱喻三母『矣』字，《七音略》誤脱，《切韻指南》是。

90 去四見　繫　『繫』爲『繫』字形訛。『繫』，《廣韻》古詣切，見霽四去開蟹，不合於此位；《集韻》吉棄切，見至三去開止；《五音集韻》古棄切，見母至韻。《韻鏡》空位；《七音略》内轉第六重中重，列字爲『蟿』，溪母至韻，當爲『繫』字形訛；《切韻指掌圖》十八圖，列字爲『計』，見母霽韻；《四聲等子》止攝内二重少輕多韻開口呼，列字爲『馶』，見母寘韻。《廣韻》無至韻見母重紐四等位小韻，『繫』爲《集韻》《五音集韻》至韻見母重紐四等位小韻首字；《韻鏡》從《廣韻》空位是，《七音略》當從《集韻》而轉訛，《切韻指南》從《集韻》《五音集韻》，然形訛，當校改爲『繫』。

91 去四疑 ○ 《廣韻》《集韻》支脂均無重紐四等字。《韻鏡》《七音略》《起數訣》《切韻指掌圖》均空位。《四聲等子》去四疑母位列『倪』，《切韻指掌圖》此位列『詣』。《集韻》未韻疑母位有倪小韻，五未切，疑未三去合止，《四聲等子》當列於合口圖，不當列此。《切韻指南》空位是。

92 去四端 帝 《廣韻》都霽切，端霽四去開蟹，不合於此位；《集韻》丁計切，端霽四去開蟹，又音丁易切，端母寘韻；《五音集韻》都計切，端霽四去開蟹，又音丁易切，端母至韻。若按此『丁易切』，可列於端母位。《韻鏡》《七音略》空位；《起數訣》第七圖收音清、《切韻指掌圖》十八圖、《四聲等子》止攝內二重少輕多韻開口呼，列字均爲『帝』。『帝』爲《集韻》寘韻端母位小韻，《五音集韻》至韻端母位小韻首字，因聲母爲舌頭，只拼一、四等，止攝只有三等字，且知母有『智，知義切』，此『丁易切』爲不合理音切，《五音集韻》承《集韻》。《韻鏡》《七音略》從《廣韻》空位是，《切韻指南》從《集韻》《五音集韻》。

93 去四幫 庳 《廣韻》府移切，《集韻》賓彌切，幫支三平開止，不合於此位；《五音集韻》必至切，注曰：『腳冷，濕病。』按此音義在《廣韻》《集韻》中字形爲『痹』，必至切，幫至三去開止，可列於此位，『庳』當爲『痹』形訛。《韻鏡》內轉第六開、《七音略》內轉第六重中重，列字均爲『痹』；《起數訣》空位；《切韻指掌圖》十九圖、《四聲等子》止攝內二重少輕多韻開口呼，列字爲『臂』，幫母寘韻。『痹』爲《廣韻》《五音集韻》至韻幫母重紐四等位小韻首字，《集韻》至韻幫母重紐四等位小韻首字爲『畀』，列字以『痹』爲佳，《切韻指南》從《五音集韻》誤，當校改爲『痺』。

94 去四滂　譬　《廣韻》匹賜切,《集韻》匹智切,滂寘三去開止;《五音集韻》反切同《廣韻》,滂母至韻。《韻鏡》空位;《七音略》内轉第四重中輕内重、《起數訣》第七圖收音清、《切韻指掌圖》十九圖、《四聲等子》止攝内二重少輕多韻開口呼,列字均爲『譬』。『譬』爲《廣韻》《集韻》寘韻滂母重紐四等位小韻首字、《五音集韻》至韻滂母重紐四等位小韻首字,《韻鏡》誤脱,《切韻指南》是。

95 去四明　寐　弘治九年本、近衛庫本,列字爲『寐』,此字爲『寐』字訛誤;文津閣本、正德十一年本、碧琳琅本、《叢書集成》本,列字均爲『寐』。『寐』,《廣韻》彌二切,《集韻》蜜二切,明至三去開止;《五音集韻》同《廣韻》。《韻鏡》内轉第六開、《七音略》内轉第六重中重、《切韻指掌圖》十九圖、《四聲等子》止攝内二重少輕多韻開口呼,列字爲『寐』;《起數訣》空位。『寐』爲《廣韻》《集韻》《五音集韻》至韻明母重紐四等位小韻首字,《切韻指南》弘治九年本、近衛庫本列字誤,當校爲『寐』;其他版本列字是。

96 去四精　恣　《廣韻》《集韻》資四切,精至三去開止;《五音集韻》同《廣韻》。《韻鏡》内轉第六開、《七音略》内轉第六重中重,列字均爲『恣』;《起數訣》空位;《切韻指掌圖》十八圖,於一等位列『恣』字,列字表現語音變化;《四聲等子》列字爲『積』,精母寘韻。『恣』爲《廣韻》《集韻》《五音集韻》至三精母位小韻首字,《切韻指南》是。

97 去四清　次　《廣韻》《集韻》七四切，清至三去開止；《五音集韻》七自切，清母至韻。《韻鏡》内轉第六開、《七音略》内轉第六重中重，列字均爲『次』；《起數訣》第十一圖收音清，於一等位列『次』字；《切韻指掌圖》十八圖，一等位列字爲『截』，清母寘韻，《起數訣》《切韻指掌圖》上升爲一等，列字表現語音變化；《四聲等子》列字爲『刺』，清母寘韻。『次』爲《廣韻》《集韻》《五音集韻》至三清母位小韻首字，《切韻指南》是。

98 去四從　自　《廣韻》《集韻》疾二切，從至三去開止；《五音集韻》同《廣韻》。《韻鏡》内轉第六開、《七音略》内轉第六重中重，列字均爲『自』；《起數訣》第十一圖收音清、《切韻指掌圖》十八圖，於一等位列『自』字，列字表現語音變化；《四聲等子》列字爲『漬』，從母寘韻。『自』爲《廣韻》《集韻》《五音集韻》至三從母位小韻首字，《切韻指南》是。

99 去四心　四　《廣韻》《集韻》息利切，心至三去開止；《五音集韻》同《廣韻》。《韻鏡》内轉第六開、《七音略》内轉第六重中重，列字均爲『四』；《起數訣》第十一圖收音清，於一等位列『四』字；《切韻指掌圖》十八圖，一等位列字爲『笥』，心母志韻，《起數訣》《切韻指掌圖》上升爲一等，列字表現語音變化；《四聲等子》列字爲『賜』，心母寘韻。『四』爲《廣韻》《集韻》《五音集韻》至三心母位小韻首字，《切韻指南》是。

100 去四邪　寺　《廣韻》《集韻》祥吏切，邪志三去開止；《五音集韻》反切同《廣韻》，邪母至韻。《韻鏡》内轉第八開、《七音略》内轉第八重中重内重、《四聲等子》止攝内二重少輕多韻開口呼，列字均爲『寺』；《起數訣》第十五圖開音清、《切韻指掌圖》十八圖，於一等位列『寺』字，列字表現語音變化。『寺』爲《廣韻》《集韻》志三邪母位小韻首字、《五音集韻》至三邪母位小韻首字，《切韻指南》是。

101 去四曉 ○ 弘治九年本、近衛庫本、正德十一年本、碧琳琅本、《叢書集成》本空位，文津閣本列『侐』字。『侐』，《廣韻》《集韻》火季切，曉至三去合止；《五音集韻》同《廣韻》，不合於此位。《韻鏡》内轉第六開、《七音略》内轉第六重中重、《四聲等子》止攝内二重少輕多韻開口呼，列字爲『呬』，《集韻》許四切，曉母至韻；《起數訣》第十一圖收音清，列字爲『⿰口凹』，當爲『呬』字形誤；《切韻指掌圖》十八圖，列字爲『欪』，曉母霽韻。『侐』爲《廣韻》至韻曉母合口重紐四等位小韻、《集韻》《五音集韻》至韻曉母合口重紐四等位小韻，不當列於此位；《廣韻》《五音集韻》無至韻曉母開口重紐四等位小韻，『呬』爲《集韻》至韻曉母開口重紐四等位小韻首字，列字以『呬』爲佳；《韻鏡》當爲後人據《集韻》或《七音略》所增，《七音略》從《集韻》； 文津閣本《切韻指南》列『侐』字誤，其他各版本從《廣韻》《五音集韻》。

102 去四匣 系 《廣韻》胡計切，匣霽四去開止，不合於此位；《集韻》兮肄切，匣至三去開止；《五音集韻》兮異切，匣母至韻。《韻鏡》内轉第六開、《切韻指掌圖》十八圖、《四聲等子》止攝内二重少輕多韻開口呼，列字爲『系』；《七音略》空位；《起數訣》第十一圖收音清，『系』字列於曉母位，誤。《廣韻》無至三匣母位小韻，『系』爲《集韻》《五音集韻》至三匣母位小韻首字，《韻鏡》當爲後人據《集韻》所增，《七音略》從《廣韻》空位是，《切韻指南》從《集韻》《五音集韻》。

103 去四影　撎　《廣韻》乙冀切，影至三去開止，當列重紐三等位，不合於此位；《集韻》伊志切，影志三去開止；《五音集韻》反切同《集韻》，影母至韻。《韻鏡》《七音略》空位；《起數訣》第十五圖開音清，列字爲『撎』；《切韻指掌圖》十八圖、《四聲等子》止攝内二重少輕多韻開口呼，列字爲『縊』，影母霽韻。『撎』爲《集韻》志三影母位小韻，補於韻末；『撎』爲《五音集韻》至韻影母重紐四等位小韻首字；《韻鏡》《七音略》從《廣韻》空位是，《切韻指南》從《集韻》《五音集韻》。

104 本圖入聲四等位有列字，但無標目，考等内所有字，入聲涵質、櫛二韻字。

105 入四群　佶　《廣韻》巨乙切，群質三入開臻，不合於此位；《集韻》其吉切，群質三入開臻；《五音集韻》同《集韻》。《韻鏡》外轉第十七開，列字爲『佶』；《七音略》《起數訣》《四聲等子》空位；《切韻指掌圖》十八圖，列字爲『姞』，誤，當列於三等位。『姞』爲《廣韻》《集韻》《五音集韻》質韻群母重紐三等位小韻首字，『佶』爲《集韻》《五音集韻》質韻群母重紐四等位小韻首字，《韻鏡》爲後人據《集韻》增補，《七音略》從《廣韻》空位是，《切韻指南》從《集韻》《五音集韻》。

106 入四疑　臲　《廣韻》五結切，疑屑四入開山，不合於此位；《集韻》魚一切，疑質三入開臻；《五音集韻》同《集韻》。《韻鏡》《七音略》《起數訣》《四聲等子》空位；《切韻指掌圖》十八圖，列字爲『耴』，誤，當列於三等位。《廣韻》質韻疑母位無重紐四等字，『䶊』爲《集韻》《五音集韻》質三疑母重紐四等位小韻，《韻鏡》《七音略》從《廣韻》空位是，《切韻指南》從《集韻》《五音集韻》。

107 入四端　窒　《廣韻》一音陟栗切，知質三入開臻，一音丁結切，端屑四入開山，均不合於此位；《集韻》得悉切，端質三入開臻；《五音集韻》同《集韻》。《廣韻》於韻末增有蛭小韻，『蛭』，丁悉切，端質三入開臻。《韻鏡》外轉第十七開、《七音略》外轉第十七重中重、《起數訣》第十一圖收音清，列字均爲『蛭』；《切韻指掌圖》《四聲等子》空位。『蛭』爲《廣韻》質三端母位小韻，『窒』爲《集韻》《五音集韻》質三端母位小韻首字，《韻鏡》《七音略》從《廣韻》，《切韻指南》從《集韻》《五音集韻》。

108 入四定　耋　《廣韻》徒結切，定屑四入開山，不合於此位；《集韻》地一切，定質三入開臻；《五音集韻》同《集韻》。《韻鏡》外轉第十七開，列字爲『姪』，澄母質韻，不合於此位；《七音略》《起數訣》《切韻指掌圖》空位；《四聲等子》止攝内二重少輕多韻開口呼，列字爲『悌』，定母霽韻。《廣韻》無質韻定母位小韻，《韻鏡》應爲後人誤將三等位『秩』字下所注同音字竄入圖中，《七音略》從《廣韻》空位是；『耋』爲《集韻》《五音集韻》質三定母位小韻首字，因聲母爲舌頭只拼一、四等，故列入四等，此『地一切』爲不合理音切，《五音集韻》承《集韻》。《切韻指南》從《集韻》《五音集韻》。

109 入四泥　昵　《廣韻》尼質切，孃質三入開臻，不合於此位；《集韻》乃吉切，泥質三入開臻；《五音集韻》同《集韻》。《韻鏡》外轉第十七開、《起數訣》第十三圖開音清，列字均爲「昵」；《七音略》外轉第十七重中重，列字爲「昵」，爲「昵」字形訛；《切韻指掌圖》空位；《四聲等子》止攝内二重少輕多韻開口呼，列字爲「鑈」，泥母薺韻。《廣韻》無質韻泥母位小韻，「昵」爲《集韻》《五音集韻》質三泥母位小韻首字，當爲泥孃類隔，《五音集韻》承《集韻》。《韻鏡》爲後人據《集韻》增補，《七音略》從《集韻》而字形轉訛，《切韻指南》從《集韻》《五音集韻》。

110 入四並　邲　《廣韻》毗必切，《集韻》簿必切，並質三入開臻；《五音集韻》同《廣韻》。《韻鏡》外轉第十七開、《七音略》外轉第十七重中重、《起數訣》第十三圖、《切韻指掌圖》十九圖，列字均爲「邲」；《四聲等子》止攝内二重少輕多韻開口呼，列字爲「擗」，並母昔韻。「邲」爲《廣韻》《集韻》《五音集韻》質韻並母重紐四等位小韻首字，因其反切下字屬開口，按《切韻指南》列字原則列於開口，《切韻指南》是。

111 入四明　蜜　《廣韻》彌畢切，《集韻》覓畢切，明質三入開臻；《五音集韻》同《廣韻》。《韻鏡》外轉第十七開、《起數訣》第十三圖，列字均爲「蜜」，《切韻指掌圖》十九圖；《七音略》外轉第十七重中重，列字爲「密」，「蜜」誤列於重紐三等位；《四聲等子》止攝内二重少輕多韻開口呼，列字爲『覓』，明母錫韻。『蜜』爲《廣韻》《集韻》《五音集韻》質韻明母重紐四等位小韻首字，《七音略》誤列於重紐三等位，因其反切下字屬開口，按《切韻指南》列字原則列於開口，《切韻指南》是。

112 入四喻　逸　此字當爲『逸』字誤。『逸』，《廣韻》夷質切，《集韻》弋質切，以質三入開臻；《五音集韻》同《廣韻》。《韻鏡》外轉第十七開、《七音略》外轉第十七重中重、《起數訣》第十一圖收音清、《切韻指掌圖》十八圖，列字均爲『逸』；《四聲等子》止攝内二重少輕多韻合口呼，列字爲『繹』，以母昔韻。『逸』爲《廣韻》《集韻》《五音集韻》質三以母位小韻首字，《切韻指南》列字缺筆，當校正爲『逸』。

止攝內二　合口呼　通門　入声字見於臻攝

見	溪	群	疑	端	透	定	泥	幫	滂	並	明
				知	徹	澄	孃	非	敷	奉	微
○	○	○	○	○	○	○	○	○	○	○	○
○	○	○	○	○	○	○	○	○	○	○	○
○	○	○	○	○	○	○	○	○	○	○	○
○	○	○	○	○	○	○	○	○	○	○	○
○	○	○	○	○	○	○	○	○	○	○	○
○	○	○	○	○	○	○	○	○	○	○	○
○	○	○	○	○	○	○	○	○	○	○	○
○	○	○	○	○	○	○	○	○	○	○	○
龜	虧	逵	危	追	○	鎚	○	非	霏	肥	微
軌	巋	跪	硊	○	摧	○	萎	匪	斐	膹	尾
騩	喟	匱	僞	轛	○	墜	諉	沸	費	狒	未
亥	屈	倔	崛	炪	黜	朮	貀	弗	拂	佛	物
頯	闚	葵	○	○	○	○	○	○	○	○	○
癸	跬	揆	峞	○	○	○	○	○	○	○	○
瞡	觖	悸	○	○	○	○	○	○	○	○	○
橘	○	繘	○	○	○	○	○	○	○	○	○

精	清	從	心	邪	曉	匣	影	喻	來	日	
照	穿	床	審	禪							韻
○			○	○	○	○	○	○	○	○	
○	○	○	○	○	○	○	○	○	○	○	
○	○	○	○	○	○	○	○	○	○	○	
○	○	○	○	○	○	○	○	○	○	○	
[illegible]	衰	○	衰	○	○	○	○	○	○	○	
○	揣	○	○	○	○	○	○	○	○	○	
○	○	○	帥	○	○	○	○	○	○	○	
剟	○	○	率	○	○	○	○	○	○	○	
錐	吹	○	○	垂	麾	○	逶	帷	漯	痿	微　脂
捶	○	○	水	菙	毀	○	委	蔿	壘	蘂	尾　旨
惴	吹	○	餟	捶	毀	○	餧	位	類	枘	未　至
○	出	術	絀	○	颰	○	蔚	颶	律	○	物　質
嶉	[illegible]	厜	綏	隨	隓	○	洼	惟	○	○	
觜	趡	[illegible]	髓	[illegible]	[illegible]	○	○	葰	○	○	
醉	翠	萃	邃	遂	孈	○	恚	遺	○	○	
卒	焌	崒	卹	○	獝	驈	○	聿	○	○	

微韻宜併入脂韻

第四圖　止攝内二　合口呼　通門　入聲字見於臻攝

《經史正音切韻指南》第四圖列止攝合口字，與《韻鏡》内轉第五合、内轉第七合、内轉第十合，及《七音略》内轉第五輕中輕、内轉第七輕中重内輕、内轉第十輕中輕内輕相當，其合韻性質承自《切韻指掌圖》及《四聲等子》。

《切韻指南》三等標目爲『脂旨至質』並『微尾未物』，上標『微韻宜併入脂韻』；二等及四等有列字，但無標目，來源實際與三等相同。考各等所有列字，平聲涵脂支微三韻，上聲涵旨紙尾三韻，去聲涵至寘未三韻。本圖入聲全部配自臻攝術韻和物韻。

在列字方面，脣音列微尾未韻字，牙、舌、齒、喉、半舌、半齒音列脂旨至、支紙寘各韻字。《五音集韻》脂旨至、支紙寘合韻，合韻後韻母標爲脂旨至，《切韻指南》牙、舌、齒、喉、半舌、半齒音列字基本選用《五音集韻》脂旨至三韻小韻首字；《五音集韻》微尾未韻獨用，而《切韻指南》標『微韻宜併入脂韻』，於脣音列微尾未韻字。

1　本圖二等無列目，二等平上去聲均收支脂韻系三等字，二等入聲收術韻三等字，《五音集韻》均列於二等位，無標目以表現收字實爲三等。

2 平二照 ⿱艹柴 文津閣本作『⿱艹柬』，弘治九年本等其他各版本作『⿱艹柴』。《廣韻》未收此字，且支韻、脂韻、微韻均無莊母合口三等小韻；《集韻》此位有『⿱艹柴』小韻，爲『⿱艹柴』字形訛。『⿱艹柴』，壯隨切，莊支三平合止；《五音集韻》反切同《集韻》，莊母脂韻。《韻鏡》《七音略》《切韻指掌圖》均空位；《起數訣》第十圖閉音濁列字爲『柴』，精母支韻；《四聲等子》止攝内二重少輕多韻合口呼，列字爲『⿱艹柴』。『⿱艹柴』爲《集韻》支合三莊母位小韻，《五音集韻》脂合三莊母位小韻，寧忌浮注當校爲『⿱艹柴』，《切韻指南》從《集韻》《五音集韻》，《切韻指南》諸版本沿《集韻》形訛而列訛字，文津閣本進一步形訛，故均當校正爲『⿱艹柴』。

3 去二穿 ○ 弘治九年本、碧琳琅本、《叢書集成》本空位，近衛庫本、正德十一年本、文津閣本列『⿰炏皮』。『⿰炏皮』，《廣韻》楚愧切，《集韻》楚類切，初至三去合止；《五音集韻》尺僞切，昌母至韻，不合於此位。《韻鏡》空位；《七音略》内轉第七輕中重内輕，列字爲『歘』，『⿰炏皮』字之訛；《起數訣》第十四圖閉音濁、《四聲等子》止攝内二重少輕多韻合口呼，列字爲『⿰炏皮』；《切韻指掌圖》十九圖，列字爲『吹』，昌母寘韻。『⿰炏皮』爲《廣韻》《集韻》至三初母位小韻，《韻鏡》空位誤，《七音略》列字形訛，近衛庫本、正德十一年本、文津閣本《切韻指南》列字是，其他各版本當校補『⿰炏皮』字。

4 入二穿 ○ 《廣韻》《五音集韻》無術韻初母位小韻；《集韻》質(術)韻初母位有『⿰率刂』小韻，楚律切，初質(術)三上合臻。《韻鏡》《切韻指掌圖》均空位；《七音略》外轉第十八輕中輕，列字爲『齜』，崇母質韻，誤；《起數訣》第十四圖閉音濁、《四聲等子》止攝内二重少輕多韻合口呼，列字爲『𠞊』。《廣韻》《五音集韻》無術三合初母位小韻，『𠞊』爲《集韻》質（術）三合初母位小韻；《韻鏡》從《廣韻》空位是，《七音略》列字誤；《起數訣》《四聲等子》此位可列質韻字，從《集韻》列『𠞊』於此位；《切韻指南》止攝合口圖齒音入聲僅列術韻字，《切韻指南》從《廣韻》《五音集韻》空位是。

5 入二牀　○　《廣韻》《集韻》《五音集韻》無術韻崇母位小韻。《四聲等子》止攝内二重少輕多韻合口呼，入二牀母位列字爲『齜』。『齜』，《廣韻》仕叱切，崇質三入開臻；《集韻》測瑟切，初質三入開臻；《五音集韻》同《廣韻》，均不合於此位。《韻鏡》《七音略》空位；《切韻指掌圖》十九圖，列字爲『𣅀』，透母没韻，誤；《起數訣》第十四圖閉音濁，列字爲『齜』。《廣韻》《五音集韻》均無術三合崇母位小韻，《切韻指南》止攝合口圖齒音入聲僅列術韻字，『齜』列於《切韻指南》開口圖，《四聲等子》《起數訣》誤，《切韻指南》從《廣韻》《五音集韻》空位是。

6 本圖三等位有列字，考等内所有字，平聲涵脂、支、微三韻字。

7 平三見　龜　弘治九年本作『龜』，其他各版本作『𪚦』，『龜』爲『𪚦』之異體。『𪚦』，《廣韻》居追切，《集韻》居逵切，見脂三平合止；《五音集韻》脂三見母位小韻首字爲『龜』，居爲切，見母脂韻。《韻鏡》内轉第七合、《七音略》内轉第七輕中重内輕、《起數訣》第十四圖閉音濁，列字均爲『龜』；《切韻指掌圖》十九圖、《四聲等子》止攝内二重少輕多韻合口呼，均列字爲『歸』，見母微韻。『龜』爲《廣韻》《集韻》脂韻見母重紐三等位小韻首字，列字以『龜』爲佳，弘治九年本《切韻指南》從《五音集韻》形訛列『龜』字，當校改爲『龜』，當校改爲『龜』，其他各版本是。

8 平三非　非　《廣韻》甫微切，《集韻》匪微切，非微三平合止；《五音集韻》同《廣韻》。《韻鏡》内轉第十合、《七音略》内轉第十輕中輕内輕、《起數訣》第十八圖閉音濁、《切韻指掌圖》十九圖、《四聲等子》止攝内二重少輕多韻合口呼，列字均爲『非』。『非』爲《集韻》微三非母位小韻首字，『裴』爲《廣韻》《五音集韻》微三非母位小韻首字，下收有『非』字，列字以『裴』爲佳，《韻鏡》列『非』當爲後人竄改，《七音略》從《集韻》，亦無誤，《切韻指南》從《集韻》。

9 平三審　○　《廣韻》《集韻》支脂微韻均無書母字，《韻鏡》《起數訣》《切韻指掌圖》《四聲等子》空位。《七音略》内轉第五輕中輕，平三書母位列字爲『韉』。『韉』，《廣韻》《集韻》山垂切，生支三平合止；《五音集韻》所追切，生母脂韻；不當列於此位。『韉』爲《廣韻》《集韻》支韻生母位小韻首字，《七音略》誤，當列於二等位，《切韻指南》空位是。

10 本圖上聲三等位有列字，考等内所有字，上聲涵旨、紙、尾三韻字。

11 上三徹　摧　《廣韻》子罪切，精賄一上合蟹，不合於此位；《集韻》丑水切，徹旨三上合止;《五音集韻》同《集韻》。《韻鏡》《七音略》《切韻指掌圖》空位;《起數訣》第十四圖閉音濁、《四聲等子》止攝内二重少輕多韻合口呼,列字均爲『推』。『推』爲《集韻》旨三徹母位小韻,《五音集韻》旨三徹母位小韻首字,《韻鏡》《七音略》從《廣韻》空位是,《切韻指南》從《集韻》《五音集韻》。

12 上三澄 ○ 《廣韻》紙旨尾韻無澄母合口三等位小韻,《集韻》紙韻澄母位有『𤢃』小韻,直婢切,澄紙三上開止,不合於此位。《廣韻》《五音集韻》無『𤢃』小韻,有『䠞』。『䠞』,《廣韻》隨婢切,邪紙三上合止;《五音集韻》𤢃婢切,邪母旨韻,均不合於此位。《韻鏡》《七音略》《起數訣》《切韻指掌圖》此位均空位;《四聲等子》止攝内二重少輕多韻合口呼,上三澄母位列字爲『䠞』。『䠞』爲《廣韻》紙三邪母位小韻、《五音集韻》旨三邪母位小韻,『𤢃』爲《集韻》紙三開澄母位小韻,均不當列於此位,《四聲等子》列字誤,《切韻指南》空位是。

13 上三孃 萎 《廣韻》於爲切,影母支韻,又於僞切,影母寘韻,均不合於此位;《集韻》女萎切,孃紙三上合止;《五音集韻》反切同《集韻》,孃母旨韻。《韻鏡》《七音略》《切韻指掌圖》空位;《起數訣》第十圖閉音濁、《四聲等子》止攝内二重少輕多韻合口呼,列字爲『萎』。《廣韻》紙旨尾韻孃母合口三等位無小韻,『萎』爲《集韻》紙三孃母位小韻首字、《五音集韻》旨三孃母位小韻首字,《韻鏡》《七音略》從《廣韻》空位是,《切韻指南》從《集韻》《五音集韻》。

14 上三穿 ◯ 《廣韻》《集韻》紙旨尾韻無上三合昌母位小韻。《韻鏡》内轉第五合，上三昌母位列字爲「揣」。「揣」，《廣韻》初委切，《集韻》楚委切，初紙三上合止；《五音集韻》反切同《廣韻》，初母旨韻。《韻鏡》列字錯位，當列於二等位，《切韻指南》空位是。

15 上三曉 毀 弘治九年本及其他各版本作「毁」，近衛庫本作「毀」，「毀」「毁」二字異體。「毁」，《廣韻》許委切，《集韻》虎委切，曉紙三上合止；《五音集韻》反切同《廣韻》，曉母旨韻。《韻鏡》内轉第五合、《七音略》内轉第五輕中輕、《起數訣》第十圖閉音濁、《切韻指掌圖》十九圖，列字均爲「毁」；《四聲等子》止攝内二重少輕多韻合口呼，列字爲「虺」，曉母尾韻。「毁」爲《廣韻》《集韻》紙韻曉母重紐三等位小韻首字，爲《五音集韻》旨韻曉母重紐三等位小韻首字，列字以「毁」爲佳，近衛庫本《切韻指南》亦無誤，弘治九年本及其他各版本是。

16 本圖去聲三等位有列字，考等内所有字，去聲函至、寘、未三韻字。

17 去三徹 ◯ 《廣韻》至三合徹母位無小韻，《集韻》至三合徹母位有「出」小韻。「出」，敕類切，徹至三去合止。《韻鏡》《七音略》《四聲等子》均空位；《起數訣》第十四圖閉音濁、《切韻指掌圖》十九圖，去三徹母位列字爲「出」。《廣韻》《五音集韻》無至三合徹母位小韻，「出」爲《集韻》至三合徹母位小韻，《起數訣》《切韻指掌圖》從《集韻》亦無誤，《切韻指南》從《廣韻》《五音集韻》空位。

18 去三奉　狒　《廣韻》扶沸切，《集韻》父沸切，奉未三去合止；《五音集韻》同《廣韻》。《韻鏡》内轉第十合，列字爲『痱』；《七音略》内轉第十輕中輕内輕，列字爲『屝』，爲『屝』字形訛；《起數訣》第十八圖閉音濁，列字爲『屝』；《切韻指掌圖》十九圖，列字爲『吠』，奉母廢韻；《四聲等子》止攝内二重少輕多韻合口呼，列字爲『狒』。『䰻』爲《廣韻》未三奉母位小韻首字，『𩰲』爲《五音集韻》未三奉母位小韻首字，下收有『痱』『屝』，『屝』爲《集韻》未韻奉母位小韻首字，『𩰲』『䰻』『狒』均爲一字之異體，列字以『𩰲』爲佳；《韻鏡》無誤，《七音略》當從《集韻》『屝』之形訛，《切韻指南》從《四聲等子》。

19 去三審　帨　《廣韻》舒芮切，書祭三去合祭，不合於此位；《集韻》式瑞切，書寘三去合止；《五音集韻》反切同《集韻》，書母至韻。《韻鏡》《七音略》空位；《起數訣》第十圖閉音濁，列字爲『帨』；《切韻指掌圖》十九圖，列字爲『稅』，書母祭韻；《四聲等子》止攝内二重少輕多韻合口呼，列字爲『㽷』，書母至韻。《廣韻》無寘三書母位小韻，『帨』爲《集韻》寘三書母位小韻首字，爲《五音集韻》至三書母位小韻首字，列字以『帨』爲佳，《韻鏡》《七音略》從《廣韻》空位是，《切韻指南》從《集韻》《五音集韻》。

20 本圖入聲三等位有列字，考等内所有字，入聲涵術、物二韻字。

21 入三見　亥　弘治九年本及其他各版本作『亥』，近衛庫本作『亥』。『亥』，《廣韻》《集韻》《五音集韻》胡改切，匣海一上開蟹，不合於此位。《廣韻》物三見母位有『亥』小韻，九勿切，見物三入合臻；《集韻》《五音集韻》同《廣韻》。《韻鏡》外轉第二十合、《七音略》內轉第二十輕中輕、《起數訣》第十八圖閉音濁、《切韻指掌圖》十九圖、《四聲等子》止攝內二重少輕多韻合口呼，列字均爲『亥』。『亥』爲《廣韻》《集韻》《五音集韻》物三見母位小韻首字，『亥』爲『亥』之形訛，近衛庫本《切韻指南》是，弘治九年本及其他各版本當校改爲『亥』。

22 入三孃　貀　《廣韻》女滑切，孃鎋二入合山，不合於此位；《集韻》女律切，娘術三入合臻；《五音集韻》同《集韻》。《韻鏡》《七音略》《起數訣》《切韻指掌圖》空位；《四聲等子》止攝內二重少輕多韻合口呼，列字爲『貀』。『貀』爲《集韻》《五音集韻》術三娘母位小韻首字，《韻鏡》《七音略》從《廣韻》空位是，《切韻指南》從《集韻》《五音集韻》。

23 入三照　○　《廣韻》《五音集韻》無術三章母位小韻，《集韻》術三章母位有『䪴』小韻。『䪴』，《集韻》之出切，章術三入合臻；《五音集韻》側律切，莊母術韻，不合於此位。《韻鏡》外轉第十八合，列字爲『欪』，當爲『䪴』字形訛；《七音略》《起數訣》《切韻指掌圖》空位；《四聲等子》止攝內二重少輕多韻合口呼，列字爲『䪴』。『䪴』爲《集韻》術三章母位小韻首字，《韻鏡》當爲後人據《集韻》所補，後轉訛；《七音略》從《廣韻》空位是；《切韻指南》從《廣韻》《五音集韻》空位。

24 入三審　絀　《廣韻》竹律切，知術三入合臻，不合於此位；《集韻》式聿切，書術三入合臻；《五音集韻》同《集韻》。《韻鏡》《七音略》《起數訣》《切韻指掌圖》空位；《四聲等子》止攝内二重少輕多韻合口呼，列字爲『絀』。《廣韻》無術三書母位小韻，『絀』爲《集韻》《五音集韻》術三書母位小韻首字，《韻鏡》《七音略》從《廣韻》空位是，《切韻指南》從《集韻》《五音集韻》。

25　入三曉　颰　《廣韻》《集韻》《五音集韻》許月切，曉月三入合臻，不合於此位。《廣韻》一音許聿切，曉術三入合臻，按此『許聿切』可列於此位。《集韻》曉母術韻有『矞』小韻，下收『颰，休必切』，《五音集韻》呼出切，曉術三入合臻。《韻鏡》空位；《七音略》外轉第十八輕中輕，列字爲『狘』，曉母術韻；《起數訣》第十八圖閉音濁、《切韻指掌圖》十九圖，列字均爲『颮』，曉母物韻；《四聲等子》止攝内二重少輕多韻合口呼，列字爲『颮』，『颮』之形訛字。『狘』爲《廣韻》術三曉母位小韻首字，下收『颰』，從王三訛；『矞』爲《集韻》術三曉母位小韻首字，下收『狘』『颰』；『颰』爲《五音集韻》術三曉母位小韻首字，列字以『狘』爲佳。《韻鏡》誤脱，《七音略》列字是，《切韻指南》從《五音集韻》，當校改爲『狘』。

26　入三影　蔚　《廣韻》紆物切，《集韻》紆勿切，影物三入合臻；《五音集韻》同《廣韻》。《韻鏡》外轉第二十合、《七音略》内轉第二十輕中輕、《起數訣》第十八圖閉音濁，列字均爲『鬱』；《切韻指掌圖》十九圖，於四等位列『鬱』字；《四聲等子》止攝内二重少輕多韻合口呼，列字爲『飫』，影母御韻。《廣韻》《集韻》《五音集韻》物三來母位小韻首字爲『鬱』，下收有『蔚』字，列字以『鬱』爲佳，《切韻指南》亦無誤。

27 本圖四等無列目，四等平上去聲均收支脂微韻系三等字，四等入聲收術韻、物韻三等字，《五音集韻》均列於四等位，無標目以表現收字實爲三等。

28 平四見　頍　弘治九年本作『頍』，近衛庫本、正德十一年本作『蘔』，文津閣本作『䕟』，碧琳琅本、《叢書集成》本作『蘔』。《廣韻》《集韻》未收『頍』字，《廣韻》有『蘔』小韻。『蘔』，《廣韻》居隋切，《集韻》均窺切，見支三平合止；《五音集韻》居窺切，見母脂韻。《韻鏡》內轉第五合，《起數訣》第九圖閉音清，《四聲等子》止攝內二重少輕多韻合口呼，列字均爲『規』；《七音略》空位；《切韻指掌圖》十九圖，列字爲『圭』，見母齊韻。『蘔』爲《廣韻》支韻見母重紐四等位小韻首字，下收有『規』字，『規』爲《集韻》支韻見母重紐四等位小韻首字，列字以『蘔』爲佳；『頍』『蘔』同爲《五音集韻》支韻見母重紐四等位小韻首字，『頍』『蘔』二字異體；《韻鏡》亦無誤，《七音略》誤脱，碧琳琅本、《叢書集成》本《切韻指南》列字是，弘治九年本亦無誤，近衛庫本、正德十一年本、文津閣本列字形訛，當校正爲『蘔』。

29 平四精　嶉　《廣韻》倉回切，清母灰韻；一音昨回切，從母灰韻，均不合於此位。《廣韻》脂三合精母位有『嶉』小韻，『嶉』，醉綏切，精脂三平合止；《集韻》《五音集韻》此位有『崔』小韻，『崔』，《集韻》遵綏切，精脂三平合止；《五音集韻》反切同《廣韻》。《韻鏡》內轉第七合，《七音略》內轉第七輕中重，《四聲等子》止攝內二重少輕多韻合口呼，列字均爲『嗺』，『嶉』之異體；《起數訣》第十三圖閉音清，列字爲『嶉』；《切韻指掌圖》十九圖，列字爲

『檇』，精母脂韻。『嶉』爲《廣韻》脂三精母位小韻首字，『崔』『嶉』同爲《集韻》脂三精母位小韻首字，『崔』爲《五音集韻》脂三精母位小韻首字，《五音集韻》下收『嗺』字；《韻鏡》《七音略》亦無誤，《切韻指南》從《集韻》《五音集韻》。

30 平四清　婯　《廣韻》《集韻》聚惟切，從脂三平合止，不合於此位；《五音集韻》娶惟切，清母脂韻，按此『娶惟切』，可列於此位。《韻鏡》空位；《七音略》内轉第七輕中重，於從母位列『嫢』字；《起數訣》第十三圖閉音清，於從母位列『嫢』字，爲『婯』形訛；《切韻指掌圖》《四聲等子》空位。《廣韻》《集韻》均無脂三合清母位小韻，《集韻》從母位有『婯』小韻，《韻鏡》從《廣韻》空位是，《七音略》從《集韻》於從母位列『婯』無誤；『婯』爲《五音集韻》脂三清母位小韻首字，《切韻指南》從《五音集韻》。

31 平四從　厜　《廣韻》姊規切，精支三平合止，不合於此位；《集韻》才規切，從支三平合止；《五音集韻》反切同《集韻》，從母脂韻。《韻鏡》《七音略》《切韻指掌圖》《四聲等子》空位；《起數訣》第九圖閉音清，列字爲『匴』，爲『厜』形訛字。《廣韻》無支三合清母位小韻，『厜』爲《集韻》支三清母位小韻首字，爲《五音集韻》脂三清母位小韻首字；《韻鏡》《七音略》從《廣韻》空位是，《五音集韻》從《集韻》《五音集韻》。

32 平四心　綏　弘治九年本及其他各版本作『綏』，文津閣本作『䋎』。『綏』，《廣韻》息遺切，《集韻》宣隹切，心脂三平合止；《五音集韻》同《廣韻》。各韻書均未收『䋎』字，當爲『綏』之形訛。《韻鏡》内轉第七合、《起數訣》第十三圖閉音清、《切韻指掌圖》十九圖、《四聲等子》止攝内二重少輕多韻合口呼，列字均爲『綏』；《七音略》内轉第七輕中重，列字爲『緌』，日母脂韻，當爲『綏』之形訛。『綏』爲《廣韻》《集韻》《五音集韻》脂三心母位小韻首字，文津閣本《切韻指南》列字訛誤，當校改爲『綏』，弘治九年本及其他各版本是。

33 平四影　洼　《廣韻》烏瓜切，影麻二平合假，不合於此位；《集韻》烏雖切，影脂三平合止；《五音集韻》同《集韻》。《韻鏡》《七音略》《四聲等子》空位；《起數訣》第十三圖閉音清，列字爲『洼』；《切韻指掌圖》十九圖，列字爲『烓』，影母齊韻。《廣韻》無脂韻影母重紐四等位小韻，『洼』爲《集韻》《五音集韻》脂韻影母重紐四等位小韻；《韻鏡》從《廣韻》空位是，《切韻指南》從《集韻》《五音集韻》。

34 上四疑　峞　《廣韻》五灰切，疑灰一平合蟹，不合於此位；《集韻》藝蓶切，疑旨三上合止；《五音集韻》藝癸切，疑母旨韻。《韻鏡》《七音略》《切韻指掌圖》空位；《起數訣》第十三圖閉音清、《四聲等子》止攝内二重少輕多韻合口呼，列字均爲『峞』。《廣韻》無旨韻疑母重紐四等位小韻，『峞』爲《集韻》《五音集韻》旨韻疑母重紐四等位小韻，《韻鏡》《七音略》從《廣韻》空位是，《切韻指南》從《集韻》《五音集韻》。

35 上四清　䝐　《廣韻》《集韻》未收；《五音集韻》此觜切，精旨三上合止。《康熙字典》記：『《玉篇》此觜切。獸也。』《廣韻》《集韻》無止三合精母位小韻，旨三合精母位有『趡』小韻，

『趡』，《廣韻》千水切，《集韻》取水切，清旨三上合止。《韻鏡》内轉第七合、《七音略》内轉第七輕中重、《起數訣》第十三圖閉音清、《四聲等子》止攝内二重少輕多韻合口呼、《切韻指掌圖》十九圖，列字均爲『趡』。『趡』爲《廣韻》《集韻》旨三合精母位小韻首字，『⿰豸卒』爲《五音集韻》旨三合精母位小韻首字，《五音集韻》下收有『趡』字，列字以『趡』爲佳；《韻鏡》《七音略》從《廣韻》是，《切韻指南》從《五音集韻》。

36 上四邪　⿰犭遀　弘治九年本及其他各版本作『⿰犭遀』，近衛庫本作『⿰木遀』。『⿰犭遀』，《廣韻》隨婢切，邪紙三上合止；《集韻》未收；《五音集韻》反切同《廣韻》，邪母旨韻。《韻鏡》内轉第五合，列字爲『瀡』，《廣韻》息委切，心母紙韻，誤；《七音略》内轉第五輕中輕、《起數訣》第九圖閉音清、《四聲等子》止攝内二重少輕多韻合口呼，列字均爲『⿰犭遀』；《切韻指掌圖》空位。『⿰犭遀』爲《廣韻》紙三邪母位小韻、《五音集韻》旨三邪母位小韻首字，《韻鏡》列字誤，近衛庫本《切韻指南》列字誤，當校改爲『⿰犭遀』，弘治九年本及其他各版本是。

37 上四曉　⿰目商　弘治九年本作『⿰目商』，其他各版本作『⿰目商』。『⿰目商』，《廣韻》《集韻》《五音集韻》均未收，當爲『⿰目商』之形訛。『⿰目商』，《廣韻》《五音集韻》火癸切，曉旨三上合止；《集韻》未收此字，旨三合曉母位有『⿰目巂』小韻，『⿰目巂』，虎癸切，注『恚視也』，同《廣韻》《五音集韻》『⿰目商』字釋義。《韻鏡》内轉第七合，於三等位列『⿰目商』字，四等空位，當爲『⿰目商』字形訛；《七音略》空位；《起數訣》第十三圖閉音清、《切韻指掌圖》十九圖，列字均爲『⿰目商』，形訛；《四聲等子》止攝内二重少輕多韻合口呼，列字爲『瞲』。『瞲』爲《廣韻》《五音集韻》旨韻曉母重紐四等位小韻，『𥌒』爲《集韻》旨韻曉母重紐四等位小韻，列字以『瞲』爲佳；《韻鏡》列字形誤，《七音略》誤脱，《切韻指南》從《廣韻》《五音集韻》是，弘治九年本當校改爲『瞲』，其他各版本是。

38 上四喻　䓿　弘治九年本等其他各版本作『䓿』，近衛庫本作『䓿』，『䓿』爲『䓿』字形訛。『䓿』，《廣韻》羊捶切，《集韻》尹捶切，以紙三上合止；『䓿』，《五音集韻》羊棰切，以母旨韻。《韻鏡》内轉第五合、《起數訣》第九圖閉音清，列字均爲『䓿』；《七音略》空位；《切韻指掌圖》十九圖、《四聲等子》止攝内二重少輕多韻合口呼，列字爲『唯』，以母脂韻。『䓿』爲《廣韻》《集韻》紙韻以母位小韻首字，『䓿』爲《五音集韻》旨韻以母位小韻首字，列字以『䓿』爲佳；《七音略》誤脱，弘治九年本等其他各版本《切韻指南》從《五音集韻》之訛，當校改爲『䓿』，近衛庫本列字是。

39 去四見　瞡　弘治九年本等其他各版本作『瞡』，近衛庫本作『瞡』，『瞡』爲『瞡』字形訛。『瞡』，《廣韻》《集韻》規恚切，見寘三去合止；《五音集韻》反切同《廣韻》，見母至韻。《韻鏡》内轉第五合、《起數訣》第九圖閉音清，列字爲『瞡』；《七音略》内轉第五輕中輕，列字爲『諉』，娘母寘韻，不當列此，又於溪母位列『瞡』字，誤；《切韻指掌圖》十九圖、《四聲等子》止攝内二重少輕多韻合口呼，列字均爲『季』，見母至韻。『瞡』爲《廣韻》寘韻見母重紐四等位小韻、《集韻》寘韻見母重紐四等位小韻首字、《五音集韻》至韻見母重紐四等位小韻首字，《七音略》列字誤，《切韻指南》近衛庫本當校改爲『䁔』，弘治九年本等其他各版本列字是。

40 入四群　繘　《廣韻》一音餘律切，以術三入合臻；一音居聿切，見術三入合臻，均不合於此位；《集韻》其律切，群術三入合臻；《五音集韻》同《集韻》。《韻鏡》外轉第十八合，列字爲『䞕』，切三『其律切』，屬趫小韻；《七音略》《起數訣》《切韻指掌圖》《四聲等子》空位。《廣韻》無術三群母位小韻，『繘』爲《集韻》《五音集韻》術三群母位小韻首字，下收有『䞕』『趫』，《韻鏡》從切三、王韻等早期韻書，列『䞕』爲後人據同音注字所改，《七音略》從《廣韻》空位，《切韻指南》從《集韻》《五音集韻》。

41 入四端　○　《廣韻》《五音集韻》無術三合端母位小韻；《集韻》術三端母位有『殺』小韻，都律切，此切爲舌音類隔，視爲知母，當列於三等位，不當列此。《韻鏡》《起數訣》《切韻指掌圖》均空位；《七音略》外轉第十八輕中輕列『崛』字，楊軍考證疑據誤本《一切經音義》『達律反』而列，然『達律反』爲定母，此處列於端母又誤；《四聲等子》止攝內二重少輕多韻合口呼，四等列字爲『殺』，誤。《韻鏡》從《廣韻》空位是，《七音略》列字誤，止攝無四等舒聲韻，故《切韻指南》本圖舌音入聲四等空位是。

42 入四透　○　《廣韻》《集韻》《五音集韻》無術三合透母位小韻。《韻鏡》《起數訣》《切韻指掌圖》《四聲等子》空位；《七音略》於端母術韻四等位，列『茁』字。各韻書、字書『茁』字無此音，且質、術韻亦無透母字。止攝無四等舒聲韻，故《切韻指南》本圖舌音入聲四等空位是。

43

入四匣　驈　《廣韻》一音餘律切，以術三入合臻；一音居聿切，見術三入合臻，均不合於此位；《集韻》户橘切，匣術三入合臻；《五音集韻》同《集韻》。《韻鏡》《起數訣》《切韻指掌圖》空位；《七音略》外轉第十八輕中輕，匣母位空位，於以母位列『驈』字，誤；《四聲等子》止攝内二重少輕多韻合口呼，列字爲『驈』。《廣韻》無術韻匣母位小韻，『驈』爲《集韻》《五音集韻》術三匣母位小韻首字，《韻鏡》從《廣韻》空位是，《七音略》列字錯位，《切韻指南》從《集韻》《五音集韻》。

遇攝內三　獨韻　侶門　入声字在遇攝

見	溪	群	疑	端	透	定	泥	幫	滂	並	明
				知	徹	澄	孃	非	敷	奉	微
孤	枯	○	吾	都	瑹	徒	奴	逋	䅸	酺	模
古	苦	○	五	覩	土	杜	怒	補	普	簿	姥
顧	絝	○	誤	妒	菟	渡	笯	布	怖	捕	暮
穀	哭	○	擢	豰	秃	獨	耨	卜	扑	暴	木
○	○	○	○	○	○	○	○	○	○	○	○
○	○	○	○	○	○	○	○	○	○	○	○
○	○	○	○	○	○	○	○	○	○	○	○
○	○	○	○	○	○	○	○	○	○	○	○
居	虛	渠	魚	豬	攄	除	袽	跗	敷	扶	無
舉	去	巨	語	貯	楮	佇	女	甫	撫	父	武
據	㰦	遽	御	著	絮	箸	女	付	赴	附	務
輂	曲	局	玉	瘃	棟	躅	傉	工	○	幞	媢
○	○	○	○	○	○	○	○	○	○	○	○
○	○	○	○	○	○	○	○	○	○	○	○
○	○	○	○	○	○	○	○	○	○	○	○
○	○	○	○	○	○	○	○	○	○	○	○

精	清	從	心	邪	曉	匣	影	喻	來	日	
照	穿	床	審	禪							韻
租	麤	徂	蘇	○	呼	胡	烏	侉	盧	○	模
祖	蔖	粗	○	○	虎	戶	隖	○	魯	○	姥
作	厝	祚	訴	○	謼	護	汙	○	路	○	暮
鏃	瘯	族	速	○	嚳	縠	屋	○	禄	○	屋
菹	初	鉏	疏	○	○	○	○	○	○	○	
阻	楚	齟	所	○	○	○	○	○	○	○	
詛	楚	助	疏	○	○	○	○	○	○	○	
○	○	鷟	數	○	○	○	○	○	○	○	
諸	樞	○	書	蜍	虛	○	於	于	臚	如	魚
鬻	杵	紓	暑	野	許	○	淤	羽	呂	汝	語
翥	處	○	恕	署	嘘	○	飫	芋	慮	洳	御
燭	娖	贖	束	蜀	旭	○	○	○	錄	辱	燭
且	疽	○	胥	徐	○	○	○	余	○	○	虞
苴	䁈	咀	諝	敘	○	○	○	與	○	○	麌
怚	覷	聚	絮	屐	○	○	○	豫	○	○	遇
足	促	○	粟	續	○	○	○	欲	○	○	

第五圖　遇攝内三　獨韻　侷門　入聲字在通攝

《經史正音切韻指南》第五圖收録《廣韻》遇攝字，並將《廣韻》通攝入聲配遇攝。對應《韻鏡》内轉第十一開、内轉第十二開合。《切韻指掌圖》遇攝爲獨韻，《四聲等子》亦爲一圖。入聲基本與通攝一致，二等位較通攝少照穿位字、三等位缺少滂影喻位字，四等位缺少從母位字（文津閣本除外）。本圖一等爲模姥暮屋；二等無標目，表明本攝無真正二等字，實收魚語御燭字；三等標目分爲兩列，魚語御與虞麌遇，入聲配燭，魚虞合韻。四等無標目，實收魚語御（遇）燭，爲三等字。《五音集韻》魚獨用，虞模同用，《切韻指南》魚虞亦同用。《切韻指掌圖》《四聲等子》遇攝亦配通入。

1 平一定　徒　《廣韻》《集韻》《五音集韻》同都切，定模一平合遇。《韻鏡》内轉第十二開合、《七音略》内轉第十二輕中輕、《起數訣》第二十一圖、《切韻指掌圖》三圖、《四聲等子》遇攝内三重少輕多韻，列字均爲『徒』。『徒』爲《廣韻》《五音集韻》遇一模韻定母位小韻首字，『辻』爲《集韻》遇一模韻定母位小韻首字，列字以『徒』爲佳，《切韻指南》從《廣韻》《五音集韻》。

2 平一滂　稗　《廣韻》普胡切，《集韻》滂模切，滂模一平合遇；《五音集韻》同《廣韻》。《韻鏡》内轉第十二開合、《七音略》内轉第十二輕中輕、《起數訣》第二十一圖、《切韻指掌圖》三圖，列字均爲『鋪』，滂母模韻；《四聲等子》遇攝内三重少輕多韻，列字爲『稗』，滂母模韻。『稗』爲《廣韻》《集韻》《五音集韻》遇一模韻滂母位小韻首字，下收有『鋪』字，列字以『稗』爲佳，《韻鏡》《七音略》無誤，《切韻指南》是。

3 平一清　麤　弘治九年本列字爲『麤』，近衛庫本、正德十一年本、文津閣本、碧琳琅本、《叢書集成》本，列字均爲『麁』。『麤』，《廣韻》倉胡切，《集韻》聰徂切，清模一平合遇；《五音集韻》同《廣韻》。《韻鏡》内轉第十二開合、《起數訣》第二十一圖、《切韻指掌圖》三圖，列字爲『麤』；《七音略》内轉第十二輕中輕，列字爲『麁』；《四聲等子》遇攝内三重少輕多韻，列字爲『粗』。『麤』爲《廣韻》《集韻》《五音集韻》遇一模韻清母位小韻首字，下收有『麁』『粗』字，列字以『麤』字爲佳，《切韻指南》弘治九年本爲佳，其他版本列『麁』字亦無誤。

4 平一心　蘇　《廣韻》素姑切，《集韻》孫租切，心模一平合遇；《五音集韻》同《廣韻》。《韻鏡》内轉第十二開合，列字爲『穌』，『穌』『蘇』二字爲異體字；《七音略》内轉第十二輕中輕、《起數訣》第二十一圖、《切韻指掌圖》三圖、《四聲等子》遇攝内三重少輕多韻，列字均爲『蘇』。『蘇』爲《廣韻》《集韻》《五音集韻》遇一模韻心母位小韻首字，《韻鏡》列異體，《切韻指南》列正體，是。

5 平一喻 侉 《廣韻》安賀切，影過一去開果；《集韻》《五音集韻》尤孤切，云模一平合遇；《廣韻》《五音集韻》均不合於此位。《韻鏡》《七音略》《切韻指掌圖》喻母位空位；《起數訣》第二十一圖、《四聲等子》遇攝内三重少輕多韻，列字爲『侉』。《廣韻》《集韻》模韻無喻母音，《切韻指南》列字依《集韻》《五音集韻》，云母只拼合三等韻，『侉』當從喻下憑切門法列於此位。

6 上一泥 怒 《廣韻》奴古切，《集韻》暖五切，泥姥一上合遇；《五音集韻》同《廣韻》。《韻鏡》内轉第十二開合、《四聲等子》遇攝内三重少輕多韻，列字爲『努』；《七音略》内轉第十二輕中輕、《起數訣》第二十一圖、《切韻指掌圖》三圖，列字爲『弩』。『怒』爲《廣韻》《集韻》《五音集韻》姥一泥母位小韻首字，下收有『努』『弩』，列字以『怒』爲佳，《韻鏡》無誤，《切韻指南》是。

7 上一心 ○ 弘治九年本空位，近衛庫本、正德十一年本、文津閣本、碧琳琅本、《叢書集成》本，列字均爲『卤』。『卤』，《字彙補》『西古切，心母姥韻，蘇，上聲，《五音集韻》堿土也。又滷水也。』按此西古切，可列於此位。《廣韻》《集韻》姥韻均無心母。《五音集韻》亦爲『西古切』，心母姥韻。《韻鏡》《七音略》《切韻指掌圖》《四聲等子》未收；《起數訣》空位。考其義：堿土也。又滷水也。在《廣韻》姥韻來母位下有『滷，鹹滷』，當爲此字。《五音集韻》當從《字彙補》類文獻。《字彙補》讀音無據，此音當誤。弘治九年本空位是，其他各版本列心母音從《五音集韻》訛，當删。

8 上一影 隝 《廣韻》安古切，《集韻》於五切，影姥一上合遇；《五音集韻》同《廣韻》。《韻鏡》內轉第十二開合、《起數訣》第二十一圖，列字爲『隝』；《七音略》內轉第十二輕中輕影母位空位，於喻母姥韻位列『塢』；《切韻指掌圖》三圖、《四聲等子》遇攝內三重少輕多韻，列字爲『塢』。『隝』爲《廣韻》《集韻》《五音集韻》姥一影母位小韻首字，下收有『塢』字，《七音略》空位誤，《切韻指南》是。

9 去一溪 絝 《廣韻》《集韻》《五音集韻》苦故切，溪暮一去合遇，《五音集韻》同《廣韻》。《韻鏡》內轉第十二開合、《切韻指掌圖》三圖、《四聲等子》遇攝內三重少輕多韻，列字爲『袴』；《七音略》內轉第十二輕中輕，列字爲『絝』；《起數訣》第二十一圖，列字爲『庫』。『絝』爲《廣韻》《五音集韻》暮韻溪母位小韻首字，下收有『袴』『庫』二字；『庫』爲《集韻》小韻首字；『袴』『絝』二字爲異體字，《韻鏡》無誤，列字以『絝』爲佳，《切韻指南》是。

10 去一端 妒 《廣韻》當故切，《集韻》都故切，端暮一去合遇；《五音集韻》同《廣韻》。《韻鏡》內轉第十二開合、《起數訣》第二十一圖、《切韻指掌圖》三圖、《四聲等子》遇攝內三重少輕多韻，列字爲『妬』；《七音略》內轉第十二輕中輕列字爲『妒』。『妒』爲《廣韻》《集韻》《五音集韻》暮一端母位小韻首字，與『妬』字爲異體字，《韻鏡》列字無誤，《切韻指南》列正體，是。

11 去一精 作 《廣韻》臧祚切，《集韻》宗祚切，精暮一去合遇；《五音集韻》同《廣韻》。《韻鏡》内轉第十二開合、《切韻指掌圖》三圖，列字均爲『做』；《七音略》内轉第十二輕中輕、《起數訣》第二十一圖、《四聲等子》遇攝内三重少輕多韻，列字均爲『作』。『做』《廣韻》未收，《集韻》僅於『作』字下注：『俗作做』。『作』爲《廣韻》《集韻》《五音集韻》暮韻精母位小韻首字，列字以『作』爲佳，《韻鏡》列俗體亦無誤，《切韻指南》是。

12 去一清　厝　《廣韻》《集韻》倉故切，清暮一去合遇；《五音集韻》同《廣韻》，然列字爲『庴』。《韻鏡》内轉第十二開合，列字爲『庴』；《七音略》内轉第十二輕中輕、《切韻指掌圖》三圖、《四聲等子》遇攝内三重少輕多韻，列字均爲『厝』；《起數訣》第二十一圖，列字爲『措』。『庴』爲《五音集韻》暮韻清母位小韻首字，按『庴』《廣韻》資昔切，精母昔韻，《五音集韻》列字訛，當列『厝』字；『厝』爲《廣韻》《集韻》暮韻清母位小韻首字，下收有『措』字，列字以『厝』爲佳，《韻鏡》列字俗訛，《切韻指南》是。

13 去一匣　護　《廣韻》胡誤切，《集韻》胡故切，匣暮一去合遇，《五音集韻》同《廣韻》。《韻鏡》内轉第十二開合、《七音略》内轉第十二輕中輕、《起數訣》第二十一圖、《切韻指掌圖》三圖、《四聲等子》遇攝内三重少輕多韻，列字均爲『護』；『護』『護』二字爲異體字。『護』爲《廣韻》《集韻》《五音集韻》暮韻匣母位小韻首字，列字以『護』爲佳，《切韻指南》列俗體亦無誤。

14 去一影　汙　《廣韻》烏路切，《集韻》烏故切，影暮一去合遇；《五音集韻》同《廣韻》。《韻鏡》内轉第十二開合、《切韻指掌圖》三圖，列字均爲『汙』；《七音略》空位；《起數訣》第二十一圖、《四聲等子》遇攝内三重少輕多韻，列字爲『污』。『汙』爲《廣韻》《集韻》《五音集韻》模韻影母位小韻首字，『污』爲『汙』異體字，列字以『汙』爲佳，《七音略》空位誤，《切韻指南》是。

15 去一日 ○ 《廣韻》《五音集韻》無日母小韻，《集韻》有『㞐』，儒互切，日莫一去合遇。《韻鏡》《七音略》《切韻指掌圖》《四聲等子》均空位，《起數訣》暮韻日母位列字爲『㞐』，日母只拼合三等韻，《集韻》『㞐』從日下憑切門法列於此位。《切韻指南》空位是。

16 本圖入聲一等與通攝内一偈門大致相同，故只校異處，其餘參照第一圖。

17 入一疑 𤛮 《廣韻》五沃切，《集韻》吾沃切，疑沃入開一通；《五音集韻》同《廣韻》。《韻鏡》内轉第二開合、《起數訣》第三圖、《切韻指掌圖》三圖、《四聲等子》遇攝内三重少輕多韻，列字均爲『𤛮』；《七音略》空位。『𤛮』爲《廣韻》《集韻》《五音集韻》沃一疑母位小韻首字，《七音略》空位誤。本圖『入聲字在通攝』，雖韻目未寫『沃』，但《切韻指南》爲合韻韻圖，可列屋沃韻字，《切韻指南》是。

18 本圖二等無標目，實收魚語御韻字。

19 平二照 菹 《廣韻》側魚切，《集韻》臻魚切，莊魚三平合遇；《五音集韻》同《廣韻》。《韻鏡》内轉第十一開、《七音略》内轉第十一重中重，列字爲『葅』；《起數訣》第二十圖、《切韻指掌圖》三圖、《四聲等子》遇攝内三重少輕多韻，列字均爲『菹』。『菹』爲《廣韻》魚韻莊母小韻首字，注曰：『説文曰酢菜也亦作葅』，余迺永注『葅』字誤，《説文》：『酢菜也。从艸沮聲。蕰，或从皿。藍，或从缶。側魚切。』均不可寫作『葅』，故『葅』字形訛。『菹』爲《廣韻》《集韻》《五音集韻》魚韻莊母小韻首字，《韻鏡》《七音略》列字形訛，列字以『菹』爲佳，《切韻指南》是。

20 平二床　鉏　《廣韻》士魚切，《集韻》牀魚切，崇魚三平開遇；《五音集韻》同《廣韻》。《韻鏡》内轉第十一開、《起數訣》第二十圖，列字爲『鉏』；《七音略》内轉第十一重中重、《切韻指掌圖》三圖、《四聲等子》遇攝内三重少輕多韻，列字爲『鋤』。『鉏』爲《廣韻》《集韻》《五音集韻》魚韻崇母位小韻首字，下收有『鋤』字，注上同，二字爲異體字。列字以『鉏』爲佳，《七音略》列異體亦無誤，《切韻指南》是。

21 平二審　䟽　弘治九年本、近衛庫本、正德十一年本、文津閣本，列字爲『䟽』；碧琳琅本、《叢書集成》本，列字爲『疏』，『疏』『䟽』二字爲異體字。『䟽』，《廣韻》所葅切，《集韻》山於切，生魚三平開遇；《集韻》《五音集韻》字形爲『疏』，《五音集韻》同《廣韻》。《韻鏡》内轉第十一開，列字爲『踈』；《七音略》内轉第十一重中重、《起數訣》第二十圖，列字均爲『蔬』；《切韻指掌圖》三圖，列字爲『䟽』；《四聲等子》遇攝内三重少輕多韻，列字爲『梳』。『䟽』爲《廣韻》《五音集韻》魚韻生母位小韻首字，下收有『踈』『蔬』『梳』三字；『蔬』爲《集韻》御韻生母位小韻首字，列字以『䟽』爲佳，《切韻指南》從《廣韻》《五音集韻》。

22 去二審　疏　《廣韻》所去切，《集韻》所據切，生御三去開遇，《集韻》字形爲『疏』，《五音集韻》同《廣韻》。《韻鏡》内轉第十一開、《七音略》内轉第十一重中重、《起數訣》第二十圖、《切韻指掌圖》三圖，列字均爲『疏』；《四聲等子》遇攝内三重少輕多韻，列字爲『疏』。『疏』『疏』二字爲異體字。『疏』爲《廣韻》《五音集韻》御韻生母位小韻首字，《集韻》小韻首字爲『疏』，列字以『疏』爲佳，《切韻指南》從《廣韻》《五音集韻》。

23 入二照　◯　文津閣本列字爲『緘』，其他各版本均空位。本圖『入聲字在通攝』，《廣韻》《集韻》有『緘』小韻。『緘』，《廣韻》《集韻》側六切，莊屋入三開通；《五音集韻》同《廣韻》。《韻鏡》内轉第一開、《七音略》内轉第一重中重、《起數訣》第二圖、《切韻指掌圖》三圖、《四聲等子》遇攝内三重少輕多韻，列字均爲『緘』。『緘』爲《廣韻》《集韻》《五音集韻》屋韻莊母位小韻首字，本圖入聲在通攝，且二等平上去均有字，當收『緘』字。《切韻指南》文津閣本是，其他各版本當校補『緘』。

24 入二穿　◯　文津閣本列字爲『珿』，其他各版本均空位。本圖『入聲字在通攝』，《廣韻》《集韻》有『珿』小韻。『珿』，《廣韻》《集韻》初六切，初屋入二開通；《五音集韻》同《廣韻》。《韻鏡》内轉第一開、《七音略》内轉第一重中重、《起數訣》第三圖、《切韻指掌圖》三圖、《四聲等子》遇攝内三重少輕多韻，列字均爲『珿』。『珿』爲《廣韻》《集韻》《五音集韻》屋韻初母位小韻首字，本圖入聲在通攝，且二等平上去均有字，當收『珿』字。《切韻指南》文津閣本是，其他各版本當校補『琔』。

25 入二牀 巂 《廣韻》未收崇母燭韻字，《集韻》仕足切，崇燭三入開通；《五音集韻》同《集韻》。《韻鏡》内轉第二開合、《七音略》内轉第二輕中輕、《起數訣》第四圖，列字爲『巂』；《切韻指掌圖》空位；《四聲等子》遇攝内三重少輕多韻，列字爲『族』。本圖『入聲字在通攝』，雖韻目未寫『燭』，但《切韻指南》爲合韻韻圖，可列燭韻字，『巂』爲《集韻》《五音集韻》崇母燭韻小韻首字，《康熙字典》記：『《字彙補》直角切，音浞。』依《康熙字典》記《集韻》音，《切韻指南》從《集韻》《五音集韻》，可列於此位。

26 入二審 數 《廣韻》桑谷切，心屋入一合通，《廣韻》無生母燭韻音，不當列於此位；《集韻》所錄切，生燭入開三通，依《集韻》可列於此位，《五音集韻》同《集韻》。《韻鏡》内轉第二開合空位，内轉第一開列字爲『縮』，生母屋韻；《七音略》内轉第二輕中輕、《起數訣》第四圖，列字爲『數』；《切韻指掌圖》三圖、《四聲等子》遇攝内三重少輕多韻，列字爲『縮』，生母屋韻。『縮』爲《廣韻》生母屋韻小韻首字，『數』爲《集韻》《五音集韻》燭韻生母位小韻首字，本圖『入聲字在通攝』，雖韻目未寫『燭』，但《切韻指南》爲合韻韻圖，可列燭韻字，《七音略》從《集韻》，《切韻指南》從《集韻》《五音集韻》。

27 平三知 豬 《廣韻》陟魚切，《集韻》張如切，知魚三平開遇；《五音集韻》同《廣韻》。《韻鏡》内轉第十一開、《起數訣》第二十圖、《切韻指掌圖》三圖，列字爲『豬』；《七音略》内轉第十一重中重，列字爲『猪』；《四聲等子》遇攝内三重少輕多韻，列字爲『株』，知母虞韻。『豬』爲《廣韻》《集韻》《五音集韻》魚韻知母位小韻首字，下收有『猪』字，注爲俗體；列字以『豬』爲佳，《七音略》列俗體無誤，《切韻指南》是。

28

平三非　跗　《廣韻》甫無切，《集韻》風無切，幫虞三平合遇，《五音集韻》音切同《廣韻》，非母虞韻。《韻鏡》内轉第十二開合、《七音略》内轉第十二輕中輕、《起數訣》第二十二圖，列字爲『膚』；《切韻指掌圖》三圖，列字爲『跗』；《四聲等子》遇攝内三重少輕多韻，列字爲『夫』。『跗』爲《廣韻》《五音集韻》虞韻幫母位小韻首字，下收有『夫』『膚』二字；『膚』爲《集韻》小韻首字，下收有『跗』字；列字以『跗』爲佳，《切韻指南》從《廣韻》《五音集韻》。

29

平三敷　敷　《廣韻》《集韻》芳無切，滂虞三平合遇，《五音集韻》音切同《廣韻》，敷母虞韻。《韻鏡》内轉第十二開合、《七音略》内轉第十二輕中輕、《起數訣》第二十二圖、《切韻指掌圖》三圖、《四聲等子》遇攝内三重少輕多韻，列字均爲『敷』。『敷』爲《廣韻》《集韻》虞韻敷母位小韻首字，『撫』爲《五音集韻》小韻首字，列字以『敷』爲佳，《切韻指南》從《廣韻》《集韻》。

30

平三奉　扶　《廣韻》防無切，《集韻》風無切，並虞三平合遇，《五音集韻》音切同《廣韻》，奉母虞韻。《韻鏡》内轉第十二開合，列字爲『符』；《七音略》内轉第十二輕中輕、《起數訣》第二十二圖、《切韻指掌圖》三圖、《四聲等子》遇攝内三重少輕多韻，列字均爲『扶』；『扶』爲

《廣韻》《集韻》《五音集韻》虞韻奉母位小韻首字，下收有『符』，列字以『扶』爲佳，《切韻指南》是。

31 平三喻　于　弘治九年本列字爲『于』，其餘版本列字均爲『亐』，『亐』爲『于』之異體字。『于』，《廣韻》羽俱切，《集韻》雲俱切，云虞三平合遇，《五音集韻》同《廣韻》。《韻鏡》内轉第十二開合、《七音略》内轉第十二輕中輕、《起數訣》第二十圖、《切韻指掌圖》三圖、《四聲等子》遇攝内三重少輕多韻，列字均爲『于』。『于』爲《廣韻》《集韻》《五音集韻》虞韻云母位小韻首字，下收有『亐』，注上同；《切韻指南》諸家版本均是。

32 上三徹　楮　《廣韻》《集韻》丑呂切，徹語三上開遇；《五音集韻》同《廣韻》。《韻鏡》内轉第十一開，列字爲『褚』；《七音略》内轉第十一重中重、《起數訣》第二十圖、《切韻指掌圖》三圖，列字爲『楮』；《四聲等子》遇攝内三重少輕多韻，列字爲『褚』。『楮』爲《廣韻》《集韻》《五音集韻》語韻徹母位小韻首字，《廣韻》下收有『褚』字，《韻鏡》列『褚』形訛，列字以『楮』爲佳，《切韻指南》是。

33 上三照　鬻　《廣韻》章與切，《集韻》掌與切，章語三上開遇；《五音集韻》同《廣韻》。《韻鏡》内轉第十一開，列字爲『鬻』；《七音略》内轉第十一重中重、《起數訣》第二十圖，列字均爲『鬻』；《切韻指掌圖》三圖，列字爲『煑』；《四聲等子》遇攝内三重少輕多韻，列字爲『主』，章母麌韻。『鬻』，《廣韻》余六切，以母屋韻，不當列於此位，《韻鏡》當爲『鬻』字誤。『鬻』爲

《廣韻》《集韻》《五音集韻》語韻章母位小韻首字，下收有『煑』，注上同，當列於此位，《切韻指南》是。

34 上三禪　野　《廣韻》承與切，《集韻》上與切，禪語三上開遇；《五音集韻》同《廣韻》。《韻鏡》內轉第十一開，列字爲『野』；《七音略》內轉第十一重中重、《起數訣》第二十圖，列字爲『墅』；《切韻指掌圖》三圖、《四聲等子》遇攝內三重少輕多韻，列字爲『豎』，禪母麌韻。『野』爲《廣韻》《集韻》《五音集韻》語韻禪母位小韻首字，下收有『墅』字，列字以『野』爲佳，《切韻指南》是。

35 上三影　扵　《廣韻》於許切，《集韻》依據切，影語三上開遇；《五音集韻》同《廣韻》。《韻鏡》內轉第十一開、《起數訣》第二十圖、《切韻指掌圖》三圖，列字爲『扵』；《七音略》內轉第十一重中重，列字爲『棜』，影母御韻；《四聲等子》遇攝內三重少輕多韻，列字爲『傴』，影母麌韻。『扵』爲《廣韻》語韻小韻首字，注『擊也』。《七音略》列『棜』字，爲『扵』之形訛。『扵』爲《廣韻》《集韻》《五音集韻》語韻影母位小韻首字，《七音略》列字誤，《切韻指南》是。

36 去三澄　箸　文津閣本列字爲『著』，其他版本均列『箸』。『箸』，《廣韻》遲倨切，《集韻》遲據切，澄御三去開遇；《五音集韻》同《廣韻》。『箸』，《廣韻》直魚切，澄母魚韻；丁吕切，知母語韻；陟慮切，知母御韻；均不合於此位。《韻鏡》內轉第十一開、《七音略》內轉第十一重中重、《切韻指掌圖》三圖，列字均爲『箸』；《起數訣》第二十圖，列字爲『著』，知母御韻；

《四聲等子》遇攝内三重少輕多韻，列字均爲『住』，澄母遇韻。『箸』爲《廣韻》《集韻》《五音集韻》御韻澄母位小韻首字，《切韻指南》文津閣本列字誤，其餘版本列『箸』字是。

37 去三微　務　《廣韻》《集韻》亡遇切，明遇三去合遇，《五音集韻》反切同《廣韻》，微母遇韻。《韻鏡》内轉第十二開合，列字爲『⿱矛力』；《七音略》内轉第十二輕中輕、《起數訣》第二十二圖、《切韻指掌圖》三圖、《四聲等子》遇攝内三重少輕多韻，列字均爲『務』。《廣韻》未收『⿱矛力』字形，各韻書均無此字形，當爲『務』之俗寫。『務』爲《廣韻》《集韻》遇韻明母位小韻首字，《五音集韻》微母位小韻首字，《韻鏡》列字誤，《切韻指南》是。

38 本圖入聲三等與通攝内一侷門大致相同，故只校異處，其餘參照第一圖。

39 入三孃　傉　弘治九年本及其他各版本列字爲『傉』，文津閣本列字爲『褥』。『傉』，《廣韻》内沃切，泥沃入合一通；《集韻》女足切，娘燭入開三通；《五音集韻》同《集韻》，按此『女足切』可列於此位。『褥』，《廣韻》内沃切，《集韻》奴沃切，泥沃入合一通；《五音集韻》同《廣韻》。《韻鏡》内轉第一開，列字爲『朒』；《七音略》内轉第一輕中輕，列字爲『溽』，日母燭韻，誤；《起數訣》第四圖，列字爲『傉』；《切韻指掌圖》三圖，孃母位列字爲『肭』，娘母屋韻；《四聲等子》遇攝内三重少輕多韻，列字爲『褥』。《廣韻》無燭三娘母小韻，『傉』爲《集韻》《五音集韻》燭韻娘母位小韻首字，本圖『入聲字在通攝』，雖韻目未寫『沃』，但《切韻指南》爲合韻韻圖，可列沃韻字，《切韻指南》從《集韻》《五音集韻》，弘治九年本及其他各版本列『傉』從《集韻》《五音集韻》，文津閣本當校改爲『傉』。

40 入三敷 ○ 文津閣本列字爲『蝮』，其他各版本均空位。『蝮』，《廣韻》《集韻》芳六切，滂屋入合三通；《五音集韻》芳福切，敷母屋韻。《韻鏡》内轉第一開、《七音略》内轉第一重中重、《起數訣》第二圖、《切韻指掌圖》三圖，列字均爲『蝮』；《四聲等子》遇攝内三重少輕多韻，列字爲『覆』。『蝮』爲《廣韻》《集韻》《五音集韻》小韻首字，下收有『覆』，《切韻指南》文津閣本是，其他版本當校補『蝮』。

41 入三微 媢 近衛庫本、正德十一年本，列字爲『娟』，文津閣本列字爲『目』。『娟』，爲『媢』字形訛。『媢』，《廣韻》莫沃切，明沃入合一通；《集韻》某玉切，明燭入開三通；《五音集韻》武玉切，微母燭韻。《韻鏡》内轉第二開合，微母燭韻位列字爲『媢』，云母未韻；《七音略》内轉第二輕中輕、《起數訣》第四圖、《四聲等子》遇攝内三重少輕多韻，列字爲『媢』；《切韻指掌圖》三圖空位。『目』爲《廣韻》屋入三等小韻首字，『媢』爲《集韻》《五音集韻》小韻首字，《韻鏡》列字誤，《切韻指南》從《集韻》《五音集韻》，文津閣本列『目』亦無誤。

42 入三穿 娖 《廣韻》測角切，初覺入合二江；《集韻》叉足切，初燭入合三通；《五音集韻》尺足切，昌燭入合三通，《五音集韻》音韻地位同《集韻》，依《廣韻》《集韻》不當列於此位。《韻鏡》内轉第二開合、《七音略》内轉第二輕中輕、《起數訣》第四圖、《四聲等子》遇攝内三重少輕多韻，列字均爲『觸』，昌母燭韻；《切韻指掌圖》三圖，列字爲『俶』，昌母屋韻。『觸』

爲《廣韻》《集韻》《五音集韻》燭韻昌母位小韻首字，《切韻指南》列字誤，當校改爲『觸』。

43　入三影　○　文津閣本列字爲『郁』，其他各版本均空位。『郁』，《廣韻》於六切，《集韻》乙六切，影屋三入合通；《五音集韻》同《廣韻》。《韻鏡》内轉第一開、《七音略》内轉第一重中重、《起數訣》第二十二圖、《切韻指掌圖》三圖、《四聲等子》遇攝内三重少輕多韻，列字均爲『郁』。『郁』爲《廣韻》《集韻》《五音集韻》影母屋韻小韻首字，本圖『入聲字在通攝』，雖韻目未寫『屋』，但《切韻指南》爲合韻韻圖，可列屋韻字，《切韻指南》文津閣本是，其他各版本當校補『郁』。

44　入三喻　○　文津閣本列字爲『囿』，其他各版本均空位。『囿』，《廣韻》《集韻》于六切，云屋三入合通，《五音集韻》同《廣韻》。《韻鏡》内轉第一開、《七音略》内轉第一重中重、《起數訣》第二十二圖、《切韻指掌圖》三圖、《四聲等子》遇攝内三重少輕多韻，列字均爲『囿』。『囿』爲《廣韻》《集韻》《五音集韻》影母屋韻小韻首字，本圖『入聲字在通攝』，雖韻目未寫『屋』，但《切韻指南》爲合韻韻圖，可列屋韻字，《切韻指南》文津閣本是，其他各版本當校補『囿』。

45　本圖四等無標目，考圖内字，實收魚語御（遇）燭韻字。

46　平四精　且　《廣韻》子魚切，《集韻》子余切，精魚三平開遇；《五音集韻》同《廣韻》。《韻鏡》内轉第十一開、《七音略》内轉第十一重中重、《起數訣》第十九圖、《切韻指掌圖》三圖，列字均爲『苴』；《四聲等子》遇攝内三重少輕多韻，列字爲『諏』，精母虞韻。『且』爲《廣韻》

《五音集韻》魚韻精母位小韻首字，下收有『苴』字；『苴』爲《集韻》小韻首字，列字以『且』爲佳，《切韻指南》從《廣韻》《五音集韻》。

47 平四從 ○ 文津閣本列字爲『⿸厂余』，其他各版本均空位。《廣韻》《集韻》《五音集韻》魚虞均無從母。『⿸厂余』，《康熙字典》記：『《字彙》才余切，聚平聲。女陰名。』則可列於此位。文淵閣本當爲後人補入此字。《韻鏡》《七音略》《起數訣》《切韻指掌圖》《四聲等子》均空位。文津閣本當刪，其他版本空位是。

48 平四喻 余 《廣韻》以諸切，《集韻》羊諸切，以魚三平開遇；《五音集韻》同《廣韻》。《韻鏡》內轉第十一開，空位，錯列於三等云母位；《七音略》內轉第十一重中重、《起數訣》第十九圖、《切韻指掌圖》三圖，列字均爲『余』；《四聲等子》遇攝內三重少輕多韻，列字爲『逾』，以母虞韻。『余』爲《廣韻》《集韻》《五音集韻》魚韻喻四位小韻首字，《韻鏡》錯列於云母位，誤；《切韻指南》是。

49 上四清 ⿰目皮 《廣韻》七與切，《集韻》此與切，清語三上開遇；《五音集韻》同《廣韻》。《韻鏡》內轉第十一開、《七音略》內轉第十一重中重、《起數訣》第十九圖，列字均爲『⿰目皮』，《康熙字典》記：『《龍龕》倉胡切，音粗。』『粗』，清母模韻，從母姥韻，不當列於上聲位，誤；《切韻指掌圖》三圖、《四聲等子》遇攝內三重少輕多韻，列字均爲『取』，清母麌韻；『⿰目皮』爲《廣韻》《集韻》《五音集韻》語韻清母位小韻首字，《韻鏡》《七音略》形訛，《切韻指南》是。

50 去四清　覷　《廣韻》《集韻》七慮切，清御三去開遇；《五音集韻》同《廣韻》。《韻鏡》内轉第十一開、《七音略》内轉第十一重中重、《切韻指掌圖》三圖，列字均爲『覷』。『覷』，王一、王三、《廣韻》等均作『覰』，七慮反。《説文》亦作『覰』。『覷』爲『覰』訛字。《起數訣》第十九圖，列字爲『覷』，《康熙字典》記：『《集韻》同覰。《字彙補》與覰同。』《四聲等子》遇攝内三重少輕多韻，列字爲『娶』，清母遇韻。『覷』爲《廣韻》《集韻》《五音集韻》御韻清母位小韻首字，『覷』與『覰』同，《韻鏡》《七音略》列字皆誤，《切韻指南》是。

51 去四從　埾　《廣韻》才句切，《集韻》從遇切，從遇三去合遇，《五音集韻》同《廣韻》。《韻鏡》内轉第十二開合，列字爲『聚』；《七音略》内轉第十二輕中輕，列字爲『埾』；《起數訣》第二十一圖、《切韻指掌圖》三圖、《四聲等子》遇攝内三重少輕多韻，列字爲『埾』。『埾』爲《廣韻》《集韻》《五音集韻》遇韻從母位小韻首字，下收有『聚』字，《七音略》形訛，《切韻指南》是。

52 去四邪　屐　文津閣本列字爲『屐』，其他版本列字爲『屐』。《廣韻》徐預切，邪御三去開遇，《集韻》未收，《五音集韻》同《廣韻》。《韻鏡》内轉第十一開、《切韻指掌圖》三圖，列字爲『屐』；《七音略》内轉第十一重中重、《起數訣》第十九圖，列字爲『屐』，群母陌韻，誤；《四聲等子》遇攝内三重少輕多韻，列字爲『緒』，邪母語韻。『屐』爲《廣韻》《五音集韻》御韻邪母位小韻首字，《七音略》列字形訛，《切韻指南》從《廣韻》《五音集韻》。

53 本圖入聲四等與通攝内一偏門大致相同，故只校異處，其餘參照第一圖。

54 入四從 ○ 文津閣本列字爲『𪌍』，其他各版本均空位。『𪌍』，《廣韻》才六切，從屋入合三通；《集韻》列字『摵』，就六切，音韻地位同《廣韻》；《五音集韻》同《廣韻》。《韻鏡》內轉第一開、《七音略》內轉第一重中重、《四聲等子》遇攝內三重少輕多韻，列字均爲『𪌍』；《起數訣》第一圖，列字爲『摵』；《切韻指掌圖》三圖空位。『𪌍』爲《廣韻》《五音集韻》屋三從母位小韻首字，『摵』爲《集韻》小韻首字，本圖『入聲字在通攝』，可列『𪌍』『屋三』，《切韻指南》文津閣本列屋三等字是，其他各版本當校補『𪌍』。

55 入四喻 欲 《廣韻》余蜀切，《集韻》俞玉切，以燭入合三通；《五音集韻》同《廣韻》。《韻鏡》內轉第二開合空位，於三等位列『欲』字；《七音略》內轉第二輕中輕、《起數訣》第三圖、《切韻指掌圖》三圖、《四聲等子》遇攝內三重少輕多韻，列字均爲『欲』。『欲』爲《廣韻》《集韻》《五音集韻》燭韻以母位小韻首字，按韻圖規制當列於四等，《韻鏡》列於三等誤，《切韻指南》是。

蟹攝外二　開口呼　廣門

見		該	改	蓋	葛	皆	鍇	誡	[illegible]	○	○	猘	暨	雞	鳽	計	吉
溪		開	愷	磕	渴	揩	楷	炌	鶷	○	○	憩	○	谿	啓	契	詰
群		○	○	隑	○	○	[illegible]	齸	○	○	○	偈	姞	○	○	○	洁
疑		螘	騃	艾	嶭	崖	騃	睚	聐	○	○	劓	耴	倪	堄	詣	鶂
端	知	[illegible]	等	帶	怛	梩	鉙	媞	哳	○	○	[illegible]	窒	低	邸	帝	窒
透	徹	胎	[illegible]	泰	闥	搋	○	蠆	獺	○	○	跇	抶	梯	體	替	○
定	澄	臺	駘	大	達	[illegible]	徥	○	跮	○	○	滯	秩	虒	弟	第	耋
泥	孃	能	乃	奈	捺	㨷	嬭	[illegible]	痆	○	○	婦	暱	泥	禰	泥	昵
幫	非	○	怌	貝	○	𩑶	擺	嶭	捌	○	○	○	筆	𨁈	戰	閉	必
滂	敷	婄	俖	霈	○	[illegible]	[illegible]	○	汃	○	○	○	拂	砒	䫌	媲	匹
並	奉	陪	倍	旆	○	排	罷	○	拔	○	○	○	弼	鼙	陛	薜	邲
明	微	○	橅	昧	[illegible]	[illegible]	買	賣	[illegible]	○	○	○	密	迷	米	謎	蜜

聲母		1	2	3	4	5	6	7	8	9	10	11	12	13	14	15	16
精	照	栽	宰	載	䰍	齋	抧	瘵	札	○	○	制	質	齎	濟	霽	堲
清	穿	猜	采	菜	攃	釵	嵳	差	剎	犨	苴	掣	叱	妻	訿	砌	七
從	床	裁	在	載	𢧐	豺	○	𢗰	鑡	○	○	挈	實	齊	薺	嚌	疾
心	審	鰓	諰	賽	簁	崽	灑	㴲	殺	○	○	世	失	西	洗	細	悉
邪	禪	○	○	○	○	○	○	○	○	○	○	逝	蘗	○	○	○	○
曉		咍	海	餀	顝	俙	○	譮	瞎	○	○	歇	肸	醯	○	欪	欯
匣		孩	亥	害	曷	諧	蟹	邂	黠	○	○	○	○	奚	傒	蒵	○
影		哀	欸	藹	遏	娃	挨	隘	軋	○	○	絹	乙	鷖	㕧	翳	一
喻		頤	䐴	○	○	○	○	○	○	○	○	○	○	○	○	賢	逸
來		來	[illegible]	頼	剌	唻	攋	○	○	○	○	例	栗	黎	禮	麗	○
日		○	○	○	○	○	○	○	○	荋	疓	○	日	○	○	○	○
韻		咍	海	傣	曷	皆	駭	怪	鎋	齊	薺	祭	質	齊	薺	霽	質

代韻宜併入泰韻

祭韻宜併入霽韻．

第六圖　蟹攝外二　開口呼　廣門

《經史正音切韻指南》第六圖爲蟹攝開口圖，圖左有『代韻宜併入泰韻，祭韻宜併入霽韻』。舒聲對應《韻鏡》外轉第十三開及外轉第十五開。去聲一等收字以泰韻爲主，泰韻無字處收代韻字，與圖左『代韻併入泰韻』相合。在去聲一等標目上也標『泰代』二韻。舒聲二等列目爲『皆駭怪』，實亦收有佳蟹卦夬韻字，標目未如一等標識。舒聲三等列目爲『齊』，近衛庫本、文津閣本列字較多，均有誤。三等列字穿母位『犃』爲從早期韻圖而訛，日母位『茝』亦不應列於此，故平聲二等不宜標目。上聲列字憑門法可列三等。去聲三等列目爲『祭』，雖圖左有『祭韻宜併入霽韻』，三等位只列祭韻字，並列廢韻一字。四等去聲霽韻中仍未雜有祭韻，可見祭霽合韻在韻圖列字上並未顯現。本圖一二等字配山攝開口圖入聲，三四等字配臻攝開口圖入聲。《切韻指掌圖》一二等入聲與《切韻指南》同，三、四等未配入聲。《四聲等子》三等配薛，四等配屑，《切韻指南》三四等皆配質韻。脣音列字多從《五音集韻》，其反切下字爲非脣音開口字。

1 平一滂　姡　《廣韻》普才切，《集韻》鋪來切，滂咍一平開蟹；《五音集韻》同《廣韻》。《韻鏡》外轉第十三開，列字爲『娃』；《七音略》内轉第十三重中重、《四聲等子》蟹攝外二輕重俱等韻開口呼、《起數訣》第二十五圖發音清，列字均爲『娃』；《切韻指掌圖》十七開列於二等位。『姡』爲《廣韻》《集韻》《五音集韻》咍一滂母位小韻首字，『娃』爲『姡』俗字，《韻鏡》列字形訛，當校改爲『姡』，《切韻指南》是。

2 平一並 𤭛 弘治九年本、近衛庫本、正德十一年本、碧琳琅本、《叢書集成》本，列字均爲『𤭛』；文津閣本，列字爲『䐊』。『𤭛』，《廣韻》扶來切，《集韻》蒲來切，並咍一平開蟹；《五音集韻》同《集韻》。『䐊』，《廣韻》《集韻》薄口切，並母侯韻，不當列於此位。《韻鏡》外轉第十三開，列字爲『𤭛』；《七音略》内轉第十三重中重、《四聲等子》蟹攝外二輕重俱等韻開口呼、《起數訣》第二十五圖發音清，列字均爲『䐊』；《切韻指掌圖》空位。『𤭛』爲《廣韻》《集韻》《五音集韻》咍一並母位小韻首字，《七音略》《四聲等子》《起數訣》列字均誤，《切韻指南》文津閣本亦誤，當校改爲『𤭛』；《切韻指南》其餘版本均是。

3 平一精 栽 《廣韻》祖才切，《集韻》將來切，精咍一平開蟹；《五音集韻》同《廣韻》。《韻鏡》外轉第十三開、《七音略》内轉第十三重中重、《起數訣》第二十五圖發音清，列字均爲『𢦏』；《切韻指掌圖》十七圖、《四聲等子》蟹攝外二輕重俱等韻開口呼，列字均爲『栽』；『栽』爲《廣韻》《五音集韻》咍一精母位小韻首字，下收有『𢦏』字，《韻鏡》《七音略》無誤，《切韻指南》是。

4 平一心　鰓　《廣韻》蘇來切，《集韻》桑才切，心咍一平開蟹；《五音集韻》同《廣韻》。《韻鏡》外轉第十三開、《四聲等子》蟹攝外二輕重俱等韻開口呼、《起數訣》第二十五圖發音清，列字均爲「鰓」；《七音略》内轉第十三重中重、《切韻指掌圖》十七圖，列字均爲「鰓」。「鰓」爲《廣韻》《集韻》《五音集韻》咍一心母位小韻首字，《七音略》列訛字誤，當校改爲「鰓」，《切韻指南》是。

5 平一匣　孩　弘治九年本、正德十一年本、文津閣本、碧琳琅本、《叢書集成》本，列字均爲「孩」；近衛庫本，列字爲「孩」，爲「孩」字俗訛。「孩」，《廣韻》户來切，《集韻》何開切，匣咍一平開蟹；《五音集韻》同《廣韻》。《韻鏡》外轉第十三開、《七音略》内轉第十三重中重，列字均爲「殀」；《切韻指掌圖》十七圖、《四聲等子》蟹攝外二輕重俱等韻開口呼、《起數訣》第二十五圖發音清，列字均爲「孩」。「孩」爲《廣韻》《集韻》《五音集韻》咍一匣母位小韻首字，《韻鏡》《七音略》列字誤；《切韻指南》近衛庫本列字俗訛，當校改爲「孩」，其他版本是。

6 平一影　哀　弘治九年本、近衛庫本、正德十一年本，列字均爲「哀」；文津閣本、碧琳琅本、《叢書集成》本，列字均爲「哀」，「哀」爲「哀」形訛。「哀」，《廣韻》烏開切，《集韻》於開切，影咍一平開蟹；《五音集韻》同《廣韻》。《韻鏡》外轉第十三開、《七音略》内轉第十三重中重、《切韻指掌圖》十七圖、《四聲等子》蟹攝外二輕重俱等韻開口呼、《起數訣》第二十五圖發音清，列字均爲『哀』。『哀』爲《廣韻》《集韻》《五音集韻》咍一影母位小韻首字，《切韻指南》弘治九年本、近衛庫本、正德十一年本列字形訛，當校改爲『哀』，其餘諸版本是。

7 平一喻　頤　弘治九年本、近衛庫本、正德十一年本、文津閣本，列字均爲『頤』；碧琳琅本、《叢書集成》本，列字均爲『頥』，『頥』與『頤』互爲異體字。『頤』，《廣韻》喻母無咍韻小韻，《集韻》曳來切，以咍一平開蟹；《五音集韻》同《集韻》。《韻鏡》外轉第十三開、《七音略》内轉第十三重中重、《切韻指掌圖》十七圖，均空位；《起數訣》第二十五圖發音清，列字爲『頦』，匣母咍韻；《四聲等子》蟹攝外二輕重俱等韻開口呼，列字爲『頤』。『頤』爲《集韻》《五音集韻》咍一以母位小韻首字，喻母無一等字，早期韻圖，因喻下憑切列於一等。《韻鏡》《七音略》從《廣韻》空位無誤，《切韻指南》諸版本均從《集韻》《五音集韻》。

8 上一疑　騃　《廣韻》海韻無疑母；《集韻》五亥切，疑海一上開蟹；《五音集韻》同《集韻》。《韻鏡》《七音略》《切韻指掌圖》《四聲等子》均空位；《起數訣》第二十五圖發音清，列字爲『顗』。『騃』爲《集韻》《五音集韻》海一疑母位小韻首字，下收有『顗』，《韻鏡》《七音略》從《廣韻》空位無誤，《切韻指南》從《集韻》《五音集韻》。

9 上一幫　俖　《廣韻》無海一幫母位小韻，《集韻》布亥切，幫海一上開蟹；《五音集韻》同《集韻》。《韻鏡》外轉第十三開，列字爲『俖』，滂母海韻；《七音略》《切韻指掌圖》均空位；《四聲等子》蟹攝外二輕重俱等韻開口呼、《起數訣》第二十五圖發音清，列字均爲『俖』。『俖』爲

《集韻》《五音集韻》海一幫母位小韻首字，《韻鏡》列字誤，《七音略》從《廣韻》空位無誤，《切韻指南》從《集韻》《五音集韻》。

10　上一滂　俖　《廣韻》海韻一等滂母未收此字，但有「啡」小韻；「啡」，《廣韻》匹愷切，《集韻》普亥切，滂海一上開蟹；《五音集韻》同《廣韻》。《韻鏡》外轉第十三開、《七音略》内轉第十三重中重、《四聲等子》蟹攝外二輕重俱等韻開口呼、《起數訣》第二十五圖發音清，列字均爲「啡」；《切韻指掌圖》十七開列於二等位。「啡」爲《廣韻》《集韻》海一滂母位小韻首字，《集韻》下收有「俖」字；「俖」爲《五音集韻》海一滂母位小韻首字，列字以「啡」爲佳。《韻鏡》《七音略》是；《切韻指南》從《五音集韻》，且反切下字爲非脣音開口字，故列於開口圖。

11　上一並　倍　《廣韻》《集韻》簿亥切，並海一上開蟹；《五音集韻》同《廣韻》《集韻》。《韻鏡》外轉第十三開，列字爲「蓓」；《七音略》内轉第十三重中重、《四聲等子》蟹攝外二輕重俱等韻開口呼、《起數訣》第二十五圖發音清，列字均爲「倍」；《切韻指掌圖》空位。「倍」爲《廣韻》《集韻》《五音集韻》海一並母位小韻首字，下收有「蓓」字，《切韻指南》是，且反切下字爲非脣音開口字，故列於開口圖。

12　上一明　穤　《廣韻》莫亥切，《集韻》母亥切，明海一上開蟹；《五音集韻》同《廣韻》。《韻鏡》外轉第十三開、《七音略》内轉第十三重中重、《切韻指掌圖》十七圖、《四聲等子》蟹攝外二輕重俱等韻開口呼、《起數訣》第二十五圖發音清，列字均爲「穤」；《切韻指掌圖》空位。

『穩』爲《廣韻》《集韻》《五音集韻》海一明母位小韻首字，且反切下字爲非脣音開口字，故列於開口圖。

13 上一心　諰　《廣韻》海韻無心母小韻；《集韻》息改切，心海一上開蟹；《五音集韻》同《集韻》。《韻鏡》空位；《七音略》内轉第十三重中重、《四聲等子》蟹攝外二輕重俱等韻開口呼、《起數訣》第二十五圖發音清，列字均爲『諰』；《切韻指掌圖》十七圖，列字爲『賽』，心母代韻。『諰』爲《集韻》《五音集韻》海一心母位小韻首字，《韻鏡》從《廣韻》空位；《七音略》無誤；《切韻指南》從《集韻》《五音集韻》。

14 上一匣　亥　弘治九年本、正德十一年本、文津閣本、碧琳琅本、《叢書集成》本，列字均爲『亥』；近衛庫本，列字爲『交』，『交』爲『亥』形訛。『亥』，《廣韻》胡改切，《集韻》下改切，匣海一上開蟹；《五音集韻》同《廣韻》。《韻鏡》外轉第十三開、《七音略》内轉第十三重中重、《切韻指掌圖》十七圖、《四聲等子》蟹攝外二輕重俱等韻開口呼、《起數訣》第二十五圖發音清，列字均爲『亥』。『亥』爲《廣韻》《集韻》《五音集韻》海一匣母位小韻首字，《切韻指南》近衛庫本列字形訛，當校改爲『亥』，其餘諸版本均是。

15 上一影　欸　《廣韻》於改切，《集韻》倚亥切，影海一上開蟹；《五音集韻》同《廣韻》。《韻鏡》外轉第十三開、《切韻指掌圖》十七圖、《四聲等子》蟹攝外二輕重俱等韻開口呼、《起數訣》第二十五圖發音清，列字均爲『欸』；《七音略》内轉第十三重中重，列字爲『欵』，溪母緩韻。『欸』爲《廣韻》《集韻》《五音集韻》海一影母位小韻首字，《七音略》列字誤，當校改爲『欸』；《切韻指南》是。

16 上一喻　腜　《廣韻》海韻一等喻母未收此字，但有『佁』小韻；『佁』，《廣韻》《集韻》夷在切，以海一上開蟹；《五音集韻》同《廣韻》。《韻鏡》外轉第十三開、《七音略》内轉第十三重中重、《切韻指掌圖》十七圖、《四聲等子》蟹攝外二輕重俱等韻開口呼、《起數訣》第二十五圖發音清，列字均爲『佁』。『佁』爲《廣韻》《集韻》海一以母位小韻首字，『腜』爲《五音集韻》海一喻母位小韻首字，列字以『佁』爲佳。喻母只有三等字，但《廣韻》《集韻》均收此字，據楊軍考，此字應爲誤增。諸家韻圖依喻下憑切列於一等，《切韻指南》亦如此。

17 上一來　錸　弘治九年本、近衛庫本、正德十一年本、碧琳琅本、《叢書集成》本，列字均爲『錸』；文津閣本，列字爲『鑎』，爲『錸』異體字。『錸』，《廣韻》來改切，《集韻》里亥切，來海一上開蟹；《五音集韻》同《廣韻》。《韻鏡》外轉第十三開、《七音略》内轉第十三重中重、《四聲等子》蟹攝外二輕重俱等韻開口呼、《起數訣》第二十五圖發音清，列字均爲『錸』；《切韻指掌圖》十七圖，列字爲『唻』。『錸』爲《廣韻》《集韻》《五音集韻》海一來母位小韻首字，下收有『唻』字，《切韻指南》文津閣本列異體字亦無誤，但校改爲『錸』更佳，其他版本是。

18 本圖去聲處注有『代韻宜併入泰韻』。

19 去一見　蓋　《廣韻》古太切，《集韻》居太切，見泰一去開蟹；《五音集韻》同《廣韻》。《韻鏡》外轉第十五開、《七音略》内轉第十五重中輕、《切韻指掌圖》十七圖、《起數訣》第二十五圖發音清，列字均爲『蓋』；《四聲等子》蟹攝外二輕重俱等韻開口呼，列字爲『葢』。『蓋』爲《廣韻》《集韻》《五音集韻》泰一見母位小韻首字，『葢』爲『蓋』的異體字，《切韻指南》是。

20 去一溪　磕　《廣韻》苦蓋切，《集韻》丘蓋切，溪泰一去開蟹；《五音集韻》同《廣韻》。《韻鏡》外轉第十五開，列字爲『磕』；《七音略》内轉第十五重中輕、《切韻指掌圖》十七圖，列字爲『礚』；《四聲等子》蟹攝外二輕重俱等韻開口呼、《起數訣》第二十五圖發音清，列字均爲『慨』，溪母代韻。『磕』爲《廣韻》《集韻》《五音集韻》泰一溪母位小韻首字，『礚』爲『磕』的異體字，《七音略》列異體字無誤，《切韻指南》是。

21 去一群　隑　《廣韻》代韻、泰韻無群母；《集韻》巨代切，群代一去開蟹；《五音集韻》同《集韻》。《韻鏡》外轉第十三開、《起數訣》第二十五圖發音清，列字均爲『隑』；《七音略》《切韻指掌圖》《四聲等子》均空位。『隑』爲《集韻》《五音集韻》代一群母位小韻首字，《七音略》從《廣韻》空位無誤；《韻鏡》所列當是後人據《集韻》增；《切韻指南》從《集韻》《五音集韻》。

22 去一透　泰　《廣韻》《集韻》他蓋切，透泰一去開蟹；《五音集韻》同《廣韻》《集韻》。《韻鏡》外轉第十五開、《七音略》内轉第十五重中輕，列字均爲『太』；《切韻指掌圖》十七圖、《四聲等子》蟹攝外二輕重俱等韻開口呼，列字均爲『泰』；《起數訣》第二十五圖發音清，列字爲『貸』，透母代韻。『泰』爲《廣韻》《集韻》《五音集韻》泰一透母位小韻首字，下收有『太』字，《韻鏡》《七音略》無誤，《切韻指南》是。

23 去一定 大 《廣韻》《集韻》徒蓋切，定泰一去開蟹；《五音集韻》同《廣韻》《集韻》。《韻鏡》外轉第十五開、《切韻指掌圖》十七圖，列字均爲『大』；《七音略》內轉第十五重中輕，列字爲『太』，透母泰韻；《四聲等子》蟹攝外二輕重俱等韻開口呼、《起數訣》第二十五圖發音清，列字均爲『代』，定母代韻。『大』爲《廣韻》《集韻》《五音集韻》泰一定母位小韻首字，《七音略》列字誤，當校改爲『大』；《切韻指南》是。

24 去一幫 貝 《廣韻》《集韻》博蓋切，幫泰一去開蟹；《五音集韻》同《廣韻》《集韻》。《韻鏡》外轉第十五開、《七音略》內轉第十五重中輕、《切韻指掌圖》十九圖合、《四聲等子》蟹攝外二輕重俱等韻開口呼，列字均爲『貝』；《起數訣》空位。『貝』爲《廣韻》《集韻》《五音集韻》泰一幫母位小韻首字，且反切下字爲非脣音開口字，故列於開口圖。

25 去一滂 霈 《廣韻》《集韻》普蓋切，滂泰一去開蟹；《五音集韻》同《廣韻》《集韻》。《韻鏡》外轉第十五開、《七音略》內轉第十五重中輕、《切韻指掌圖》十九合，列字均爲『霈』；《四聲等子》蟹攝外二輕重俱等韻開口呼，列字均爲『沛』，幫母泰韻；《起數訣》第二十五圖發音清，列字爲『怖』，滂母代韻。『霈』爲《廣韻》《集韻》《五音集韻》泰一滂母位小韻首字，且反切下字爲非脣音開口字，故列於開口圖。

26 去一並　旆　《廣韻》《集韻》蒲蓋切，《五音集韻》蒲貝切，並泰一去開蟹。《韻鏡》外轉第十五開、《七音略》内轉第十五重中輕、《四聲等子》蟹攝外二輕重俱等韻開口呼，列字均爲『旆』；《切韻指掌圖》十九合列字爲『佩』，並母隊韻；《起數訣》第二十五圖發音清，列字爲『偕』，見母皆韻。『旆』爲《廣韻》《集韻》《五音集韻》泰一並母位小韻首字，『旆』爲『旆』的異體字，《韻鏡》《七音略》列異體字無誤，《切韻指南》是。

27 去一明　眛　弘治九年本、文津閣本，列字均爲『眛』；近衛庫本、正德十一年本、碧琳琅本、《叢書集成》本，列字均爲『眛』。『眛』，《廣韻》《集韻》莫佩切，明母隊韻；『眛』，《廣韻》《集韻》莫貝切，明泰一去開蟹；《五音集韻》同《廣韻》《集韻》。《韻鏡》外轉第十五開，列字爲『眛』；《七音略》内轉第十五重中輕、《四聲等子》蟹攝外二輕重俱等韻開口呼，列字均爲『眛』；《切韻指掌圖》十九合列字爲『妹』，明母隊韻；《起數訣》第二十五圖發音清，列字爲『穤』。『眛』爲《廣韻》《集韻》《五音集韻》泰一明母位小韻首字，《七音略》及《切韻指南》近衛庫本、正德十一年本、碧琳琅本、《叢書集成》本列字誤，當校改爲『眛』，《切韻指南》其餘諸版本均是。

28 去一從　載　《廣韻》《集韻》昨代切，從代一去開蟹；《五音集韻》同《廣韻》《集韻》。《韻鏡》外轉第十三開、《七音略》内轉第十三重中重、《切韻指掌圖》十七圖、《起數訣》第二十五圖發音清，列字均爲『在』；《四聲等子》蟹攝外二輕重俱等韻開口呼，列字爲『載』。『載』爲《廣韻》《五音集韻》代一從母位小韻首字，下收有『在』字，《韻鏡》《七音略》無誤，《切韻指南》是。

29　去一匣　害　弘治九年本、近衛庫本、文津閣本、碧琳琅本、《叢書集成》本，列字均爲『害』；正德十一年本，列字爲『害』，均應爲『害』的形訛。『害』，《廣韻》胡蓋切，《集韻》下蓋切，匣泰一去開蟹；《五音集韻》同《廣韻》。《韻鏡》外轉第十五開、《七音略》内轉第十五重中輕、《切韻指掌圖》十七圖、《四聲等子》蟹攝外二輕重俱等韻開口呼，列字均爲『害』；《起數訣》第二十五圖發音清，列字爲『核』，匣母代韻。『害』爲《廣韻》《集韻》《五音集韻》泰一匣母位小韻首字，《切韻指南》各版本均形訛，當校改爲『害』。

30　去一來　賴　弘治九年本、文津閣本，列字均爲『賴』；近衛庫本、正德十一年本、碧琳琅本、《叢書集成》本，列字均爲『賴』，『賴』，《康熙字典》：『《説文》從貝剌聲。俗作賴。』故『賴』爲『賴』俗體。『賴』，《廣韻》《集韻》落蓋切，來泰一去開蟹；《五音集韻》同《廣韻》。《韻鏡》外轉第十五開，列字爲『賴』；《七音略》内轉第十五重中輕、《切韻指掌圖》十七圖，列字均爲『賴』；《四聲等子》蟹攝外二輕重俱等韻開口呼、《起數訣》第二十五圖發音清，列字均爲『賚』。『賴』爲《廣韻》《集韻》《五音集韻》泰一來母位小韻首字，《七音略》列俗體字無誤，《切韻指南》諸版本均是。

31 本圖一等入聲字與山攝開口圖入聲字相同，故不出校，參照山攝一等入聲。

32 蟹攝二等平聲字雖標目僅標『皆』，然考圖内列字，實則列皆、佳二韻字。

33 平二疑　崖　《廣韻》五佳切，《集韻》宜佳切，疑佳二平開蟹；《五音集韻》同《廣韻》。《韻鏡》外轉第十五開、《起數訣》第二十三圖發音濁、《切韻指掌圖》十七圖、《四聲等子》蟹攝外二輕重俱等開口呼，列字均爲『崖』；《七音略》外轉第十五重中輕，列字爲『崔』，《廣韻》清母或從母灰韻，均不當列於此位。『崖』爲《廣韻》《集韻》佳二疑母位小韻首字，《五音集韻》皆二疑母位小韻首字，《七音略》列字誤，當校改爲『崖』；《切韻指南》是。

34 平二知　梩　《廣韻》《集韻》都皆切，知皆二平開蟹；《五音集韻》同《廣韻》《集韻》。《韻鏡》外轉第十三開、《七音略》内轉第十三重中重、《起數訣》第二十六圖發音濁、《切韻指掌圖》十七圖、《四聲等子》蟹攝外二輕重俱等開口呼，列字均爲『麳』。『麳』爲《廣韻》《集韻》皆二知母位小韻首字；『梩』收於《廣韻》《集韻》知母皆小韻（端知類隔），且亦爲《五音集韻》皆二知母位小韻首字，下收有『麳』字。《韻鏡》《七音略》是，《切韻指南》從《五音集韻》。

35 平二澄　㛥　《廣韻》未收；《康熙字典》記：『《集韻》直皆切，音咦。』此記《集韻》直皆切，澄皆二平開蟹；《五音集韻》同《集韻》。《韻鏡》《七音略》《切韻指掌圖》《四聲等子》均空位；《起數訣》第二十六圖發音濁，列字爲『㛥』。《廣韻》皆韻、佳韻皆無澄母字，『㛥』爲《集韻》

《五音集韻》皆二澄母位小韻首字；《韻鏡》《七音略》從《廣韻》空位，《切韻指南》從《集韻》《五音集韻》。

36 平二幫　⿰歹頁　《廣韻》皆韻、佳韻均無幫母位小韻；「⿰歹頁」，《康熙字典》記：「《集韻》薄皆切，音排。《説文》曲頤也。又《集韻》蒲枚切，音裴。義同。又蘗皆切，音碑。大面貌。與碩、頢同。」此記《集韻》蘗皆切，幫皆二平開蟹；《五音集韻》同《集韻》。《韻鏡》《切韻指掌圖》空位；《七音略》内轉第十三重中重、《四聲等子》蟹攝外二輕重俱等韻合口呼，列字均爲「⿰歹頁」；《起數訣》第二十五圖開音清，列字爲「碩」，當爲「⿰歹頁」異體字。《廣韻》皆韻、佳韻均無幫母位小韻，「⿰歹頁」爲《集韻》《五音集韻》皆二幫母位小韻首字；《韻鏡》從《廣韻》空位；《七音略》無誤；《切韻指南》從《集韻》《五音集韻》。

37 平二滂　嶏　《廣韻》皆韻、佳韻均無滂母位小韻；《集韻》匹埋切，滂皆二平開蟹；《五音集韻》同《集韻》。《韻鏡》空位；《七音略》内轉第十三重中重、《起數訣》第二十五圖開音清、《四聲等子》蟹攝外二輕重俱等韻合口呼，列字均爲「嶏」；《切韻指掌圖》十七圖，列字爲「⿰女疋」，誤。《廣韻》皆韻、佳韻均無滂母位小韻，《集韻》《五音集韻》平二滂母位僅收「嶏」字，《韻鏡》從《廣韻》空位；《七音略》無誤；《切韻指南》從《集韻》《五音集韻》。

38 平二並　排　《廣韻》步皆切，《集韻》蒲皆切，並皆二平開蟹；《五音集韻》同《廣韻》。《韻鏡》外轉第十三開、《七音略》内轉第十三重中重、《起數訣》第二十五圖開音清、《切韻指掌圖》十七圖、《四聲等子》蟹攝外二輕重俱等韻合口呼，列字均爲『排』。『排』爲《廣韻》《集韻》《五音集韻》皆二並母位小韻首字，且反切下字爲非脣音開口字，故列於開口圖。

39 平二明　膭　《廣韻》《集韻》莫佳切，明佳二平開蟹；《五音集韻》同《廣韻》《集韻》。《韻鏡》外轉第十五開、《七音略》外轉第十五重中輕、《四聲等子》蟹攝外二輕重俱等開口呼，列字均爲『膭』；《起數訣》空位；《切韻指掌圖》十七圖，列字爲『埋』，明母皆韻。『膭』爲《廣韻》《集韻》佳二明母位小韻首字，《五音集韻》皆二明母位小韻首字，且反切下字爲非脣音開口字，故列於開口圖。

40 平二穿　釵　《廣韻》《集韻》平二穿母位有『釵』小韻，『釵』，《廣韻》楚佳切，《集韻》初佳切，初佳二平開蟹；《五音集韻》同《廣韻》。『釵』當爲『釵』字形訛。《韻鏡》外轉第十五開，列字爲『釵』；《七音略》外轉第十五重中輕、《四聲等子》蟹攝外二輕重俱等開口呼，列字均爲『釵』；《起數訣》第二十三圖發音濁，列字爲『扠』，此字當爲『扠』字形訛；《切韻指掌圖》十七圖，列字爲『差』，初母皆韻。『釵』爲《廣韻》《集韻》佳二初母位小韻首字，《五音集韻》皆二初母位小韻首字，當列於此位。《韻鏡》是；《七音略》《切韻指南》列字形訛，誤，均當校改爲『釵』。

41 平二曉　俙　《廣韻》喜皆切，曉皆二平開蟹；《集韻》未收，《五音集韻》同《廣韻》。《韻鏡》外轉第十三開，列字爲『俙』；《七音略》空位；《起數訣》第二十六圖發音濁、《切韻指掌圖》

十七圖，列字均爲『俙』，《集韻》曉母皆韻；《四聲等子》蟹攝外二輕重俱等開口呼，列字爲『⿱殹巳』，曉母佳韻。『俙』爲《廣韻》《五音集韻》皆二曉母位小韻首字，當列於此位；《七音略》空位誤，當校補『俙』；《切韻指南》是。

42 蟹攝二等上聲字雖標目僅標『駭』，然考圖內列字，實則列蟹、駭二韻字。

43 上二見　鍇　《廣韻》苦駭切，溪駭二上開蟹，不當列於此位；《集韻》古駭切，見駭二上開蟹；《五音集韻》同《集韻》；依《集韻》《五音集韻》可列於此位。《韻鏡》外轉第十三開、《起數訣》第二十六圖發音濁，列字均爲『鍇』；《七音略》空位；《切韻指掌圖》十七圖、《四聲等子》蟹攝外二輕重俱等開口呼，列字爲『解』，見母蟹韻。《廣韻》駭韻無見母字，『鍇』爲《集韻》《五音集韻》駭二見母位小韻首字；《韻鏡》當是後人據《集韻》所增；《七音略》從《廣韻》空位無誤；《切韻指南》從《集韻》《五音集韻》。

44 上二溪　楷　《廣韻》苦駭切，《集韻》口駭切，溪駭二上開蟹；《五音集韻》同《廣韻》。《韻鏡》外轉第十三開、《七音略》內轉第十三重中重、《切韻指掌圖》十七圖，列字均爲『楷』；《起數訣》第二十六圖發音濁，列字爲『揩』，溪母皆韻，不當列於此位；《四聲等子》蟹攝外二輕重俱等開口呼，列於溪母皆韻，駭韻位列『⿱艹丂』，《康熙字典》『《唐韻》苦蟹切』，則爲溪母蟹韻。『楷』爲《廣韻》《集韻》《五音集韻》駭二溪母位小韻首字，當列於此位，《切韻指南》是。

45 上二群　蒡　《廣韻》求蟹切，此音切存疑；《集韻》杜買切，定蟹二上合蟹；《五音集韻》同《廣韻》。《韻鏡》外轉第十五開、《七音略》外轉第十五重中輕、《起數訣》第二十四圖發音濁、《四聲等子》蟹攝外二輕重俱等開口呼，列字均爲『蒡』；《切韻指掌圖》十七圖，列字爲『蒡』。余迺永認爲《切韻》系韻書群母例無二等字，『蒡』字或爲祭韻A類字寄列於此，且字形亦誤，當爲『蒡』；楊軍認爲《廣韻》『求蟹切』音切有誤，原音切應爲『直買切』，『直』『求』二字字形近似而訛，然《韻鏡》《七音略》均列此字，故存疑。《切韻指南》從《廣韻》《五音集韻》及早期韻圖列此字。

46 上二知　鈬　弘治九年本、近衛庫本、正德十一年本，列字均爲『鈬』；文津閣本、碧琳琅本、《叢書集成》本，列字均爲『鈬』。《廣韻》未收此字，《集韻》此字字形爲『鈬』，《康熙字典》記：『《玉篇》知駭切。缺也。』另記：『鈬，知駭切，音鈬。金也。』此記《集韻》知駭切，知駭二上開蟹；《五音集韻》字形音切均同《集韻》；『鈬』當爲『鈬』字形訛。《韻鏡》《七音略》《切韻指掌圖》均空位；《起數訣》第二十六圖發音濁，列字爲『鈬』；《四聲等子》蟹攝外二輕重俱等開口呼，列字爲『鈬』。《廣韻》駭韻、蟹韻均無知母位小韻；『鈬』收於《集韻》知母駭小韻，《五音集韻》駭二知母位小韻首字字形爲『鈬』，下收有『鈬』字；《韻鏡》《七音略》從《廣韻》空位，《切韻指南》弘治九年本、近衛庫本、正德十一年本列字形從《五音集韻》；其餘諸版本從《集韻》，均無誤。

47　上二澄　徥　《廣韻》池爾切，澄紙三開上止，不當列於此位；《集韻》直駭切，澄駭二上開蟹，依此音切可列於此位；《五音集韻》同《集韻》。《韻鏡》《七音略》《切韻指掌圖》均空位；《起數訣》第二十六圖發音濁，列字爲『徥』；《切韻指掌圖》十七開、《四聲等子》蟹攝外二輕重俱等開口呼，列字均爲『廌』，澄母蟹韻。《廣韻》駭韻、蟹韻均無澄母位小韻，『徥』爲《集韻》《五音集韻》駭二澄母位小韻首字，《韻鏡》《七音略》從《廣韻》空位；《切韻指南》從《集韻》《五音集韻》。

48　上二孃　嬭　《廣韻》奴蟹切，《集韻》女蟹切，娘蟹二上開蟹；《五音集韻》同《廣韻》。《韻鏡》外轉第十五開，列字爲『嬭』；《七音略》外轉第十五重中輕、《起數訣》第二十三圖發音濁、《四聲等子》蟹攝外二輕重俱等開口呼，列字均爲『妳』；《切韻指掌圖》空位；『嬭』爲《廣韻》《五音集韻》蟹二娘母位小韻首字，下收有『妳』字；『嬭』『妳』同爲《集韻》蟹二娘母位小韻首字，列字以『嬭』爲佳。《七音略》等韻圖列字形訛，誤，當校改爲『妳』，《切韻指南》是。

49　上二幫　擺　《廣韻》北買切，《集韻》補買切，幫蟹二上開蟹；《五音集韻》同《廣韻》。《韻鏡》外轉第十五開、《七音略》外轉第十五重中輕、《切韻指掌圖》第十七圖、《四聲等子》蟹攝外二輕重俱等開口呼，列字均爲『擺』；《起數訣》空位。『擺』爲《廣韻》《集韻》蟹二幫母位小韻首字，《五音集韻》駭二幫母位小韻首字，反切下字爲脣音，按一般規則當列於合口，本圖列於開口。

50 上二滂　　帞　《廣韻》未收，《集韻》怦買切（趙振鐸校爲『伻買切』），《五音集韻》普買切，滂蟹二上開蟹。《韻鏡》《七音略》《起數訣》均空位；《切韻指掌圖》第十七圖，列字爲『㑀』，滂母海韻；《四聲等子》蟹攝外二輕重俱等開口呼，列字爲『帞』。《廣韻》駭韻、蟹韻均無上二滂母小韻，《集韻》蟹二滂母位僅收『帞』字，且此字爲《五音集韻》駭二滂母位小韻首字；《韻鏡》《七音略》從《廣韻》空位，《切韻指南》從《集韻》《五音集韻》。反切下字爲脣音，按一般規則當列於合口，本圖列於開口。

51 上二並　　罷　《廣韻》薄蟹切，《集韻》部買切，並蟹二上開蟹；《五音集韻》同《廣韻》。《韻鏡》外轉第十五開、《七音略》外轉第十五重中輕、《四聲等子》蟹攝外二輕重俱等韻開口呼，列字均爲『罷』；《起數訣》第二十五圖發音清，列字爲『𦋞』，《集韻》並母蟹韻；《切韻指掌圖》十七圖，列字爲『備』，並母至韻。『罷』爲《廣韻》《集韻》蟹二並母位小韻首字，《五音集韻》駭二並母位小韻首字，且《集韻》《五音集韻》中均下收有『𦋞』字，列字以『罷』爲佳，且《廣韻》反切下字爲非脣音開口字，故《切韻指南》列於開口圖。

52 上二明　　買　《廣韻》莫蟹切，《集韻》母蟹切，《五音集韻》莫解切，明蟹二上開蟹。《韻鏡》外轉第十五開、《七音略》外轉第十五重中輕、《切韻指掌圖》十七圖、《四聲等子》蟹攝外二輕重俱等韻開口呼，列字均爲『買』；《起數訣》空位。『買』爲《廣韻》《集韻》蟹二明母位小韻首字，《五音集韻》駭二明母位小韻首字，且《廣韻》反切下字爲非脣音開口字，故《切韻指南》

列於開口圖。

53　上二照　抧　《廣韻》諸氏切，章紙三上開止；《集韻》仄蟹切，莊蟹二上開蟹；《五音集韻》同《集韻》。依《廣韻》不當列於此位，依《集韻》《五音集韻》可列於此位。《韻鏡》《七音略》《切韻指掌圖》均空位；《起數訣》第二十三圖發音濁，列字爲『枳』，章母紙韻，誤；《四聲等子》蟹攝外二輕重俱等開口呼，列字爲『抧』。《廣韻》駭韻、蟹韻均無莊母位小韻，『抧』爲《集韻》蟹二莊母位小韻首字，《五音集韻》駭二照母位小韻首字，《韻鏡》《七音略》從《廣韻》空位，《切韻指南》從《集韻》《五音集韻》。

54　上二穿　⿱山豺　《廣韻》未收，《集韻》楚解切，《五音集韻》楚蟹切，初蟹二上開蟹。《韻鏡》《七音略》均空位；《起數訣》第二十三圖發音濁、《四聲等子》蟹攝外二輕重俱等開口呼，列字均爲『⿱山豺』；《切韻指掌圖》十七圖，列字爲『茝』。《廣韻》駭韻、蟹韻均無初母位小韻，《集韻》蟹二初母位與《五音集韻》駭二穿母位均僅收『⿱山豺』字；《韻鏡》《七音略》從《廣韻》空位，《切韻指南》從《集韻》《五音集韻》。

55　上二審　灑　《廣韻》《集韻》所蟹切，生蟹二上開蟹；《五音集韻》同《廣韻》《集韻》。《韻鏡》外轉第十五開空位，列於外轉第十三開生母駭韻位；《七音略》外轉第十五重中輕、《起數訣》第二十三圖發音濁、《切韻指掌圖》十七圖、《四聲等子》蟹攝外二輕重俱等開口呼，列字均爲『灑』。『灑』爲《廣韻》蟹韻生母位小韻首字，《五音集韻》駭韻審母位小韻首字，當列於此位；《韻鏡》誤，當删外轉十三開此字，改列於外轉十五開；《切韻指南》是。

56 上二曉 ○ 《廣韻》《集韻》《五音集韻》均無上二曉母小韻。《韻鏡》《切韻指掌圖》《四聲等子》均空位；《七音略》内轉第十三重中重、《起數訣》第二十六圖發音濁，列字均爲『駭』，匣母駭韻，不當列於此位。《廣韻》《集韻》《五音集韻》均無上二曉母字，《韻鏡》《切韻指南》空位是，《七音略》誤，當改列於匣母位。

57 上二影 挨 《廣韻》於駭切，《集韻》倚駭切，影駭二上開蟹；《五音集韻》同《廣韻》。《韻鏡》空位；《七音略》内轉第十三重中重、《起數訣》第二十六圖發音濁，列字均爲『挨』；《切韻指掌圖》十七圖，列字爲『矮』，影母蟹韻；《四聲等子》蟹攝外二輕重俱等開口呼，列字爲『騃』，影母蟹韻。『挨』爲《廣韻》《集韻》《五音集韻》駭韻影母位小韻首字，當列於此位；《韻鏡》空位誤，當校補『挨』；《切韻指南》是。

58 上二來 攋 《廣韻》盧達切，來曷一入開蟹；《集韻》洛駭切，來駭二上開蟹；《五音集韻》同《集韻》；依《廣韻》不當列於此位，依《集韻》《五音集韻》可列於此位。《韻鏡》外轉第十三開，列字爲『獺』；《七音略》内轉第十三重中重，列字爲『⿰彳賴』；《起數訣》第二十六圖發音濁，列字爲『攋』；《切韻指掌圖》空位；《四聲等子》蟹攝外二輕重俱等開口呼，列字爲『懶』，來母旱韻。各韻書、字書『獺』字均無駭韻音，《廣韻》及以前韻書亦無上二來母字；《集韻》增『攋』小韻，洛駭切，則爲來母駭韻，《韻鏡》《七音略》列字誤，當删；《切韻指南》從

《集韻》《五音集韻》。

59 蟹攝二等去聲字雖標目僅標『怪』，然考圖内列字，實則列怪、卦、夬三韻字。

60 去二見　誡　《廣韻》古拜切，《集韻》居拜切，《五音集韻》古隘切，見怪二去開蟹。《韻鏡》外轉第十三開、《起數訣》第二十六圖發音濁，列字爲『誡』；《七音略》内轉第十三重中重，列字爲『誡』，當爲『誡』字形訛；《切韻指掌圖》十七圖，列字爲『懈』，見母卦韻；《四聲等子》蟹攝外二輕重俱等開口呼，列字爲『戒』，見母怪韻。『誡』爲《廣韻》《五音集韻》怪二見母小韻首字，當列於此位；《七音略》列字形訛，誤，當校改爲『誡』；《切韻指南》是。

61 去二群　齥　《廣韻》未收，《集韻》渠介切，群怪二去開蟹；《五音集韻》同《集韻》。《韻鏡》《七音略》《起數訣》《切韻指掌圖》均空位；《四聲等子》蟹攝外二輕重俱等開口呼，列字爲『齥』。《廣韻》怪、卦、夬韻均無群母位小韻，《集韻》《五音集韻》群母怪二位僅收『齥』；《韻鏡》《七音略》從《廣韻》空位；《切韻指南》從《集韻》《五音集韻》。

62 去二知　媞　《廣韻》杜奚切，定母齊韻；承紙切，禪母紙韻；徒禮切，定母薺韻，以上音切均不當列於此位。《集韻》得懈切，端知類隔，端母卦韻，《五音集韻》朝懈切，知母怪韻。《韻鏡》《七音略》《起數訣》均空位；《切韻指掌圖》十七圖，列字爲『⿰彳音』，《廣韻》知母合口卦韻；《四聲等子》蟹攝外二輕重俱等開口呼，列字爲『媞』。《廣韻》怪、卦、夬韻均無知母位小韻，『媞』爲《集韻》端知類隔切，亦爲《五音集韻》怪二知母位小韻首字；《韻鏡》《七音略》

從《廣韻》空位；《切韻指南》從《五音集韻》。

63 去二澄　○　《廣韻》《集韻》此位均有『𩦘』小韻；『𩦘』，《廣韻》《集韻》除邁切，澄夬二去開蟹；《五音集韻》同《廣韻》《集韻》。《韻鏡》外轉第十三開、《四聲等子》蟹攝外二輕重俱等韻開口呼，列字爲『𩦘』；《七音略》內轉第十三重中重，列字爲『𩦘』；《起數訣》第三十圖發音濁，列字爲『𩦘』；《切韻指掌圖》空位。『𩦘』爲《廣韻》《集韻》夬二澄母位小韻首字，《五音集韻》怪二澄母位小韻首字，當列於此位；《韻鏡》《七音略》列字形訛，當校改爲『𩦘』；《切韻指南》空位誤，當校補『𩦘』。

64 去二徹　蠆　《廣韻》丑犗切，《康熙字典》記：『《唐韻》丑犗切，《集韻》《韻會》丑邁切，音蠆。』此記《集韻》丑邁切，徹夬二去開蟹；《五音集韻》同《廣韻》。《韻鏡》外轉第十三開、《七音略》內轉第十三重中重、《切韻指掌圖》十七圖、《四聲等子》蟹攝外二輕重俱等韻開口呼，列字均爲『蠆』；《起數訣》第三十圖發音濁，列字爲『萬』，微母願韻。『蠆』爲《廣韻》《集韻》夬二徹母位小韻首字，《五音集韻》怪二徹母位小韻首字，當列於此位，《切韻指南》是。

65 去二幫　𡾰　《廣韻》方賣切，《集韻》卜卦切，幫卦二去開蟹；《五音集韻》同《廣韻》。《韻鏡》外轉第十五開、《七音略》外轉第十五重中輕，列字均爲『𡾰』；楊軍認爲《廣韻》卦韻脣音無開合之分，十六圖脣音位已列字，故《韻鏡》十五圖與《七音略》第十五圖均當刪；另有《韻鏡》外轉第十六合、《四聲等子》蟹攝外二輕重俱等開口呼，列字爲『庍』，幫母卦韻；《七音略》外轉第十六輕中輕，列字爲『派』，爲滂母，誤；《起數訣》第二十一圖開音清，列字爲『薜』，《集韻》並母怪韻；《切韻指掌圖》十七圖，列字爲『拜』，幫母怪韻。《廣韻》卦二幫母位與《五音集韻》怪二幫母位（開口）均僅收『薜』，《韻鏡》《七音略》第十五圖均當删；《七音略》第十六圖列字誤，當校改爲『庍』；『薜』的反切下字爲脣音字，《切韻指南》多列於合口圖，此處當是據《五音集韻》列於開口圖。

66 去二滂　○　《廣韻》去二滂母位有『派』小韻，『派』，《廣韻》匹卦切，《集韻》普卦切，滂卦二去合蟹；《五音集韻》普拜切，滂母怪韻。《韻鏡》外轉第十六合、《七音略》外轉第十六輕中輕、《起數訣》第二十一圖開音清、《切韻指掌圖》十七圖、《四聲等子》蟹攝外二輕重俱等開口呼，列字均爲『派』。『派』爲《廣韻》卦二滂母位小韻首字，亦爲《五音集韻》怪二滂母湃小韻下收字。《韻鏡》《七音略》從《廣韻》，《切韻指南》因切下字『拜』入《五音集韻》合口，故於合口圖列『湃』，而開口圖此處空位。

67 去二並　○　《廣韻》去二並母位有『粺』小韻，『粺』，《廣韻》傍卦切，《集韻》旁卦切，並卦二去合蟹；《五音集韻》蒲拜切，並母怪韻。《韻鏡》外轉第十六合、《七音略》外轉第十六輕中輕、《起數訣》第二十一圖開音清、《四聲等子》蟹攝外二輕重俱等開口呼，列字均爲『粺』；《切韻指掌圖》十七圖，列字爲『敗』，並母夬韻。『粺』爲《廣韻》《集韻》卦二並母位小韻首字，亦爲《五音集韻》怪二並母『憊』小韻下收字；《韻鏡》《七音略》從《廣韻》，《切韻指南》因切下字『拜』入《五音集韻》合口，故於合口圖列『憊』，而開口圖此處空位。

68 去二明 賣 《廣韻》《集韻》莫懈切，明卦二去合蟹；《五音集韻》同《廣韻》《集韻》。《韻鏡》外轉第十六合、《七音略》外轉第十六輕中輕、《起數訣》第二十一圖開音清、《切韻指掌圖》十七圖、《四聲等子》蟹攝外二輕重俱等開口呼，列字均爲『賣』。『賣』爲《廣韻》《集韻》卦二明母位小韻首字，《五音集韻》怪二明母位小韻首字，當列於此位，《切韻指南》因切下字非脣音字或合口字而列於開口圖。

69 去二牀 ⿰彳⿱丝心 《廣韻》怪、卦、夬韻均無崇母位小韻，《集韻》怪二崇母位有『⿰犭⿱丝心』小韻。『⿰犭⿱丝心』，《廣韻》胡介切，《集韻》下介切，匣母怪韻，不當列於此位。另有《集韻》才瘵切，從母怪韻，切上字與崇母混切，可列於崇母位。《五音集韻》士瘵切，崇母怪韻，可列於此位，《指南》列字當爲『⿰犭⿱丝心』形訛。《韻鏡》空位；《七音略》內轉第十三重中重，列字爲『⿰彳⿱丝心』；《起數訣》第二十六圖發音濁，列字爲『⿰犭⿱丝心』；《切韻指掌圖》十七圖、《四聲等子》蟹攝外二輕重俱等開口呼，列字爲『寨』，崇母怪韻。《廣韻》怪、卦、夬韻均無崇母位小韻，《集韻》崇母怪韻位僅收『⿰犭⿱丝心』字，且『⿰犭⿱丝心』亦爲《五音集韻》怪二崇母位小韻首字，《韻鏡》從《廣韻》空位；《七音略》《切韻指南》列字形訛，誤，均當校改爲『⿰犭⿱丝心』。

70 平三見 ○ 弘治九年本、正德十一年本、碧琳琅本、《叢書集成》本，均空位；近衛庫本、文津閣本，列字均爲『飢』。『飢』，《廣韻》居夷切，《集韻》居狋切，見脂三平開止；《五音集韻》同《廣韻》，不當列於此位。《韻鏡》《七音略》《起數訣》《切韻指掌圖》《四聲等子》均空位。《廣韻》《集韻》《五音集韻》均無平三見母位小韻，《切韻指南》弘治九年本、正德十一年本、碧琳琅本、《叢書集成》本從《廣韻》空位；近衛庫本、文津閣本列字誤，當删。

71 平三知 ○ 弘治九年本、正德十一年本、碧琳琅本、《叢書集成》本，均空位；近衛庫本、文津閣本，列字均爲『知』。『知』，《廣韻》陟離切，《集韻》珍離切，見支三平開止；《五音集韻》同《廣韻》，不當列於此位。《韻鏡》《七音略》《起數訣》《切韻指掌圖》《四聲等子》均空位。《廣韻》《集韻》均無平三知母位小韻，《切韻指南》弘治九年本、正德十一年本、碧琳琅本、《叢書集成》本從《廣韻》空位；近衛庫本、文津閣本列字誤，當删。

72 平三幫 ○ 弘治九年本、正德十一年本、文津閣本、碧琳琅本、《叢書集成》本，均空位；近衛庫本列字爲『陂』。『陂』，《廣韻》彼爲切，《集韻》斑糜切，幫支三平開止；《五音集韻》同《廣韻》，不當列於此位。《韻鏡》《七音略》《起數訣》《切韻指掌圖》《四聲等子》均空位。《廣韻》《集韻》均無平三幫母位小韻，《切韻指南》弘治九年本、正德十一年本、文津閣本、碧琳琅本、《叢書集成》本從《廣韻》空位；近衛庫本列字誤，當删。

73 平三照 ○ 弘治九年本、正德十一年本、碧琳琅本、《叢書集成》本，均空位；近衛庫本、文津閣本，列字均爲『支』。『支』，《廣韻》《集韻》章移切，章支三平開止；《五音集韻》同《廣韻》《集韻》。《韻鏡》《七音略》《起數訣》《切韻指掌圖》《四聲等子》均空位。《廣韻》《集韻》

《五音集韻》均無平三照母位小韻，《切韻指南》弘治九年本、正德十一年本、碧琳琅本、《叢書集成》本從《廣韻》空位； 近衛庫本、文津閣本列字誤，當刪。

74 平三穿 犨 《廣韻》《集韻》昌來切，昌咍一平開蟹；《五音集韻》同《廣韻》《集韻》。《韻鏡》外轉第十三開、《七音略》内轉第十三重中重、《起數訣》第二十六圖發音濁、《切韻指掌圖》十七圖、《四聲等子》蟹攝外二輕重俱等韻開口呼，列字均爲『犨』。『犨』當爲『昌求切』，『求』誤爲『來』而入蟹攝，諸家韻圖均入蟹攝，《切韻指南》從諸家韻書韻圖。

75 平三曉 ○ 弘治九年本、正德十一年本、碧琳琅本、《叢書集成》本，均空位； 近衛庫本列字爲『犧』； 文津閣本列字爲『稀』。《廣韻》《集韻》《五音集韻》均無平三曉母位小韻。『犧』，《廣韻》許羈切，《集韻》虛宜切，曉支三平開止；『稀』，《廣韻》香衣切，《集韻》香依切，曉微三平開止，二字均不列於此位。《韻鏡》《七音略》《起數訣》《切韻指掌圖》《四聲等子》均空位。《切韻指南》弘治九年本、正德十一年本、碧琳琅本、《叢書集成》本從《廣韻》空位是； 近衛庫本、文津閣本列字誤，當刪。

76 平三來 ○ 弘治九年本、正德十一年本、碧琳琅本、《叢書集成》本，均空位； 近衛庫本、文津閣本，列字均爲『離』。《廣韻》《集韻》《五音集韻》均無平三來母位小韻；『離』，《廣韻》呂支切，《集韻》鄰知切，來支三平開止，不當列於此位。《韻鏡》《七音略》《起數訣》《切韻指掌圖》《四聲等子》均空位。《切韻指南》弘治九年本、正德十一年本、碧琳琅本、《叢書集成》

本從《廣韻》空位是；近衛庫本、文津閣本列字誤，當删。

77 平三日　荋　《廣韻》無平三日母位小韻，《集韻》汝來切，日母咍韻；《五音集韻》音切同《集韻》，但爲三等韻。《韻鏡》《七音略》均空位；《起數訣》第二十六圖發音濁、《切韻指掌圖》十七圖、《四聲等子》蟹攝外二輕重俱等韻開口呼，列字均爲『腝』，『腝』，《集韻》人移反，日齊平三開蟹，按日寄憑切門法可列於此位。《廣韻》無平三日母位小韻，《韻鏡》《七音略》從《廣韻》空位無誤，《切韻指南》此圖三等平聲韻目爲『齊』，不得列咍韻字，當校改爲『腝』。列『荋』字，從《五音集韻》誤。

78 上三穿　茝　《廣韻》《集韻》此字字形爲『茝』，『茝』，《廣韻》昌紿切，《集韻》昌亥切，昌海三上開蟹；《五音集韻》音切同《廣韻》，但字形亦爲『茝』，當爲『茝』字形訛。《韻鏡》外轉第十三開、《起數訣》第二十六圖發音濁，列字均爲『茝』；《七音略》《切韻指掌圖》空位；《四聲等子》蟹攝外二輕重俱等韻開口呼，列字爲『茝』。『茝』爲《集韻》海韻昌母位小韻首字，海爲一等韻，依寄韻憑切門法，當列於三等位，《七音略》列於二等位，誤，當改列於三等位，《切韻指南》是。

79 上三日　疓　《廣韻》如亥切，《集韻》汝亥切，日海一上開蟹；《五音集韻》同《廣韻》。《韻鏡》外轉第十三開、《七音略》内轉第十三重中重，均列『疓』於一等位；《起數訣》第二十六圖發音濁，列字爲『疓』；《切韻指掌圖》《四聲等子》均空位。《韻鏡》《七音略》憑音列字；

《切韻指南》依日寄憑切門法，列於三等位。

80 去三溪　憩　《廣韻》《集韻》去例切，溪祭三去開蟹；《五音集韻》同《廣韻》《集韻》。《韻鏡》外轉第十三開、《四聲等子》蟹攝外二輕重俱等韻開口呼，列字均爲『憇』；《七音略》内轉第十三重中重，列字爲『憩』；《起數訣》第三十圖發音濁，列字爲『愒』，溪母祭韻；《切韻指掌圖》空位。『憩』爲《廣韻》《集韻》《五音集韻》祭三溪母位小韻首字，『憇』爲『憩』的異體字，《韻鏡》列異體字無誤，《切韻指南》是。

81 去三群　偈　《廣韻》其憩切，《集韻》其例切，群祭三去開蟹；《五音集韻》同《廣韻》。《韻鏡》外轉第十三開、《起數訣》第三十圖發音濁、《四聲等子》蟹攝外二輕重俱等韻開口呼，列字均爲『偈』；《七音略》《切韻指掌圖》均空位。『偈』爲《廣韻》《集韻》《五音集韻》祭三群母位小韻首字，《七音略》空位誤，當校補『偈』，《切韻指南》是。

82 去三疑　㓹　《廣韻》《集韻》牛例切，疑祭三去開蟹；《五音集韻》同《廣韻》《集韻》。《韻鏡》外轉第十三開，列字爲『㓹』，《康熙字典》記：『《唐韻》《集韻》並牛例切。與劓同。』《七音略》内轉第十三重中重、《起數訣》第三十圖發音濁、《四聲等子》蟹攝外二輕重俱等韻開口呼，列字均爲『劓』；《切韻指掌圖》空位。『㓹』爲《廣韻》《集韻》《五音集韻》祭三疑母位小韻首字，『劓』爲『㓹』的異體字，《切韻指南》是。

83 去三知　㾀　《廣韻》《集韻》竹例切，知祭三去開蟹；《五音集韻》同《廣韻》《集韻》。《韻鏡》

外轉第十三開、《起數訣》第三十圖發音濁、《四聲等子》蟹攝外二輕重俱等韻開口呼，列字均爲『㾵』；《七音略》《切韻指掌圖》均空位。『㾵』爲《廣韻》《集韻》《五音集韻》祭三知母位小韻首字，《七音略》空位誤，當校補『㾵』，《切韻指南》是。

84 去三徹　跇　《廣韻》《集韻》丑例切，徹祭三去開蟹；《五音集韻》同《廣韻》《集韻》。《韻鏡》外轉第十三開、《起數訣》第三十圖發音濁、《四聲等子》蟹攝外二輕重俱等韻開口呼，列字均爲『跇』；《七音略》《切韻指掌圖》均空位。『跇』爲《廣韻》《集韻》《五音集韻》祭三徹母位小韻首字，《七音略》空位誤，當校補『跇』，《切韻指南》是。

85 去三澄　滯　《廣韻》《集韻》直例切，澄祭三去開蟹；《五音集韻》同《廣韻》《集韻》。《韻鏡》外轉第十三開、《起數訣》第三十圖發音濁、《四聲等子》蟹攝外二輕重俱等韻開口呼，列字均爲『滯』；《七音略》《切韻指掌圖》均空位。『滯』爲《廣韻》《集韻》《五音集韻》祭三澄母位小韻首字，《七音略》空位誤，當校補『滯』，《切韻指南》是。

86 去三孃　婂　弘治九年本、近衛庫本、正德十一年本、文津閣本、《叢書集成》本，列字均爲『婂』；碧琳琅本，列字爲『婂』。『婂』，《廣韻》《集韻》未收，《康熙字典》：『《集韻》研計切，音詣。姥也。』此記研計切，疑母霽韻；《五音集韻》女世切，娘母祭韻，依《五音集韻》可列於此位。『婂』，《集韻》彌延切，明母山韻，不當列於此。《韻鏡》《七音略》《起數訣》《切韻指掌圖》《四聲等子》均空位，《廣韻》無去三娘母位小韻，《韻鏡》《七音略》從《廣韻》空位，《切韻指南》弘治九年本、近衛庫本、正德十一年本、文津閣本、《叢書集成》本依《五音集韻》列『婂』，碧琳琅本列字誤，當删。

87 去三照　制　《廣韻》《集韻》征例切，章祭三去開蟹；《五音集韻》同《廣韻》《集韻》。《韻鏡》外轉第十三開，列字爲『制』；《七音略》内轉第十三重中重、《起數訣》第三十圖發音濁，列字均爲『制』；《切韻指掌圖》《四聲等子》均空位。『制』爲《廣韻》《集韻》《五音集韻》祭三章母位小韻首字，《韻鏡》列字誤，當校改爲『制』，《切韻指南》是。

88 去三穿　掣　《廣韻》《集韻》尺制切，昌祭三去開蟹；《五音集韻》同《廣韻》《集韻》。《韻鏡》外轉第十三開，列字爲『掣』；《七音略》内轉第十三重中重、《起數訣》第三十圖發音濁、《四聲等子》蟹攝外二輕重俱等韻開口呼，列字均爲『掣』；《切韻指掌圖》空位。『掣』爲《廣韻》《集韻》《五音集韻》祭三昌母位小韻首字，《韻鏡》列字誤，當校改爲『掣』，《切韻指南》是。

89 去三牀　挈　《廣韻》《集韻》無去三牀母位小韻；《五音集韻》呈勢切，船母祭韻。《韻鏡》《七音略》《起數訣》《切韻指掌圖》《四聲等子》，均空位。『挈』爲《五音集韻》祭三船母位小韻首字，《韻鏡》《七音略》從《廣韻》空位是，《切韻指南》從《五音集韻》。

90 去三審　世　《廣韻》舒制切，《集韻》始制切，書祭三去開蟹；《五音集韻》同《廣韻》《集韻》。《韻鏡》外轉第十三開、《七音略》内轉第十三重中重，列字均爲『世』；《起數訣》第三十圖發音濁，列字爲『𢅥』，生母祭韻；《切韻指掌圖》空位；《四聲等子》蟹攝外二輕重俱等韻開口呼，列字爲『世』。『世』爲《廣韻》《集韻》《五音集韻》祭三書母位小韻首字，《韻鏡》《七音略》列異體字無誤，《切韻指南》是。

91 去三曉　歇　《廣韻》廢韻無曉母小韻，《集韻》虛乂切，曉廢三去開蟹；《五音集韻》反切同《集韻》，但收於曉母祭韻。《韻鏡》外轉第十三開，列字爲『緆』，影母祭韻；《七音略》內轉第十三重中重，列字爲『慧』，匣母霽韻；《起數訣》第三十圖發音濁，列字爲『憩』，溪母祭韻；《切韻指掌圖》《四聲等子》均空位。『歇』爲《五音集韻》祭三曉母位小韻首字，《韻鏡》《七音略》列字誤，《切韻指南》從《五音集韻》。

92 去三影　緆　《廣韻》於罽切，《集韻》於例切，影祭三去開蟹；《五音集韻》同《廣韻》《集韻》。《韻鏡》《起數訣》《切韻指掌圖》均空位；《七音略》內轉第十三重中重、《四聲等子》蟹攝外二輕重俱等韻開口呼，列字均爲『緆』。『緆』爲《廣韻》《集韻》《五音集韻》祭三影母位小韻首字，《韻鏡》錯列於曉母，誤，當校補『緆』，《切韻指南》是。

93 平四見　雞　《廣韻》古奚切，《集韻》堅奚切，見齊四平開蟹；《五音集韻》同《廣韻》。《韻鏡》外轉第十三開、《切韻指掌圖》十八圖、《四聲等子》蟹攝外二輕重俱等開口呼，列字均爲『雞』；《七音略》內轉第十三重中重、《起數訣》第二十五圖發音清，列字爲『鷄』。『雞』『鷄』互爲異體字，『雞』爲《廣韻》《集韻》《五音集韻》齊四見母位小韻首字，下收有『鷄』；《七音略》亦無誤，《切韻指南》是。

94 平四端　低　《廣韻》都奚切，《集韻》都黎切，端齊四平開蟹；《五音集韻》同《廣韻》。《韻鏡》外轉第十三開、《七音略》内轉第十三重中重、《四聲等子》蟹攝外二輕重俱等開口呼，列字均爲『氐』；《起數訣》第二十五圖發音清、《切韻指掌圖》十八圖，列字均爲『低』。『低』爲《廣韻》《五音集韻》齊四端母位小韻首字，下收有『氐』；『氐』爲《集韻》齊四端母位小韻首字，下收有『低』，《韻鏡》《七音略》無誤，《切韻指南》是。

95 平四定　嗁　《廣韻》杜奚切，《集韻》田黎切，定齊四平開蟹；《五音集韻》同《廣韻》。《韻鏡》外轉第十三開、《七音略》内轉第十三重中重，列字爲『題』；《起數訣》第二十五圖發音清、《切韻指掌圖》十八圖，列字爲『啼』；《四聲等子》蟹攝外二輕重俱等開口呼列字爲『提』。『嗁』爲《廣韻》《五音集韻》齊四定母位小韻首字，下收有『題』『啼』『提』三字；『題』爲《集韻》齊四定母位小韻首字，下收有『嗁』『啼』『提』三字；列字以『嗁』爲佳，《韻鏡》《七音略》無誤，《切韻指南》是。

96 平四幫　豍　《廣韻》邊兮切，《集韻》邊迷切，幫齊四平開蟹；《五音集韻》同《集韻》。《韻鏡》外轉第十三開、《七音略》内轉第十三重中重，列字爲『篦』；《起數訣》第二十五圖發音清、《切韻指掌圖》十九圖、《四聲等子》蟹攝外二輕重俱等開口呼，列字均爲『豍』。『豍』爲《廣韻》《集韻》《五音集韻》齊四幫母位小韻首字，下收有『篦』；列字以『豍』爲佳，《韻鏡》《七音略》無誤，《廣韻》切下字爲非脣音開口字，故列於開口圖。

97 平四滂　砒　《廣韻》匹迷切，《集韻》篇迷切，滂齊四平開蟹；《五音集韻》同《廣韻》。《韻鏡》外轉第十三開，列字爲『批』；《七音略》内轉第十三重中重、《起數訣》第二十五圖發音清、《切韻指掌圖》十九圖，列字爲『磇』；《四聲等子》蟹攝外二輕重俱等開口呼，列字爲『砒』。『磇』爲《廣韻》齊四滂母位小韻首字，下收有『批』；『⿰扌𣬈』爲《集韻》齊四滂母位小韻首字，下收有『批』『磇』『砒』；『砒』爲《五音集韻》齊四滂母位小韻首字，下收有『批』『磇』；列字以『磇』爲佳，《韻鏡》無誤，《切韻指南》逢脣音爲切下字多列於合口圖，此處當是從《五音集韻》列於開口圖。

98 平四並　鼙　《廣韻》部迷切，《集韻》駢迷切，並齊四平開蟹；《五音集韻》同《廣韻》。《韻鏡》外轉第十三開、《七音略》内轉第十三重中重、《起數訣》第二十五圖發音清、《切韻指掌圖》十九圖，列字均爲『鼙』；《四聲等子》蟹攝外二輕重俱等開口呼列字爲『⿰扌𣬈』，滂母齊韻。『鼙』爲《廣韻》《集韻》《五音集韻》齊四並母位小韻首字，《切韻指南》逢脣音爲切下字多列於合口圖，此處當是從《五音集韻》列於開口圖。

99 平四明　迷　《廣韻》莫兮切，《集韻》緜批切，明齊四平開蟹；《五音集韻》同《廣韻》。《韻鏡》外轉第十三開、《七音略》内轉第十三重中重、《起數訣》第二十五圖發音清、《切韻指掌圖》十八圖、《四聲等子》蟹攝外二輕重俱等開口呼，列字均爲『迷』。『迷』爲《廣韻》《集韻》《五音集韻》齊四明母位小韻首字，且切下字爲非脣音開口字，故《切韻指南》列於開口圖。

100 平四邪 ◯ 《廣韻》《集韻》《五音集韻》均無可列於平四邪母位小韻。《韻鏡》《起數訣》《切韻指掌圖》《四聲等子》均空位；《七音略》内轉第十三重中重列字爲『移』，當爲『栘』形訛。『移』，《廣韻》《集韻》成攜切，禪齊三平開蟹，不當列此位。《七音略》列字誤，當删；《切韻指南》空位是。

101 平四匣 奚 《廣韻》胡雞切，《集韻》弦雞切，匣齊四平開蟹；《五音集韻》同《廣韻》。《韻鏡》外轉第十三開、《七音略》内轉第十三重中重、《切韻指掌圖》十八圖，列字均爲『兮』；《起數訣》第二十五圖發音清、《四聲等子》蟹攝外二輕重俱等韻開口呼，列字均爲『奚』。『奚』爲《廣韻》《五音集韻》齊四匣母位小韻首字，下收有『兮』；『兮』爲《集韻》齊四匣母位小韻首字，下收有『奚』；列字以『奚』爲佳，《韻鏡》《七音略》無誤，《切韻指南》是。

102 平四來 黎 此字當爲『黎』字訛。『黎』，《廣韻》郎奚切，《集韻》憐題切，來齊四平開蟹；《五音集韻》同《廣韻》。《韻鏡》外轉第十三開、《起數訣》第二十五圖發音清，列字爲『黎』；《七音略》内轉第十三重中重、《切韻指掌圖》十八圖，列字爲『黎』，爲『黎』之俗體；《四聲等子》蟹攝外二輕重俱等韻開口呼，列字爲『梨』。『黎』爲《廣韻》《集韻》《五音集韻》齊四來母位小韻首字，下收有『梨』，《切韻指南》列字俗訛，誤，當校改爲『黎』。

103 平四日 ◯ 《廣韻》齊韻日母位有『臡』小韻，『臡』，《廣韻》人兮切，《集韻》人栘切，日齊三平開蟹；《五音集韻》同《集韻》。《韻鏡》外轉第十三開、《七音略》内轉第十三重中重、《起數訣》第二十五圖發音清，列字爲『臡』；《切韻指掌圖》《四聲等子》空位。『臡』爲《廣韻》齊韻日母位小韻首字，『臡』爲《集韻》《五音集韻》齊韻日母位小韻下收字，齊韻爲四等，日母只拼合三等；按門法日下憑切，故列於四等。《韻鏡》《七音略》均列於四等，《切韻指南》亦當列於四等，此處空位誤，當校補『臡』字。

104 上四見 鳽 《廣韻》無上四見母位小韻；《集韻》古禮切，見薺四上開蟹；《五音集韻》同《集韻》。《韻鏡》《七音略》空位；《切韻指掌圖》十八圖列字爲『几』，見母旨韻；《四聲等子》蟹攝外二輕重俱等開口呼列字爲『鳽』；《起數訣》第二十五圖發音清列字爲『鵶』，影母麻韻，當爲『鳽』形訛。『鳽』爲《集韻》《五音集韻》薺四見母位小韻首字；《韻鏡》《七音略》從《廣韻》空位，《切韻指南》從《集韻》《五音集韻》。

105 上四溪 啓 弘治九年本、近衛庫本、正德十一年本、碧琳琅本、《叢書集成》本作『啓』，文津閣本作『啟』，爲『啓』異體。『啓』，《廣韻》康禮切，《集韻》遣禮切，溪薺四上開蟹；《五音集韻》同《廣韻》。《韻鏡》外轉第十三開、《七音略》內轉第十三重中重、《起數訣》第二十五圖發音清，列字爲『啓』；《切韻指掌圖》十八圖，列字爲『企』，溪母紙韻；《四聲等子》蟹攝外二輕重俱等開口呼，列字爲『啟』。『啓』爲《廣韻》《集韻》《五音集韻》薺四溪母位小韻首字，下收有『啟』；列字以『啓』爲佳，《切韻指南》諸家版本均是。

106 上四疑 堄 《廣韻》研啓切，《集韻》吾禮切，疑薺四上開蟹；《五音集韻》五啓切，疑母薺韻。《韻鏡》外轉第十三開，列字爲『掜』；《七音略》空位；《切韻指掌圖》十八圖，列字爲『蜺』；《起數訣》第二十五圖發音清、《四聲等子》蟹攝外二輕重俱等韻開口呼，列字爲『堄』。『堄』爲《廣韻》《集韻》《五音集韻》薺四疑母位小韻首字，下收有『掜』『蜺』二字，列字以『堄』字爲佳；《韻鏡》列字無誤，《七音略》空位誤，當校補爲『堄』，《切韻指南》是。

107 上四幫　軙　《廣韻》補米切，《集韻》卜禮切，幫薺四上開蟹；《五音集韻》同《廣韻》。《韻鏡》外轉第十三開、《七音略》内轉第十三重中重、《起數訣》第二十五圖發音清、《四聲等子》蟹攝外二輕重俱等開口呼，列字均爲『軙』；《切韻指掌圖》空位。『軙』爲《廣韻》《集韻》《五音集韻》薺四幫母位小韻首字，《切韻指南》逢脣音爲切下字多列於合口圖，此處當是從《五音集韻》列於開口圖。

108 上四滂　頩　《廣韻》匹米切，《集韻》普米切，滂薺四上開蟹；《五音集韻》同《廣韻》。《韻鏡》外轉第十三開、《七音略》内轉第十三重中重、《四聲等子》蟹攝外二輕重俱等開口呼，列字均爲『頩』；《起數訣》第二十五圖發音清，列字爲『庀』；《切韻指掌圖》空位。『頩』爲《廣韻》《集韻》《五音集韻》薺四滂母位小韻首字，《集韻》《五音集韻》下收有『庀』，《切韻指南》逢脣音爲切下字多列於合口圖，此處當是從《五音集韻》列於開口圖。

109 上四並　陛　《廣韻》傍禮切，《集韻》部禮切，並薺四上開蟹；《五音集韻》同《廣韻》。《韻鏡》外轉第十三開、《七音略》内轉第十三重中重、《起數訣》第二十五圖發音清、《四聲等子》

蟹攝外二輕重俱等開口呼，列字均爲『陛』；《切韻指掌圖》空位。『陛』爲《廣韻》《集韻》《五音集韻》薺四並母位小韻首字，且反切下字爲非脣音開口字，故《切韻指南》列於開口圖。

110 上四明　米　《廣韻》莫禮切，《集韻》母禮切，明薺四上開蟹；《五音集韻》同《廣韻》。《韻鏡》外轉第十三開、《七音略》内轉第十三重中重、《起數訣》第二十五圖發音清、《四聲等子》蟹攝外二輕重俱等開口呼，列字均爲『米』；《切韻指掌圖》空位。『米』爲《廣韻》《集韻》《五音集韻》薺四明母位小韻首字，且切下字爲非脣音開口字，故《切韻指南》列於開口圖。

111 去四透　朁　《廣韻》昨鹽切、七感切，均不當列於此位。《廣韻》《集韻》《五音集韻》透母霽韻首字爲『替』，他計切，透霽四去開蟹。《韻鏡》外轉第十三開、《七音略》内轉第十三重中重、《起數訣》第二十五圖發音清、《四聲等子》蟹攝外二輕重俱等開口呼，列字均爲『替』；《切韻指掌圖》十八圖列字爲『朁』。『替』爲《廣韻》《集韻》《五音集韻》霽四透母位小韻首字，《切韻指南》列字形訛，當校改爲『替』。

112 去四定　第　《廣韻》特計切，《集韻》大計切，定霽四去開蟹；《五音集韻》同《廣韻》。《韻鏡》外轉第十三開、《起數訣》第二十五圖發音清，列字爲『第』；《七音略》内轉第十三重中重，列字爲『弟』；《切韻指掌圖》十八圖，列字爲『地』；《四聲等子》蟹攝外二輕重俱等開口呼，列字爲『苐』，爲『第』異體字。『第』爲《廣韻》《五音集韻》霽四定母位小韻首字，下收有

『弟』『地』；『弟』爲《集韻》霽四定母位小韻首字，下收有『第』『地』；《七音略》無誤，《切韻指南》從《廣韻》《五音集韻》。

113 去四幫　閉　《廣韻》博計切，《集韻》必計切，幫霽四去開蟹；《五音集韻》同《廣韻》。《韻鏡》外轉第十三開、《七音略》内轉第十三重中重、《起數訣》第二十五圖發音清、《切韻指掌圖》十八圖、《四聲等子》蟹攝外二輕重俱等開口呼，列字均爲『閉』。『閉』爲《廣韻》《集韻》《五音集韻》霽四幫母位小韻首字，且反切下字爲非脣音開口字，故《切韻指南》列於開口圖。

114 去四滂　媲　《廣韻》匹詣切，《集韻》匹計切，滂霽四去開蟹；《五音集韻》同《廣韻》。《韻鏡》外轉第十三開、《七音略》内轉第十三重中重、《起數訣》第二十五圖發音清、《切韻指掌圖》十八圖、《四聲等子》蟹攝外二輕重俱等開口呼，列字均爲『媲』。『媲』爲《廣韻》《集韻》《五音集韻》霽四滂母位小韻首字，且反切下字爲非脣音開口字，故《切韻指南》列於開口圖。

115 去四並　薜　《廣韻》《集韻》《五音集韻》蒲計切，並霽四去開蟹。《韻鏡》外轉第十三開、《七音略》内轉第十三重中重、《起數訣》第二十五圖發音清、《切韻指掌圖》十八圖、《四聲等子》蟹攝外二輕重俱等開口呼，列字均爲『薜』。『薜』爲《廣韻》《集韻》《五音集韻》霽四並母位小韻首字，且反切下字爲非脣音開口字，故《切韻指南》列於開口圖。

116 去四明　謎　《廣韻》莫計切,《集韻》彌計切,明霽四去開蟹;《五音集韻》同《廣韻》。《韻鏡》外轉第十三開、《七音略》内轉第十三重中重、《起數訣》第二十五圖發音清、《切韻指掌圖》十八圖、《四聲等子》蟹攝外二輕重俱等開口呼,列字均爲『謎』。『謎』爲《廣韻》《集韻》《五音集韻》霽四明母位小韻首字,且反切下字爲非脣音開口字,故《切韻指南》列於開口圖。

117 去四曉　𥈥　《廣韻》呼計切,《集韻》顯計切,曉霽四去開蟹;《五音集韻》同《廣韻》。《韻鏡》空位;《七音略》内轉第十三重中重,列字爲『䀏』;《起數訣》第二十五圖發音清、《切韻指掌圖》十八圖、《四聲等子》蟹攝外二輕重俱等韻開口呼,列字均爲『𥈥』。『𥈥』爲《廣韻》霽四曉母位小韻首字,下收有『䀏』字;『䀏』爲《集韻》小韻首字;《韻鏡》空位誤,當補『𥈥』字,《七音略》無誤,《切韻指南》從《廣韻》《五音集韻》。

118 去四影　翳　《廣韻》於計切,《集韻》壹計切,影霽四去開蟹;《五音集韻》同《廣韻》。《韻鏡》外轉第十三開、《起數訣》第二十五圖發音清、《四聲等子》蟹攝外二輕重俱等韻開口呼,列字均爲『翳』;《七音略》内轉第十三重中重,列字爲『瞖』;《切韻指掌圖》十八圖,列字爲『縊』。『翳』爲《廣韻》《五音集韻》霽四影母位小韻首字,下收有『瞖』『縊』二字,《七音略》無誤,《切韻指南》是。

119 去四喻　瞖　《廣韻》以睡切,《集韻》弋睡切,以寘三去開止,不當於此位;《五音集韻》羊閉切，喻霽四去開蟹。《韻鏡》《七音略》《起數訣》均空位；《切韻指掌圖》十八圖，列字爲『異』，以母志韻；《四聲等子》蟹攝外二輕重俱等開口呼，列字爲『曳』，以母祭韻。『賢』爲《五音集韻》霽四喻母位小韻首字，《韻鏡》《七音略》從《廣韻》空位，《切韻指南》從《五音集韻》。

120 本圖四等入聲與臻攝入聲字相同，故不出校，參照臻攝四等入聲。

蟹攝外二　合口呼　廣門

見	溪	群	疑	端知	透徹	定澄	泥孃	幫非	滂敷	並奉	明微
傀	恢	○	鮠	磓	[illegible]	穨	[illegible]	桮	肧	裴	枚
頠	𩓣	○	頠	腿	骽	錞	餧	悖	琣	琲	浼
憒	塊	[illegible]	磑	對	退	隊	内	背	配	佩	妹
括	闊	○	枂	掇	侻	奪	○	撥	錣	跋	末
媧	匯	○	詭	○	○	[illegible]	○	○	○	○	○
丫	胯	○	○	[illegible]	○	搼	○	○	○	○	○
卦	蒯	[illegible]	聵	膪	顡	[illegible]	取	庍	湃	憊	眑
劀	[illegible]	○	刖	鵽	[illegible]	○	妠	○	○	○	○
○	○	○	○	○	○	○	○	○	○	○	○
○	○	○	○	○	○	○	○	○	○	○	○
劌	[illegible]	[illegible]	[illegible]	綴	惙	[illegible]	○	廢	肺	吠	○
亥	屈	倔	啒	㤕	黜	朮	貀	弗	拂	佛	物
圭	睽	○	[illegible]	○	○	○	○	○	○	眭	○
○	○	○	○	○	○	○	○	○	○	○	○
桂	[illegible]	○	○	○	○	○	○	○	𠜾	○	○
橘	○	繘	○	○	○	○	○	○	○	○	○

精 照	清 穿	從 床	心 審	邪 禪	曉	匣	影	喻	來	日	韻
嗺	崔	摧	嶊	○	灰	回	隈	○	靁	○	灰
摧	𥊽	辠	崔	○	賄	瘣	猥	阢	磥	○	賄
晬	倅	啐	碎	○	誨	潰	㥜	徻	纇	○	隊
繓	撮	柮	𠞊	○	豁	活	斡	○	捋	○	末
○	䙕	膗	蓑	○	䙹	懷	蛙	○	𦛨	○	皆
○	撮	○	○	○	扮	夥	崴	○	○	○	駭
○	啐	擺	嗺	○	𧳜	壞	黵	○	○	○	怪
茁	纂	○	刷	○	聒	頢	婠	○	○	○	鎋
○	○	○	○	移	○	○	○	○	○	○	齊
○	○	○	○	○	○	○	○	○	○	○	
贅	毳	○	稅	毀	喙	○	穢	衛	○	芮	廢
○	出	術	絀	○	颰	○	蔚	颮	律	○	術
○	○	○	○	○	眭	攜	烓	○	○	○	齊
○	○	○	○	○	○	○	○	○	○	○	薺
絕	毳	○	歲	篲	嘒	慧	○	銳	○	○	霽
卒	焌	崒	卹	○	獝	驈	○	聿	○	○	術

泰韻合口字宜併入隊韻

廢韻宜併入霽韻

第七圖　蟹攝外二　合口呼　廣門

《經史正音切韻指南》第七圖爲蟹攝合口圖，圖左標有『泰韻合口字宜併入隊韻』『廢韻宜併入霽韻』。舒聲對應《韻鏡》外轉第十四合及外轉第十六合。去聲一等雖説明泰合併入隊韻，實僅喻母位一字『衞』爲泰韻，且爲錯訛。舒聲二等標目爲皆駭怪，實亦收有佳蟹卦夬韻字。舒聲平聲三等近衛庫本與文津閣本列字較多，均有誤；禪母列字爲憑切列字。上聲三等無字，且無標目。去聲三等列目爲廢，實爲祭廢韻字，未與霽合。故圖左標『廢韻宜併入霽韻』誤，廢韻與祭韻合。去聲四等中精組聲母和喻母下收祭韻字，余皆爲霽韻，並無廢韻字。舒聲上聲四等無列字，但標目爲『薺』。本圖一、二等字配山攝合口圖入聲，三、四等字配臻攝合口圖入聲。《切韻指掌圖》一等配没韻，二等配質韻，三、四等亦均爲臻入。《四聲等子》一等配末韻，二等配黠韻，與《切韻指南》同，三、四等配月屑，爲山入。《切韻指南》三四等皆配術韻，爲臻入。脣音列字多從《五音集韻》，其反切下字爲合口字。

1 平一定　穨　《廣韻》杜回切，《集韻》徒回切，定灰一平合蟹；《五音集韻》同《廣韻》。《韻鏡》外轉第十四合、《切韻指掌圖》十九圖、《四聲等子》蟹攝外二輕重俱等韻合口呼、《起數訣》第二十七圖開音清，列字均爲『頽』；《七音略》外轉第十四輕中重，列字爲『穨』。『穨』爲《廣韻》《集韻》《五音集韻》灰一定母位小韻首字，下收有『頽』字，注上同，二字爲異體，《韻鏡》無誤，《切韻指南》是。

2 平一泥　⿰巾夒　弘治九年本，列字爲『⿰巾夒』；近衛庫本、正德十一年本、文津閣本、碧琳琅本、《叢書集成》本，列字均爲『挼』。『⿰巾夒』，《廣韻》乃回切，《集韻》奴回切，泥灰一平合蟹；《五音集韻》同《廣韻》。《韻鏡》外轉第十四合、《四聲等子》蟹攝外二輕重俱等韻合口呼、《起數訣》第二十七圖開音清，列字均爲『挼』；《七音略》外轉第十四輕中重，列字爲『⿰忄夒』，爲『⿰巾夒』訛誤；《切韻指掌圖》十九圖，列字爲『⿰巾夒』。『⿰巾夒』爲《廣韻》《五音集韻》灰一泥母位小韻首字，下收有『挼』，『⿰巾夒』爲『⿰巾夒』的異體字；《七音略》列訛字誤，當校改爲『⿰巾夒』；《韻鏡》及《切韻指南》諸版本是。

3 平一幫　桮　《廣韻》布回切，《集韻》晡枚切，幫灰一平合蟹；《五音集韻》同《廣韻》。《韻鏡》外轉第十四合、《七音略》外轉第十四輕中重、《切韻指掌圖》十九圖，列字均爲『杯』，爲『桮』的異體字；《四聲等子》蟹攝外二輕重俱等韻合口呼、《起數訣》第二十七圖開音清，列字均爲『桮』。『桮』爲《廣韻》《集韻》《五音集韻》灰一幫母位小韻首字，《韻鏡》《七音略》列異體字無誤；《切韻指南》是。

4 平一心　膗　《廣韻》素回切，《集韻》蘇回切，心灰一平合蟹；《五音集韻》同《廣韻》。《韻鏡》外轉第十四合、《切韻指掌圖》十九圖、《起數訣》第二十七圖開音清，列字均爲『膗』；《七音略》空位；《四聲等子》蟹攝外二輕重俱等韻合口呼，列字爲『催』，清母灰韻。『膗』爲《廣韻》《集韻》《五音集韻》灰一心母位小韻首字，《七音略》空位誤，當補『膗』；《切韻指南》是。

5 平一來 靁 《廣韻》魯回切，《集韻》盧回切，來灰一平合蟹；《五音集韻》同《集韻》。《韻鏡》外轉第十四合、《七音略》外轉第十四輕中重、《切韻指掌圖》十九圖、《四聲等子》蟹攝外二輕重俱等韻合口呼，列字均爲『雷』，爲『靁』的異體字；《起數訣》第二十七圖開音清，列字爲『靁』。『靁』爲《廣韻》《集韻》《五音集韻》灰一來母位小韻首字，《韻鏡》《七音略》列異體字無誤，《切韻指南》是。

6 上一見 ⿰气頁 《廣韻》見母無賄韻小韻；《集韻》沽罪切，見賄一上合蟹；《五音集韻》同《集韻》。《韻鏡》《切韻指掌圖》均空位；《七音略》外轉第十四輕中重，列字爲『顝』，溪母賄韻；《四聲等子》蟹攝外二輕重俱等韻合口呼，列字爲『⿰乞頁』，爲『⿰气頁』的異體字；《起數訣》第二十七圖開音清，列字爲『⿰气頁』，來母靜韻，誤。『⿰气頁』爲《集韻》《五音集韻》賄一見母位小韻首字，《韻鏡》從《廣韻》空位無誤；《七音略》列字誤，當校改爲『⿰气頁』；《切韻指南》是。

7 上一透 ⿰骨委 《廣韻》《集韻》均未收，上一透母位有『骽』小韻，此字應爲『骽』字的訛誤。

『骽』，《廣韻》《集韻》吐猥切，透賄一上合蟹；《五音集韻》同《廣韻》《集韻》。《韻鏡》外轉第十四合、《七音略》外轉第十四輕中重，列字均爲『骽』；《切韻指掌圖》十九圖、《四聲等子》蟹攝外二輕重俱等韻合口呼、《起數訣》第二十七圖開音清，列字均爲『腿』，爲『骽』的異體字。『骽』爲《廣韻》《集韻》《五音集韻》賄一透母位小韻首字，《切韻指南》列字誤，當校改爲『骽』。

8 上一定　錞　《廣韻》徒猥切，《集韻》杜罪切，定賄一上合蟹；《五音集韻》同《廣韻》。《韻鏡》外轉第十四合、《七音略》外轉第十四輕中重、《切韻指掌圖》十九圖，列字均爲『鐓』，爲『錞』的異體字；《四聲等子》蟹攝外二輕重俱等韻合口呼、《起數訣》第二十七圖開音清，列字均爲『錞』。『錞』爲《廣韻》《集韻》《五音集韻》賄一定母位小韻首字，《韻鏡》《七音略》列異體字無誤，《切韻指南》是。

9 上一泥　餧　《廣韻》奴罪切，《集韻》弩罪切，泥賄一上合蟹；《五音集韻》同《廣韻》。《韻鏡》外轉第十四合、《七音略》外轉第十四輕中重、《四聲等子》蟹攝外二輕重俱等韻合口呼，列字均爲『餒』，爲『餧』的異體字；《切韻指掌圖》十九圖、《起數訣》第二十七圖開音清，列字均爲『餧』。『餧』爲《廣韻》《集韻》《五音集韻》賄一泥母位小韻首字，《韻鏡》《七音略》列異體字無誤，《切韻指南》是。

10 上一幫　悖　《廣韻》賄韻無幫母小韻；《集韻》必每切，幫賄一上合蟹；《五音集韻》同《集韻》。《韻鏡》《七音略》《切韻指掌圖》均空位；《四聲等子》蟹攝外二輕重俱等韻合口呼、《起數訣》第二十七圖開音清，列字均爲『悖』。『悖』爲《集韻》《五音集韻》賄一見母位小韻首字，《韻鏡》《七音略》從《廣韻》空位無誤，《切韻指南》從《集韻》《五音集韻》，且反切下字爲脣音合口字，故列於合口。

11 上一滂　琣　《廣韻》賄韻無滂母小韻；《集韻》普罪切，滂賄一上合蟹；《五音集韻》同《集韻》。《韻鏡》《七音略》均空位；《切韻指掌圖》十九圖，列字爲『啡』，滂母海韻；《四聲等子》蟹攝外二輕重俱等韻合口呼、《起數訣》第二十七圖開音清，列字均爲『琣』。『琣』爲《集韻》《五音集韻》賄一滂母位小韻首字，《韻鏡》《七音略》從《廣韻》空位無誤，《切韻指南》從《集韻》《五音集韻》。

12 上一並　琲　弘治九年本、正德十一年本、文津閣本、碧琳琅本、《叢書集成》本，列字均爲『琲』；近衛庫本，列字爲『非』。『琲』，《廣韻》蒲罪切，《集韻》部浼切，並賄一上合蟹；《五音集韻》同《廣韻》。『非』，《廣韻》甫微切，《集韻》匪微切，非母微韻；《集韻》妃尾切，非母尾韻；《五音集韻》同《廣韻》，均不當列於此位。《韻鏡》外轉第十四合、《七音略》外轉第十四輕中重、《切韻指掌圖》十九圖、《四聲等子》蟹攝外二輕重俱等韻合口呼、《起數訣》第二十七圖開音清，列字均爲『琲』。『琲』爲《廣韻》《集韻》《五音集韻》賄一並母位小韻首字，《切韻指南》近衛庫本誤，當校改爲『琲』；其餘諸版本均是。

13 上一精　摧　弘治九年本、正德十一年本，列字均爲『摧』；近衛庫本、文津閣本、碧琳琅本、《叢書集成》本，列字均爲『㩴』。『摧』『㩴』《廣韻》子罪切，《集韻》祖猥切，精賄一上合蟹；《五音集韻》同《廣韻》。《韻鏡》外轉第十四合、《七音略》外轉第十四輕中重、《切韻指掌圖》十九圖、《四聲等子》蟹攝外二輕重俱等韻合口呼，列字均爲『摧』；《起數訣》第二十七圖開音清，列字爲『椎』，澄母脂韻，誤。『摧』爲《廣韻》《集韻》《五音集韻》賄一精母位小韻首字，《切韻指南》諸版本均是。

14 上一清　皠　《廣韻》七罪切，《集韻》取猥切，清賄一上合蟹；《五音集韻》同《廣韻》。《韻鏡》外轉第十四合、《切韻指掌圖》十九圖、《四聲等子》蟹攝外二輕重俱等韻合口呼，列字均爲『皠』；《七音略》外轉第十四輕中重，列字爲『⿰舟崔』；《起數訣》第二十七圖開音清列字爲『漼』。『皠』爲《廣韻》《五音集韻》賄一清母位小韻首字，下收有『漼』。《七音略》列訛字誤，當校改爲『皠』；《切韻指南》是。

15 上一從　辠　《廣韻》徂賄切，《集韻》徂賄切，從賄一上合蟹；《五音集韻》同《廣韻》。《韻鏡》外轉第十四合、《七音略》外轉第十四輕中重、《切韻指掌圖》十九圖、《四聲等子》蟹攝外二輕重俱等韻合口呼、《起數訣》第二十七圖開音清，列字均爲『罪』；『辠』，《玉篇》『古文罪字』，與『辠』爲古今字。『辠』爲《廣韻》《集韻》《五音集韻》賄一從母位小韻首字，《韻鏡》《七音略》列異體字無誤，《切韻指南》是。

16　上一心　崔　《廣韻》無上一心母位小韻；《集韻》息罪切，心賄一上合蟹；《五音集韻》同《集韻》。《韻鏡》《七音略》均空位；《切韻指掌圖》十九圖、《四聲等子》蟹攝外二輕重俱等韻合口呼、《起數訣》第二十七圖開音清列字均爲『崔』。『崔』爲《集韻》《五音集韻》賄一心母位小韻首字，《韻鏡》《七音略》從《廣韻》空位無誤，《切韻指南》從《集韻》《五音集韻》。

17　上一喻　阮　《廣韻》未收，《集韻》俞罪切，《五音集韻》余罪切，以賄一上合蟹。《韻鏡》外轉第十四合、《七音略》外轉第十四輕中重、《切韻指掌圖》十九圖，列字均爲『倄』，云母賄韻；《四聲等子》空位；《起數訣》第二十七圖開音清，列字爲『阮』。『阮』爲《集韻》《五音集韻》賄韻以母位小韻首字，賄爲一等，喻母只拼三等字，按喻下憑切列於一等位。《韻鏡》《七音略》從《廣韻》，《切韻指南》從《集韻》《五音集韻》。

18　上一來　磥　弘治九年本、近衛庫本、正德十一年本、碧琳琅本、《叢書集成》本，列字均爲『磥』；文津閣本，列字爲『𥗋』，爲『磥』的異體字。『磥』，《廣韻》落猥切，《集韻》魯猥切，來賄一上合蟹；《五音集韻》同《廣韻》。《韻鏡》外轉第十四合，列字爲『礧』；《七音略》外轉第十四輕中重、《四聲等子》蟹攝外二輕重俱等韻合口呼，列字均爲『磥』；《切韻指掌圖》十九圖、《起數訣》第二十七圖開音清，列字均爲『磊』。『磥』爲《廣韻》《五音集韻》賄一來母位小韻首字，下收有『礧』『磊』；『磊』『磥』二字又同爲《集韻》賄一來母位小韻首字，《韻鏡》無誤，《切韻指南》諸家版本均是。

19 本圖去聲處注有『泰韻合口字宜併入隊韻』。

20 去一群 𧬊 《廣韻》隊韻無群母小韻，《集韻》巨内切，群隊一去合蟹；《五音集韻》音切同《集韻》，但字形爲『鞼』，二字互爲異體。《韻鏡》外轉第十四合，列字爲『鞼』；《七音略》《切韻指掌圖》《四聲等子》《起數訣》均空位。『𧬊』爲《集韻》隊一群母位小韻首字，『鞼』爲《五音集韻》隊一群母位小韻首字，《韻鏡》列異體字無誤，《七音略》從《廣韻》空位無誤，《切韻指南》從《集韻》。

21 去一從 啐 《廣韻》隊無去一從母位小韻，《集韻》摧内切，《五音集韻》昨内切，從隊一去合蟹。《韻鏡》空位；《七音略》外轉第十四輕中重、《四聲等子》蟹攝外二輕重俱等韻合口呼、《起數訣》第二十七圖開音清，列字均爲『啐』；《切韻指掌圖》十九圖，列字爲『蕞』，從母泰韻。『啐』爲《集韻》《五音集韻》隊一從母位小韻首字，《韻鏡》從《廣韻》空位無誤，《切韻指南》從《集韻》《五音集韻》。

22 去一喻 衞 《廣韻》于歲切，云祭三去合蟹；《集韻》于外切，云泰一去合蟹；《五音集韻》同《集韻》。《韻鏡》外轉第十六合列字爲『衞』；《七音略》《切韻指掌圖》《四聲等子》均空位；《起數訣》第二十七圖開音清列字爲『衞』。《廣韻》及以前韻書無泰韻喻母小韻，《集韻》《五音集韻》去一喻母位僅收『衞』一字，據楊軍所校，『衞』有『于例反』一音，切下字偏旁壞去而誤爲『外』，《集韻》等後期諸韻書、韻圖列『德』均由此誤增。《韻鏡》列字爲後人據《集韻》所增，當刪；《切韻指南》從《集韻》《五音集韻》所增，亦當刪。

23 去一來　頮　《廣韻》《集韻》盧對切，來隊一去合蟹；《五音集韻》同《廣韻》《集韻》。《韻鏡》外轉第十四合、《起數訣》第二十七圖開音清，列字均爲『頮』；《七音略》外轉第十四輕中重，列字爲『藾』；《切韻指掌圖》十九圖，列字爲『酹』；《四聲等子》蟹攝外二輕重俱等韻合口呼，列字爲『礧』。『頮』爲《廣韻》《集韻》《五音集韻》隊一來母位小韻首字，下收有『藾』『酹』『礧』，《七音略》無誤，《切韻指南》是。

24 本圖一等入聲字與山攝合口圖入聲字相同，故本圖只校異處，參照山攝合口圖入聲。

25 入一明　末　弘治九年本列字爲『未』；近衛庫本、正德十一年本、文津閣本、碧琳琅本、《叢書集成》本列字均爲『末』。『未』，《廣韻》《集韻》無沸切，微未三去合蟹，《五音集韻》同《廣韻》《集韻》，不當列於此。『末』，《廣韻》莫撥切，《集韻》莫葛切，明末一入合山；《五音集韻》同《廣韻》，可列於此位。《韻鏡》外轉第二十四合、《七音略》外轉二十四輕中重、《起數訣》第四十二圖閉音清、《切韻指掌圖》八圖、《四聲等子》山攝外四輕重俱等韻合口呼，列字均爲『末』。『末』爲《廣韻》《集韻》《五音集韻》末一明母位小韻首字，《切韻指南》弘治九年本列字誤，當校改爲『末』，其餘版本是。

26 蟹攝平聲二等標目爲『皆』，考圖内列字，實則列《廣韻》《集韻》皆、佳二韻字，《五音集韻》皆韻字。

27 平二疑　詭　《廣韻》未收，《集韻》玉咼切，《五音集韻》五咼切，疑佳二平合蟹。《韻鏡》《七音略》《切韻指掌圖》均空位；《起數訣》第二十四圖發音濁、《四聲等子》蟹攝外二輕重俱等韻合口呼，列字爲『詭』，見母紙韻，誤。《廣韻》皆韻、佳韻均無疑母位小韻，『詭』收於《集韻》《五音集韻》平二疑母小韻；《韻鏡》《七音略》從《廣韻》空位，《切韻指南》從《集韻》《五音集韻》。

28 平二照　〇　《廣韻》皆韻、佳韻均無莊母位小韻，《集韻》佳韻莊母位有『攄』小韻。『攄』，《廣韻》女加切，娘麻三平開假；《集韻》莊蛙切，莊佳二平合蟹；《五音集韻》莊皆切，照母皆韻（開口），依《廣韻》不當列於此位，依《集韻》可列於此位。《韻鏡》《七音略》《切韻指掌圖》均空位；《起數訣》第二十四圖發音濁、《四聲等子》蟹攝外二輕重俱等韻合口呼，列字均爲『攄』。《集韻》佳二莊母位僅收『攄』，且亦爲《五音集韻》照母開口皆小韻下收字。《韻鏡》《七音略》從《廣韻》空位，《切韻指南》當是從《五音集韻》於開口圖列字，但從《集韻》校補『攄』更佳。

29 平二穿　磽　弘治九年本、文津閣本、碧琳琅本、《叢書集成》本，列字均爲『磽』；近衛庫本、正德十一年本，列字均爲『嘍』。『磽』，《廣韻》未收，《集韻》楚懷切，初皆二平開蟹；《五音集韻》同《集韻》。『嘍』，《廣韻》未收，《集韻》取内切，清母隊韻；『嘍』當爲『磽』字形訛。《韻鏡》《七音略》《切韻指掌圖》均空位；《起數訣》第二十八圖閉音濁、《四聲等子》蟹攝外二輕重俱等韻合口呼，列字爲『䃀』。《廣韻》皆韻、佳韻均無初母位小韻，『䃀』收於《集韻》《五音集韻》初母皆小韻，《韻鏡》《七音略》從《廣韻》空位；《切韻指南》近衛庫本、正德十一年本列字誤，當校改爲『䃀』；《切韻指南》其餘諸版本從《集韻》《五音集韻》。

30　平二審　蓑　《廣韻》素回切，心灰一平合蟹；《集韻》所乖切，生皆二平合蟹；《五音集韻》同《集韻》；依《廣韻》不當列於此位，依《集韻》《五音集韻》可列於此位。《韻鏡》《七音略》均空位；《起數訣》第二十八圖閉音濁、《切韻指掌圖》二十圖、《四聲等子》蟹攝外二輕重俱等韻合口呼，列字均爲『蓑』。《廣韻》皆韻、佳韻均無生母位小韻，『蓑』爲《集韻》皆二生母位小韻首字，亦收於《五音集韻》生母皆小韻；《韻鏡》《七音略》從《廣韻》空位；《切韻指南》從《集韻》《五音集韻》。

31　蟹攝二等上聲字標目爲『駭』，考圖内列字，實則列《廣韻》《集韻》蟹、駭二韻字，《五音集韻》駭韻字。

32　上二溪　胯　《廣韻》苦瓜切，溪母麻韻，不當列於此位；《集韻》枯買切，溪蟹二上合蟹；《五音集韻》同《集韻》。《韻鏡》空位；《七音略》外轉第十六輕中輕，列字爲『芐』，溪母蟹韻開口字，不當列於此位；《起數訣》第二十四圖發音濁，列字爲『胯』；《切韻指掌圖》《四聲等子》均空位。《廣韻》駭韻、蟹韻均無溪母位小韻，『胯』爲《集韻》《五音集韻》蟹二溪母位小韻首字；《韻鏡》從《廣韻》空位；《七音略》列字誤，當删；《切韻指南》從《集韻》《五音集韻》。

33 上二穿　攦　弘治九年本、近衛庫本、正德十一年本、文津閣本，列字爲「攦」；碧琳琅本、《叢書集成》本，列字爲「檇」。「攦」，《廣韻》未收，《集韻》初買切，初蟹二上合蟹；《五音集韻》同《集韻》。「檇」，《廣韻》未收，《集韻》祖回切，精母灰韻；「檇」字當爲「攦」字形訛。《韻鏡》《七音略》《切韻指掌圖》均空位；《起數訣》第二十四圖發音濁、《四聲等子》蟹攝外二輕重俱等韻合口呼，列字爲「攦」。《廣韻》駭韻、蟹韻均無初母位小韻，「攦」收於《集韻》《五音集韻》初母蟹小韻。《韻鏡》《七音略》從《廣韻》空位；《切韻指南》從《集韻》《五音集韻》，碧琳琅本、《叢書集成》本列字形訛，誤，當校改爲「攦」。

34 上二影　崴　《廣韻》乙皆切，影皆二平開蟹；《集韻》烏買切，影蟹二上合蟹；《五音集韻》同《集韻》；依《廣韻》不當列於此位，依《集韻》《五音集韻》可列於此位。《韻鏡》外轉第十六合，列字爲「庴」；《七音略》《切韻指掌圖》均空位；《起數訣》第二十四圖發音濁、《四聲等子》蟹攝外二輕重俱等韻合口呼，列字均爲「崴」。《廣韻》駭韻、蟹韻均無影母位小韻，《集韻》蟹二影母位、《五音集韻》駭二影母位均僅收「崴」；《韻鏡》《七音略》從《廣韻》空位；《切韻指南》從《集韻》《五音集韻》。

35 蟹攝二等去聲字標目爲「怪」，考圖内列字，實則列《廣韻》《集韻》怪、卦、夬三韻字，《五音集韻》怪韻字。

36 去二群　髮　《廣韻》未收，《集韻》求卦切，群卦二去合蟹；《五音集韻》同《集韻》。《韻鏡》《七音略》《起數訣》《切韻指掌圖》《四聲等子》均空位。群母只拼三等字，據趙振鐸《集韻校本》記，《集韻》此字音切下字疑爲『對』，且諸家韻圖此位亦無字，《切韻指南》列字據《集韻》《五音集韻》而訛，當校删。

37 去二疑　聵　《廣韻》《集韻》五怪切，疑怪二去合蟹；《五音集韻》同《廣韻》《集韻》。《韻鏡》外轉第十四合、《起數訣》第二十八圖閉音濁、《切韻指掌圖》二十圖、《四聲等子》蟹攝外二輕重俱等韻合口呼，列字均爲『聵』；《七音略》空位。『聵』爲《廣韻》《集韻》《五音集韻》怪二疑母位小韻首字，《七音略》空位誤，《切韻指南》是。

38 去二知　膪　《廣韻》竹賣切，《集韻》未收，《五音集韻》竹卦切，知卦二去合蟹。《韻鏡》外轉第十六合、《四聲等子》蟹攝外二輕重俱等韻合口呼，列字均爲『膪』；《七音略》外轉第十六輕中輕、《起數訣》第二十四圖發音濁，列字均爲『䐽』，《集韻》知母卦韻；《切韻指掌圖》空位。『膪』爲《廣韻》《五音集韻》卦二知母位小韻首字，『䐽』爲《集韻》卦二知母位小韻首字；《七音略》無誤，《切韻指南》從《廣韻》《五音集韻》。

39 去二徹　顡　《廣韻》《集韻》迍怪切，知怪二去合蟹；《五音集韻》他怪切，或爲透徹類隔，收於徹母怪小韻。《韻鏡》《七音略》《起數訣》《切韻指掌圖》《四聲等子》徹母位均空位；

《廣韻》《集韻》怪、卦、夬無去二徹母位小韻，諸家韻圖亦無字，《切韻指南》從《五音集韻》。

40 去二澄　⿰豸柰　《廣韻》未收，《康熙字典》記：『《集韻》尼戒切，臭也。又除邁切，音𧾷。義同。』此記《集韻》除邁切，澄夬二去開蟹；《五音集韻》同《集韻》。《韻鏡》外轉第十三開、《四聲等子》蟹攝外二輕重俱等韻開口呼，列字爲『⿰豸柰』；《七音略》内轉第十三重中重，列字爲**『⿰豸祭』**；《起數訣》第三十圖發音濁，列字爲『⿰豸柰』；《切韻指掌圖》空位。諸家韻圖列字均形訛，當校改爲『⿰豸柰』；《切韻指南》字形無誤，當是因切下字爲脣音字而列於合口圖，開口圖此位空位。

41 去二娘　取　《廣韻》《集韻》未收，《五音集韻》女夬切，娘母怪韻；《韻鏡》《七音略》《起數訣》《切韻指掌圖》均空位；《四聲等子》蟹攝外二輕重俱等韻合口呼，列字爲『⿱髟内』。《廣韻》《集韻》怪、卦、夬韻均無去二娘母位小韻，《韻鏡》《七音略》從《廣韻》空位，《切韻指南》從《五音集韻》。

42 去二幫　庍　《廣韻》未收，《康熙字典》記：『《集韻》與庍同。』『庍』，《廣韻》方卦切；《集韻》該字字形爲『庍』，卜卦切，幫卦去二合蟹；《五音集韻》『庍』『⿸广𠂢』同爲幫母怪韻位小韻首字，作『方卦切』，幫母怪韻。《韻鏡》外轉第十六合，列字爲『庍』；《七音略》外轉第十六輕中輕，列字爲『派』，滂母卦韻；《起數訣》第二十一圖閉音清，列字爲『薜』，《集韻》幫母怪韻；《切韻指掌圖》二十圖、《四聲等子》蟹攝外二輕重俱等韻合口呼，列字均爲『拜』，幫母怪韻。《廣韻》幫母卦韻位僅收『庍』，《集韻》幫母卦韻位僅收『㢑』，此二字又同爲《五音集韻》怪二幫母位小韻首字；《七音略》列字誤，當校改爲『庍』；《切韻指南》從《五音集韻》。

43 去二滂　湃　《廣韻》普拜切，《集韻》怖拜切，滂怪二去合蟹；《五音集韻》同《廣韻》。《韻鏡》外轉第十四合、《七音略》外轉第十四輕中重、《起數訣》第二十七圖閉音清、《四聲等子》蟹攝外二輕重俱等韻合口呼，列字均爲『湃』；《切韻指掌圖》十七圖，列字爲『派』，滂母卦韻。『湃』爲《廣韻》《集韻》《五音集韻》怪二滂母位小韻首字，《廣韻》《五音集韻》切下字爲脣音，故《切韻指南》列於合口。

44 去二並　憊　《廣韻》蒲拜切，《集韻》步拜切，並怪二去合蟹；《五音集韻》同《廣韻》。《韻鏡》外轉第十四合、《七音略》外轉第十四輕中重、《起數訣》第二十七圖開音清，列字均爲『𢥋』，此字《廣韻》收於『憊』小韻下，並注上同；《切韻指掌圖》十七圖，列字爲『敗』，並母夬韻；《四聲等子》蟹攝外二輕重俱等韻合口呼列字爲『憊』。『憊』爲《廣韻》《集韻》《五音集韻》怪二並母位小韻首字，《廣韻》《五音集韻》切下字爲脣音，故《切韻指南》列於合口。

45 去二明　眳　《廣韻》莫拜切，《集韻》蓦拜切，明怪二去合蟹；《五音集韻》同《廣韻》。《韻鏡》外轉第十四合、《七音略》外轉第十四輕中重、《四聲等子》蟹攝外二輕重俱等韻合口呼、《切韻指南》蟹攝外二合口呼廣門，列字均爲『昒』；《起數訣》第二十七圖開音清，列字爲『韎』，誤；《切韻指掌圖》十七圖，列字爲『賣』，明母卦韻。『昒』爲《廣韻》《集韻》《五音集韻》怪二明母位小韻首字，《廣韻》《五音集韻》切下字爲脣音，故《切韻指南》列於合口。

46 去二穿 啐 《廣韻》《集韻》倉夬切，清夬二去合蟹；《五音集韻》同《廣韻》《集韻》。據余迺永所校，『「夬」爲二等字，「倉」僅見於一、四等，《廣韻》《集韻》『倉夬切』均爲清、初類隔。但『啐』於韻圖列開口，「夬」爲合口字，不應作爲切字，宜改用「犗」或「喝」爲切。』由此可知『啐』當列於開口，《五音集韻》亦是沿《廣韻》《集韻》而誤入合口。《韻鏡》外轉第十四合、《七音略》外轉第十四輕中重、《起數訣》第三十二圖閉音濁、《切韻指掌圖》二十圖、《四聲等子》蟹攝外二輕重俱等韻合口呼，列字均爲『嘬』。『嘬』爲《廣韻》《集韻》夬二初母位小韻首字，當列於此位；《切韻指南》從《五音集韻》誤列此字，當校改爲『嘬』。

47 去二牀 ⿰扌罪 《廣韻》未收，《集韻》仕壞切，崇怪二去合蟹；《五音集韻》同《集韻》。《韻鏡》《七音略》《切韻指掌圖》均空位；《起數訣》第二十八圖閉音濁，列字爲『⿰扌罪』；《四聲等子》蟹攝外二輕重俱等韻合口呼，列字爲『睉』，《集韻》崇母夬韻。《廣韻》怪、卦、夬韻均無崇母位小韻；『⿰扌罪』收於《集韻》崇母怪韻，爲《五音集韻》怪二崇母位小韻首字；《韻鏡》《七音略》從《廣韻》空位；《切韻指南》從《集韻》《五音集韻》。

48 去二審　啐　《廣韻》《集韻》山芮切，生祭三去合蟹；《五音集韻》音切同《廣韻》《集韻》，爲生母怪韻。《廣韻》怪、卦、夬韻均無生母位小韻，《集韻》生母夬韻位有「濊」，衰夬切，生夬二去合蟹，可列於此位。《韻鏡》空位；《七音略》外轉第十四輕中重、《切韻指掌圖》二十圖，列字爲「鎩」，生母開口怪韻；《起數訣》第二十八圖閉音濁，列字爲「桼」，生母臻韻；《四聲等子》蟹攝外二輕重俱等韻合口呼，列字爲「濊」，生母夬韻。《集韻》生母怪韻位僅收「濊」，《五音集韻》生母怪韻位小韻首字爲「啐」，且下收有「濊」。《韻鏡》從《廣韻》空位是；《七音略》列字誤，當刪；《切韻指南》從《五音集韻》列字，但從《集韻》校改爲「濊」更佳。

49 去二曉　𧰼　《廣韻》火怪切，《集韻》呼怪切，曉怪二去合蟹；《五音集韻》同《廣韻》。《韻鏡》外轉第十四合，列字爲「𧰼」；《七音略》外轉第十四輕中重、《切韻指掌圖》二十圖，列字均爲「𧲸」，爲「𧰼」字訛誤；《起數訣》第二十八圖閉音濁，列字爲「𦧇」，亦爲形訛；《四聲等子》蟹攝外二輕重俱等韻合口呼，列字爲「咶」，曉母怪韻。「𧰼」爲《廣韻》《集韻》《五音集韻》怪二曉母位小韻首字，《七音略》列字形訛，《切韻指南》是。

50 本圖二等入聲字與山攝合口二等入聲字相同，故不重複出校，參照山攝合口二等入聲。

51 平三見　◯　弘治九年本、正德十一年本、碧琳琅本、《叢書集成》本，均空位；近衛庫本、文津閣本，列字均爲「龜」。《廣韻》《集韻》《五音集韻》均無齊三見母位小韻；「龜」，《廣韻》居追切，《集韻》居逵切，見母脂韻；《五音集韻》居爲切，見母支韻。《韻鏡》《七音略》

《起數訣》《切韻指掌圖》《四聲等子》均空位。《切韻指南》弘治九年本、正德十一年本、碧琳琅本、《叢書集成》本從《廣韻》空位是;『龜』已列於止攝合口圖,近衛庫本、文津閣本列字誤,當删。

52 平三知 ◯ 弘治九年本、正德十一年本、碧琳琅本、《叢書集成》本,均空位;近衛庫本、文津閣本,列字均爲『追』。《廣韻》《集韻》《五音集韻》均無齊三知母位小韻;『追』,《廣韻》陟隹切,《集韻》中葵切,知母脂韻;《五音集韻》同《廣韻》。《韻鏡》《七音略》《起數訣》《切韻指掌圖》《四聲等子》均空位。《切韻指南》弘治九年本、正德十一年本、碧琳琅本、《叢書集成》本從《廣韻》空位是;『追』已列於止攝合口圖,近衛庫本、文津閣本列字誤,當删。

53 平三非 ◯ 弘治九年本、正德十一年本、碧琳琅本、《叢書集成》本,均空位;近衛庫本、文津閣本,列字均爲『非』。《廣韻》《集韻》《五音集韻》均無齊三非母位小韻;『非』,《廣韻》甫微切,《集韻》匪微切,非母微韻;《五音集韻》同《廣韻》。《韻鏡》《七音略》《起數訣》《切韻指掌圖》《四聲等子》均空位。《切韻指南》弘治九年本、正德十一年本、碧琳琅本、《叢書集成》本從《廣韻》空位是;『非』已列於止攝合口圖,近衛庫本、文津閣本列字誤,當删。

54 平三照 ◯ 弘治九年本、正德十一年本、碧琳琅本、《叢書集成》本,均空位;近衛庫本、文津閣本,列字均爲『錐』。《廣韻》《集韻》《五音集韻》均無齊三照母位小韻。『錐』,《廣韻》職追切，《集韻》朱惟切，章母脂韻；《五音集韻》職垂切，章母支韻。《韻鏡》《七音略》《起數訣》《切韻指掌圖》《四聲等子》均空位。《切韻指南》弘治九年本、正德十一年本、碧琳琅本、《叢書集成》本從《廣韻》空位是；『錐』已列於止攝合口圖，近衛庫本、文津閣本列字誤，當删。

55 平三禪　栘　《廣韻》《集韻》成臡切，禪齊三平合蟹；《五音集韻》成擕切，照母禪韻。《韻鏡》《七音略》《切韻指掌圖》《四聲等子》均空位；《起數訣》第二十六圖發音濁，列字爲『栘』。《廣韻》《集韻》《五音集韻》齊三禪母位均僅收『栘』，《韻鏡》《七音略》從《廣韻》無誤，《切韻指南》從《集韻》《五音集韻》。

56 平三曉　○　弘治九年本、正德十一年本、碧琳琅本、《叢書集成》本，均空位；近衛庫本、文津閣本，列字均爲『麾』。《廣韻》《集韻》《五音集韻》均無齊三曉母位小韻。『麾』，《廣韻》許爲切，《集韻》吁爲切，曉母支韻；《五音集韻》同《廣韻》。《韻鏡》《七音略》《起數訣》《切韻指掌圖》《四聲等子》均空位。《切韻指南》弘治九年本、正德十一年本、碧琳琅本、《叢書集成》本從《廣韻》空位是；『麾』已列於止攝合口圖，近衛庫本、文津閣本列字誤，當删。

57 平三來　○　弘治九年本、正德十一年本、碧琳琅本、《叢書集成》本，均空位；近衛庫本、文津閣本，列字均爲『瀿』。《廣韻》《集韻》《五音集韻》均無齊三來母位小韻。『瀿』，《廣韻》

力追切，《集韻》倫追切，來母脂韻；《五音集韻》同《廣韻》。《韻鏡》《七音略》《起數訣》《切韻指掌圖》《四聲等子》均空位。《切韻指南》弘治九年本、正德十一年本、碧琳琅本、《叢書集成》本從《廣韻》空位是；「瀃」已列於止攝合口圖，近衛庫本、文津閣本列字誤，當刪。

58 本圖去聲三等列目爲「廢」，並於左側注「廢韻宜併入霽韻」，實則爲廢、祭韻字，並在合口去聲三等處注「祭韻宜併入霽韻」。

59 去三溪　𢿣　《廣韻》廢韻未收，《集韻》去穢切，溪廢三去合蟹；《五音集韻》同《集韻》。《廣韻》祭三溪母位有「锩」小韻，丘吠切，溪祭三去合蟹；《集韻》去穢切，溪廢三去合蟹；《五音集韻》同《集韻》。《韻鏡》内轉第十合廢韻處列字爲「锩」，早期韻書無溪母廢三小韻，此字當是後人據《集韻》所增；《韻鏡》内轉第十四合、《七音略》外轉第十四輕中重、《四聲等子》蟹攝外二輕重俱等韻合口呼，列字均爲「锩」；《切韻指掌圖》第十九圖，列字爲「喟」，溪母怪韻；《起數訣》第二十八圖閉音濁，列字爲「䊶」，來母廢韻。《廣韻》廢三無溪母小韻，祭三溪母位僅收「锩」；「𢿣」爲《集韻》《五音集韻》廢三溪母位小韻首字，且下收有「锩」，《切韻指南》從《集韻》《五音集韻》。

60 去三疑　猭　《廣韻》廢三無疑母位小韻，《集韻》牛吠切，疑廢三去合蟹；《五音集韻》同《集韻》。《韻鏡》内轉第十合、《起數訣》第二十八圖閉音濁，列字均爲「猭」；《七音略》《四聲等子》均空位；《切韻指掌圖》十九圖，列字爲「僞」，疑母寘韻。「猭」爲《集韻》《五音集韻》廢三疑母位小韻首字，《七音略》從《廣韻》空位，《切韻指南》從《集韻》《五音集韻》。

61 去三徹　惙　《廣韻》陟劣切，知薛三入合山，不當列於此位；《集韻》丑芮切，徹祭三去合蟹；《五音集韻》同《集韻》。《韻鏡》《七音略》《切韻指掌圖》徹母祭韻、廢韻處均空位；《起數訣》第三十二圖開音濁、《四聲等子》蟹攝外二輕重俱等韻合口呼，列字均爲『惙』。《廣韻》祭韻、廢韻均無徹母位小韻，『惙』爲《集韻》《五音集韻》祭三徹母位小韻首字，《韻鏡》《七音略》從《廣韻》空位，《切韻指南》從《集韻》《五音集韻》。

62 去三澄　鋿　弘治九年本，列字爲『鋿』；近衛庫本、正德十一年本、文津閣本、碧琳琅本、《叢書集成》本，列字均爲『鏑』。『鋿』，《廣韻》《集韻》《五音集韻》未收，《集韻》有『鈉』字，除芮切，澄祭三去合蟹，『鋿』當爲『鈉』字形訛；《五音集韻》同《集韻》。『鏑』，《廣韻》除芮切，澄祭三去合蟹；《集韻》爲『鈉』，《五音集韻》同《廣韻》。《韻鏡》《切韻指掌圖》均空位；《七音略》外轉第十四輕中重、《四聲等子》蟹攝外二輕重俱等韻合口呼，列字均爲『鏑』；《起數訣》第三十二圖開音濁，列字爲『鈉』。『鏑』爲《廣韻》《五音集韻》祭三澄母位小韻首字，《韻鏡》空位合於唐五代韻書，《切韻指南》弘治九年本列字誤，當校改爲『鏑』，其餘版本是。

63 去三敷　肺　《廣韻》《集韻》芳廢切，敷廢三去合蟹；《五音集韻》同《廣韻》《集韻》。《韻鏡》

空位；《七音略》外轉第十六輕中輕、《起數訣》第二十八圖閉音濁、《切韻指掌圖》十九圖、《四聲等子》蟹攝外二輕重俱等韻合口呼，列字均爲『肺』。『肺』爲《廣韻》《集韻》《五音集韻》廢三敷母位小韻首字，《韻鏡》空位誤，當校補『肺』，《切韻指南》是。

64 去三奉　吠　《廣韻》符廢切，《集韻》房吠切，奉廢三去合蟹；《五音集韻》同《廣韻》。《韻鏡》内轉第十合，列字爲『吠』；《七音略》外轉第十六輕中輕、《起數訣》第二十八圖閉音濁、《切韻指掌圖》十九圖、《四聲等子》蟹攝外二輕重俱等韻合口呼，列字均爲『吠』。『吠』爲《廣韻》《集韻》《五音集韻》廢三奉母位小韻首字，《韻鏡》列字誤，當校改爲『吠』，《切韻指南》是。

65 去三穿　⿱⿰毛毛木　《廣韻》楚税切，初祭三去合蟹；此芮切，清祭四去合蟹，依『楚税切』可列於此位。《集韻》昌母位有『毳』小韻，充芮切，昌祭三去合蟹，且下收有『⿱⿰毛毛示』。據余迺永校《廣韻》，認爲『⿱⿰毛毛木』爲『⿱⿰毛毛示』字形訛。《五音集韻》字形亦爲『⿱⿰毛毛示』，充税切，昌母廢韻。《韻鏡》外轉第十四合、《起數訣》第三十二圖開音濁、《四聲等子》蟹攝外二輕重俱等韻合口呼，列字均爲『毳』；《七音略》《切韻指掌圖》均空位。『⿱⿰毛毛示』爲《廣韻》祭三初母位小韻首字，『毳』爲《集韻》祭三昌母位小韻首字，亦爲《五音集韻》廢三昌母位小韻首字，《韻鏡》從《集韻》，《七音略》空位當補，《切韻指南》列字從《廣韻》《五音集韻》訛誤，當校改爲『⿱⿰毛毛示』。

66 去三禪　啜　《廣韻》嘗芮切，《集韻》稱芮切，禪祭三去合蟹；《五音集韻》同《廣韻》。《韻鏡》《起數訣》《切韻指掌圖》均空位；《七音略》外轉第十四輕中重、《四聲等子》蟹攝外二輕重俱等韻合口呼，列字均爲『啜』。『啜』爲《廣韻》《集韻》《五音集韻》祭三禪母位小韻首字，《韻鏡》空位誤，當校補『啜』，《切韻指南》是。

67 本圖三等入聲字與臻攝合口三等入聲基本相同，故本圖只校異處。

68 入三床　術　弘治九年本、近衛庫本，列字均爲『術』；正德十一年本、文津閣本、碧琳琅本、《叢書集成》本，列字均爲『術』。《廣韻》《集韻》術三船母位有『術』小韻，《廣韻》食聿切，《集韻》食律切，船術三入合臻；《五音集韻》同《廣韻》。《韻鏡》外轉第十八合、《七音略》外轉第十八輕中輕、《切韻指掌圖》第十圖、《起數訣》第三十六圖發音濁，列字均爲『術』，但《韻鏡》《七音略》字形亦爲『術』；《四聲等子》臻攝外三輕重俱等韻合口呼列字爲『卒』，從母術韻。『術』爲《廣韻》《集韻》《五音集韻》術三船母位小韻首字，《切韻指南》弘治九年本、近衛庫本字形訛誤，當校改爲『術』，其餘版本是。

69 平四溪　䁢　弘治九年本、文津閣本列字爲『䁢』；近衛庫本、正德十一年本、碧琳琅本、《叢書集成》本列字爲『睽』。『䁢』，《廣韻》七計切／丑例切／初八切，初黠二入開山，《集韻》《五音集韻》此字音切雖小異，但音韻地位一致，皆不當於此位，此字應爲『睽』形訛。『睽』，《廣韻》苦圭切，《集韻》傾畦切，溪齊四平合蟹；《五音集韻》同《廣韻》。《韻鏡》外轉第十四合、《七音略》外轉第十四輕中重，列字爲『睽』；《起數訣》第二十七圖開音清、《切韻指掌圖》十九圖、《四聲等子》蟹攝外二輕重俱等韻合口呼，列字均爲『睽』。『睽』爲《廣韻》《集韻》《五音集韻》齊四溪母位小韻首字，下收有『睽』，列字以『睽』爲佳。《韻鏡》《七音略》亦無誤；弘治九年本、文津閣本《切韻指南》列字形訛，當校改爲『睽』，其餘各版本是。

70

平四疑　覰　《集韻》五圭切，疑齊四平合蟹；《五音集韻》同《集韻》。《韻鏡》《七音略》《起數訣》《切韻指掌圖》《四聲等子》皆空位。《廣韻》齊韻無疑母位合口小韻，『覰』爲《集韻》《五音集韻》齊四見母位小韻首字，《韻鏡》《七音略》從《廣韻》空位，《切韻指南》從《集韻》《五音集韻》。

71

平四並　眭　《廣韻》户圭切，匣齊四平合蟹；《集韻》扶畦切，並齊四平合蟹；《五音集韻》同《集韻》，依《廣韻》不當列於此位，依《集韻》《五音集韻》可列於此位。《韻鏡》《七音略》《四聲等子》均空位；《起數訣》第二十八圖閉音濁列字爲『眭』；《切韻指掌圖》十九圖列字爲『鼙』，並齊四平開蟹。《廣韻》齊韻無並母位合口小韻；『眭』爲《集韻》《五音集韻》齊四並母位小韻首字，《韻鏡》《七音略》從《廣韻》空位，《切韻指南》從《集韻》《五音集韻》。

72

平四曉　睳　弘治九年本、正德十一年本、文津閣本、碧琳琅本、《叢書集成》本作『睳』，近衛庫本作『眭』。『眭』，《廣韻》户圭切，《集韻》玄圭切，匣齊四平合蟹；《五音集韻》同《廣韻》，不當列於此位，此字當爲『睳』形訛。『睳』，《廣韻》呼攜切，《集韻》翾畦切，曉齊四平合蠏；《五音集韻》同《廣韻》。《韻鏡》外轉第十四合，列字爲『眭』，匣母齊韻，不當列於此位；《七音略》外轉第十四輕中重、《切韻指掌圖》十九圖，列字均爲『睦』；《起數訣》第二十七圖開音清列字爲『睦』，爲『眭』之形訛；《四聲等子》空位。『眭』爲《廣韻》《集韻》《五音集韻》齊四曉母位小韻首字；《韻鏡》及近衛庫本《切韻指南》列字誤，均當校正爲『眭』，《切韻指南》其他各版本是。

73 平四影　烓　弘治九年本、文津閣本作『炷』，近衛庫本、正德十一年本、碧琳琅本、《叢書集成》本空位。『烓』，《廣韻》烏攜切，《集韻》淵畦切，影齊四平合蠏；《五音集韻》同《廣韻》。《韻鏡》外轉第十四合、《切韻指掌圖》十九圖、《起數訣》第二十七圖開音清，列字爲『烓』；《七音略》外轉第十四輕中重，列字爲『煙』，《康熙字典》記：『同烓。』《四聲等子》空位。『烓』爲《廣韻》《集韻》《五音集韻》齊四影母位小韻首字，近衛庫本、正德十一年本、碧琳琅本、《叢書集成》本《切韻指南》空位誤，均當校補『烓』，其他各版本是。

74 去四溪　⿰衤癸　《廣韻》霽韻無去四溪母位合口小韻；《集韻》霽四溪母合口位小韻字形爲『⿰衤癸』，『⿰衤癸』當爲此字形訛。『⿰衤癸』，《集韻》睽桂切，《五音集韻》睽桂切，溪霽四去合蠏。《韻鏡》《切韻指掌圖》空位；《七音略》外轉第十四輕中重列字爲『揆』，群母旨韻，當爲『⿰衤癸』形訛；《起數訣》第二十七圖開音清列字爲『楑』，群母旨韻；《四聲等子》蠏攝外二輕重俱等韻合口呼列字爲『⿰衤癸』。『⿰衤癸』爲《集韻》《五音集韻》霽四溪母位小韻首字，《韻鏡》從《廣韻》空位是，《七音略》《切韻指南》列字均形訛，誤，當校改爲『䘒』。

75 去四滂　刷　《廣韻》未收，《集韻》紕延切，《五音集韻》芳連切，滂僊去三開山，依此音切不當列於此位；然《五音集韻》另作『匹鋭切』，滂母合口祭韻，依此音切可列於此位。《廣韻》《集韻》祭三滂母位均有『潎』小韻，且均未收『刷』。『潎』，《廣韻》匹蔽切，《集韻》匹曳切，滂祭三去開蟹；《五音集韻》同《廣韻》，因《廣韻》切下字爲脣音，可列於此位。《廣韻》《集韻》霽韻滂母位亦均有『嫓』小韻，《廣韻》匹詣切，《集韻》匹計切，滂霽四去開蟹，《五音集韻》同《廣韻》，因切下字爲非合口脣音，故已列於開口圖。《韻鏡》外轉第十三開、《七音略》外轉第十三重中重，《起數訣》第二十五圖發音清，霽韻處列字均爲『嫓』；《韻鏡》外轉第十五開、《七音略》外轉第十五重中輕、《起數訣》第二十九圖發音清、《四聲等子》蟹攝外二輕重俱等韻合口呼列字均爲『潎』；《切韻指掌圖》十九圖列字爲『譬』，滂母寘韻。《廣韻》《集韻》滂母祭韻、霽韻列字均入開口，故《韻鏡》《七音略》從《廣韻》亦列於開口圖；《五音集韻》滂母祭韻合口小韻僅收『刷』，《切韻指南》當是據《五音集韻》列字，但切下字如爲脣音，《切韻指南》多列於合口，故從《廣韻》校改爲『潎』更佳。

76 去四清　毳　《廣韻》《集韻》此芮切，清祭三去合蟹；《五音集韻》同《廣韻》。《韻鏡》外轉第十六合列字爲『膬』；《七音略》外轉第十四輕中重列字爲『毳』，不當列於開口；《起數訣》第三十二圖開音濁、《四聲等子》蟹攝外二輕重俱等韻合口呼，列字均爲『脃』；《切韻指掌圖》十七圖空位。『毳』爲《廣韻》《五音集韻》祭三清母位小韻首字，下收有『膬』『脆』；『膬』爲《集韻》祭三清母位小韻首字，下收有『毳』，未收『脆』字；《韻鏡》無誤，《七音略》當列於外轉第十六輕中輕，《切韻指南》是。

77 去四心　歲　弘治九年本、近衛庫本、正德十一年本、文津閣本作『歲』，碧琳琅本、《叢書集成》本作『歳』，『歳』與『歲』互爲異體字。『歲』，《廣韻》相銳切，《集韻》須銳切，心祭三去合蟹；《五音集韻》同《廣韻》。《韻鏡》外轉第十六合、《七音略》外轉第十六輕中輕、《起數訣》第三十二圖開音濁，列字均爲『歲』；《四聲等子》蟹攝外二輕重俱等韻合口呼，列字爲『歲』；《切韻指掌圖》十七圖空位。『歲』爲《廣韻》《集韻》《五音集韻》祭三心母位小韻首字，《切韻指南》諸家版本均是。

78 去四喻　銳　《廣韻》以芮切，《集韻》俞芮切，以祭三去合蟹；《五音集韻》同《廣韻》。《韻鏡》外轉第十六合、《七音略》外轉第十六輕中輕、《四聲等子》蟹攝外二輕重俱等韻合口呼，列字爲『銳』，當爲『鋭』之俗體；《起數訣》第三十二圖開音濁列字爲『叡』；《切韻指掌圖》十七圖空位。『鋭』爲《廣韻》《五音集韻》祭三以母位小韻首字，下收有『叡』；『叡』爲《集韻》祭三以母位小韻首字，下收有『鋭』；《韻鏡》《七音略》當校正爲『鋭』，《切韻指南》是。

79 蟹攝合口四等入聲與臻攝合口相同，故不重複出校，參照臻攝合口四等入聲。

臻攝外三

	見	溪	群	疑	端/知	透/徹	定/澄	泥/孃	幫/非	滂/敷	並/奉	明/微
開口呼	根	龈	○	垠	○	吞	○	○	○	○	○	○
	頣	墾	頜	限	○	○	○	○	○	○	○	○
	艮	硍	○	鎧	○	痻	○	○	○	○	○	○
	扢	○	○	[illegible]	○	○	○	○	○	○	○	○
	○	○	○	○	○	○	○	○	○	○	○	○
	○	○	○	○	○	○	○	○	○	○	○	○
	○	○	○	○	○	○	○	○	○	○	○	○
	○	○	○	○	○	○	○	○	○	○	○	○
通門	巾	緊	㺷	銀	珍	獮	陳	紉	彬	砏	貧	珉
	卺	螼	○	釿	駗	辴	紖	○	○	○	○	愍
	抻	撳	慬	憖	鎮	疢	敶	○	○	○	○	愍
	暨	○	姞	耴	窒	抶	秩	暱	筆	拂	弼	密
	○	○	趣	○	顛	天	田	年	賓	繽	頻	民
	緊	螼	○	○	○	○	○	○	臏	[illegible]	牝	泯
	○	菣	○	○	○	○	○	○	儐	莍	○	○
	吉	詰	佶	[illegible]	窒	○	耋	昵	必	匹	邲	蜜

精 照	清 穿	從 床	心 審	邪 禪	曉	匣	影	喻	来	日	韻	
○	○	○	○	○	○	痕	恩	○	○	○	痕	殷韻宜併入眞韻
○	○	○	洒	○	○	很	⿰禾恩	○	○	○	很	
○	○	○	摌	○	○	恨	⿰食㥯	○	○	○	恨	
○	○	○	○	○	○	麧	○	○	○	○	没	
臻	瀙	蓁	莘	○	○	○	○	○	○	○		
𧤸	齔	濜	○	○	○	○	○	○	○	○		
縥	櫬	酳	阠	○	○	○	○	○	○	○		
櫛	⿰桼刂	齜	瑟	○	○	○	○	○	○	○		
眞	瞋	神	申	辰	欣	○	咽	○	粦	仁	眞	殷
軫	○	○	矧	腎	⿺辶希	○	⿺辶印	○	嶙	忍	軫	隱
震	○	○	眒	愼	衅	○	隱	○	遴	刃	震	焮
質	叱	實	失	藥	肸	○	乙	○	栗	日	質	迄
津	親	秦	新	○	鴆	礥	因	寅	○	○		
儘	笉	盡	囟	○	○	○	○	引	○	○		
晉	親	○	信	賮	○	○	印	胤	○	○		
堲	七	疾	悉	○	欯	○	一	逸	○	○		

第八圖　臻攝外三　開口呼　通門　殷韻宜併入真韻

《經史正音切韻指南》第八圖爲臻攝開口圖，圖左標有『殷韻宜併入真韻』。對應《韻鏡》外轉第十七開、外轉第十九開及《七音略》外轉第十七重中重、外轉第十九重中輕，其合韻性質承自《切韻指掌圖》及《四聲等子》。

《切韻指南》三等標目爲『殷隱焮迄』並『真軫震質』；二等及四等有列字，但無標目，來源實際與三等相同。考各等所有列字，平聲涵痕殷真臻四韻，上聲涵很隱軫櫬四韻，去聲涵恨焮震櫬四韻，入聲涵没迄質櫛四韻。

脣音列真軫震質韻字，列於三四等，反切上字均爲重脣，反切下字多爲非脣音開口字。喉音列殷隱焮迄四韻字，牙音入聲三等見、溪母據《五音集韻》列焮韻字，牙、舌、齒、喉、半舌、半齒列真軫震質韻字，故圖左標『殷韻宜併入真韻』『殷隱焮迄』是。

《五音集韻》臻攝開口二等臻櫬櫬櫛、真軫震質合韻，合韻後韻目標爲真軫震質，《切韻指南》臻攝開口二等列字基本選用《五音集韻》真軫震質四韻小韻首字，照、穿二母字二等上聲櫬、齔歸於隱韻。本圖二等字配臻櫬櫬櫛四韻字，《切韻指掌圖》二等配臻準稕櫛四韻字，《四聲等子》二等配臻隱焮櫛四韻字。

1 平一溪　鞎　《廣韻》《集韻》未收；《五音集韻》口恩切，溪痕一平開臻。《玉篇》記：『口恩切，墾平聲。束也。』《韻鏡》《七音略》《切韻指掌圖》《起數訣》空位；《四聲等子》臻攝外三輕重俱等韻開口呼，列字爲『鞎』。《廣韻》《集韻》痕韻溪母位無字，『鞎』爲《五音集韻》痕一溪母位小韻，《韻鏡》《七音略》從《廣韻》空位，《切韻指南》從《五音集韻》。

2 平一匣　痕　《廣韻》户恩切，《集韻》胡恩切，匣痕一平開臻；《五音集韻》同《廣韻》。《韻鏡》外轉第十七開、《切韻指掌圖》九圖，列字均爲『痕』；《七音略》外轉第十七重中重，『痕』錯位列於曉母位；《起數訣》《四聲等子》空位。『痕』爲《廣韻》《集韻》《五音集韻》痕一匣母位小韻首字，《七音略》錯位，《切韻指南》是。

3 上一見　頣　《廣韻》古很切，《集韻》舉很切，見很一上開臻；《五音集韻》同《廣韻》。《韻鏡》外轉第十七開、《七音略》外轉第十七重中重、《切韻指掌圖》九圖、《四聲等子》臻攝外三輕重俱等韻開口呼，列字均爲『頣』；《起數訣》第三十三圖閉音清，列字爲『詪』。『頣』爲《廣韻》《集韻》《五音集韻》很一見母位小韻首字，下收有『詪』字，列字以『頣』爲佳，《切韻指南》是。

4 上一溪　懇　《廣韻》康很切，《集韻》口很切，溪很一上開臻；《五音集韻》同《廣韻》。《韻鏡》外轉第十七開、《起數訣》第三十三圖閉音清，列字均爲『懇』；《七音略》外轉第十七重中重、《切韻指掌圖》九圖、《四聲等子》臻攝外三輕重俱等韻開口呼，列字均爲『墾』。

『墾』爲《廣韻》《五音集韻》很一溪母位小韻首字，《集韻》很一溪母位小韻首字爲『懇』，列字以『墾』爲佳，《韻鏡》列字無誤，《七音略》從《廣韻》列字是，《切韻指南》從《集韻》。

5 上一群　𩒐　《廣韻》未收；《集韻》其懇切，群很一上開臻；《五音集韻》同《集韻》。《韻鏡》外轉第十七開，列字爲『頷』，爲『𩒐』之形訛；《七音略》《切韻指掌圖》空位；《起數訣》第三十三圖閉音清，列字爲『𩒐』；《四聲等子》臻攝外三輕重俱等韻開口呼、列字爲『頜』，爲『𩒐』之異體。《廣韻》很韻群母位無字，『𩒐』爲《集韻》《五音集韻》很一群母位小韻，《韻鏡》列字爲後人據《集韻》增補而形近轉訛，《七音略》從《廣韻》空位，《切韻指南》從《集韻》《五音集韻》。

6 上一疑　限　《廣韻》胡簡切，匣産二上開山，不合於此位；《集韻》魚懇切，疑很一上開臻；《五音集韻》同《集韻》。《韻鏡》《七音略》《切韻指掌圖》空位；《起數訣》第三十三圖閉音清，列字爲『峎』；《四聲等子》臻攝外三輕重俱等韻開口呼，列字爲『限』。《廣韻》很韻疑母位無字，『限』爲《集韻》《五音集韻》很一疑母位小韻首字，《韻鏡》《七音略》從《廣韻》空位，《切韻指南》從《集韻》《五音集韻》。

7 上一透　◯　弘治九年本空位；近衛庫本、正德十一年本、文津閣本、碧琳琅本、《叢書集成》本作『㤿』。《廣韻》《集韻》無很韻透母字；《五音集韻》很韻透母位有『㤿』小韻，通懇切，透很一上開臻。《康熙字典》記：『《字彙補》透混切，音曈。見《皇極圖韻》。』《韻鏡》《七音略》《起數訣》《切韻指掌圖》《四聲等子》空位。《廣韻》《集韻》很韻透母位無字，『㥶』爲《五音集韻》很一透母位小韻，弘治九年本從《廣韻》《集韻》空位，其他各版本從《五音集韻》。

8 上一心 洒 《廣韻》先禮切，心薺四上開蟹，不合於此位；《集韻》蘇很切，心很一上開臻；《五音集韻》同《集韻》。《韻鏡》《七音略》《切韻指掌圖》空位；《起數訣》第三十三圖閉音清、《四聲等子》臻攝外三輕重俱等韻開口呼，列字爲『洒』。《廣韻》很韻心母位無字，『洒』爲《集韻》《五音集韻》很一心母位小韻，《韻鏡》《七音略》從《廣韻》空位，《切韻指南》從《集韻》。

9 上一匣 很 《廣韻》胡墾切，《集韻》下懇切，匣很一上開臻；《五音集韻》同《廣韻》。《韻鏡》外轉第十七開、《起數訣》第三十三圖閉音清、《切韻指掌圖》九圖，列字均爲『很』；《七音略》外轉第十七重中重，列字爲『狠』，溪母很韻，不合於此位，爲『很』字之訛；《四聲等子》空位。『很』爲《廣韻》《集韻》《五音集韻》很一匣母位小韻首字，《七音略》字形訛，《切韻指南》是。

10 上一影 穩 弘治九年本、正德十一年本、文津閣本、碧琳琅本、《叢書集成》本作『穩』，近衛庫本作『恩』。『穩』，《廣韻》未收；《集韻》安很切，影很一上開臻；《五音集韻》同《集韻》。《韻鏡》外轉第十七開、《起數訣》第三十三圖閉音清，列字均爲『穩』；《七音略》《切韻指掌圖》《四聲等子》空位。《廣韻》很韻無影母字，『穩』爲《集韻》《五音集韻》很一影母位小韻首字，《韻鏡》爲後人據《集韻》增補，《七音略》從《廣韻》空位，《切韻指南》從《集韻》《五音集韻》。『恩』，影母痕韻，當爲一等位，近衛庫本誤列於二等位，當校改爲『穏』，其他各版本是。

11　去一溪　硍　《廣韻》胡簡切，匣產二上開山，不合於此位；《集韻》苦恨切，溪恨一去開臻；《五音集韻》同《集韻》。《韻鏡》《切韻指掌圖》空位；《七音略》外轉第十七重中重、《起數訣》第三十三圖閉音清、《四聲等子》臻攝外三輕重俱等韻開口呼，列字均爲『硍』。《廣韻》恨韻溪母位無字，『硍』爲《集韻》《五音集韻》恨一溪母位小韻首字，《韻鏡》從《廣韻》空位，《七音略》從《集韻》，《切韻指南》從《集韻》《五音集韻》。

12　去一疑　䭓　《廣韻》《集韻》五恨切，疑恨一去開臻；《五音集韻》同《廣韻》。《韻鏡》空位；《七音略》外轉第十七重中重、《起數訣》第三十三圖閉音清、《切韻指掌圖》九圖、《四聲等子》臻攝外三輕重俱等韻開口呼，列字均爲『䭓』。『䭓』爲《廣韻》《集韻》《五音集韻》恨一疑母位小韻首字，《韻鏡》誤脱，《切韻指南》是。

13　去一透　痞　《廣韻》未收；《集韻》佗恨切，透恨一去開臻；《五音集韻》他恨切，透恨一去開臻。《韻鏡》《七音略》《切韻指掌圖》空位；《起數訣》第三十三圖閉音清、《四聲等子》臻攝外三輕重俱等韻開口呼，列字均爲『痞』。《廣韻》恨韻透母位無字，『痞』爲《集韻》《五音集韻》恨一透母位小韻首字，《韻鏡》《七音略》從《廣韻》空位，《切韻指南》從《集韻》《五音集韻》。

14 去一心　搉　《廣韻》所簡切，生産二上開山，不合於此位；《集韻》所恨切（所爲生母字，故此音切存疑），心恨一去開臻；《五音集韻》同《集韻》。《韻鏡》《七音韻》《七數訣》《切韻指掌圖》均空位；《四聲等子》臻攝外三輕重俱等韻開口呼，列字爲『搉』。《廣韻》恨韻心母位無字，『搉』爲《集韻》《五音集韻》恨一心母位小韻首字，《韻鏡》《七音略》從《廣韻》空位，《切韻指南》從《集韻》《五音集韻》。

15 入一見　扢　《廣韻》古代切，見代一去開蟹，不合於此位；《集韻》古紇切，見没一入開臻；《五音集韻》同《集韻》。《韻鏡》外轉第十七開，列字爲『𥝌』，爲『扢』字形訛；《七音略》空位；《起數訣》第三十三圖閉音清、《四聲等子》臻攝外三輕重俱等韻開口呼，列字均爲『扢』。『扢』，《正字通》同『扢』，省文。『扢』『扢』二字異體。《廣韻》没韻見母位無字，『扢』爲《集韻》《五音集韻》没一見母位小韻，《韻鏡》爲後人據《集韻》增補而形近轉訛，《七音略》從《廣韻》空位，《切韻指南》從《集韻》《五音集韻》。

16 入一疑　獃　《廣韻》未收；《集韻》皵紇切，疑没一入開臻；《五音集韻》同《集韻》。《韻鏡》《七音略》《切韻指掌圖》空位；《起數訣》第三十三圖閉音清，列字爲『獃』；《四聲等子》臻攝外三輕重俱等韻開口呼，誤列於溪母，疑母空位。《廣韻》没韻無疑母開口字，『獃』爲《集韻》《五音集韻》没一疑母位小韻，《韻鏡》《七音略》從《廣韻》空位是，《切韻指南》從《集韻》《五音集韻》。

17 入一匣　麧　《廣韻》下没切，《集韻》下扢切，匣没一入開臻；《五音集韻》同《廣韻》。《韻鏡》外轉第十七開、《七音略》外轉第十七重中重、《切韻指掌圖》十圖，列字均爲『麧』；《起數訣》第三十三圖閉音清，列字爲『紇』；《四聲等子》空位。『麧』爲《廣韻》《集韻》《五音集韻》没一匣母位小韻首字，下收有『紇』字，列字以『麧』爲佳，《切韻指南》是。

18 本圖二等無列目，二等平聲均收臻三等字，《五音集韻》均列於二等位，無標目以表現收字實爲三等。

19 平二穿　瀙　《廣韻》側詵切，莊臻三平開臻，不合於此位；《集韻》楚莘切，初臻三平開臻；《五音集韻》音切同《集韻》，列於穿母真韻二等位。《韻鏡》《七音略》空位；《起數訣》第三十四圖收音濁、《切韻指掌圖》九圖、《四聲等子》臻攝外三輕重俱等韻開口呼，列字均爲『瀙』。《廣韻》臻韻初母位無字，『瀙』爲《集韻》《五音集韻》臻三初母位小韻，《韻鏡》《七音略》從《廣韻》空位，《切韻指南》從《集韻》《五音集韻》。

20 平二牀　蓁　《廣韻》士臻切，《集韻》鉏臻切，崇臻三平開臻；《五音集韻》音切同《廣韻》，列於牀母真韻二等位。《韻鏡》外轉第十七開、《七音略》外轉第十七重中重，列字均爲『蓁』；《起數訣》第三十四圖收音濁，列字爲『⿰木蓁』；《切韻指掌圖》九圖、《四聲等子》臻攝外三輕重俱等韻開口呼，列字均爲『榛』。『蓁』『⿰木蓁』『榛』三字異體。『蓁』爲《廣韻》《五音集韻》臻三崇母位小韻首字，《集韻》臻三崇母位小韻首字爲『榛』，列字以『蓁』爲佳，《韻鏡》《七音略》列異體無誤，《切韻指南》是。

21 本圖二等無列目，二等上聲均收臻三等字，《五音集韻》均列於二等位，無標目以表現收字實爲三等。

22 上二照　縥　《廣韻》仄謹切，莊隱三上開臻；《集韻》阻引切，莊準三上開臻；《五音集韻》音切同《集韻》，列於照母隱韻二等位；此字龍宇純、余迺永認爲臻韻上聲。《韻鏡》空位；《七音略》外轉第十七重中重、《起數訣》第三十四圖收音濁、《切韻指掌圖》九圖、《四聲等子》臻攝外三輕重俱等韻開口呼，列字均爲『縥』。『縥』爲《廣韻》《集韻》《五音集韻》臻三莊母位小韻首字，《韻鏡》依唐五代早期韻書空位，《切韻指南》是。

23 上二穿　齔　正德十一年本、碧琳琅本、《叢書集成》本作『齔』，近衛庫本作『齓』，文津閣本作『齓』。『齔』，《廣韻》初謹切，初隱三上開臻；《集韻》楚引切，初軫三上開臻；《五音集韻》音切同《廣韻》，列於穿母隱韻二等位；此字戴震《聲韻考》認爲此字係臻韻上聲寄於隱韻。《韻鏡》外轉第十七開、《四聲等子》臻攝外三輕重俱等韻開口呼，列字爲『齔』；《七音略》外轉第十七重中重、《起數訣》第三十四圖收音濁、《切韻指掌圖》九圖，列字均爲『齓』，『齓』，《康熙字典》記：『《集韻》同齔』，爲『齔』之異體。『齔』爲《廣韻》《集韻》《五音集韻》臻三初母位小韻，《七音略》列異體，《切韻指南》是。

24 上二牀　濜　《廣韻》鉏紖切，《集韻》鉏引切，崇準三上開臻；《五音集韻》音切同《廣韻》，列於牀母軫韻二等位；余迺永認爲是臻韻二等上聲。《韻鏡》外轉第十七開、《起數訣》第三十四圖收音濁、《切韻指掌圖》九圖、《四聲等子》臻攝外三輕重俱等韻開口呼，列字均爲『濜』；《七音略》空位。『濜』爲《廣韻》《集韻》《五音集韻》臻三崇母位小韻，《七音略》依唐五代早期韻書空位，《切韻指南》是。

25 本圖二等無列目，二等去聲均收櫬、齔、震三等字，《五音集韻》均列於二等位，無標目以表現收字實爲三等。

26 去二照　溙　《廣韻》《集韻》未收；《五音集韻》阻近切，列於照母齔韻二等位。《康熙字典》記：『《玉篇》阻近切。水急也。』《四聲篇海》記：『阻近切，舊音臻去聲。水急也。』按此：『阻近切』，可列於此位。《韻鏡》《七音略》《起數訣》《切韻指掌圖》《四聲等子》空位。《廣韻》《集韻》齔韻莊母位無字，『溙』爲《五音集韻》齔三莊母位小韻，《韻鏡》《七音略》從《廣韻》空位是，《切韻指南》從《五音集韻》。

27 去二牀　酳　《廣韻》羊晉切，以震三去開臻，不合於此位；《集韻》士刃切，崇稕三去開臻；《五音集韻》音切同《集韻》，列於牀母震韻二等位。《韻鏡》《七音略》《切韻指掌圖》空位；《起數訣》第三十四圖收音濁、《四聲等子》臻攝外三輕重俱等韻開口呼，列字均爲『酳』。《廣韻》震韻崇母位無字，『酳』爲《集韻》《五音集韻》震三崇母位小韻，《韻鏡》《七音略》從《廣韻》空位，《切韻指南》從《集韻》《五音集韻》。

28 去二審　阠　近衛庫本、正德十一年本、文津閣本、碧琳琅本、《叢書集成》本作『阠』。《集韻》『凡』小韻下收有『邜』字，符咸切，並凡三平合咸，不合於此位，『阠』當爲『阠』之形訛。《廣韻》一音試刃切，書震三去開臻；一音息晉切，心震三去開臻；一音所臻切，生臻三平開臻；均不合於此位。《集韻》所陳切，生稕三去開臻；《五音集韻》音切同《集韻》，列於審母震韻二等位。《韻鏡》《切韻指掌圖》《四聲等子》空位；《七音略》外轉第十七重中重、《起數訣》第三十四圖收音濁，列字均爲『阠』。『阠』爲《集韻》《五音集韻》震三生母位小韻首字，《韻鏡》從《廣韻》空位，《七音略》從《集韻》，《切韻指南》從《集韻》《五音集韻》。『阠』當爲『阠』之形訛，弘治本誤，當校改爲『阠』，其他各版本是。

29 本圖二等無列目，二等入聲均收櫛三等字，《五音集韻》均列於二等位，無標目以表現收字實爲三等。

30 入二穿　刹　《廣韻》初栗切，初質三入開臻；《集韻》測乙切，初櫛三入開臻；《五音集韻》音切同《廣韻》，列於穿母質韻二等位。《韻鏡》空位；《七音略》外轉第十七重中重、《起數訣》第三十四圖收音濁、《切韻指掌圖》九圖、《四聲等子》臻攝外三輕重俱等韻開口呼，列字均爲『刹』。《五音集韻》櫛韻併於質韻，『刹』爲《廣韻》《五音集韻》質三初母位小韻首字，《集韻》櫛三初母位小韻首字，《韻鏡》從《廣韻》空位，《切韻指南》從《集韻》。

31 本圖三等標目爲真軫震質、殷隱焮迄，本圖左側標有『殷韻宜併入真韻』。

32 平三溪　緊　《廣韻》牽繭切，溪銑四上開山，不合於此位；《集韻》乞鄰切，溪諄三平開臻；《五音集韻》音切同《集韻》，溪真三平開臻。《韻鏡》《七音略》《起數訣》《切韻指掌圖》《四聲等子》空位。《廣韻》真韻溪母位無字，『緊』爲《集韻》《五音集韻》真三溪母位小韻，《韻鏡》《七音略》從《廣韻》空位，《切韻指南》從《集韻》《五音集韻》。

33 平三群　𥞥　弘治九年本、近衛庫本、正德十一年本、碧琳琅本、《叢書集成》本作『𥞥』，文津閣本作『𤢿』。『𥞥』，《廣韻》巨巾切，《集韻》渠巾切，群真三平開臻；《五音集韻》同《廣韻》。《韻鏡》外轉第十七開，列字爲『𥞥』；《七音略》外轉第十七重中重，列字爲『墐』；《起數訣》第三十四圖收音濁，列字爲『堇』；《切韻指掌圖》九圖、《四聲等子》臻攝外三輕重俱等韻開口呼，列字爲『勤』，群母欣韻。『𥞥』爲《廣韻》《五音集韻》真三群母位小韻首字，『堇』『墐』並爲《集韻》真三群母位小韻首字，列字以『𥞥』爲佳，《七音略》從《集韻》《切韻指南》。『𤢿』當爲『𥞥』之形訛，文津閣本誤，當校改爲『𥞥』，其他各版本是。

34 平三徹　獯　弘治九年本、正德十一年本、文津閣本、碧琳琅本、《叢書集成》本作『獯』，近衛庫本作『𢕜』。『獯』，《廣韻》丑人切，《集韻》癡鄰切，徹真三平開臻；《五音集韻》同《廣韻》。《韻鏡》外轉第十七開、《起數訣》第三十四圖收音濁，列字爲『獜』，『獯』異體；《七音略》外轉第十七重中重、《切韻指掌圖》九圖，列字均爲『獯』；《四聲等子》臻攝外三輕重俱等韻開口呼，列字爲『縝』。『獯』爲《廣韻》《集韻》《五音集韻》真三徹母位小韻首字，下收有『縝』字，列字以『獯』爲佳，《韻鏡》列異體。『⿰彳熏』當位『獯』之形訛，近衛庫本誤，當校改爲『獯』，其他各版本是。

35 平三幫　彬　《廣韻》府巾切，《集韻》悲巾切，幫真三平開臻；《五音集韻》同《廣韻》。《韻鏡》外轉第十七開、《切韻指掌圖》十圖，列字均爲『彬』；《七音略》外轉第十七重中重，列字爲『份』；《起數訣》第三十三圖閉音清、《四聲等子》臻攝外三輕重俱等韻開口呼，列字爲『斌』。『彬』爲《廣韻》《集韻》《五音集韻》真三幫母小韻首字，下收有『斌』『份』二字，列字以『彬』爲佳，《七音略》無誤。『彬』爲重脣且反切下字爲非脣音開口字，故《切韻指南》收入開口。

36 平三滂　砏　《廣韻》普巾切，收於諄韻；《集韻》披巾切，滂真三平開臻；《五音集韻》同《廣韻》。《韻鏡》空位；《七音略》外轉第十七重中重、《起數訣》第三十三圖閉音清、《切韻指掌圖》十圖、《四聲等子》臻攝外三輕重俱等韻開口呼，列字均爲『砏』。『砏』爲《廣韻》諄韻、《集韻》《五音集韻》真三滂母小韻首字，《韻鏡》從《廣韻》空位。『砏』爲重脣且反切下字爲非脣音開口字，故《切韻指南》收入開口。

37 平三並　貧　《廣韻》符巾切，《集韻》皮巾切，並真三平開臻；《五音集韻》同《廣韻》。《韻鏡》外轉第十七開、《七音略》外轉第十七重中重、《起數訣》第三十三圖閉音清、《切韻指掌圖》十圖、《四聲等子》臻攝外三輕重俱等韻開口呼，列字均爲『貧』。『貧』爲《廣韻》《集韻》

《五音集韻》真三並母小韻首字，爲重脣且反切下字爲非脣音開口字，故《切韻指南》收入開口。

38 平三明　珉　《廣韻》武巾切，《集韻》眉貧切，明真三平開臻；《五音集韻》同《廣韻》。《韻鏡》外轉第十七開、《七音略》外轉第十七重中重、《起數訣》第三十三圖閉音清、《切韻指掌圖》十圖，列字均爲『珉』；《四聲等子》臻攝外三輕重俱等韻開口呼，列字爲『旻』。『珉』爲《廣韻》《集韻》《五音集韻》真三明母小韻首字，下收有『旻』字，列字以『珉』爲佳。『珉』爲重脣且反切下字爲非脣音開口字，故《切韻指南》收入開口。

39 平三穿　瞋　《廣韻》昌真切，《集韻》稱人切，昌真三平開臻；《五音集韻》音切同《廣韻》，穿真三平開臻。《韻鏡》外轉第十七開、《七音略》外轉第十七重中重、《切韻指掌圖》九圖，列字均爲『瞋』；《起數訣》第三十四圖收音濁、《四聲等子》臻攝外三輕重俱等韻次清開口呼，列字爲『嗔』。『瞋』爲《廣韻》《集韻》《五音集韻》真三昌母位小韻首字，下收有『嗔』字，列字以『瞋』爲佳，《切韻指南》是。

40 平三禪　辰　弘治九年本、近衛庫本、文津閣本、碧琳琅本、《叢書集成》本作『辰』，正德十一年本作『辰』。『辰』，《廣韻》植鄰切，《集韻》丞真切，禪真三平開臻；《五音集韻》音同《廣韻》。《韻鏡》外轉第十七開、《七音略》外轉第十七重中重、《四聲等子》臻攝外三輕重俱等韻全濁開口呼，列字均爲『辰』；《起數訣》第三十四圖收音濁，禪母位誤列『神』字，『辰』字列於平三半三位；《切韻指掌圖》九圖，列字爲『臣』。『辰』爲《廣韻》《集韻》《五音集韻》真三禪母位小韻首字，下收有『臣』字，列字以『辰』爲佳，《切韻指南》是。『辰』爲『辰』之俗體，正德十一年本亦無誤，其他各版本是。

41 平三影　咽　弘治九年本、文津閣本作『咽』，近衛庫本、正德十一年本、碧琳琅本、《叢書集成》本作『咺』。『咽』，《廣韻》三音均位於影母山攝，不合於此位；《集韻》於巾切，影諄三平開臻；《五音集韻》音切同《集韻》，影真三平開臻。《廣韻》真韻影母位有『鬵』小韻，於巾切，影真三平開臻。《韻鏡》外轉第十七開、《七音略》外轉第十七重中重、《起數訣》第三十四圖收音濁，列字爲『鬵』，影母真韻，可列於此位；《切韻指掌圖》九圖、《四聲等子》臻攝外三輕重俱等韻開口呼，列字爲『殷』，影母欣韻。『鬵』爲《廣韻》真三影母位小韻首字，『鬵』『咽』並爲《集韻》《五音集韻》影母真韻位小韻首字，列字以『鬵』爲佳，《韻鏡》《七音略》從《廣韻》列字，文津閣本作『咽』從《集韻》；『咺』爲『咽』之異體，近衛庫本、正德十一年本、碧琳琅本、《叢書集成》本作『咺』亦無誤。

42 平三喻　○　《韻鏡》外轉第十七開、《七音略》外轉第十七重中重，平三喻位，列『囩』字；《起數訣》《切韻指掌圖》《四聲等子》空位。『囩』，《廣韻》爲贇切，云真三平開臻，《集韻》于倫切，云諄三平合臻；《五音集韻》音切同《廣韻》，喻諄三平合臻。『筠』爲《廣韻》《集韻》《五音集韻》諄三云母位小韻首字，下收有『囩』字，《切韻指南》已列於合口圖。《廣韻》真韻喻三位實無開口字，《韻鏡》《七音略》從《廣韻》，《切韻指南》從《集韻》《五音集韻》列於合口，空位是。

43 平三來　粦　弘治九年本，近衛庫本、正德十一年本、碧琳琅本、《叢書集成》本作『粦』，文津閣本作『粦』。『粦』，《廣韻》力珍切，《集韻》未收，來真三平開臻；《五音集韻》同《廣韻》。《韻鏡》外轉第十七開、《七音略》外轉第十七重中重、《起數訣》第三十四圖收音濁、《切韻指掌圖》九圖、《四聲等子》臻攝外三輕重俱等韻開口呼，列字均爲『鄰』。『粦』爲《廣韻》《五音集韻》真三來母位小韻首字，《集韻》真三來母位小韻首字爲『鄰』，列字以『粦』爲佳，《韻鏡》列字亦無誤，《七音略》從《集韻》，《切韻指南》是。『粦』，來母震韻，當爲『粦』之形訛，文津閣本誤，當校改爲『粦』，其他各版本是。

44 平三日　仁　《廣韻》如鄰切，《集韻》而鄰切，日真三平開臻；《五音集韻》同《廣韻》。《韻鏡》外轉第十七開、《七音略》外轉第十七重中重、《起數訣》第三十四圖收音濁、《切韻指掌圖》九圖、《四聲等子》臻攝外三輕重俱等韻開口呼，列字均爲『人』。『仁』爲《廣韻》《五音集韻》真三日母位小韻首字，《集韻》真三日母位小韻首字爲『人』，列字以『仁』爲佳，《韻鏡》列字亦無誤，《七音略》從《集韻》，《切韻指南》是。

45 上三見　卺　《廣韻》未收；《集韻》姜愍切，見準三上開臻；《五音集韻》姜螼切，見軫三上開臻。《韻鏡》外轉第十七開、《七音略》外轉第十七重中重列字爲『卺』；《起數訣》第三十四圖收音濁，列字爲『巹』，『卺』『巹』二字異體；《起數訣》第三十七圖收音濁、《切韻指掌圖》九圖、《四聲等子》臻攝外三輕重俱等韻開口呼，列字爲『謹』，見母隱韻。《廣韻》軫韻見母位無字，『巹』爲《集韻》《五音集韻》軫三見母位小韻首字，《韻鏡》爲後人據《集韻》增補，《七音略》從《集韻》，《切韻指南》從《集韻》《五音集韻》。

46 上三溪　螼　《廣韻》弃忍切，收於準韻，實爲開口；《集韻》丘忍切，溪軫三上開臻；《五音集韻》丘巹切，溪軫三上開臻。《韻鏡》外轉第十七開，列『螼』字於三等位；《七音略》外轉第十七重中重，三等空位，『螼』按《集韻》『遣忍切』列於重紐四等位；《起數訣》第三十七圖收音濁，《切韻指掌圖》九圖、《四聲等子》臻攝外三輕重俱等韻開口呼，列字均爲『赾』，溪母隱韻。『螼』爲《廣韻》準韻、《集韻》《五音集韻》軫三溪母位小韻首字，《韻鏡》從王韻列於重紐三等位，《七音略》從《集韻》，《切韻指南》列字是。

47 上三群　○　弘治九年本空位，近衛庫本、正德十一年本、文津閣本、碧琳琅本、《叢書集成》本作『近』。《廣韻》軫韻群母位無字；隱韻群母位有『近』小韻，其謹切，《集韻》巨謹切，群隱三上開臻；《五音集韻》同《廣韻》。《韻鏡》外轉第十九開、《七音略》外轉第十九重中輕、《起數訣》第三十七圖收音濁、《切韻指掌圖》九圖，列字均爲『近』；《四聲等子》臻攝外三輕重俱等韻開口呼，列字爲『勤』，群母欣韻，誤。《廣韻》軫韻群母位無字，『近』爲《廣韻》《集韻》《五音集韻》隱三群母位小韻首字，《切韻指南》弘治九年本空位誤，當增補『近』字，其他各版本是。

48 上三知　駗　《廣韻》章忍切，章軫三上開臻，不合於此位；《集韻》知忍切，知準三上開臻；《五音集韻》音切同《集韻》，知軫三上開臻。《廣韻》軫韻知母位有「辴」小韻，珍忍切，知軫三上開臻。《韻鏡》外轉第十七開、《切韻指掌圖》九圖，列字均爲「辴」；《七音略》外轉第十七重中重、《起數訣》第三十四圖收音濁、《四聲等子》臻攝外三輕重俱等韻開口呼，列字均爲「駗」。「辴」爲《廣韻》軫三知母位小韻首字，《集韻》《五音集韻》軫三知母位小韻首字爲「駗」，列字以「辴」字爲佳，《韻鏡》從《廣韻》列字是，《七音略》從《集韻》，《切韻指南》從《集韻》《五音集韻》。

49 上三明　愍　《廣韻》眉殞切，明軫三上開臻；《集韻》美隕切，明準三上開臻；《五音集韻》同《集韻》。《韻鏡》外轉第十七開、《七音略》外轉第十七重中重、《起數訣》第三十四圖收音濁、《切韻指掌圖》十圖、《四聲等子》臻攝外三輕重俱等韻開口呼，列字爲「愍」。「愍」爲《廣韻》《集韻》《五音集韻》軫三明母位小韻首字，爲重脣且反切下字爲非脣音字，故《切韻指南》收入開口。

50 上三審　弞　《廣韻》式忍切，《集韻》矢忍切，書軫三上開臻；《五音集韻》音切同《廣韻》，審軫三上開臻。《韻鏡》外轉第十七開、《七音略》外轉第十七重中重、《起數訣》第三十四圖收音濁、《切韻指掌圖》九圖，列字均爲「矧」；《四聲等子》臻攝外三輕重俱等韻開口呼，列字爲「哂」，書母軫韻。「弞」爲「矧」之本字。「弞」爲《廣韻》《集韻》《五音集韻》軫三書母位小韻首字，下收有「哂」字，列字以「弞」爲佳，《韻鏡》《七音略》列俗字，《切韻指南》列本字是。

51 上三禪　腎　弘治九年本、近衛庫本、正德十一年本、碧琳琅本、《叢書集成》本作「腎」，文津閣本作「賢」。「腎」，《廣韻》時忍切，《集韻》是忍切，禪軫三上開臻；《五音集韻》音切同《廣韻》，禪軫三上開臻。《韻鏡》外轉第十七開、《七音略》外轉第十七重中重、《起數訣》第三十四圖收音濁、《切韻指掌圖》九圖、《四聲等子》臻攝外三輕重俱等韻開口呼，列字均爲「腎」。「腎」爲《廣韻》《集韻》《五音集韻》軫三禪母位小韻首字，《切韻指南》是。「賢」，匣母先韻，當爲「腎」之形訛，文津閣本誤，當校改爲「腎」，其他各版本是。

52 上三曉　⿺辶巹　《廣韻》《集韻》未收；《五音集韻》許巹切，曉軫三上開臻。《康熙字典》記：「《玉篇》許忍切，欣上聲。」若按此許忍切，合於此位。《廣韻》《集韻》軫韻曉母位有「脪」小韻，興腎切，曉軫三上開臻。《韻鏡》外轉第十七開，列字爲「胗」，不合於此位，爲「脪」之形訛；《七音略》外轉第十七重中重、《起數訣》第三十四圖收音濁，列字爲「脪」；《切韻指掌圖》九圖、《四聲等子》臻攝外三輕重俱等韻開口呼，列字爲「⿰虫憲」，曉母隱韻。「脪」爲《廣韻》《集韻》軫三曉母位小韻首字，《五音集韻》軫三曉母位小韻首字爲「⿺辶巹」，列字以「脪」字爲佳，《韻鏡》字形訛誤，《七音略》從《廣韻》《集韻》列字是，《切韻指南》從《五音集韻》。

53　上三影　迎　弘治九年本、近衛庫本、正德十一年本、碧琳琅本、《叢書集成》本作「迎」，文津閣本作「隱」。「迎」，《廣韻》《集韻》未收；《五音集韻》於畚切，影軫三上開臻。《康熙字典》記：「《玉篇》於忍切，音隱。走也。」若按此「於忍切」，合於此位。「隱」，《廣韻》於謹切，《集韻》倚謹切，影隱三上開臻；《五音集韻》同《廣韻》。《韻鏡》外轉第十九開、《七音略》外轉第十九重中輕、《起數訣》第三十七圖收音濁、《切韻指掌圖》九圖、《四聲等子》臻攝外三輕重俱等韻開口呼，列字均爲「隱」。《廣韻》《集韻》無軫韻影母位小韻，「迎」爲《五音集韻》軫三影母位小韻首字；「隱」爲《廣韻》《集韻》《五音集韻》隱三影母位小韻首字，列字以「隱」爲佳。《切韻指南》文津閣本無誤，其他版本從《五音集韻》。

54　上三喻　○　《廣韻》《集韻》軫韻無喻三母開口字；《韻鏡》外轉第十七開，列字爲「隕」；《七音略》外轉第十七重中重，列字爲「愪」；《起數訣》《切韻指掌圖》《四聲等子》空位。「殞」爲《廣韻》云母合口位小韻首字，下收有「隕」「愪」二字，此二字當列於合口圖。《切韻指南》空位是。

55　去三見　抻　《廣韻》居焮切，見焮三去開臻；《集韻》居覲切，見稕三去開臻；《五音集韻》居近切，見震三去開臻；《廣韻》震韻見母位無字。《韻鏡》外轉第十七開、《起數訣》第三十四圖收音濁，列字爲「抻」；《七音略》外轉第十七重中重，空位；《韻鏡》外轉第十九開、《七音略》外轉第十九重中輕、《起數訣》第三十七圖收音濁、《切韻指掌圖》九圖、《四聲等子》臻攝外三輕重俱等韻開口呼，列字爲『靳』，見母焮韻。《廣韻》震韻見母位無字，『抻』爲《集韻》《五音集韻》震三見母位小韻首字，《韻鏡》爲後人據《集韻》增補，《七音略》從《廣韻》空位是，《切韻指南》從《集韻》《五音集韻》。

56　去三溪　掀　《廣韻》虛言切，曉元三平開山，不合於此位；《集韻》丘近切，溪焮三去開臻；《五音集韻》同《集韻》。《韻鏡》《七音略》空位；《起數訣》第三十七圖收音濁、《四聲等子》臻攝外三輕重俱等韻開口呼，列字均爲『掀』；《起數訣》第三十四圖收音濁、《切韻指掌圖》九圖，列字爲『螼』，溪母震韻。《廣韻》焮韻溪母位無字，『掀』爲《集韻》《五音集韻》焮三溪母位小韻首字，《韻鏡》《七音略》從《廣韻》空位是，《切韻指南》從《集韻》《五音集韻》。

57　去三群　慬　《廣韻》未收，《集韻》巨靳切，群焮三去開臻；《五音集韻》同《集韻》。《韻鏡》外轉第十九開、《七音韻》外轉第十九重中輕、《起數訣》第三十七圖收音濁、《切韻指掌圖》九圖，列字均爲『近』；《四聲等子》臻攝外三輕重俱等韻開口呼，列字爲『覲』，群母震韻。『近』爲《廣韻》《集韻》《五音集韻》焮三群母位小韻首字，且《集韻》《五音集韻》中下收有『慬』，《韻鏡》《七音略》從《廣韻》是，《切韻指南》從《集韻》《五音集韻》。

58　去三澄　敶　《廣韻》《集韻》《五音集韻》直刃切，澄震三去開臻。《韻鏡》外轉第十七開、《七音略》外轉第十七重中重、《切韻指掌圖》九圖、《四聲等子》臻攝外三輕重俱等韻開口呼，列字均爲『陣』；《起數訣》第三十四圖收音濁，列字爲『敶』。『敶』爲《廣韻》《集韻》《五音集韻》

震三澄母位小韻首字，下收有「陣」字，列字以「陳」爲佳，《韻鏡》《七音略》列字亦無誤，《切韻指南》是。

59 去三明　愍　《廣韻》眉殞切，明軫三上開臻，不合於此位；《集韻》忙覲切，明稕三去開臻；《五音集韻》音切同《集韻》，明震三去開臻。《韻鏡》《七音略》《切韻指掌圖》《四聲等子》空位；《起數訣》第三十四圖收音濁，列字爲「愍」。《廣韻》震韻明母位無字，「愍」爲《集韻》《五音集韻》震三明母位小韻，《韻鏡》《七音略》從《廣韻》空位是，《切韻指南》從《集韻》《五音集韻》。「愍」爲重脣且反切下字爲非脣音字，故《切韻指南》收入開口。

60 去三曉　舋　《廣韻》許覲切，《集韻》許慎切，曉震三去開臻；《五音集韻》同《廣韻》。《韻鏡》外轉第十七開、《七音略》外轉第十七重中重，列字爲「舋」；《起數訣》第三十四圖收音濁，列字爲「釁」；《切韻指掌圖》九圖、《四聲等子》臻攝外三輕重俱等韻開口呼，列字爲「焮」，曉母焮韻。「舋」爲《廣韻》《集韻》《五音集韻》震三曉母位小韻首字，下收有「釁」字，列字以「舋」爲佳，《切韻指南》是。

61 去三影　隱　弘治九年本、近衛庫本、正德十一年本、碧琳琅本、《叢書集成》本作「隱」，文津閣本作「㒚」。「隱」，《廣韻》於靳切，影焮三去開臻；《集韻》於刃切，影稕三去開臻；《五音集韻》於僅切，影震三去開臻。《韻鏡》外轉第十七開，空位；《七音略》外轉第十七重中重、《起數訣》第三十四圖收音濁，列字爲「隱」；《韻鏡》外轉第十九開、《切韻指掌圖》九圖、

《四聲等子》臻攝外三輕重俱等韻全清開口呼，列字爲『𠑊』，影母焮韻。《廣韻》震韻見母位無字，『隱』爲《集韻》《五音集韻》震三影母位小韻，《韻鏡》從《廣韻》空位，《七音略》從《集韻》，《切韻指南》弘治九年本、近衛庫本、正德十一年本、碧琳琅本、《叢書集成》本從《集韻》《五音集韻》。『𠑊』爲《廣韻》《集韻》《五音集韻》焮三影母位小韻首字，於靳切，下收有『隱』字，文津閣本是，其他版本亦無誤。

62 去三喻 ◯ 《集韻》稕韻云母位有『酳』小韻，于刃切，云稕三去開臻。《韻鏡》外轉第十七開，此處空位，『酳』列於四等位；《七音略》外轉第十七重中重、《起數訣》第三十四圖收音濁，列『酳』字；《切韻指掌圖》《四聲等子》空位。《廣韻》《五音集韻》震韻云母位無字，『酳』爲《集韻》稕三喻母位小韻首字，《韻鏡》錯位誤，《七音略》從《集韻》，《切韻指南》從《廣韻》《五音集韻》。

63 去三來 遴 《廣韻》《集韻》《五音集韻》良刃切，來震三去開臻。《韻鏡》外轉第十七開、《七音略》外轉第十七重中重，列字均爲『遴』；《起數訣》第三十四圖收音濁、《切韻指掌圖》九圖、《四聲等子》臻攝外三輕重俱等韻開口呼，列字均爲『吝』。『遴』爲《廣韻》《五音集韻》震三來母位小韻首字，《集韻》震三來母位小韻首字爲『吝』，列字以『遴』爲佳，《切韻指南》是。

64 去三日 刃 《廣韻》《集韻》《五音集韻》而振切，日震三去開臻。《韻鏡》外轉第十七開、《七音略》外轉第十七重中重、《起數訣》第三十四圖收音濁、《切韻指掌圖》九圖，列字均爲

『刃』；《四聲等子》臻攝外三輕重俱等韻次濁開口呼，列字爲『認』。『刃』爲《廣韻》《集韻》《五音集韻》震三日母位小韻首字，下收有『認』字，列字以『刃』爲佳，《切韻指南》是。

65 入三溪　○　弘治九年本空位，近衛庫本、正德十一年本、文津閣本、碧琳琅本、《叢書集成》本作『乞』。《廣韻》迄韻溪母位有『乞』小韻，去訖切，《集韻》欺訖切，溪迄三入開臻；《五音集韻》同《廣韻》。《韻鏡》外轉第十九開、《七音略》外轉第十九重中輕、《起數訣》第三十七圖收音濁、《切韻指掌圖》九圖、《四聲等子》臻攝外三輕重俱等韻開口呼，列字均爲『乞』。『乞』爲《廣韻》《集韻》《五音集韻》迄三溪母位小韻首字，《切韻指南》弘治九年本誤脱，當增補『乞』字，其他各版本是。

66 入三澄　秩　《廣韻》直一切，《集韻》直質切，澄質三入開臻；《五音集韻》同《廣韻》。《韻鏡》外轉第十七開、《七音略》外轉第十七重中重、《起數訣》第三十四圖收音濁、《切韻指掌圖》九圖，列字均爲『秩』；《四聲等子》臻攝外三輕重俱等韻開口呼，列字爲『帙』。『秩』爲《廣韻》《集韻》《五音集韻》質三澄母位小韻首字，下收有『帙』字，列字以『秩』爲佳，《切韻指南》是。

67 入三孃　暱　《廣韻》《集韻》尼質切，娘質三入開臻；《五音集韻》同《廣韻》。《韻鏡》外轉第十七開、《起數訣》第三十四圖收音濁、《切韻指掌圖》九圖，列字均爲『暱』。《七音略》外轉第十七重中重、《四聲等子》臻攝外三輕重俱等韻開口呼，列字爲『暱』。『暱』爲《廣韻》《集韻》

《五音集韻》質三娘母位小韻首字，《集韻》《五音集韻》下收有『暱』字，列字以『暱』爲佳，《七音略》列字從《集韻》，《切韻指南》是。

68 入三幫　筆　《廣韻》鄙密切，《集韻》逼密切，幫質三入開臻；《五音集韻》同《廣韻》。《韻鏡》外轉第十七開、《七音略》外轉第十七重中重、《起數訣》第三十三圖閉音清、《切韻指掌圖》十圖、《四聲等子》臻攝外三輕重俱等韻開口呼，列字均爲『筆』。『筆』爲《廣韻》《集韻》《五音集韻》質三幫母位小韻首字，爲重脣且反切下字爲脣音開口字，故《切韻指南》收入開口。

69 入三滂　拂　《廣韻》敷勿切，滂物三入合臻，不合於此位；《集韻》普密切，滂質三入開臻；《五音集韻》同《集韻》。《韻鏡》《七音略》《切韻指掌圖》空位；《起數訣》第三十三圖閉音清、《四聲等子》臻攝外三輕重俱等韻開口呼，列字均爲『拂』。《廣韻》質韻滂母位無字，『拂』爲《集韻》《五音集韻》質三滂母位小韻，《韻鏡》《七音略》從《廣韻》空位是，《切韻指南》從《集韻》《五音集韻》。『拂』爲重脣且反切下字爲脣音開口字，故《切韻指南》收入開口。

70 入三並　弼　《廣韻》房密切，《集韻》薄宓切，並質三入開臻；《五音集韻》同《廣韻》。《韻鏡》外轉第十七開、《七音略》外轉第十七重中重、《起數訣》第三十三圖閉音清、《切韻指掌圖》十圖、《四聲等子》臻攝外三輕重俱等韻開口呼，列字均爲『弼』。『弼』爲《廣韻》《集韻》《五音集韻》質三並母位小韻首字，爲重脣且反切下字爲脣音開口字，故《切韻指南》收入開口。

71 入三明　密　《廣韻》美畢切，《集韻》莫筆切，明質三入開臻；《五音集韻》美筆切，明質三入開臻。《韻鏡》外轉第十七開、《切韻指掌圖》十圖，列字均爲「密」；《七音略》外轉第十七重中重、《起數訣》第三十三圖閉音清、《四聲等子》臻攝外三輕重俱等韻開口呼，列字爲「蜜」。「蜜」爲《廣韻》質韻明母重紐四等位小韻首字，此處當列三等「密」。「密」爲《廣韻》《集韻》《五音集韻》質三明母位小韻首字，《七音略》誤列於重紐四等位。「密」爲重脣且反切下字爲脣音開口字，故《切韻指南》收入開口。

72 入三禪　⿱山來　《廣韻》《集韻》未收；《五音集韻》時質切，禪質三入開臻。《四聲篇海》（明刊本）記：「實，時質切，不空也；⿱山來，音實古文。」《五音集韻》「⿱山來」下記：「時質切，不空也。」《韻鏡》《七音略》《起數訣》《四聲等子》空位；《起數訣》第三十四圖收音濁、《切韻指掌圖》九圖，列「實」，蓋船禪相混之故。《廣韻》《集韻》質韻禪母位無字，「⿱山來」爲《五音集韻》質三禪母位小韻，《韻鏡》《七音略》從《廣韻》空位是，《切韻指南》從《五音集韻》。

73 入三曉　肸　《廣韻》羲乙切，《集韻》黑乙切，曉質三入開臻；《五音集韻》同《廣韻》。《韻鏡》外轉第十七開，列字爲「肸」；《七音略》外轉第十七重中重、《起數訣》第三十四圖收音濁，列字爲「肹」，「肹」爲「肸」之俗字；《切韻指掌圖》九圖、《四聲等子》臻攝外三輕重俱等韻開口呼，列字爲「迄」，曉母迄韻。「肸」爲《廣韻》《集韻》《五音集韻》質三曉母位小韻首字，《七音略》列俗體，《切韻指南》列正體是。

74 入三喻 〇 《廣韻》《集韻》質韻云母位有「颵」小韻，《廣韻》於筆切，云質三入開臻，《集韻》越筆切，云質三入開臻；《五音集韻》質韻喻母三等位無字，「颵」字位於術三云母位，于聿切，云術三入合臻。《韻鏡》外轉第十七開、《七音略》外轉第十七重中重、《起數訣》第三十四圖收音濁，列字均爲「颵」；《切韻指掌圖》《四聲等子》空位。「颵」爲《廣韻》《集韻》質三云母位小韻首字，《五音集韻》術三云母位小韻首字，《韻鏡》《七音略》從《廣韻》《集韻》列於質韻開口，《切韻指南》從《五音集韻》列於合口。

75 入三日 日 《廣韻》人質切，《集韻》入質切，日質三入開臻；《五音集韻》同《廣韻》。《韻鏡》外轉第十七開，列字爲「月」，當爲「日」字誤；《七音略》外轉第十七重中重、《起數訣》第三十四圖收音濁、《切韻指掌圖》九圖、《四聲等子》臻攝外三輕重俱等韻開口呼，列字均爲「日」。「日」爲《廣韻》《集韻》《五音集韻》質三日母位小韻首字，《韻鏡》字形訛誤，《切韻指南》是。

76 本圖四等無列目，四等均收真軫震質韻系三等字，《五音集韻》均列於四等位，無標目以表現收字實爲三等。

77 平四群 趣 《廣韻》七句切，清遇三去合遇，倉苟切，清厚一上開流，均不合於此位。《廣韻》《集韻》諄韻群母位有「趣」小韻，渠人切，群諄三平開臻；《五音集韻》音切同《廣韻》，列於群母真韻四等位。「趣」當爲「趣」之形訛。《韻鏡》《切韻指掌圖》空位；《七音略》外轉第十七重中重，列字爲『趁』，徹母震韻，不合於此位，爲『赹』之形訛；《起數訣》第三十三圖閉音清，列字爲『赹』；《四聲等子》臻攝外三輕重俱等韻開口呼，列字均爲『赹』。『赹』《廣韻》《集韻》（諄韻）、爲《五音集韻》真韻群母重紐四等位小韻，《韻鏡》從《廣韻》真韻空位，《七音略》字形訛誤，《切韻指南》當校改爲『赹』。

78 平四端　顛　《廣韻》都年切，端先四平開山，不合於此位；《集韻》典因切，端諄三平開臻；《五音集韻》音切同《集韻》，列於端母真韻四等位。《韻鏡》《七音略》《起數訣》《切韻指掌圖》空位；《四聲等子》臻攝外三輕重俱等韻開口呼，列字爲『顛』。《廣韻》真韻端母位無字，『顛』爲《集韻》《五音集韻》真三端母位小韻，《韻鏡》《七音略》從《廣韻》空位，《切韻指南》從《集韻》《五音集韻》列於四等。

79 平四透　天　《廣韻》他前切，透先四平開山，不合於此位；《集韻》鐵因切，透諄三平開臻；《五音集韻》汀因切，列於透母真韻四等位。《韻鏡》《七音略》《起數訣》《切韻指掌圖》空位；《四聲等子》臻攝外三輕重俱等韻開口呼，列字爲『天』。《廣韻》真韻透母位無字，『天』爲《集韻》《五音集韻》真三透母位小韻，《韻鏡》《七音略》從《廣韻》空位，《切韻指南》從《集韻》《五音集韻》列於四等。

80 平四定　田　《廣韻》徒年切，定先四平開山，不合於此位；《集韻》地因切，定諄三平開臻；《五音集韻》音切同《集韻》，列於定母真韻四等位。《韻鏡》《七音略》《起數訣》《切韻指掌圖》空位；《四聲等子》臻攝外三輕重俱等韻開口呼，列字爲『田』。《廣韻》真韻定母位無字，『田』爲《集韻》《五音集韻》真三定母位小韻，《韻鏡》《七音略》從《廣韻》空位，《切韻指南》從《集韻》《五音集韻》列於四等。

81 平四泥　年　《廣韻》奴顛切，泥先四平開山，不合於此位；《集韻》禰因切，泥諄三平開臻；《五音集韻》奴因切，列於泥母真韻四等位。《韻鏡》《七音略》《起數訣》《切韻指掌圖》空位；《四聲等子》臻攝外三輕重俱等韻開口呼，列字爲『年』。《廣韻》真韻泥母位無字，『年』爲《集韻》《五音集韻》真三泥母位小韻，《韻鏡》《七音略》從《廣韻》空位，《切韻指南》從《集韻》《五音集韻》列於四等。

82 平四幫　賓　《廣韻》必鄰切，《集韻》卑民切，幫真三平開臻；《五音集韻》同《廣韻》。《韻鏡》外轉第十七開、《起數訣》第三十三圖閉音清、《切韻指掌圖》十圖、《四聲等子》臻攝外三輕重俱等韻開口呼，列字均爲『賓』；《七音略》空位。『賓』爲《廣韻》《集韻》《五音集韻》真韻幫母重紐四等位小韻首字，《七音略》誤脱。『賓』爲重脣且反切下字爲非脣音開口字，故《切韻指南》收入開口。

83 平四滂　繽　《廣韻》匹賓切，《集韻》紕民切，滂真三平開臻；《五音集韻》同《廣韻》。《韻鏡》外轉第十七開、《起數訣》第三十三圖閉音清、《切韻指掌圖》十圖、《四聲等子》臻攝外三輕重俱等韻開口呼，列字均爲『繽』；《七音略》空位。『繽』爲《廣韻》《集韻》《五音集韻》真韻滂母重紐四等位小韻首字，《七音略》誤脱。「繽」爲重脣且反切下字爲脣音開口字，故《切韻指南》收入開口。

84 平四並　頻　《廣韻》符真切，《集韻》毗賓切，並真三平開臻；《五音集韻》同《廣韻》。《韻鏡》外轉第十七開、《起數訣》第三十三圖閉音清、《切韻指掌圖》十圖、《四聲等子》臻攝外三輕重俱等韻開口呼，列字均爲「頻」；《七音略》空位。「頻」爲《廣韻》《集韻》《五音集韻》真韻並母重紐四等位小韻首字，《七音略》誤脱。「頻」爲重脣且反切下字爲非脣音開口字，故《切韻指南》收入開口。

85 平四明　民　《廣韻》《集韻》彌鄰切，明真三平開臻；《五音集韻》同《廣韻》。《韻鏡》外轉第十七開、《起數訣》第三十三圖閉音清、《切韻指掌圖》十圖、《四聲等子》臻攝外三輕重俱等韻開口呼，列字均爲「民」；《七音略》空位。「民」爲《廣韻》《集韻》《五音集韻》真韻明母重紐四等位小韻首字，《七音略》誤脱。「民」爲重脣且反切下字爲非脣音開口字，故《切韻指南》收入開口。

86 平四心　新　《廣韻》息鄰切，《集韻》斯人切，心真三平開臻；《五音集韻》同《廣韻》。《韻鏡》外轉第十七開、《七音略》外轉第十七重中重，列字均爲「辛」；《起數訣》第三十三圖閉音清、《切韻指掌圖》九圖、《四聲等子》臻攝外三輕重俱等韻開口呼，列字均爲「新」。「新」爲《廣韻》《五音集韻》真三心母位小韻首字，《集韻》真三心母位小韻首字爲「辛」，列字以

『新』爲佳，《韻鏡》《七音略》列字無誤，《切韻指南》是。

87 平四曉　鳿　《廣韻》未收；《集韻》呼鄰切，曉真三平開臻；《五音集韻》同《集韻》。《韻鏡》《七音略》《切韻指掌圖》《四聲等子》空位；《起數訣》第三十四圖收音濁，『鳿』列於重紐三等位。《廣韻》真韻曉母位無重紐四等字，『鳿』爲《集韻》《五音集韻》真韻曉母重紐四等位小韻，《韻鏡》《七音略》從《廣韻》空位，《切韻指南》從《集韻》《五音集韻》。

88 平四匣　礥　《廣韻》《集韻》下珍切，匣真三平開臻；《五音集韻》同《廣韻》。《韻鏡》外轉第十七開、《七音略》外轉第十七重中重、《起數訣》第三十三圖閉音清、《切韻指掌圖》九圖，列字均爲『礥』；《四聲等子》臻攝外三輕重俱等韻開口呼，列字爲『賢』，《集韻》匣母真韻。『礥』爲《廣韻》《集韻》《五音集韻》真三匣母位小韻首字，下收有『賢』字，列字以『礥』爲佳，因匣母無三等字，此爲特殊音切，早期韻圖均置於四等，《切韻指南》沿早期韻圖列字。

89 平四喻　寅　《廣韻》翼真切，《集韻》夷真切，以真三平開臻；《五音集韻》音切同《廣韻》，列於喻母真韻四等位。《韻鏡》外轉第十七開、《七音略》外轉第十七重中重，列字均爲『夤』；《起數訣》第三十三圖閉音清、《切韻指掌圖》九圖、《四聲等子》臻攝外三輕重俱等韻開口呼，列字均爲『寅』。『寅』爲《廣韻》《集韻》《五音集韻》真三以母位小韻首字，下收有『夤』字，列字以『寅』爲佳，以母按韻圖規制列於四等，《韻鏡》《七音略》列字亦無誤，《切韻指南》是。

90 平四來　○　《集韻》諄韻來母位有『苓』小韻，戾因切，來諄三平開臻；《廣韻》《五音集韻》

未收。《韻鏡》《切韻指掌圖》《四聲等子》空位；《七音略》外轉第十七重中重、《起數訣》第三十三圖閉音清，列字爲『苓』。《廣韻》《五音集韻》真韻來母三等位有『粦』小韻，《集韻》來母真韻增入『苓』小韻，其反切下字『因』列於四等，故將其列於四等。《韻鏡》從《廣韻》空位，《七音略》從《集韻》，《切韻指南》從《廣韻》《五音集韻》空位。

91 上四溪　螼　《廣韻》弃忍切，收於準韻；《集韻》遣忍切，溪軫三上開臻；《五音集韻》同《廣韻》。《韻鏡》外轉第十七開，列於重紐三等位；《七音略》外轉第十七重中重、《切韻指掌圖》九圖、《四聲等子》臻攝外三輕重俱等韻開口呼，列字均爲『螼』；《起數訣》第三十三圖閉音清，列字爲『瑾』，『瑾』爲『螼』之形訛。『螼』爲《廣韻》(準韻)、《集韻》《五音集韻》軫韻溪母重紐四等位小韻首字，《韻鏡》列於重紐三等位誤，《七音略》從《集韻》，《切韻指南》是。

92 上四幫　臏　《廣韻》毗忍切，並軫三上開臻，不合於此位；《集韻》逋忍切，幫準三上開臻；《五音集韻》偏忍切，列於幫母軫韻四等位。《韻鏡》《切韻指掌圖》空位；《七音略》外轉第十七重中重、《起數訣》第三十三圖閉音清、《四聲等子》臻攝外三輕重俱等韻開口呼，列字均爲『臏』。《廣韻》軫韻幫母位無字，『臏』爲《集韻》《五音集韻》軫韻幫母重紐四等位小韻首字，《韻鏡》從《廣韻》空位是，《七音略》從《集韻》，《切韻指南》從《集韻》《五音集韻》列於四等。『臏』爲重脣且反切下字爲非脣音開口字，故《切韻指南》收入開口。

93 上四滂 䃶 《廣韻》《集韻》未收；《五音集韻》匹忍切，列於滂母軫韻四等位。此字當爲『砏』字形訛。《集韻》滂母準韻位有『砏』小韻，匹忍切，滂準三上開臻。《韻鏡》《切韻指掌圖》空位；《七音略》外轉第十七重中重、《四聲等子》臻攝外三輕重俱等韻開口呼，列字均爲『䃶』；《起數訣》第三十三圖閉音清，列字爲『硶』，初母寑韻，不合於此位。《廣韻》軫韻滂母位無字，『砏』爲《集韻》軫韻滂母重紐四等位小韻首字，《韻鏡》從《廣韻》空位是，《七音略》從《集韻》字形轉訛，《五音集韻》從《七音略》，《切韻指南》從《五音集韻》形訛，當校改爲『砏』。『砏』爲重脣且反切下字爲非脣音開口字，故《切韻指南》收入開口。

94 上四並 牝 《廣韻》毗忍切，《集韻》婢忍切，並軫三上開臻；《五音集韻》同《廣韻》。《韻鏡》外轉第十七開、《七音略》外轉第十七重中重、《起數訣》第三十三圖閉音清、《切韻指掌圖》十圖、《四聲等子》臻攝外三輕重俱等韻開口呼，列字均爲『牝』。『牝』爲《廣韻》《集韻》《五音集韻》軫韻並母重紐四等位小韻首字，爲重脣且反切下字爲非脣音開口字，故《切韻指南》收入開口。

95 上四明 泯 《廣韻》武盡切，《集韻》弭盡切，明軫三上開臻；《五音集韻》同《廣韻》。《韻鏡》外轉第十七開、《七音略》外轉第十七重中重、《起數訣》第三十三圖閉音清、《切韻指掌圖》十圖、《四聲等子》臻攝外三輕重俱等韻開口呼，列字均爲『泯』。『泯』爲《廣韻》《集韻》《五音集韻》軫韻明母重紐四等位小韻首字，爲重脣且反切下字爲非脣音開口字，故《切韻指南》收入開口。

96 上四心　囟　弘治九年本作「卤」，近衛庫本作「囟」，正德十一年本、文津閣本、碧琳琅本、《叢書集成》本作「囟」。「卤」，《廣韻》先稽切，《集韻》先齊切，心齊四平開蟹；《五音集韻》同《廣韻》；不合於此位，「卤」當爲「囟」之形訛。「囟」，《廣韻》息晉切，心震三去開臻，不合於此位；《集韻》思忍切，心準（軫）三上開臻；《五音集韻》音切同《集韻》，列於心母軫韻四等位。《韻鏡》《七音略》《切韻指掌圖》空位；《起數訣》第三十三圖閉音清，列字爲「囟」；《四聲等子》臻韻外三輕重俱等韻開口呼，列字爲「囟」，爲「囟」之形訛。《廣韻》軫韻心母位無字，「囟」爲《集韻》《五音集韻》軫三心母位小韻首字，《韻鏡》《七音略》從《廣韻》空位是；《切韻指南》正德十一年本、文津閣本、碧琳琅本、《叢書集成》本從《集韻》《五音集韻》列於四等，弘治九年本「卤」字形訛，近衛庫本從《四聲等子》字形訛，當校正爲「囟」。

97 上四喻　引　《廣韻》余忍切，《集韻》以忍切，以軫三上開臻；《五音集韻》音切同《廣韻》，列於喻母軫韻四等位。《韻鏡》外轉第十七開、《起數訣》第三十三圖閉音清、《切韻指掌圖》九圖、《四聲等子》臻攝外三輕重俱等韻開口呼，列字均爲「引」；《七音略》外轉第十七重中重，誤列於影母位。「引」爲《廣韻》《集韻》《五音集韻》軫三以母位小韻首字，以母按韻圖規制列於四等，《七音略》誤列於影母位，《切韻指南》是。

98 去四見 ○ 《廣韻》《集韻》震韻見母位有『昀』小韻，九峻切，見震三去合臻，實爲合口；《五音集韻》音切同《廣韻》，列於見母稕韻四等位。《韻鏡》外轉第十七開，列字爲『昀』；《七音略》外轉第十八合、《起數訣》第三十五圖開音清、《切韻指掌圖》九圖、《四聲等子》臻攝外三輕重俱等韻合口呼，列字均爲『昀』。『昀』爲《廣韻》《集韻》(震韻)、《五音集韻》稕韻見母重紐四等位小韻首字，《韻鏡》從《廣韻》列於震韻開口，《切韻指南》從《五音集韻》列於合口圖，本圖空位是。

99 去四溪 菣 《廣韻》《集韻》去刃切，溪震三去開臻；《五音集韻》同《廣韻》。《韻鏡》外轉第十七開，『菣』字列於重紐三等位，四等位列字爲『螼』，羌印切，爲《廣韻》震韻重紐四等位小韻首字。《七音略》空位；《起數訣》第三十三圖閉音清、《切韻指掌圖》九圖、《四聲等子》臻攝外三輕重俱等韻開口呼，列字均爲『菣』。『菣』爲《廣韻》《集韻》《五音集韻》震韻溪母重紐四等位小韻首字，《韻鏡》列於重紐三等位，《七音略》誤脱，《切韻指南》是。

100 去四幫 儐 《廣韻》必刃切，《集韻》必仞切，幫震三去開臻；《五音集韻》同《廣韻》。《韻鏡》外轉第十七開、《七音略》外轉第十七重中重、《起數訣》第三十三圖閉音清、《切韻指掌圖》十圖，列字均爲『儐』；《四聲等子》臻攝外三輕重俱等韻開口呼，列字爲『鬢』。『儐』爲《廣韻》《集韻》《五音集韻》震韻幫母重紐四等位小韻首字，下收有『鬢』字，列字以『儐』字爲佳。『儐』爲重脣且反切下字爲非脣音開口字，故《切韻指南》收入開口。

101 去四滂　宩　《廣韻》《集韻》未收，《康熙字典》記：『《字彙》普拜切，音派。分枲皮也。又《篇韻》澄知切，音馳。義同』，均不合於此位；《五音集韻》匹刃切，列於滂母震韻四等位。此字當爲『宩』字形訛。《廣韻》《集韻》有『宩』小韻，匹刃切，滂震三去開臻。《韻鏡》外轉第十七開，列字爲『宋』，爲『宩』之形訛；《七音略》外轉第十七重中重，列字爲『砅』，涉上聲而轉誤；《起數訣》第三十三圖閉音清，列字爲『宩』；《切韻指掌圖》十圖，列字爲『闠』，爲『闠』之形訛；《四聲等子》臻攝外三輕重俱等韻開口呼，列字爲『嬪』，並母真韻，不合於此位。『宩』爲《廣韻》《集韻》震韻滂母重紐四等位小韻首字，下收有『闠』字，列字以『宩』爲佳，《韻鏡》字形訛誤，《七音略》涉上聲而轉誤，《切韻指南》從《五音集韻》字形訛，當校改爲『宩』。『宩』爲重脣且反切下字爲非脣音開口字，故《切韻指南》收入開口。

102 去四並　○　《廣韻》《集韻》《五音集韻》震韻並母無重紐四等字，《韻鏡》《切韻指掌圖》《起數訣》空位；《七音略》外轉第十七重中重，列字爲『遉』，《説文》《玉篇》《類篇》均無此字，『遉』疑爲『擯』字訛，《玉篇・手部》《四聲篇海・手部》記：『擯，畀振切』，按此畀振切，則合於此位；《四聲等子》臻韻外三輕重俱等韻開口呼，列字爲『臏』，並母軫韻，不合於此位。《廣韻》《集韻》《五音集韻》震韻並母無重紐四等字，《韻鏡》《切韻指南》空位是。

103 去四明　○　《廣韻》《集韻》《五音集韻》震韻明母無重紐四等字；《集韻》稕韻明母位有

『愍』小韻，忙覲切，明稕三去開臻，當列於震韻明母重紐三等位；《五音集韻》同《集韻》，列於震韻明母三等位。《韻鏡》《起數訣》《切韻指掌圖》《四聲等子》空位；《七音略》外轉第十七重中重，列字爲『愍』。《廣韻》《集韻》《五音集韻》震韻明母無重紐四等字，『愍』爲《集韻》《五音集韻》震韻明母重紐三等位小韻，《韻鏡》從《廣韻》空位是，《七音略》誤，《切韻指南》空位是。

104 去四邪　賮　《廣韻》《集韻》徐刃切，邪震三去開臻；《五音集韻》同《廣韻》。《韻鏡》外轉第十七開、《七音略》外轉第十七重中重、《起數訣》第三十三圖閉音清，列字均爲『賮』；《切韻指掌圖》九圖，列字爲『贐』，『賮』之異體；《四聲等子》臻攝外三輕重俱等韻開口呼，列字爲『燼』。『賮』爲《廣韻》《五音集韻》震三邪母位小韻首字，《集韻》震三邪母位小韻首字爲『燼』，列字以『賮』字爲佳，《切韻指南》是。

105 去四喻　胤　弘治九年本、近衛庫本、正德十一年本作『胤』，文津閣本、碧琳琅本、《叢書集成》本作『𦙍』。『胤』，《廣韻》未收；《集韻》羊進切，以稕（震）三去開臻；《五音集韻》羊刃切，列於以母震韻四等位。《廣韻》震韻以母位有『𦙍』小韻，羊晉切，以震三去開臻；《集韻》《五音集韻》未收；『胤』避宋諱缺末筆乃作『𦙍』。《韻鏡》外轉第十七開，爲避諱列字爲『酳』；《七音略》外轉第十七重中重、《起數訣》第三十三圖閉音清，此處空位，按《集韻》于枤切，列『酳』字於重紐三等位；《切韻指掌圖》九圖，列字爲『㣧』；《四聲等子》臻攝外三輕重俱等韻次濁開口呼，列字爲『𦙍』。『𦙍』『𦞦』爲『胤』之異體。『𦙍』爲《廣韻》震三以母位小韻首字，《集韻》《五音集韻》震三以母位小韻首字爲『胤』，下收有『酳』字，列字以『胤』爲佳，以母按韻圖規制列於四等，《韻鏡》爲避諱列字爲『酳』，《七音略》從《集韻》列於重紐三等位，《切韻指南》是。弘治九年本、近衛庫本、正德十一年本從《集韻》《五音集韻》，文津閣本、碧琳琅本、《叢書集成》本爲避清諱從《廣韻》。

106　入四群　佶　《廣韻》質韻群母無重紐四等字，『佶』併於『姞』小韻，巨乙切；《集韻》其吉切，群質三入開臻；《五音集韻》同《集韻》。《韻鏡》外轉第十七開、《四聲等子》臻攝外三輕重俱等韻全濁開口呼，列字均爲『佶』；《七音略》《起數訣》空位；《切韻指掌圖》九圖，列字爲『姞』，群母重紐三等。《廣韻》質韻群母位無重紐四等字，『佶』爲《集韻》《五音集韻》質韻群母重紐四等位小韻首字，列字以『佶』爲佳，《韻鏡》爲後人據《集韻》增補，《七音略》從《廣韻》空位，《切韻指南》從《集韻》《五音集韻》。

107　入四疑　䶊　《廣韻》五結切，疑屑四入開山，不合於此位；《集韻》魚一切，疑質三入開臻；《五音集韻》同《集韻》。《韻鏡》《七音略》空位；《切韻指掌圖》九圖，列字爲『耴』，誤；《起數訣》第三十三圖閉音清、《四聲等子》臻攝外三輕重俱等韻開口呼，列字均爲『䶊』。《廣韻》質韻疑母位無重紐四等字，『䶊』爲《集韻》《五音集韻》質韻疑母重紐四等位小韻首字，《韻鏡》《七音略》從《廣韻》空位是，《切韻指南》從《集韻》《五音集韻》。

108 入四端　窒　《廣韻》陟栗切，知質三入開臻；《集韻》得悉切，端質三入開臻；《五音集韻》同《集韻》。《廣韻》質韻末有『蛭』小韻，丁悉切，其義同，龍宇純謂丁悉切乃類隔，《集韻》『蛭』併入『窒』小韻，故《廣韻》無端母質韻字。《韻鏡》外轉第十七開、《七音略》外轉第十七重中重、《四聲等子》臻攝外三輕重俱等韻開口呼，列字爲『蛭』，均爲從韻書誤而列；《起數訣》第三十三圖閉音清，列字爲『窒』；《切韻指掌圖》九圖，列於三等位，四等空位，誤。《廣韻》無端母質韻字，『窒』爲《集韻》質三端母位小韻首字，《集韻》另有陟栗切，其義同，故得悉切亦爲類隔。《五音集韻》從《集韻》定義爲端母字，《韻鏡》《七音略》從《廣韻》列知母位是，《切韻指南》從《集韻》《五音集韻》訛，當删。

109 入四透　〇　《廣韻》《集韻》《五音集韻》質韻定母位無字，《韻鏡》《七音略》《起數訣》《切韻指掌圖》空位。《四聲等子》入四透母位列『鉄』字。『鉄』，《廣韻》未收，《集韻》澄母質韻，不合於此位。《四聲等子》爲『抶』字誤。『抶』，《廣韻》丑栗切，《集韻》勑栗切，徹質三入開臻；《切韻指南》空位是。

110 入四定　耋　《廣韻》徒結切，定屑四入開山，不合於此位；《集韻》地一切，定質三入開臻；《五音集韻》同《集韻》。《韻鏡》外轉第十七開，列字爲『姪』，澄母質韻，不合於此位，爲後人誤將重紐三等位『秩』下校注竄入；《七音略》《切韻指掌圖》空位；《起數訣》第三十三圖閉音清，列字爲『抶』，誤；《四聲等子》臻攝外三輕重俱等韻開口呼，列字爲『耋』。《廣韻》質韻定母位無字，『耋』爲《集韻》《五音集韻》質三定母位小韻首字，《韻鏡》誤，《七音略》從《廣韻》空位是，《切韻指南》從《集韻》《五音集韻》列於四等。

111　入四泥　昵　《廣韻》尼質切，娘質三入開臻，不合於此位；《集韻》乃吉切，泥質三入開臻；《五音集韻》同《集韻》。《韻鏡》外轉第十七開、《起數訣》第三十三圖閉音清、《四聲等子》臻攝外三輕重俱等韻開口呼，列字均爲『昵』；《七音略》外轉第十七重中重，列字爲『眤』，爲『昵』字形訛；《切韻指掌圖》空位。《廣韻》質韻泥母位無字，『昵』爲《集韻》《五音集韻》質三泥母位小韻首字，《韻鏡》爲後人據《集韻》增補，《七音略》從《集韻》而字形轉訛，《切韻指南》從《集韻》《五音集韻》列於四等。

112　入四幫　必　《廣韻》卑吉切，《集韻》壁吉切，《五音集韻》畢吉切，幫質三入開臻。《韻鏡》外轉第十七開、《七音略》外轉第十七重中重、《起數訣》第三十三圖閉音清、《切韻指掌圖》九圖、《四聲等子》臻攝外三輕重俱等韻開口呼，列字均爲『必』。『必』爲《廣韻》《集韻》《五音集韻》質韻幫母重紐四等位小韻首字，爲重脣且反切下字爲非脣音開口字，故《切韻指南》收入開口。

113　入四滂　匹　《廣韻》譬吉切，《集韻》僻吉切，滂質三入開臻；《五音集韻》同《廣韻》。《韻鏡》外轉第十七開、《七音略》外轉第十七重中重、《起數訣》第三十三圖閉音清、《切韻指掌圖》九圖、《四聲等子》臻攝外三輕重俱等韻開口呼，列字均爲『匹』。『匹』爲《廣韻》《集韻》

《五音集韻》質韻滂母重紐四等位小韻首字，爲重脣且反切下字爲非脣音開口字，故《切韻指南》收入開口。

114 入四並　邲　《廣韻》毗必切，《集韻》簿必切，並質三入開臻；《五音集韻》同《廣韻》。《韻鏡》外轉第十七開、《七音略》外轉第十七重中重、《起數訣》第三十三圖閉音清、《切韻指掌圖》九圖、《四聲等子》臻攝外三輕重俱等韻開口呼，列字均爲『邲』。『邲』爲《廣韻》《集韻》《五音集韻》質韻並母重紐四等位小韻首字，爲重脣且反切下字爲開口字，故《切韻指南》收入開口。

115 入四明　蜜　《廣韻》彌畢切，《集韻》覓畢切，明質三入開臻；《五音集韻》同《廣韻》。《韻鏡》外轉第十七開、《切韻指掌圖》十圖，列字均爲『蜜』；《七音略》外轉第十七重中重、《起數訣》第三十三圖閉音清、《四聲等子》臻攝外三輕重俱等韻開口呼，列字爲『密』，『密』爲《廣韻》質韻明母重紐三等位小韻首字，此處當列四等『蜜』。『蜜』爲《廣韻》《集韻》《五音集韻》質韻明母重紐四等位小韻首字，《七音略》誤列於重紐三等位。『蜜』爲重脣且反切下字爲開口字，故《切韻指南》收入開口。

116 入四精　堲　近衛庫本、正德十一年本作『堲』，文津閣本缺佚，碧琳琅本、《叢書集成》本作『㲹』。『㲹』，《廣韻》資悉切，《集韻》子悉切，精質三入開臻；《五音集韻》同《廣韻》。《韻鏡》外轉第十七開、《七音略》外轉第十七重中重、《起數訣》第三十三圖閉音清、《四聲等子》臻攝外三輕重俱等韻開口呼，列字均爲『聖』；《切韻指掌圖》九圖，列字爲『唧』。『聖』爲《廣韻》《集韻》《五音集韻》質三精母位小韻首字，下收有『唧』字，列字以『聖』爲佳，《切韻指南》是。『聖』，爲『聖』之俗體，校正爲『聖』爲宜；弘治九年本、近衛庫本、正德十一年本是，碧琳琅本、《叢書集成》本亦無誤。

117

入四喻　逸　《廣韻》夷質切，《集韻》弋質切，以質三入開臻；《五音集韻》音切同《廣韻》，列於喻母質韻四等位。《韻鏡》外轉第十七開、《七音略》外轉第十七重中重、《起數訣》第三十三圖閉音清、《切韻指掌圖》九圖、《四聲等子》臻攝外三輕重俱等韻開口呼，列字均爲『逸』。『逸』爲《廣韻》《集韻》《五音集韻》質三以母位小韻首字，以母按韻圖規制列於四等，《切韻指南》是。

臻攝外三　合口呼　通門

見	溪	群	疑	端 知	透 徹	定 澄	泥 孃	幫 非	滂 敷	並 奉	明 微
昆	坤	○	僤	敦	暾	屯	麐	奔	濆	盆	門
鯀	閫	○	○	[illegible]	畽	囤	[illegible]	本	栩	獖	懣
睔	困	○	顐	頓	黗	鈍	嫩	奔	噴	坌	悶
骨	窟	○	[illegible]	咄	宊	突	訥	不	誖	勃	沒
○	○	○	○	○	○	○	○	○	○	○	○
○	○	○	○	○	○	○	○	○	○	○	○
○	○	○	○	○	○	○	○	○	○	○	○
○	○	○	○	○	○	○	○	○	○	○	○
麏	囷	羣	輑	屯	椿	[illegible]	○	分	芬	汾	文
㢙	稛	窘	輑	○	稍	蜳	○	粉	忿	憤	吻
攈	壼	郡	○	飩	○	○	○	糞	湓	分	問
亥	屈	倔	崛	[illegible]	黜	术	貀	弗	拂	佛	物
均	○	[illegible]	○	○	○	○	○	○	○	○	○
○	[illegible]	○	○	○	○	○	○	○	○	○	○
昀	○	○	○	○	○	○	○	○	○	○	○
橘	○	繘	○	○	○	○	○	○	○	○	○

日	來	喻	影	匣	曉	邪	心	從	清	精
						禪	審	牀	穿	照
○	論	○	昷	魂	昏	○	孫	存	村	尊
○	怨	○	穩	混	緫	○	損	鱒	忖	劕
○	論	○	揾	慁	惛	○	巽	鐏	寸	焌
○	[illegible]	○	頞	搰	忽	○	窣	捽	猝	卒
○	○	○	○	○	○	○	○	○	㤢	竣
○	○	○	○	○	○	○	○	○	○	○
○	○	○	○	○	○	○	○	○	○	○
○	○	○	○	○	○	○	率	○	○	[illegible]
犉	淪	筠	贇	○	薰	純	○	脣	春	諄
蝡	輪	殞	惲	○	○	○	賰	盾	蠢	準
閏	淪	運	醞	○	訓	○	舜	順	○	稕
○	律	颮	蔚	○	颰	○	絀	術	出	○
○	○	匀	蜵	○	○	旬	荀	鷷	逡	遵
○	○	尹	○	○	○	楯	筍	[illegible]	蹲	○
○	○	○	○	○	○	殉	浚	○	○	儁
○	○	聿	○	驈	獝	○	卹	崒	焌	卒

韻：魂混慁沒
諄準稕術

文韻宜併入諄韻
文吻問物

第九圖　臻攝外三　合口呼　通門　文韻宜併入諄韻

《經史正音切韻指南》第九圖爲臻攝合口圖，圖左標有『文韻宜併入諄韻』『文吻問物』。對應《韻鏡》外轉第十八合、外轉第二十合，及《七音略》外轉第十八輕中輕、外轉第二十輕中輕，其合韻性質承自《切韻指掌圖》及《四聲等子》。

《切韻指南》三等標目爲『文吻問物』並『諄準稕術』，上標『文韻宜併入諄韻』；二等及四等有列字，但無標目，來源實際與三等相同。考各等所有列字，平聲涵魂文諄三韻，上聲涵混吻準三韻，去聲涵慁物稕三韻，入聲涵没物術三韻。

在列字方面，脣音列文吻問物四韻字，列於三四等，其反切上字多爲輕脣，非輕脣者反切下字爲非脣音合口字。脣、喉音三等字列文吻問物四韻字，牙音平聲三等見、溪母據《五音集韻》列文韻字，牙、舌、齒、半舌、半齒列諄準稕術韻字，故圖左標『文韻宜併入諄韻』『文吻問物』是。

本圖二等字舒聲配諄韻三等，入聲配術韻三等。《切韻指掌圖》二等舒聲無列字，入聲二等雖列目爲質韻，實爲術韻三等字，《四聲等子》二等配諄術二韻字，與《切韻指南》同。

1 平一透　暾　《廣韻》《集韻》《五音集韻》他昆切，透魂一平合臻。《韻鏡》外轉第十八合、《七音略》外轉第十八輕中輕、《切韻指掌圖》十圖，均列字爲『暾』；《起數訣》第三十五圖開音清，列字爲『暾』，『暾』爲『暾』之形訛；《四聲等子》臻攝外三輕重俱等韻合口呼，列字爲『涒』，透母魂韻。『暾』爲《廣韻》《集韻》《五音集韻》魂一透母位小韻首字，下收有『涒』字，列字以『暾』爲佳，《切韻指南》是。

2 平一幫　奔　《廣韻》博昆切，《集韻》逋昆切，幫魂一平合臻；《五音集韻》同《廣韻》。《韻鏡》外轉第十八合、《七音略》外轉第十八輕中輕、《起數訣》第三十五圖開音清、《切韻指掌圖》十圖、《四聲等子》臻攝外三輕重俱等韻合口呼，列字均爲『奔』。『奔』爲《廣韻》《五音集韻》魂一幫母位小韻首字，《集韻》魂一幫母位小韻首字爲『奔』，『奔』爲『奔』之古字，列字以『奔』爲佳，『奔』爲重脣且反切下字爲非脣音合口字，故《切韻指南》收入合口。

3 平一滂　濆　《廣韻》普魂切，《集韻》鋪魂切，滂魂一平合臻；《五音集韻》同《廣韻》。《韻鏡》外轉第十八合、《七音略》外轉第十八輕中輕列字均爲『歕』，滂母魂韻，可列於此位；《起數訣》第三十五圖開音清，列字爲『噴』，滂母魂韻；《切韻指掌圖》十圖、《四聲等子》臻攝外三輕重俱等韻合口呼，列字均爲『濆』。『濆』爲《廣韻》《五音集韻》魂一滂母位小韻首字，《集韻》魂一滂母位小韻首字爲『歕』，下收有『噴』字，列字以『濆』爲佳，《韻鏡》《七音略》無誤，『濆』爲重脣且反切下字爲非脣音合口字，故《切韻指南》收入合口。

4 平一並 盆 《廣韻》蒲奔切，《集韻》步奔切，並魂一平合臻；《五音集韻》同《廣韻》。《韻鏡》外轉第十八合、《七音略》外轉第十八輕中輕、《起數訣》第三十五圖開音清、《切韻指掌圖》十圖、《四聲等子》臻攝外三輕重俱等韻合口呼，列字均爲『盆』。『盆』爲《廣韻》《集韻》《五音集韻》魂一並母位小韻首字，因反切下字『奔』入合口，故《切韻指南》收入合口。

5 平一明 門 《廣韻》莫奔切，《集韻》謨奔切，明魂一平合臻；《五音集韻》同《廣韻》。《韻鏡》外轉第十八合、《七音略》外轉第十八輕中輕、《起數訣》第三十五圖開音清、《切韻指掌圖》十圖、《四聲等子》臻攝外三輕重俱等韻合口呼，列字均爲『門』。『門』爲《廣韻》《集韻》《五音集韻》魂一明母位小韻首字，因反切下字『奔』入合口，故《切韻指南》收入合口。

6 平一清 村 弘治九年本、近衛庫本、正德十一年本、碧琳琅本、《叢書集成》本作『村』，文津閣本作『材』。『村』，《廣韻》此尊切，《集韻》麤尊切，清魂一平合臻；《五音集韻》同《廣韻》。《韻鏡》外轉第十八合、《七音略》外轉第十八輕中輕、《起數訣》第三十五圖開音清、《切韻指掌圖》十圖、《四聲等子》臻攝外三輕重俱等韻合口呼，列字均爲『村』。『村』爲《廣韻》《集韻》《五音集韻》魂一清母位小韻首字，《切韻指南》是。『材』，從母咍韻，當爲『村』之形訛，文津閣本誤，當校改爲『村』，其他各版本是。

7 平一曉 昬 《廣韻》《集韻》《五音集韻》魂一曉母位有『昏』小韻，呼昆切，曉魂一平合臻。『昬』『昏』二字異體。《韻鏡》外轉第十八合、《起數訣》第三十五圖開音清、《四聲等子》臻攝外三輕重俱等韻合口呼，列字均爲『昏』；《七音略》外轉第十八輕中輕、《切韻指掌圖》十圖，列字爲『昬』。『昏』爲《廣韻》《集韻》《五音集韻》魂一曉母位小韻首字，列字以『昏』爲佳，《切韻指南》無誤，但校改爲『昏』更佳。

8 平一影 𥁕 弘治九年本、近衛庫本、正德十一年本、碧琳琅本、《叢書集成》本作『𥁕』，文津閣本作『昷』。『𥁕』，《廣韻》烏渾切，《集韻》烏昆切，影魂一平合臻；《五音集韻》同《廣韻》。《韻鏡》外轉第十八合、《七音略》外轉第十八輕中輕、《起數訣》第三十五圖開音清、《切韻指掌圖》十圖、《四聲等子》臻攝外三輕重俱等韻合口呼，列字均爲『温』。『𥁕』爲《廣韻》《五音集韻》魂一影母位小韻首字，《集韻》魂一影母位小韻首字爲『温』，《韻鏡》《七音略》從《集韻》亦無誤，列字以『𥁕』爲佳，《切韻指南》是。『昷』，曉母銑韻，當爲『𥁕』之形訛，文津閣本誤，當校改爲『𥁕』，其他各版本是。

9 上一見 鯀 《廣韻》《集韻》《五音集韻》古本切，見混一上合臻。《韻鏡》外轉第十八合、《七音略》外轉第十八輕中輕列字均爲『⿰骨系』；《起數訣》第三十五圖開音清、《切韻指掌圖》十圖列字爲『衮』；《四聲等子》臻攝外三輕重俱等韻合口呼，列字爲『鯀』。『⿰骨系』『鯀』二字異體。『⿰骨系』爲《廣韻》《五音集韻》混一見母位小韻首字，《韻鏡》《七音略》從《廣韻》列字是，《集韻》混一見母位小韻首字爲『衮』，列字以『⿰骨系』爲佳，《切韻指南》列異體無誤，但校改爲『⿰骨系』更佳。

10 上一疑 ○ 《廣韻》《五音集韻》無混韻疑母字；《集韻》混韻疑母位有『限』小韻，魚懇切，疑混一上合臻。《康熙字典》：『又《集韻》《正韻》𠀤魚懇切，音⿱山艮。《集韻》切急意也。』按『魚懇切』，此字當列於開口。《韻鏡》《七音略》《起數訣》《切韻指掌圖》《四聲等子》均空位。《廣韻》《集韻》《五音集韻》無混韻疑母字，『限』爲《集韻》很三疑母位小韻首字，《韻鏡》《七音略》從《廣韻》空位是，《切韻指南》從《廣韻》《五音集韻》列『限』字於開口圖，本圖空位是。

11 上一端 ⿰山頁 《廣韻》《集韻》未收；《五音集韻》丁本切，端混一上合臻。《四聲篇海》收『⿰山頁』字，『丁本切，音敦上聲。山名』。《康熙字典》：『《字彙補》杜本切，敦上聲。山名。《正字通》俗字。』按此『丁本切』，合於此位。《韻鏡》《七音略》《切韻指掌圖》《起數訣》《四聲等子》空位。《廣韻》《集韻》混韻端母位無字，『⿰山頁』爲《五音集韻》混一端母位小韻首字，《韻鏡》《七音略》從《廣韻》空位是，《切韻指南》從《五音集韻》。

12 上一透 畽 《廣韻》他衮切，《集韻》吐衮切，透混一上合臻；《五音集韻》同《廣韻》。《韻鏡》外轉第十八合、《七音略》外轉第十八輕中輕、《切韻指掌圖》十圖，列字均爲『畽』；《起數訣》第三十五圖開音清，列字爲『⿱肫灬』，透母混韻；《四聲等子》臻攝外三輕重俱等韻合口呼，列字爲『疃』，爲『畽』異體。『畽』爲《廣韻》《五音集韻》混一透母位小韻首字，《集韻》混一透母位小韻首字爲『黗』，下收有『⿱肫灬』字，列字以『畽』爲佳，《切韻指南》是。

13 上一澄 ○ 《廣韻》《五音集韻》無混韻澄母字；《集韻》混韻澄母位有『芚』小韻，治本切，澄混一上合臻。《康熙字典》記：『《集韻》敕倫切，音椿。無知貌。《莊子·齊物論》聖人愚芚。李軌讀椿，郭象讀治本切。』《類篇》：『又治本切。无知皃。』按此『治本切』，可列於此位。《韻鏡》《七音略》《切韻指掌圖》《四聲等子》均空位；《起數訣》第三十五圖開音清，列字爲『⿱竹屯』，形訛。《廣韻》《五音集韻》無混韻澄母字，『芚』爲《集韻》混一澄母位小韻首字，按澄母例無一等字，爲定母類隔，併入定母『⿱竹屯』小韻。《韻鏡》《七音略》從《廣韻》空位是，《切韻指南》從《廣韻》《五音集韻》空位。

14 上一幫 本 《廣韻》布忖切，《集韻》補衮切，幫混一上合臻；《五音集韻》同《廣韻》。《韻鏡》外轉第十八合、《七音略》外轉第十八輕中輕、《起數訣》第三十五圖開音清、《切韻指掌圖》十圖、《四聲等子》臻攝外三輕重俱等韻合口呼，列字均爲『本』。『本』爲《廣韻》《集韻》《五音集韻》混一幫母位小韻首字，因切下字爲合口字，故《切韻指南》收入合口。

15 上一滂 栩 弘治九年本、正德十一年本作『栩』，近衛庫本、文津閣本、碧琳琅本、《叢書集成》本作『栩』。『栩』，《廣韻》《集韻》《五音集韻》普本切，滂混一上合臻。《韶鏡》外轉第十八合，列字爲『⿰犭本』，爲『栩』俗字；《七音略》外轉第十八輕中輕、《起數訣》第三十五圖開音清、《切韻指掌圖》十圖、《四聲等子》臻攝外三輕重俱等韻次清合口呼，列字均爲『栩』。『栩』爲《廣韻》《集韻》《五音集韻》混一滂母位小韻首字；『栩』，云母麌韻，當爲『栩』之形訛，誤。《韻鏡》列字爲俗體，《切韻指南》近衛庫本、文津閣本、碧琳琅本、《叢書集成》本列字形訛，均當校改爲『栩』，弘治九年本、正德十一年本列『栩』是，且因切下字『本』已入合口，故收入合口。

16　上一並　獖　《廣韻》蒲本切，《集韻》部本切，並混一上合臻；《五音集韻》同《廣韻》。《韻鏡》外轉第十八合、《七音略》外轉第十八輕中輕、《切韻指掌圖》十圖、《四聲等子》臻攝外三輕重俱等韻合口呼，列字均爲『獖』；《起數訣》第三十五圖開音清，列字爲『休』，當爲『体』形訛。『獖』爲《廣韻》《集韻》《五音集韻》混一並母位小韻首字，下收有『体』字，列字以『獖』字爲佳，且因切下字『本』已入合口，故《切韻指南》收入合口。

17　上一明　懣　《廣韻》模本切，《集韻》母本切，明混一上合臻；《五音集韻》摸本切。《韻鏡》外轉第十八合、《七音略》外轉第十八輕中輕、《起數訣》第三十五圖開音清、《切韻指掌圖》十圖、《四聲等子》臻攝外三輕重俱等韻合口呼，列字均爲『懣』。『懣』爲《廣韻》《集韻》《五音集韻》混一明母位小韻首字，因切下字『本』已入合口，故《切韻指南》收入合口。

18　上一從　鱒　《廣韻》才本切，《集韻》粗本切，從混一上合臻；《五音集韻》同《廣韻》。《韻鏡》外轉第十八合、《四聲等子》臻攝外三輕重俱等韻合口呼，列字均爲『鱒』；《七音略》外轉第十八輕中輕、《切韻指掌圖》十圖，列字爲『鱒』，爲『鱒』之俗體；《起數訣》第三十五圖開音清，列字爲『蹲』，《集韻》一音『粗本切』，可列於此位。『鱒』爲《廣韻》《集韻》《五音集韻》

混一從母位小韻首字，《七音略》列俗體，《切韻指南》是。

19 上一曉 繱 《廣韻》虛本切，《集韻》虎本切，曉混一上合臻；《五音集韻》同《廣韻》。《韻鏡》外轉第十八合、《七音略》外轉第十八輕中輕、《切韻指掌圖》十圖，列字均爲『繱』；《起數訣》第三十五圖開音清、《四聲等子》臻攝外三輕重俱等韻合口呼，列字爲『惛』。『繱』爲《廣韻》《五音集韻》混一曉母位小韻首字，《集韻》混一曉母位小韻首字爲『惛』，列字以『繱』爲佳，《切韻指南》是。

20 上一來 怨 弘治九年本、近衛庫本、正德十一年本作『怨』，文津閣本作『怨』，碧琳琅本、《叢書集成》本作『⿱卵心』。《廣韻》混一來母位小韻有『⿱卵心』小韻，盧本切；『怨』，《集韻》魯本切，《五音集韻》盧本切，來混一上合臻。『⿱卵心』『怨』二字異體。《韻鏡》外轉第十八合、《切韻指掌圖》十圖列字均爲『怨』；《七音略》外轉第十八輕中輕列字爲『怨』，『怨』爲『怨』之形訛；《起數訣》第三十五圖開音清，列字爲『怨』，『⿱卵心』之形訛；《四聲等子》臻攝外三輕重俱等韻合口呼，列字爲『⿱卵心』，『怨』之異體。『怨(⿱卵心)』爲《廣韻》《集韻》《五音集韻》混一來母位小韻首字，列字以『怨』字爲佳，《七音略》形訛。『⿱卵心』『怨』『⿱卵心』三字異體，『怨』爲『怨』之形訛，《切韻指南》文津閣本誤，當校改爲『怨』，碧琳琅本、《叢書集成》本無誤，但宜校改爲『怨』，弘治九年本、近衛庫本、正德十一年本列字是。

21 去一透 ⿰黑享 《廣韻》未收；《集韻》嗷頓切，《五音集韻》他困切，透慁一去合臻。《韻鏡》外轉第十八合，列字爲「⿰里享」，當爲「䵴」字誤；《七音略》《切韻指掌圖》空位；《起數訣》第三十五圖開音清、《四聲等子》臻攝外三輕重俱等韻合口呼，列字均爲「䵴」。「䵴」爲《集韻》《五音集韻》慁一透母位小韻首字，《廣韻》及以前韻書慁韻無此字，後人據《集韻》增補《韻鏡》而又轉訛，《七音略》依舊式空位，《切韻指南》從《集韻》《五音集韻》，亦無誤。

22 去一泥　嫩　弘治九年本作「嫰」，近衛庫本、正德十一年本、文津閣本、碧琳琅本、《叢書集成》本作「嫰」。「嫰」，《廣韻》《集韻》《五音集韻》奴困切，泥慁一去合臻。《韻鏡》外轉第十八合、《起數訣》第三十五圖開音清、《切韻指掌圖》十圖，列字均爲「嫰」；《七音略》外轉第十八輕中輕、《四聲等子》臻攝外三輕重俱等韻合口呼，列字均爲「嫩」。「嫩」「嫰」二字互爲異體，余迺永注：「《切韻》系書及廣韻各本從欠」。「嫩」爲《廣韻》《集韻》《五音集韻》慁一泥母位小韻首字，列字以「嫩」爲佳，《切韻指南》弘治九年本是，《七音略》及《切韻指南》其他版本列異體亦無誤。

23 去一幫　奔　《廣韻》甫悶切，《集韻》補悶切，《五音集韻》包悶切，幫慁一去合臻。《韻鏡》外轉第十八合、《七音略》外轉第十八輕中輕、《起數訣》第三十五圖開音清、《切韻指掌圖》十圖、《四聲等子》臻攝外三輕重俱等韻合口呼，列字均爲「奔」。「奔」爲《廣韻》《集韻》《五音集韻》慁一幫母位小韻，因切下字爲脣音字，故《切韻指南》收入合口。

24 去一滂　噴　《廣韻》《集韻》《五音集韻》普悶切，滂慁一去合臻。《韻鏡》外轉第十八合、《七音略》外轉第十八輕中輕、《起數訣》第三十五圖開音清、《切韻指掌圖》十圖、《四聲等子》臻攝外三輕重俱等韻合口呼，列字均爲『噴』。『噴』爲《廣韻》《集韻》《五音集韻》慁一滂母位小韻首字，因切下字爲脣音字，故《切韻指南》收入合口。

25 去一並　坌　《廣韻》《集韻》《五音集韻》蒲悶切，並慁一去合臻。《韻鏡》外轉第十八合、《七音略》外轉第十八輕中輕、《起數訣》第三十五圖開音清、《切韻指掌圖》十圖、《四聲等子》臻攝外三輕重俱等韻合口呼，列字均爲『坌』。『坌』爲《廣韻》《集韻》《五音集韻》慁一並母位小韻首字，因切下字爲脣音字，故《切韻指南》收入合口。

26 去一明　悶　《廣韻》《集韻》《五音集韻》莫困切，明慁一去合臻。《韻鏡》外轉第十八合、《七音略》外轉第十八輕中輕、《起數訣》第三十五圖開音清、《切韻指掌圖》十圖、《四聲等子》臻攝外三輕重俱等韻合口呼，列字均爲『悶』。『悶』爲《廣韻》《集韻》《五音集韻》慁一明母位小韻首字，因切下字爲合口字，故《切韻指南》收入合口。

27 去一精　焌　《廣韻》子寸切，《集韻》祖寸切，精慁一去合臻；《五音集韻》同《廣韻》。《韻鏡》外轉第十八合、《七音略》外轉第十八輕中輕、《起數訣》第三十五圖開音清、《切韻指掌圖》十圖，列字均爲『焌』；《四聲等子》臻攝外三輕重俱等韻合口呼，列字爲『捘』。『焌』爲《廣韻》《集韻》《五音集韻》慁一精母位小韻首字，下收有『捘』字，列字以『焌』爲佳，《切韻指南》是。

28 去一曉　惛　《廣韻》《集韻》《五音集韻》魂一曉母位有『惛』小韻，《廣韻》呼悶切，《集韻》呼困切，《五音集韻》同《廣韻》，曉慁一去合臻。『惛』爲『惛』俗體。《韻鏡》外轉第十八合列字爲『惛』；《七音略》外轉第十八輕中輕、《切韻指掌圖》十圖，列字爲『焝』；《四聲等子》臻攝外三輕重俱等韻合口呼，列字爲『䵣』。『惛』爲《廣韻》《集韻》《五音集韻》魂一曉母位小韻首字，《集韻》《五音集韻》下收『䵣』『焝』字，《七音略》《切韻指南》列俗體，列字以正體『惛』爲佳，《切韻指南》無誤，但宜校改爲『惛』。

29 去一匣　慁　《廣韻》《集韻》《五音集韻》胡困切，匣慁一去合臻。《韻鏡》外轉第十八合、《七音略》外轉第十八輕中輕、《起數訣》第三十五圖開音清、《切韻指掌圖》十圖，列字均爲『慁』；《四聲等子》臻攝外三輕重俱等韻合口呼，列字爲『圂』。『慁』爲《廣韻》《五音集韻》慁一匣母位小韻首字，《集韻》慁一匣母位小韻首字爲『圂』，列字以『慁』爲佳，《切韻指南》是。

30 入一疑　獃　弘治九年本作『獃』，近衛庫本、正德十一年本、文津閣本、碧琳琅本、《叢書集成》本作『兀』。『獃』，《廣韻》未收；《集韻》五紇切，疑没一入開臻；《五音集韻》𣪠紇切，疑没一入開臻，不當列於合口，《切韻指南》各版本均在臻攝開口圖疑母没韻一等位重出。『兀』，《廣韻》《集韻》《五音集韻》五忽切，疑没一入合臻。《韻鏡》外轉第十八合、《起數訣》第三十五圖開音清、《切韻指掌圖》十圖、《四聲等子》臻攝外三輕重俱等韻合口呼，列字均爲『兀』；《七音略》空位。『兀』爲《廣韻》《集韻》《五音集韻》没一疑母位小韻首字，《七音略》誤脱，《切韻指南》弘治九年本當校改爲『兀』，其他各版本是。

31 入一透　宊　《廣韻》《集韻》《五音集韻》他骨切，透没一入合臻。《韻鏡》外轉第十八合，列字爲『宎』，爲『宊』字誤；《七音略》空位；《起數訣》第三十五圖開音清、《切韻指掌圖》十圖，列字均爲『宊』；《四聲等子》臻攝外三輕重俱等韻合口呼，列字爲『𣅽』，爲『𠬛』之形訛。《廣韻》没韻有『𠬛』小韻，土骨切，透没一入合臻；《五音集韻》『宊』下收『𣅽』字，『𣅽』，《康熙字典》記：『《篇海》他骨切，吞入聲。入水又出貌。』若按此他骨切，可列於此位。『宊』爲《廣韻》《集韻》《五音集韻》没一透母位小韻首字，《五音集韻》下收有『𣅽』字，列字以『宊』爲佳，《韻鏡》字形訛誤，《七音略》誤脱，《切韻指南》是。

32 入一定　突　《廣韻》陀骨切，《集韻》陁没切，定没一入合臻；《五音集韻》同《廣韻》。《韻鏡》外轉第十八合、《七音略》外轉第十八輕中輕、《起數訣》第三十五圖開音清、《切韻指掌圖》十圖、《四聲等子》臻攝外三輕重俱等韻合口呼，列字均爲『突』。『突』爲《廣韻》《五音集韻》没一定母位小韻首字，《集韻》没一定母位小韻首字作『揬』，《切韻指南》從《廣韻》《五音集韻》。

33 入一幫　不　《廣韻》分勿切，《集韻》分物切，非物三入合臻，不合於此位；《五音集韻》博没切，幫没一入合臻。《康熙字典》記：『《韻會》《正韻》竝逋没切，補入聲。』若按此『博没切』，當列於此位。《韻鏡》《七音略》《起數訣》《切韻指掌圖》《四聲等子》均空位。《廣韻》《集韻》没韻幫母位無字，『不』爲《五音集韻》没一幫母位小韻，《韻鏡》《七音略》從《廣韻》空位是，《切韻指南》從《五音集韻》。

34　入一滂　誖　《廣韻》《集韻》《五音集韻》普没切，滂没一入合臻。《韻鏡》外轉第十八合、《七音略》外轉第十八輕中輕、《起數訣》第三十五圖開音清、《切韻指掌圖》十圖，列字均爲『誖』；《四聲等子》臻攝外三輕重俱等韻合口呼，列字爲『舙』。『誖』爲《廣韻》《集韻》《五音集韻》没一滂母位小韻首字，下收有『舙』字，列字以『誖』爲佳，因切下字爲唇音字，故《切韻指南》收入合口。

35　入一並　勃　《廣韻》蒲没切，《集韻》薄没切，並没一入合臻；《五音集韻》同《廣韻》。《韻鏡》外轉第十八合、《起數訣》第三十五圖開音清、《切韻指掌圖》十圖、《四聲等子》臻攝外三輕重俱等韻合口呼，列字均爲『勃』；《七音略》外轉第十八輕中輕，列字爲『教』。『教』爲『勃』之異體。『勃』爲《廣韻》《五音集韻》並一滂母位小韻首字，《集韻》没一並母位小韻首字作『孛』，《七音略》列『教』字亦無誤，列字以『勃』爲佳，因切下字爲唇音字，故《切韻指南》收入合口。

36　入一明　没　《廣韻》《集韻》《五音集韻》莫勃切，明没一入合臻。《韻鏡》外轉第十八合、《七音略》外轉第十八輕中輕、《起數訣》第三十五圖開音清、《切韻指掌圖》十圖、《四聲等子》臻攝外三輕重俱等韻合口呼，列字均爲『没』。『没』爲《廣韻》《集韻》《五音集韻》没一明母位小韻首字，因切下字爲脣音字，故《切韻指南》收入合口。

37 入一匣　搰　《廣韻》户骨切，《集韻》胡骨切，匣没一入合臻；《五音集韻》同《廣韻》。《韻鏡》外轉第十八合、《起數訣》第三十五圖開音清，列字均爲『搰』；《七音略》空位；《切韻指掌圖》十圖，列字爲『麧』，匣麧一入開臻，不合於此位；《四聲等子》臻攝外三輕重俱等韻合口呼，列字爲『鶻』。『搰』爲《廣韻》《集韻》《五音集韻》没一匣母位小韻首字，下收有『鶻』字，列字以『搰』爲佳，《七音略》空位誤，《切韻指南》是。

38 入一影　頞　《廣韻》《集韻》《五音集韻》烏没切，影没一入合臻。《韻鏡》外轉第十八合、《七音略》外轉第十八輕中輕、《切韻指掌圖》十圖，列字均爲『頞』；《起數訣》第三十五圖開音清，列字爲『膃』；《四聲等子》臻攝外三輕重俱等韻合口呼，列字爲『嗢』。『頞』爲《廣韻》《集韻》《五音集韻》没一影母位小韻首字，下收有『膃』『嗢』二字，列字以『頞』爲佳，《切韻指南》是。

39 入一來　敕　《五音集韻》勒没切，來没一入合臻。《廣韻》没一來母位有『帗』小韻，勒没切，來没一入合臻，注『箣射』；《集韻》没一來母位小韻首字爲『帗』，《康熙字典》：『《類篇》帗，勒没切，箣射之矢謂之帗，或作柭』。『敕』，《五音集韻》勒没切，來没一入合臻。《韻鏡》外轉第十八合、《七音略》外轉第十八輕中輕，列字均爲『敕』，爲『帗』之形訛；《起數訣》第三十五圖開音清，列字爲『帗』，《康熙字典》記：『《龍龕》同帗』；《切韻指掌圖》十圖，列字爲『帗』、《四聲等子》臻攝外三合口呼列字爲『袚』；『袚』爲《廣韻》沒一來母位小韻首字，列字以『袚』爲佳，《切韻指南》從《韻鏡》字形訛，宜校改爲『袚』。

40 入一孃 ○ 《廣韻》《五音集韻》沒韻娘母位無字，《集韻》沒韻娘母位有『貀』小韻，女骨切，娘沒一入合臻。《康熙字典》記：『《集韻》當沒切，音咄。又女骨切，音蚍。義夶同』。『貀』，《廣韻》女滑切，娘黠二入合山，不合於此位；《集韻》術韻娘母位，另有『貀』小韻，女律切，娘質（術）三入合臻，《五音集韻》收此音，列於娘母術韻三等位。《集韻》『貀』列於沒韻最末，『獸名。無前足，形如猴』；《廣韻》黠韻中『貀』下記：『獸名。似狸，蒼黑，無前足，善捕鼠』，《集韻》黠韻中『貀』下記：『獸名。《説文》：「無前足。《漢律》：能捕豺貀購百錢」』；可見《集韻》沒韻娘母實爲黠韻音，當刪。《韻鏡》《七音略》《起數訣》《切韻指掌圖》《四聲等子》均空位。《廣韻》《五音集韻》沒韻娘母位無字，按娘母例無一等字，《集韻》女滑切疑爲《廣韻》女骨切之誤而轉訛，《韻鏡》《七音略》從《廣韻》空位是，《切韻指南》從《五音集韻》，『貀』列於娘母術韻三等位，此處空位是。

41 本圖二等無列目，二等平聲均收諄三等字，《五音集韻》均列於二等位，無標目以表現收字實爲三等。

42 平二照 竣 《廣韻》七倫切，清諄三平合臻，不合於此位；《集韻》壯倫切，莊諄三平合臻；《五音集韻》音切同《集韻》，列於照母諄韻二等位。《韻鏡》外轉第十八合、《切韻指掌圖》十圖，空位；《七音略》外轉第十八輕中輕、《起數訣》第三十六圖開音濁、《四聲等子》臻攝外三輕重俱等韻合口呼，列字均爲『竣』。《廣韻》諄韻莊母位無字，『竣』爲《集韻》《五音集韻》諄三莊母位小韻，《韻鏡》從《廣韻》空位是，《七音略》從《集韻》，《切韻指南》從《集韻》《五音集韻》。

43 平二穿　㡒　《廣韻》一音『陟綸切』，知母諄韻；一音『直倫切』，澄母諄韻，均不合於此位；《集韻》測倫切，初諄三平合臻；《五音集韻》音切同《集韻》，列於穿母諄韻二等位。《韻鏡》《切韻指掌圖》空位；《七音略》外轉第十八輕中輕，列字爲『㥚』，爲『㡒』字誤；《起數訣》第三十六圖開音濁、《四聲等子》臻攝外三輕重俱等韻合口呼，列字均爲『㡒』。《廣韻》諄韻初母位無字，『㡒』爲《集韻》《五音集韻》諄三初母位小韻，《韻鏡》從《廣韻》空位，《七音略》形訛，《切韻指南》從《集韻》《五音集韻》。

44 本圖二等無列目，二等上聲應收準三等字，無標目以表現收字實爲三等。

45 上二穿　〇　《廣韻》《五音集韻》無準韻初母字；《集韻》準韻初母位有『齓』小韻，創允切，初準三上合臻；《康熙字典》記：『《集韻》同齔』。『齔』，《廣韻》一音初謹切，初櫬三上開臻；一音初覲切，初櫬三去開臻，均爲開口，不合於此位。《韻鏡》《七音略》《切韻指掌圖》《四聲等子》均空位；《起數訣》第三十六圖開音濁，列字爲『齓』。《廣韻》《五音集韻》無準韻初母字，『齓』爲《集韻》準三初母位小韻，《韻鏡》《七音略》從《廣韻》空位是，《切韻指南》從《集韻》《五音集韻》。

46 本圖二等無列目，二等入聲均收術三等字，《五音集韻》均列於二等位，無標目以表現收字實爲三等。

47 入二穿 ○ 《廣韻》《五音集韻》無術韻初母字；《集韻》質韻初母位有『刹』小韻，楚律切，初質三入合臻。《集韻》『刹』下記：『斷也。 割也』；《廣韻》質韻中『剎』小韻收有『刹』字，所律切，實爲術韻，其下記：『割也，斷也，出埤蒼』；可見《集韻》質韻初母實爲生母音，當刪。《韻鏡》《切韻指掌圖》均空位；《七音略》外轉第十八輕中輕列『𪘫』字，崇母質韻，不合於此位；《起數訣》第三十六圖開音濁、《四聲等子》臻攝外三輕重俱等韻合口呼，列字爲『刹』。《廣韻》《五音集韻》無術韻初母字，『刹』併於質韻開口『剎』小韻，《韻鏡》從《廣韻》空位是，《七音略》誤，《切韻指南》從《廣韻》《五音集韻》空位。

48 本圖三等標目爲諄準稕術，文吻問物，左側標有殷韻宜併入真韻。

49 平三見 麏 《廣韻》居筠切，收於真韻；《集韻》俱倫切，見諄三平合臻；《五音集韻》同《廣韻》。《韻鏡》外轉第十八合、《七音略》外轉第十八輕中輕，列字均爲『麏』；《起數訣》第三十六圖開音濁，列字爲『麇』；《起數訣》第三十八圖開音清、《切韻指掌圖》十圖、《四聲等子》臻攝外三輕重俱等韻合口呼，列字均爲『君』，見母文韻。『麏』爲《廣韻》（真韻）、

《集韻》《五音集韻》諄三見母位小韻首字，下收有『麇』字，列字以『麏』字爲佳，《切韻指南》是。

50 平三溪　囷　《廣韻》去倫切，收於真韻，實爲合口；《集韻》區倫切、《五音集韻》去君切，溪諄三平合臻。《韻鏡》外轉第十八合、《七音略》外轉第十八輕中輕、《起數訣》第三十六圖開音濁、《切韻指掌圖》十圖，列字均爲『囷』；《起數訣》第三十八圖開音清、《四聲等子》臻攝外三輕重俱等韻合口呼，列字爲『卷』，溪母文韻。『囷』爲《廣韻》(真韻)、《集韻》《五音集韻》諄三溪母位小韻首字，《切韻指南》是。

51 平三疑　輑　《廣韻》去倫切，溪真三平合臻，不合於此位；《集韻》虞云切，疑文三平合臻；《五音集韻》同《集韻》。《韻鏡》《七音略》《切韻指掌圖》空位；《起數訣》第三十八圖開音清、《四聲等子》臻攝外三輕重俱等韻合口呼，列字爲『輑』。《廣韻》文韻疑母位無字，『輑』爲《集韻》《五音集韻》文三疑母位小韻，《韻鏡》《七音略》從《廣韻》空位是，《切韻指南》從《集韻》《五音集韻》。

52 平三知　屯　《廣韻》陟綸切，《集韻》株倫切，知諄三平合臻；《五音集韻》同《廣韻》。《韻鏡》外轉第十八合、《七音略》外轉第十八輕中輕、《四聲等子》臻攝外三輕重俱等韻合口呼，列字均爲『迍』；《起數訣》第三十六圖開音濁、《切韻指掌圖》十圖列字爲『屯』。《廣韻》：『迍邅本亦作屯』，『迍』爲『屯』之異體。『屯』爲《廣韻》《集韻》《五音集韻》諄三知母位小韻首字，下收有『迍』字，列字以『屯』爲佳，《韻鏡》《七音略》亦無誤，《切韻指南》是。

53 平三徹　椿　《廣韻》丑倫切，《集韻》敕倫切，徹諄三平合臻；《五音集韻》同《廣韻》。《韻鏡》外轉第十八合、《切韻指掌圖》十圖、《四聲等子》臻攝外三輕重俱等韻合口呼，列字均爲『椿』；《七音略》外轉第十八輕中輕，列字爲『𡐶』，爲『椿』俗訛；《起數訣》第三十六圖開音濁，列字爲『杶』。『椿』爲《廣韻》《五音集韻》諄三徹母位小韻首字，《集韻》諄三徹母位小韻首字爲『杶』，列字以『椿』爲佳，《七音略》列俗訛字，《切韻指南》是。

54 平三非　分　《廣韻》府文切，《集韻》方文切，非文三平合臻；《五音集韻》同《廣韻》。《韻鏡》外轉第二十合、《七音略》外轉第二十輕中輕、《起數訣》第三十九圖開音濁、《切韻指掌圖》十圖、《四聲等子》臻攝外三輕重俱等韻合口呼，列字均爲『分』。『分』爲《廣韻》《集韻》《五音集韻》文三非母位小韻首字，且爲輕脣，《切韻指南》收入合口。

55 平三敷　芬　《廣韻》撫文切，《集韻》敷文切，敷文三平合臻；《五音集韻》同《廣韻》。《韻鏡》外轉第二十合、《七音略》外轉第二十輕中輕、《起數訣》第三十九圖開音濁、《切韻指掌圖》十圖、《四聲等子》臻攝外三輕重俱等韻合口呼，列字均爲『芬』。『芬』爲《廣韻》《集韻》《五音集韻》文三敷母位小韻首字，且爲輕脣，《切韻指南》收入合口。

56 平三奉　汾　《廣韻》《集韻》《五音集韻》符分切，奉文三平合臻。《韻鏡》外轉第二十合、《七音略》外轉第二十輕中輕、《起數訣》第三十九圖開音濁、《切韻指掌圖》十圖、《四聲等子》臻攝外三輕重俱等韻合口呼，列字均爲『汾』。『汾』爲《廣韻》《集韻》《五音集韻》文三奉母位小韻首字，且爲輕脣，《切韻指南》收入合口。

57 平三微　文　《廣韻》《集韻》《五音集韻》無分切，微文三平合臻。《韻鏡》外轉第二十合、《七音略》外轉第二十輕中輕、《起數訣》第三十九圖開音濁、《切韻指掌圖》十圖、《四聲等子》臻攝外三輕重俱等韻合口呼，列字均爲『文』。『文』爲《廣韻》《集韻》《五音集韻》文三微母位小韻首字，且爲輕脣，《切韻指南》收入合口。

58 平三牀　脣　《廣韻》食倫切，《集韻》船倫切，船諄三平合臻；《五音集韻》音切同《廣韻》，牀諄三平合臻。《韻鏡》外轉第十八合、《切韻指掌圖》十圖，列字爲『脣』；《七音略》外轉第十八輕中輕、《四聲等子》臻攝外三輕重俱等韻合口呼，列字均爲『唇』；《起數訣》空位。『唇』爲『脣』之異體。『脣』爲《廣韻》《集韻》《五音集韻》諄三船母位小韻首字，《切韻指南》是。

59 平三審　○　《廣韻》《五音集韻》無諄韻書母字；《集韻》諄韻審母位有『媋』小韻，式勻切，書諄三平合臻。《康熙字典》記：『《集韻》樞倫切，音春。女字。一曰女美也。又式勻切，舜平聲。義犾同』。《韻鏡》外轉第十八合、《七音略》外轉第十八輕中輕、《起數訣》第三十六圖開音濁，列字均爲『媋』；《切韻指掌圖》《四聲等子》均空位。《廣韻》《五音集韻》無諄韻書母字，『媋』爲《集韻》諄三書母位小韻，《韻鏡》爲後人據《集韻》增補，《七音略》從《集韻》，《切韻指南》從《廣韻》《五音集韻》空位。

60 平三曉　薰　《廣韻》《集韻》《五音集韻》許云切，曉文三平合臻。《韻鏡》外轉第二十合、《七音略》外轉第二十輕中輕、《起數訣》第三十九圖開音濁，列字均爲「熏」；《切韻指掌圖》十圖、《四聲等子》臻攝外三輕重俱等韻合口呼，列字均爲「薰」。「薰」爲《廣韻》《五音集韻》文三曉母位小韻首字，《集韻》文三曉母位小韻首字爲「熏」，列字以「薰」爲佳，《韻鏡》《七音略》亦無誤，《切韻指南》是。

61 平三影　贇　《廣韻》於倫切，收於真韻，實爲合口；《集韻》紆倫切，影諄三平合臻；《五音集韻》同《廣韻》。《韻鏡》外轉第十八合、《七音略》外轉第十八輕中輕、《起數訣》第三十六圖開音濁、《切韻指掌圖》十圖，列字均爲「贇」；《四聲等子》臻攝外三輕重俱等韻合口呼，列字爲「煴」，影母文韻。「贇」爲《廣韻》(真韻)、《集韻》《五音集韻》諄三影母位小韻首字，《切韻指南》是。

62 平三喻　筠　《廣韻》爲贇切，收於真韻，實爲合口；《集韻》于倫切，云諄三平合臻；《五音集韻》同《廣韻》。《韻鏡》外轉第十八合、《七音略》外轉第十八輕中輕、《起數訣》第三十六圖開音濁、《切韻指掌圖》十圖，列字均爲「筠」；《起數訣》第三十九圖開音濁，列字爲「雲」，云母文韻；《四聲等子》臻攝外三輕重俱等韻合口呼，列字爲「云」，云母文韻。「筠」爲《廣韻》(真韻)、《集韻》《五音集韻》諄三云母位小韻首字，《切韻指南》是。

63 平三來　淪　《廣韻》力迍切，《集韻》龍春切，來諄三平合臻；《五音集韻》同《廣韻》。《韻鏡》外轉第十八合、《七音略》外轉第十八輕中輕、《起數訣》第三十六圖開音濁、《四聲等子》臻攝外三輕重俱等韻合口呼，列字均爲『倫』；《切韻指掌圖》十圖，列字爲『淪』。『淪』爲《廣韻》《五音集韻》諄三來母位小韻首字，《集韻》諄三來母位小韻首字爲『倫』，列字以『淪』爲佳，《韻鏡》《七音略》亦無誤，《切韻指南》是。

64 上三見　㢱　《廣韻》未收；《集韻》收於隱韻，舉蘊切，見隱三上合臻；《五音集韻》居吻切，見吻三上合臻。《韻鏡》外轉第二十合、《七音略》外轉第二十輕中輕、《起數訣》第三十八圖開音清、《切韻指掌圖》十圖、《四聲等子》臻攝外三輕重俱等韻合口呼，列字均爲『攟』，見母吻韻，可列於此位。《廣韻》吻韻見母位無字，『攟』爲《集韻》吻三見母位小韻首字，《韻鏡》爲後人據《集韻》增補，《七音略》從《集韻》；『㢱』爲《五音集韻》吻三見母位小韻，《切韻指南》從《五音集韻》。

65 上三溪　稛　《廣韻》苦本切，溪混一上合臻，不合於此位；《集韻》苦殞切，《五音集韻》音切同《集韻》，溪準三上合臻。《韻鏡》外轉第十八合、《七音略》外轉第十八輕中輕、《起數訣》第三十八圖開音清，列字爲『稛』；《切韻指掌圖》十圖、《四聲等子》臻攝外三輕重俱等韻合口呼，列字均爲『𧼯』，溪母吻韻。《廣韻》準韻溪母位無字，『稛』爲《集韻》《五音集韻》準三溪母位小韻首字，《切韻指南》從《集韻》《五音集韻》。

66 上三群　窘　《廣韻》渠殞切，收於軫韻；《集韻》巨隕切，群準三上合臻；《五音集韻》音切同《廣韻》，群準三上合臻。《韻鏡》外轉第十八合、《四聲等子》臻攝外三輕重俱等韻合口呼，列字均爲『窘』；《七音略》外轉第十八輕中輕、《起數訣》第三十六圖開音濁，此字誤列於準韻見母位；《切韻指掌圖》十圖，列字爲『菌』。『窘』爲《廣韻》（軫韻）、《集韻》《五音集韻》準三群母位小韻首字，下收有『菌』字，列字以『窘』爲佳，《七音略》誤入準韻見母位，《切韻指南》是。

67 上三疑　輑　《廣韻》去倫切，溪真三上合臻，不合於此位；《集韻》牛尹切，《五音集韻》牛殞切，疑準三上合臻。《韻鏡》外轉第十八合、《七音略》外轉第十八輕中輕，此處空位；《韻鏡》外轉第二十合、《七音略》外轉第二十輕中輕、《切韻指掌圖》十圖、《四聲等子》臻攝外三輕重俱等韻合口呼，列字爲『齳』，疑母吻韻；《起數訣》第三十六圖開音濁，列字爲『輑』。《廣韻》準韻疑母位無字，『輑』爲《集韻》《五音集韻》準三疑母位小韻首字，《韻鏡》《七音略》從《廣韻》，《切韻指南》從《集韻》《五音集韻》。

68 上三徹　⿰禾盾　《廣韻》準韻徹母位有『偆』小韻，癡準切，徹準三上合臻；《集韻》徹母準韻位有『楯』小韻，勅準切，徹準三上合臻；『⿰禾盾』，《五音集韻》勅準切，徹準三上合臻。《康熙字典》記：『《集韻》敕準切，音蠢。案也。』『⿰禾盾』爲『楯』之形訛。《韻鏡》外轉第十八合、《七音略》外轉第十八輕中輕、《起數訣》第三十六圖開音濁、《切韻指掌圖》十圖、《四聲等子》臻攝外三輕重俱等韻合口呼，列字均爲『偆』。『偆』爲《廣韻》徹三準母位小韻首字，《韻鏡》《七音略》從《廣韻》列字是;『楯』爲《集韻》《五音集韻》徹三準母位小韻首字,《切韻指南》字形從《五音集韻》訛,當校改爲『楯』字。

69 上三澄　蝽　《廣韻》未收;《集韻》柱允切,澄準三上合臻;《五音集韻》同《集韻》。《韻鏡》《切韻指掌圖》空位;《七音略》外轉第十八輕中輕、《起數訣》第三十六圖開音濁、《四聲等子》臻攝外三輕重俱等韻合口呼,列字均爲『蝽』。《廣韻》準韻澄母位無字,『蝽』爲《集韻》《五音集韻》準三澄母位小韻首字,《韻鏡》從《廣韻》空位,《七音略》從《集韻》,《切韻指南》從《集韻》《五音集韻》。

70 上三非　粉　《廣韻》方吻切,《集韻》府吻切,非吻三上合臻;《五音集韻》同《廣韻》。《韻鏡》外轉第二十合、《七音略》外轉第二十輕中輕、《起數訣》第三十九圖開音濁、《切韻指掌圖》十圖、《四聲等子》臻攝外三輕重俱等韻合口呼,列字均爲『粉』。『粉』爲《廣韻》《集韻》《五音集韻》吻三非母位小韻首字,且爲輕脣,故《切韻指南》收入合口。

71 上三敷　忿　《廣韻》敷粉切,《集韻》撫吻切,敷吻三上合臻;《五音集韻》同《廣韻》。《韻鏡》外轉第二十合、《七音略》外轉第二十輕中輕、《起數訣》第三十九圖開音濁、《切韻指掌圖》十圖、《四聲等子》臻攝外三輕重俱等韻合口呼,列字均爲『忿』。『忿』爲《廣韻》《集韻》《五音集韻》吻三敷母位小韻首字,且爲輕脣,故《切韻指南》收入合口。

72 上三奉　憤　《廣韻》房吻切,《集韻》父吻切,奉吻三上合臻;《五音集韻》同《廣韻》。《韻鏡》外轉第二十合、《七音略》外轉第二十輕中輕、《起數訣》第三十九圖開音濁、《切韻指掌圖》十圖、《四聲等子》臻攝外三輕重俱等韻合口呼，列字均爲『憤』。『憤』爲《廣韻》《集韻》《五音集韻》吻三奉母位小韻首字，且爲輕脣，故《切韻指南》收入合口。

73　上三微　吻　《廣韻》《集韻》《五音集韻》武粉切，微吻三上合臻。《韻鏡》外轉第二十合、《七音略》外轉第二十輕中輕、《起數訣》第三十九圖開音濁、《切韻指掌圖》十圖、《四聲等子》臻攝外三輕重俱等韻合口呼，列字均爲『吻』。『吻』爲《廣韻》《集韻》《五音集韻》吻三微母位小韻首字，且爲輕脣，故《切韻指南》收入合口。

74　上三照　準　弘治九年本、文津閣本作『準』，近衛庫本、正德十一年本、碧琳琅本、《叢書集成》本作『凖』。『準』，《廣韻》之尹切，《集韻》主尹切，章準三上合臻；《五音集韻》音切同《廣韻》，照準三上合臻。《韻鏡》外轉第十八合、《切韻指掌圖》十圖、《四聲等子》臻攝外三輕重俱等韻合口呼，列字均爲『準』；《七音略》外轉第十八輕中輕、《起數訣》第三十六圖開音濁，列字爲『準』。『準』爲《廣韻》《集韻》《五音集韻》準三章母位小韻首字，《切韻指南》是。『凖』爲『準』之異體，弘治九年本、文津閣本是，其他版本亦無誤。

75　上三喻　殞　《廣韻》于敏切，收於軫韻；《集韻》羽敏切，云準三上合臻；《五音集韻》音切同《廣韻》，喻準三上合臻。《韻鏡》空位；《七音略》外轉第十八輕中輕，列字爲『隕』，云母軫韻，可列於此位；《起數訣》第三十六圖開音濁，列字爲『磒』；《切韻指掌圖》十圖，列字爲『殞』；《四聲等子》臻攝外三輕重俱等韻合口呼，列字爲『枟』，『枟』爲『抎』之形訛，『抎』，云母吻韻。『殞』爲《廣韻》(軫韻)、《五音集韻》準三喻三母位小韻首字，《集韻》準三喻三母位小韻首字爲『磒』，下收有『隕』字，列字以『殞』爲佳，《韻鏡》誤脱，《七音略》亦無誤，《切韻指南》是。

76 上三來 耣 弘治九年本、正德十一年本、文津閣本、碧琳琅本、《叢書集成》本作『耣』，近衛庫本作『稐』。『耣』，《廣韻》力準切，《集韻》縷尹切，來準三上合臻；《五音集韻》同《廣韻》。《韻鏡》外轉第十八合，列字爲『稐』，『稐』爲『耣』之形訛；《七音略》外轉第十八輕中輕、《切韻指掌圖》十圖，《四聲等子》臻攝外三輕重俱等韻合口呼，列字爲『耣』；《起數訣》第三十六圖開音濁，列字爲『稐』。『耣』爲《廣韻》《集韻》《五音集韻》準三來母位小韻首字，《韻鏡》字形訛誤，『稐』爲『耣』之異體，近衛庫本亦無誤，其他各版本是。

77 上三日 蝡 弘治九年本、正德十一年本、文津閣本、碧琳琅本、《叢書集成》本作『蝡』，近衛庫本作『蝡』。『蝡』，《廣韻》而允切，《集韻》乳尹切，日準三上合臻；《五音集韻》同《廣韻》。《韻鏡》外轉第十八合『蝡』字列於日母準韻四等位，三等位置列字爲『鎨』，而尹切，日母準韻；《七音略》空位；《起數訣》第三十六圖開音濁、《切韻指掌圖》十圖、《四聲等子》臻攝外三輕重俱等韻合口呼，列字均爲『蝡』。『蝡』爲《廣韻》《集韻》《五音集韻》準三日母位小韻首字，《韻鏡》三等位列『鎨』字從《廣韻》，《七音略》誤脱，《切韻指南》從《廣韻》，是。

『𧍞』爲『蝡』之形訛，近衛庫本誤，當校改爲『蝡』，其他各版本是。

78 去三見　攗　《廣韻》居運切，《集韻》俱運切，見問三去合臻；《五音集韻》同《廣韻》。《韻鏡》外轉第二十合、《七音略》外轉第二十輕中輕、《切韻指掌圖》十圖，列字均爲『攗』；《起數訣》第三十八圖開音清，列字爲『捃』；《四聲等子》臻攝外三輕重俱等韻合口呼，列字爲『𣠔』，『𣠔』爲『攗』之形訛。『攗』爲《廣韻》《集韻》《五音集韻》問三見母位小韻首字，下收有『捃』字，以列字以『攗』爲佳，《切韻指南》是。

79 去三溪　壼　《廣韻》户吴切，不合於此位；《集韻》困閏切，《五音集韻》困閏切，溪稕三去合臻。《韻鏡》《七音略》《切韻指掌圖》空位；《起數訣》第三十六圖開音濁，列字爲『壼』；《四聲等子》臻攝外三輕重俱等韻合口呼，列字爲『趣』，《五音集韻》溪母問韻。《廣韻》稕韻溪母位無字，『壼』爲《集韻》《五音集韻》稕三溪母位小韻，《韻鏡》《七音略》從《廣韻》空位，《切韻指南》從《集韻》《五音集韻》。

80 去三知　飩　《廣韻》徒渾切，定魂一入合臻，不合於此位；《集韻》屯閏切，《五音集韻》陟閏切，知稕三去合臻。《韻鏡》《七音略》空位；《起數訣》第三十六圖開音濁，列字爲『飩』；《四聲等子》臻攝外三輕重俱等韻合口呼，誤列於澄母位。《廣韻》稕韻知母位無字，『飩』爲《集韻》《五音集韻》稕三知母位小韻，《韻鏡》《七音略》從《廣韻》空位，《切韻指南》從《集韻》《五音集韻》。

81　去三非　糞　《廣韻》《集韻》《五音集韻》方問切，非問三去合臻。《韻鏡》外轉第二十合、《七音略》外轉第二十輕中輕、《起數訣》第三十九圖開音濁、《切韻指掌圖》十圖、《四聲等子》臻攝外三輕重俱等韻合口呼，列字均爲『糞』。『糞』爲《廣韻》《集韻》《五音集韻》問三非母位小韻首字，且爲輕脣，《切韻指南》收入合口。

82　去三敷　湓　《廣韻》匹問切，《集韻》芳問切，敷問三去合臻；《五音集韻》同《集韻》。《韻鏡》空位；《七音略》外轉第二十輕中輕、《起數訣》第三十九圖開音濁、《四聲等子》臻攝外三輕重俱等韻合口呼，列字均爲『湓』；《切韻指掌圖》十圖，列字爲『忿』。『湓』爲《廣韻》《集韻》《五音集韻》問三敷母位小韻首字，下收有『忿』字，列字以『湓』爲佳，《韻鏡》誤脱，且爲輕脣，《切韻指南》收入合口。

83　去三奉　分　《廣韻》扶問切，《集韻》符問切，奉問三去合臻；《五音集韻》同《廣韻》。《韻鏡》外轉第二十合、《七音略》外轉第二十輕中輕、《起數訣》第三十九圖開音濁、《切韻指掌圖》十圖、《四聲等子》臻攝外三輕重俱等韻合口呼，列字均爲『分』。『分』爲《廣韻》《集韻》《五音集韻》問三奉母位小韻首字，且爲輕脣，《切韻指南》收入合口。

84　去三微　問　《廣韻》亡運切，《集韻》文運切，微問三去合臻；《五音集韻》同《廣韻》。《韻鏡》外轉第二十合、《七音略》外轉第二十輕中輕、《起數訣》第三十九圖開音濁、《切韻指掌圖》十圖、《四聲等子》臻攝外三輕重俱等韻合口呼，列字均爲『問』。『問』爲《廣韻》《集韻》

《五音集韻》問三微母位小韻首字，且爲輕脣，《切韻指南》收入合口。

85 去三牀　順　《廣韻》食閏切，船稕三去合臻；《集韻》殊閏切，禪稕三去合臻，不合於此位；《五音集韻》音切同《廣韻》，牀稕三去合臻。《韻鏡》《七音略》《起數訣》《切韻指掌圖》此處空位，「順」字列於禪母稕韻位；《四聲等子》臻攝外三輕重俱等韻合口呼，列字爲『順』。『順』爲《廣韻》《五音集韻》稕三船母位小韻首字，《韻鏡》《七音略》均入禪母，《切韻指南》從《廣韻》《五音集韻》。

86 去三禪　◯　《廣韻》《五音集韻》稕韻禪母位無字，《集韻》稕韻禪母位有『順』小韻，殊閏切，禪稕三去合臻。《韻鏡》外轉第十八合、《七音略》外轉第十八輕中輕、《起數訣》第三十六圖開音濁、《切韻指掌圖》十圖，列字均爲『順』；《四聲等子》空位。《廣韻》《五音集韻》稕韻禪母位無字，『順』爲《集韻》稕三禪母位小韻首字，《切韻指南》從《廣韻》《五音集韻》。

87 去三來　淪　《廣韻》力迍切，來諄三平合臻，不合於此位；《集韻》倫浚切，《五音集韻》同《集韻》，來稕三去合臻。《韻鏡》《七音略》《切韻指掌圖》此處空位；《起數訣》第三十六圖開音濁、《四聲等子》臻攝外三輕重俱等韻合口呼，列字爲『淪』。《廣韻》稕韻來母位無字，『淪』爲《集韻》《五音集韻》稕三來母位小韻首字，《韻鏡》《七音略》空位，《切韻指南》從《集韻》《五音集韻》。

88 入三見　亥　弘治九年本、正德十一年本、碧琳琅本、《叢書集成》本作『亥』，近衛庫本作

『⿱亠火』，文津閣本作『亥』。『亥』，《廣韻》《集韻》《五音集韻》胡改切，匣海一上開蟹，不合於此位。《廣韻》物三見母位有『亥』小韻，九勿切，見物三入合臻。《韻鏡》外轉第二十合、《七音略》外轉第二十輕中輕、《四聲等子》臻攝外三輕重俱等韻合口呼，列字均爲『亥』；《起數訣》第三十八圖開音清，列字爲『孑』；《切韻指掌圖》十圖，列字爲『亥』。『亥』爲《廣韻》《集韻》《五音集韻》物三見母位小韻首字，下收有『孑』字，列字以『亥』爲佳，『亥』『⿱亠火』均爲『亥』之形訛，《切韻指南》文津閣本是，其他各版本當校改爲『亥』。

89 入三疑　崛　弘治九年本、近衛庫本、正德十一年本、碧琳琅本、《叢書集成》本作『崛』，文津閣本作『峮』。『崛』，《廣韻》魚勿切，《集韻》魚屈切，疑物三入合臻；《五音集韻》同《廣韻》。《韻鏡》外轉第二十合、《七音略》外轉第二十輕中輕、《起數訣》第三十八圖開音清、《切韻指掌圖》十圖、《四聲等子》臻攝外三輕重俱等韻合口呼，列字均爲『崛』。『崛』爲《廣韻》《集韻》《五音集韻》物三疑母位小韻首字，《切韻指南》是。『峮』，溪母真（諄）韻，當爲『崛』之形訛，文津閣本誤，當校改爲『崛』，其他各版本是。

90 入三知　⿰忄出　《廣韻》《集韻》《五音集韻》竹律切，知術三入合臻。《韻鏡》外轉第十八合、《起數訣》第三十六圖開音濁、《切韻指掌圖》十圖、《四聲等子》臻攝外三輕重俱等韻合口呼，列字均爲『⿰忄出』；《七音略》外轉第十八輕中輕，列字爲『⿰巾出』，『⿰巾出』爲『⿰忄出』之形訛。『⿰忄出』爲《廣韻》《集韻》《五音集韻》術三知母位小韻首字，《七音略》字形訛誤，《切韻指南》是。

91 入三徹　黜　《廣韻》丑律切，《集韻》勑律切，徹術三入合臻；《五音集韻》同《廣韻》。《韻鏡》外轉第十八合、《七音略》外轉第十八輕中輕、《起數訣》第三十六圖開音濁、《切韻指掌圖》十圖，列字均爲『黜』；《四聲等子》臻攝外三輕重俱等韻合口呼，列字爲『黜』。『黜』爲『黜』之異體。『黜』爲《廣韻》《集韻》《五音集韻》術三徹母位小韻首字，《切韻指南》是。

92 入三澄　术　《廣韻》《集韻》《五音集韻》直律切，澄術三入合臻。《韻鏡》外轉第十八合、《切韻指掌圖》十圖、《四聲等子》臻攝外三輕重俱等韻合口呼，列字均爲『术』；《七音略》外轉第十八輕中輕，列字爲『述』，船母術韻，不合於此位；《起數訣》第三十六圖開音濁，列字爲『茮』。『术』爲《廣韻》《集韻》《五音集韻》術三澄母位小韻首字，下收有『茮』字，列字以『术』爲佳，《七音略》列『述』誤，《切韻指南》是。

93 入三孃　貀　《廣韻》女滑切，娘黠二入合山，不合於此位；《集韻》女律切，娘術三入合臻，《五音集韻》同《集韻》。《韻鏡》《七音略》《切韻指掌圖》空位；《起數訣》第三十六圖開音濁、《四聲等子》臻攝外三輕重俱等韻合口呼，列字爲『貀』。《廣韻》術韻娘母位無字，『貀』爲《集韻》《五音集韻》術三娘母位小韻首字，《韻鏡》《七音略》從《廣韻》空位是，《切韻指南》從《集韻》《五音集韻》。

94 入三非　弗　《廣韻》分勿切，《集韻》分物切，非物三入合臻；《五音集韻》同《廣韻》。《韻鏡》外轉第二十合、《七音略》外轉第二十輕中輕、《起數訣》第三十九圖開音濁、《切韻指掌圖》十圖、《四聲等子》臻攝外三輕重俱等韻合口呼，列字均爲『弗』。『弗』爲《廣韻》《集韻》《五音集韻》物三非母位小韻首字，且爲輕脣，故《切韻指南》收入合口。

95 入三敷　拂　《廣韻》《集韻》《五音集韻》敷物切，敷物三入合臻。《韻鏡》外轉第二十合、《七音略》外轉第二十輕中輕、《起數訣》第三十九圖開音濁、《切韻指掌圖》十圖，列字均爲『拂』；《四聲等子》臻攝外三輕重俱等韻合口呼，列字爲『栿』，爲『拂』之形訛。『拂』爲《廣韻》《集韻》《五音集韻》物三敷母位小韻首字，且爲輕脣，故《切韻指南》收入合口。

96 入三奉　佛　《廣韻》符弗切，《集韻》符勿切，奉物三入合臻；《五音集韻》同《集韻》。《韻鏡》外轉第二十合、《七音略》外轉第二十輕中輕、《起數訣》第三十九圖開音濁、《切韻指掌圖》十圖、《四聲等子》臻攝外三輕重俱等韻合口呼，列字均爲『佛』。『佛』爲《廣韻》《集韻》《五音集韻》物三奉母位小韻首字，且爲輕脣，故《切韻指南》收入合口。

97 入三微　物　《廣韻》文弗切，《集韻》文拂切，微物三入合臻；《五音集韻》同《廣韻》。《韻鏡》外轉第二十合、《七音略》外轉第二十輕中輕、《切韻指掌圖》十圖、《四聲等子》臻攝外三輕重俱等韻合口呼，列字均爲『物』；《起數訣》第三十九圖開音濁，列字爲『沕』。『物』爲《廣韻》《集韻》《五音集韻》物三微母位小韻首字，下收有『勿』字；『勿』爲《集韻》物三微母小韻首字；且爲輕脣，故《切韻指南》收入合口。

98 入三牀　術　《廣韻》食聿切，《集韻》食律切，船術三入合臻；《五音集韻》音切同《廣韻》，牀術三入合臻。《韻鏡》外轉第十八合、《七音略》外轉第十八輕中輕、《起數訣》第三十六圖開音濁，列字均爲『術』；《切韻指掌圖》十圖，列於術韻禪母位，蓋船禪相混；《四聲等子》臻攝外三輕重俱等韻合口呼，列字爲『述』。『術』爲《廣韻》《集韻》《五音集韻》術三船母位小韻首字，下收有『述』字，列字以『術』爲佳，《切韻指南》是。

99 入三審　絀　《廣韻》竹律切，知術三入合臻，不合於此位；《集韻》式聿切，書術三入合臻；《五音集韻》音切同《集韻》，審術三入合臻。《韻鏡》《七音略》《切韻指掌圖》空位；《起數訣》第三十六圖開音濁、《四聲等子》臻攝外三輕重俱等韻合口呼，列字爲『絀』。《廣韻》術韻書母位無字，『絀』爲《集韻》《五音集韻》術三書母位小韻首字，《韻鏡》《七音略》從《廣韻》空位是，《切韻指南》從《集韻》《五音集韻》。

100 入三曉　颰　《廣韻》許聿切，《集韻》休必切，曉質三入合臻；《五音集韻》呼出切，曉術三入合臻。《韻鏡》《起數訣》空位；《七音略》外轉第十八輕中輕，列字爲『狘』；《起數訣》第三十九圖開音濁，列字爲『欻』，曉母物韻；《切韻指掌圖》十圖，列字爲『䬍』，曉母物韻；《四聲等子》臻攝外三輕重俱等韻合口呼，列字爲『颰』。『狘』爲《廣韻》術三曉母位小韻首字，『矞』爲《集韻》（質韻）術三曉母位小韻首字，『颰』爲《五音集韻》術三曉母位小韻首字，列字以『狘』爲佳；《韻鏡》誤脱，《七音略》從《廣韻》列字是，《切韻指南》從《五音集韻》，亦無誤。

101 入三影　蔚　《廣韻》紆物切，《集韻》紆勿切，影物三入合臻；《五音集韻》同《廣韻》。《韻鏡》外轉第二十合、《七音略》外轉第二十輕中輕、《起數訣》第三十九圖開音濁、《切韻指掌圖》十圖、《四聲等子》臻攝外三輕重俱等韻合口呼，列字均爲『鬱』，影母物韻，可列於此位。『鬱』爲《廣韻》《集韻》《五音集韻》物三影母位小韻首字，下收有『蔚』字，列字以『鬱』爲佳，《韻鏡》《七音略》是，《切韻指南》宜校改爲『鬱』字，亦無誤。

102 入三喻　颶　《廣韻》《集韻》收於質韻。《廣韻》于筆切，《集韻》越筆切，云三入合臻；《五音集韻》音切同《廣韻》，喻術三入合臻。《韻鏡》空位；《七音略》外轉第十八輕中輕，列字爲『颶』；《起數訣》第三十九圖開音濁、《切韻指掌圖》十圖、《四聲等子》臻攝外三輕重俱等韻合口呼，列字均爲『颶』，喻母物韻。『颶』爲《廣韻》《集韻》(質韻)、《五音集韻》術三云母位小韻首字，《韻鏡》誤脱，《切韻指南》是。

103 本圖四等無列目，四等均收諄準稕術韻系三等字，《五音集韻》均列於四等位，無標目以表現收字實爲三等。

104 平四見　均　《廣韻》居勻切，《集韻》規倫切，見諄三平合臻；《五音集韻》同《廣韻》。《韻鏡》外轉第十八合、《切韻指掌圖》十圖、《四聲等子》臻攝外三輕重俱等韻合口呼，列字均爲『均』；《七音略》外轉第十八輕中輕、《起數訣》第三十五圖開音清，列字爲『鈞』，見母諄韻，可列於此位。『均』爲《廣韻》《五音集韻》諄韻見母重紐四等位小韻首字，《集韻》諄韻見母重紐四等位小韻首字爲『鈞』，列字以『均』爲佳，《七音略》從《集韻》，《切韻指南》是。

105 平四群　憌　《廣韻》渠營切，群清三平合梗，不合於此位；《集韻》巨旬切，《五音集韻》巨均切，群諄三平合臻。《韻鏡》外轉第十八合、《起數訣》第三十五圖開音清，列字均爲『憌』；《七音略》《切韻指掌圖》《四聲等子》空位。《廣韻》諄韻群母重紐四等位無字，『憌』爲《集韻》《五音集韻》諄韻群母重紐四等位小韻首字，《韻鏡》爲後人據《集韻》增補，《七音略》從《廣韻》空位是，《切韻指南》從《集韻》《五音集韻》。

106 平四從　鷷　《廣韻》昨旬切，《集韻》從倫切，從諄三平合臻；《五音集韻》同《廣韻》。《韻鏡》外轉第十八合、《起數訣》第三十五圖開音清、《切韻指掌圖》十圖、《四聲等子》臻攝外三輕重俱等韻合口呼，列字均爲『鷷』；《七音略》外轉第十八輕中輕，列字爲『脣』，船母諄韻，已列於三等位，此處誤。『鷷』爲《廣韻》《集韻》《五音集韻》諄三從母位小韻，《七音略》列字誤，《切韻指南》是。

107 平四影　蜵　《廣韻》未收；《集韻》一均切，影諄三平合臻；《五音集韻》同《集韻》。《韻鏡》外轉第十八合，列字爲『奫』，龍宇純認爲係日本校讀者所施之注，誤入此位；《七音略》《四聲等子》空位；《起數訣》第三十五圖開音清，列字爲『蜵』；《切韻指掌圖》十圖，列字爲『氳』，影母文韻。《廣韻》諄韻影母位無重紐四等字，『蜵』爲《集韻》《五音集韻》諄韻影母重紐四等位小韻首字；《韻鏡》誤，《七音略》從《廣韻》空位是；《切韻指南》從《集韻》《五音集韻》。

108 平四喻　匀　《廣韻》羊倫切，《集韻》俞倫切，以諄三平合臻；《五音集韻》音切同《廣韻》，列於喻母諄韻四等位。《韻鏡》外轉第十八合、《七音略》外轉第十八輕中輕、《起數訣》第三十五圖開音清、《切韻指掌圖》十圖、《四聲等子》臻攝外三輕重俱等韻合口呼，列字均爲『匀』。『匀』爲《廣韻》《集韻》《五音集韻》諄三以母位小韻首字，以母按韻圖規制列於四等，《切韻指南》是。

109 上四溪　⿸𢉖糸　《廣韻》丘尹切，溪準三上合臻；《集韻》未收此字，溪母準韻位有『麇』小韻，苦磒切，溪準三上合臻，已列於三等位；《五音集韻》音切同《廣韻》，列於溪母準韻四等位。《康熙字典》記：『⿸𢉖糸，《篇海》苦隕切，屈上聲。義與麇同。束縛也。』《篇海類編·衣服類·糸部》：『⿸𢉖糸，義同麇，束縛也』；『⿸𢉖糸』當爲『麇』字之譌。《韻鏡》《七音略》空位；《起數訣》第三十五圖開音清、《切韻指掌圖》十圖、《四聲等子》臻攝外三輕重俱等韻合口呼，列字均爲『⿸𢉖糸』。『⿸𢉖糸』爲《廣韻》《五音集韻》準韻溪母重紐四等位小韻，《集韻》準韻溪母三等位小韻首字爲『⿸𢉖糸』，列字以『⿸𢉖糸』爲佳，《韻鏡》《七音略》後人據《集韻》列於三等位，《切韻指南》是。

110 上四清　蹲　《廣韻》徂尊切，從魂一平合臻，不合於此位；《集韻》趣允切，清準三上合臻；《五音集韻》同《集韻》。《韻鏡》《切韻指掌圖》空位；《七音略》外轉第十八輕中輕、《起數訣》第三十五圖開音清、《四聲等子》臻攝外三輕重俱等韻合口呼，列字爲『蹲』。《廣韻》準韻清母位無字，『蹲』爲《集韻》《五音集韻》準三清母位小韻，《韻鏡》從《廣韻》空位，《七音略》從《集韻》，《切韻指南》從《集韻》《五音集韻》，亦無誤。

111 上四從　癘　《廣韻》徂兖切，從獮三上合山，不合於此位；《集韻》才尹切、《五音集韻》才允切，從準三上合臻。《韻鏡》外轉第十八合、《七音略》外轉第十八輕中輕、《切韻指掌圖》十圖，空位；《起數訣》第三十五圖開音清、《四聲等子》臻攝外三輕重俱等韻合口呼，列字爲『癘』。《廣韻》準韻從母位無字，『癘』爲《集韻》《五音集韻》準三從母位小韻，《韻鏡》《七音略》從《廣韻》空位是，《切韻指南》從《集韻》《五音集韻》。

112 上四心　筍　《廣韻》思尹切，《集韻》聳尹切，心準三上合臻；《五音集韻》同《廣韻》。《韻鏡》外轉第十八合、《七音略》外轉第十八輕中輕、《切韻指掌圖》十圖、《四聲等子》臻攝外三輕重俱等韻合口呼，列字均爲『筍』；《起數訣》第三十五圖開音清，列字爲『笋』，心母準韻。『筍』爲《廣韻》《集韻》《五音集韻》準三心母位小韻首字，下收有『笋』字，爲『筍』之俗字，列字以『筍』爲佳，《切韻指南》是。

113 上四邪　楯　《廣韻》一音詳遵切，邪諄三平合臻；一音食尹切，船準三上合臻，均不合於此位；《集韻》辭允切，邪準三上合臻；《五音集韻》同《集韻》。《韻鏡》外轉第十八合、《起數訣》第三十五圖開音清，列字均爲『楯』；《七音略》《切韻指掌圖》空位；《四聲等子》臻攝外三輕重俱等韻合口呼，列字爲『殉』，邪母稕韻。《廣韻》準韻邪母位無字，『楯』爲《集韻》《五音集韻》準三邪母位小韻，《韻鏡》爲後人據《集韻》增補，《七音略》從《廣韻》空位，《切韻指南》從《集韻》《五音集韻》。

114 上四喻　尹　《廣韻》余準切，《集韻》庾準切，以準三上合臻；《五音集韻》同《廣韻》。《韻鏡》外轉第十八合、《七音略》外轉第十八輕中輕、《切韻指掌圖》十圖、《四聲等子》臻攝外三輕重俱等韻合口呼，列字均爲『尹』；《起數訣》第三十五圖開音清，『尹』誤列於影母四等。『尹』爲《廣韻》《集韻》《五音集韻》準三以母位小韻首字，以母按韻圖規制列於四等，《切韻指南》是。

115 上四日　○　《廣韻》準韻日母有『⿰韋隼』小韻，而尹切，日準三上合臻；《集韻》乳尹切，《五音集韻》而允切，日準三上合臻；《集韻》《五音集韻》準韻日母三等位已有『蝡』小韻，『⿰韋隼』併入『蝡』小韻。《韻鏡》外轉第十八合，四等位列字爲『蝡』，三等位列『⿰韋隼』；《七音略》空位；《起數訣》第三十六圖開音濁、《切韻指掌圖》十圖、《四聲等子》臻攝外三輕重俱等韻合口呼，均列於準韻日母三等位。『蝡』爲《集韻》《五音集韻》準韻日母三等位小韻首字，《韻鏡》三等位列『⿰韋隼』字從《廣韻》，四等位列『蝡』爲後人將注下同音字誤入，《七音略》從《廣韻》空位，《切韻指南》從《廣韻》列『蝡』字於三等準韻日母位，四等空位是。

116 去四見　昀　《廣韻》《集韻》收於震韻，九峻切，見震三去合臻；《五音集韻》音切同《廣韻》，列於見母稕韻四等位。《韻鏡》外轉第十八合、《七音略》外轉第十八輕中輕、《起數訣》第三十五圖開音清、《切韻指掌圖》九圖、《四聲等子》臻攝外三輕重俱等韻合口呼，列字均爲『昀』。『昀』爲《廣韻》（震韻）、《集韻》（震韻）、《五音集韻》稕韻見母重紐四等位小韻首字，

《切韻指南》是。

117 去四精　儁　《廣韻》子峻切，《集韻》祖峻切，精稕三去合臻；《五音集韻》同《廣韻》。《韻鏡》外轉第十八合、《切韻指掌圖》十圖，列字均爲「儁」，《康熙字典》記：「《世説》王澄曰：兄似道，而神鋒太儁。通作雋。」《七音略》外轉第十八輕中輕、《起數訣》第三十五圖開音清、《四聲等子》臻攝外三輕重俱等韻合口呼，列字均爲「俊」，「儁」爲「俊」之異體。「儁」爲《廣韻》《集韻》《五音集韻》稕三精母位小韻首字，下收有「俊」字，列字以「儁」爲佳，《韻鏡》《七音略》列異體亦無誤，《切韻指南》是。

118 去四心　⿱山⿰彳夋　《廣韻》《集韻》未收「⿱山⿰彳夋」，有「⿱山陖」，「⿱山⿰彳夋」爲「⿱山陖」之形訛。「⿱山陖」，《廣韻》私閏切，《集韻》須閏切，心稕三去合臻；「⿱山⿰彳夋」，《五音集韻》音切同《廣韻》。《韻鏡》外轉第十八合、《七音略》外轉第十八輕中輕、《起數訣》第三十五圖開音清、《切韻指掌圖》十圖、《四聲等子》臻攝外三輕重俱等韻合口呼，列字均爲「峻」，心母稕韻，可列於此位。「峻」爲「⿱山陖」之異體。「⿱山陖」字爲《廣韻》《集韻》稕三心母位小韻首字，下收有「峻」字，列字以「⿱山陖」字爲佳，《韻鏡》《七音略》列字亦無誤，《切韻指南》列字從《五音集韻》形訛，當校改爲「⿱山陖」。

119 去四邪　殉　《廣韻》辭閏切，《集韻》徐閏切，邪稕三去合臻；《五音集韻》同《廣韻》。《韻鏡》外轉第十八合、《起數訣》第三十五圖開音清、《切韻指掌圖》十圖，列字均爲「殉」；《七音略》外轉第十八輕中輕，列字爲「徇」，邪母稕韻，可列於此位；《四聲等子》臻攝外三輕重俱等韻合口呼，列字爲『郇』，心母稕韻，誤。『殉』爲《廣韻》《集韻》《五音集韻》稕三邪母位小韻首字，下收有『徇』字，列字以『殉』爲佳，《七音略》列字亦無誤，《切韻指南》是。

120 入四群　繘　《廣韻》一音餘律切，以術三入合臻；一音居聿切，見術三入合臻，均不合於此位；《集韻》其律切，群術三入合臻；《五音集韻》同《集韻》。《韻鏡》外轉第十八合，列字爲『⿺走夐』，從切三、王韻等早期韻書『趫』小韻，爲『趫』字訛；《七音略》《起數訣》《切韻指掌圖》《四聲等子》均空位。《廣韻》術韻群母位無字，『繘』爲《集韻》《五音集韻》術韻群母重紐四等位小韻首字，《集韻》《五音集韻》下收有『趫』字，《韻鏡》從切三、王韻等早期韻書而字形訛，《七音略》從《廣韻》空位，《切韻指南》從《集韻》《五音集韻》。

121 入四端　○　《廣韻》《五音集韻》無術韻端母字；《集韻》質韻端母位有『袓』小韻，都律切，端質三入合臻。《韻鏡》《起數訣》《切韻指掌圖》《四聲等子》均空位；《七音略》外轉第十八輕中輕列『崛』字，據誤本《一切經音義》『達律反』而列，然『達律反』爲定母，此處列於端母訛。《韻鏡》從《廣韻》空位是，《七音略》列字訛，《切韻指南》從《廣韻》《五音集韻》空位是。

122 入四透　○　《廣韻》《集韻》《五音集韻》無術韻透母字。《韻鏡》《起數訣》《切韻指掌圖》《四聲等子》空位；《七音略》透母術韻四等位，列『茁』字，各韻書、字書茁字無此音，且質、術韻亦無透紐。王一質韻收『茁』，切語模糊，此位不當有字，《切韻指南》空位是。

123 入四心　卹　《廣韻》辛聿切，《集韻》雪律切，心術三入合臻；《五音集韻》同《廣韻》。《韻鏡》外轉第十八合、《七音略》外轉第十八輕中輕，列字爲「恤」，心母術韻，可列於此位；《起數訣》第三十五圖開音清、《切韻指掌圖》十圖、《四聲等子》臻攝外三輕重俱等韻合口呼，列字均爲「卹」。「卹」爲《廣韻》《集韻》《五音集韻》術三心母位小韻首字，下收有「恤」字，列字以「卹」爲佳，《韻鏡》《七音略》亦無誤，《切韻指南》是。

124　入四曉　獝　《廣韻》《集韻》收於質韻，《廣韻》況必切，《集韻》休必切，曉質三入合臻；《五音集韻》音切同《廣韻》，列於曉母術韻四等位。《韻鏡》外轉第十八合、《七音略》外轉第十八輕中輕、《四聲等子》臻攝外三輕重俱等韻合口呼，列字均爲「獝」；《起數訣》第三十五圖開音清、《切韻指掌圖》十圖，列字爲「狘」。余迺永注「狘」爲「獝」之或體。「獝」爲《廣韻》《集韻》（質韻）、《五音集韻》術韻曉母重紐四等位小韻首字，《切韻指南》是。

125　入四匣　驈　《廣韻》一音餘律切，以術三入合臻；一音居聿切，見術三入合臻，均不合於此位；《集韻》户橘切，匣術三入合臻；《五音集韻》同《集韻》。《韻鏡》《切韻指掌圖》空位；《七音略》外轉第十八輕中輕，錯位列於術四以母位；《起數訣》第三十五圖開音清、《四聲等子》臻攝外三輕重俱等韻合口呼，列字爲「驈」。《廣韻》術韻匣母位無字，「驈」爲《集韻》《五音集韻》術三匣母位小韻首字，因匣母無三等字按規制列於四等，《韻鏡》從《廣韻》空位是，《七音略》列字錯位，《切韻指南》從《集韻》《五音集韻》。

126　入四喻　聿　《廣韻》餘律切，《集韻》允律切，以術三入合臻；《五音集韻》同《廣韻》。《韻鏡》外轉第十八合、《起數訣》第三十五圖開音清、《切韻指掌圖》十圖、《四聲等子》臻攝外三輕重俱等韻合口呼，列字均爲「聿」；《七音略》外轉第十八輕中輕，錯位列字爲「驈」；「聿」爲《廣韻》《集韻》《五音集韻》術三以母位小韻首字，以母按韻圖規制列於四等，《七音略》列字錯位，《切韻指南》是。

山攝外四　開口呼　廣門

見	溪	群	疑	端知	透徹	定澄	泥孃	幫非	滂敷	並奉	明微
干	看	○	豻	單	灘	壇	難	○	○	○	○
笴	侃	○	○	亶	坦	但	攤	○	○	○	○
旰	侃	○	岸	旦	炭	憚	[illegible]	○	○	○	○
葛	渴	○	嶭	怛	闥	達	捺	○	○	○	[illegible]
閒	慳	○	顏	譠	○	[illegible]	[illegible]	○	○	辦	○
簡	齦	○	眼	○	[illegible]	○	赧	○	肦	版	○
諫	○	○	鴈	○	[illegible]	袒	[illegible]	扮	○	辦	慢
鴶	鶷	○	聐	哳	獺	[illegible]	痆	捌	汃	拔	傄
攑	愆	乾	言	邅	脠	纏	○	○	○	○	[illegible]
蹇	繾	件	齴	展	搌	邅	趁	辡	鴘	辯	免
建	[illegible]	健	彥	驏	○	邅	輾	變	○	卞	○
孑	朅	傑	孼	哲	屮	轍	○	莂	○	別	○
甄	牽	○	妍	顛	天	田	秊	鞭	篇	便	眠
繭	遣	○	齞	典	腆	殄	撚	○	萹	楩	○
見	譴	○	硯	殿	瑱	電	晛	徧	鶣	便	麪
結	挈	○	齧	窒	鐵	姪	涅	鷩	撆	蹩	蔑

	韻	日	來	喻	影	匣	曉	邪 禪	心 審	從 床	清 穿	精 照
元韻宜与仙韻通押儼當合入寬韻	寒	○	蘭	○	安	寒	頇	○	跚	殘	餐	籛
	旱	○	嬾	○	侒	旱	罕	○	散	瓚	○	趲
	翰	○	爛	○	按	翰	漢	○	繖	攢	粲	賛
	曷	○	剌	○	遏	曷	顯	○	躠	巀	擦	⿱髟贊
	山	○	斕	○	黰	閑	羴	○	山	虥	獐	○
	產	○	○	○	軋	限	○	○	產	棧	剗	醆
	諫	○	○	○	晏	骭	○	○	訕	輚	羼	○
	鎋	○	○	○	軋	黠	瞎	○	殺	鐁	刹	札
元	仙	然	連	漹	焉	○	嘕	鋋	羶	○	○	饘
阮	獮	蹨	輦	○	扒	○	⿰忄憲	善	燃	○	闡	膳
願	線	軔	⿸疒連	○	躽	○	獻	繕	扇	○	硟	戰
月	薛	熱	列	○	⿰糸曷	紇	娎	○	設	舌	掣	哲
		○	蓮	延	煙	賢	祆	次	仙	前	千	箋
		○	○	演	⿰火匽	峴	顯	綫	獮	踐	淺	翦
		○	練	衍	宴	見	⿰糸顯	羨	霰	賤	倩	箭
		○	○	抴	噎	纈	⿱大百	○	屑	截	切	節

第十圖　山攝外四　開口呼　廣門

《經史正音切韻指南》第十圖爲山攝外四開口圖，歸併《韻鏡》外轉二十一開與外轉二十三開、《七音略》外轉二十一重中輕與外轉二十三重中重。其中一等列字俱爲寒韻字（舉平以賅上去入）；二等列字以山韻字居多，另有少量韻字和假二等字；三等列字以仙韻字居多，另有少量元韻字；四等列字涵先韻、重紐四等與假四等字。

1　平一精　籛　《廣韻》則前切，精先四平開山；《集韻》子干切，精寒一平開山；依《廣韻》不當列於此，依《集韻》可列於此位；《五音集韻》同《集韻》。《韻鏡》《七音略》《切韻指掌圖》均空位，《起數訣》第四十圖發音清、《四聲等子》山攝外四輕重俱等韻開口呼，列字均爲『籛』。《廣韻》無平一精母位小韻，『籛』爲《集韻》《五音集韻》寒一精母位小韻首字，《韻鏡》《七音略》從《廣韻》空位；《切韻指南》從《集韻》《五音集韻》。

2　平一從　殘　《廣韻》昨干切，《集韻》財干切，從寒一平開山；《五音集韻》同《廣韻》。《韻鏡》外轉第二十三開、《起數訣》第四十圖發音清、《切韻指掌圖》七圖、《四聲等子》山攝外四輕重俱等韻開口呼，列字均爲『殘』。《七音略》外轉二十三重中重，列字爲『戔』。『殘』爲

《廣韻》《五音集韻》寒一從母位小韻首字，下收有『戔』字；『戔』爲《集韻》寒一從母位小韻首字，列字以『殘』爲佳。《七音略》列字無誤，《切韻指南》是。

3 平一曉　頇　《廣韻》許干切，《集韻》虛干切，曉寒一平開山；《五音集韻》同《廣韻》。《韻鏡》外轉第二十三開列『⿰歹頁』，當爲『頇』字形訛，誤；《七音略》外轉二十三重中重、《起數訣》第四十圖發音清、《切韻指掌圖》七圖、《四聲等子》山攝外四輕重俱等韻開口呼，列字均爲『頇』。『頇』爲《廣韻》《集韻》《五音集韻》寒一曉母位小韻首字，當列於此位，《韻鏡》列字形訛，誤；《切韻指南》是。

4 平一來　蘭　《廣韻》落干切，《集韻》郎干切，來寒一平開山；《五音集韻》同《廣韻》。《韻鏡》外轉第二十三開、《切韻指掌圖》七圖，列字均爲『蘭』；《七音略》外轉二十三重中重、《起數訣》第四十圖發音清、《四聲等子》山攝外四輕重俱等韻開口呼，列字爲『闌』。『蘭』爲《廣韻》寒一來母位小韻首字，下收有『闌』字；『闌』爲《集韻》《五音集韻》寒一來母位小韻首字，下收有『蘭』字；列字以『蘭』爲佳。《七音略》無誤，《切韻指南》是。

5 上一泥　攤　《廣韻》奴但切，《集韻》乃坦切，泥旱一上開山；《五音集韻》同《廣韻》。《韻鏡》外轉第二十三開、《四聲等子》山攝外四輕重俱等韻開口呼，列字爲『攤』；《七音略》外轉二十三重中重，列字爲『灘』，端母旱韻，誤；《起數訣》第四十圖發音清，空位，誤；《切韻指掌圖》七圖，列字爲『戁』，泥母潸韻。『攤』爲《廣韻》《五音集韻》旱一泥母位小韻首字，當列於此位；《七音略》列字誤，《切韻指南》是。

6 上一精　纘　《廣韻》則旰切，精翰開一去山；《集韻》子罕切，精旱開一上山；《五音集韻》作管切，精緩合一上山；依《集韻》可列於此。《韻鏡》外轉第二十三開、《七音略》外轉二十三重中重、《起數訣》第四十圖發音清、《切韻指掌圖》七圖、《四聲等子》山攝外四輕重俱等韻開口呼，列字均爲『鬢』。『鬢』爲《廣韻》《集韻》《五音集韻》旱一精母位小韻首字，且《集韻》中下收有『纘』字，列字以『鬢』爲佳。《韻鏡》《七音略》從《廣韻》空位是；《切韻指南》從《集韻》。

7 上一從　瓚　《廣韻》藏旱切，《集韻》在坦切，從旱一上開山；《五音集韻》同《廣韻》；《康熙字典》記：『《正字通》俗瓚字。』《韻鏡》外轉第二十三開、《七音略》外轉二十三重中重、列字爲『瓚』。《起數訣》第四十圖發音清、《切韻指掌圖》七圖、《四聲等子》山攝外四輕重俱等韻開口呼，列字均爲『瓚』；『瓚』爲《廣韻》《集韻》《五音集韻》旱一從母位小韻首字，當列於此位《七音略》無誤，《切韻指南》是。

8 上一心　散　《廣韻》蘇旱切，《集韻》顙旱切，心旱一上開山；《五音集韻》同《廣韻》。《韻鏡》外轉第二十三開，列字爲『繖』；《七音略》外轉二十三重中重、《起數訣》第四十圖發音清、《切韻指掌圖》七圖、《四聲等子》山攝外四輕重俱等韻開口呼，列字均爲『散』。『散』爲《廣韻》《集韻》《五音集韻》旱一心母位小韻首字，下收有『繖』字，列字以『散』爲佳，《韻鏡》

亦無誤，《切韻指南》是。

9 上一曉 䍐 《廣韻》呼旱切，《集韻》許旱切，曉旱一上開山；《五音集韻》同《廣韻》。《韻鏡》外轉第二十三開、《七音略》外轉二十三重中重、《起數訣》第四十圖發音清、《切韻指掌圖》七圖，列字均爲「罕」；《四聲等子》山攝外四輕重俱等韻開口呼，列字爲「䍐」；「䍐」「罕」二字爲異體字。《廣韻》《集韻》《五音集韻》旱一曉母位小韻首字，《韻鏡》《七音略》無誤，《切韻指南》是。

10 上一影 侒 《廣韻》烏寒切，影母寒韻；《集韻》阿侃切，影旱一上開山；《五音集韻》同《集韻》；依《廣韻》不當列於此，依《集韻》《五音集韻》可列於此。《韻鏡》《切韻指掌圖》均空位；《七音略》外轉二十三重中重、《起數訣》第四十圖發音清、《四聲等子》山攝外四輕重俱等韻開口呼，列字均爲「侒」。《廣韻》無上一影母位小韻，「侒」爲《集韻》《五音集韻》旱一影母位小韻首字。《韻鏡》《七音略》從《廣韻》空位；《切韻指南》從《集韻》《五音集韻》。

11 上一來 嬾 《廣韻》落旱切，《集韻》魯旱切，來旱一上開山；《五音集韻》同《廣韻》。《韻鏡》外轉第二十三開、《起數訣》第四十圖發音清、《切韻指掌圖》七圖、《四聲等子》山攝外四輕重俱等韻開口呼，列字均爲「嬾」；《七音略》外轉二十三重中重，列字爲「爛」，來母翰韻，誤。「嬾」爲《廣韻》《集韻》《五音集韻》旱一來母位小韻首字，當列於此位，《七音略》列字誤，《切韻指南》是。

12　去一見　旰　《廣韻》古案切，《集韻》居案切，見翰一去開山；《五音集韻》同《廣韻》。《韻鏡》外轉第二十三開，列字爲『肝』，見母寒韻，當爲『旰』字誤；《七音略》外轉二十三重中重、《四聲等子》山攝外四輕重俱等韻開口呼，列字爲『旰』；《起數訣》第四十圖發音清，列字爲『幹』；《切韻指掌圖》七圖，列字爲『旰』。『旰』爲《廣韻》《五音集韻》翰一見母位小韻首字，下收『幹』『旰』二字，列字以『旰』爲佳。《韻鏡》列字誤，當校改爲『旰』；《七音略》亦無誤；《切韻指南》是。

13　去一溪　偘　《廣韻》苦旰切，《集韻》墟旰切，溪翰一去開山；《五音集韻》同《廣韻》。《韻鏡》外轉第二十三開、《七音略》外轉二十三重中重，列字均爲『侃』，《玉篇》記：『古文偘字。』此記『偘』爲『侃』字古字。《起數訣》第四十圖發音清、《切韻指掌圖》七圖、《四聲等子》山攝外四輕重俱等韻開口呼，列字均爲『看』。『偘』爲《廣韻》《五音集韻》翰一溪母位小韻首字，下收有『看』字，《韻鏡》《七音略》列正體無誤，《切韻指南》是。

14　去一泥　攤　《廣韻》奴案切，《集韻》乃旦切，泥翰一去開山；《五音集韻》同《廣韻》。《韻鏡》外轉第二十三開、《七音略》外轉二十三重中重、《起數訣》第四十圖發音清、《切韻指掌圖》七圖、《四聲等子》山攝外四輕重俱等韻開口呼，列字均爲『難』。『攤』爲《廣韻》《五音集韻》翰一泥母位小韻首字，下收有『難』字；『難』爲《集韻》翰一泥母位小韻首字，下收有

『攤』字，列字以『攤』爲佳。《韻鏡》《七音略》列字無誤；《切韻指南》是。

15 去一精　賛　弘治九年本、近衛庫本、正德十一年本、文津閣本，列字均爲『賛』，碧琳琅本、《叢書集成》本，列字均爲『贊』，『賛』『贊』二字爲異體字。『賛』，《廣韻》《集韻》則旰切，精翰一去開山；《五音集韻》同《廣韻》《集韻》。《韻鏡》外轉第二十三開、《起數訣》第四十圖發音清，列字爲『賛』；《七音略》外轉二十三重中重、《切韻指掌圖》七圖、《四聲等子》山攝外四輕重俱等韻開口呼，列字均爲『贊』。『賛』爲《廣韻》《集韻》《五音集韻》翰一精母位小韻首字，《切韻指南》諸家版本均是。

16 去一從　𡡚　弘治九年本、近衛庫本、正德十一年本、文津閣本，列字均爲『𡡚』，碧琳琅本、《叢書集成》本，列字均爲『𡡚』，『𡡚』『𡡚』二字互爲異體字。『𡡚』，《廣韻》徂贊切，《集韻》才贊切，從翰一去開山；《五音集韻》同《廣韻》。《韻鏡》外轉第二十三開、《起數訣》第四十圖發音清，列字均爲『𡡚』；《七音略》外轉二十三重中重、《切韻指掌圖》七圖、《四聲等子》山攝外四輕重俱等韻開口呼，列字均爲『𡡚』。『𡡚』爲《廣韻》《集韻》《五音集韻》翰一從母位小韻首字，《切韻指南》諸家版本均是。

17 去一心　繖　《廣韻》《集韻》字形均爲『繖』。『繖』，《廣韻》蘇旰切，《集韻》先旰切，心翰一去開山；《五音集韻》字形爲『繖』，反切同《廣韻》；據《康熙字典》記，『繖』爲『繖』本字。《韻鏡》外轉第二十三開、《切韻指掌圖》七圖、《四聲等子》山攝外四輕重俱等韻開口呼，列字均爲『散』;《七音略》外轉二十三重中重、《起數訣》第四十圖發音清,列字均爲『繖』。『繖』爲《廣韻》《五音集韻》翰一心母位小韻首字,下收有『散』字,列字以『繖』爲佳。《韻鏡》收字無誤,《切韻指南》從《五音集韻》。

18 去一影　按　《廣韻》烏旰切,《集韻》於旰切,影翰一去開山;《五音集韻》同《廣韻》。《韻鏡》外轉第二十三開,列字爲『桉』,爲『按』之刊刻誤;《七音略》外轉二十三重中重、《切韻指掌圖》七圖、《四聲等子》山攝外四輕重俱等韻開口呼,列字均爲『按』;《起數訣》第四十圖發音清,列字爲『案』。『按』爲《廣韻》《集韻》《五音集韻》翰一影母位小韻首字,下收有『案』字,列字以『按』爲佳,《切韻指南》是。

19 入一見　葛　《廣韻》古達切,《集韻》居曷切,見曷一入開山;《五音集韻》從《廣韻》。《韻鏡》外轉第二十三開、《七音略》外轉二十三重中重、《起數訣》第四十圖發音清、《切韻指掌圖》七圖,列字均爲『葛』;《四聲等子》山攝外四輕重俱等韻開口呼,列字爲『割』,見母曷韻。『葛』爲《廣韻》《集韻》《五音集韻》曷一見母位小韻首字,下收有『割』字,列字以『葛』爲佳,《切韻指南》是。

20 入一泥　捺　《廣韻》奴曷切,泥曷一入開山;《康熙字典》記:『《唐韻》奴曷切,《集韻》《正韻》乃曷切,從難入聲。手重按也。《字林》搦捎也。又書法有捺,古名磔。又《正韻》乃八切,義同。』此記《集韻》乃曷切,《五音集韻》同《集韻》。《韻鏡》外轉第二十三開,列字爲

『捺』，當爲『捺』字形訛；《七音略》外轉二十三重中重、《切韻指掌圖》七圖、《四聲等子》山攝外四輕重俱等韻開口呼，列字均爲『捺』。『捺』爲《廣韻》《集韻》《五音集韻》曷一泥母位小韻首字，當列於此位。《韻鏡》列字形訛，誤，當校改爲『捺』；《切韻指南》是。

21 入一明 藒 《廣韻》矛割切，當爲明母，但此反切有誤，余迺永認爲切語應爲『予割切』；《集韻》阿葛切，影一曷入開山，依《集韻》亦不當列於此；《五音集韻》沿《廣韻》，反切誤。《韻鏡》外轉第二十三開、《起數訣》第四十圖發音清、《四聲等子》山攝外四輕重俱等韻開口呼，列字爲『藒』；《七音略》《切韻指掌圖》均空位。 據楊軍《七音略校注》記，《廣韻》予割切，以母無一等韻，反切上字『予』當爲『於』字右旁壞脱而形近訛誤所致，且《集韻》亦收於影母，然影母字亦不當列於此。《廣韻》《集韻》實無入一明母曷韻小韻，《韻鏡》列此字或爲後人誤增，當删；《七音略》空位是；《切韻指南》從《五音集韻》列此字，誤，亦當删。

22 入一精 䰖 弘治九年本、近衛庫本、正德十一年本、文津閣本，列字均爲『䰖』；碧琳琅本、《叢書集成》本，列字均爲『鬢』，二字互爲異體字。『鬢』，《廣韻》作旰切或則旱切，精母翰韻或旱韻，均不當列於此位；《集韻》子末切，《五音集韻》姊末切，精曷一入開山，依《集韻》《五音集韻》可列於此位。《韻鏡》空位；《七音略》外轉二十三重中重，列字爲『囋』，從母曷韻，誤；《起數訣》第四十圖發音清，列字爲『槮』，《集韻》精母曷韻；《切韻指掌圖》七圖、

《四聲等子》山攝外四輕重俱等韻開口呼，列字均爲『拶』； 精母末韻。《廣韻》無曷一精母位小韻，據余迺永《韻鏡校箋》記，『鬢』當入曷韻，且『鬢』爲《集韻》《五音集韻》曷一精母位小韻首字。《韻鏡》從《廣韻》空位；《七音略》列字誤，當校改爲『鬢』；《切韻指南》諸家版本均從《集韻》《五音集韻》。

23 入一從　巀　《廣韻》才割切，《集韻》才達切，從曷一入開山；《五音集韻》同《廣韻》。《韻鏡》外轉第二十三開，列字爲『巀』；《七音略》外轉二十三重中重，列字爲『巀』，爲『巀』異體；《起數訣》第四十圖發音清，列字爲『擮』，從母曷韻；《切韻指掌圖》七圖，列字爲『截』，從母屑韻；《四聲等子》山攝外四輕重俱等韻開口呼，列字爲『囋』，從母曷韻。『巀』爲《廣韻》《集韻》《五音集韻》曷一從母位小韻首字，下收『擮』『囋』二字，列字以『巀』爲佳，《七音略》列異體無誤，《切韻指南》是。

24 《切韻指南》爲合韻韻圖，二等平聲雖標目僅爲『山』，然考圖内所有字，實收山、删二韻字。

25 平二見　間　弘治九年本、近衛庫本、正德十一年本、文津閣本，列字均爲『間』； 碧琳琅本、《叢書集成》本，列字均爲『閒』，二字互爲異體字。《廣韻》字形爲『閒』，古閑切，《集韻》字形亦爲『閒』，居閑切，見山二平開山；《五音集韻》字形切語均同《廣韻》。《韻鏡》外轉第二十一開，列字爲『閒』；《七音略》外轉二十一重中輕、《起數訣》第四十五圖發音濁、《四聲等子》山攝外四輕重俱等韻開口呼，列字均爲『間』；《切韻指掌圖》七圖，列字爲『姦』，見母删韻。『閒』爲《廣韻》《集韻》《五音集韻》山二見母位小韻首字，《切韻指南》諸家版本均是。

26 平二溪　慳　《廣韻》苦閑切，《集韻》丘閑切，溪山二平開山；《五音集韻》同《廣韻》。《韻鏡》外轉第二十一開、《切韻指掌圖》七圖、《四聲等子》山攝外四輕重俱等韻開口呼，列字均爲『慳』；《七音略》外轉二十一重中輕、《起數訣》第四十五圖發音濁，列字均爲『掔』，溪母山韻。『慳』爲《廣韻》《五音集韻》山二溪母位小韻首字，下收有『掔』字；『掔』爲《集韻》山二溪母位小韻首字，下收有『慳』字，列字以『慳』爲佳。《七音略》列字無誤，《切韻指南》是。

27 平二知　䱹　《廣韻》陟山切，《集韻》知山切，知山二平開山；《五音集韻》同《廣韻》。《韻鏡》外轉第二十一開、《切韻指掌圖》七圖、《四聲等子》山攝外四輕重俱等韻開口呼，列字均爲『譠』；《七音略》外轉二十一重中輕，列字爲『䱹』；《起數訣》空位，誤。『譠』爲《廣韻》山二知母位小韻首字，下收有『䱹』字；然『䱹』爲《集韻》《五音集韻》山二知母位小韻首字，下收有『譠』字。《韻鏡》從《廣韻》是；《七音略》亦無誤；《切韻指南》從《集韻》《五音集韻》。

28 平二澄　獮　弘治九年本、正德十一年本、文津閣本、碧琳琅本、《叢書集成》本，列字均爲『獮』；近衛庫本，列字爲『𤢄』；《廣韻》《集韻》《五音集韻》平二澄母位字形爲『獮』，『𤢄』當爲『獮』字形訛。『獮』，《廣韻》直閑切，《集韻》丈山切，澄山二平開山；《五音集韻》同《廣韻》。《韻鏡》外轉第二十一開、《起數訣》第四十五圖發音濁、《切韻指掌圖》七圖、《四聲等子》山攝外四輕重俱等韻開口呼，列字均爲『⿰犭䜌』；《七音略》外轉二十一重中輕，列字爲『⿰彳䜌』。『⿰犭䜌』爲《廣韻》《集韻》《五音集韻》山二澄母位小韻首字，近衛庫本、《七音略》列字形訛，誤，當校正爲『⿰犭䜌』；《切韻指南》其餘諸版本是。

29 平二孃　⿱⿰肉犬灬　弘治九年本、近衛庫本、正德十一年本，列字均爲『⿱⿰肉犬灬』；文津閣本、碧琳琅本、《叢書集成》本，列字均爲『然』。『⿱⿰肉犬灬』，《廣韻》《集韻》均未收，《五音集韻》女閑切，孃山二平開山，依《五音集韻》可列於此位；『然』，《廣韻》《集韻》如延切，日仙三平開山，不當列於此位。《韻鏡》外轉第二十一開、《七音略》外轉二十一重中輕、《起數訣》第四十五圖發音濁、《切韻指掌圖》七圖、《四聲等子》山攝外四輕重俱等韻開口呼，列字均爲『嘫』，娘母山韻。『嘫』爲《廣韻》《集韻》山二娘母位小韻首字；『⿱⿰肉犬灬』爲《五音集韻》山二娘母位小韻首字，列字以『嘫』爲佳。《韻鏡》《七音略》是；弘治九年本、近衛庫本、正德十一年本均從《五音集韻》；文津閣本、碧琳琅本、《叢書集成》本列字誤，當校改爲『嘫』。

30 平二幫　○　《廣韻》此位收有『媥』小韻，『媥』，《廣韻》方閑切，《集韻》逋閑切，幫山二平開山；另有《廣韻》《五音集韻》布還切，幫刪二平合山。《韻鏡》外轉第二十一開、《七音略》外轉二十一重中輕、《起數訣》第四十六圖收音清、《四聲等子》山攝外四輕重俱等韻開口呼，列字均爲『媥』；《切韻指掌圖》空位。『媥』爲《廣韻》《集韻》山二幫母位小韻首字，《切韻指南》從《五音集韻》『布還切』切語，因切下字爲合口字，故《切韻指南》開口圖空位，於合口圖此位列『班』，『班』爲《廣韻》《集韻》《五音集韻》删二幫母位小韻首字，且《五音集韻》中下收有『斒』字，《切韻指南》從《五音集韻》列於合口，故此處空位。

31 平二並　瓣　《廣韻》蒲莧切，並襉二去開山；《集韻》薄閑切，並山二平開山；《五音集韻》同《集韻》；依《廣韻》不當列於此位，依《集韻》《五音集韻》可列於此位。《韻鏡》外轉第二十一開，列於並母襉韻，山韻空位；《七音略》外轉二十四輕中重，列字爲『肦』，並母删韻；《起數訣》第四十六圖收音清、《四聲等子》山攝外四輕重俱等韻開口呼，列字均爲『瓣』；《切韻指掌圖》八圖，列於去聲位。《廣韻》山二、删二均無並母位小韻；『瓣』爲《集韻》《五音集韻》山二並母位小韻首字。《韻鏡》從《廣韻》空位；《七音略》無誤；《切韻指南》從《集韻》《五音集韻》。

32 平二穿　⿰犭軍　弘治九年本、文津閣本，列字均爲『⿰犭軍』；近衛庫本、正德十一年本、碧琳琅本、《叢書集成》本，列字均爲『⿰犭單』。『⿰犭軍』，《廣韻》户昆切，《集韻》胡昆切，匣魂一平合臻；或《集韻》吁韋切，《集韻》曉母微韻或灰韻，均不當列於此位。『⿰犭單』，《廣韻》《集韻》充山切，昌山二平開山；《五音集韻》同《廣韻》，可列於此位；『⿰犭軍』當爲『⿰犭單』字訛誤。《韻鏡》外轉第二十一開，《起數訣》第四十五圖發音濁，《切韻指掌圖》七圖、《四聲等子》山攝外四輕重俱等韻開口呼，列字均爲『⿰犭單』；《七音略》外轉二十一重中輕，列字爲『⿰彳單』，訛誤。『⿰犭單』爲《廣韻》《集韻》《五音集韻》山二昌母位小韻首字，雖爲昌母字，按三二精照寄正音和的門法，此字當列於二等位。《七音略》、弘治九年本、文津閣本，列字均爲訛誤，當校改爲『⿰犭單』；《切韻指南》其餘諸版本是。

33 平二來　斕　弘治九年本、近衛庫本、正德十一年本、碧琳琅本、《叢書集成》本，列字均爲『斕』； 文津閣本，列字爲『嬾』。『斕』《廣韻》力閑切，《集韻》離閑切，來山二平開山；《五音集韻》同《廣韻》，可列於此位。『嬾』，《康熙字典》記：『同懶。』『懶』，來母旱韻，不當列於此位。《韻鏡》外轉第二十一開、《七音略》外轉二十一重中輕、《起數訣》第四十五圖發音濁、《切韻指掌圖》七圖，列字均爲『斕』；《四聲等子》山攝外四輕重俱等韻開口呼，列字爲『嬾』，誤。『斕』爲《廣韻》《集韻》《五音集韻》山二來母位小韻首字，當列於此位，文津閣本列字誤，當校改爲『斕』； 其餘諸版本是。

34 《切韻指南》爲合韻韻圖，二等上聲雖標目僅爲『産』，然考圖内所有字，實收産、潸二韻字。

35 上二見　簡　弘治九年本、近衛庫本、正德十一年本、文津閣本，列字均爲『簡』； 碧琳琅本、《叢書集成》本，列字均爲『𥳑』，二字爲異體字。『簡』，《廣韻》古限切，《集韻》賈限切，見産二上開山；《五音集韻》同《廣韻》。《韻鏡》外轉第二十一開、《七音略》外轉二十一重中輕、《起數訣》第四十五圖發音濁、《切韻指掌圖》七圖，列字均爲『簡』；《四聲等子》山攝外四輕重俱等韻開口呼，列字爲『蕳』，見母山韻，誤。『簡』爲《廣韻》《集韻》《五音集韻》産二見母位小韻首字，《切韻指南》諸版本均是。

36　上二徹　𡳐　《廣韻》産二、潸二均無徹母位小韻，《集韻》丑赧切，徹潸二上開山；《五音集韻》同《集韻》。《韻鏡》《七音略》《切韻指掌圖》均空位；《起數訣》第四十一圖發音濁、《四聲等子》山攝外四輕重俱等韻開口呼，列字均爲『𡳐』。『𡳐』爲《集韻》《五音集韻》潸二徹母位小韻首字。《韻鏡》《七音略》從《廣韻》空位；《切韻指南》從《集韻》《五音集韻》。

37　上二孃　赧　《廣韻》奴板切，《集韻》乃版切，娘潸二上開山；《五音集韻》同《集韻》。《韻鏡》外轉第二十三開、《起數訣》第四十一圖發音濁、《切韻指掌圖》八圖、《四聲等子》山攝外四輕重俱等韻開口呼，列字均爲『赧』；《七音略》外轉二十三重中重，列字爲『𧹞』；據《康熙字典》記：『《集韻》或从皮作𧹞，亦作𢠽。』此記則二字互爲異體字。『赧』爲《廣韻》《集韻》《五音集韻》潸二娘母位小韻首字，《切韻指南》是。

38　上二滂　盱　弘治九年本、近衛庫本、正德十一年本、文津閣本，列字均爲『盱』；碧琳琅本、《叢書集成》本，列字均爲『盻』。《廣韻》産韻無滂母位小韻，但潸二滂母位有『眅』小韻。『眅』，《廣韻》普板切，《集韻》普版切，滂母潸韻；《集韻》産二滂母位列『盻』，『盻』，匹限切，滂母産韻；《五音集韻》列字字形爲『盱』，其餘同《集韻》。『盱』爲『盻』字俗訛，據《字彙》記：『盻字乃盻恨之盻，今人混作盼睞之盼，非』，故此字應爲『盼』字形訛；『盼』，滂母襉韻，亦不當列於此；趙振鐸《集韻校本》認爲此字應删去。《韻鏡》外轉第二十一開，列字爲

『眅』，幫母潸韻，誤；外轉第二十四合，列字爲『眅』；《七音略》外轉二十一重中輕、《切韻指掌圖》八圖，列字均爲『眅』；《起數訣》空位；《四聲等子》山攝外四輕重俱等韻開口呼，列字爲『盱』。『眅』爲《廣韻》《集韻》潸二滂母位小韻首字，但切下字爲脣音字，《切韻指南》多列於合口圖，然合口圖空位，當校補『眅』字；開口圖此位當是從《集韻》《五音集韻》之訛，當删。

39 上二並　版　弘治九年本、近衛庫本、正德十一年本、碧琳琅本、《叢書集成》本，列字均爲『版』；文津閣本，列字爲『眅』。『版』，《廣韻》布綰切，幫潸二上合山；《集韻》蒲限切，並産二上開山；《五音集韻》同《集韻》。依《廣韻》不當列於此，依《集韻》《五音集韻》可列於此。『眅』，《廣韻》普板切，《集韻》普版切，滂潸二上開山；《五音集韻》布綰切，幫母潸韻；均不當列於此位。《韻鏡》外轉第二十一開，列字爲『阪』，《廣韻》並母合口産韻，《集韻》並母開口産韻；《七音略》《切韻指掌圖》均空位；《起數訣》第四十六圖收音清、《四聲等子》山攝外四輕重俱等韻開口呼，列字爲『版』。《廣韻》産二、潸二均無並母位開口小韻；『版』爲《集韻》《五音集韻》産二並母位小韻首字，切下字『限』爲開口字，按規則可列於此，且《集韻》中下收有『阪』字。『眅』，切下字爲合口，《指南》此類字多列於合口圖。《韻鏡》列字無誤；《七音略》從《廣韻》空位；《切韻指南》文津閣本列字誤，當校改爲『版』；其餘諸版本從《集韻》《五音集韻》。

40 上二明 ○ 《廣韻》上二明母位列『䰩』，武簡切，明産二上開山；《集韻》此位列『晚』，其餘同《廣韻》；《五音集韻》收作『晚』，武板切，其餘亦同《廣韻》。《韻鏡》外轉第二十一開、《七音略》外轉二十一重中輕、《切韻指掌圖》八圖，列字均爲『䰩』；《起數訣》第四十六圖收音清，列字爲『晚』，爲形訛，誤；《四聲等子》山攝外四輕重俱等韻開口呼，列字爲『晚』；《康熙字典》記：『《廣韻》書作䰩。』『晚』『䰩』二字爲異體字。『䰩』爲《廣韻》《集韻》産二明母位小韻首字，可列於此位，《韻鏡》《七音略》從《廣韻》； 而《切韻指南》於山攝外四合口圖明母位已列『矕』字，《廣韻》武板切，《集韻》母版切，明母潸韻，且《五音集韻》中下收有『晚』字，《五音集韻》爲合韻韻書，産韻、潸韻已合韻，因切下字爲脣音字，故《切韻指南》從《五音集韻》列於合口圖上二明母位，開口圖空位。

41 上二審 産 弘治九年本、近衛庫本、正德十一年本、文津閣本，列字均爲『産』； 碧琳琅本、《叢書集成》本，列字均爲『産』，二字爲異體字。 『産』，《廣韻》《集韻》所簡切，生産二上開山；《五音集韻》同《廣韻》《集韻》。《韻鏡》外轉第二十一開、《七音略》外轉二十一重中輕、《起數訣》第四十五圖發音濁、《切韻指掌圖》七圖、《四聲等子》山攝外四輕重俱等韻開口呼，列字均爲『産』。『産』爲《廣韻》《集韻》《五音集韻》産二生母位小韻首字，《切韻指南》諸家版本均是。

42 上二影 軋 《廣韻》烏黠切，影黠二入開山；《集韻》膺眼切，影産二上開山；《五音集韻》

同《集韻》；依《廣韻》不當列於此，依《集韻》《五音集韻》可列於此。《韻鏡》《七音略》《切韻指掌圖》均空位；《起數訣》第四十五圖發音濁、《四聲等子》山攝外四輕重俱等韻開口呼，列字均爲『軋』。《廣韻》產二潸二無影母位小韻，『軋』爲《集韻》《五音集韻》產二影母位小韻首字。《韻鏡》《七音略》從《廣韻》空位；《切韻指南》從《集韻》《五音集韻》。

43 《切韻指南》爲合韻韻圖，二等去聲位雖標目僅爲『諫』，然考圖内列字，實收諫、襉二韻字。

44 去二知 ○ 《廣韻》《集韻》《五音集韻》均無去二知母位小韻。《韻鏡》《起數訣》《切韻指掌圖》《四聲等子》均空位；《七音略》外轉二十三重中重，列字爲『娦』，《廣韻》《集韻》下晏切，匣母諫韻，不當列於此位。《七音略》列『娦』字爲誤增，當删；《韻鏡》《切韻指南》空位是。

45 去二澄 袓 《廣韻》丈莧切，《集韻》直莧切，澄襉二去開山；《五音集韻》同《廣韻》。《韻鏡》外轉第二十一開，列字爲『祖』，精母姥韻，誤；《七音略》外轉第二十一重中輕，列字爲『袒』，誤；『祖』『袒』均爲『袓』形訛；《起數訣》第四十五圖發音濁、《切韻指掌圖》七圖、《四聲等子》山攝外四輕重俱等韻開口呼，列字爲『綻』。『袓』爲《廣韻》《集韻》《五音集韻》襉二澄母位小韻首字，下收有『綻』字，《韻鏡》《七音略》均爲形訛，誤；《切韻指南》是。

46 去二孃 㬎 《廣韻》襉韻諫韻均無孃母位小韻；『㬎』，《康熙字典》記：『《廣韻》奴版切，《集韻》乃版切，音赧。《說文》溫濕也。又《集韻》乃諫切。《玉篇》赤也。《類篇》一曰小赤。』此記《集韻》乃諫切，泥母諫韻；《五音集韻》同《集韻》。《韻鏡》《七音略》《切韻指掌圖》均空位；《起數訣》第四十一圖發音濁、《四聲等子》山攝外四輕重俱等韻開口呼，列字均爲『㬰』。『㬰』爲《集韻》《五音集韻》諫二娘母位小韻首字，《韻鏡》《七音略》從《廣韻》空位；《切韻指南》從《五音集韻》。

47 去二幫　扮　《廣韻》晡幻切，《集韻》博幻切，幫襉二去開山；《五音集韻》同《廣韻》。《韻鏡》外轉第二十一開、《七音略》外轉二十一重中輕、《起數訣》第四十六圖收音清、《切韻指掌圖》八圖、《四聲等子》山攝外四輕重俱等韻開口呼，列字均爲『扮』。『扮』爲《廣韻》《集韻》《五音集韻》襉二幫母位小韻首字，但切下字爲合口字，《切韻指南》此類字多列於合口圖，且合口圖此位已有列字，故此圖列字當删。

48 去二滂　◯　《廣韻》此位有『盼』小韻，蒲莧切；《集韻》普莧切，滂襉二去開山；《五音集韻》普患切，滂母合口諫韻。《韻鏡》外轉第二十一開、《起數訣》第四十六圖收音清，列字均爲『盻』；《七音略》外轉二十一重中輕，列字均爲『肦』，此字當爲『盼』形訛；《切韻指掌圖》八圖，列字爲『盻』，當爲『盻』字俗體字；《四聲等子》山攝外四輕重俱等韻開口呼，列字爲『盰』。『盼』爲《廣韻》《集韻》襉二滂母位小韻首字，《七音略》列字形訛，誤；《切韻指南》開口圖空位，於合口圖此位列『襻』字，普患切，滂母諫韻，下收有『盻』字；《五音集韻》時，諫襉二韻已合併，且因切下字爲合口字，故《切韻指南》從《五音集韻》列於合口圖，開口圖此處空位。

49 去二並　瓣　《廣韻》蒲莧切，《集韻》皮莧切，並襉二去開山；《五音集韻》同《廣韻》。《韻鏡》外轉第二十一開、《起數訣》第四十六圖收音清、《切韻指掌圖》八圖、《四聲等子》山攝外四輕重俱等韻開口呼，列字均爲『瓣』；《七音略》外轉二十一重中輕，列字爲『辦』。『瓣』爲《廣韻》《集韻》《五音集韻》襉二並母位小韻首字，下收有『辦』字，列字以『瓣』爲佳，《切韻指南》因切下字爲開口，而列於開口圖。

50 去二明　慢　《廣韻》謨晏切，《集韻》莫晏切，明諫二去合山；《五音集韻》同《廣韻》。《韻鏡》外轉第二十一開、《七音略》外轉二十一重中輕、《起數訣》第四十六圖收音清、《四聲等子》山攝外四輕重俱等韻開口呼，列字均爲『蔄』；『蔄』，《廣韻》亡莧切，《集韻》萌莧切，明襉二去開山，可列於此；《切韻指掌圖》八圖，列字爲『慢』。『慢』爲《廣韻》《集韻》《五音集韻》諫二明母位小韻首字，『蔄』爲《廣韻》《集韻》襉二明母位小韻首字，諸家韻圖對脣音字開合問題處理方式不一；且《切韻指南》爲合韻韻圖，諫襉二韻已合併，《切韻指南》因切下字爲開口字列於開口圖。

51 去二穿　羼　《廣韻》初鴈切，初諫二去開山；《集韻》初莧切，初襉二去開山；《五音集韻》同《集韻》。《韻鏡》外轉第二十三開、《七音略》外轉二十三重中重、《切韻指掌圖》七圖，列字均爲『鏟』；《起數訣》第四十五圖發音濁、《四聲等子》山攝外四輕重俱等韻開口呼，列字均爲『羼』。『羼』爲《廣韻》諫二初母位小韻首字，下收有『鏟』字，而『鏟』字爲《集韻》《五音集韻》裯二初母位小韻首字。《韻鏡》《七音略》無誤；《切韻指南》從《廣韻》。

52 《切韻指南》爲合韻韻圖，二等入聲位置雖標目僅爲『鍩』，然考圖内列字，實收鍩、黠二韻字。

53 入二見 鸛 《廣韻》古鍩切，《集韻》居轄切，見鍩二入開山；《五音集韻》同《廣韻》。《韻鏡》外轉第二十一開、《起數訣》第四十五圖發音濁，列字爲『鸛』；《七音略》外轉二十一重中輕，列字爲『鴰』，見母鍩韻合口，誤；《切韻指掌圖》七圖、《四聲等子》山攝外四輕重俱等韻開口呼，列字均爲『戛』，見母黠韻。『鸛』爲《廣韻》《集韻》《五音集韻》鍩二見母位小韻首字，當列於此位。《七音略》列字誤，當校改爲『鸛』；《切韻指南》是。

54 入二溪 䆛 《廣韻》此字字形爲『䆛』，『䆛』，《廣韻》枯鍩切；《集韻》五轄切，音切誤，據趙振鐸《集韻校本》記，切語本應爲『丘轄切』； 溪鍩二入開山；《五音集韻》字形爲『䆛』，當爲『䆛』之形訛，其餘同《廣韻》。《韻鏡》外轉第二十一開，列字爲『楬』；《七音略》外轉二十一重中輕，列字爲『䆛』，亦爲『䆛』字形訛；《起數訣》第四十五圖發音濁，列字爲『揭』，見母鍩韻；《切韻指掌圖》七圖，列字爲『䆛』、《四聲等子》山攝外四輕重俱等韻開口呼，列字爲『䆛』。『䆛』爲《廣韻》《集韻》《五音集韻》鍩二溪母位小韻首字，下收有『楬』字，列字當以『䆛』爲佳。《七音略》《切韻指南》列字均形訛，誤，均當校改爲『䆛』。

55 入二疑 聐 《廣韻》五鍩切，《集韻》牛轄切，疑轄二入開山；《五音集韻》同《廣韻》。《韻鏡》外轉第二十一開、《四聲等子》山攝外四輕重俱等韻開口呼，列字均爲『聐』；《七音略》空位；《起數訣》第四十五圖發音濁、《切韻指掌圖》七圖，列字均爲『齾』。『齾』爲《廣韻》《集韻》《五音集韻》鎋二疑母位小韻首字，下收有『聐』字，列字以『齾』字爲佳。《七音略》空位誤；《韻鏡》《切韻指南》無誤。

56　入二知　㖿　《廣韻》此字字形爲『哳』，《康熙字典》：『《唐韻正》音制。亦作㖿。』此記，二字互爲異體字。『哳』，《廣韻》陟鎋切，《集韻》知戛切，知鎋二入開山；《五音集韻》字形爲『㖿』，其餘同《集韻》。《韻鏡》外轉第二十一開、《起數訣》第四十五圖發音濁、《切韻指掌圖》七圖、《四聲等子》山攝外四輕重俱等韻開口呼，列字均爲『哳』；《七音略》空位，誤。『哳』爲《廣韻》《集韻》《五音集韻》鎋二知母位小韻首字，當列於此位。《七音略》空位誤，當校補『哳』字；《切韻指南》列異體字亦無誤。

57　入二徹　獺　《廣韻》他鎋切，《集韻》逖鎋切，透鎋二入開山；《五音集韻》同《廣韻》，此音切應爲透徹類隔切。《韻鏡》外轉第二十一開、《起數訣》第四十五圖發音濁、《四聲等子》山攝外四輕重俱等韻開口呼，列字均爲『獺』；《七音略》《切韻指掌圖》空位。『獺』爲《廣韻》《集韻》《五音集韻》鎋二徹母位小韻首字，依音當列於此位，《七音略》空位誤，《切韻指南》是。

58　入二澄　噠　《廣韻》未收；《集韻》宅軋切，澄黠二入開山；《五音集韻》同《集韻》。《韻鏡》外轉第二十三開，列字爲『薘』，定母曷韻，誤；《七音略》外轉二十三重中重、《起數訣》第四十一圖發音濁，《四聲等子》山攝外四輕重俱等韻開口呼，列字均爲『噠』；《切韻指掌圖》空位。《廣韻》鎋二黠二均無澄母位小韻，『噠』爲《集韻》《五音集韻》黠二澄母位小韻首字。《韻鏡》列字誤；《切韻指南》從《集韻》《五音集韻》。

59　入二幫　捌　《廣韻》百鎋切，幫鎋二入開山；《集韻》布拔切，幫黠二入開山；《切韻指南》爲合韻韻圖，依《廣韻》《集韻》均可列於此位；《五音集韻》同《廣韻》。《韻鏡》外轉第二十一開、《七音略》外轉二十一重中輕、《起數訣》第四十六圖收音清、《四聲等子》山攝外四輕重俱等韻開口呼，列字均爲『捌』；《切韻指掌圖》八圖，列字爲『八』，幫母黠韻。『捌』爲《廣韻》《五音集韻》鎋二幫母位小韻首字，《切韻指南》是。

60　入二滂　汃　《廣韻》《集韻》普八切，滂黠二入開山；《五音集韻》同《廣韻》。《韻鏡》外轉第二十四合、《七音略》外轉二十四輕中重、《起數訣》第四十二圖閉音清、《切韻指掌圖》八圖、《四聲等子》山攝外四輕重俱等韻合口呼，列字均爲『汃』。『汃』爲《廣韻》《集韻》《五音集韻》黠二滂母位小韻首字，當列於此位。然諸家韻圖對脣音字處理方式不一，《韻鏡》《七音略》列於合口圖，《廣韻》中『八』入開口，《五音集韻》承《廣韻》，故《切韻指南》因切下字爲開口字列於開口圖。

61　入二並　拔　弘治九年本、正德十一年本、碧琳琅本、《叢書集成》本，列字均爲『拔』；近衛庫本、文津閣本，列字均爲『抜』，二字互爲異體字。『抜』，《廣韻》《集韻》蒲八切，並黠二入開山；《五音集韻》同《廣韻》《集韻》。《韻鏡》外轉第二十四合、《七音略》外轉二十四輕中重、《起數訣》第四十二圖閉音清、《切韻指掌圖》八圖、《四聲等子》山攝外四輕重俱等韻合口呼，列字均爲「拔」。「拔」爲《廣韻》《集韻》《五音集韻》黠二並母位小韻首字，《韻鏡》《七音略》列於合口圖；《切韻指南》諸版本因《五音集韻》切下字爲開口字列於開口圖。

62 入二明　傄　《廣韻》《集韻》莫八切，明黠二入開山；《五音集韻》同《廣韻》《集韻》。《韻鏡》外轉第二十四合、《七音略》外轉二十四輕中重、《起數訣》第四十二圖閉音清，列字均爲「傄」；《切韻指掌圖》八圖，列字爲「傜」，當爲形訛字；《四聲等子》山攝外四輕重俱等韻合口呼，列字爲「礣」，明母鎋韻。「傄」爲《廣韻》《集韻》《五音集韻》黠二明母位小韻首字，《切韻指南》因《五音集韻》切下字爲開口字列於開口圖。

63 入二牀　鏩　《廣韻》查鎋切，《集韻》槎鎋切，崇鎋二入開山；《五音集韻》同《廣韻》。《韻鏡》外轉第二十一開，誤列於莊母位，崇母位空位，誤；《七音略》外轉二十一重中輕，列字爲「鐦」；《切韻指掌圖》空位；《起數訣》第四十五圖發音濁、《四聲等子》山攝外四輕重俱等韻開口呼，列字均爲「鏩」，《康熙字典》記：「《廣韻》《正韻》查鎋切，音湺。《廣韻》秦人云切草。《正韻》切草器。按集韻、類篇作鐦。」「鏩」即爲「鐦」字。「鏩」爲《廣韻》《集韻》《五音集韻》鎋二崇母位小韻首字，當列於此位。《韻鏡》誤，當校列於崇母位；《七音略》列字無誤；《切韻指南》是。

64 入二審　殺　《廣韻》所八切，《集韻》山戞切，生黠二入開山；《五音集韻》所鎋切，生母鎋韻。《韻鏡》外轉第二十三開、《起數訣》第四十一圖發音濁、《切韻指掌圖》七圖、《四聲等子》山攝外四輕重俱等韻開口呼、《切韻指南》山攝外四開口呼廣門，列字均爲『殺』；《七音略》外轉二十三重中重，列字爲『榝』。『殺』爲《廣韻》《集韻》《五音集韻》黠二審母位小韻首字，下收有『榝』字，列字以『殺』爲佳。《七音略》列下收字亦無誤；《切韻指南》是。

65 入二曉　瞎　《廣韻》《集韻》許鎋切，曉鎋二入開山；《五音集韻》同《廣韻》《集韻》。《韻鏡》外轉第二十一開、《起數訣》第四十五圖發音濁、《切韻指掌圖》七圖、《四聲等子》山攝外四輕重俱等韻開口呼，列字均爲『瞎』；《七音略》空位。『瞎』爲《廣韻》《集韻》《五音集韻》鎋二曉母位小韻首字，當列於此位。《七音略》空位誤，當校補『瞎』字；《切韻指南》是。

66 入二匣　黠　弘治九年本、近衛庫本、正德十一年本、文津閣本，列字均爲『黠』；碧琳琅本、《叢書集成》本，列字均爲『黠』爲書寫異。『黠』，《廣韻》胡八切，《集韻》下八切，《五音集韻》胡戞切，匣黠二入開山。《韻鏡》外轉第二十三開、《七音略》外轉二十三重中重、《起數訣》第四十一圖發音濁、《切韻指掌圖》七圖，列字均爲『黠』；《四聲等子》山攝外四輕重俱等韻開口呼，列字爲『鎋』，匣母鎋韻。『黠』爲《廣韻》《集韻》《五音集韻》黠二匣母位小韻首字，《切韻指南》列黠字形者，當校改爲『黠』。

67 入二日　◯　《廣韻》《集韻》日母鎋韻位收有『䏿』小韻。『䏿』，《廣韻》《集韻》而鎋切，據此音切當爲日母鍩韻，然日母無二等韻，故此音切有誤。《韻鏡》外轉第二十一開，列字爲『⿱髟月』；《七音略》《起數訣》《切韻指掌圖》《四聲等子》均空位。於此字，龍宇純亦曰：『日母例無二等字，疑此字當屬泥母。《玉篇》女鍩切。』今按龍説近是，唯此若係泥日類隔，則當與泥母位『瘵』字同，亦不當列於此位。《韻鏡》列此字當是後人據《廣韻》此音切誤增，當删；《七音略》《切韻指南》空位，是。

68 本圖三等字列仙獮線薛四韻與元阮願月四韻字，圖左注『元韻宜與仙韻通押，不當全入魂痕。』

69 平三徹　脡　《廣韻》丑延切，《集韻》抽延切，徹仙三平開山；《五音集韻》同《廣韻》。《韻鏡》外轉第二十三開、《切韻指掌圖》七圖、《四聲等子》山攝外四輕重俱等韻開口呼，列字均爲『脡』；《七音略》外轉二十三重中重，列字爲『脠』，云母線韻或以母仙韻，均不當列於此，當爲『脡』字形訛；《起數訣》第四十五圖發音濁，列『梴』。『脡』爲《廣韻》《集韻》《五音集韻》仙三徹母位小韻首字，下收有『梴』字，列字以『脡』爲佳。《七音略》列字形訛，誤；《切韻指南》是。

70 平三明　⿰亻蠻　弘治九年本，列字爲『⿰亻蠻』；近衛庫本、正德十一年本，列字均爲『蠻』；文津閣本、碧琳琅本、《叢書集成》本，列字均爲『⿰忄蠻』。『⿰亻蠻』，諸家辭書均未收，據字形而推應爲『⿰忄蠻』字形訛；『⿰忄蠻』《廣韻》未收，《集韻》《五音集韻》免員切，明仙三平合山。《韻鏡》《起數訣》《切韻指掌圖》均空位；《七音略》外轉二十四輕中重、《四聲等子》山攝外四輕重俱等韻開口呼，列字均爲『⿰忄蠻』。『⿰忄蠻』，《集韻》前諸家韻書均未收，因切下字爲合口，當列於合口圖，但合口圖明母位已有列字，此位不當列字。《切韻指南》弘治九年本，列字爲『⿰忄蠻』形訛；其餘諸版本列字字形無誤，均當校删。

71 平三照　⿱衍食　《廣韻》諸延切，章仙三平開山；《集韻》字形爲『餰』，爲異體字，其餘同《廣韻》；《五音集韻》同《廣韻》。《韻鏡》外轉第二十三開、《七音略》外轉二十三重中重、《起數訣》第四十五圖發音濁，列字均爲『饘』；《切韻指掌圖》七圖、《四聲等子》山攝外四輕重俱等韻開口呼，列字均爲『⿱衍食』。『⿱衍食』爲《廣韻》《集韻》《五音集韻》仙三章母位小韻首字，下收有『饘』字，注上同，爲異體字，當列於此位。《韻鏡》《七音略》列異體字無誤，《切韻指南》是。

72 平三穿　○　《廣韻》平三昌母位有『燀』小韻，尺延切；《集韻》此位同列『燀』，稱延切，昌仙三平開山；《五音集韻》無平三穿母開口小韻。《韻鏡》外轉第二十三開、《七音略》外轉二十三重中重、《起數訣》第四十五圖發音濁、《切韻指掌圖》七圖、《四聲等子》山攝外四輕重俱等韻開口呼，列字均爲『燀』。『燀』爲《廣韻》《集韻》仙三昌母位小韻首字，《切韻指南》空位，誤，當校補『燀』字。

73 上三溪　⿰糹悉　弘治九年本、近衛庫本、正德十一年本，列字均爲『⿰糹悉』；文津閣本、碧琳琅本、

《叢書集成》本，列字均爲『縂』，據《類篇》記，二字當爲異體字。《廣韻》獨三無溪母位小韻；『縂』，《集韻》起輂切，《五音集韻》起㫃切，溪獨三上開山。《韻鏡》空位；《七音略》外轉第二十三重中重、《起數訣》第四十五圖發音濁、《切韻指掌圖》七圖、《四聲等子》山攝外四輕重俱等韻開口呼，列字均爲『縂』；據楊軍《韻鏡校箋》所記，『縂』爲《集韻》新增字，《七音略》或從《集韻》列此字。『縂』爲《集韻》《五音集韻》獨三溪母位小韻首字，《韻鏡》從《廣韻》空位；《七音略》或從《集韻》；《切韻指南》諸家版本從《集韻》《五音集韻》。

74 上三並　辯　《廣韻》符蹇切，《集韻》平免切，並獨三上開山；《五音集韻》同《廣韻》。《韻鏡》外轉第二十三開、《七音略》外轉二十三重中重，列字均爲『辨』；《起數訣》第四十六圖收音清，列字爲『辦』，並母襇韻，誤；《切韻指掌圖》八圖、《四聲等子》山攝外四輕重俱等韻開口呼，列字均爲『辯』。『辯』爲《廣韻》《五音集韻》獨三並母位小韻首字，下收有『辨』字；『辨』爲《集韻》獨三並母位小韻首字，下收有『辯』字，列字以『辯』爲佳。《韻鏡》《七音略》無誤；《切韻指南》是。

75 上三曉　㦗　弘治九年本、近衛庫本、正德十一年本、文津閣本，列字均爲『㦗』；碧琳琅本、《叢書集成》本，列字均爲『𢣪』，『𢣪』字諸書無考，當爲『㦗』字誤。『㦗』，《廣韻》虛偃切，《集韻》許偃切，曉阮三上開山；《五音集韻》同《廣韻》。《韻鏡》外轉第二十一開、《七音略》外轉二十一重中輕、《起數訣》第四十八圖發音濁、《切韻指掌圖》七圖，列字均爲『㦗』；《四聲等子》山攝外四輕重俱等韻開口呼，列字均爲『幰』，《集韻》曉母阮韻。『幰』爲《廣韻》《集韻》《五音集韻》阮三曉母位小韻首字，當列於此位。《切韻指南》弘治九年本、近衛庫本、正德十一年本、文津閣本列字是；碧琳琅本、《叢書集成》本，列字誤，當校改爲『幰』。

76 上三影　㫃　《廣韻》《集韻》於蹇切，影獮三上開山；《五音集韻》同《廣韻》《集韻》。《韻鏡》外轉第二十三開、《起數訣》第四十五圖發音濁、《切韻指掌圖》七圖、《四聲等子》山攝外四輕重俱等韻開口呼，列字均爲『㫃』；《七音略》外轉第二十三重中重，列於匣母，影母空位。『㫃』爲《廣韻》《集韻》《五音集韻》獮三影母位小韻首字，《七音略》空位誤，當改列於影母位；《切韻指南》是。

77 去三溪　俴　《廣韻》線韻、願韻均無去三溪母位開口小韻，《集韻》虔彥切，群線三去開山；《五音集韻》丘彥切，溪母線韻；依《集韻》不當列於此，依《五音集韻》可列於此。《韻鏡》《切韻指掌圖》均空位；《七音略》外轉二十一重中輕，列字爲『鬳』，《廣韻》語堰切，《集韻》牛堰切，疑願三去開山，不當列於此位，誤；《七音略》外轉二十三重中重，於去三群母位列『俴』；《起數訣》第四十八圖發音濁、《四聲等子》山攝外四輕重俱等韻開口呼，列字均爲『騫』。『騫』爲《集韻》願三溪母位小韻首字，《韻鏡》從《廣韻》空位；《七音略》外轉二十一重中輕列字誤；《切韻指南》從《五音集韻》列『俴』字，然考諸家韻書，均無溪母音，《五音集韻》誤，《切韻指南》據《五音集韻》亦誤，當校改爲『騫』。

78 去三群　健　弘治九年本，列字爲『健』；近衛庫本、正德十一年本、文津閣本、碧琳琅本、《叢書集成》本，列字均爲『健』。《廣韻》《集韻》渠建切，群願三去開山；《五音集韻》同《廣韻》《集韻》。《韻鏡》外轉第二十一開、《起數訣》第四十八圖發音濁、《四聲等子》山攝外四輕重俱等韻開口呼，列字均爲『健』；《七音略》外轉二十一重中輕、《切韻指掌圖》七圖，列字爲『健』，『健』當爲『健』字形訛。『健』爲《廣韻》《集韻》《五音集韻》願三群母位小韻首字，當列於此位，《七音略》列字形訛，誤，《切韻指南》弘治九年本列字形訛，當校改爲『健』；其他版本是。

79 去三疑　彦　弘治九年本、近衛庫本、正德十一年本、文津閣本，列字均爲『彦』；碧琳琅本、《叢書集成》本，列字均爲『彦』，二字互爲異體字。『彦』，《廣韻》魚變切，《集韻》魚戰切，疑線三去開山；《五音集韻》同《廣韻》。《韻鏡》外轉第二十三開、《七音略》外轉二十三重中重、《起數訣》第四十五圖發音濁、《切韻指掌圖》七圖、《四聲等子》山攝外四輕重俱等韻開口呼，列字均爲『彦』。『彦』爲《廣韻》《集韻》《五音集韻》線三疑母位小韻首字，《切韻指南》諸家版本均是。

80 去三知　驟　《廣韻》《集韻》陟扇切，知線三去開山；《五音集韻》同《廣韻》《集韻》。《韻鏡》空位，誤；《七音略》外轉二十三重中重、《切韻指掌圖》七圖、《四聲等子》山攝外四輕重俱等韻開口呼，列字均爲『驟』；《起數訣》第四十五圖發音濁，列字均爲『驢』，《集韻》知母線韻。『驪』爲《廣韻》《集韻》《五音集韻》線三知母位小韻首字。《韻鏡》空位誤，當校補『驪』字；《切韻指南》是。

81 去三幫　變　《廣韻》彼眷切，《集韻》彼卷切，幫線三去合山；《五音集韻》同《廣韻》。《韻鏡》外轉第二十四合、《七音略》外轉二十四輕中重、《起數訣》第四十六圖收音清、《切韻指掌圖》八圖、《四聲等子》山攝外四輕重俱等韻開口呼，列字均爲『變』。『變』爲《廣韻》《集韻》《五音集韻》線三幫母位小韻首字，《韻鏡》《七音略》列於合口圖；因其反切下字爲非脣音，且合圖後輕脣列於合口，《切韻指南》山攝重脣字則均列於開口圖。

82 去三並　卞　《廣韻》《集韻》皮變切，並線三去合山；《五音集韻》同《廣韻》《集韻》。《韻鏡》外轉第二十四合、《七音略》外轉二十三重中重、《起數訣》第四十六圖收音清、《四聲等子》山攝外四輕重俱等韻開口呼，列字均爲『卞』；《切韻指掌圖》八圖，列字爲『下』，此字當爲『卞』字形訛。『卞』爲《廣韻》《集韻》《五音集韻》線三並母位小韻首字，《韻鏡》列於合口圖；《切韻指南》則列於開口圖。

83 去三穿　硟　《廣韻》昌戰切，《集韻》尺戰切，昌線三去開山；《五音集韻》同《廣韻》。《韻鏡》外轉第二十三開、《起數訣》第四十五圖發音濁、《切韻指掌圖》七圖、《四聲等子》山攝外四輕重俱等韻開口呼，列字均爲『硟』；《七音略》外轉二十三重中重，列字爲『⿰石莚』，當爲『硟』字形訛。『硟』爲《廣韻》《集韻》《五音集韻》線三昌母位小韻首字，《七音略》列字形訛，誤，當校改爲『硟』；《切韻指南》是。

84 去三曉 獻 《廣韻》《集韻》許建切，曉願三去開山；《五音集韻》同《廣韻》《集韻》。《韻鏡》外轉第二十一開、《四聲等子》山攝外四輕重俱等韻開口呼，列字均爲『憲』；《七音略》外轉二十一重中輕、《起數訣》第四十八圖發音濁、《切韻指掌圖》七圖，列字均爲『獻』。『獻』爲《廣韻》《集韻》《五音集韻》願三曉母位小韻首字，下收有『憲』字，列字以『獻』爲佳。《韻鏡》無誤；《七音略》《切韻指南》是。

85 去三喻 ○ 《廣韻》《集韻》《五音集韻》均無去三云母開口小韻。《韻鏡》外轉第二十三開，列字爲『羨』；《七音略》《起數訣》《切韻指掌圖》《四聲等子》均空位。『羨』，收於《廣韻》《集韻》『衍』小韻，『衍』爲以母線韻，已列於《韻鏡》外轉第二十一開喻母四等位，二十三轉列字當刪。《廣韻》《集韻》《五音集韻》均無去三云母開口小韻，《韻鏡》列字誤，當刪；《七音略》《切韻指南》空位，是。

86 去三日 軔 《廣韻》而振切，日震三去開臻；《集韻》如戰切，日線三去開山，《五音集韻》同《集韻》；依《廣韻》不當列於此位，依《集韻》《五音集韻》可列於此位。《韻鏡》外轉第二十三開，列字爲『綖』，以母仙韻，誤；《七音略》《切韻指掌圖》均空位；《起數訣》第四十五圖發音濁、《四聲等子》山攝外四輕重俱等韻開口呼，列字均爲『軔』。《廣韻》無線三日母位小韻，『軔』爲《集韻》《五音集韻》線三日母位小韻首字，《韻鏡》列字誤；《七音略》從《廣韻》

空位；《切韻指南》從《集韻》《五音集韻》。

87 入三疑　孽　《廣韻》《集韻》魚列切，《五音集韻》魚傑切，疑薛三入開山。《韻鏡》外轉第二十三開、《七音略》外轉二十三重中重、《切韻指掌圖》七圖，列字均爲『孽』，爲『孼』之異體字；《起數訣》第四十五圖發音濁，列字爲『蘖』；《四聲等子》山攝外四輕重俱等韻開口呼，列字爲『钀』。『孼』爲《廣韻》《五音集韻》薛三疑母位小韻首字，下收有『蘖（糵）』『钀』二字，列字以『孼』字爲佳，《切韻指南》是。

88 入三徹　中　《廣韻》丑列切，《集韻》敕列切，徹薛三入開山；《五音集韻》同《廣韻》。《韻鏡》外轉第二十三開、《七音略》外轉二十三重中重、《四聲等子》山攝外四輕重俱等韻開口呼，列字均爲『徹』；《起數訣》第四十五圖發音濁、《切韻指掌圖》七圖，列字均爲『中』。『中』爲《廣韻》《集韻》《五音集韻》薛三徹母位小韻首字，下收有『徹』字，列字以『中』字爲佳。《韻鏡》《七音略》無誤；《切韻指南》是。

89 入三幫　䇷　《廣韻》方別切，《集韻》筆別切，幫薛三入開山；《五音集韻》同《廣韻》。《韻鏡》外轉第二十三開，列字爲『鼈』，該字爲重紐四等字，當列於四等位，《韻鏡》誤；《七音略》外轉二十三重中重、《起數訣》第四十六圖收音清、《切韻指掌圖》八圖，列字均爲『䇷』；《四聲等子》山攝外四輕重俱等韻開口呼，列字爲『䛒』，《康熙字典》記：『《廣韻》與䇷同』，『䛒』『䇷』二字爲異體字。『䇷』爲《廣韻》《集韻》《五音集韻》薛三幫母位小韻首字，《韻鏡》列字誤，當校改爲『簕』；《切韻指南》是。

90 入三照　哲　弘治九年本、近衛庫本、正德十一年本、文津閣本，列字均爲『晢』；碧琳琅本、《叢書集成》本，列字均爲『哲』。『哲』，《廣韻》旨熱切，《集韻》之列切，章薛三入開山；《五音集韻》同《廣韻》。『晢』，《廣韻》《集韻》陟列切，知薛三入開山，不當列於此位。《韻鏡》外轉第二十三開，列字爲『折』；《七音略》外轉二十三重中重、《起數訣》第四十五圖發音濁，列字均爲『浙』；《切韻指掌圖》七圖、《四聲等子》山攝外四輕重俱等韻開口呼，列字均爲『哲』。『哲』爲《廣韻》《五音集韻》薛三章母位小韻首字，下收有『折』『浙』二字，列字以『哲』爲佳。《韻鏡》《七音略》無誤；《切韻指南》是。

91 入三禪　◯　《廣韻》薛三船母位有『折』小韻，常列切，船薛三入開山；《集韻》《五音集韻》均無船母薛韻開口字。《韻鏡》外轉第二十三開、《七音略》外轉二十三重中重，列字均爲『折』；《起數訣》《四聲等子》均空位；《切韻指掌圖》七圖，列字爲『舌』。『折』爲《廣韻》薛三禪母位小韻首字，《切韻指南》從《五音集韻》空位誤，當校補『折』字。

92 入三匣　紇　《廣韻》下没切，匣母没韻；又胡結切，匣母屑韻；均不當列於此位；《集韻》恨竭切，匣月三入開山；《五音集韻》紅結切，匣母屑韻。《韻鏡》《七音略》《切韻指掌圖》《四聲等子》均空位；《起數訣》第四十八圖發音濁，列字爲『紇』。《廣韻》月屑均無入三匣母位小韻；『紇』爲《集韻》月三匣母位小韻首字，《韻鏡》《七音略》從《廣韻》空位；《切韻指南》爲合韻韻圖，從《集韻》列字，然匣無三等、《集韻》此音切有誤，故當删。

93 入三影　緆　《廣韻》於罽切，影祭三入開蟹；《集韻》乙列切，《五音集韻》乙傑切，影薛三入開山；依《廣韻》不當列於此，依《集韻》《五音集韻》可列於此。《韻鏡》外轉第二十三開、《七音略》外轉二十三重中重，列字均爲『焆』；《起數訣》第四十五圖發音濁、《切韻指掌圖》七圖、《四聲等子》山攝外四輕重俱等韻開口呼，列字均爲『謁』，《廣韻》影母月韻、《集韻》影母薛韻。『焆』爲《廣韻》薛三影母位小韻首字，『緆』爲《集韻》《五音集韻》薛三影母位小韻首字，下收有『謁』字。《韻鏡》《七音略》是，《切韻指南》從《集韻》《五音集韻》。

94 入三日　熱　《廣韻》如列切，《集韻》而列切，日薛三入開山；《五音集韻》同《廣韻》。《韻鏡》外轉第二十三開、《切韻指掌圖》七圖、《四聲等子》山攝外四輕重俱等韻開口呼，列字均爲『熱』，爲『熱』異體；《七音略》外轉二十三重中重，列字爲『𤍠』，爲『熱』異體字；《起數訣》第四十五圖發音濁，列字爲『熱』。『熱』爲《廣韻》《集韻》《五音集韻》薛三日母位小韻首字，當列於此位，《七音略》列異體字無誤；《切韻指南》爲異體，亦無誤。

95 本圖四等位有列字，但無標目，考等内所有字，平聲涵仙先二韻字。

96 平四見　甄　《廣韻》居延切，《集韻》稽延切，見仙三平開山；《五音集韻》同《廣韻》。《韻鏡》外轉第二十三開、《七音略》外轉二十三重中重、《起數訣》第四十圖發音清、《切韻指掌圖》七圖、《四聲等子》山攝外四輕重俱等韻開口呼，列字均爲『堅』，見母先韻；《韻鏡》外轉第二十一開、《七音略》外轉二十一重中輕，於仙韻四等見母位列「甄」，然切下字爲以母，應列於四等位，《韻鏡》外轉第二十三開列於三等位，爲重出，當刪。「甄」爲《廣韻》《集韻》仙韻重紐四等位小韻首字，可列於此位，《切韻指南》是。

97 平四疑　妍　《廣韻》《集韻》未收此字形；《康熙字典》記：「《字匯》同姸。」「妍」「姸」二字爲異體字。「姸」，《廣韻》五堅切，《集韻》倪堅切，疑先四平開山；《五音集韻》字形爲「妍」，其餘同《廣韻》。《韻鏡》外轉第二十三開、《四聲等子》山攝外四輕重俱等韻開口呼，列字均爲「研」；《七音略》外轉二十三重中重、《起數訣》第四十圖發音清、《切韻指掌圖》七圖，列字均爲「姸」。「姸」爲《廣韻》《集韻》《五音集韻》先四疑母位小韻首字，下收有「妍」字，列字以「姸」爲佳，《切韻指南》是。

98 平四泥　秊　《廣韻》奴顛切，《集韻》寧顛切，泥先四平開山；《五音集韻》同《廣韻》。《韻鏡》外轉第二十三開、《七音略》外轉二十三重中重、《切韻指掌圖》七圖、《起數訣》第四十圖發音清、《四聲等子》山攝外四輕重俱等韻開口呼，列字均爲「年」；《康熙字典》記：「《唐韻》奴顛切《集韻》寧顛切。年本字。」此記「秊」爲「年」字本字。「秊」爲《廣韻》《集韻》《五音集韻》先四泥母位小韻首字，《切韻指南》是。

99 平四幫　鞭　《廣韻》《集韻》卑連切，幫仙三平開山；《五音集韻》同《廣韻》。《韻鏡》外轉第二十一開、《七音略》外轉二十一重中輕、《起數訣》第四十六圖收音清，列字均爲

「鞭」；《切韻指掌圖》八圖、《四聲等子》山攝外四輕重俱等韻開口呼，列字均爲「邊」，幫母先韻。「鞭」爲《廣韻》《集韻》《五音集韻》仙韻幫母重紐四等位小韻首字，當列於此位，《切韻指南》是。

100 平四滂　篇　《廣韻》芳連切，《集韻》紕延切，滂仙三平開山；《五音集韻》同《廣韻》。《韻鏡》外轉第二十一開、《七音略》外轉二十一重中輕、《起數訣》第四十六圖收音清、《切韻指掌圖》八圖，列字均爲「篇」；《四聲等子》山攝外四輕重俱等韻開口呼，列字爲「偏」；「篇」爲《廣韻》《集韻》《五音集韻》仙韻滂母重紐四等位小韻首字，下收有「偏」字，列字以「篇」爲佳，《切韻指南》是。

101 平四並　便　《廣韻》房連切，《集韻》毗連切，並仙三平開山；《五音集韻》同《廣韻》。《韻鏡》外轉第二十一開，列字爲「楩」；《七音略》外轉二十一重中輕、《起數訣》第四十六圖收音清，列字均爲「便」；《切韻指掌圖》八圖，列字爲「駢」，並母先韻；《四聲等子》山攝外四輕重俱等韻開口呼，列字爲「蹁」，並母先韻。「便」爲《廣韻》《集韻》《五音集韻》仙韻並母重紐四等位小韻首字，下收有「楩」字，列字以「便」爲佳，《韻鏡》亦無誤，《切韻指南》是。

102 平四精　箋　《廣韻》則前切，《集韻》將先切，精先四平開山；《五音集韻》同《廣韻》。《韻鏡》外轉第二十三開、《起數訣》第四十圖發音清、《切韻指掌圖》七圖、《四聲等子》山攝外四輕重俱等韻開口呼，列字均爲「箋」；《七音略》外轉二十三重中重，列字爲「牋」。「箋」爲

《廣韻》《集韻》《五音集韻》先四精母位小韻首字，下收有『牋』字，列字以『箋』爲佳，《七音略》亦無誤，《切韻指南》是。

103 平四從　歬　《廣韻》昨先切，《集韻》才先切，從先四平開山；《五音集韻》同《集韻》。《韻鏡》外轉第二十三開、《七音略》外轉二十三重中重、《起數訣》第四十圖發音清、《切韻指掌圖》七圖、《四聲等子》山攝外四輕重俱等韻開口呼，列字均爲『前』。『前』爲《廣韻》先四從母位小韻首字，下收有『歬』字，注『古文』；『歬』爲《集韻》《五音集韻》先四從母位小韻首字，《韻鏡》《七音略》從《廣韻》，是；《切韻指南》據《集韻》《五音集韻》。

104 本圖四等位有列字，但無標目，考等内所有字，上聲涵獮銑二韻字。

105 上四定　殄　《廣韻》《集韻》徒典切，定銑四上開山；《五音集韻》同《廣韻》《集韻》。《韻鏡》外轉第二十三開、《起數訣》第四十圖發音清、《切韻指掌圖》七圖、《四聲等子》山攝外四輕重俱等韻開口呼，列字均爲『殄』；《七音略》空位，誤。『殄』爲《廣韻》《集韻》《五音集韻》銑四定母位小韻首字，《七音略》空位誤，當補『殄』字；《切韻指南》是。

106 上四幫　○　《廣韻》上四幫母位有『編』小韻，『編』，《廣韻》方典切，《集韻》補典切，幫銑四上開山；《五音集韻》方緬切，幫母獮韻。《韻鏡》外轉二十三開、《四聲等子》山攝外四輕重俱等韻開口呼，均於此位列『編』；《七音略》空位；《起數訣》第四十二圖閉音清，列字爲『扁』；《切韻指掌圖》八圖，列字爲『匾』。『編』爲《廣韻》銑四幫母位小韻首字，下收有『扁』

『匾』等字，列字以『編』爲佳。《七音略》空位誤，當補『編』字；《切韻指南》開口圖空位，因《五音集韻》切下字爲脣音字，故據此於合口圖此位列『褊』，爲獨韻幫母重紐四等字。

107 上四滂　萹　《廣韻》方典切，幫銑四上開山；《集韻》匹典切，滂銑四上開山；依《廣韻》不當列於此，依《集韻》可列於此，《五音集韻》匹善切，滂母獨韻。《韻鏡》《七音略》《切韻指掌圖》空位；《起數訣》第四十二圖閉音清、《四聲等子》山攝外四輕重俱等韻開口呼，列字均爲『覑』。『覑』爲《集韻》銑四滂母位小韻首字，下收有『萹』字，列字以『覑』爲佳。《韻鏡》《七音略》從《廣韻》空位；《切韻指南》從《五音集韻》，且《五音集韻》切下字爲開口字，故列於開口圖。

108 上四並　楩　《廣韻》符善切，《集韻》婢善切，並獮三上開山；《五音集韻》同《廣韻》。《韻鏡》外轉第二十一開、《七音略》外轉二十一重中輕、《起數訣》第四十六圖收音清，列字均爲『楩』；《韻鏡》外轉第二十三開，列字爲『辯』，《廣韻》《集韻》並母獮韻，不當列於此；《七音略》外轉二十三重中重、《切韻指掌圖》八圖、《四聲等子》山攝外四輕重俱等韻開口呼，列字均爲『辮』，並母銑韻。『辮』爲《廣韻》《集韻》《五音集韻》銑四並母位小韻首字，『楩』爲《廣韻》《集韻》獮韻並母重紐四等位小韻首字，均可列於此位。《韻鏡》外轉第二十三開，列字誤，當校改爲『辮』；《七音略》外轉二十三重中重列真四等字，是。《韻鏡》外轉第二十一開、《七音略》外轉二十一重中輕、《切韻指南》列重紐四等字，無誤。

109 上四明　○　《廣韻》上四獮韻重紐四等明母位有『緬』小韻，『緬』，《廣韻》《集韻》彌兖切，明獮三上開山；《五音集韻》同《廣韻》《集韻》。《韻鏡》外轉第二十一開、《七音略》外轉二十一重中輕、《起數訣》第四十六圖收音清、《切韻指掌圖》八圖，列字均爲『緬』；《四聲等子》山攝外四輕重俱等韻開口呼，列字爲『揙』，明母銑韻。『緬』爲《廣韻》《集韻》《五音集韻》獮韻明母重紐四等位小韻首字，因切下字爲開口字，當列於開口圖，但《切韻指南》此圖空位，於合口圖此位列『緬』，誤，當校補『緬』。

110 上四精　翦　《廣韻》即淺切，《集韻》子淺切，精獮三上開山；《五音集韻》同《廣韻》。《韻鏡》外轉第二十一開、《起數訣》第四十四圖發音清、《切韻指掌圖》七圖，列字均爲『翦』；《七音略》外轉二十一重中輕、《四聲等子》山攝外四輕重俱等韻開口呼，列字爲『剪』，《玉篇》記：『剪，俗翦字』。『翦』爲《廣韻》《集韻》《五音集韻》獮三精母位小韻首字，按韻圖規制列於四等位，《切韻指南》是。

111 上四匣　峴　《廣韻》《集韻》胡典切，匣銑四上開山；《五音集韻》同《廣韻》《集韻》。《韻鏡》外轉第二十三開、《起數訣》第四十圖發音清、《切韻指掌圖》七圖、《四聲等子》山攝外四輕重俱等韻開口呼，列字均爲『峴』；《七音略》外轉二十三重中重，列字爲『現』，匣母霰韻，當爲『峴』字誤。『峴』爲《廣韻》《五音集韻》銑四匣母位小韻首字，《七音略》列字誤，當校改爲『峴』；《切韻指南》是。

112 本圖四等位有列字，但無標目，考等内所有字，去聲涵線霰二韻字。

113 去四幫　徧　《廣韻》方見切，《集韻》卑見切，幫霰四去開山；《五音集韻》同《廣韻》。《韻鏡》外轉第二十三開、《起數訣》第四十二圖閉音清、《切韻指掌圖》八圖，列字均爲『徧』；《七音略》《四聲等子》均空位。『徧』爲《廣韻》《集韻》《五音集韻》霰四幫母位小韻首字，《七音略》空位誤，當補『徧』字；《切韻指南》是。

114 去四滂　騗　《廣韻》匹戰切，《集韻》匹羨切，滂線三去開山；《五音集韻》同《廣韻》。《廣韻》外轉第二十一開，列字爲『騗』；《七音略》外轉二十一重中輕，列字爲『騗』，當爲『騗』字形訛；《起數訣》第四十二圖閉音清、《切韻指掌圖》八圖、《四聲等子》山攝外四輕重俱等韻開口呼，列字均爲『片』，滂母霰韻。『騗』爲《廣韻》《集韻》《五音集韻》線韻滂母重紐四等位小韻首字，《七音略》列字形訛，誤；《切韻指南》是。

115 去四明　麪　《廣韻》莫甸切，《集韻》眠見切，明霰四去開山；《五音集韻》同《廣韻》。《韻鏡》外轉第二十三開，列字爲『麵』；《七音略》外轉二十三重中重、《起數訣》第四十二圖閉音清、《四聲等子》山攝外四輕重俱等韻開口呼，列字均爲『麪』；《切韻指掌圖》八圖，列字爲『面』，明母線韻。『麪』爲《廣韻》《集韻》《五音集韻》霰四明母位小韻首字，下收有『麵』等字，列字以『麪』爲佳，《切韻指南》是。

116 本圖四等位有列字，但無標目，考等内所有字，入聲涵薛屑二韻字。

117 入四溪 猰 《廣韻》苦結切，《集韻》詰結切，溪屑四入開山；《五音集韻》同《廣韻》。《韻鏡》外轉第二十三開，列字爲「揳」，心母屑韻，當爲「猰」字誤；《七音略》外轉二十三重中重、《起數訣》第四十圖發音清、《切韻指掌圖》七圖、《四聲等子》山攝外四輕重俱等韻開口呼，列字均爲「猰」。「猰」爲《廣韻》《集韻》《五音集韻》屑四溪母位小韻首字，《韻鏡》列字誤，當校改爲「猰」；《切韻指南》是。

118 入四泥 涅 弘治九年本、正德十一年本，列字均爲「涅」；近衛庫本、文津閣本，列字均爲「湼」；碧琳琅本、《叢書集成》本，列字均爲「湼」；據《説文解字》記，「涅」「湼」「湼」三字爲異體字，「湼」當爲形訛。「涅」，《廣韻》奴結切，《集韻》乃結切，泥屑四入開山；《五音集韻》同《廣韻》。《韻鏡》外轉第二十三開、《七音略》外轉二十三重中重、《起數訣》第四十圖發音清，列字均爲「涅」；《切韻指掌圖》七圖，列字爲「涅」；《四聲等子》山攝外四輕重俱等韻開口呼，列字爲「涅」。「涅」爲《廣韻》《集韻》《五音集韻》屑四泥母位小韻首字，當列於此位。弘治九年本、近衛庫本、正德十一年本、文津閣本，均是；碧琳琅本、《叢書集成》本，列字形訛，誤，當校改爲「涅」。

119 入四滂 撆 弘治九年本、近衛庫本、正德十一年本、碧琳琅本、《叢書集成》本，列字均爲「撆」；文津閣本，空位。「撆」，《廣韻》普蔑切，《集韻》匹蔑切，滂屑四入開山；《五音集韻》同《廣韻》。《韻鏡》外轉第二十三開，列字爲「瞥」；《七音略》外轉二十三重中重，列字爲

『嫳』；《起數訣》第四十六圖收音清、《切韻指掌圖》八圖，列字爲『擎』；《四聲等子》山攝外四輕重俱等韻開口呼，列字爲『蹩』，並母屑韻。『擎』爲《廣韻》《集韻》《五音集韻》屑四滂母位小韻首字，下收有『瞥』『嫳』二字，列字以『擎』字爲佳。《韻鏡》《七音略》列下收字無誤；文津閣本空位誤，當校補『擎』字；《切韻指南》其餘諸版本是。

120 入四明　蔑　《廣韻》《集韻》莫結切，明屑四入開山；《五音集韻》同《廣韻》《集韻》。《韻鏡》外轉第二十三開、《切韻指掌圖》八圖、《四聲等子》山攝外四輕重俱等韻開口呼，列字均爲『蔑』；《七音略》外轉二十三重中重，列字爲『篾』；《起數訣》第四十六圖收音清，列字爲『滅』，明母薛韻。『蔑』爲《廣韻》《集韻》《五音集韻》屑四明母位小韻首字，下收有『篾』字，列字以『蔑』字爲佳，《切韻指南》是。

121 入四從　𢧵　《康熙字典》記：『《廣韻》《集韻》《韻會》《正韻》昨結切。與擮同。《說文》斷也。』此記《廣韻》《集韻》昨結切，從屑四入開山；《五音集韻》同《廣韻》《集韻》。《韻鏡》外轉第二十三開，列字爲『𢧵』；《七音略》外轉二十三重中重，列字爲『擮』，《集韻》從母屑韻；《起數訣》第四十圖發音清、《切韻指掌圖》七圖、《四聲等子》山攝外四輕重俱等韻開口呼，列字均爲『截』；《廣韻》注曰：『或作截』，『截』爲其或體。『𢧵』爲《廣韻》《五音集韻》屑四從母位小韻首字，且《五音集韻》中下收有『擮』字；『𢧵』『擮』同爲《集韻》屑四從母位小韻首字，列字以『𢧵』爲佳。《七音略》列字無誤；《切韻指南》是。

122 入四曉　奞　弘治九年本、近衛庫本、正德十一年本、文津閣本，列字均爲『奞』；碧琳琅本、《叢書集成》本，列字均爲『奞』。《廣韻》字形爲『奞』，然余迺永認爲此字從大、旨聲，字形當訛誤，應改爲『奞』。『奞』，《廣韻》虎結切，《集韻》顯結切，《五音集韻》火結切，曉屑四入開山。《韻鏡》外轉第二十三開，列字爲『奞』，誤；《七音略》外轉二十三重中重、《起數訣》第四十圖發音清、《切韻指掌圖》七圖、《四聲等子》山攝外四輕重俱等韻開口呼，列字均爲『奞』；《重訂直音篇》列『奞』字於『奞』字下方，注同上，二字當爲異體字。『奞』爲《廣韻》《集韻》《五音集韻》屑四曉母位小韻首字，當列於此位。《韻鏡》列字形訛，《七音略》列異體字無誤。《切韻指南》碧琳琅本、《叢書集成》本，列『奞』字是；弘治九年本、近衛庫本、正德十一年本、文津閣本，均列字形訛，誤，當校改爲『奞』。

123 入四喻　抴　弘治九年本、近衛庫本、正德十一年本、碧琳琅本、《叢書集成》本，列字均爲『抴』；文津閣本，列字爲『枻』。『抴』，《廣韻》《集韻》羊列切，以薛三入開山；《五音集韻》同《廣韻》《集韻》。『枻』，《廣韻》餘制切，《集韻》以制切，以祭三去開蟹；不當列於此位，當爲『抴』字形訛。《韻鏡》外轉第二十一開、《七音略》外轉二十一重中輕，列字均爲『抴』；《起數訣》第四十四圖發音清，列字爲『拽』，爲『抴』字異體字；《切韻指掌圖》七圖，列字爲『拽』，『拽』當爲『拽』形訛；《四聲等子》山攝外四輕重俱等韻開口呼，列字爲『栧』，以母祭韻。『抴』爲《廣韻》《集韻》《五音集韻》薛三以母位小韻首字，按韻圖規制列於四等位。《切韻指南》文津閣本列字形訛，誤，當校改爲『抴』；其餘諸版本是。

124 入四來 ◯ 《廣韻》入四來母位有『类』小韻，然此字亦爲形訛，楊軍認爲，此字字形當爲『奊』。『奊』，《廣韻》練結切，《集韻》力結切，《五音集韻》良結切，來屑四入開山。《韻鏡》外轉第二十三開、《起數訣》第四十圖發音清、《切韻指掌圖》七圖、《四聲等子》山攝外四輕重俱等韻開口呼，列字爲『类』；《七音略》空位，誤。『类』爲《廣韻》《集韻》屑韻來母位小韻首字，當列於此，然形訛。《韻鏡》形訛，誤，當校改爲『奊』；《七音略》《切韻指南》空位，誤；均當校補『奊』。

山攝外四 合口呼 廣門

見	溪	群	疑	端知	透徹	定澄	泥孃	幫非	滂敷	並奉	明微
官	寬	○	岏	端	湍	團	渜	般	潘	槃	瞞
管	款	○	輐	短	疃	斷	煗	粄	坢	伴	滿
貫	鏉	○	玩	鍛	彖	段	偄	半	判	叛	縵
括	闊	○	枂	掇	侻	奪	○	撥	鏺	跋	末
關	○	[illegible]	頑	○	○	窀	奻	班	攀	○	蠻
○	○	○	○	𧳜	○	○	○	版	○	○	矕
慣	○	[illegible]	薍	○	○	○	奻	扮	襻	○	○
劀	[illegible]	○	刖	鵽	頒	○	妠	○	○	○	○
勬	弮	權	元	[illegible]	猭	椽	○	蕃	翻	煩	樠
卷	綣	圈	阮	轉	腞	篆	䎡	反	疲	飯	晚
眷	[illegible]	倦	願	轉	猭	傳	○	販	嬔	飯	万
蹶	闕	獗	月	輟	袚	○	吶	髮	怖	伐	韈
消	○	○	○	○	○	○	○	○	○	○	○
〻	犬	蜎	○	○	○	○	○	編	○	○	緬
睊	駽	○	○	○	○	○	○	○	○	○	○
玦	闋	○	○	○	○	○	○	○	○	○	○

精	清	從	心	邪	曉	匣	影	喻	來	日	
照	穿	床	審	禪							韻
鑽	鋑	攢	酸	○	歡	桓	剜	○	鑾	○	桓
纂	毳	○	算	鄹	㬉	緩	椀	○	夘	○	緩
穳	竄	攢	筭	○	喚	換	惋	○	亂	○	換
繓	撮	柮	㔍	○	豁	活	斡	○	捋	○	末
跧	○	狗	栓	○	豩	湲	彎	○	攣	○	山
蟤	㦃	撰	○	○	○	睆	綰	○	○	○	產
孨	簒	饌	篳	○	○	患	綰	○	○	○	諫
茁	纂	○	刷	○	聒	頢	婠	○	○	○	鎋
專	穿	船	○	遄	暄	○	嬽	員	攣	堧	元
剸	舛	○	○	膞	晅	○	宛	遠	臠	輭	阮
剸	釧	○	縳	揎	楦	○	怨	瑗	戀	㬉	願
拙	歠	○	說	啜	旻	○	噦	越	劣	爇	月
鐫	詮	全	宣	旋	鋗	玄	淵	沿	○	○	
臇	○	雋	選	蕒	蠉	泫	蜎	兖	○	○	
恮	縓	泉	選	漩	絢	縣	餶	掾	○	○	
絕	膬	絕	雪	蕞	血	穴	抉	悅	○	○	

韻
桓緩換末
山產諫鎋
仙獮線薛

元韻宜与先韻通押不當合入寬韻

第十一圖　山攝外四　合口呼　廣門

《經史正音切韻指南》山攝外四合口圖，韻圖形式上，亦承自《四聲等子》，一圖之内歸併《韻鏡》外轉二十二合與外轉二十四合、《七音略》外轉二十二輕中輕與外轉二十四輕中重。一等列目爲『桓緩换末』；二等列目爲『山産襉鎋』；三等列目『元阮願月』、『仙狝線薛』；四等弘治九年無標目。圖末有『元韻宜與先韻通，卻不當合入魂韻』。此外，《切韻指南》合口圖中脣音字的列字呈一定規律，往往優先考慮列字反切下字，如爲合口字或脣音字，則列於合口，反之則列於開口。

1　平一端　端　《廣韻》《集韻》多官切，端桓一平合山；《五音集韻》同《廣韻》《集韻》。《韻鏡》外轉第二十四合、《起數訣》第四十二圖閉音清、《切韻指掌圖》八圖、《四聲等子》山攝外四輕重俱等韻合口呼，列字均爲『端』；《七音略》外轉二十四輕中重，列字爲『耑』。『端』爲《廣韻》《五音集韻》桓一端母位小韻首字，下收有『耑』字；『耑』爲《集韻》桓一端母位小韻首字，下收有『端』字，列字以『端』爲佳。《七音略》無誤；《切韻指南》是。

2　平一泥　渜　弘治九年本、正德十一年本、文津閣本、碧琳琅本、《叢書集成》本，列字均爲

『渜』；近衛庫本，列字爲『⿰氵要』；《廣韻》《集韻》此字字形均爲『渜』，『⿰氵要』當爲形訛。『渜』，《廣韻》乃管切，泥緩一上合山；《集韻》奴官切，泥桓一平合山；《五音集韻》同《集韻》，依《廣韻》不當列於此位，依《集韻》《五音集韻》可列於此位。《韻鏡》空位；《七音略》外轉二十四輕中重，列字爲『渜』；《起數訣》第四十二圖閉音清，列字爲『⿰氵⿱覀大』，當爲『渜』字形訛；《切韻指掌圖》八圖、《四聲等子》山攝外四輕重俱等韻合口呼、列字爲『濡』，泥母寒韻。《廣韻》桓韻無泥母字，寒韻有『濡』小韻，乃官切，當在桓韻；『渜』爲《集韻》《五音集韻》桓一泥母位小韻首字，可列於此位。《韻鏡》從《廣韻》空位，誤，當校補『濡』；《切韻指南》近衛庫本列字形訛，誤，當校改爲『渜』；《切韻指南》其餘諸版本均從《集韻》《五音集韻》。

3 平一幫　豛　《廣韻》字形爲『豛』；《集韻》字形爲『䪻』，二者爲異體字。『豛』，《廣韻》北潘切，《集韻》逋嬏切，幫桓一平合山；《五音集韻》同《廣韻》。《韻鏡》外轉第二十四合、《七音略》外轉二十四輕中重、《四聲等子》山攝外四輕重俱等韻合口呼，列字均爲『豛』；《起數訣》第四十二圖閉音清、《切韻指掌圖》八圖，列字爲『般』。『豛』爲《廣韻》《集韻》《五音集韻》桓一幫母位小韻首字，下收有『般』字，列字以『豛』爲佳，《切韻指南》是。

4 平一並　槃　弘治九年本、正德十一年本、文津閣本、碧琳琅本、《叢書集成》本，列字均爲『槃』；近衛庫本列字爲『⿱⿰角殳木』；《廣韻》《集韻》此字字形均爲『槃』，『⿱⿰角殳木』當爲形訛。『槃』，《廣韻》薄官切，《集韻》蒲官切，並桓一平合山；《五音集韻》同《廣韻》。《韻鏡》外轉第二十四合、《七音略》外轉二十四輕中重、《切韻指掌圖》八圖、《四聲等子》山攝外四輕重俱等韻合口呼，列字均爲『盤』；《起數訣》第四十二圖閉音清，列字爲『槃』。『槃』爲《廣韻》平一並母位小韻首字，『槃』『盤』同爲《集韻》《五音集韻》桓一並母位小韻首字，均可列於此位；《切韻指南》近衛庫本列字形訛，誤，當改爲『槃』；其餘諸版本是。

5 平一精　鑽　弘治九年本、正德十一年本、文津閣本、碧琳琅本、《叢書集成》本，列字均爲『鑽』；近衛庫本列字爲『纘』。『鑽』，《康熙字典》記：『《正字通》俗鑽字。』『鑽』，《廣韻》借官切，《集韻》祖官切，精桓一平合山；《五音集韻》同《廣韻》。『纘』，《廣韻》作管切，《集韻》祖管切，精緩一上合山；《五音集韻》同《廣韻》，不當列於此。《韻鏡》外轉第二十四合、《起數訣》第四十二圖閉音清，列字均爲『鑽』；《七音略》外轉二十四輕中重、《切韻指掌圖》八圖、《四聲等子》山攝外四輕重俱等韻合口呼，列字均爲『鑽』。『鑽』爲《廣韻》《集韻》《五音集韻》桓一精母位小韻首字，當列於此位；近衛庫本列字誤，當校改爲『鑽』；《韻鏡》及《切韻指南》其餘諸版本列俗體亦無誤。

6 平一清　鋑　《廣韻》無平一清母位小韻；《集韻》七丸切，清桓一平合山；《五音集韻》同《集韻》。《韻鏡》空位；《七音略》外轉二十四輕中重，列字爲『⿰歹夋』，據楊軍《七音略校注》記，此字當爲『鋑』字形訛；《起數訣》第四十二圖閉音清，列字爲『⿱𦥯夋』，亦爲形訛，誤；《切韻指掌圖》八圖，列字爲『攛』，《集韻》清母桓韻；《四聲等子》山攝外四輕重俱等韻合口呼，列字爲『爨』，清母桓韻。《廣韻》無清母桓韻字，『爨』爲《集韻》《五音集韻》桓一清母位小韻首字，下收有『鋑』『攛』等字。《韻鏡》從《廣韻》空位；《七音略》列字形訛，誤，當校改爲『鋑』；《切韻指南》列《集韻》《五音集韻》下收字亦無誤。

7 平一從 攢 弘治九年本，列字『攢』；近衛庫本、正德十一年本、文津閣本、碧琳琅本、《叢書集成》本，列字均爲『欑』。『攢』，《廣韻》在玩切，《集韻》徂畔切，從母換韻，不當列於此位，當爲『欑』字書寫誤；『欑』，《廣韻》在丸切，《集韻》徂丸切，從桓一平合山；《五音集韻》同《廣韻》。《韻鏡》外轉第二十四合、《七音略》外轉二十四輕中重，列字爲『攢』，誤；《起數訣》第四十二圖閉音清，列字爲『巑』；《切韻指掌圖》八圖、《四聲等子》山攝外四輕重俱等韻合口呼，列字均爲『欑』。『欑』爲《廣韻》《集韻》《五音集韻》桓一從母位小韻首字，下收有『巑』字，列字以『欑』字爲佳。《韻鏡》《七音略》及《切韻指南》弘治九年本列字形訛，誤，均當校改爲『欑』；《切韻指南》其餘諸版本是。

8 平一影 剜 弘治九年本、近衛庫本、正德十一年本、碧琳琅本、《叢書集成》本，列字均爲『剜』；文津閣本，列字爲『剜』；《廣韻》《集韻》字形均爲『剜』，『剜』出於《龍龕手鏡》，當爲『剜』字形訛。『剜』，《廣韻》一丸切，《集韻》烏丸切，影桓一平合山；《五音集韻》同《廣韻》。《韻鏡》外轉第二十四合、《七音略》外轉二十四輕中重、《起數訣》第四十二圖閉音清、《切韻指掌圖》八圖、《四聲等子》山攝外四輕重俱等韻合口呼，列字均爲『剜』。『剜』爲《廣韻》《集韻》《五音集韻》桓一影母位小韻首字，當列於此位，《切韻指南》文津閣本是，其餘諸版本列字形訛，均當校改爲『剜』。

9 平一來 鑾 弘治九年本、正德十一年本、文津閣本，列字均爲『鑾』；近衛庫本、碧琳琅本、《叢書集成》本，列字均爲『鑾』；《廣韻》《集韻》此字字形均爲『鑾』，『鑾』當爲俗字。『鑾』，《廣韻》落官切，《集韻》盧丸切，來桓一平合山；《五音集韻》同《廣韻》。《韻鏡》外轉第二十四合、《七音略》外轉二十四輕中重、《起數訣》第四十二圖閉音清，列字均爲『鸞』；《切韻指掌圖》八圖、《四聲等子》山攝外四輕重俱等韻合口呼，列字均爲『鑾』。『鑾』爲《廣韻》《五音集韻》桓一來母位小韻首字，下收有『鸞』字；『鸞』爲《集韻》桓一來母位小韻首字，下收有『鑾』字；列字以『鑾』爲佳。《韻鏡》《七音略》無誤；《切韻指南》正德十一年本、文津閣本列俗字，誤，當校改爲『鑾』，其餘版本均是。

10 上一疑 輐 《廣韻》無緩韻疑母字；《集韻》五管切，疑緩一上合山；《五音集韻》同《集韻》。《韻鏡》外轉第二十四合、《起數訣》第四十二圖閉音清、《四聲等子》山攝外四輕重俱等韻合口呼，列字均爲『輐』；《七音略》外轉二十四輕中重，列字爲『䡇』，爲『軏』異體字，疑母月韻，不當列於此位；《切韻指掌圖》空位。《廣韻》無緩韻疑母字，『輐』爲《集韻》《五音集韻》緩一疑母位小韻首字。《七音略》列字誤，當校改爲『輐』；《切韻指南》從《集韻》《五音集韻》。

11 上一透　疃　弘治九年本、正德十一年本、文津閣本、碧琳琅本、《叢書集成》本，列字均爲『疃』；近衛庫本，列字爲『疃』。『疃』，《廣韻》吐緩切，《集韻》土緩切，透緩一上合山；《五音集韻》同《廣韻》；『疃』，《廣韻》宅江切，《集韻》傳江切，澄母江韻，不當列於此位。《韻鏡》外轉第二十四合、《七音略》外轉二十四輕中重、《起數訣》第四十二圖閉音清、《切韻指掌圖》八圖、《四聲等子》山攝外四輕重俱等韻合口呼，列字均爲『疃』。『疃』爲《廣韻》《集韻》《五音集韻》緩一透母位小韻首字，當列於此位。《切韻指南》近衛庫本列字形訛，誤，當校改爲『疃』；其餘諸版本是。

12 上一泥　煗　弘治九年本、正德十一年本、文津閣本、碧琳琅本、《叢書集成》本，列字均爲『煗』；近衛庫本，列字爲『煙』；《廣韻》《集韻》此字字形均爲『煗』，『煙』當爲形訛。『煗』，《廣韻》《集韻》乃管切，泥緩一上合山；《五音集韻》同《廣韻》《集韻》。《韻鏡》外轉第二十四合、《切韻指掌圖》八圖，列字均爲『暖』；《七音略》外轉二十四輕中重，列字爲『餪』；《起數訣》第四十二圖閉音清，列字爲『煖』，爲『暖』字異體字；《四聲等子》山攝外四輕重俱等韻合口呼，列字爲『煗』。『煗』爲《廣韻》《五音集韻》緩一泥母位小韻首字，下收有『餪』『煖』二字；『煗』『暖』同爲《集韻》緩一泥母位小韻首字，亦下收有『餪』字，列字以『煗』爲佳。《韻鏡》《七音略》無誤；《切韻指南》近衛庫本列字形訛，誤，當校改爲

『焕』；《切韻指南》其餘諸版本是。

13 上一幫　粄　《廣韻》博管切，《集韻》補滿切，幫緩一上合山；《五音集韻》同《廣韻》。《韻鏡》外轉第二十四合、《起數訣》第四十二圖閉音清、《四聲等子》山攝外四輕重俱等韻合口呼，列字均爲『粄』；《七音略》外轉二十四輕中重、《切韻指掌圖》八圖，列字均爲『叛』，並母換韻。『粄』爲《廣韻》《集韻》《五音集韻》緩一幫母位小韻首字，當列於此位。《七音略》列字誤，當校改爲『粄』；《切韻指南》是。

14 上一明　蒲　弘治九年本、正德十一年本，列字均爲『蒲』；近衛庫本、文津閣本、碧琳琅本、《叢書集成》本『滿』；《廣韻》《集韻》旱韻明母位有『滿』小韻，『蒲』當爲其形訛。『滿』，《廣韻》莫旱切，《集韻》母伴切，明緩一上合山；《五音集韻》莫管切，明母緩韻。《韻鏡》外轉第二十四合、《七音略》外轉二十四輕中重、《切韻指掌圖》八圖、《四聲等子》山攝外四輕重俱等韻合口呼，列字均爲『滿』；《起數訣》第四十二圖閉音清，列字爲『蒲』，當爲『滿』字形訛。『滿』爲《廣韻》《集韻》《五音集韻》緩一明母位小韻首字，當列於此位，《切韻指南》正德十一年本列字形訛，當校改爲『滿』，其餘諸版本是。

15 上一清　㥶　《康熙字典》記：『《説文》千短切，攛上聲。精戇也。从心毳聲。又《廣韻》《集韻》呼骨切，音忽。《玉篇》寢熟也。又《集韻》呼八切，音聒。臥覺也。又呼役切，音瞁。義同。』此記《説文》千短切，清母緩韻；另《集韻》千短切，清緩一上合山；《五音集韻》同《集韻》。《韻鏡》《切韻指掌圖》均空位；《七音略》外轉二十四輕中重、《起數訣》第四十二圖閉音清、《四聲等子》山攝外四輕重俱等韻合口呼，列字均爲「𢡦」。《廣韻》無上一清母小韻，「𢡦」爲《集韻》《五音集韻》緩一清母位小韻首字；《韻鏡》從《廣韻》空位；《切韻指南》從《集韻》《五音集韻》。

16 上一從 ○ 《廣韻》《集韻》《五音集韻》緩韻從母位均無字；《韻鏡》外轉第二十四合，列字爲「鄼」；「鄼」，《廣韻》未收此字形，《集韻》祖管切，精母緩韻；又《康熙字典》記：「同鄼。」「鄼」，精母換韻，不當列於此位，《韻鏡》列字誤；《七音略》外轉二十四輕中重，列字爲「鄹」；「鄹」，《廣韻》辭纂切，《集韻》緒纂切，邪母緩韻；《七音略》亦誤；《起數訣》《切韻指掌圖》《四聲等子》均空位。《廣韻》《集韻》《五音集韻》均無上一從母小韻，《韻鏡》《七音略》列字均爲誤增，當刪；《切韻指南》空位是。

17 上一邪 鄹 《廣韻》辭纂切，《集韻》緒纂切，邪緩一上合山；《五音集韻》音切同《廣韻》，亦收於一等位。然邪母例無一等字，楊軍認爲此字當是以形聲而論，本不該有此音。《韻鏡》空位；《七音略》外轉二十四輕中重，列於從母，邪母空位，誤；《起數訣》第四十二圖閉音清、《切韻指掌圖》八圖、《四聲等子》山攝外四輕重俱等韻合口呼，列字均爲「鄹」。邪母例無一等字，《韻鏡》空位，是；《七音略》《切韻指南》憑音列字，按切下字列等，故列於一等位。

18 上一曉　㶖　《康熙字典》記：『《玉篇》《集韻》火管切，歡上聲。弄水也。』此記《集韻》火管切，曉緩一上合山；《五音集韻》同《集韻》。《韻鏡》外轉第二十四合、《起數訣》第四十二圖閉音清、《四聲等子》山攝外四輕重俱等韻合口呼，列字均爲『㶖』；《七音略》《切韻指掌圖》均空位。《廣韻》無曉母緩韻字，『㶖』爲《集韻》《五音集韻》緩一曉母位小韻首字，可列於此位，《韻鏡》無誤；《七音略》從《廣韻》空位無誤；《切韻指南》從《集韻》《五音集韻》。

19 上一來　夘　弘治九年本、近衛庫本、正德十一年本，列字均爲『夘』；文津閣本、碧琳琅本、《叢書集成》本，列字均爲『卵』，《廣韻》此字字形爲『夘』。諸家辭書中均不見《廣韻》字形，故當爲訛誤。『卵』，《廣韻》盧管切，《集韻》魯管切，來緩一上合山；《五音集韻》同《廣韻》。《韻鏡》外轉第二十四合、《切韻指掌圖》八圖，列字均爲『夘』，爲『卵』之俗寫。《七音略》外轉二十四輕中重、《起數訣》第四十二圖閉音清，列字均爲『夘』，《廣韻》精母薺韻，不當列於此；《四聲等子》山攝外四輕重俱等韻合口呼，列字爲『卵』；『夘』當爲『卵』俗體字。『卵』爲《廣韻》《集韻》《五音集韻》緩一來母位小韻首字，當列於此位，《韻鏡》列俗體；《七音略》列字誤，均當校改爲『卵』；《切韻指南》近衛庫本、正德十一年本改爲正體『卵』更佳。

20 去一溪　鏉　《廣韻》口換切，《集韻》苦渙切，溪換一去合山；《五音集韻》同《廣韻》。《韻鏡》外轉第二十四合、《切韻指掌圖》八圖，列字均爲『鐝』；《七音略》外轉二十四輕中重、《四聲等子》山攝外四輕重俱等韻合口呼，列字均爲『鏇』； 此字當爲『鐝』字訛；《起數訣》空位。『鐝』爲《廣韻》《集韻》《五音集韻》換一溪母位小韻首字，《七音略》列字形訛，誤，當校改爲『鐝』；《切韻指南》是。

21

去一端　鍛　弘治九年本、近衛庫本、正德十一年本、文津閣本，列字均爲『鍜』； 碧琳琅本、《叢書集成》本，列字均爲『鍛』。『鍜』，《廣韻》胡加切，《集韻》何加切，匣麻二平開假；均不當列於此位；『鍛』，《廣韻》丁貫切，《集韻》都玩切，端換一去合山；《五音集韻》同《廣韻》；『鍜』當爲『鍛』字形訛。《韻鏡》外轉第二十四合、《七音略》外轉二十四輕中重、《起數訣》第四十二圖閉音清、《切韻指掌圖》八圖，列字均爲『鍜』；《四聲等子》山攝外四輕重俱等韻合口呼，列字爲『鍛』。『鍛』爲《廣韻》《集韻》《五音集韻》換一端母位小韻首字，《韻鏡》《七音略》及《切韻指南》近衛庫本、正德十一年本、文津閣本均列字形訛，誤，當校改爲『鍛』；《切韻指南》碧琳琅本、《叢書集成》本是。

22

去一定　叚　弘治九年本、近衛庫本、正德十一年本、文津閣本，列字均爲『叚』； 碧琳琅本、《叢書集成》本，列字均爲『段』。『叚』，《廣韻》古疋切，《集韻》舉下切，見馬二上開假；不當列於此位。『段』，《廣韻》《集韻》徒玩切，定換一去合山；《五音集韻》字形爲『叚』，音切同《廣韻》《集韻》；『叚』當爲『段』字俗體。《韻鏡》外轉第二十四合、《七音略》外轉二十四輕中重、《起數訣》第四十二圖閉音清、《切韻指掌圖》八圖，列字均爲『叚』；《四聲等子》山攝外四輕重俱等韻合口呼，列字爲『段』。『段』爲《廣韻》《集韻》换一定母位小韻首字，當列於此位；《韻鏡》《七音略》及《切韻指南》近衛庫本、正德十一年本、文津閣本，均列俗體，當校改爲『段』；《切韻指南》碧琳琅本、《叢書集成》本是。

23　去一泥　偄　弘治九年本、正德十一年本、文津閣本、碧琳琅本、《叢書集成》本，列字均爲『偄』；近衛庫本，列字爲『偠』。『偄』，《廣韻》《集韻》奴亂切，泥换一去合山；《五音集韻》同《廣韻》《集韻》；『偠』當爲『偄』字形訛。《韻鏡》外轉第二十四合、《七音略》外轉二十四輕中重、《切韻指掌圖》八圖、《四聲等子》山攝外四輕重俱等韻合口呼，列字均爲『偄』；《起數訣》第四十二圖閉音清，列字爲『懦』，《集韻》泥母换韻。『偄』爲《廣韻》换一泥母位小韻首字，『偄』『懦』同爲《集韻》《五音集韻》换一泥母位小韻首字，列字以『偄』爲佳。《切韻指南》近衛庫本列字形訛，誤，當校改爲『偄』；其餘諸版本是。

24　去一並　叛　《廣韻》《集韻》薄半切，並换一去合山；《五音集韻》同《廣韻》《集韻》。《韻鏡》外轉第二十四合、《七音略》外轉二十四輕中重、《起數訣》第四十二圖閉音清，列字均爲『畔』；《切韻指掌圖》八圖、《四聲等子》山攝外四輕重俱等韻合口呼，列字均爲『叛』。『叛』爲《廣韻》《五音集韻》换一並母位小韻首字，下收有『畔』字；『畔』爲《集韻》换一並母位小韻首字，下收有『叛』字，列字以『叛』爲佳。《韻鏡》《七音略》無誤；《切韻指南》是。

25 去一明　縵　《廣韻》《集韻》莫半切，明換一去合山；《五音集韻》同《廣韻》《集韻》。《韻鏡》外轉第二十四合、《切韻指掌圖》八圖，列字均爲『縵』；《七音略》外轉二十四輕中重，列字爲『謾』；《起數訣》第四十二圖閉音清、《四聲等子》山攝外四輕重俱等韻合口呼，列字均爲『幔』。『縵』爲《廣韻》《集韻》《五音集韻》換一明母位小韻首字，下收有『幔』『謾』二字，列字以『縵』爲佳。《七音略》列下收字亦無誤；《切韻指南》是。

26 去一精　穳　弘治九年本、近衛庫本、正德十一年本、文津閣本，列字均爲『穳』；碧琳琅本、《叢書集成》本，列字均爲『穳』，二字互爲異體字。『穳』，《廣韻》子算切，《集韻》祖算切，精換一去合山；《五音集韻》同《廣韻》。《韻鏡》外轉第二十四合、《七音略》外轉二十四輕中重、《切韻指掌圖》八圖，列字均爲『穳』；《起數訣》第四十二圖閉音清、《四聲等子》山攝外四輕重俱等韻合口呼，列字爲『鑽』。『穳』爲《廣韻》《五音集韻》換一精母位小韻首字，下收有『鑽』字，列字以『穳』字爲佳，《切韻指南》諸家版本均是。

27 去一清　竄　弘治九年本、近衛庫本、正德十一年本、文津閣本，列字均爲『竄』；碧琳琅本、《叢書集成》本，列字均爲『竄』，二字互爲異體字。《廣韻》七亂切，《集韻》取亂切，清換一去合山；《五音集韻》同《廣韻》。《韻鏡》外轉第二十四合、《七音略》外轉二十四輕中重、《切韻指掌圖》八圖、《切韻指南》山攝外四合口呼廣門，列字均爲『竄』；《起數訣》第四十二圖閉音清、《四聲等子》山攝外四輕重俱等韻合口呼，列字爲『竄』。『竄』爲《廣韻》《集韻》《五音集韻》換一清母位小韻首字，《切韻指南》諸家版本均是。

28 去一心　筭　《廣韻》《集韻》蘇貫切，心換一去合山；《五音集韻》同《廣韻》《集韻》。《韻鏡》外轉第二十四合、《切韻指掌圖》八圖、《四聲等子》山攝外四輕重俱等韻合口呼，列字均爲『筭』；《七音略》外轉二十四輕中重、《起數訣》第四十二圖閉音清，列字均爲『算』，《集韻》心母換韻。『筭』爲《廣韻》換一心母位小韻首字，『筭』『算』同爲《集韻》《五音集韻》換一心母位小韻首字，列字以『筭』爲佳。《七音略》無誤，《切韻指南》是。

29 去一影　惋　弘治九年本、近衛庫本、正德十一年本、碧琳琅本、《叢書集成》本，列字均爲『惋』；文津閣本列字爲『惋』；『惋』當爲『惋』字俗訛。『惋』，《廣韻》《集韻》烏貫切，影換一去合山；《五音集韻》同《廣韻》《集韻》。《韻鏡》外轉第二十四合、《七音略》外轉二十四輕中重、《切韻指掌圖》八圖，列字均爲『惋』；《起數訣》第四十二圖閉音清、《四聲等子》山攝外四輕重俱等韻合口呼，列字爲『腕』。『惋』爲《廣韻》《集韻》《五音集韻》換一影母位小韻首字，下收有『腕』字，列字以『惋』字爲佳，《切韻指南》文津閣本是，其他版本誤，均當校改爲『惋』。

30 入一疑　枂　《廣韻》《集韻》五活切，疑末一入合山；《五音集韻》同《廣韻》《集韻》。《韻鏡》外轉第二十四合、《切韻指掌圖》八圖、《起數訣》第四十二圖閉音清、《四聲等子》山攝外四輕重俱等韻合口呼，列字均爲『枂』；《七音略》外轉二十四輕中重，列字爲『抈』，《集韻》疑母末韻。『枂』收於《廣韻》疑母末韻位，且爲《五音集韻》末一疑母位小韻首字；『抈』爲《集韻》末一疑母位小韻首字。《七音略》無誤；《切韻指南》是。

31 入一透　侻　弘治九年本、近衛庫本、正德十一年本、碧琳琅本、《叢書集成》本，列字均爲『侻』；文津閣本、列字爲『侻』；《廣韻》《集韻》此字字形均爲『侻』，《重訂直音篇》將此字列於『侻』字下，注『俗』，此記『侻』爲俗體。『侻』，《廣韻》《集韻》他括切，透末一入合山；《五音集韻》同《廣韻》《集韻》。《韻鏡》外轉第二十四合、《七音略》外轉二十四輕中重、《切韻指掌圖》八圖，列字均爲『侻』；《起數訣》第四十二圖閉音清、《四聲等子》山攝外四輕重俱等韻合口呼，列字均爲『脫』。『侻』爲《廣韻》《集韻》《五音集韻》末一透母位小韻首字，下收有『脫』字，列字以『侻』爲佳。《韻鏡》《七音略》從《廣韻》無誤；《切韻指南》諸家版本均是。

32 入一滂　鏺　《廣韻》《集韻》普活切，滂末一入合山；《五音集韻》同《廣韻》《集韻》。《韻鏡》外轉第二十四合、《起數訣》第四十二圖閉音清、《四聲等子》山攝外四輕重俱等韻合口呼，列字均爲『潑』；《七音略》外轉二十四輕中重、《切韻指掌圖》八圖，列字均爲『鏺』。『鏺』爲《廣韻》《集韻》《五音集韻》末一滂母位小韻首字，下收有『潑』字，列字以『鏺』爲佳。《韻鏡》無誤；《七音略》《切韻指南》是。

33 入一並　䟦　弘治九年本、近衛庫本、正德十一年本，列字均爲『䟦』；文津閣本、碧琳琅本、《叢書集成》本，列字均爲『跋』；《康熙字典》記：『抜，《正字通》俗跋字。』此記二字爲正體俗體字。『跋』，《廣韻》《集韻》蒲撥切，並末一入合山；《五音集韻》同《廣韻》《集韻》。《韻鏡》外轉第二十四合、《七音略》外轉二十四輕中重、《起數訣》第四十二圖閉音清、《切韻指掌圖》八圖、《四聲等子》山攝外四輕重俱等韻合口呼，列字均爲『跋』。『跋』爲《廣韻》《集韻》《五音集韻》末一並母位小韻首字，《韻鏡》《七音略》列俗體無誤；《切韻指南》諸家版本亦無誤。

34 入一心　䨮　《康熙字典》記：『《集韻》先活切，音潠。《玉篇》削也。』此記《集韻》先活切，心末一入合山；《五音集韻》同《集韻》。《韻鏡》外轉第二十四合、《起數訣》第四十二圖閉音清、《四聲等子》山攝外四輕重俱等韻合口呼，列字均爲『䨮』；《七音略》外轉二十四輕中重，列字爲『刷』，生母鎋韻或生母薛韻，均不當列於此位，誤；《切韻指掌圖》空位。《廣韻》末韻無心母字，『䨮』爲《集韻》《五音集韻》末一心母位小韻首字，《七音略》列字誤，當校改爲『䨮』；《切韻指南》從《集韻》《五音集韻》。

35 入一曉　豁　《廣韻》《集韻》呼括切，曉末一入合山；《五音集韻》同《廣韻》《集韻》。《韻鏡》外轉第二十四合、《切韻指掌圖》八圖、《四聲等子》山攝外四輕重俱等韻合口呼，列字均爲『豁』；《七音略》外轉二十四輕中重，列字爲『䄆』，『䄆』，《康熙字典》記：『《說文》豁本字。』

《起數訣》第四十二圖閉音清，列字爲『煁』，此字當爲形訛。『豁』爲《廣韻》《五音集韻》末一曉母位小韻首字；『⿰衤害』爲《集韻》末一曉母位小韻首字，列字以『豁』爲佳。《七音略》無誤，《切韻指南》是。

36 《切韻指南》爲合韻韻圖，二等平聲位置雖標目僅爲『山』，然考圖内列字，實收山、删二韻字。

37 平二群　⿺走雚　《廣韻》山二删二均無群母小韻，《集韻》巨班切，群删二平合山；《五音集韻》同《集韻》。《韻鏡》《七音略》均空位；《起數訣》第四十三圖閉音濁，列字爲『⿺走雚』；《切韻指掌圖》八圖，列於溪母，群母位列『⿰礻雚』，當爲『⿺走雚』字形訛；《四聲等子》山攝外四輕重俱等韻合口呼，列字爲『欟』，《康熙字典》記：『跪頑切，群母删韻。』《韻鏡》《七音略》從《廣韻》空位；『⿺走雚』爲《集韻》《五音集韻》删二群母位小韻首字，《切韻指南》從《集韻》《五音集韻》。

38 平二疑　頑　《廣韻》五還切，疑删二平合山；《集韻》五鰥切，疑山二平合山；《五音集韻》同《集韻》。《韻鏡》外轉第二十二合、《七音略》外轉二十二輕中輕、《起數訣》第四十七圖收音濁、《切韻指掌圖》八圖、《四聲等子》山攝外四輕重俱等韻合口呼，列字均爲『頑』；《廣韻》無疑母山韻字，據楊軍《韻鏡校箋》記，《廣韻》合併山韻之『頑』小韻於删韻之『⿸疒葦』小韻乃誤也。『頑』爲《廣韻》删二、《集韻》《五音集韻》山二，疑母位小韻首字，《韻鏡》《七音略》從

《廣韻》,《切韻指南》從《集韻》《五音集韻》。

39 平二並 ○ 《廣韻》山二刪二均無並母位小韻;《集韻》此位有『盼』小韻,步還切,並刪二平合山;《五音集韻》同《集韻》。《韻鏡》《切韻指掌圖》均空位;《七音略》外轉二十四輕中重,列字爲『盼』;『盼』,《廣韻》布還切,《集韻》逋還切,幫母刪韻,不當列於此位,誤;《起數訣》第四十二圖閉音清、《四聲等子》山攝外四輕重俱等韻合口呼,列字均爲『盼』。『盼』爲《集韻》刪二並母位小韻首字,可列於此位;《韻鏡》從《廣韻》空位;《七音略》列字誤,可從《廣韻》刪去,或校改爲『盼』;《切韻指南》空位誤,當校補『盼』。

40 平二明 蠻 弘治九年本、正德十一年本,列字爲『蠻』;近衛庫本、文津閣本、碧琳琅本、《叢書集成》本,列字均爲『蠻』。『蠻』,《廣韻》莫還切,《集韻》謨還切,明刪二平合山;《五音集韻》同《廣韻》。《韻鏡》外轉第二十四合、《七音略》外轉二十四輕中重、《起數訣》第四十二圖閉音清、《切韻指掌圖》八圖、《四聲等子》山攝外四輕重俱等韻合口呼,列字均爲『蠻』。『蠻』爲《廣韻》《集韻》《五音集韻》刪二明母位小韻首字,《切韻指南》弘治九年本、正德十一年本列字形訛,當校改爲『蠻』,其他版本均是。

41 平二穿 ○ 《廣韻》《集韻》《五音集韻》山二刪二均無合口初母小韻。《韻鏡》外轉第二十二合,列字爲『恮』,《廣韻》莊緣切,莊仙三平合山;《集韻》逡緣切,清仙三平合山,楊軍認爲《韻鏡》此圖爲外轉,不得列假二等字,誤;《七音略》《起數訣》《切韻指掌圖》《四聲等子》

均空位。《韻鏡》列字爲誤增；當删；《七音略》《切韻指南》空位是。

42 平二牀 ⿰犭勻 《廣韻》《集韻》崇玄切，崇先二平合山；《五音集韻》同《廣韻》。《韻鏡》外轉第二十四合、《起數訣》第四十三圖閉音濁、《切韻指掌圖》八圖、《四聲等子》山攝外四輕重俱等韻合口呼，列字均爲『⿰犭勻』；《七音略》外轉二十四輕中重，列字爲『袀』，《廣韻》居勻切，《集韻》規倫切，見母諄韻，誤，當爲『⿰犭勻』字形訛。『⿰犭勻』爲先韻字，只有四等，反切上字爲崇母，因切列字，早期韻圖均列於二等。《韻鏡》列字無誤；《七音略》列字爲形訛，誤；《切韻指南》依正音憑切門法列於二等位，亦無誤。

43 平二曉 豩 《廣韻》山二删二均無曉母位小韻；《集韻》呼關切，曉删二平合山；《五音集韻》同《集韻》。《韻鏡》《七音略》《切韻指掌圖》均空位；《起數訣》第四十三圖閉音濁、《四聲等子》山攝外四輕重俱等韻合口呼，列字均爲『豩』。《廣韻》無曉母山、删韻字，『豩』爲《集韻》《五音集韻》删二曉母位小韻首字，《韻鏡》《七音略》從《廣韻》空位；《切韻指南》從《集韻》《五音集韻》。

44 平二匣 湲 弘治九年本、近衛庫本、正德十一年本、碧琳琅本、《叢書集成》本，列字均爲『湲』；文津閣本空位。『湲』，《廣韻》獲頑切，《集韻》胡鰥切，匣山二平合山；《五音集韻》同《廣韻》。《韻鏡》外轉第二十二合、《七音略》外轉二十二輕中輕、《起數訣》第四十七圖收音濁，列字均爲『湲』；《切韻指掌圖》八圖、《四聲等子》山攝外四輕重俱等韻合口呼，列字均爲『還』，匣母删韻。『湲』爲《廣韻》《集韻》《五音集韻》山二匣母位小韻首字，《切韻指南》文津閣本空位，誤，當校補『湲』；其餘諸版本是。

45 平二影　彎　弘治九年本、正德十一年本、文津閣本，列字均爲『彎』；近衛庫本，列字爲『彎』；碧琳琅本、《叢書集成》本，列字均爲『彎』；《廣韻》《集韻》此字字形均爲『彎』，『彎』『彎』當爲形訛，誤。『彎』，《廣韻》《集韻》烏關切，影删二平合山；《五音集韻》均同《廣韻》。《韻鏡》外轉第二十四合、《七音略》外轉二十四輕中重、《切韻指掌圖》八圖、《四聲等子》山攝外四輕重俱等韻合口呼，列字均爲『彎』；《起數訣》第四十三圖閉音濁，列字爲『攣』，來母仙韻；誤。『彎』爲《廣韻》《集韻》《五音集韻》删二影母位小韻首字，碧琳琅本、《叢書集成》本列字是，其他版本誤，均當校改爲『彎』。

46 《切韻指南》爲合韻韻圖，二等上聲位置雖標目僅爲『産』，然考圖内所有字，實收産、潸二韻字。

47 上二知　⿰豸乍　《廣韻》《集韻》均未收，《五音集韻》中板切，知母潸韻。《韻鏡》《七音略》《起數訣》《切韻指掌圖》《四聲等子》均空位，《康熙字典》記：『《玉篇》中板切，音盞。豸也。』《五音集韻》當是據《玉篇》列此字。《廣韻》《集韻》均無上二知母位小韻，『⿰豸乍』爲《五音集韻》知母潸韻小韻首字，《韻鏡》《七音略》從《廣韻》空位，《切韻指南》從《五音集韻》。

48 上二幫　版　《廣韻》布綰切，《集韻》補綰切，幫潸二上合山；《五音集韻》同《廣韻》。《韻鏡》外轉第二十四合、《起數訣》第四十二圖閉音清、《切韻指掌圖》八圖、《四聲等子》山攝外四輕重俱等韻合口呼，列字均爲『版』；《七音略》外轉二十四輕中重，列字爲『板』。『版』爲《廣韻》潸二幫母位小韻首字，下收有『板』字；『版』『板』同爲《集韻》《五音集韻》潸二幫母位小韻首字，列字以『版』爲佳。《七音略》無誤，《切韻指南》是。

49 上二滂 ◯ 《廣韻》《集韻》此位均有『眅』小韻。『眅』，《廣韻》普板切，《集韻》普版切，滂潸二上合山；《五音集韻》普限切，滂母産韻。《韻鏡》外轉第二十四合、《七音略》外轉二十四輕中重、《切韻指掌圖》八圖，列字均爲『眅』；《起數訣》第四十二圖閉音清，列字爲『昄』，幫母潸韻或並母潸韻，誤；《四聲等子》山攝外四輕重俱等韻合口呼，列字爲『販』，非母願韻，誤。『眅』爲《廣韻》《集韻》潸二滂母位小韻首字，《切韻指南》脣音字開合問題與早期韻圖不一，《韻鏡》《七音略》列於合口圖；《五音集韻》中反切下字爲開口字，《切韻指南》當是據此列於開口圖，故合口圖空位。

50 上二並 ◯ 《廣韻》《集韻》此位均有『阪』小韻。『阪』，《廣韻》扶板切，《集韻》部版切，並潸二上合山；《五音集韻》蒲限切，並母産韻開口字。《韻鏡》外轉第二十四合、《七音略》外轉二十四輕中重、《起數訣》第四十二圖閉音清，列字均爲『阪』；《切韻指掌圖》空位；《四聲等子》山攝外四輕重俱等韻合口呼，列字爲『粄』，幫母緩韻，誤。『阪』爲《廣韻》《集韻》潸二並母位小韻首字，於《五音集韻》中下收於並母『版』小韻，但《五音集韻》反切下字爲開口字，《切韻指南》據此於開口圖並母位列『版』，故合口圖空位。

51 上二照　蟤　《康熙字典》記：『《唐韻》《集韻》莊緣切，音跧。蜿蟤，龍屈貌。又從緣切，音全。蜿蟤，蛇名。又《類篇》茁撰切。蜿蟤，蟲不申貌。』此記《集韻》莊緣切，莊母仙韻；《類篇》茁撰切，莊母獮韻；《五音集韻》茁撰切，莊母潸韻或獮韻。《韻鏡》《起數訣》《四聲等子》均空位；《七音略》外轉二十四輕中重，列字爲『蟤』；《切韻指掌圖》八圖，列字爲『⿰犭戔』，莊母産韻。《韻鏡》《七音略》有内外之别，外轉圖不當列假二等字，《韻鏡》空位是；《切韻指南》從《五音集韻》。

52 上二穿　⿰忄産　《廣韻》初綰切，《集韻》揣綰切，初産二上合山；《五音集韻》同《廣韻》，亦列於合口。《韻鏡》外轉第二十四合，列字爲『羼』，初母産韻開口字；《七音略》外轉二十四輕中重、《四聲等子》山攝外四輕重俱等韻合口呼，列字均爲『⿰忄産』，初母産韻；《起數訣》空位；《切韻指掌圖》八圖，列字爲『⿰犭戔』，初母潸韻開口。楊軍認爲，《韻鏡》已於外轉二十一開列字，故外轉二十四合爲誤增，當删；『⿰忄産』爲《集韻》《五音集韻》潸二初母位小韻首字，《切韻指南》從《集韻》《五音集韻》。

53 上二審　○　《廣韻》《集韻》均無上二審母字；《韻鏡》《起數訣》《切韻指掌圖》均空位；《七音略》外轉二十四輕中重，列字爲『⿰犭巽』，心母線韻；《四聲等子》山攝外四輕重俱等韻合口呼，列字爲『巽』，生母諫韻。《廣韻》《集韻》産二潸二均無審母位小韻，《七音略》列字誤，當删；《韻鏡》《切韻指南》空位是。

54　上二匣　晥　《廣韻》户板切，《集韻》户版切，匣潸二上合山；《五音集韻》同《廣韻》。《韻鏡》外轉第二十四合、《起數訣》第四十三圖閉音濁、《四聲等子》山攝外四輕重俱等韻合口呼，列字均爲『晥』；《七音略》外轉二十四輕中重，列字爲『皖』，爲『晥』字形訛；《切韻指掌圖》八圖，列字爲『僩』，匣母潸韻開口字。『晥』爲《廣韻》《集韻》《五音集韻》潸二匣母位小韻首字；《七音略》列字形訛，誤，當校改爲『晥』；《切韻指南》是。

55　《切韻指南》爲合韻韻圖，二等去聲位置雖標目僅爲『諫』，然考圖内所有字，實收諫、襉二韻字。

56　去二群　⿺走雚　《廣韻》巨員切，群仙三平合山；《集韻》求患切，群諫二去合山；《五音集韻》同《集韻》。依《廣韻》不當列於此位，依《集韻》《五音集韻》可列於此位。《韻鏡》外轉第二十四合、《七音略》外轉二十四輕中重、《起數訣》第四十三圖閉音濁、《四聲等子》山攝外四輕重俱等韻合口呼，列字均爲『⿺走雚』；《切韻指掌圖》，空位。《廣韻》山韻删韻均無去二群母位小韻，『⿺走雚』爲《集韻》《五音集韻》諫二群母位小韻首字，但李新魁疑此字音切應爲『來員切』，誤致群母，後被韻書韻圖沿襲，《切韻指南》從《集韻》《五音集韻》。

57　去二幫　扲　弘治九年本、近衛庫本、正德十一年本、文津閣本、碧琳琅本、《叢書集成》本，列字均爲『扮』；『扲』，《康熙字典》：『《正字通》扮字之譌。』此記，『扲』字當爲『扮』字形訛。

『扮』，《廣韻》晡幻切，《集韻》博幻切，幫襉二去開山；《五音集韻》同《廣韻》。《韻鏡》外轉第二十一開、《七音略》外轉二十一重中輕、《起數訣》第四十六圖收音清、《切韻指掌圖》八圖、《四聲等子》山攝外四輕重俱等韻開口呼，列字均爲『扮』。《七音略》外轉第二十四輕中重，去二幫母位列有『⿰衤班』，此字係『⿰扌班』字形訛；『⿰扌班』收於《集韻》『扮』小韻下，然《韻鏡》《七音略》等早期韻圖，諫韻無脣音合口字，故《七音略》此圖列字誤增，當刪；另有該字反切下字爲合口，《切韻指南》據此列於合口圖，開口圖重出，當刪。

58 去二滂　襻　《廣韻》《集韻》普患切，滂諫二去合山；《五音集韻》同《廣韻》《集韻》。《韻鏡》外轉第二十四合、《七音略》外轉二十四輕中重、《起數訣》第四十二圖閉音清、《四聲等子》山攝外四輕重俱等韻合口呼，列字爲『襻』；《切韻指掌圖》八圖，列字爲『盼』，滂母襉韻。『襻』爲《廣韻》《集韻》《五音集韻》諫二滂母位小韻首字，因反切下字爲合口字而列於合口圖，《切韻指南》是。

59 去二明　〇　《廣韻》《集韻》此位均有『慢』，『慢』，謨晏切，明諫二去合山；《五音集韻》同《廣韻》《集韻》。《韻鏡》外轉第二十四合、《七音略》外轉二十四輕中重、《起數訣》第四十二圖閉音清、《切韻指掌圖》八圖、《四聲等子》山攝外四輕重俱等韻合口呼，列字均爲『慢』。『慢』爲《廣韻》《集韻》《五音集韻》諫二明母位小韻首字，當列於此位。然諸家韻圖對脣音字開合問題處理方式不一，《韻鏡》《七音略》列於合口圖；因反切下字爲非脣音字或合口字，《切韻指南》於開口圖去二明母位列『慢』字，而合口圖空位。

60 去二照　孨　《廣韻》莊眷切，莊線三去合山；《集韻》之嚷切，章線三去合山；《五音集韻》同《廣韻》。《韻鏡》《起數訣》《切韻指掌圖》均空位；《七音略》外轉二十四輕中重、《四聲等子》山攝外四輕重俱等韻合口呼，列字均爲『恮』，莊母仙韻，不當列於此位，誤。『孨』爲莊母線韻字，依正音憑切的門法，應在二等位出切，《韻鏡》《七音略》有内外之別，外轉圖二等位不當列三等字，《韻鏡》空位是；《切韻指南》依門法憑切列字，列『孨』字是。

61 去二穿　墓　弘治九年本，列字爲『墓』；近衛庫本、正德十一年本、文津閣本、碧琳琅本、《叢書集成》本，列字均爲『簒』，『墓』爲『簒』字形訛。『簒』，《廣韻》《集韻》初患切，初諫二去合山；《五音集韻》同《廣韻》《集韻》。《韻鏡》外轉第二十四合、《七音略》外轉二十四輕中重、《起數訣》第四十三圖閉音濁、《切韻指掌圖》八圖、《四聲等子》山攝外四輕重俱等韻合口呼，列字均爲『簒』。『簒』爲《廣韻》《集韻》《五音集韻》諫二初母位小韻首字，《切韻指南》弘治九年本列字形訛，誤，當校改爲『簒』，其餘諸版本是。

62 去二牀　饌　《廣韻》士戀切，《集韻》雛戀切，崇線三去合山；《五音集韻》同《廣韻》。《韻鏡》外轉第二十四合、《七音略》外轉二十四輕中重、《切韻指掌圖》八圖、《四聲等子》山攝外四輕重俱等韻合口呼，列字均爲『饌』；《起數訣》空位。《廣韻》《集韻》《五音集韻》均收於崇母線韻位，雖爲三等韻，按正音憑切門法，當列於二等位。

63 去二審　篳　《廣韻》所眷切，《集韻》數眷切，生線三去合山；《五音集韻》同《廣韻》。《韻鏡》外轉第二十四合、《七音略》外轉二十四輕中重、《起數訣》第四十三圖閉音濁、《切韻指掌圖》八圖、《四聲等子》山攝外四輕重俱等韻合口呼，列字均爲『孿』，生母諫韻。『篳』爲《廣韻》《集韻》《五音集韻》線三生母位小韻首字；『孿』爲《廣韻》《集韻》諫二生母位小韻首字。《韻鏡》《七音略》列真二等字，是；《切韻指南》依門法憑切列字，列『篳』字是。

64 《切韻指南》爲合韻韻圖，二等入聲位置雖標目僅爲『鎋』，然考圖内所有字，實收鎋、黠二韻字。

65 入二幫　○　《廣韻》《集韻》入二幫母位有『八』小韻；『八』，《廣韻》博拔切，《集韻》布拔切，幫黠二入合山。《韻鏡》外轉第二十四合、《七音略》外轉二十四輕中重、《起數訣》第四十一圖發音濁、《切韻指掌圖》八圖、《四聲等子》山攝外四輕重俱等韻合口呼，列字均爲『八』。『八』爲《廣韻》《集韻》黠二幫母位小韻首字，當列於此位；然《切韻指南》已於開口圖此位列『捌』，『捌』爲《廣韻》《五音集韻》鎋二幫母位小韻首字，《五音集韻》時鎋黠二韻已合併，其中『捌』字下收有『八』字，且切下字爲開口字，《切韻指南》當是據此列『捌』於開口圖入二幫母位，而合口圖空位。

66 入二滂　○　《廣韻》《集韻》入二滂母位有『汃』小韻；『汃』，《廣韻》《集韻》普八切，滂黠二入合山；《五音集韻》同《廣韻》。《韻鏡》外轉第二十四合、《七音略》外轉二十四輕中重、《起數訣》第四十二圖閉音清、《切韻指掌圖》八圖、《起數訣》第四十一圖發音濁、《四聲等子》山攝外四輕重俱等韻合口呼，列字均爲『汃』。『汃』爲《廣韻》《集韻》《五音集韻》黠二滂母位小韻首字。然諸家韻圖對脣音字處理方式不一，《韻鏡》《七音略》列於合口圖，《切韻指南》因切下字『八』爲開口而列於開口圖。

67 入二並 ○ 《廣韻》《集韻》入二並母位有『拔』小韻；『拔』，《廣韻》《集韻》蒲八切，並黠二入合山；《五音集韻》同《廣韻》《集韻》。《韻鏡》外轉第二十四合、《七音略》外轉二十四輕中重、《起數訣》第四十二圖閉音清、《切韻指掌圖》八圖、《四聲等子》山攝外四輕重俱等韻合口呼，列字均爲『拔』。『拔』爲《廣韻》《集韻》《五音集韻》黠二並母位小韻首字。然諸家韻圖對脣音字處理方式不一，《韻鏡》《七音略》列於合口圖；《切韻指南》因切下字入開口而列於開口圖。

68 入二明 ○ 《廣韻》《集韻》入二明母位有『傛』小韻；『傛』，《廣韻》《集韻》莫八切，明黠二入開山；《五音集韻》同《廣韻》《集韻》。《韻鏡》外轉第二十四合、《七音略》外轉二十四輕中重、《起數訣》第四十二圖閉音清，列字均爲『傛』；《切韻指掌圖》八圖，列字爲『傛』，當爲形訛字；《四聲等子》山攝外四輕重俱等韻合口呼，列字爲『礣』，明母鎋韻。『傛』爲《廣韻》《集韻》《五音集韻》黠二明母位小韻首字。然諸家韻圖對脣音字處理方式不一，《韻鏡》《七音略》列於合口圖；《切韻指南》因切下字入開口而列於開口圖。

69 入二牀 ◯ 《廣韻》鎋韻黠韻均無入二崇母位小韻；《集韻》入二崇母位有『䶪』小韻，『䶪』，士滑切，然此音切誤，楊軍認爲應作『士滑切』，崇母黠韻；《五音集韻》查鎋切，崇母鎋韻。《韻鏡》《切韻指掌圖》《四聲等子》均空位；《七音略》外轉二十四輕中重、《起數訣》第四十三圖閉音濁，列字均爲『䶪』。『䶪』收於《集韻》黠小韻，亦收於《五音集韻》鎋小韻。《韻鏡》從《廣韻》空位；《七音略》當是據《集韻》列此字；《切韻指南》可從《廣韻》空位，亦可從《集韻》《五音集韻》校補『䶪』字。

70 入二曉 䀰 《廣韻》呼八切，曉黠二開入山。《康熙字典》記：『《集韻》荒刮切，歡入聲。視也。《埤蒼》怒視貌。』此記《集韻》荒刮切，曉鎋二入合山；《五音集韻》同《集韻》，依《集韻》《五音集韻》可列於此位。《韻鏡》《七音略》均空位；《起數訣》第四十七圖收音濁，列字爲『䀰』；《切韻指掌圖》八圖，列字爲『傄』，曉母黠韻；《四聲等子》山攝外四輕重俱等韻合口呼，列字爲『聒』，見母末韻。《廣韻》無入二曉母合口字，『䀰』爲《集韻》《五音集韻》鎋二曉母位小韻首字，《韻鏡》《七音略》從《廣韻》空位；《切韻指南》從《集韻》《五音集韻》。

71 入二影 婠 《廣韻》《集韻》烏八切，影黠二入合山；《五音集韻》同《廣韻》《集韻》。《韻鏡》空位；《七音略》外轉二十四輕中重、《起數訣》第四十三圖閉音濁、《切韻指掌圖》八圖、《四聲等子》山攝外四輕重俱等韻合口呼，列字均爲『娟』。『娟』爲《廣韻》《集韻》《五音集韻》黠二影母位小韻首字；《韻鏡》空位誤，當校補『娟』字；《切韻指南》是。

72 本圖三等字列仙獮線薛四韻與元阮願月四韻字，圖左注『元韻宜與仙韻通押，不當全入魂痕。』

73 平三溪　卷　《廣韻》丘圓切，《集韻》驅圓切，溪仙三平合山；《五音集韻》同《廣韻》。《韻鏡》外轉第二十四合，列字爲『棬』；《七音略》外轉二十四輕中重、《切韻指掌圖》八圖、《四聲等子》山攝外四輕重俱等韻合口呼，列字均爲『弮』；《起數訣》第四十七圖收音濁，列字爲『捲』，群母仙韻，誤。『弮』爲《廣韻》《五音集韻》仙三溪母位小韻首字，《廣韻》中下收有『棬』字，列字以『弮』爲佳。《韻鏡》無誤，《切韻指南》是。

74 平三知　礶　弘治九年本、近衛庫本、正德十一年本、碧琳琅本、《叢書集成》本，列字均爲『礶』；文津閣本，列字爲『𨇽』。『礶』，《廣韻》《集韻》《五音集韻》均未收；《康熙字典》記：『《字彙補》昭穿切，音專。行不正。』此記昭穿切，章母仙韻，不當列於此位，但釋爲行不正，當爲『𧾅』字，群母仙韻；『𨇽』，《廣韻》丁全切，知母仙韻。《切韻指南》列『礶』字諸本應爲此字形訛；『𨇽』，《集韻》此字字形爲『𨘫』，珍全切，知仙三平合山；《五音集韻》中全切，知母仙韻。《韻鏡》《七音略》均空位；《起數訣》第四十七圖收音濁，列字爲『𨘫』，《切韻指掌圖》八圖，列字爲『𥜥』，當爲『𨇽』字形訛；《四聲等子》山攝外四輕重俱等韻合口呼，列字爲

『𢋼』。據楊軍《韻鏡校箋》記，『𢋼』字當入齊小韻，《廣韻》《集韻》中此字音形皆誤，當爲誤增字。《韻鏡》《七音略》空位誤，當補『𢋼』；《切韻指南》近衛庫本、正德十一年本、碧琳琅本、《叢書集成》本，列字誤，當校改爲『𢋼』；文津閣本是。

75 平三徹　猭　弘治九年本、正德十一年本、文津閣本、碧琳琅本、《叢書集成》本，列字均爲『猭』；近衛庫本，列字爲『傢』；《廣韻》《集韻》此位均有『猭』小韻，『傢』當爲形訛。『猭』，《廣韻》丑緣切，《集韻》椿全切，徹仙三平合山；《五音集韻》同《廣韻》。《韻鏡》空位；《七音略》外轉二十四輕中重、《起數訣》第四十七圖收音濁，列字爲『鐉』；《切韻指掌圖》八圖、《四聲等子》山攝外四輕重俱等韻合口呼，列字均爲『猭』。『猭』爲《廣韻》《五音集韻》仙三徹母位小韻首字，『鐉』爲《集韻》仙三徹母位小韻首字；列字以『猭』爲佳。《韻鏡》空位誤，當校補『猭』；《七音略》無誤；《切韻指南》近衛庫本列字形訛，誤，當校改爲『猭』；其餘諸版本是。

76 平三澄　椽　《廣韻》直攣切，《集韻》重緣切，澄仙三平合山；《五音集韻》同《廣韻》。《韻鏡》空位；《七音略》外轉二十四輕中重、《起數訣》第四十七圖收音濁、《切韻指掌圖》八圖、《四聲等子》山攝外四輕重俱等韻合口呼，列字均爲『椽』。『椽』爲《廣韻》《集韻》《五音集韻》仙三澄母位小韻首字，當列於此位；《韻鏡》空位誤，當校補『椽』；《切韻指南》是。

77 平三非　藩　《廣韻》甫煩切，《集韻》方煩切，非元三平合山；《五音集韻》同《廣韻》。《韻鏡》外轉第二十二合，列字爲『蕃』；《七音略》外轉二十二輕中輕、《起數訣》第四十九圖發音濁、《切韻指掌圖》八圖，列字均爲『藩』；《四聲等子》山攝外四輕重俱等韻合口呼，列字爲『番』，敷母元韻。『蕃』爲《廣韻》《五音集韻》元三非母位小韻首字，下收有『藩』字；『藩』爲《集韻》元三非母位小韻首字，下收有『蕃』字，列字以『蕃』爲佳。《韻鏡》是；《七音略》無誤；《切韻指南》從《集韻》《五音集韻》。

78 平三敷　飜　《廣韻》《集韻》孚袁切，敷元三平合山；《五音集韻》同《廣韻》《集韻》。《韻鏡》外轉第二十二合、《起數訣》第四十九圖發音濁、《切韻指掌圖》八圖、《四聲等子》山攝外四輕重俱等韻合口呼，列字均爲『翻』；《七音略》外轉二十二輕中輕，列字爲『飜』。『飜』爲《廣韻》元三敷母位小韻首字，下收有『翻』字，注上同，二字爲異體字；『翻』『飜』同爲《集韻》《五音集韻》小韻首字，《切韻指南》是。

79 平三微　樠　《廣韻》武元切，微元三平合山；《集韻》模元切，明元三平開山；《五音集韻》同《廣韻》。《韻鏡》外轉第二十二合、《起數訣》第四十九圖發音濁、《切韻指掌圖》八圖、《四聲等子》山攝外四輕重俱等韻合口呼，列字均爲『樠』；《七音略》外轉二十二輕中輕，列字爲『㨺』，此字當爲『樠』形訛。『樠』爲《廣韻》《五音集韻》元三微母位小韻首字，當列於此位。《七音略》列字爲形訛，誤，當校改爲『樠』；《切韻指南》是。

80 平三牀　船　弘治九年本、近衛庫本、正德十一年本、碧琳琅本、《叢書集成》本列字均爲『船』，文津閣本，列字爲『般』。『船』，《廣韻》《集韻》食川切，船仙三平合山；《五音集韻》同《廣韻》；『般』，《廣韻》《集韻》幫並母桓删韻，均不當列於此位。《韻鏡》外轉第二十四合，列字爲『舩』，《康熙字典》記：『食川切。與船同。』此記爲『船』字異體字；《七音略》外轉二十四輕中重、《四聲等子》山攝外四輕重俱等韻合口呼，列字均爲『船』；《起數訣》空位，誤；《切韻指掌圖》八圖，列字爲『遄』，禪母仙韻。『船』爲《廣韻》《集韻》《五音集韻》仙三船母位小韻首字，《韻鏡》列異體無誤；《切韻指南》文津閣本列字誤，當校改爲『船』；《切韻指南》其餘諸版本是。

81 平三曉　暄　《廣韻》況袁切，《集韻》許元切，曉元三平合山；《五音集韻》同《廣韻》。《韻鏡》空位；《七音略》外轉二十二輕中輕、《起數訣》第四十九圖發音濁，列字均爲『暄』；《切韻指掌圖》八圖，列字爲『翾』，曉母仙韻；《四聲等子》山攝外四輕重俱等韻合口呼，列字爲『暄』。『暄』爲《廣韻》《集韻》《五音集韻》元三曉母位小韻首字，下收有『暄』字，列字以『暄』字爲佳；《韻鏡》空位誤，當校補『暄』；《切韻指南》是。

82 平三影　嬽　《廣韻》於緣切，《集韻》縈緣切，影仙三平合山；《五音集韻》於權切，影母仙韻。《韻鏡》空位；《七音略》外轉二十四輕中重，列字爲『嬽』；《起數訣》第四十七圖收音濁，列字爲『溱』，莊母臻韻，誤；《切韻指掌圖》八圖，列字爲『娟』，影母仙韻；《四聲等子》

山攝外四輕重俱等韻合口呼，列字爲『鴛』，影母元韻。『嬽』爲《廣韻》《五音集韻》仙三影母位小韻首字；『娟』爲《集韻》仙三影母位小韻首字，下收有『嬽』字，列字以『嬽』爲佳；《韻鏡》空位誤，當校補『嬽』；《切韻指南》是。

83 平三日　堧　弘治九年本、正德十一年本、文津閣本、碧琳琅本、《叢書集成》本，列字均爲『堧』；近衛庫本，列字爲『⿰土要』；《廣韻》《集韻》字形均爲『堧』，『⿰土要』當爲形訛。『堧』，《廣韻》而緣切，《集韻》而宣切，日仙三平合山；《五音集韻》同《廣韻》。《韻鏡》外轉第二十四合、《七音略》外轉二十四輕中重、《切韻指掌圖》八圖、《四聲等子》山攝外四輕重俱等韻合口呼，列字均爲『堧』；《起數訣》第四十七圖收音濁，列字爲『瞯』，見母山韻或襇韻，誤。『堧』爲《廣韻》《集韻》《五音集韻》仙三日母位小韻首字，近衛庫本列字爲形訛，誤，當校改爲『堧』；其餘諸版本是。

84 上三徹　腞　《廣韻》未收，且阮三獮三均無徹母位小韻，《集韻》敕轉切，徹獮三山合山；《五音集韻》同《集韻》。《韻鏡》《切韻指掌圖》均空位；《七音略》外轉二十四輕中重，列字爲『⿰目彖』，當爲『腞』字形訛；《起數訣》第四十七圖收音濁、《四聲等子》山攝外四輕重俱等韻合口呼，列字均爲『腞』。《廣韻》無上三徹母位小韻，『腞』爲《集韻》《五音集韻》獮三徹母位小韻首字；《韻鏡》從《廣韻》空位；《七音略》列字形訛，誤，當校改爲『腞』；《切韻指南》從《集韻》《五音集韻》。

85 上三娘　䞂　弘治九年本、正德十一年本、文津閣本、碧琳琅本、《叢書集成》本，列字均爲『䞂』；近衛庫本，列字爲『䞂』；《廣韻》《集韻》此字字形均爲『䞂』，『䞂』當爲形訛。『䞂』，《廣韻》而兗切，《集韻》乳兗切，日獮三上合山；據此音切不當列於此位；另有《集韻》女軟切，娘獮三上合山；《五音集韻》同《集韻》，據此音切可列於此位。《韻鏡》《切韻指掌圖》空位；《七音略》外轉二十四輕中重，列字爲『腰』，此字當爲『腝』字形訛；《起數訣》第四十七圖收音濁，列字爲『腝』，《廣韻》《集韻》日母獮韻；《四聲等子》山攝外四輕重俱等韻合口呼，列字爲『䞂』。《廣韻》無上三娘母位小韻，《集韻》《五音集韻》均列『䞂』字於娘母獮韻，《韻鏡》從《廣韻》空位；《七音略》《切韻指南》近衛庫本均列字形訛，誤，均當校改爲『䞂』；《切韻指南》其餘諸版本從《集韻》《五音集韻》。

86 上三敷　疺　《廣韻》方萬切，奉願三去合山；《集韻》芳反切，敷阮三上合山；《五音集韻》同《集韻》；依《廣韻》不當列於此，依《集韻》《五音集韻》可列於此。《韻鏡》《七音略》《切韻指掌圖》均空位；《起數訣》第四十九圖發音濁，列字爲『⿰樊頁』，敷母阮韻；《四聲等子》山攝外四輕重俱等韻合口呼，列字爲『疺』。《廣韻》阮三獮三均無敷母位小韻，『疺』收於《集韻》上三敷母位，且爲《五音集韻》上三敷母位小韻首字，下收有『⿰樊頁』字。《韻鏡》《七音略》從《廣韻》空位；《切韻指南》從《集韻》《五音集韻》。

87 上三微　晚　弘治九年本、正德十一年本、文津閣本、碧琳琅本、《叢書集成》本，列字均爲

『晚』，近衛庫本，列字爲『脕』。『晚』，《廣韻》無遠切，《集韻》武遠切，微阮三上合山；《五音集韻》同《廣韻》。《韻鏡》外轉第二十二合、《七音略》外轉二十二輕中輕、《起數訣》第四十九圖發音濁、《切韻指掌圖》八圖、《四聲等子》山攝外四輕重俱等韻合口呼，列字均爲『晚』。『晚』爲《廣韻》《集韻》《五音集韻》阮三微母位小韻首字，下收有『脕』字，列字以『晚』爲佳；《切韻指南》諸家版本均是。

88 上三審 ○ 《廣韻》《集韻》均無上三書母合口小韻。《韻鏡》外轉第二十四合，於書母獮韻位列『膞』；『膞』，《廣韻》市兖切，《集韻》豎兖切，禪獮三上合山，不當列於此位，誤；《七音略》《起數訣》《切韻指掌圖》《四聲等子》均空位。《廣韻》《集韻》均無上三書母位合口小韻，《韻鏡》列字誤，當删；《七音略》《切韻指南》空位是。

89 上三禪 膞 《廣韻》市兖切，《集韻》豎兖切，禪獮三上合山；《五音集韻》同《廣韻》。《韻鏡》列此字於書母位，禪母位空位，誤；《七音略》外轉二十四輕中重、《四聲等子》山攝外四輕重俱等韻合口呼，列字均爲『膞』；《起數訣》第四十七圖收音濁、《切韻指掌圖》八圖，列字爲『腨』。『膞』爲《廣韻》《五音集韻》獮三禪母位小韻首字，下收有『腨』字；『腨』爲《集韻》獮三禪母位小韻首字，下收有『膞』字，列字以『膞』字爲佳。《韻鏡》誤；當改列於禪母位，《七音略》《切韻指南》是。

90 上三曉 暅 《廣韻》況晚切，《集韻》火遠切，曉阮三上合山；《五音集韻》同《廣韻》。《韻鏡》外轉第二十二合、《四聲等子》山攝外四輕重俱等韻合口呼，列字均爲『晅』；《七音略》外轉二十二輕中輕，列字爲『晅』，此字當爲『晅』字形訛；《起數訣》第四十九圖發音濁，列字爲『喧』，曉母元韻，誤；《切韻指掌圖》八圖，列字爲『烜』，曉母阮韻。『晅』爲《廣韻》《五音集韻》阮三曉母位小韻首字，下收有『烜』字，列字以『晅』爲佳；《七音略》列字形訛，誤，當校改爲『晅』，《切韻指南》是。

91 上三影　宛　近衛庫本、正德十年本、文津閣本、碧琳琅本、《叢書集成》本，列字均爲『宛』。『宛』爲『宛』形訛。『宛』，《廣韻》於阮切，影阮三上合山；《集韻》烏勉切，影獮三上合山；《切韻指南》爲合韻韻圖，依《廣韻》《集韻》音切均可列於此位；《五音集韻》同《廣韻》。《韻鏡》外轉第二十四合、《七音略》外轉二十四輕中重、《起數訣》第四十七圖收音濁，列字均爲『宛』；《切韻指掌圖》八圖、《四聲等子》山攝外四輕重俱等韻合口呼，列字均爲『婉』，影母阮韻。『婉』爲《廣韻》《五音集韻》阮三影母位小韻首字，下收有『宛』字；『宛』爲《集韻》獮三影母位小韻首字，《韻鏡》《七音略》無誤；《切韻指南》是。

92 上三日　輭　弘治九年本、正德十一年本、文津閣本、碧琳琅本、《叢書集成》本，列字均爲『輭』；近衛庫本，列字爲『輭』；《廣韻》《集韻》此字字形均爲『輭』，『輭』當爲『輭』字形訛。『輭』，《廣韻》而兖切，《集韻》乳兖切，日獮三上合山；《五音集韻》同《廣韻》。《韻鏡》外轉第二十二合列此字於日母獮韻四等位，又於外轉第二十四合日母獮韻三等位列

『腝』；《七音略》外轉二十四輕中重，列字爲『臑』，此字當爲『腝』形訛；《起數訣》第四十七圖收音濁，列字爲『軟』，《廣韻》注『軟』爲『輭』字俗體；《切韻指掌圖》八圖、《四聲等子》山攝外四輕重俱等韻合口呼，列字均爲『輭』。『輭』爲《廣韻》《五音集韻》獮三日母位小韻首字，下收有『腝』字，列字以『輭』字爲佳。《韻鏡》外轉第二十二合列字誤，當改列於第二十四轉三等位；《七音略》及《切韻指南》近衛庫本，列字形訛，誤，當校改爲『輭』；《切韻指南》其餘諸版本是。

93 去三溪　䊾　《廣韻》區倦切，《集韻》苦倦切，溪線三去合山；《五音集韻》同《廣韻》。《韻鏡》外轉第二十四合，列字爲『䊾』；《七音略》外轉二十四輕中重，列字爲『䊾』；《起數訣》第四十七圖收音濁，列字爲『𡼏』，崇母送韻，不當列於此位；《切韻指掌圖》八圖，列字爲『券』，溪母願韻；《四聲等子》山攝外四輕重俱等韻合口呼，列字爲『勸』，溪母願韻。《廣韻》『䊾』字釋義爲『祭祀』，余迺永注『《玉篇》從巳。』故當爲『䊾』字俗。『䊾』(《廣韻》《五音集韻》作『䊾』)爲《廣韻》《集韻》《五音集韻》線三溪母位小韻首字，當列於此位。《七音略》是；《韻鏡》《切韻指南》列俗體，均當校改爲『䊾』。

94 去三徹　猭　《廣韻》丑戀切，《集韻》寵戀切，徹線三去合山；《五音集韻》同《廣韻》。《韻鏡》外轉第二十四合，列字爲『掾』，《廣韻》以絹切，《集韻》俞絹切，以線三去合山，誤；《七音略》外轉二十四輕中重，列字爲『豫』，以母線韻，誤；《起數訣》第四十七圖收音濁、《切韻指掌圖》八圖，列字均爲『猭』；《四聲等子》山攝外四輕重俱等韻合口呼，列字爲『⿰彳彖』，當爲『猭』字形訛。『猭』爲《廣韻》《集韻》《五音集韻》線三徹母位小韻首字，當列於此位。《韻鏡》《七音略》列字誤，均當校改爲『猭』；《切韻指南》是。

95 去三敷　嬎　《廣韻》芳万切，《集韻》孚萬切，敷願三去合山。《五音集韻》同《廣韻》。《韻鏡》外轉第二十二合、《四聲等子》山攝外四輕重俱等韻合口呼，列字均爲『嬎』；《七音略》外轉二十二輕中輕，列字均爲『娩』；《起數訣》第四十九圖發音濁，列字爲『娩』，當爲『娩』字形訛；《切韻指掌圖》八圖，列字爲『嬔』，《廣韻》嬎字注曰：『或作嬔』。『嬎』爲《廣韻》《五音集韻》願三敷母位小韻首字，下收有『娩』字；『娩』爲《集韻》願三敷母位小韻首字，下收有『嬎』字；列字以『嬔』爲佳。《七音略》從《集韻》，《切韻指南》是。

96 去三微　万　弘治九年本、近衛庫本、正德十一年本、碧琳琅本、《叢書集成》本，列字均爲『万』；文津閣本，列字爲『萬』。『万』，《廣韻》《集韻》無販切，微願三去合山；《五音集韻》同《廣韻》《集韻》。《韻鏡》外轉第二十二合、《四聲等子》山攝外四輕重俱等韻合口呼，列字均爲『万』；《七音略》外轉二十二輕中輕、《切韻指掌圖》八圖，列字均爲『萬』。『万』爲《廣韻》《集韻》願三微母位小韻首字，下收有『萬』字；『萬』爲《集韻》願三微母位小韻首字，下收有『万』字；列字以『萬』字爲佳。《韻鏡》及《切韻指南》弘治九年本等諸版本均是；《七音略》及《切韻指南》文津閣本亦無誤。

97 去三牀　○　《廣韻》《五音集韻》顛三線三均無船母合口小韻；《集韻》線韻船母位有『捙』小韻，船釧切，船線三去合山。《韻鏡》《起數訣》《切韻指掌圖》《四聲等子》均空位；《七音略》外轉二十四輕中重，列字爲『捙』。『捙』爲《集韻》線三船母位小韻首字，可列於此位；《韻鏡》從《廣韻》空位；《七音略》無誤；　此處《切韻指南》可依《廣韻》空位，亦可依《集韻》校補『捙』字。

98 去三審　縳　《廣韻》直戀切，澄線三去合山；《集韻》升絹切，書線三去合山；《五音集韻》同《集韻》，依《廣韻》不當列於此位，依《集韻》《五音集韻》可列於此位。《韻鏡》《切韻指掌圖》均空位；《七音略》外轉二十四輕中重，列字爲『縺』，《集韻》船母線韻，誤；《起數訣》第四十七圖收音濁、《四聲等子》山攝外四輕重俱等韻合口呼，列字均爲『縳』。《廣韻》無去三書母位小韻，『縳』爲《集韻》《五音集韻》線三書母位小韻首字，可列於此位。《韻鏡》從《廣韻》空位；《七音略》列字誤；　當校改爲『縳』；《切韻指南》從《集韻》《五音集韻》。

99 去三禪　捙　《廣韻》時釧切，禪線三去合山；《集韻》船釧切，船線三去合山；《五音集韻》同《廣韻》。《韻鏡》外轉第二十四合、《切韻指掌圖》八圖、《四聲等子》山攝外四輕重俱等韻合口呼，列字均爲『捙』；《七音略》空位；《起數訣》第四十七圖收音濁，列字爲『叀』。『捙』爲《廣韻》《五音集韻》線三禪母位小韻首字，下收有『叀』字，列字以『捙』字爲佳。《七音略》從《集韻》列此字於船母位；《切韻指南》是。

100 去三曉　楦　《廣韻》虛願切，《集韻》呼願切，曉願三去合山；《五音集韻》同《廣韻》。《韻鏡》外轉第二十二合、《七音略》外轉二十二輕中輕、《起數訣》第四十九圖發音濁、《切韻指掌圖》八圖，列字均爲『楦』；《四聲等子》山攝外四輕重俱等韻合口呼，列字爲『楥』。『楥』爲《廣韻》《五音集韻》願三曉母位小韻首字，下注曰：『楦俗』，『楦』爲『楥』之俗體；二字又同爲《集韻》願三曉母位小韻首字，列字以『楥』爲佳。《韻鏡》《七音略》《切韻指南》均列正體，是。

101 去三匣　○　《廣韻》《集韻》均無去三匣母位小韻。《韻鏡》外轉第二十四合，列字爲『縣』，《廣韻》黄絢切，《集韻》熒絹切，匣霰四去合山，不當列於此位，誤；《七音略》《起數訣》《切韻指掌圖》《四聲等子》均空位。《廣韻》《集韻》《五音集韻》願三線三均無匣母小韻，《韻鏡》列字誤，當改列於四等位；《七音略》《切韻指南》空位是。

102 去三日　䁐　弘治九年本、正德十一年本、文津閣本、碧琳琅本、《叢書集成》本，列字均爲『䁐』；近衛庫本，列字爲『䁏』；『䁏』當爲『䁐』字形訛。『䁐』，《廣韻》人絹切，《集韻》儒轉切，日線三去合山；《五音集韻》同《廣韻》。《韻鏡》外轉第二十四合、《七音略》外轉二十四輕中重、《起數訣》第四十七圖收音濁、《切韻指掌圖》八圖、《四聲等子》山攝外四輕重俱等韻合口呼，列字均爲『䁐』。『䁐』爲《廣韻》《集韻》《五音集韻》線三日母位小韻首字，近衛庫本列字形訛，誤，當校改爲『䁐』；其餘諸版本是。

103 入三群　⿰叕豕　《康熙字典》記：『又《廣韻》《集韻》紀劣切，音趨。又《集韻》巨劣切，音傑。』此記《集韻》巨劣切，群母薛韻；《五音集韻》同《集韻》。《韻鏡》《七音略》均空位；《起數訣》第四十七圖收音濁，列字爲『⿰叕豕』；《切韻指掌圖》八圖、《四聲等子》山攝外四輕重俱等韻合口呼，列字均爲『掘』，群母物韻。《廣韻》無群母月韻字，『⿰叕豕』收於《集韻》《五音集韻》群母薛韻合口小韻。《韻鏡》《七音略》從《廣韻》空位；《切韻指南》從《集韻》《五音集韻》。

104 入三徹　⿰尣皮　《廣韻》丑悅切，《集韻》椿劣切，徹薛三入合山；《五音集韻》同《廣韻》。《韻鏡》外轉第二十四合、《七音略》外轉二十四輕中重、《切韻指掌圖》八圖、《四聲等子》山攝外四輕重俱等韻合口呼，列字均爲『⿰尣皮』；《起數訣》第四十七圖收音濁，列字爲『⿰尣皮』，二字互爲異體字。『⿰尣皮』爲《廣韻》《集韻》《五音集韻》薛三徹母位小韻首字，當列於此位，《切韻指南》是。

105 入三微　韤　《廣韻》望發切，《集韻》勿發切，微月三入合山；《五音集韻》同《廣韻》。《韻鏡》外轉第二十二合、《七音略》外轉二十二輕中輕、《切韻指掌圖》八圖、《四聲等子》山攝外四輕重俱等韻合口呼，列字均爲『韤』；《起數訣》第四十九圖發音濁，列字爲『韈』。『韈』爲《廣韻》《五音集韻》月三微母位小韻首字，且《廣韻》下收有『韤』字，注上同，二字爲異體字；二字又同爲《集韻》月三微母位小韻首字。《韻鏡》《七音略》無誤；《切韻指南》是。

106 入三禪　啜　《廣韻》殊雪切，禪薛三入合山；《集韻》無禪母薛韻合口字，《五音集韻》同《廣韻》。《韻鏡》《起數訣》均空位；《七音略》外轉二十四輕中重、《切韻指掌圖》八圖、《四聲等子》山攝外四輕重俱等韻合口呼，列字均爲『啜』。『啜』爲《廣韻》《五音集韻》薛三禪母位小韻首字，《韻鏡》空位誤，當校補『啜』字；《切韻指南》是。

107 入三曉　旻　《廣韻》許劣切，《集韻》翾劣切，《五音集韻》許蹶切，曉薛三入合山。《韻鏡》外轉第二十四合、《起數訣》第四十七圖收音濁，列字均爲『旻』；《七音略》外轉二十四輕中重，列字爲『旻』，此字當爲『旻』形訛；《切韻指掌圖》八圖、《四聲等子》山攝外四輕重俱等韻合口呼，列字均爲『颰』，曉母月韻。『旻』爲《廣韻》《集韻》《五音集韻》薛三曉母位小韻首字，《七音略》列字形訛，誤，當校改爲『旻』；《切韻指南》是。

108 本圖四等位有列字，但無標目，考等内列字，平聲涵仙先二韻字。

109 平四群　○　弘治九年本空位；近衛庫本、正德十一年本、文津閣本、碧琳琅本、《叢書集成》本，列字均爲『櫏』。『櫏』，《廣韻》跪頑切，《集韻》渠鰥切，群山二平合山；《五音集韻》巨全切，群母仙韻四等。《韻鏡》《七音略》《起數訣》《切韻指掌圖》《四聲等子》均空位。《廣韻》《集韻》均無平四群母位小韻，弘治九年本空位，是；其餘諸版本當是從《五音集韻》列於四等位。

110 平四幫　○　《廣韻》《集韻》《五音集韻》均無平四幫母小韻。《韻鏡》外轉第二十四合，列字爲『邊』；《七音略》《起數訣》《切韻指掌圖》《四聲等子》均空位。《韻鏡》先韻脣音字均列於二十三轉，二十四轉當爲重出，當删；《七音略》《切韻指南》空位是。

111 平四滂 ○ 弘治九年本空位；近衛庫本、正德十一年本、文津閣本、碧琳琅本、《叢書集成》本，列字均爲『囨』。『囨』，《廣韻》《集韻》均未收，《五音集韻》匹玄切，滂母先韻。《康熙字典》記：『《玉篇》匹懸切，音蔐。唾聲也。』《韻鏡》《七音略》《起數訣》《切韻指掌圖》《四聲等子》均空位。《廣韻》《集韻》均無平四滂母位小韻，《五音集韻》當是據《玉篇》列此字，弘治九年本從《廣韻》《集韻》空位；其餘諸版本從《五音集韻》。

112 平四曉 鋗 『鋗』爲『鋗』異體字。『鋗』，《廣韻》《集韻》火玄切，曉先四平合山；《五音集韻》同《廣韻》《集韻》。《韻鏡》外轉第二十四合、《四聲等子》山攝外四輕重俱等韻合口呼，列字均爲『儇』，曉母仙韻；《七音略》外轉二十四輕中重、《起數訣》第四十二圖閉音清、《切韻指掌圖》八圖，列字均爲『鋗』。『鋗』爲《廣韻》《集韻》《五音集韻》先四曉母合口位小韻首字，當列於此位；《韻鏡》列字誤，當校改爲『鋗』；《切韻指南》列異體字亦無誤。

113 平四喻 沿 《廣韻》與專切，《集韻》余專切，以仙三平合山；《五音集韻》同《廣韻》。《韻鏡》外轉第二十二合、《切韻指掌圖》八圖、《四聲等子》山攝外四輕重俱等韻合口呼，列字均爲『沿』；《起數訣》四十六圖收音清、《七音略》外轉二十二輕中輕，列字均爲『沿』。『沿』『沿』二字爲異體字，『沿』爲《廣韻》《集韻》《五音集韻》仙三以母位小韻首字，按韻圖規制列於四等位，《切韻指南》是。

114 本圖四等位有列字，但無標目，考等内列字，上聲涵獮、銑二韻字。

115 上四見　く　弘治九年本、近衛庫本、正德十一年本、碧琳琅本、《叢書集成》本，列字均爲「く」；文津閣本，空位。「く」，《廣韻》姑泫切，《集韻》古泫切，見銑四上合山；《五音集韻》同《廣韻》。《韻鏡》外轉第二十四合、《七音略》外轉二十四輕中重、《切韻指掌圖》八圖、《四聲等子》山攝外四輕重俱等韻合口呼，列字均爲「畎」；《起數訣》第四十二圖閉音清，列字爲「埍」，曉母元韻。「く」爲《廣韻》銑四見母位小韻首字，下收有「畎」字；「く」「畎」且同爲《集韻》《五音集韻》銑四見母位小韻首字，列字以「く」爲佳。《韻鏡》《七音略》無誤；《切韻指南》文津閣本空位，誤，當校補「く」；《切韻指南》其餘諸版本是。

116 上四群　蜎　蜎爲「蜎」異體字。「蜎」，《廣韻》狂兗切，《集韻》葵兗切，群獮三上合山；《五音集韻》同《廣韻》。《韻鏡》外轉第二十二合，列字爲「娟」，此字當爲「蜎」字形訛；《七音略》外轉二十二輕中輕、《起數訣》第四十六圖收音清、《切韻指掌圖》八圖，列字均爲「蜎」；《四聲等子》山攝外四輕重俱等韻合口呼，列字爲「鋗」，《康熙字典》記：「《集韻》於泫切，音蜎。」「蜎」爲《廣韻》獮韻群母重紐四等字，且爲《集韻》《五音集韻》獮韻群母重紐四等位小韻首字，當列於此位。《韻鏡》列字形訛，誤，當校改爲「蜎」；《切韻指南》列異體字亦無誤。

117 上四幫　褊　《廣韻》方緬切，《集韻》俾緬切，幫獮三上開山；《五音集韻》同《廣韻》。《韻鏡》《七音略》合口圖均空位而列於開口圖；《起數訣》第四十六圖收音清、《四聲等子》山攝外四輕重俱等韻合口呼，列字均爲『褊』；《切韻指掌圖》八圖，列字爲『匾』，幫母銑韻。『褊』爲《廣韻》《集韻》獮韻幫母重紐四等位小韻首字，《五音集韻》重紐三等四等合併；《韻鏡》《七音略》列於開口圖，《切韻指南》因切下字爲脣音字而列於合口圖。

118 上四明　緬　《廣韻》《集韻》彌兖切，明獮三上開山；《五音集韻》同《廣韻》《集韻》。《韻鏡》《七音略》合口圖均空位而列於開口圖；《起數訣》第四十六圖收音清、《切韻指掌圖》八圖、《四聲等子》山攝外四輕重俱等韻合口呼，列字均爲『緬』。『緬』爲《廣韻》《集韻》《五音集韻》獮韻明母重紐四等位小韻首字，《韻鏡》《七音略》均列於開口圖，《切韻指南》因切下字爲合口字而列於合口圖。

119 上四邪　䴯　《廣韻》渠營切，群清三平合梗；《集韻》詳兖切，邪獮三上合山；《五音集韻》同《集韻》；依《廣韻》不當列於此，依《集韻》《五音集韻》可列於此。《韻鏡》《切韻指掌圖》均空位；《七音略》外轉二十二輕中輕，列字爲『䴯』，曉母獮韻，列字誤；《起數訣》第四十六圖收音清、《四聲等子》山攝外四輕重俱等韻合口呼，列字均爲『䴯』。《廣韻》無上三邪母合口小韻，『䴯』爲《集韻》《五音集韻》獮三邪母位小韻首字。《韻鏡》從《廣韻》空位；《七音略》列字誤，當從《廣韻》空位；《切韻指南》從《集韻》《五音集韻》。

120　上四匣　泫　《廣韻》胡畎切，《集韻》胡犬切，匣銑四上合山；《五音集韻》同《廣韻》。《韻鏡》外轉第二十四合、《切韻指掌圖》八圖、《四聲等子》山攝外四輕重俱等韻合口呼，列字均爲『泫』；《七音略》外轉二十四輕中重、《起數訣》第四十二圖閉音清，列字爲『鉉』。『泫』爲《廣韻》《集韻》《五音集韻》銑四匣母位小韻首字，下收有『鉉』字，列字以『泫』字爲佳。《七音略》亦無誤，《切韻指南》是。

121　上四影　蜎　《康熙字典》記：『《廣韻》於玄切，《集韻》縈玄切、《韻會》縈緣切，音娟。《玉篇》蠋貌。又《廣韻》巨卷切，音圈。義同。又《集韻》於泫切，音䭘。』此記《集韻》於泫切，影銑四上合山；《五音集韻》同《集韻》。《韻鏡》外轉第二十四合、《七音略》外轉二十四輕中重、《起數訣》第四十二圖閉音清、《四聲等子》山攝外四輕重俱等韻合口呼，列字均爲『蜎』；《切韻指掌圖》八圖，列字爲『兖』，以母獮韻。《廣韻》銑韻無影母字，『蜎』爲《集韻》《五音集韻》銑四影母位小韻首字，可列於此位。《韻鏡》《七音略》無誤；《切韻指南》從《集韻》《五音集韻》。

122　本圖四等位有列字，但無標目，考等内列字，去聲涵線、霰二韻字。

123　去四溪　駽　『駽』爲『駽』異體字。『駽』，《廣韻》許縣切，曉霰四去合山；《集韻》犬縣切，溪霰四去合山；《五音集韻》同《集韻》；依《廣韻》不當列於此位，依《集韻》《五音集韻》可列於此位。《韻鏡》空位；《七音略》外轉二十四輕中重、《起數訣》第四十二圖閉音清，列字均爲『駽』；《切韻指掌圖》八圖，列字爲『繾』，溪母線韻；《四聲等子》山攝外四輕重俱等韻合口呼，列字爲『缺』，溪母屑韻，誤。《廣韻》無去四溪母位小韻，《集韻》《五音集韻》去四溪母位收有『駽』字。《韻鏡》從《廣韻》空位；《七音略》無誤；《切韻指南》從《集韻》《五音集韻》。

124 去四定 ◯ 《廣韻》《集韻》《五音集韻》霰韻定母位均無字；《韻鏡》《起數訣》《切韻指掌圖》《四聲等子》均空位；《七音略》外轉二十四輕中重，列字爲『綻』，《廣韻》澄母襇韻；《集韻》澄母霰韻，均不當列於此位。《廣韻》《集韻》均無去四定母合口小韻，《七音略》列字爲誤增，當刪；《韻鏡》《切韻指南》空位是。

125 去四清 縓 《廣韻》七絹切，《集韻》取絹切，清線三去合山；《五音集韻》同《廣韻》。《韻鏡》空位；《七音略》外轉二十二輕中輕、《起數訣》第四十六圖收音清、《切韻指掌圖》八圖、《四聲等子》山攝外四輕重俱等韻合口呼，列字均爲『縓』。『縓』爲《廣韻》《集韻》《五音集韻》線三清母位小韻首字，按韻圖規制列於四等位。《韻鏡》空位誤，當校補『縓』字；《切韻指南》是。

126 去四從 泉 《廣韻》疾緣切，從仙三平合山；《集韻》疾眷切，從線三去合山；《五音集韻》同《集韻》。《韻鏡》《切韻指掌圖》均空位；《七音略》外轉二十二輕中輕、《四聲等子》山攝外四輕重俱等韻合口呼，列字均爲『泉』；《起數訣》第四十六圖收音清，列字爲『全』，《廣韻》《集韻》從母仙韻。《廣韻》無去四從母位合口小韻，「泉」爲《集韻》《五音集韻》線三從母位小韻首字，按韻圖規制列於四等位。《韻鏡》從《廣韻》空位；《切韻指南》從《集韻》《五音集韻》。

127 去四邪　淀　《廣韻》辭戀切，《集韻》隨戀切，邪線三去合山；《五音集韻》同《廣韻》。《韻鏡》外轉第二十二合、《七音略》外轉二十二輕中輕、《切韻指掌圖》八圖，列字均爲「旋」；《起數訣》第四十六圖收音清、《四聲等子》山攝外四輕重俱等韻合口呼，列字均爲「淀」。「淀」爲《廣韻》線三邪母位小韻首字，下收有「旋」字，列字以「淀」字爲佳。《韻鏡》《七音略》無誤；《切韻指南》是。

128 去四匣　縣　《廣韻》黄絢切，《集韻》熒絹切，《五音集韻》黄絹切，匣霰四去合山。《韻鏡》空位，誤；《七音略》外轉二十四輕中重、《起數訣》第四十二圖閉音清、《切韻指掌圖》八圖、《四聲等子》山攝外四輕重俱等韻合口呼，列字均爲「縣」。「縣」爲《廣韻》《集韻》《五音集韻》霰四匣母位小韻首字，《韻鏡》空位誤，當校補「縣」字；《切韻指南》是。

129 本圖四等位有列字，但無標目，考等内列字，入聲涵薛、屑二韻字。

130 入四喻　悅　《廣韻》弋雪切，《集韻》欲雪切，以薛三入合山；《五音集韻》同《廣韻》。《韻鏡》外轉第二十二合、《七音略》外轉二十二輕中輕、《切韻指掌圖》八圖，列字均爲「悦」，《康熙字典》記：「《字彙》俗悅字。」此記「悦」爲「悅」字俗體字；《起數訣》第四十六圖收音清、《四聲等子》山攝外四輕重俱等韻開口呼，列字均爲『悅』。『悅』爲《廣韻》《集韻》《五音集韻》薛三以母位小韻首字，《韻鏡》《七音略》列俗體，當校改爲『悅』；《切韻指南》是。

效攝外五　獨韻　廣門

見	高暠誥各	交絞教覺	驕蟜驕腳	驍皎叫○
溪	尻考鎬恪	敲巧敲㱿	趫槁趬卻	蹺磽竅○
群	○○櫭○	○○○㩳	喬驕嶠噱	翹[illegible]翹○
疑	敖𩕹傲咢	聱齩樂嶽	○○䖀虐	堯[illegible]䫞○
端知	刀倒到沰	嘲𧳫罩○	朝○○芍	貂鳥吊○
透徹	饕討韜託	颩䫂趠○	超𡼖趒㲋	祧朓糶○
定澄	陶道導鐸	桃○棹○	鼂肇召著	迢窕藋○
泥孃	猱堖腝諾	鐃獿橈○	○○○逽	嬈嬲尿○
幫非	褒寶報博	包飽豹剝	鑣表裱○	飆褾標○
滂敷	橐麃摽顭	胞砲奅璞	○麃○○	奥縹剽○
並奉	袍抱暴泊	庖鮑靤雹	瀌藨○○	瓢摽驃○
明微	毛蓩帽莫	茅卯皃邈	苗○廟○	蜱眇妙○

精照	糟	早	竈	作	[illegible]	爪	抓	○	昭	沼	照	灼	焦	湫	醮	爵
清穿	操	草	操	錯	譟	煼	抄	○	怊	麨	覞	綽	鍫	悄	陗	鵲
從床	曹	皁	漕	昨	巢	[illegible]	巢	○	○	○	○	○	樵	潐	噍	嚼
心審	騷	嫂	喿	索	梢	數	稍	○	燒	少	少	爍	宵	小	笑	削
邪禪	○	○	○	○	○	○	○	○	韶	紹	邵	妁	○	○	○	○
曉	蒿	好	耗	臛	虓	嗃	孝	吒	嚻	○	○	謔	膮	鐃	[illegible]	○
匣	豪	晧	号	涸	肴	澩	效	學	○	○	○	○	○	皛	顥	○
影	爊	襖	奥	惡	[illegible]	拗	靿	握	妖	夭	○	約	要	杳	要	○
喻	○	○	○	○	猇	○	○	○	鴞	○	○	○	遥	鷕	燿	藥
來	勞	老	嫪	落	顟	[illegible]	○	○	燎	繚	尞	略	聊	了	顟	○
日	○	○	○	○	○	○	○	○	饒	擾	饒	若	○	○	○	○
韻	豪	晧	号	鐸	肴	巧	効	覺	宵	小	笑	藥				

平上去入

第十二圖　效攝外五　獨韻　廣門

《經史正音切韻指南》效攝外五圖，韻圖形式上，承自《四聲等子》，四等分欄，每等之下，又分四聲。列字方面，《切韻指南》係獨韻韻圖，一圖之内歸併《韻鏡》外轉第二十五開與外轉第二十六合、《七音略》外轉第二十五重中重與外轉二十六重中重；入聲歸併《韻鏡》内轉第三十一開鐸覺韻與外轉第三開合覺韻。其中一等列字俱爲豪韻字（舉平以賅上去入），入聲配以宕攝鐸韻；二等列字爲肴韻字，入聲配以江攝覺韻；三等列字宵韻字，入聲配以宕攝藥韻；四等列字宵蕭韻、重紐四等與假四等字，入聲配以宕攝藥韻（假四等，僅齒音及以母有字）。弘治九年本韻圖右下欄空白；近衛庫本、正德十一年本、文津閣本、碧琳琅本、《叢書集成》本韻圖右下欄均有「一三四入聲字在宕攝，二等入聲字在江攝。」其中，近衛庫本將「宕」譌爲「岩」。

1 平一疑　敖　《廣韻》五勞切，《集韻》牛刀切，疑豪一平開效。《五音集韻》同《廣韻》。《韻鏡》外轉第二十五開、《起數訣》第五十一圖發音清、《切韻指掌圖》一圖、《四聲等子》效攝外五全重無輕韻，列字均爲「敖」，《七音略》外轉第二十五重中重，列字爲「𢾊」。「敖」爲《廣韻》《集韻》《五音集韻》豪一疑母位小韻首字，下收有「𢾊」字，列字以「敖」爲佳，《七音略》亦無誤，《切韻指南》是。

2 平一幫　褒　《廣韻》《集韻》博毛切，幫豪一平開效。《五音集韻》愽毛切，『愽』爲『博』字訛，《正字通》：『愽爲博字之訛』，《五音集韻》同《廣韻》。《韻鏡》外轉第二十五開、《起數訣》第五十一圖發音清、《四聲等子》效攝外五全重無輕韻，列字均爲『褒』。《七音略》外轉第二十五重中重、《切韻指掌圖》一圖，列字均爲『褒』。『褒』爲《廣韻》《集韻》《五音集韻》豪一幫母位小韻首字，《廣韻》下收『褎』字，列字以『褒』爲佳，《切韻指南》是。

3 平一滂　𣝗　《集韻》普刀切，滂豪一平開效；《廣韻》豪一滂母位字形爲『橐』，普袍切，滂豪一平開效；《五音集韻》反切同《廣韻》。『橐』，普袍切，囊張大貌；《康熙字典》記：『《五音集韻》橐亦書作𣝗』。《廣韻》字形爲正體。《韻鏡》外轉第二十五開、《四聲等子》效攝外五全重無輕韻，列字均爲『橐』。《七音略》外轉第二十五重中重，列字爲『櫜』。『櫜』，《廣韻》古勞切，見豪一平開效，不當列於此位，此處『櫜』爲『橐』形訛，《七音略》誤。《切韻指掌圖》一圖，列字爲『𣝗』。《起數訣》第五十一圖發音清，列字爲『橐』。『橐』『𣝗』異體字。『𣝗』爲《集韻》《五音集韻》豪一滂母位小韻首字，《切韻指南》從《集韻》。

4 平一並　袍　弘治九年本列字爲『袍』，形訛；文津閣本列字爲『砲』；近衛庫本、正德十一年本、碧琳琅本、《叢書集成》本，列字均爲『袍』。『袍』，《廣韻》《集韻》薄褒切，《五音集韻》薄褒切，並豪一平開效。『砲』，《集韻》披教切，滂效一去開效，不當列於此位。《韻鏡》外轉第二十五開、《七音略》外轉第二十五重中重、《切韻指掌圖》一圖、《四聲等子》效攝外五全重無輕韻，列字均爲『袍』。《起數訣》第五十一圖發音清，列字爲『枹』，奉母虞韻，誤。『袍』爲《廣韻》《集韻》《五音集韻》豪一並母位小韻首字，《切韻指南》弘治九年本形訛，文津閣本列字誤，當校改爲『袍』，其他版本列『袍』者是。

5 平一影　爊　弘治九年本、正德十一年本、近衛庫本，列字均爲『爊』；文津閣本、碧琳琅本、《叢書集成》本，列字均爲『爈』。『爊』，《廣韻》《集韻》於刀切，影豪一平開效。《集韻》字形爲『爊』，《五音集韻》同《廣韻》。『爈』，烏痕切，影痕一平開臻，不當列於此位。《韻鏡》外轉第二十五開、《起數訣》第五十一圖發音清、《切韻指掌圖》一圖，列字均爲『鑣』。《七音略》外轉第二十五重中重、《四聲等子》效攝外五全重無輕韻，列字均爲『爊』。『爊』爲《廣韻》《五音集韻》豪一影母位小韻首字，《廣韻》下收有『鑣』字；『爊』爲《集韻》豪一影母位小韻首字，《七音略》從《集韻》亦無誤。《切韻指南》文津閣本、碧琳琅本列字誤，當校改爲『爊』，其他版本列『爊』者是。

6 上一見　暠　弘治九年本列字爲『暠』，當爲『暠』字形訛；近衛庫本、正德十一年本、文津閣本、碧琳琅本、《叢書集成》本，列字均爲『暠』。『暠』，《廣韻》古老切，《集韻》下老切，見晧一上開效。《五音集韻》同《廣韻》。《韻鏡》外轉第二十五開、《七音略》外轉第二十五重中重、《起數訣》第五十一圖發音清、《切韻指掌圖》一圖，列字均爲『暠』。《四聲等子》效攝外五全重無輕韻，列字均爲『杲』。『暠』爲《廣韻》《五音集韻》晧一見母位小韻首字，『杲』爲《集韻》晧一見母位小韻首字，《切韻指南》弘治九年本形訛，當校改爲『暠』，其他版本列『暠』者是。

7 上一泥　堖　弘治九年本、近衛庫本、文津閣本、碧琳琅本、《叢書集成》本，列字均爲『堖』；正德十一年本，列字爲『𠤕』。『堖』，《廣韻》奴晧切，泥晧一上開效。《集韻》字形爲『𠤕』，乃老切，泥母晧韻。《五音集韻》字形同《集韻》，反切同《廣韻》。《韻鏡》外轉第二十五開、《起數訣》第五十一圖發音清、《七音略》外轉第二十五重中重，列字均爲『腦』；《切韻指掌圖》一圖，列字爲『惱』；《四聲等子》效攝外五全重無輕韻，列字爲『堖』。『堖』字爲《廣韻》晧一泥母位小韻首字，下收『腦』字，列字以『堖』字爲佳。『腦』『𠤕』爲《集韻》晧一泥母位小韻首字，《韻鏡》《七音略》列字無誤。《切韻指南》正德十一年本列『𠤕』字，從《集韻》；其他版本列『堖』字從《廣韻》。

8 上一滂　皫　《廣韻》敷沼切，滂小三上開效；《集韻》滂保切，《五音集韻》敷沼切，滂晧一上開效。按《廣韻》不當列於此位，按《集韻》《五音集韻》可列於此位。《韻鏡》外轉第二十五開，列字爲『犥』；《七音略》外轉第二十五重中重，列字爲『膔』，《廣韻》甫嬌切，幫宵三平開效，不當列於此處，或爲『皫』字形訛，《七音略》誤；《起數訣》第五十一圖發音清、《切韻指掌圖》一圖、《四聲等子》效攝外五全重無輕韻，列字均爲『皫』。『皫』爲《集韻》晧一滂母位小韻首字，下收有『犥』字，列字以『皫』字爲佳，《切韻指南》從《集韻》《五音集韻》。

9 上一心　㛮　《廣韻》《集韻》蘇老切，心晧一上開效。《五音集韻》同《廣韻》《集韻》。《韻鏡》外轉第二十五開，列字爲『㛮』。《七音略》外轉第二十五重中重、《切韻指掌圖》一圖，列字爲『嫂』，《廣韻》注：『上同』，『嫂』『㛮』二字爲異體字。《四聲等子》效攝外五全重無輕韻，列字均爲『嫂』。《起數訣》第五十圖閉音清，列字爲『𡡉』，此字當爲『㛮』字形訛。『㛮』爲《廣韻》《集韻》《五音集韻》晧一心母位小韻首字，《七音略》列異體字亦無誤，《切韻指南》是。

10 上一匣　晧　《廣韻》胡老切，《集韻》下老切，匣晧一上開效。《五音集韻》同《廣韻》。《韻鏡》外轉第二十五開、《切韻指掌圖》一圖，列字均爲『晧』；《七音略》外轉第二十五重中重、《起數訣》第五十一圖發音清、《四聲等子》效攝外五全重無輕韻，列字爲『皓』，《廣韻》從日作晧。『晧』『皓』異體字。『晧』爲《廣韻》晧一匣母位小韻首字，『皓』爲《集韻》晧一匣母位小韻首字，《切韻指南》是。

11 上一影　襖　弘治九年本、近衛庫本、正德十一年本、文津閣本，列字均爲『襖』，此字當爲『襖』字形訛；碧琳琅本、《叢書集成》本，列字均爲『襖』。『襖』，《廣韻》烏晧切，《集韻》烏浩切，影晧一上開效。《五音集韻》同《廣韻》。《韻鏡》外轉第二十五開、《四聲等子》效攝外五全重無輕韻，列字均爲『襖』。《七音略》外轉第二十五重中重、《切韻指掌圖》一圖，列字均爲『襖』。《起數訣》第五十一圖發音清，列字爲『媼』，《集韻》影母晧韻。『襖』爲《廣韻》晧一影母位小韻首字，《切韻指南》碧琳琅本、《叢書集成》本列『襖』字無誤；其他版本列『襖』字形訛，當校改爲『襖』。

12 去一群　櫭　《廣韻》号韻群母空位。『櫭』，《廣韻》渠列切，群薛三入開山；《集韻》巨到切，群號一去開效；《五音集韻》同《集韻》。按《廣韻》不當列於此位，按《集韻》《五音集韻》可列於此位。《韻鏡》《七音略》《起數訣》《切韻指掌圖》均空位；《四聲等子》效攝外五全重無輕韻，列字爲『櫭』。『櫭』爲《集韻》《五音集韻》號一群母位小韻首字，《切韻指南》從《集韻》《五音集韻》。

13 去一透　韜　《廣韻》土刀切，透豪一平開效；《集韻》叨號切，透號一去開效；《五音集韻》同《集韻》。按《廣韻》不當列於此位，按《集韻》《五音集韻》可列於此位。《韻鏡》空位；《七音略》外轉第二十五重中重、《起數訣》第五十一圖發音清、《切韻指掌圖》一圖，列字均爲『韜』；《四聲等子》效攝外五全重無輕韻，列字爲『套』，《廣韻》他浩切，透晧一上開效，《四聲等子》誤，當刪。《廣韻》号韻無透母字，『韜』爲《集韻》號一透母位小韻首字，《切韻指南》從《集韻》《五音集韻》。

14 去一定　導　《廣韻》徒到切，《集韻》大到切，定号一去開效。《五音集韻》同《廣韻》。《韻鏡》外轉第二十五開、《起數訣》第五十一圖發音清、《四聲等子》效攝外五全重無輕韻，列字均爲『導』；《七音略》外轉二十五重中重、《切韻指掌圖》一圖，列字均爲『道』。楊軍《七音略校注》：『本書此位列道者，蓋以不辨濁上與濁去而誤也。』『導』爲《廣韻》《集韻》《五音集韻》号一定母位小韻首字，《七音略》列字誤，《切韻指南》是。

15 去一泥　腝　弘治九年本、正德十一年本、文津閣本、碧琳琅本、《叢書集成》本，列字均爲『腝』；近衛庫本列字爲『腰』，形訛；『腝』，《廣韻》那到切，字形爲『腝』，泥号一去開效；《集韻》乃到切，字形爲『臑』，泥號一去開效。《五音集韻》同《廣韻》。《韻鏡》外轉二十五開、《七音略》外轉二十五重中重、《起數訣》第五十一圖發音清，列字均爲『臑』。《切韻指掌圖》一圖，列字爲『腝』；《四聲等子》效攝外五全重無輕韻，列字均爲『腰』。『腝』『腰』二字爲『腝』字形訛。『腝』爲《廣韻》号一泥母位小韻首字，《切韻指南》近衛庫本當校改爲『腝』，其他版本列『腝』者是。

16 去一幫　報　弘治九年本列字爲『報』，形訛；近衛庫本、正德十一年本，列字爲『報』形訛；文津閣本、碧琳琅本、《叢書集成》本，列字爲『報』。『報』，《廣韻》博耗切，《集韻》博號切，《五音集韻》博耗切，幫号一去開效。《韻鏡》外轉第二十五開、《七音略》外轉第二十五重中重、《起數訣》第五十一圖發音清、《切韻指掌圖》一圖、《四聲等子》效攝外五全重無輕韻，列字爲『報』。『報』爲《廣韻》《集韻》《五音集韻》号一幫母位小韻首字，『報』『報』均爲『報』形訛，《切韻指南》弘治九年本、近衛庫本、正德十一年本當校改爲『報』，其他版本列『報』者是。

17 去一滂　犥　《廣韻》撫招切，滂宵三平開效；《廣韻》敷沼切，滂小三上開效，均不當列於去聲位。《集韻》《五音集韻》叵到切，滂號一去開效。

《韻鏡》《切韻指掌圖》均空位；《七音略》外轉第二十五重中重、《起數訣》第五十一圖發音清，列字均爲『犥』；《四聲等子》效攝外五全重無輕韻，列字爲『㦟』，『犥』字形訛。《廣韻》号韻滂母位無字，『犥』爲《集韻》號一滂母位小韻首字，《切韻指南》從《集韻》《五音集韻》。

18 去一明　帽　弘治九年本、碧琳琅本、《叢書集成》本，列字均爲『帽』；近衛庫本、正德十一年本，列字爲『帽』，形訛；文津閣本列字爲『帽』，形訛。《廣韻》《集韻》莫報切，明號一去開效。《五音集韻》同《廣韻》《集韻》。《韻鏡》外轉第二十五開、《七音略》外轉二十五重中重、《起數訣》第五十一圖發音清、《切韻指掌圖》一圖、《四聲等子》效攝外五全重無輕韻，列字均爲『帽』。『冃』爲《廣韻》号一明母位小韻首字，下收有『冐』『帽』二字；『冃』『帽』二字同爲《集韻》號一明母位小韻首字，《切韻指南》弘治九年本、碧琳琅本、《叢書集成》本列『帽』字者均從《集韻》。近衛庫本、正德十一年本、文津閣本均形訛，當校改爲『帽』。

19 去一曉　秏　《廣韻》号韻曉母位有『㫾』小韻，呼到切，『秏』字《廣韻》未收；《集韻》虚到切，曉号一去開效；《五音集韻》呼到切。《韻鏡》外轉第二十五開、《七音略》外轉二十五重中重、《起數訣》第五十一圖發音清、《切韻指掌圖》一圖、《四聲等子》效攝外五全重無輕韻，列字均爲『秏』。『秏』爲《集韻》《五音集韻》號一曉母位小韻首字，《切韻指南》從《集韻》《五音集韻》，亦無誤。

20 去一匣　号　《廣韻》胡到切，《集韻》後到切，《五音集韻》呼到切，匣号一去開效。《韻鏡》外轉第二十五開，《切韻指掌圖》一圖、《四聲等子》效攝外五全重無輕韻，列字均爲『號』；《七音略》外轉二十五重中重，列字均爲『号』；《起數訣》第五十一圖發音清，列字爲『号』。『号』爲《廣韻》《集韻》号一匣母位小韻首字，下收有『號』字，《廣韻》注：『上同』，即『號』『号』二字爲異體字。『號』爲《集韻》號一匣母位小韻首字；《集韻》注：『号，《説文》痛聲也。號，教令也。』非異體字。列字以『号』爲佳。《韻鏡》無誤，《切韻指南》是。

21　入一溪　恪　弘治九年本、近衛庫本、正德十一年本、碧琳琅本、《叢書集成》本，列字爲『恪』；文津閣本列字爲『格』。《廣韻》苦各切，《集韻》克各切，溪鐸一入開宕；《五音集韻》同《廣韻》。『格』，《廣韻》古落切，見鐸一入開宕，又古伯切，見陌一入開梗，均不當列於此位。《韻鏡》内轉第三十一開、《七音略》外轉二十五重中重、《起數訣》第五十一圖發音清、《切韻指掌圖》一圖、《四聲等子》效攝外五全重無輕韻，列字均爲『恪』。『恪』爲《廣韻》《五音集韻》鐸一溪母位小韻首字，《切韻指南》文津閣本形訛，當校改爲『恪』，其他版本列『恪』者是。

22　入一疑　咢　《廣韻》五各切，《集韻》逆各切，疑鐸一入開宕；《五音集韻》同《廣韻》。《韻鏡》内轉第三十一開、《七音略》外轉二十五重中重，列字均爲『愕』；《切韻指掌圖》一圖、《四聲等子》效攝外五全重無輕韻，列字均爲『咢』。《起數訣》第五十一圖發音清，列字爲『蕚』。『咢』爲《廣韻》《集韻》鐸一疑母位小韻首字，下收有『愕』『蕚』二字，列字以『咢』字爲佳，《韻鏡》《七音略》無誤，《切韻指南》是。

23 入一端 沰 《廣韻》他各切，透鐸一入開宕，不當列於此位；《集韻》當各切，端鐸一入開宕；《五音集韻》同《集韻》。《韻鏡》《切韻指掌圖》均空位；《七音略》外轉二十五重中重、《起數訣》第五十一圖發音清、《四聲等子》效攝外五全重無輕韻，列字均爲『沰』。《廣韻》鐸韻無端母字；『沰』爲《集韻》《五音集韻》鐸一端母位小韻首字。《切韻指南》從《集韻》《五音集韻》。

24 入一幫 愽 弘治九年本、正德十一年本、文津閣本、碧琳琅本、《叢書集成》本，列字均爲『愽』；近衛庫本列字爲『愽』，形訛。『愽』，《康熙字典》記：『《正字通》博字之譌。』『博』，《廣韻》補各切，《集韻》伯各切，字形均爲『博』，幫鐸一入開宕；《五音集韻》同《廣韻》。《韻鏡》內轉第三十一開、《起數訣》第五十一圖發音清、《切韻指掌圖》一圖、《四聲等子》效攝外五全重無輕韻，列字均爲『博』；《七音略》外轉二十五重中重，列字爲『愽』。『博』爲《廣韻》《集韻》《五音集韻》鐸一幫母位小韻首字，《切韻指南》近衛庫本列字形訛，當校改爲『博』；其他版本列『愽』者亦爲訛字，亦當校改爲『博』。

25 入一曉 臛 弘治九年本列字爲『臛』；近衛庫本、正德十一年本、文津閣本、碧琳琅本、《叢書集成》本，列字均爲『臛』，形訛。『臛』，《廣韻》呵各切，《集韻》黑各切，曉鐸一入開宕；《五音集韻》同《廣韻》。《韻鏡》內轉第三十一開，列字爲『臛』，曉母沃韻；《七音略》外轉二十五重中重，列字爲『矐』；《起數訣》第五十一圖發音清、《切韻指掌圖》一圖，列字爲『脽』；《四聲等子》效攝外五全重無輕韻，列字爲『郝』。『脽』爲《廣韻》《集韻》鐸一曉母位小韻首字，下收有『矐』『郝』二字，列字以『脽』字爲佳。楊軍《韻鏡校箋》：『王三鐸韻有臛小韻，呵各反；本書此作臛者合於王三。』《韻鏡》無誤。《切韻指南》弘治九年本列『脽』字是；其他版本列『脽』字形訛，當校改爲『脽』。

26　平二溪　敲　近衛庫本、正德十一年本、文津閣本，列字均爲『敲』；碧琳琅本、《叢書集成》本列字均爲『敲』。『敲』爲『敲』俗體字。『敲』，《廣韻》苦交切，《集韻》丘交切，《五音集韻》口交切，溪肴二平開效。《韻鏡》外轉第二十五開、《起數訣》第五十二圖發音濁，列字均爲『敲』；《七音略》外轉二十五重中重、《切韻指掌圖》一圖，列字均爲『敲』，當爲『敲』字形訛；《四聲等子》效攝外五全重無輕韻，列字爲『敲』，『敲』『敲』二字爲異體字。『敲』爲《廣韻》《集韻》《五音集韻》肴二溪母位小韻首字，《七音略》列字形訛，《切韻指南》是。

27　平二知　嘲　《廣韻》《集韻》《五音集韻》陟交切，知肴二平開效。《韻鏡》外轉第二十五開，列字爲『啁』。《七音略》外轉二十五重中重，列字爲『凋』，《廣韻》都聊切，端蕭四平開效，不當列於此位，或爲『啁』形訛。《起數訣》第五十一圖發音清、《切韻指掌圖》一圖、《四聲等子》效攝外五全重無輕韻，列字均爲『嘲』。『嘲』爲《廣韻》《五音集韻》肴二知母位小韻首字，爲《集韻》爻二知母位小韻首字，《韻鏡》列字無誤，《七音略》誤，《切韻指南》列《廣韻》小韻首字，是。

28 平二澄　䄻　《廣韻》直交切，《集韻》除交切，澄肴二平開效；《五音集韻》同《廣韻》。《韻鏡》外轉第二十五開、《切韻指掌圖》一圖、《四聲等子》效攝外五全重無輕韻，列字均爲『䄻』；《七音略》外轉二十五重中重，列字爲『祧』，透母蕭韻，誤；《起數訣》第五十二圖發音濁，明本列字爲『⿰扌毛』，四庫本列字爲『桃』，明本誤。『䄻』爲《廣韻》《集韻》《五音集韻》肴二澄母位小韻首字，《七音略》列字誤，《切韻指南》是。

29 平二孃　鐃　《廣韻》女交切，《集韻》尼交切，娘肴二平開效；《五音集韻》同《廣韻》。《韻鏡》外轉第二十五開、《起數訣》第五十二圖發音濁、《切韻指掌圖》一圖、《四聲等子》效攝外五全重無輕韻，列字均爲『鐃』；《七音略》外轉二十五重中重，列字爲『饒』，日母宵韻，當爲『鐃』字誤。『鐃』爲《廣韻》《集韻》《五音集韻》肴二娘母位小韻首字，《七音略》列字誤，《切韻指南》是。

30 平二照　⿰耳巢　弘治九年本、近衛庫本、正德十一年本、文津閣本，列字均爲『⿰耳巢』；碧琳琅本、《叢書集成》本，列字均爲『⿰目巢』。『⿰耳巢』，《廣韻》側交切，《集韻》莊交切，莊肴二平開效；《五音集韻》同《廣韻》。《韻鏡》外轉第二十五開、《七音略》外轉二十五重中重、《起數訣》第五十二圖發音濁、《切韻指掌圖》一圖、《四聲等子》效攝外五全重無輕韻，列字均爲『⿰耳巢』。『⿰目巢』，今爲方言詞，諸家韻書未載，當爲『⿰耳巢』字形訛。『⿰耳巢』爲《廣韻》《集韻》《五音集韻》肴二莊母位小韻首字，《切韻指南》弘治九年本、近衛庫本、正德十一年本、文津閣本，列『⿰耳巢』字是；碧琳琅本、《叢書集成》本列『⿰目巢』字當校改爲『⿰耳巢』。

31 平二曉　虓　弘治九年本列字爲『虓』；近衛庫本、正德十一年本、文津閣本、碧琳琅本、《叢書集成》本，列字均爲『虪』，形訛。『虓』，《廣韻》許交切，《集韻》虛交切，《五音集韻》許交切，曉肴二平開效。《韻鏡》外轉第二十五開、《七音略》外轉二十五重中重、《起數訣》第五十二圖發音濁、《切韻指掌圖》一圖、《四聲等子》效攝外五全重無輕韻列字爲『虓』。『虓』爲《廣韻》《集韻》《五音集韻》肴二曉母位小韻首字，《切韻指南》弘治九年本列『虓』字是，其他版本列『虪』字形訛，當校改爲『虓』。

32 平二喻　猇　《廣韻》肴韻喻母無字。『猇』，許交切，曉肴二平開效，又胡茅切，匣肴二平開效，均不當列於此位；《集韻》于包切，云爻二平開效；《五音集韻》反切同《集韻》。《韻鏡》《七音略》《切韻指掌圖》均空位；《起數訣》第五十二圖發音濁、《四聲等子》效攝外五全重無輕韻，列字均爲『猇』。《廣韻》『猇，胡茅切』屬匣母；《集韻》『猇，于包切』，列於爻韻末，『虎聲，一曰國名，一曰犬聲』，此義《廣韻》『許交切』內，余迺永注訛當删，『胡茅切』下『虎聲，又縣名在濟南，又直交切』，《集韻》『于包切』從舊反切實爲匣母類隔，亦無誤，《五音集韻》從《集韻》訛，列喻母二等位下。《韻鏡》《七音略》從《廣韻》不列。《切韻指南》從《集韻》《五音集韻》誤，當删。

33 上二徹　⿰車羽　《廣韻》《集韻》未收，《五音集韻》丑卯切，徹巧二上開效。《韻鏡》《切韻指掌圖》《四聲等子》均空位；《七音略》外轉二十五重中重，列字爲『抓』，《廣韻》《集韻》側絞切，莊巧二上開效，《七音略》誤；《起數訣》第五十二圖發音濁，列字爲『⿰鬼堯』，巧二崇母。『⿰車羽』爲《五音集韻》巧二徹母位小韻首字，《康熙字典》記：『《玉篇》丑卯切。毛多也。』《五音集韻》當據此，《切韻指南》從《五音集韻》。

34 上二孃　⿰犭翏　《廣韻》奴巧切，《集韻》女巧切，娘巧二去開效；《五音集韻》同《廣韻》。《韻鏡》外轉第二十五開、《切韻指掌圖》一圖、《四聲等子》效攝外五全重無輕韻，列字均爲『⿰犭翏』。《七音略》外轉二十五重中重，列字爲『⿰彳翏』，此字當爲『⿰犭翏』字形訛。《起數訣》第五十二圖發音濁，列字爲『橈』，『橈』，《集韻》巧二娘母，無誤。『⿰犭翏』爲《廣韻》《五音集韻》巧二娘母位小韻首字，《七音略》列字形訛，《切韻指南》是。

35 上二滂　砲　《廣韻》巧韻無滂紐；《集韻》披教切，滂效去開二效，不當列於此位；《五音集韻》匹卯切，滂巧上開二效。《韻鏡》《七音略》《起數訣》《切韻指掌圖》空位；《四聲等子》效攝外五全重無輕韻，列字均爲『砲』，滂母效韻。『砲』爲《五音集韻》巧上滂母位小韻首字，《切韻指南》從《五音集韻》。

36 上二穿　煼　《廣韻》初爪切，《集韻》楚絞切，初巧二上開效；《五音集韻》同《廣韻》。《韻鏡》外轉第二十五開、《起數訣》第五十二圖發音濁、《切韻指掌圖》一圖，列字均爲『煼』；

《七音略》外轉二十五重中重，列字爲『謅』；《四聲等子》效攝外五全重無輕韻，列字爲『炒』。『煼』爲《廣韻》《五音集韻》巧二初母位小韻首字，下收有『炒』字，下注：『上同』。『煼』『炒』二字爲異體字。楊軍《七音略校注》：『本書所列當即煼字之訛。』《七音略》形訛。『炒』爲《集韻》巧二初母位小韻首字，《切韻指南》是。

37 上二審　数　此字當爲『𢿂』字誤。『𢿂』，《廣韻》《集韻》山巧切，生巧二上開效，《五音集韻》同《廣韻》《集韻》。《韻鏡》外轉第二十五開、《七音略》外轉二十五重中重、《切韻指掌圖》一圖、《四聲等子》效攝外五全重無輕韻，列字均爲『𢿂』；《起數訣》第五十二圖發音濁，列字爲『稍』。『𢿂』爲《廣韻》《五音集韻》巧二生母位小韻首字；『稍』爲《集韻》巧二生母位小韻首字，下收有『𢿂』字，《切韻指南》列字俗訛，當校改爲『𢿂』。

38 上二曉　嗃　《廣韻》呼教切，曉效去開二效，不當列於此位；《集韻》孝絞切，曉巧二上開效；《五音集韻》同《集韻》。《韻鏡》《七音略》《切韻指掌圖》均空位；《起數訣》第五十二圖發音濁、《四聲等子》效攝外五全重無輕韻，列字均爲『嗃』。《廣韻》巧韻無曉母字；『嗃』爲《集韻》《五音集韻》巧二曉母位小韻首字，《切韻指南》從《集韻》與《五音集韻》。

39 上二影　柪　弘治九年本列字爲『柪』，形訛；近衛庫本、正德十一年本、文津閣本，列字爲『抝』，形訛；碧琳琅本、《叢書集成》本，列字爲『拗』。『拗』，《廣韻》《集韻》於絞切，影巧上開二效，《五音集韻》於交切，交爲平聲，《五音集韻》反切誤。《韻鏡》外轉第二十五開、《七音略》外轉二十五重中重、《切韻指掌圖》一圖、《四聲等子》效攝外五全重無輕韻，列字均爲『抝』，此字當爲『拗』字形訛。《起數訣》第五十二圖發音濁列字爲『拗』。『拗』爲《廣韻》《集韻》《五音集韻》巧二影母位小韻首字，《韻鏡》《七音略》及《切韻指南》近衛庫本、正德十一年本、文津閣本列『抝』字形訛，《切韻指南》弘治九年本列『柪』字形訛，當校改爲『拗』，碧琳琅本、《叢書集成》本列『拗』字是。

40 上二來　䝯　《廣韻》力嘲切，《集韻》力交切，來肴平開二效，不當列於此位；《五音集韻》力絞切，來巧上開二效。《韻鏡》《七音略》《起數訣》《四聲等子》《切韻指掌圖》均空位。『䝯』爲《五音集韻》巧上來母位小韻首字，《切韻指南》從《五音集韻》。

41 去二見　教　《廣韻》古孝切，《集韻》居效切，字形爲『教』，見效二去開效。《五音集韻》同《廣韻》。《韻鏡》外轉第二十五開，列字爲『教』；《七音略》外轉二十五重中重、《起數訣》第五十二圖發音濁、《切韻指掌圖》一圖、《四聲等子》效攝外五全重無輕韻，列字均爲『教』，『教』『教』二字爲異體字。『教』爲《廣韻》《五音集韻》爻二見母位小韻首字，《韻鏡》無誤，《切韻指南》是。

42 去二溪　敲　弘治九年本、近衛庫本、正德十一年，列字均爲『敲』，『敲』字俗體；碧琳琅本、《叢書集成》本，列字爲『敲』，形訛。『敲』，《廣韻》苦教切，《集韻》丘交切，溪效二去開效；《五音集韻》同《廣韻》。《韻鏡》外轉第二十五開、《起數訣》第五十二圖發音濁，列字均爲

『敲』;《七音略》外轉二十五重中重、《切韻指掌圖》一圖,列字均爲『敲』。形旁『攴』,《説文》曰:『小擊也』。『支』,《説文》曰:『去竹之枝也,从手持半竹。』一種解釋爲竹子,另一種解釋爲『枝』的初文,此二者皆無『擊打』意,故從『攴』旁,此字當爲『敲』字形訛;《四聲等子》效攝外五全重無輕韻,列字爲『敲』,『敲』『敲』爲異體字。『敲』爲《廣韻》效二溪母位小韻首字,《切韻指南》弘治九年本、近衛庫本、正德十一年本列俗體字,文津閣本、碧琳琅本、《叢書集成》本,列『敲』字形訛,當校改爲『敲』。

43 去二滂　奅　《廣韻》匹皃切,《集韻》披教切,滂效二去開效;《五音集韻》同《廣韻》。《韻鏡》外轉第二十五開、《起數訣》第五十一圖發音清,列字均爲『奅』;《七音略》外轉二十五重中重,列字爲『㚏』,此字當爲『奅』字形訛;《切韻指掌圖》一圖、《四聲等子》效攝外五全重無輕韻,列字均爲『砲』,《康熙字典》記:『《正字通》同礮省。詳礮字注。』『礮』,《廣韻》匹皃切,《集韻》披教切,滂效二去開效。『奅』爲《廣韻》《集韻》效二滂母位小韻首字,下收有『礮』字,列字以『奅』字爲佳。《七音略》形訛;《切韻指南》是。

44 去二並　鞄　《廣韻》防教切,《集韻》皮教切,並效二去開效;《五音集韻》同《廣韻》。《韻鏡》外轉第二十五開,列字爲『皅』,爲『皰』字形訛;《七音略》外轉二十五重中重、《起數訣》第五十一圖發音清、《切韻指掌圖》一圖、《四聲等子》效攝外五全重無輕韻,列字均爲『鞄』。『鞄』爲《廣韻》效二並母位小韻首字,下收有『皰』字,列字以『鞄』字爲佳;《韻鏡》形訛,《切韻指南》是。

45 去二明　皃　《廣韻》莫教切，《集韻》眉教切，明效二去開效；《五音集韻》同《廣韻》。《韻鏡》外轉第二十五開、《切韻指掌圖》一圖、《起數訣》第五十一圖發音清、《四聲等子》效攝外五全重無輕韻，列字均爲『貌』；《七音略》外轉二十五重中重，列字均爲『皃』。『皃』爲《廣韻》《集韻》效二明母位小韻首字，下收有『貌』字，列字以『皃』字爲佳。《韻鏡》無誤；《切韻指南》是。

46 去二匣　效　《廣韻》胡教切，《集韻》後教切，匣效二去開效。《五音集韻》同《廣韻》。《韻鏡》外轉第二十五開、《起數訣》第五十二圖發音濁、《四聲等子》效攝外五全重無輕韻，列字均爲『效』；《七音略》外轉二十五重中重、《切韻指掌圖》一圖，列字均爲『效』。『效』爲《廣韻》效二匣母位小韻首字，下收有『效』字，《廣韻》注：『俗』，『效』爲『效』俗體。《七音略》無誤；《切韻指南》是。

47 去二影　靿　弘治九年本列字爲『靿』，當爲『靿』字形訛；近衛庫本、正德十一年本、文津閣本，列字爲『靿』，當爲『靿』字形訛；碧琳琅本、《叢書集成》本，列字爲『靿』。『靿』，《廣韻》《集韻》於教切，影效二去開效；《五音集韻》同《廣韻》《集韻》。《韻鏡》外轉第二十五開，列字爲『𩋶』；《七音略》外轉二十五重中重、《切韻指掌圖》一圖、《四聲等子》效攝外五全重無輕韻，列字均爲『靿』。此『𩋶』『靿』『靿』三字當均爲『靿』字形訛。『靿』爲《廣韻》《集韻》《五音集韻》效二影母位小韻首字，《切韻指南》弘治九年本、近衛庫本、正德十一年本、文津閣本均形訛，當校改爲『勒』，其他版本列『勒』者是。

48 《切韻指南》效攝二等入聲標目爲覺，實收覺韻。

49 入二溪　㱿　弘治九年本列字爲『㱿』，當爲『㱿』字形訛；近衛庫本、正德十一年本、文津閣本、碧琳琅本、《叢書集成》本，列字均爲『殼』，『㱿』字形訛。『㱿』，《廣韻》字形爲『㱿』，《集韻》字形爲『㱿』，《五音集韻》字形爲『殼』，當爲『㱿』字形訛。『㱿』，《廣韻》苦角切；『㱿』，《集韻》克角切，溪覺二入開江；《五音集韻》同《廣韻》。《韻鏡》外轉第三開合，列字爲『㱿』；《七音略》外轉第三重中重、《起數訣》第五十二圖發音濁、《四聲等子》效攝外五全重無輕韻，列字均爲『殻』，《康熙字典》記：『殻與㱿同。』『殻』『㱿』二字爲異體字；《切韻指掌圖》一圖，列字爲『㱿』。『㱿』爲《集韻》覺二溪母位小韻首字，《韻鏡》《七音略》列字均無誤。《切韻指南》諸本列字均形訛，當校改爲『㱿』。

50 入二群　巐　《廣韻》《集韻》覺韻無群紐；《五音集韻》巨角切，群覺一入開江。《韻鏡》《七音略》《起數訣》《切韻指掌圖》《四聲等子》均空位。『巐』爲《五音集韻》覺一群母位小韻首字，《切韻指南》從《五音集韻》。

51 入二疑　嶽　《廣韻》五角切，《集韻》逆角切，疑覺一入開江；《五音集韻》同《廣韻》。《韻鏡》外轉第三開合、《四聲等子》宕攝内五，列字爲『岳』；《七音略》外轉第三重中重、《起數訣》第五十二圖發音濁、《切韻指掌圖》一圖，列字爲『嶽』；《四聲等子》效攝外五重出『岳』，覺韻疑母。《廣韻》『嶽』下收『岳』字，注『上同』。楊軍《韻鏡校箋》：『列岳者蓋亦因校讀者標於嶽旁之或字而改。』『嶽』爲《廣韻》《集韻》《五音集韻》覺一疑母位小韻首字，《韻鏡》無誤，《切韻指南》是。

52 入二知　○　《廣韻》《集韻》有『斲』小韻，竹角切，知覺二入開江；《五音集韻》同《廣韻》《集韻》收『斲』小韻。《韻鏡》外轉第三開合、《七音略》外轉第三重中重、《起數訣》第五十二圖發音濁、《切韻指掌圖》一圖，列字均爲『斲』；《四聲等子》宕攝內五，列字爲『卓』。『斲』爲《廣韻》覺二知母位小韻首字，下收有『卓』字，列字以『斲』字爲佳，《切韻指南》江攝圖內知組爲合口，考本圖，均收江攝圖內所標開口，合口不取，空位當爲有意爲之。

53 入二徹　○　《廣韻》《集韻》有『逴』小韻，敕角切，徹覺二入開效；《五音集韻》同《廣韻》《集韻》收『逴』小韻。《韻鏡》外轉第三開合、《七音略》外轉第三重中重、《切韻指掌圖》一圖、《四聲等子》宕攝內五，列字均爲『逴』；《起數訣》空位。『逴』爲《廣韻》覺二徹母位小韻首字，《切韻指南》江攝圖內知組爲合口，考本圖，均收江攝圖內所標開口，合口不取，空位當爲有意爲之。

54 入二澄　○　《廣韻》《集韻》有『濁』小韻，直角切，澄覺二入開江；《五音集韻》同《廣韻》《集韻》收『濁』小韻。《韻鏡》外轉第三開合、《七音略》外轉第三重中重、《起數訣》第五十二圖發音濁、《切韻指掌圖》一圖、《四聲等子》宕攝內五，列字爲『濁』。『濁』爲《廣韻》《集韻》《五音集韻》澄母位小韻首字,《切韻指南》江攝圖内知組爲合口,考本圖,均收江攝圖内所標開口,合口不取,空位當爲有意爲之。

55 入二孃 ◯ 《廣韻》《集韻》有『搦』小韻,女角切,孃覺二入開江;《五音集韻》同《廣韻》《集韻》收『搦』小韻。《韻鏡》外轉第三開合、《七音略》外轉第三重中重、《起數訣》第五十二圖發音濁、《切韻指掌圖》一圖、《四聲等子》宕攝内五,列字爲『搦』;《起數訣》空位。『搦』爲《廣韻》《集韻》《五音集韻》覺二孃母位小韻首字,《切韻指南》該小韻入合口,考本圖,均收江攝圖内所標開口,合口不取,空位當爲有意爲之。

56 入二照 ◯ 《廣韻》《集韻》有『捉』小韻,側角切,莊覺二入開江;《五音集韻》同《廣韻》收『捉』小韻。《韻鏡》外轉第三開合、《七音略》外轉第三重中重、《起數訣》第五十二圖發音濁、《切韻指掌圖》一圖、《四聲等子》宕攝内五,列字爲『捉』。『捉』爲《廣韻》《集韻》《五音集韻》覺二莊母位小韻首字,《切韻指南》江攝圖内照二組爲合口,考本圖,均收江攝圖内所標開口,合口不取,空位當爲有意爲之。

57 入二穿 ◯ 《廣韻》《集韻》有『娖』小韻,測角切,初覺二入開江;《五音集韻》同《廣韻》收『娖』小韻。《韻鏡》外轉第三開合、《七音略》外轉第三重中重、《切韻指掌圖》一圖、《四聲等子》宕攝内五,列字爲『娖』;《起數訣》列字爲『擉』。『娖』爲《廣韻》《集韻》《五音集韻》覺二初母位小韻首字,《廣韻》下收『擉』,《切韻指南》江攝圖内照二組爲合口,考本圖,均收江攝圖内所標開口，合口不取，空位當爲有意爲之。

58 入二牀 ○ 《廣韻》《集韻》有『浞』小韻，《廣韻》士角切，《集韻》仕角切，崇覺二入開江，《五音集韻》同《廣韻》收『浞』小韻。《韻鏡》外轉第三開合、《七音略》外轉第三重中重、《切韻指掌圖》一圖、《四聲等子》宕攝内五，列字爲『浞』；《起數訣》空位。『浞』爲《廣韻》《集韻》《五音集韻》覺二崇母位小韻首字，《切韻指南》江攝圖内照二組爲合口，考本圖，均收江攝圖内所標開口，合口不取，空位當爲有意爲之。

59 入二審 ○ 《廣韻》《集韻》有『朔』小韻，《廣韻》所角切，《集韻》色角切，生覺二入開江；《五音集韻》同《廣韻》收『朔』小韻。《韻鏡》外轉第三開合、《七音略》外轉第三重中重、《起數訣》第五十二圖發音濁、《切韻指掌圖》一圖、《四聲等子》宕攝内五，列字爲『朔』。『朔』爲《廣韻》《集韻》《五音集韻》覺二生母位小韻首字，《切韻指南》江攝圖内照二組爲合口，考本圖，均收江攝圖内所標開口，合口不取，空位當爲有意爲之。

60 入二曉 吒 《廣韻》許角切，《集韻》黑角切，曉覺二入開江；《五音集韻》同《廣韻》。《韻鏡》空位；《七音略》外轉第三重中重、《起數訣》第五十二圖發音濁、《切韻指掌圖》一圖、《四聲等子》宕攝内五，列字均爲『吒』。『吒』爲《廣韻》《集韻》《五音集韻》覺二曉母位小韻首字，《韻鏡》空位，誤，《切韻指南》是。

61 入二影 握 《廣韻》於角切，《集韻》乙角切，影覺二入開江；《五音集韻》同《廣韻》。《韻鏡》外轉第三開合、《七音略》外轉第二重中重、《起數訣》第五十二圖發音濁，列字均爲『渥』；《切韻指掌圖》一圖、《四聲等子》宕攝内五，列字爲『握』。『渥』爲《廣韻》《集韻》《五音集韻》覺二影母位小韻首字，下收『握』字，列字以『渥』爲佳。《韻鏡》《七音略》列首字是，《切韻指南》亦無誤。

62 入二來　○　《廣韻》《集韻》有『犖』小韻，《廣韻》吕角切，《集韻》力角切，來覺二入開江；《五音集韻》同《廣韻》。《韻鏡》外轉第三開合、《七音略》外轉第三重中重、《切韻指掌圖》一圖、《四聲等子》宕攝内五、《起數訣》第五十二圖發音濁，列字均爲『犖』。『犖』爲《廣韻》覺二來母位小韻首字，《切韻指南》江攝圖内來母入合口，考本圖，均收江攝圖内所標開口，合口不取，空位當爲有意爲之。

63 平三溪　趫　《廣韻》起嚻切，《集韻》丘袄切，溪宵三平開效；《五音集韻》同《廣韻》。《韻鏡》外轉第二十五開，列字爲『蹻』；《七音略》外轉二十五重中重、《起數訣》第五十二圖發音濁、《切韻指掌圖》一圖、《四聲等子》效攝外五全重無輕韻，列字均爲『趫』。『趫』爲《廣韻》《集韻》宵三溪母位重紐小韻首字；『蹻』爲《廣韻》宵韻溪母重紐四等位小韻首字，《韻鏡》誤列於三等位；《切韻指南》是。

64 平三疑　○　《廣韻》《集韻》宵韻均無疑母；《五音集韻》宵韻疑母有『堯』小韻，五聊切，疑宵三平開效，列於四等位。《韻鏡》外轉第二十五開，列字爲『堯』，『堯』，《廣韻》五聊切，疑蕭四平開效，誤；《七音略》《起數訣》《切韻指掌圖》《四聲等子》均空位。《廣韻》宵韻三等無疑母字，《韻鏡》誤列『堯』，宵蕭合韻，但仍列於四等位；《韻鏡》誤，《切韻指南》空位是。

65 平三滂　〇　《廣韻》宵三滂母位有『爂』小韻，撫招切，滂宵三平開效；《集韻》宵韻無滂紐；《五音集韻》同《廣韻》收『爂』小韻，撫招切。《韻鏡》外轉第二十五開、《四聲等子》效攝外五全重無輕韻，列字均爲『藨』；『藨』，《廣韻》甫嬌切，《集韻》悲嬌切，幫宵三平開效，不當列於此位。《起數訣》《切韻指掌圖》均空位；《七音略》外轉二十五重中重，列字爲『爂』。李新魁《韻鏡校正》：『「藨」字當據《集韻》蕭韻增而誤入三等。《七音略》則譌作「爂」，此即《廣韻》之「爂」，撫招切。』故《韻鏡》《七音略》誤。『爂』爲《廣韻》《五音集韻》宵韻滂母三等位小韻首字，列字以『爂』字爲佳；《切韻指南》空位誤，當補『爂』字。

66 平三並　瀌　《廣韻》宵韻並母有重紐小韻『瓢』，符霄切；『瀌』，《廣韻》甫嬌切，幫宵三平開效；又皮彪切，並幽三平開流，均不當列於此位；《集韻》蒲嬌切，並宵三平開效；《五音集韻》同《集韻》。《韻鏡》《七音略》《切韻指掌圖》均空位；《起數訣》第五十一圖發音清，列字爲『瀌』；《四聲等子》效攝外五全重無輕韻，列字爲『漉』，《廣韻》盧谷切，當爲『瀌』字形訛。『瀌』爲《集韻》《五音集韻》宵三幫母位小韻首字；《韻鏡》《七音略》從《廣韻》不列，亦無誤；《切韻指南》從《集韻》《五音集韻》。

67 平三穿　怊　《廣韻》敕宵切，《集韻》蚩招切，《五音集韻》尺招切，昌宵三平開效。《韻鏡》外轉第二十五開，列字爲『弨』；《七音略》外轉二十五重中重、《起數訣》第五十二圖發音濁、《切韻指掌圖》一圖、《四聲等子》效攝外五全重無輕韻，列字均爲『怊』。『怊』爲《廣韻》《集韻》《五音集韻》宵三昌母位小韻首字，《廣韻》下收有『弨』字，列字以『怊』字爲佳，《韻鏡》無誤，《切韻指南》是。

68 平三來　燎　《廣韻》力昭切，《集韻》離昭切，來宵三平開效；《五音集韻》同《廣韻》。《韻鏡》外轉第二十五開，列字爲『僚』；《七音略》外轉二十五重中重，列字爲『遼』。『僚』『遼』二字，《廣韻》落蕭切，《集韻》憐蕭切，來蕭四平開效，李新魁《韻鏡校正》：『此字當依《廣韻》改列「燎」字。』《起數訣》第五十二圖發音濁、《切韻指掌圖》一圖、《四聲等子》效攝外五全重無輕韻，列字均爲『燎』。『燎』爲《廣韻》《集韻》《五音集韻》宵三來母位小韻首字；《韻鏡》《七音略》均誤；《切韻指南》是。

69 上三溪　槁　近衛本、正德十一年本、文津閣本，列字均爲『槁』，『槁』字俗體；碧琳琅本、《叢書集成》本，列字均爲『槁』。『槁』，《廣韻》小韻溪紐無字。『槁』，《廣韻》苦浩切，溪晧三上開效；《集韻》祛矯切，溪小三上開效；《五音集韻》同《集韻》。《韻鏡》《切韻指掌圖》空位；《七音略》外轉二十五重中重，列字爲『遹』；《起數訣》第五十二圖發音濁、《四聲等子》效攝外五全重無輕韻，列字均爲『槁』。『槁』爲《集韻》《五音集韻》小三溪母位小韻首字。楊軍『遹』，《康熙字典》記：『俗橇字。』『橇』，《廣韻》起囂切，《集韻》丘祆切，溪宵三平開效。楊軍

《七音略校注》：『本書所列甚無據，《韻鏡》此位無字，是也。』《韻鏡》無字從《廣韻》。《七音略》誤，當删。《切韻指南》弘治九年本、近衛庫本、正德十一年本、文津閣本列俗體字，當校改爲『槁』，其他版本是。

70 上三群 驕 《廣韻》《集韻》巨夭切，群小三上開效；《五音集韻》同《廣韻》《集韻》。《韻鏡》外轉第二十五開，列字爲『⿱髟喬』，李新魁《韻鏡校正》：『此譌。』當爲『驕』字形訛；《七音略》外轉二十五重中重、《起數訣》第五十二圖發音濁、《切韻指掌圖》一圖，列字均爲『驕』；《四聲等子》效攝外五全重無輕韻，列字爲『驕』。『驕』爲《廣韻》《集韻》《五音集韻》小三群母位小韻首字，《韻鏡》形訛，《切韻指南》是。

71 上三澄 肇 《廣韻》治小切，《集韻》直紹切，澄小三上開效；《五音集韻》同《廣韻》。《韻鏡》外轉第二十五開、《七音略》外轉二十五重中重、《起數訣》第五十二圖發音濁，列字均爲『趙』；《切韻指掌圖》一圖，列字均爲『肇』；《四聲等子》效攝外五全重無輕韻，列字爲『兆』。『肇』爲《廣韻》小三澄母位小韻首字，下收有『趙』『兆』二字，列字以『肇』爲佳，《韻鏡》《七音略》無誤，《切韻指南》是。

72 上三穿 䴛 《廣韻》尺沼切，《集韻》齒沼切，昌小三上開效；《五音集韻》同《廣韻》。《韻鏡》外轉第二十五開、《起數訣》第五十二圖發音濁、《切韻指掌圖》一圖、《四聲等子》效攝外五全重無輕韻，列字均有『䴛』字；《七音略》外轉二十五重中重，列字爲『麨』，《廣韻》『䴛』小韻下收有『䴰』字，注『上同』，『䴰』『麵』二字爲異體字。『麵』爲《廣韻》《集韻》《五音集韻》小三昌母位小韻首字，《七音略》無誤，《切韻指南》是。

73 上三影　夭　《廣韻》乙矯切，《集韻》於兆切，影小三上開效；《五音集韻》同《廣韻》。《韻鏡》外轉第二十五開，列字爲『殀』；《七音略》外轉二十五重中重、《起數訣》第五十二圖發音濁、《切韻指掌圖》一圖、《四聲等子》效攝外五全重無輕韻，列字均爲『夭』。『夭』爲《廣韻》小三影母位小韻首字，下收有『殀』字，列字以『夭』字爲佳，《韻鏡》無誤，《切韻指南》是。

74 《切韻指南》效攝三等去聲標目爲笑，實收笑韻。

75 去三見　驕　《廣韻》笑韻見母無字；『驕』，舉喬切，見宵三平開效，不當列於此位；《集韻》《五音集韻》嬌廟切，見笑三去開效。《韻鏡》外轉第二十五開、《七音略》外轉二十五重中重、《起數訣》第五十二圖發音濁、《四聲等子》效攝外五全重無輕韻，列字均爲『驕』；《切韻指掌圖》空位。《廣韻》笑韻無見母，『驕』爲《集韻》笑三見母位小韻首字，《韻鏡》《七音略》列字無誤，《切韻指南》從《集韻》《五音集韻》。

76 去三溪　趬　《廣韻》《集韻》丘召切，《五音集韻》丘嶠切，溪笑三去開效。《韻鏡》外轉第二十六合疑母重紐四等位列『趬』，溪母重紐四等位列『⿰虛几』；《七音略》外轉二十五重中重、《起數訣》第五十一圖發音清、《切韻指掌圖》一圖、《四聲等子》效攝外五全重無輕韻，列字均爲『趬』。李新魁《韻鏡校正》：『⿰虛几字或爲⿰高几字之譌，⿰高几，《廣韻》作丘召切，與趬字同一小韻。

溪紐此本恰好顛倒錯放，以溪紐字「趬」入疑紐，而以疑紐字「虓」入溪紐，此兩字對調位置即合。』《韻鏡》誤。『趬』爲《廣韻》《集韻》《五音集韻》笑三溪母位小韻首字，《切韻指南》是。

77 去三疑　虓　弘治九年本、近衛庫本同；正德十一年本、文津閣本、碧琳琅本、《叢書集成》本，列字均爲『𧇄』。『虓』，《廣韻》《集韻》牛召切，《五音集韻》牛嶠切，疑笑三去開效。《正字通》：『「𧇄」，「虓」字之譌。』《韻鏡》《七音略》均空位；《起數訣》第五十二圖發音濁、《切韻指掌圖》一圖、《四聲等子》效攝外五全重無輕韻，列字均爲『虓』。『虓』爲《廣韻》《集韻》《五音集韻》笑三疑母位小韻首字。《切韻指南》弘治九年本、近衛庫本列『虓』字是，其他版本列『𧇄』字訛，當校改爲『虓』。

78 去三徹　超　《廣韻》敕宵切，徹宵三平開效，不當列於此位；《集韻》抽廟切，徹笑三去開效；《五音集韻》同《集韻》。《韻鏡》外轉第二十五開、《七音略》外轉二十五重中重、《起數訣》第五十二圖發音濁、《切韻指掌圖》一圖、《四聲等子》效攝外五全重無輕韻，列字均爲『朓』。『朓』爲《廣韻》笑三徹母位小韻首字，『朓』『超』同爲《集韻》笑三徹母位小韻首字，《韻鏡》《七音略》無誤，《切韻指南》從《集韻》《五音集韻》。

79 去三幫　褾　弘治九年本、正德十一年本、文津閣本、碧琳琅本、《叢書集成》本，列字均爲『褾』；近衛庫本，列字爲『裱』，形訛。『褾』，《廣韻》方廟切，《集韻》彼廟切，幫笑三去開效；《五音集韻》同《廣韻》。《韻鏡》空位；《七音略》外轉二十五重中重，列字爲『俵』；《起數訣》第五十一圖發音清、《切韻指掌圖》一圖、《四聲等子》效攝外五全重無輕韻，列字均爲『裱』。『裱』爲《廣韻》《集韻》笑三幫母位小韻首字，下收有『俵』字，列字以『裱』字爲佳，《韻鏡》誤脱，《切韻指南》近衛庫本列『裱』字訛，當校改爲『裱』，其他版本列『裱』字者是。

80 去三穿　覞　弘治九年本列字爲『覞』；近衛庫本、正德十一年本、文津閣本、碧琳琅本、《叢書集成》本，列字均爲『晛』。『覞』，《廣韻》弋照切，以笑三去開效；《集韻》昌召切，昌笑三去開效；《五音集韻》同《集韻》。『覞』按《廣韻》不當列於此位，余迺永《新校互注宋本廣韻》：『「覞」《王一》、《全王》又音昌召反。』『晛』，《廣韻》《集韻》胡典切，匣銑四上開山，不當列於此位，當爲『覞』字形訛。《韻鏡》《切韻指掌圖》均空位；《七音略》外轉二十五重中重、《起數訣》第五十二圖發音濁、《四聲等子》效攝外五全重無輕韻，列字均爲『覞』。《廣韻》笑韻無昌母，『覞』爲《集韻》《五音集韻》笑三昌母位小韻首字，《韻鏡》從《廣韻》不列，《切韻指南》弘治九年本從《集韻》，其他版本列『晛』字形訛，當校改爲『覞』。

81 去三禪　邵　弘治九年本、正德十一年本、文津閣本、碧琳琅本、《叢書集成》本，列字均爲『邵』；近衛庫本列字爲『卲』，形訛。『邵』，《廣韻》寔照切，《集韻》時照切，禪笑三去開效；《五音集韻》同《廣韻》。《韻鏡》外轉第二十五開、《七音略》外轉二十五重中重、《起數訣》第五十二圖發音濁、《切韻指掌圖》一圖、《四聲等子》效攝外五全重無輕韻，列字均爲『邵』。『邵』爲《廣韻》《五音集韻》笑三禪母位小韻首字，《切韻指南》近衛庫本形訛，當校改爲

『邵』，其他版本列『邵』字者是。

82 去三來　尞　《廣韻》《集韻》力照切，《五音集韻》力嶠切，來笑三去開效。《韻鏡》外轉第二十五開、《起數訣》第五十二圖發音濁，列字爲『療』；《七音略》外轉二十五重中重，列字爲『尞』，列於三等，四等空位。『尞』爲《廣韻》笑三來母位小韻首字，下收有『療』字。《廣韻》注：『凡从尞者作尞。』《七音略》無誤。『尞』爲《集韻》笑三來母位小韻首字，《切韻指南》從《集韻》。

83 入三見　腳　《廣韻》居勺切，《集韻》訖約切，見藥三入開宕；《五音集韻》同《廣韻》。《韻鏡》內轉第三十一開，《四聲等子》效攝外五全重無輕韻，列字均爲『腳』；《七音略》外轉二十五重中重、《起數訣》第五十二圖發音濁，列字均爲『脚』。『腳』爲《廣韻》藥三見母位小韻首字，下收有『脚』字，注曰：『俗』，『脚』爲俗體。列字以『腳』爲佳，《切韻指南》是。

84 入三溪　卻　《廣韻》去約切，《集韻》乞約切，溪藥三入開宕；《五音集韻》同《廣韻》。《韻鏡》內轉第三十一開、《起數訣》第五十二圖發音濁、《四聲等子》效攝外五全重無輕韻，列字均爲『卻』；《七音略》外轉二十五重中重、《切韻指掌圖》一圖，列字均爲『却』。『卻』爲《廣韻》藥三見母位小韻首字，下收有『却』字，注曰：『俗』，『却』爲俗體。列字以『卻』爲佳。《七音略》無誤，《切韻指南》是。

85 入三群　噱　《廣韻》其虐切，《集韻》極虐切，群藥三入開宕；《五音集韻》同《廣韻》。《韻鏡》内轉第三十一開，列字爲『噱』，當爲『噱』字形訛；《七音略》外轉二十五重中重、《起數訣》第五十二圖發音濁、《切韻指掌圖》一圖，列字均爲『噱』；《四聲等子》效攝外五全重無輕韻，列字爲『㨮』，群母魚韻。『噱』爲《廣韻》《集韻》《五音集韻》藥三群母位小韻首字，《韻鏡》形訛，《切韻指南》是。

86 入三知　芍　《廣韻》張略切，《集韻》陟略切，知藥三入開宕；《五音集韻》同《廣韻》。《韻鏡》内轉第三十一開，列字爲『芶』；《七音略》外轉二十五重中重、《起數訣》第五十二圖發音濁、《切韻指掌圖》一圖、《四聲等子》效攝外五全重無輕韻，列字均爲『芍』。李新魁《韻鏡校正》：「『芶』字爲「芍」字之誤。」《韻鏡》誤。『芍』爲《廣韻》藥三知母位小韻首字，『灼』『焯』同爲《集韻》《五音集韻》藥三知母位小韻首字，《切韻指南》是。

87 入三徹　皀　《廣韻》丑略切，《集韻》勅略切，徹藥三入開宕；《五音集韻》同《廣韻》。《韻鏡》内轉第三十一開，列字爲『辵』；《七音略》外轉二十五重中重，列字爲『辵』；《起數訣》第五十二圖發音濁，列字爲『逴』；《切韻指掌圖》一圖、《四聲等子》效攝外五全重無輕韻，列字均爲『皀』。『𨑂』『辵』二字爲異體字。『皀』爲《廣韻》藥三徹母位小韻首字，下收有『辵』『逴』二字，列字以『皀』字爲佳，《韻鏡》《七音略》無誤，《切韻指南》是。

88 入三幫　○　《廣韻》藥韻幫母無字；《集韻》《五音集韻》藥韻幫母均有『轉』小韻，《集韻》方縛切，幫藥三入開宕；《五音集韻》反切同《集韻》，非母藥韻。《韻鏡》内轉第三十一開，《七音略》外轉三十四重中重、《四聲等子》宕攝内五，列字爲『轉』；《起數訣》《切韻指掌圖》均空位。『轉』爲《集韻》藥三幫母位小韻首字，《切韻指南》收於宕攝開口呼圖内入聲三等幫母位，因切下字爲脣音，故列於合口，開口圖空位。

89 入三滂　○　《廣韻》《集韻》《五音集韻》藥韻滂母均有『𩃬』小韻，《廣韻》孚縛切，《集韻》拂縛切，滂藥三入開宕。《五音集韻》芳縛切，敷母藥韻。《韻鏡》内轉第三十一開，《七音略》外轉三十四重中重、《四聲等子》宕攝内五，列字爲『𩃬』；《起數訣》《切韻指掌圖》均空位。『𩃬』爲《廣韻》《集韻》《五音集韻》藥三滂母位小韻首字，《切韻指南》收於宕攝開口呼圖内入聲三等滂母位，因切下字爲脣音，故列於合口，開口圖空位。

90 入三並　○　《廣韻》《集韻》《五音集韻》藥韻並母均有『縛』小韻，《廣韻》符钁切，《集韻》伏約切，並藥三入開宕；《五音集韻》反切同《廣韻》，奉母藥韻。《韻鏡》内轉第三十一開，《七音略》外轉三十四重中重、《四聲等子》宕攝内五，列字爲『縛』。《起數訣》《切韻指掌圖》均空位。『縛』爲《廣韻》《集韻》《五音集韻》藥三並母位小韻首字，《切韻指南》收於宕攝開口呼圖内入聲三等並母位，因切下字入合口，故開口圖空位。

91 入三禪　妁　《廣韻》市若切，禪藥三入開宕；《集韻》實若切，船藥三入開宕；《五音集韻》同《廣韻》。《韻鏡》内轉第三十一開、《起數訣》第五十二圖發音濁、《四聲等子》效攝外五全重無輕韻，列字均爲『杓』；《七音略》外轉三十四重中重、《切韻指掌圖》一圖，列字均爲

『妁』。『妁』爲《廣韻》藥三禪母位小韻首字，下收有『杓』字，列字以『妁』字爲佳，《韻鏡》無誤，《切韻指南》是。

92 入三喻　○　《廣韻》《集韻》《五音集韻》藥韻云母均有『籰』小韻，王縛切，云藥三入合宕。《韻鏡》內轉第三十二合、《七音略》內轉三十五輕中輕、《切韻指掌圖》一圖、《四聲等子》效攝外五全重無輕韻，列字均爲『籰』；《起數訣》空位。『籰』爲《廣韻》《集韻》《五音集韻》藥三云母位小韻首字，《切韻指南》效攝外五爲開口圖，『籰』爲合口字，不取乃有意爲之。

93 入三日　若　《廣韻》入勺切，《集韻》日灼切，《五音集韻》而灼切，日藥三入開效。《韻鏡》內轉第三十一開、《七音略》外轉二十五重中重，列字均爲『弱』；《起數訣》第五十二圖發音濁、《切韻指掌圖》一圖、《四聲等子》效攝外五全重無輕韻，列字均爲『若』。『若』爲《廣韻》藥三日母位小韻首字，下收有『弱』字，列字以『若』字爲佳，《韻鏡》《七音略》無誤，《切韻指南》是。

94 《切韻指南》效攝四等平聲無標目，實收宵、蕭韻。

95 平四溪　蹺　《廣韻》蕭韻溪紐有『鄡』小韻，苦幺切。『蹺』，去遥切，溪宵三平開效；《集韻》牽幺切，溪蕭四平開效；《五音集韻》反切同《廣韻》。《韻鏡》外轉第二十五開、《切韻指掌圖》一圖、《四聲等子》效攝外五全重無輕韻，列字均爲『鄡』；《七音略》外轉二十六重中重，溪紐空位，誤列『蹺』字於群紐；《起數訣》第五十圖閉音清，列字爲『蹺』。『鄡』爲《廣韻》《集韻》蕭四溪母位小韻首字，《集韻》下收有『蹻』『蹺』二字，列字以『鄡』字爲佳。楊軍《七音略校注》：『本書以溪紐字列於群紐，非是。』《韻鏡》無誤，《七音略》空位誤，《切韻指南》從《集韻》列『蹻』字，亦無誤。

96 平四疑　堯　《廣韻》五聊切，《集韻》倪幺切，疑蕭四平開效；《五音集韻》同《廣韻》。《韻鏡》外轉第二十五開，列字爲『嶢』；《七音略》外轉二十五重中重、《起數訣》第五十圖閉音清、《切韻指掌圖》一圖、《四聲等子》效攝外五全重無輕韻，列字均爲『堯』。『堯』爲《廣韻》蕭四群母位小韻首字，下收有『嶢』字，《韻鏡》無誤，《切韻指南》是。

97 平四透　祧　《廣韻》吐彫切，《集韻》他彫切，《五音集韻》吐凋切，透蕭四平開效。《韻鏡》外轉第二十五開、《七音略》外轉二十五重中重，列字均爲『挑』；《起數訣》第五十圖閉音清、《切韻指掌圖》一圖、《四聲等子》效攝外五全重無輕韻，列字均爲『祧』。『祧』爲《廣韻》《集韻》《五音集韻》蕭四透母位小韻首字，下收有『挑』字。列字以『祧』字爲佳，《韻鏡》《七音略》無誤，《切韻指南》是。

98 平四泥　嬈　《廣韻》奴鳥切，泥篠四上開效，又而沼切、火弔切，均不當列於此位；《集韻》褭聊切，泥蕭四平開效；《五音集韻》同《集韻》。《韻鏡》《切韻指掌圖》空位；《七音略》外轉二十五重中重、《起數訣》第五十圖閉音清、《四聲等子》效攝外五全重無輕韻，列字均爲『嬈』。《廣韻》蕭韻無泥母字，『嬈』爲《集韻》蕭四泥母位小韻首字。楊軍《韻鏡校箋》：『唐五代韻書及《廣韻》蕭韻無泥紐。本書此位無字合於諸韻書。」《韻鏡》空位從《廣韻》，《切韻指南》從《集韻》《五音集韻》。

99 平四幫　飆　《廣韻》甫遥切，《集韻》卑遥切，幫宵三平開效；《五音集韻》同《廣韻》。《韻鏡》外轉第二十六合，列字爲「飆」；《七音略》外轉二十六重中重、《起數訣》第五十一圖發音清，列字均爲「猋」，宵母幫韻；《切韻指掌圖》一圖，列字爲「颮」；《四聲等子》效攝外五全重無輕韻列字爲「標」，宵母幫韻。「飆」，《廣韻》注：「風也，俗作飈」，「颮」爲俗體。《七音略》無誤。「飆」爲《廣韻》宵三幫母小韻首字，《切韻指南》是。

100 平四滂　㶾　《廣韻》宵韻滂母有「㶾」小韻，撫招切，滂宵三平開效；「㶾」，《廣韻》未收，《集韻》卑遥切，幫宵三平開效；《五音集韻》同《廣韻》有「㶾」小韻。《韻鏡》外轉第二十六合、《七音略》外轉二十六重中重、《起數訣》第五十一圖發音清、《切韻指掌圖》一圖、《四聲等子》效攝外五全重無輕韻，列字均爲「漂」。「㶾」爲《廣韻》宵三滂母位小韻首字，下收有「漂」字；「漂」爲《集韻》宵三滂母位小韻首字，下收有「㶾」字。《康熙字典》：「按《集韻》書作「㶾」（原刻從灭），多一畫，當由筆誤也。」「㶾」爲「㶾」形訛。《韻鏡》《七音略》列字無誤，《切韻指南》收「㶾」字從《集韻》訛，當校正爲「㶾」。

101 平四明　蜱　《廣韻》《集韻》《五音集韻》彌遥切，明宵三平開效；《五音集韻》同《廣韻》《集韻》。《韻鏡》外轉第二十六合、《四聲等子》效攝外五全重無輕韻、《起數訣》第五十一圖發音清，列字爲『蜱』；《七音略》外轉二十六重中重、《切韻指掌圖》一圖，列字均爲『蚩』。『蚩』爲《集韻》宵三明母位小韻首字，『蜱』爲《廣韻》宵三明母位小韻首字，按韻圖規制列於四等，實爲三等字。《七音略》無誤，《切韻指南》是。

102 平四清　鍫　《廣韻》七遥切，《集韻》千遥切，溪宵三平開效；《五音集韻》同《廣韻》。《韻鏡》外轉第二十六合、《七音略》外轉二十六重中重、《起數訣》第五十一圖發音清，列字爲『鍫』；《切韻指掌圖》一圖、《四聲等子》效攝外五全重無輕韻，列字均爲『鍬』，清母宵韻。《集韻》『鍫』字下注：『亦書作鍬』，『鍫』『鍬』二字爲異體字。『鍫』爲《廣韻》宵三清母位小韻首字，按韻圖規制列於四等，實爲三等字，《切韻指南》是。

103 平四從　樵　《廣韻》昨焦切，《集韻》慈焦切，從宵三平開效；《五音集韻》同《廣韻》。《韻鏡》外轉第二十六合、《七音略》外轉二十六重中重、《起數訣》第五十一圖發音清、《切韻指掌圖》一圖、《四聲等子》效攝外五全重無輕韻，列字均爲『樵』。『樵』爲《廣韻》《集韻》《五音集韻》宵三從母位小韻首字，按韻圖規制列於四等，實爲三等字，《切韻指南》是。

104 平四心　宵　《廣韻》相邀切，《集韻》思邀切，心宵三平開效；《五音集韻》同《廣韻》。《韻鏡》外轉第二十六合、《起數訣》第五十一圖發音清，列字均爲『宵』；《七音略》外轉二十六重中重，列字爲『霄』；《切韻指掌圖》一圖、《四聲等子》效攝外五全重無輕韻，列字均爲『蕭』。『宵』爲《廣韻》《集韻》《五音集韻》宵三心母位小韻首字，《廣韻》下收『霄』，按韻圖規制列於四等，實爲三等字，《七音略》無誤，《切韻指南》是。

105 平四曉　膮　《廣韻》許幺切，《集韻》馨幺切，曉蕭四平開效；《五音集韻》反切同《廣韻》，曉母宵韻。《韻鏡》外轉第二十五開，列字爲「曉」；《七音略》外轉二十五重中重、《起數訣》第五十圖閉音清、《切韻指掌圖》一圖、《四聲等子》效攝外五全重無輕韻，列字均爲「膮」。李新魁《韻鏡校正》：「『曉』字當爲『膮』字之誤。」《韻鏡》誤。「膮」爲《廣韻》《集韻》蕭四曉母位小韻首字，《切韻指南》是。

106 平四影　要　《廣韻》於霄切，《集韻》伊消切，《五音集韻》於喬切，影宵三平開效。《韻鏡》外轉第二十六合，列字爲「葽」；《七音略》外轉二十六重中重，列字爲「邀」；《起數訣》第五十一圖發音清，列字爲「腰」。《切韻指掌圖》一圖，列字爲「么」，《康熙字典》記：「俗幺字」；《四聲等子》效攝外五全重無輕韻，列字爲「幺」，影母蕭韻。「要」爲《廣韻》宵三影母位小韻首字，下收有「邀」「腰」「葽」三字，列字以「要」爲佳，按韻圖規制列於四等，實爲三等字，《韻鏡》《七音略》列字無誤，《切韻指南》是。

107 《切韻指南》效攝上聲四等無標目，實收篠、小韻。

108 上四溪　磽　《廣韻》苦皎切，溪篠四上開效；《集韻》倪了切，疑筱四上開效，不當列於此位；《五音集韻》同《廣韻》。《韻鏡》外轉第二十五開、《四聲等子》效攝外五全重無輕韻、《起數訣》第五十圖閉音清，列字均爲「磽」；《七音略》外轉二十五重中重、《切韻指掌圖》一圖，列字均爲『硛』。『硛』，《康熙字典》記：『《廣韻》苦皎切。同磽。』『硛』『磽』二字爲異體字。『皎』爲《廣韻》《五音集韻》篠四溪母位小韻首字，下收『硛』，《切韻指南》是，《七音略》亦無誤。

109 上四群　狢　《廣韻》平表切，《集韻》巨小切，群小四上開效；《五音集韻》同《集韻》。《韻鏡》《七音略》《切韻指掌圖》均空位；《起數訣》第五十一圖發音清、《四聲等子》效攝外五全重無輕韻，列字均爲『狢』。《廣韻》小三群母小韻首字爲『藨』，下收『狢』字；『狢』爲《集韻》小韻群母重紐四等位小韻首字，《韻鏡》《七音略》從《廣韻》空位無誤，《切韻指南》從《集韻》《五音集韻》。

110 上四疑　𪖐　《廣韻》小韻疑母無字。『𪖐』，《廣韻》五弔切，疑嘯三上開效；《集韻》《五音集韻》魚小切，疑小三上開效；《廣韻》字形爲『𪖌』，《集韻》《五音集韻》字形爲『𪖐』，『𪖐』『𪖌』二字異體。《韻鏡》空位；《七音略》外轉二十六重中重，列字爲『狢』，此字當爲『狢』字形訛；《起數訣》第五十一圖發音清，列字爲『𪖙』，形訛；《切韻指掌圖》一圖、《四聲等子》效攝外五全重無輕韻，列字均爲『磽』，《集韻》筱韻疑母。李新魁《韻鏡校正》：『本書同《廣韻》不列。』《七音略》之『狢』，《廣韻》平表切，《集韻》被表切，並小三上開效，不當列於此位。楊軍《七音略校箋》：『《集韻》有「狢」，巨小切。此音爲群紐，本書當是據此而誤列疑紐。《韻鏡》群紐、疑紐並無，合於其他韻書。』《韻鏡》無誤，《七音略》誤。『𪖐』爲《集韻》《五音集韻》小三疑母位小韻首字，《切韻指南》是。

111 上四幫　褾　弘治九年本、近衛庫本、文津閣本，列字均爲『褾』；正德十一年本、碧琳琅本、《叢書集成》本，列字均爲『褾』；『褾』，《廣韻》方小切，《集韻》俾小切，幫小三上開效；《五音集韻》同《廣韻》。『褾』爲『褾』之俗訛。《韻鏡》外轉第二十六合、《四聲等子》效攝外五全重無輕韻，列字均爲『褾』；《七音略》外轉二十六重中重、《起數訣》第五十一圖發音清、《切韻指掌圖》一圖，列字均爲『褾』。『褾』爲《廣韻》小韻幫母位小韻首字，《切韻指南》正德十一年本、碧琳琅本、《叢書集成》本，列『褾』字是，其他版本列『褾』當校改爲『褾』。

112 上四明　眇　弘治九年本、正德十一年本、碧琳琅本、《叢書集成》本，列字均爲『眇』；近衛庫本、文津閣本，列字均爲『𦔮』。『眇』，《廣韻》亡沼切，《集韻》弭沼切，明小三上開效；《五音集韻》同《廣韻》。《韻鏡》外轉第二十六合、《四聲等子》效攝外五全重無輕韻，列字均爲『眇』；《七音略》外轉二十六重中重、《切韻指掌圖》一圖，列字均爲『𦔮』；《起數訣》第五十一圖發音清，明本列字爲『眇』，四庫本列字爲『𦔮』。『𦔮』，形見《漢語大字典·耳部》：『「𦔮」，同「眇」』。『𦔮』『眇』二字爲異體字。『眇』爲《廣韻》《集韻》《五音集韻》小三明母位小韻首字，《切韻指南》按韻圖規制列於四等位，實爲三等字。《切韻指南》近衛庫本、文津閣本及《七音略》列『𦔮』字者無誤，其他版本列『眇』字者是。

113 上四從　潐　《廣韻》小韻從紐無字。『潐』，《廣韻》子小切，精小三上開效，不當列於此位；

《集韻》子小切，《五音集韻》樵小切，從小三上開效；《五音集韻》從《集韻》。《韻鏡》外轉第二十六合、《起數訣》第五十一圖發音清、《四聲等子》效攝外五全重無輕韻，列字爲『潐』；《七音略》《切韻指掌圖》均空位。『潐』爲《集韻》《五音集韻》小三從母位小韻首字，《廣韻》小韻無從紐。按韻圖規制列於四等位，實爲三等字。《七音略》從《廣韻》空位亦可，《切韻指南》從《集韻》《五音集韻》。

114　上四曉　鐃　弘治九年本列字爲『鐃』；近衛庫本、正德十一年本、文津閣本、碧琳琅本、《叢書集成》本，列字均爲『曉』。『鐃』，《廣韻》古了切，《集韻》馨鳥切，《五音集韻》馨皛切，曉篠四上開效。《韻鏡》外轉第二十五開、《七音略》外轉二十五重中重、《起數訣》第五十圖閉音清、《切韻指掌圖》一圖、《四聲等子》效攝外五全重無輕韻，列字均爲『曉』。『鐃』爲《廣韻》《五音集韻》篠四曉母位小韻首字，『曉』爲下收字，列字以『鐃』爲佳。『曉』爲《集韻》筱四曉母位小韻首字。《韻鏡》《七音略》列字無誤。《切韻指南》弘治九年本列字是，其他版本列『曉』字者從《集韻》，亦無誤。

115　上四喻　鷕　《廣韻》以沼切，《集韻》以紹切，以小三上開效；《五音集韻》同《廣韻》。《韻鏡》外轉第二十六合、《切韻指掌圖》一圖、《四聲等子》效攝外五全重無輕韻，列字均爲『鷕』；《七音略》外轉二十六重中重、《起數訣》第五十一圖發音清，列字爲『溔』，以母小韻。『鷕』爲《廣韻》小三以母位小韻首字，按韻圖規制列於四等，實爲三等字，下收有『溔』字，

《七音略》無誤，《切韻指南》是。

116 《切韻指南》效攝四等去聲無標目，實收笑、嘯韻。

117 去四見　叫　弘治九年本列字爲『叫』；近衛庫本、正德十一年本、文津閣本、碧琳琅本、《叢書集成》本，列字均爲『呌』；『叫』，《廣韻》《集韻》吉弔切，見嘯四去開效；《五音集韻》吉弔切，見笑四去開效。《韻鏡》外轉第二十五開、《起數訣》第五十圖閉音清、《切韻指掌圖》一圖，列字均爲『呌』；《七音略》外轉二十五重中重、《四聲等子》效攝外五全重無輕韻，列字均爲『叫』，《康熙字典》記：『俗作呌。』『呌』爲俗體。『叫』爲《廣韻》《集韻》嘯韻見母位小韻首字。《切韻指南》弘治九年本列字是。《韻鏡》及《切韻指南》其他版本列『呌』字亦無誤。

118 去四群　翹　《廣韻》巨要切，《集韻》祁要切，溪笑三去開效；《五音集韻》巨要切，溪母嘯韻。《韻鏡》外轉第二十六合、《四聲等子》效攝外五全重無輕韻，列字均爲『翹』；《七音略》空位；《起數訣》第五十一圖發音清，明本列字爲『趬』，四庫本列字爲『翹』，皆誤。《切韻指掌圖》一圖，列字爲『轎』，群母笑韻。『翹』爲《廣韻》笑三溪母位小韻首字，按韻圖規制列於四等，實爲三等字。楊軍《七音略校注》：『是翹與二十五轉三等之嶠爲重紐，正當列於此位。本書此位無字者，蓋誤紉翹字於溪紐且訛爲蹺矣。』《七音略》空位誤，《切韻指南》是。

119 去四端　吊　《廣韻》《集韻》多嘯切，字形均爲『弔』，端嘯四去開效；《五音集韻》反切同《廣韻》，字形爲『吊』。《韻鏡》外轉第二十五開、《七音略》外轉二十五重中重、《起數訣》第五十圖閉音清、《切韻指掌圖》一圖、《四聲等子》效攝外五全重無輕韻，列字均爲『弔』；《字彙》『吊字俗弔。』『吊』爲『弔』俗。『弔』爲《廣韻》嘯四端母位小韻首字，《切韻指南》列『吊』字亦無誤。

120 去四幫　標　《廣韻》甫遥切，幫宵三平開效，又方小切，幫小三上開效，均不當列於此位；《集韻》卑妙切，幫笑三去開效；《五音集韻》同《集韻》。《韻鏡》《切韻指掌圖》均空位；《七音略》外轉二十六重中重，列字爲『裱』，爲『裱』字誤；《起數訣》第五十一圖發音清、《四聲等子》效攝外五全重無輕韻，列字均爲『標』。李新魁《韻鏡校正》：『本書同《廣韻》不列。裱，《廣韻》方廟切，當在二十五轉笑韻三等地位，《七音略》重出。』『標』爲《集韻》《五音集韻》笑三幫母位小韻首字，《韻鏡》從《廣韻》空位無誤，《七音略》誤，《切韻指南》從《集韻》《五音集韻》。

121 去四心　笑　《廣韻》私妙切，《集韻》仙妙切，心笑三去開效；《五音集韻》反切同《廣韻》，列於四等位。《韻鏡》外轉第二十六合、《起數訣》第五十一圖發音清，列字均爲『笑』；《七音略》外轉二十六重中重，列字爲『笑』。段玉裁注本《説文解字·竹部》：『笑，今俗皆從犬。』『笑』爲『笑』之俗體；《切韻指掌圖》一圖、《四聲等子》效攝外五全重無輕韻列字均爲『嘯』，心母嘯韻。『笑』《廣韻》《集韻》笑三心母位小韻首字，《五音集韻》笑四心母位小韻首字。按韻圖規制列於四等位，實爲三等字，《切韻指南》是。

122 去四曉　䰫　《廣韻》笑韻無曉紐；『䰫』，《廣韻》士絞切，崇巧上開二效，不當列此位；《集韻》虛廟切，曉笑三去開笑；《五音集韻》火弔切，列於四等位。《韻鏡》外轉第二十五開、《七音略》外轉二十五重中重，列字均爲『歊』，此同《廣韻》，嘯韻曉母；《起數訣》第五十圖閉音清、《切韻指掌圖》一圖，列字爲『歊』；《起數訣》第五十二圖發音濁，去聲笑韻曉母位重出；《四聲等子》效攝外五全重無輕韻，列字爲『䯧』，『歊』形訛。『歊』爲《廣韻》嘯四曉母位小韻首字，余迺永注此字訛。『䰫』爲《集韻》笑三曉母位小韻首字，按韻圖規制列於四等位，實爲三等字，《切韻指南》從《集韻》《五音集韻》。

123 去四匣　顅　弘治九年本列字爲『顅』，形訛；近衛庫本、正德十一年本、文津閣本、碧琳琅本、《叢書集成》本，列字均爲『顅』；《廣韻》嘯韻無匣紐。『顅』，《廣韻》苦閑切，溪山二平開山，不當列於此位；《集韻》户弔切，溪嘯四去開效；《五音集韻》同《集韻》。《韻鏡》《七音略》《切韻指掌圖》均空位；《起數訣》第五十圖閉音清、《四聲等子》效攝外五全重無輕韻，列字均爲『顅』。《廣韻》嘯韻無匣母；『顅』爲《集韻》嘯四匣母位小韻首字；《韻鏡》《七音略》從《廣韻》不列，無誤；《切韻指南》弘治九年本列字形訛，當從《集韻》校改爲『顅』，其他版本列『顅』字者是。

124 去四喻　燿　《廣韻》弋照切，《集韻》弋笑切，以笑三去開效；《五音集韻》反切同《廣韻》，列於四等位。《韻鏡》外轉第二十六合、《起數訣》第五十一圖發音清、《四聲等子》效攝外五全重無輕韻，列字均爲『燿』；《七音略》外轉二十六重中重、《切韻指掌圖》一圖，列字爲『耀』。『燿』爲《廣韻》《集韻》笑三以母位小韻首字，下收有『耀』字，列字以『燿』字爲佳，按韻圖規制列於四等位，實爲三等字，《七音略》無誤，《切韻指南》是。

攝	見	溪	群	疑	端 知	透 徹	定 澄	泥 孃	幫 非	滂 敷	並 奉	明 微
果攝內四	歌	珂	翗	莪	多	佗	駝	那	○	○	○	○
	哿	可	○	我	嚲	袉	爹	橠	○	○	○	○
	箇	坷	○	餓	跢	拖	馱	奈	○	○	○	○
	各	恪	○	咢	沰	託	鐸	諾	○	○	○	○
假攝外六	嘉	齣	○	牙	奓	侘	茶	拏	巴	葩	爬	麻
	檟	跒	○	雅	緣	奼	蹅	絮	把	土	跁	馬
	駕	髂	○	迓	吒	詫	蛇	膠	霸	帊	飲	禡
	鵅	篰	○	聐	哳	衜	噠	痆	捌	汃	拔	傌
狹門	迦	佉	伽	○	○	○	○	○	○	○	○	○
	○	○	○	○	○	○	○	○	○	○	○	○
	○	○	○	○	○	○	○	○	○	○	○	○
	孑	揭	傑	○	○	○	○	○	○	○	○	○
果攝入聲字在宕攝 假攝入聲字在山攝	○	○	○	○	爹	○	○	臞	○	○	○	哶
	○	○	○	○	哆	○	○	○	○	○	○	乜
	○	歌	○	○	○	○	○	○	○	○	○	○
	○	猰	○	○	窒	○	○	涅	○	○	○	蔑

韻	精 照	清 穿	從 床	心 審	邪 禪	曉	匣	影	喩	來	日
歌	⿰豸左	蹉	醝	娑	○	訶	何	阿	○	羅	○
哿	左	瑳	齹	縒	○	㰤	荷	閜	○	㰁	○
箇	佐	○	○	些	○	呵	賀	椏	○	邏	○
鐸	作	錯	昨	索	○	臛	涸	惡	○	落	○
麻	樝	叉	楂	鯊	○	煆	遐	鴉	○	○	○
馬	鮓	衩	槎	灑	○	⿰口閜	下	啞	○	藞	○
禡	詐	瘥	乍	嗄	○	嚇	暇	亞	○	○	○
鎋	札	剎	鐁	殺	○	瞎	黠	軋	○	○	○
	遮	車	蛇	奢	闍	○	○	○	○	儸	若
	者	奲	○	捨	社	○	○	○	○	⿰足去	若
	柘	⿺走斤	射	舍	⿰土㐌	○	○	○	○	○	偌
	晢	掣	舌	設	○	○	○	○	○	○	○
	嗟	⿰石虘	⿱大且	些	衺	苛	○	○	耶	○	○
	姐	且	姐	寫	灺	○	○	○	野	○	○
	唶	笡	褯	蝑	謝	○	○	○	夜	○	○
	節	切	截	屑	○	○	○	○	抴	○	○

開口呼

内外混等

第十三圖　果攝内四　假攝外六　狹門　開口呼

《經史正音切韻指南》第十三圖爲果假攝開口圖，圖右標明「果攝内四，假攝外六狹門」，「果攝入聲字在宕攝，假攝入聲字在山攝」，圖左標明「開口呼，内外混等」。本圖爲合韻韻圖，早期韻圖果假分圖，《切韻指南》合爲一圖。主要對應《韻鏡》内轉第二十七合與内轉第二十九開、《七音略》内轉二十七重中重與外轉二十九重中重，因《七音略》兩圖分别爲内轉與外轉，此爲内外混等緣由之一。舒聲一等列目爲歌哿箇，二等列目爲麻馬禡。三四等無標目，三等收麻馬禡韻字，四等除精組、喻四外，另有部分列字多從《五音集韻》。本圖一等配宕入鐸、二三四等配山入，二等標目爲鎋，實收黠鎋韻字；三等收薛韻字；四等收屑韻字。宕入爲内轉，山入爲外轉，内外混等。果攝開口有一等字，假攝有二三等字，一等與二三等主要元音不同，合爲一圖並非語音合流，故爲混等。本圖含果假兩攝，果攝内四爲一等，假攝外六列二三四等，兩攝合爲一圖，實爲兩圖，故爲内外混等。《五音集韻》歌戈同用，麻獨用。《切韻指掌圖》則四等全部配山入，一等配曷、二等鎋黠、三等薛月、四等屑薛。《四聲等子》一等配宕入鐸，三等配山入鎋，與《切韻指南》同。

1 平一群　翑　《廣韻》《集韻》無歌一群母位小韻；《五音集韻》巨何切，群歌一平開果，可列於此位。《康熙字典》記：『《玉篇》巨何切。飛貌。』《韻鏡》《七音略》《起數訣》《切韻指掌圖》《四聲等子》均空位。『翑』爲《五音集韻》歌一群母位小韻首字，《韻鏡》《七音略》從《廣韻》《集韻》空位，《切韻指南》從《五音集韻》。

2 平一精　⿰豸左　《廣韻》歌一無精母位小韻；《集韻》歌韻精母開口一等未收此字，有嗟小韻；《五音集韻》作何切，精歌一平開果，可列於此位。《康熙字典》記：『《玉篇》作可切，音左。獸也。』《韻鏡》空位；《七音略》內轉二十七重中重列字爲『磋』，清母歌韻，誤；《起數訣》第五十三圖收音清、《切韻指掌圖》十一圖，列字爲『嗟』，《集韻》遭哥切，精母歌韻；《四聲等子》果攝內四歌戈重多輕少韻開口呼精母位列字爲『⿰髟差』，精母歌韻。『⿰豸左』爲《五音集韻》歌一精母位小韻首字，下收有『⿰髟差』『嗟』，列字以『⿰豸左』爲佳，《韻鏡》從《廣韻》空位是，《七音略》誤，當校爲『⿰豸左』，《切韻指南》從《五音集韻》。

3 上一泥　⿰木褭　弘治九年本、正德十一年本、文津閣本、碧琳琅本、《叢書集成》本作『⿰木褭』，近衛庫本作『⿰木褭』。『⿰木褭』，《廣韻》奴可切，《集韻》乃可切，泥哿一上開果，《五音集韻》同《廣韻》。《韻鏡》內轉第二十七合、《七音略》內轉二十七重中重，列字均爲『⿰木褭』；《起數訣》第五十三圖收音清、《切韻指掌圖》十一圖、《四聲等子》果攝內四歌戈重多輕少韻開口呼泥母位，列字均爲『娜』，泥母哿韻。『⿰木褭』爲《廣韻》《五音集韻》哿一泥母位小韻首字，『娜』爲《集韻》哿一泥母位小韻首字，列字以『櫰』爲佳，近衛庫本《切韻指南》爲形訛字，當校正爲『櫰』，其他各版本是。

4　上一從　齹　《廣韻》無哿一從母位小韻；《集韻》《五音集韻》才可切，從哿一上開果。《韻鏡》空位；《七音略》内轉二十七重中重列字爲『髊』，從母歌韻，誤；《起數訣》第五十三圖收音清，《切韻指掌圖》十一圖，列字均爲『齹』；《四聲等子》果攝内四歌戈重多輕少韻開口呼從母位，列字爲『坐』，從母果韻。『齹』爲《集韻》《五音集韻》哿一從母位小韻首字，《韻鏡》從《廣韻》空位是，《七音略》誤，《切韻指南》從《集韻》《五音集韻》。

5　上一來　楄　弘治九年本、近衛庫本、正德十一年本、文津閣本、《叢書集成》本作『楄』，碧琳琅本作『揙』。『楄』，《廣韻》來可切，《集韻》郎可切，來哿一上開果；《五音集韻》同《廣韻》。《韻鏡》内轉第二十七合列字爲『砢』；《七音略》内轉二十七重中重，列字爲『楄』；《起數訣》第五十三圖收音清，列字爲『攞』；《切韻指掌圖》十一圖、《四聲等子》果攝内四歌戈重多輕少韻開口呼來母位，列字均爲『揙』。『楄』爲《廣韻》《五音集韻》哿一來母位小韻首字，『砢』爲《集韻》哿一來母位小韻首字，下收有『攞』字，『揙』爲『楄』之形訛，列字以『楄』爲佳，《韻鏡》列字無誤，碧琳琅本《切韻指南》形訛，當校正爲『楄』，其他各版本是。

6　去一清　○　《廣韻》《集韻》箇一清母位列字均爲『磋』。『磋』，《廣韻》七過切，《集韻》千个切，清箇一去開果。《韻鏡》内轉第二十七合、《七音略》内轉二十七重中重、《切韻指掌圖》

十一圖、《四聲等子》果攝内四歌戈重多輕少韻開口呼清母位，列字均爲『磋』；《起數訣》第五十三圖收音清，列字爲『嗟』，精母麻韻，誤。『磋』爲《廣韻》《集韻》箇一清母位小韻首字，《切韻指南》空位誤，當校補爲『磋』。

7 去一影　椏　《廣韻》烏可切，影哿一上開果，不當列於此位，箇韻影母開口一等有『侉』小韻，安賀切，影箇一去開果；《集韻》《五音集韻》阿个切，影母箇韻。《韻鏡》空位；《七音略》内轉二十七重中重、《切韻指掌圖》十一圖、《四聲等子》果攝内四歌戈重多輕少韻開口呼影母位，列字均爲『侉』；《起數訣》第五十三圖收音清，列字爲『挜』，形訛。『椏』爲《集韻》《五音集韻》箇一影母位小韻首字，《韻鏡》空位誤，當補，《七音略》列『侉』無誤，《切韻指南》從《集韻》《五音集韻》。

8 入一疑　咢　弘治九年本、近衛庫本、正德十一年本、文津閣本作『咢』，碧琳琅本、《叢書集成》本作『咢』。『咢』，《廣韻》五各切，《集韻》逆各切，疑鐸一入開宕；《五音集韻》同《廣韻》。《韻鏡》内轉第三十一開列字爲『愕』；《七音略》空位；《起數訣》第五十三圖收音清、《切韻指掌圖》十三圖、《四聲等子》果攝内四歌戈重多輕少韻開口呼疑母位，列字均爲『咢』。『咢』爲《廣韻》《集韻》《五音集韻》鐸一疑母位小韻首字，下收有『愕』字，列字以『咢』爲佳，《韻鏡》無誤，《七音略》空位誤，《切韻指南》近衛庫本、正德十一年本、文津閣本形訛，當校爲『咢』，其他各版本是。

9 入一端　沰　《廣韻》他各切，透鐸一入開宕，不當列於此位；《集韻》《五音集韻》當各切，端母鐸韻。《韻鏡》《切韻指掌圖》均空位；《七音略》内轉三十四重中重、《起數訣》第五十三圖收音清、《四聲等子》果攝内四歌戈重多輕少韻開口呼端母位，列字均爲『沰』。『沰』爲《集韻》《五音集韻》鐸一端母位小韻首字，《韻鏡》從《廣韻》空位是，《切韻指南》從《集韻》《五音集韻》。

10 入一幫　◯　《廣韻》《集韻》《五音集韻》鐸一幫母位列字均爲『博』。『博』，《廣韻》補各切，《集韻》伯各切，幫鐸一入開宕；《五音集韻》同《廣韻》。諸家韻圖均列『博』字。《切韻指南》未收，當因平上去均無幫組字，故不配入聲。

11 入一滂　◯　《廣韻》鐸一滂母位小韻首字爲『䩹』，《集韻》爲『粕』，《五音集韻》同《廣韻》。『䩹』『粕』，《廣韻》《集韻》匹各切，滂鐸一入開宕；《五音集韻》同《廣韻》。諸家韻圖均列『䩹』字。《切韻指南》未收，當因平上去均無幫組字，故不配入聲。

12 入一並　◯　《廣韻》《集韻》《五音集韻》鐸一並母位列字均爲『泊』。『泊』，《廣韻》傍各切，《集韻》白各切，並鐸一入開宕；《五音集韻》同《廣韻》。諸家韻圖均列『泊』字。《切韻指南》未收，當因平上去均無幫組字，故不配入聲。

13 入一明　◯　《廣韻》《集韻》《五音集韻》鐸一明母位列字均爲『莫』。『莫』，《廣韻》慕各切，《集韻》末各切，明鐸一入開宕；《五音集韻》同《廣韻》。諸家韻圖均列『莫』字。《切韻指南》未收，當因平上去均無幫組字，故不配入聲。

14 入一曉　臛　《廣韻》《集韻》《五音集韻》鐸一曉母位有『臛』小韻，《切韻指南》形訛。『臛』，《廣韻》呵各切，《集韻》黑各切，曉鐸一入開宕；《五音集韻》同《廣韻》。《韻鏡》内轉第三十一開列字爲『臛』，曉母鐸韻；《七音略》内轉三十四重中重、《起數訣》第五十三圖收音清，列字均爲『臛』；《切韻指掌圖》十三圖列字爲『膗』，崇母皆韻，誤；《四聲等子》果攝内四歌戈重多輕少韻開口呼曉母位，列字爲『郝』，曉母鐸韻。『臛』爲《廣韻》《集韻》《五音集韻》鐸一心母位小韻首字，下收有『郝』字，列字以『臛』爲佳，《韻鏡》亦無誤，《切韻指南》形訛，當校爲『臛』。

15 平二徹　侘　弘治九年本、正德十一年本、文津閣本、碧琳琅本、《叢書集成》本作『侘』，近衛庫本作『佗』。『侘』，《廣韻》敕加切，《集韻》抽加切，徹麻二平開假，《五音集韻》同《廣韻》。『佗』，透母歌韻，誤。《韻鏡》内轉第二十九開、《七音略》外轉二十九重中重、《起數訣》第五十七圖發音濁、《切韻指掌圖》十一圖、《四聲等子》果攝内四歌戈重多輕少韻開口呼徹母位，列字均爲『侘』。『侘』爲《廣韻》《集韻》《五音集韻》麻二徹母位小韻首字，近衛庫本《切韻指南》誤，當校正爲『侘』，其他版本是。

16 平二幫　巴　《廣韻》伯加切，《集韻》邦加切，幫麻二平開假；《五音集韻》同《廣韻》。《韻鏡》内轉第二十九開、《七音略》外轉二十九重中重、《切韻指掌圖》十二圖、《起數訣》第五十六圖發音清、《四聲等子》果攝内四歌戈重多輕少韻開口呼幫母位，列字均爲『巴』。『巴』爲《廣韻》《集韻》《五音集韻》麻二幫母位小韻首字，且反切下字爲開口非脣音，故《切韻指南》列於開口圖。

17 平二滂　葩　《廣韻》普巴切，《集韻》批巴切，滂麻二平開假；《五音集韻》同《廣韻》。《韻鏡》内轉第二十九開、《七音略》外轉二十九重中重、《起數訣》第五十六圖發音清、《切韻指掌圖》十二圖、《四聲等子》果攝内四歌戈重多輕少韻開口呼滂母位，列字均爲『葩』。『葩』爲《廣韻》《集韻》《五音集韻》麻二滂母位小韻首字，且反切下字爲開口非脣音，故《切韻指南》列於開口圖。

18 平二並　爬　《廣韻》《集韻》蒲巴切，並麻二平開假；《五音集韻》同《廣韻》。《韻鏡》内轉第二十九開、《七音略》外轉二十九重中重、《起數訣》第五十六圖發音清，列字均爲『爬』；《切韻指掌圖》十二圖列字爲『爬』，當爲『爬』之形訛；《四聲等子》果攝内四歌戈重多輕少韻開口呼並母位，列字爲『杷』。『爬』爲《廣韻》《集韻》《五音集韻》麻二並母位小韻首字，下收有『杷』字，列字以『爬』爲佳，且反切下字爲開口非脣音，故《切韻指南》列於開口圖。

19 平二明　麻　《廣韻》莫霞切，《集韻》謨加切，明麻二平開假；《五音集韻》同《廣韻》。《韻鏡》内轉第二十九開、《七音略》外轉二十九重中重、《起數訣》第五十六圖發音清、《切韻指掌圖》十二圖、《四聲等子》果攝内四歌戈重多輕少韻開口呼明母位，列字均爲『麻』。『麻』

爲《廣韻》《集韻》《五音集韻》麻二明母位小韻首字，且反切下字爲開口非脣音，故《切韻指南》列於開口圖。

20 上二澄　䟻　《廣韻》無馬二澄母位小韻，《集韻》《五音集韻》宅下切，澄母馬韻。《韻鏡》《切韻指掌圖》空位；《七音略》外轉二十九重中重列字爲『蹀』，形訛；《四聲等子》果攝内四歌戈重多輕少韻開口呼澄母位，列字爲『唋』，《起數訣》第五十七圖發音濁列字爲『蹀』，形訛；透母模韻，誤。『䟻』爲《集韻》《五音集韻》馬二澄母位小韻首字，《韻鏡》合於《廣韻》，無誤，《七音略》從《集韻》但形訛，當校爲『䟻』，《切韻指南》從《集韻》《五音集韻》。

21 上二幫　把　《廣韻》博下切，《集韻》補下切，幫馬二上開假；《五音集韻》同《廣韻》。《韻鏡》内轉第二十九開、《七音略》外轉二十九重中重、《起數訣》第五十六圖發音清、《切韻指掌圖》十二圖、《四聲等子》果攝内四歌戈重多輕少韻開口呼幫母位，列字均爲『把』。『把』爲《廣韻》《集韻》《五音集韻》馬二幫母位小韻首字，且反切下字爲非脣音開口，《切韻指南》列於開口圖。

22 上二滂　土　《廣韻》透母姥韻或定母姥韻，不當列於此位；《集韻》《五音集韻》片賈切，滂馬二上開假。《韻鏡》《七音略》《切韻指掌圖》均空位，《起數訣》第五十六圖發音清、《四聲等子》果攝内四歌戈重多輕少韻開口呼滂母位，列字均爲『土』。『土』爲《集韻》《五音集韻》馬二滂母位小韻首字，《韻鏡》《七音略》亦無誤，《切韻指南》從《集韻》《五音集韻》，且反切下字爲非脣音開口，故《切韻指南》列於開口圖。

23　上二並　䶕　《廣韻》傍下切，《集韻》部下切，並馬二上開假；《五音集韻》同《廣韻》。《韻鏡》内轉第二十九開、《七音略》外轉二十九重中重、《起數訣》第五十六圖發音清、《切韻指掌圖》十二圖，列字均爲「䶕」；《四聲等子》果攝内四歌戈重多輕少韻開口呼並母位，列字爲「罷」，幫母知韻，誤。「䶕」爲《廣韻》《集韻》《五音集韻》馬二並母位小韻首字，且反切下字爲非脣音開口，《切韻指南》列於開口圖。

24　上二明　馬　《廣韻》莫下切，《集韻》母下切，明馬二上開假；《五音集韻》同《廣韻》。《韻鏡》内轉第二十九開、《七音略》外轉二十九重中重、《起數訣》第五十六圖發音清、《切韻指掌圖》十二圖、《四聲等子》果攝内四歌戈重多輕少韻開口呼明母位，列字均爲「馬」。「馬」爲《廣韻》《集韻》《五音集韻》馬二明母位小韻首字，且反切下字非脣音爲開口，《切韻指南》列於開口圖。

25　上二穿　笅　《廣韻》無馬二初母位小韻，《集韻》《五音集韻》初雅切，初母馬韻。《韻鏡》《切韻指掌圖》均空位；《七音略》外轉二十九重中重、《起數訣》第五十七圖發音濁、《四聲等子》果攝内四歌戈重多輕少韻開口呼初母位，列字均爲「笅」。「笅」爲《集韻》《五音集韻》馬二初母位小韻首字，《韻鏡》從《廣韻》空位是，《切韻指南》從《集韻》《五音集韻》。

26　去二澄　蛇　弘治九年本、正德十一年本、文津閣本、碧琳琅本、《叢書集成》本作「蛇」，近衛庫本作『蛇』。『蛇』,《廣韻》《集韻》除駕切,澄禡二去開假,《五音集韻》同《廣韻》。『蛇』,船母麻韻,誤。《韻鏡》内轉第二十九開、《七音略》外轉二十九重中重、《切韻指掌圖》十二圖,列字均爲『蛇』;《起數訣》第五十七圖發音濁,列字爲『蜡』,床母禡韻,誤;《四聲等子》果攝内四歌戈重多輕少韻開口呼澄母位,列字爲『咤』,知母禡韻,誤。『蛇』爲《廣韻》《集韻》《五音集韻》禡二澄母位小韻首字,近衛庫本《切韻指南》誤,當校改爲『蛇』,其他版本是。

27 去二幫　霸　《廣韻》《集韻》必駕切,幫禡二去開假;《五音集韻》同《廣韻》。《韻鏡》内轉第二十九開、《七音略》外轉二十九重中重、《起數訣》第五十六圖發音清、《切韻指掌圖》十二圖、《四聲等子》果攝内四歌戈重多輕少韻開口呼幫母位,列字均爲『霸』。『霸』爲《廣韻》《集韻》《五音集韻》禡二幫母位小韻首字,且反切下字爲非脣音開口,《切韻指南》列於開口圖。

28 去二滂　帇　弘治九年本作『帇』; 近衛庫本、正德十一年本、文津閣本、碧琳琅本、《叢書集成》本作『帊』。『帊』,《廣韻》《集韻》普駕切,滂禡二去開假;《五音集韻》同《廣韻》。《韻鏡》内轉第二十九開、《七音略》外轉二十九重中重、《起數訣》第五十六圖發音清、《四聲等子》果攝内四歌戈重多輕少韻開口呼滂母位,列字均爲『怕』;《切韻指掌圖》十二圖列字爲『帊』。『帊』爲《廣韻》《集韻》《五音集韻》禡二滂母位小韻首字,下收有『怕』字,列字以『帊』爲佳,《韻鏡》《七音略》亦無誤,《切韻指南》誤,『帇』爲『帊』之形訛,當校改爲『帊』,其他各版本是。因反切下字爲非脣音開口,《切韻指南》列於開口。

29 去二並　䀲　《廣韻》白駕切，《集韻》步化切，並禡二去開假；《五音集韻》同《廣韻》。《韻鏡》内轉第二十九開，列字爲『杷』；《七音略》外轉二十九重中重、《起數訣》第五十六圖發音清，列字均爲『把』，幫母馬韻，不當列於此位；《切韻指掌圖》十二圖、《四聲等子》果攝内四歌戈重多輕少韻開口呼並母位，列字均爲『杷』。『䀲』爲《廣韻》《五音集韻》禡二並母位小韻首字，下收有『杷』『杷』字，列字以『䀲』爲佳，《韻鏡》無誤，《七音略》誤，當校爲『杷』，且反切下字爲非脣音開口，故《切韻指南》列於開口。

30 去二明　禡　《廣韻》《集韻》莫駕切，明禡二去開假；《五音集韻》同《廣韻》。《韻鏡》内轉第二十九開、《七音略》外轉二十九重中重、《起數訣》第五十六圖發音清、《切韻指掌圖》十二圖、《四聲等子》果攝内四歌戈重多輕少韻開口呼明母位，列字均爲『禡』。『禡』爲《廣韻》《集韻》《五音集韻》禡二明母位小韻首字，且反切下字爲非脣音開口，《切韻指南》列於開口。

31 去二穿　瘥　《廣韻》昨何切，又子邪切，又楚懈切，不當列於此位；《集韻》《五音集韻》楚嫁切，初禡二去開假。《韻鏡》内轉第二十九開、《切韻指掌圖》十一圖爲空位；《七音略》外轉二十九重中重，列字均爲『扠』，當爲『扠』字形訛，徹母佳韻，誤；《起數訣》第五十七圖發音濁列字爲『衩』，當爲『衩』字形訛，穿母禡韻；《四聲等子》果攝内四歌戈重多輕少韻開口呼初母位列字爲『瘥』。『瘥』爲《集韻》《五音集韻》禡二初母位小韻首字，下收有『衩』字，列字以『瘥』爲佳，《韻鏡》合於《廣韻》，無誤，《七音略》誤，當校爲『衩』，《切韻指南》從《集韻》

《五音集韻》。

32 《切韻指南》本圖二等入聲標目爲鎋，實收鎋、黠韻。

33 入二溪　⿰禾曷　《廣韻》《集韻》鎋二溪母位列字爲『⿰禾曷』，此字當爲『⿰禾曷』之俗訛。⿰禾曷，《廣韻》枯鎋切，《集韻》丘瞎切，溪鎋二入開山；《五音集韻》列『⿰禾曷』，枯鎋切。《韻鏡》外轉第二十一開列字爲『楬』，溪母鎋韻；《七音略》外轉二十一重中輕、《起數訣》第五十七圖發音濁、《四聲等子》果攝内四歌戈重多輕少韻開口呼溪母位列字均爲『⿰禾曷』，形訛；《切韻指掌圖》十一圖列字爲『⿰禾曷』，溪母鎋韻。『⿰禾曷』爲《廣韻》《集韻》鎋二溪母位小韻首字，下收有『楬』字，列字以『⿰禾曷』爲佳，《韻鏡》無誤，《七音略》《切韻指南》形訛，當校爲『⿰禾曷』。

34 入二知　⿰口哲　『⿰口哲』『哳』爲異體字，《廣韻》《集韻》『哳』，《五音集韻》『⿰口哲』『哳』皆收。『⿰口哲』，《廣韻》陟鎋切，《集韻》陟轄切，《五音集韻》知戛切，知鎋二入開山。《韻鏡》外轉第二十一開、《起數訣》第五十七圖發音濁、《切韻指掌圖》十一圖，列字均爲『哳』；《七音略》空位；《四聲等子》果攝内四歌戈重多輕少韻開口呼知母位，列字爲『⿰口哲』。『哳』爲《廣韻》《集韻》《五音集韻》鎋二知母位小韻首字，『⿰口哲』爲《五音集韻》鎋二知母位小韻首字，爲《集韻》黠二知母位小韻首字，《韻鏡》爲後人增入，《七音略》從《廣韻》空位是，《四聲等子》從《集韻》。《切韻指南》標目爲『鎋』，且『⿰口哲』字在《五音集韻》中列於鎋韻，從《五音集韻》。

35 入二澄　噠　《廣韻》未收此字，且無鎋黠二澄母位小韻；《集韻》宅軋切，澄黠二入開山；

《五音集韻》宅軋切，澄母鎋韻。《韻鏡》《七音略》《起數訣》《切韻指掌圖》均空位；《四聲等子》果攝内四歌戈重多輕少韻開口呼澄母位，列字爲『噠』。『噠』爲《五音集韻》鎋二澄母位小韻首字，《韻鏡》《七音略》從《廣韻》亦無誤，《切韻指南》從《集韻》《五音集韻》。

36 入二幫　捌　《廣韻》百鎋切，《集韻》布拔切，幫鎋二入開山；《五音集韻》同《廣韻》。《韻鏡》外轉第二十四合、《七音略》外轉二十四輕中重、《起數訣》第五十六圖發音清、《切韻指掌圖》十二圖、《四聲等子》果攝内四重多輕少韻合口呼幫母位，列字均爲『八』。『捌』爲《廣韻》《集韻》《五音集韻》鎋二幫母位小韻首字，下收有『八』字，列字以『捌』爲佳，因反切下字『鎋』列於開口，故《切韻指南》列於開口圖。

37 入二滂　汃　《廣韻》《集韻》普八切，滂黠二入開山；《五音集韻》同《廣韻》。《韻鏡》外轉第二十四合、《七音略》外轉二十四輕中重、《切韻指掌圖》十二圖、《四聲等子》果攝内四重多輕少韻合口呼滂母位，列字均爲『汃』；《起數訣》空位。『汃』爲《廣韻》《集韻》《五音集韻》黠二滂母位小韻首字，因反切下字『八』列於開口，故《切韻指南》列於開口圖。

38 入二並　抜　文津閣本列字爲『抜』，近衛庫本、正德十年本、碧琳琅本、《叢書集成》本列字均爲『拔』。『抜』爲『拔』形訛。『拔』，《廣韻》《集韻》蒲八切，並黠二入開山；《五音集韻》同《廣韻》。《韻鏡》外轉第二十四合、《七音略》外轉二十四輕中重、《切韻指掌圖》十二圖、《四聲等子》果攝内四重多輕少韻合口呼並母位，列字均爲『拔』；《起數訣》空位。『拔』爲《廣韻》《集韻》《五音集韻》黠二並母位小韻首字，因反切下字『八』列於開口，故《切韻指南》列於開口圖，弘治九年本、近衛庫本當校改爲『拔』，其他版本是。

39 入二明　傛　《廣韻》《集韻》莫八切，明黠二入開山；《五音集韻》同《廣韻》。《韻鏡》外轉第二十四合、《七音略》外轉二十四輕中重、《切韻指掌圖》十二圖、《四聲等子》果攝內四重多輕少韻合口呼明母位，列字均爲『傛』；《起數訣》第五十六圖發音清，列字爲『帓』。『傛』爲《廣韻》《集韻》《五音集韻》黠二明母位小韻首字，《五音集韻》中下收有『帓』字，列字以『傛』爲佳，因反切下字『八』列於開口，故《切韻指南》列於開口。

40 入二審　殺　《廣韻》所八切，《集韻》山戛切，生黠二入開山；《五音集韻》所鎋切，生母鎋韻。《韻鏡》外轉第二十一開、《七音略》外轉二十一重中輕、《切韻指掌圖》十一圖、《四聲等子》果攝內四歌戈重多輕少韻開口呼生母位，列字均爲『殺』；《起數訣》空位。『殺』爲《廣韻》《集韻》生二黠母位小韻首字，爲《五音集韻》生二鎋母位小韻首字，《切韻指南》從《五音集韻》。

41 《切韻指南》本圖三等平聲無標目，實收麻韻。

42 平三知　○　《廣韻》《集韻》《五音集韻》有『爹』小韻，陟邪切，按反切上字當列於知母，實爲類隔，列於端母四等位。《韻鏡》內轉第二十九開、《四聲等子》果攝內四歌戈重多輕少韻開口呼端母位，均於四等位列『爹』字；《七音略》《起數訣》《切韻指掌圖》均空位。『爹』字雖爲知母上字，實爲類隔切，當爲端母，按端母列於一四等，《切韻指南》此字列於四等位。

43 平三孃　○　《廣韻》《集韻》無麻三泥母位小韻，《五音集韻》麻三泥母位列『⿰月罝』，乃邪切，泥母麻韻。《韻鏡》《七音略》《起數訣》《切韻指掌圖》《四聲等子》均空位。『⿰月罝』爲《五音集韻》麻三泥母位小韻首字，因其反切下字爲邪母，韻圖中列於四等，故《切韻指南》此字列於四等位。

44 平三來　儸　《廣韻》魯何切，來母歌韻，不當列於此位；《集韻》《五音集韻》利遮切，來麻三平開假。《韻鏡》内轉第二十九開、《七音略》外轉二十九重中重、《起數訣》第五十七圖發音濁、《四聲等子》果攝内四歌戈重多輕少韻開口呼來母位，列字均爲『儸』；《切韻指掌圖》空位。『儸』爲《集韻》《五音集韻》麻三來母位小韻首字，《切韻指南》從《集韻》《五音集韻》。

45 《切韻指南》本圖攝三等上聲無標目，實收馬韻。

46 上三來　跒　《廣韻》無馬三來母位小韻，《集韻》《五音集韻》力者切，來馬三上開假。《韻鏡》《七音略》《起數訣》《切韻指掌圖》均空位；《四聲等子》果攝内四歌戈重多輕少韻開口呼來母位，列字爲『跒』。『跒』爲《集韻》《五音集韻》馬三來母位小韻首字，《韻鏡》《七音略》從《廣韻》空位是，《切韻指南》從《集韻》《五音集韻》。

47 《切韻指南》本圖三等去聲無標目，實收禡韻。

48 去三照　柘　弘治九年本、近衛庫本、正德十一年本、文津閣本作『柘』；碧琳琅本、《叢書集成》本作『拓』，透母鐸韻，不當列於此位。『柘』，《廣韻》《集韻》之夜切，章禡三去開假；《五音集韻》同《廣韻》。《韻鏡》内轉第二十九開、《七音略》外轉二十九重中重、《起數訣》第五十七圖發音濁、《切韻指掌圖》十一圖，列字均爲『柘』；《四聲等子》果攝内四歌戈重多輕少韻開口呼章母位，列字爲『蹉』，清母歌韻，誤。『柘』爲《廣韻》《集韻》《五音集韻》禡三章母位小韻首字，碧琳琅本、《叢書集成》本《切韻指南》誤，當校改爲『柘』，其他版本是。

49 去三禪　坬　《廣韻》徒古切，《集韻》徒故切，定母姥韻，不當列於此位；《五音集韻》『時夜切』，禪母禡韻三等。《韻鏡》《七音略》《四聲等子》均空位；《起數訣》第五十七圖發音濁、《切韻指掌圖》十一圖，列字均爲『射』，床母禡韻，誤。按『坬』字，《五音集韻》釋爲『坬器也』，《廣韻》《集韻》釋爲『瓦器』均爲口含切，《五音集韻》『時夜切』不知何源。『坬』爲《五音集韻》禡三禪母位小韻首字，《韻鏡》《七音略》從《廣韻》空位是，《切韻指南》從《五音集韻》，暫存疑。

50 去三來　○　弘治九年本、近衛庫本、正德十一年本、文津閣本、碧琳琅本、《叢書集成》本作『侚』。《廣韻》《集韻》《五音集韻》皆未收。《韻鏡》内轉第二十九開、《七音略》《起數訣》《切韻指掌圖》《四聲等子》均空位。《切韻指南》空位是，近衛庫本、正德十一年本、文津閣本、碧琳琅本、《叢書集成》本誤，當删。該字不可考，存疑。

51 去三日　偌　《廣韻》無禡三日母位小韻，《集韻》《五音集韻》人夜切，日禡三去開假。《韻鏡》内轉第二十九開、《起數訣》第五十七圖發音濁、《四聲等子》果攝内四歌戈重多輕少韻開口呼日母位，列字均爲『偌』；《七音略》《切韻指掌圖》均空位。『偌』爲《集韻》《五音集韻》禡三日母位小韻首字，《七音略》合於《廣韻》，亦無誤，《切韻指南》從《集韻》《五音集韻》。

52 《切韻指南》本圖三等入聲無標目，實收薛韻。

53 入三禪　○　弘治九年本、近衛庫本、正德十一年本、碧琳琅本、《叢書集成》本空位；文津閣本作『衰』，初母支韻，誤。《廣韻》薛三禪母位列字爲『折』，常列切；《五音集韻》薛三禪母位列字爲『啜』，殊雪切。《韻鏡》外轉第二十三開、《七音略》外轉二十三重中重列字均爲『折』；《起數訣》第四十五圖發音濁、《切韻指掌圖》十一圖列字爲『舌』，船母薛韻，誤；《四聲等子》空位。『折』爲《廣韻》薛三禪母位小韻首字，《韻鏡》《七音略》無誤，《切韻指南》誤，當校改爲『折』。

54 《切韻指南》本圖四等平聲無標目，實收麻韻。

55 平四端　爹　《廣韻》《集韻》陟邪切，按反切上字當列於知母，《五音集韻》音切同《廣韻》，列於端母四等位。《韻鏡》内轉第二十九開、《四聲等子》果攝内四歌戈重多輕少韻開口呼端母位，均於四等位列『爹』字；《七音略》《起數訣》《切韻指掌圖》均空位。『爹』字雖爲知母上字，實爲類隔切，當爲端母，按端母列於四等，《切韻指南》列於四等位是。

56 平四泥　膻　《廣韻》無麻三泥母位小韻，《集韻》嚢何切，泥母歌韻，誤；《五音集韻》乃邪切，泥麻四平開假。《韻鏡》《七音略》《起數訣》《切韻指掌圖》《四聲等子》均空位。因反切下字『邪』列於四等位，故《五音集韻》『膗』字列於四等位，爲《五音集韻》麻四泥母位小韻首字，《韻鏡》《七音略》從《廣韻》空位是，《切韻指南》從《五音集韻》。

57 平四明　哶　《廣韻》無麻三明母位小韻，《集韻》彌嗟切，《五音集韻》彌靴切，明麻四平開假。《韻鏡》《七音略》《切韻指掌圖》《四聲等子》均空位；《起數訣》第五十六圖發音清，列字爲『哶』。『哶』爲《集韻》《五音集韻》麻四泥母位小韻首字，因反切下字列於四等位，故此字列於四等位。《韻鏡》《七音略》從《廣韻》空位是，《切韻指南》從《集韻》《五音集韻》。

58 平四清　䃰　《廣韻》無麻三清母位小韻，《集韻》七邪切，《五音集韻》側加切，清麻三平開假。《韻鏡》空位；《切韻指掌圖》十一圖列字爲『脞』，清母戈韻又清母果韻，誤；《七音略》外轉二十九重中重、《四聲等子》果攝内四歌戈重多輕少韻開口呼清母位，列字均爲『䃰』；《起數訣》第五十六圖發音清列字爲『𥗊』，形訛。『䃰』爲《集韻》《五音集韻》麻三清母位小韻首字，《韻鏡》從《廣韻》空位是，《切韻指南》從《集韻》《五音集韻》。

59 平四邪　衺　弘治九年本、正德十一年本、碧琳琅本、《叢書集成》本作『衺』，近衛庫本作『衺』，文津閣本作『炧』。『炧』，邪母馬韻，不當列於此位。『衺』，《廣韻》似嗟切，《集韻》徐嗟切，邪麻三平開假；《五音集韻》同《廣韻》。《韻鏡》内轉第二十九開、《七音略》外轉二十九重中重、《起數訣》第五十六圖發音清、《切韻指掌圖》十一圖、《四聲等子》果攝内四歌戈重多輕少韻開口呼邪母位，列字均爲『邪』。『衺』爲《廣韻》《集韻》《五音集韻》麻三邪母位小韻首字，下收有『邪』字，列字以『衺』爲佳，《韻鏡》《七音略》亦無誤，近衛庫本、文津閣本《切韻指南》誤，當校爲『衺』，其他版本是。

60 平四曉　苛　《廣韻》歌韻無匣母，誤；《集韻》《五音集韻》黑嗟切，曉麻四平開假。《韻鏡》《七音略》《起數訣》《切韻指掌圖》均空位；《四聲等子》果攝内四歌戈重多輕少韻開口呼曉母位，列字爲『苛』。『苛』爲《集韻》《五音集韻》麻四曉母位小韻首字，因反切下字『嗟』列於四等位，故此字列於四等位。《韻鏡》《七音略》從《廣韻》空位是，《切韻指南》從《集韻》《五音集韻》。

61 《切韻指南》假攝四等上聲無標目，實收馬韻。

62 上四端　哆　《廣韻》昌者切，昌母馬韻，不當列於此位；《集韻》丁寫切，端母馬韻；《五音集韻》中寫切，知母馬韻，列於四等位。《韻鏡》《七音略》《切韻指掌圖》均空位；《起數訣》第五十六圖發音清、《四聲等子》果攝内四歌戈重多輕少韻開口呼端母位，列字均爲『哆』。『哆』爲《五音集韻》馬三端母位小韻首字，列於四等。『哆』，《康熙字典》記：『又《集韻》丁寫切，奓上聲。魚口張貌。』《五音集韻》中寫切，爲類隔。《五音集韻》列於四等位，因其反切下字爲精組，韻圖中列爲四等，故以切下字列於四等。『哆』字爲端母，亦當列於四等。《韻鏡》《七音略》從《廣韻》空位是，《切韻指南》從《集韻》《五音集韻》。

63 上四明　乜　《廣韻》彌也切，《集韻》母野切，明馬三上開假；《五音集韻》彌者切，明母馬韻四等。《韻鏡》《七音略》均空位；《起數訣》第五十六圖發音清、《切韻指掌圖》十二圖、《四聲等子》果攝内四歌戈重多輕少韻開口呼明母位，列字均爲『乜』。『乜』爲《廣韻》《集韻》馬三明母位小韻首字，《五音集韻》列於四等位，因其反切下字爲精組，韻圖中列爲四等，故以切下字列於四等。《韻鏡》《七音略》無誤，《切韻指南》從《五音集韻》。

64 上四從　姐　《廣韻》兹野切，精母馬韻，不當列於此位；《集韻》《五音集韻》慈野切，從馬三上開假。《韻鏡》内轉第二十九開、《七音略》外轉二十九重中重，列字均爲『担』，從母馬韻；《起數訣》第五十六圖發音清，列字爲『姐』，形訛；《切韻指掌圖》《四聲等子》均空位。『姐』爲《集韻》《五音集韻》馬三從母位小韻首字，下收有『担』字，列字以『姐』爲佳，《韻鏡》《七音略》亦無誤，《切韻指南》從《集韻》《五音集韻》。

65 上四邪　灺　弘治九年本、近衛庫本、正德十一年本、碧琳琅本、《叢書集成》本作『灺』；文津閣本作『謝』。『謝』，邪母禡韻，誤。『灺』，《廣韻》徐野切，《集韻》似也切，邪馬三上開假；《五音集韻》同《廣韻》。《韻鏡》内轉第二十九開、《七音略》外轉二十九重中重、《起數訣》第五十六圖發音清、《切韻指掌圖》十一圖、《四聲等子》果攝内四歌戈重多輕少韻開口呼邪母位，列字均爲『灺』。『灺』爲《廣韻》《集韻》《五音集韻》馬三邪母位小韻首字，文津閣本《切韻指南》誤，其他版本是。

66 《切韻指南》本圖四等去聲無標目，實收禡韻。

67 去四溪　歌　《廣韻》無禡二溪母位小韻，《集韻》企夜切，溪禡三去開假；《五音集韻》同《集韻》。《韻鏡》《七音略》《起數訣》《切韻指掌圖》均空位；《四聲等子》果攝内四歌戈重多輕少韻開口呼溪母位，列字爲『歌』。『歌』爲《集韻》禡三溪母位字，不當列於此位，《韻鏡》《七音略》從《廣韻》空位是，《五音集韻》因其反切下字爲精組，韻圖中列爲四等，故以切下字列於四等。《切韻指南》從《五音集韻》。

68 《切韻指南》本圖四等入聲無標目，實收屑韻。

69 入四見　○　《廣韻》《集韻》《五音集韻》屑四見母位列字均爲『結』。『結』，《廣韻》《集韻》吉屑切，見屑四入開山；《五音集韻》同《廣韻》。《韻鏡》外轉第二十三開、《七音略》外轉二十三重中重、《起數訣》第四十圖發音清、《切韻指掌圖》十一圖、《四聲等子》山攝外四輕重俱等開口呼見母位，列字均爲『結』。『結』爲《廣韻》《集韻》《五音集韻》屑四見母位小韻首字，《切韻指南》未收，當因平上去均無字，故不配入聲。

70 入四疑　○　《廣韻》《集韻》《五音集韻》屑四疑母位列字均爲『齧』。『齧』，《廣韻》五結切，《集韻》倪結切，疑屑四入開山；《五音集韻》同《廣韻》。《韻鏡》外轉第二十三開、《七音略》外轉二十三重中重、《起數訣》第四十圖發音清、《切韻指掌圖》十一圖、《四聲等子》山攝外四輕重俱等開口呼疑母位，列字均爲『齧』。『齧』爲《廣韻》《集韻》《五音集韻》屑四疑母位小韻首字，《切韻指南》未收，當因平上去均無字，故不配入聲。

71 入四透 ○ 《廣韻》《集韻》《五音集韻》屑四透母位列字均爲『鐵』。《廣韻》《集韻》他結切，透屑四入開山；《五音集韻》同《廣韻》。《韻鏡》外轉第二十三開、《七音略》外轉二十三重中重、《起數訣》第四十圖發音清、《切韻指掌圖》十一圖、《四聲等子》山攝外四輕重俱等開口呼透母位，列字均爲『鐵』。『鐵』爲《廣韻》《集韻》《五音集韻》屑四透母位小韻首字，《切韻指南》未收，當因平上去均無字，故不配入聲。

72 入四定 ○ 《廣韻》《集韻》《五音集韻》屑四定母位列字均爲『姪』。《廣韻》《集韻》徒結切，定屑四入開山；《五音集韻》同《廣韻》。《韻鏡》外轉第二十三開、《七音略》外轉二十三重中重、《切韻指掌圖》十一圖、《四聲等子》山攝外四輕重俱等開口呼定母位，列字均爲『姪』；《起數訣》第四十圖發音清，列字爲『迭』。『姪』爲《廣韻》《集韻》《五音集韻》屑四定母位小韻首字，下收有『迭』字，《切韻指南》未收，當因平上去均無字，故不配入聲。

73 入四幫 ○ 《廣韻》《集韻》《五音集韻》屑四幫母位列字均爲『㢸』；《廣韻》方結切，《集韻》必結切，幫屑四入開山；《五音集韻》并列切，幫母屑韻。《韻鏡》外轉第二十三開，列字爲『鷩』；《七音略》外轉二十三重中重、《切韻指掌圖》十二圖、《四聲等子》山攝外四輕重俱等開口呼幫母位，列字均爲『㢸』；《起數訣》第四十圖發音清，列字爲『閉』。『㢸』爲《廣韻》《集韻》屑四幫母位小韻首字，下收有『閉』字；『鷩』爲《五音集韻》屑四幫母位小韻首字，下收有『弸』『閉』，《韻鏡》無誤，《切韻指南》未收，當因平上去均無字，故不配入聲。

74 入四滂 ○ 《廣韻》《集韻》《五音集韻》屑四滂母位列字均爲『撆』。《廣韻》普蔑切，《集韻》匹蔑切，滂屑四入開山；《五音集韻》同《廣韻》。《韻鏡》外轉第二十三開、《七音略》外轉二十三重中重、《切韻指掌圖》十二圖列字均爲『撆』；《起數訣》空位；《四聲等子》山攝外四輕重俱等開口呼滂母位，列字爲『蹩』，並母屑韻，誤。『撆』爲《廣韻》《集韻》《五音集韻》屑四滂母位小韻首字，《切韻指南》未收，當因平上去均無字，故不配入聲。

75 入四並 ○ 《廣韻》《集韻》《五音集韻》屑四並母位列字均爲『蹩』，《廣韻》《集韻》蒲結切，並屑四入開山；《五音集韻》同《廣韻》。《韻鏡》外轉第二十三開、《七音略》外轉二十三重中重、《切韻指掌圖》十二圖列字均爲『蹩』；《起數訣》第四十圖發音清，列字爲『榌』；《四聲等子》山攝外四輕重俱等開口呼並母位，列字爲『撆』，滂母屑韻，誤。『蹩』爲《廣韻》《集韻》《五音集韻》屑四並母位小韻首字，《廣韻》下收有『榌』字，《切韻指南》未收，當因平上去均無字，故不配入聲。

76 入四曉 ○ 《廣韻》《集韻》《五音集韻》屑四曉母位列字均爲『奤』。《廣韻》虎結切，《集韻》顯結切，曉屑四入開山；《五音集韻》火結切，曉母屑韻。《韻鏡》外轉第二十三開、《七音略》外轉二十三重中重、《起數訣》第四十圖發音清、《切韻指掌圖》十一圖、《四聲等子》山攝外四輕重俱等開口呼曉母位，列字均爲『奤』。『奤』爲《廣韻》《集韻》屑四曉母位小韻首字，且《切韻指南》曉母四等平聲位有列字，此字當收；《切韻指南》空位誤，當校補爲『奆』。

77 入四匣 ○ 《廣韻》《集韻》《五音集韻》屑四匣母位列字均爲『纈』；《廣韻》胡結切，《集韻》奚結切，幫屑四入開山；《五音集韻》同《廣韻》。《韻鏡》外轉第二十三開、《七音略》外轉二十三重中重、《起數訣》第四十圖發音清、《切韻指掌圖》十一圖，列字均爲『纈』；《四聲等子》山攝外四輕重俱等開口呼匣母位，列字爲『頡』。『纈』爲《廣韻》《集韻》《五音集韻》屑四匣母位小韻首字，下收有『頡』字，《切韻指南》未收，當因平上去均無字，故不配入聲。

78 入四影 ○ 《廣韻》《集韻》《五音集韻》屑四幫母位列字均爲『噎』；《廣韻》烏結切，《集韻》一結切，影屑四入開山；《五音集韻》同《廣韻》。《韻鏡》外轉第二十三開、《七音略》外轉二十三重中重、《起數訣》第四十圖發音清、《切韻指掌圖》十一圖、《四聲等子》山攝外四輕重俱等開口呼幫母位，列字均爲『噎』。『噎』爲《廣韻》《集韻》《五音集韻》屑四影母位小韻首字，《切韻指南》未收，當因平上去均無字，故不配入聲。

79 入四喻 栧 《廣韻》餘制切，《集韻》以制切，以母祭韻，不當列於此位；《五音集韻》羊列切，以母薛韻。《韻鏡》《七音略》《起數訣》均空位；《切韻指掌圖》十一圖列字爲『栧』；《四聲等子》山攝外四輕重俱等開口呼以母位，列字爲『栧』，以母祭韻，誤。『栧』爲《五音集韻》屑四以母位小韻首字，《韻鏡》《七音略》從《廣韻》空位是，《切韻指南》從《五音集韻》。

	見	溪	群	疑	端 知	透 徹	定 澄	泥 娘	幫 非	滂 敷	並 奉	明 微
果攝內四	戈	科	○	訛	䧾	詑	牠	捼	波	頗	婆	摩
	果	顆	○	婐	埵	妥	墮	娜	跛	叵	爸	麼
	過	課	○	臥	桗	唾	惰	愞	播	破	[illegible]	磨
	郭	廓	○	矆	○	○	○	○	○	○	○	○
假攝外六	瓜	誇	○	佡	檛	○	○	○	○	○	○	○
	寡	髁	○	瓦	丆	[illegible]	蒫	○	○	○	○	○
	坬	跨	○	瓦	○	○	○	○	○	○	○	○
	劀	[illegible]	○	刖	鵽	[illegible]	○	妠	○	○	○	○
狹門	○	骩	瘸	○	○	○	○	○	○	○	○	○
	○	○	○	○	○	○	○	○	○	○	○	○
	○	○	○	○	○	○	○	○	○	○	○	○
	○	闕	[illegible]	○	○	○	○	○	○	○	○	○
	○	○	○	○	○	○	○	○	○	○	○	○
	○	○	○	○	○	○	○	○	○	○	○	○
	○	○	○	○	○	○	○	○	○	○	○	○
	○	○	○	○	○	○	○	○	○	○	○	○

果攝入声字在宕攝
假攝入声字在山攝

合口呼

精 照	清 穿	從 床	心 審	邪 禪	曉	匣	影	喻	來	日	韻
侳	遳	矬	莎	○	○	和	倭	訏	臝	○	戈
○	脞	坐	鎖	○	火	禍	婐	○	裸	○	果
挫	剉	座	䐝	○	貨	和	涴	○	臝	○	過
噪	○	○	○	○	霍	穫	臒	○	䂮	○	鐸
挫	○	○	○	○	華	華	窊	○	䜌	○	麻
㘸	䂳	○	葰	○	○	踝	搲	○	○	○	馬
○	○	○	誜	○	化	摦	搲	○	○	○	禡
茁	篹	○	刷	○	聒	頢	婠	○	○	○	鎋
○	○	○	○	○	鞾	○	肥	○	臠	䅗	
○	○	○	○	○	○	○	○	○	○	○	
○	○	○	○	○	○	○	○	○	○	○	
○	○	○	○	○	旻	○	噦	○	劣	爇	
○	○	○	○	○	○	○	○	○	○	○	
○	○	○	○	○	○	○	○	○	○	○	
○	○	○	○	○	○	○	○	○	○	○	
○	○	○	○	○	○	○	○	○	○	○	

第十四圖　果攝内四　假攝外六　狹門　開口呼

《經史正音切韻指南》第十四圖爲果假攝合口圖，圖右標明『果攝内四，假攝外六狹門』，『果攝入聲字在宕攝，假攝入聲字在山攝』，圖左標明『合口呼，内外混等』。本圖爲合韻韻圖，早期韻圖果假分圖，《切韻指南》合爲一圖。主要對應《韻鏡》内轉第二十八合與外轉第三十合、《七音略》内轉二十八輕中輕與外轉三十輕中輕。舒聲一等列目爲戈果過，二等列目爲麻馬禡。三四等無標目，平聲收戈韻，假攝合口無三等，三等不列韻目，當爲戈三與戈一合，是爲混等。本圖一等配宕入鐸、二三等配山入，二等標目爲鎋，實收黠鎋韻字；三等收薛韻字。宕入爲内轉，山入爲外轉，内外混等。果攝合口有一三等字，假攝有二等字，故爲混等。本圖含果假兩攝，果攝内四爲一三等，假攝外六列二等，兩攝合爲一圖，實爲兩圖，故爲内外混等。《五音集韻》歌戈同用，麻獨用。《切韻指掌圖》則四等全部配山入，一等配末、二等鎋黠、三等薛月、四等屑薛。《四聲等子》一等配宕入鐸，三等配山入鎋，與《切韻指南》同。

1 平一定　牠　弘治九年本、近衛庫本、正德十一年本、碧琳琅本、《叢書集成》本均作『牠』，文津閣本作『拕』。『拕』，定母哿韻，誤。『牠』，《廣韻》徒和切，《集韻》徒禾切，定戈一平合果；

《五音集韻》同《廣韻》。《韻鏡》内轉第二十八合，列字爲『陀』，定母歌韻，誤；《七音略》内轉二十八輕中輕、《起數訣》第五十四圖閉音清、《切韻指掌圖》十二圖，列字均爲『牠』；《四聲等子》果攝内四歌戈重多輕少韻合口呼定母位，列字爲『碢』。『牠』爲《廣韻》《集韻》《五音集韻》戈一定母位小韻首字，下收有『碢』字，列字以『牠』爲佳，《韻鏡》誤，《切韻指南》文津閣本誤，當校正爲『牠』，其他版本是。

2 平一泥　捼　弘治九年本、正德十一年本、文津閣本、碧琳琅本、《叢書集成》本均作『捼』，近衛庫本作『㮃』。『㮃』，影母支韻，不當列於此位。《廣韻》《集韻》《五音集韻》收字均爲『捼』，奴禾切，泥戈一平合果。《韻鏡》内轉第二十八合、《四聲等子》果攝内四歌戈重多輕少韻合口呼泥母位，列字均爲『捼』；《七音略》内轉二十八輕中輕、《起數訣》第五十四圖閉音清，列字均爲『挼』。『捼』，《康熙字典》記：『《集韻》或作挼。』故『捼』『挼』爲異體字，『捼』爲《廣韻》《集韻》《五音集韻》戈一泥母位小韻首字，列字以『捼』爲佳，《七音略》亦無誤，《切韻指南》近衛庫本形訛，當校爲『捼』，其他版本是。

3 平一喻　訏　《廣韻》無戈一喻母位小韻，《集韻》荒胡切，曉母模韻，不當列於此位；《五音集韻》于戈切，喻母戈韻。《韻鏡》《七音略》《切韻指掌圖》均空位；《起數訣》第五十四圖閉音清列字爲『𧧝』，爲『訏』之俗訛；《四聲等子》果攝内四歌戈重多輕少韻合口呼喻母位，列字爲『訏』。喻母只拼合三等字，故一等不當有喻母字，《切韻指南》以喻下憑切門法列於一等位。

4　上一精　○　《廣韻》果韻精母位有『砦』小韻，作可切，精果一上合果；《集韻》《五音集韻》未收。《韻鏡》内轉第二十八合、《七音略》内轉二十八輕中輕、《切韻指掌圖》十二圖，列字均爲『砦』；《起數訣》《四聲等子》均空位。『砦』爲《廣韻》果一精母位小韻首字，《切韻指南》空位誤，此處當校補爲『砦』字。

5　上一來　裸　弘治九年本、近衛庫本、文津閣本均作『裸』，正德十一年本、碧琳琅本、《叢書集成》本均作『祼』。『祼』，《廣韻》《集韻》古玩切，見母换韻，不當列於此位；又《集韻》魯果切，來果一上合果。『裸』，《廣韻》郎果切，《集韻》魯果切，來果一上合果；《五音集韻》同《廣韻》。《韻鏡》内轉第二十八合、《七音略》内轉二十八輕中輕，列字均爲『躶』；《起數訣》第五十四圖閉音清列字爲『臝』；《切韻指掌圖》十二圖、《四聲等子》果攝内四歌戈重多輕少韻合口呼來母位，列字均爲『裸』。『裸』爲《廣韻》《集韻》《五音集韻》果一來母位小韻首字，下收有『臝』『躶』字，列字以『裸』爲佳，《韻鏡》《七音略》亦無誤，《切韻指南》是，近衛庫本、文津閣本從《集韻》。

6　去一泥　愞　弘治九年本、正德十一年本、文津閣本、碧琳琅本、《叢書集成》本均作『愞』，近衛庫本作『⿰忄要』，當爲『愞』之形訛。『愞』，《廣韻》乃臥切，《集韻》奴臥切，泥過一去合果，《五音集韻》同《廣韻》。《韻鏡》内轉第二十八合、《起數訣》第五十四圖閉音清、《四聲等子》果攝内四歌戈重多輕少韻合口呼泥母位，列字均爲『愞』；《七音略》内轉二十八輕中輕列字爲『懦』；《四聲等子》果攝内四重多輕少韻合口呼列字爲『稬』。『稬』『愞』爲異體字，『愞』爲《廣韻》《集韻》《五音集韻》戈一泥母位小韻首字，下收有『懦』字，列字以『愞』爲佳，《七音略》亦無誤，《切韻指南》近衛庫本誤，當校爲『愞』，其他版本是。

7 去一並　焙　《廣韻》過一並母有『縛』小韻，符臥切，並過一去合果；《集韻》列『⿸厃咅』，當爲『焙』之形訛。『焙』步臥切，並過一去合果；《五音集韻》列字爲『焙』，步臥切，並母過韻。《韻鏡》内轉第二十八合、《七音略》内轉二十八輕中輕、《切韻指掌圖》十二圖、《四聲等子》果攝内四歌戈重多輕少韻合口呼並母位，列字均爲『縛』；《起數訣》第五十四圖閉音清，列字爲『婆』，並母戈韻，誤。『縛』爲《廣韻》過一並母位小韻首字，『焙』爲《集韻》《五音集韻》過一並母位小韻首字，下收有『縛』字，《韻鏡》《七音略》無誤，《切韻指南》從《集韻》《五音集韻》。

8 《切韻指南》果攝一等入聲標目爲鐸，實收鐸韻。

9 入一影　臒　《廣韻》烏郭切，《集韻》屋郭切，影鐸一入合宕；《五音集韻》同《廣韻》。《韻鏡》内轉第三十二合列字爲『艧』，形訛；《七音略》内轉三十五輕中輕列字爲『臒』；《起數訣》空位；《切韻指掌圖》十四圖，列字爲『臒』；《四聲等子》果攝内四歌戈重多輕少韻合口呼疑母位列字爲『蠖』。『臒』爲《廣韻》《集韻》《五音集韻》鐸一影母位小韻首字，下收有『臒』『蠖』字，列字以『臒』爲佳，《韻鏡》形訛，當校改爲『臒』，《切韻指南》列字是。

10 平二照　挫　《廣韻》則臥切，精母過韻，不當列於此位；《集韻》祖加切，精母麻韻，不當列於此位；《五音集韻》側瓜切，莊母麻韻。《韻鏡》外轉第三十合、《起數訣》第五十九圖開音濁、《四聲等子》果攝内四歌戈重多輕少韻合口呼莊母位，列字均爲『髽』；《七音略》外轉三十輕中輕列字爲『脞』，形訛；《切韻指掌圖》十四圖列字爲『⿰镸坐』，形訛。髽，莊華切，莊麻二平合假，『髽』爲《廣韻》《集韻》麻二莊母位小韻首字；『挫』爲《五音集韻》麻二莊母位小韻首字；《韻鏡》無誤，《七音略》形訛，當校爲『髽』，《切韻指南》從《五音集韻》。

11 平二來　⿱䜌瓦　正德十一年本、近衛庫本、文津閣本列字均爲『⿱䜌瓦』，碧琳琅本、《叢書集成》本，列字均爲『⿱䜌瓦』。『⿱䜌瓦』當爲『⿱䜌瓦』，書寫誤。『⿱䜌瓦』，《廣韻》《集韻》無麻二來母位小韻，《五音集韻》力華切，來母麻韻。《韻鏡》《七音略》《起數訣》《切韻指掌圖》《四聲等子》皆空位。《切韻指南》從《五音集韻》。

12 上二知　⿱一人　《康熙字典》記：『《玉篇》竹瓦切。《同文舉要》人部，音寡。從一從人，不曲腳，會孤子意。與兀異。』《廣韻》《集韻》馬韻知母合口二等未收此字，《五音集韻》竹瓦切，知母馬韻。《韻鏡》外轉第三十合，列字爲『觰』，《廣韻》都賈切，《集韻》展賈切，知母馬韻；《七音略》《起數訣》《切韻指掌圖》均空位；《四聲等子》果攝内四歌戈重多輕少韻合口呼知母位，列字爲『⿱一人』。『觰』爲《廣韻》《集韻》馬二知母位小韻首字，『⿱一人』爲《五音集韻》馬二知母位小韻首字，《韻鏡》列字是，《七音略》空位合於諸韻書，亦無誤，《切韻指南》從《五音集韻》。

13 上二徹 ⿰禾⿱果氺 此字當爲『⿱稞米』字，《廣韻》《集韻》丑寡切，徹馬二平合假，《五音集韻》同《廣韻》。《韻鏡》外轉第三十合、《切韻指掌圖》十二圖、《四聲等子》果攝内四歌戈重多輕少韻合口呼徹母位，列字均爲『⿱稞米』；《七音略》外轉三十輕中輕，列字爲『⿰禾尋』，形訛；《起數訣》第五十九圖開音濁，列字爲『稞』。『⿱稞米』爲《廣韻》《集韻》《五音集韻》馬二徹母位小韻首字，下收有『稞』字，列字以『⿱稞米』爲佳，《韻鏡》無誤，《七音略》形訛，當校爲『⿱稞米』，《切韻指南》『⿱稞米』爲『稞』之形訛，當校爲『⿱稞米』。

14 上二澄 蓙 《康熙字典》記：『《集韻》竹下切，音緒。《玉篇》藞蓙。見藞字注。』《廣韻》《集韻》無馬二澄母位小韻；《集韻》竹下切，知母馬韻，亦不當列於此位；《五音集韻》除瓦切，澄母馬韻。《韻鏡》《七音略》《起數訣》《切韻指掌圖》《四聲等子》均空位。『蓙』爲《五音集韻》馬二澄母位小韻首字，《切韻指南》從《五音集韻》。

15 上二照 蛆 弘治九年本、正德十一年本、文津閣本均作『蛆』，近衛庫本作『蝢』，碧琳琅本、《叢書集成》本均作『蜆』。『蜆』『蝢』爲『蛆』字形訛。『蛆』，《廣韻》䠨瓦切，莊馬二上合假，《集韻》無馬二莊母位小韻；《五音集韻》葅瓦切，莊母馬韻。《韻鏡》外轉第三十合、《七音略》外轉三十輕中輕，列字均爲『蛆』；《起數訣》《切韻指掌圖》《四聲等子》均空位。『蛆』爲《廣韻》《五音集韻》馬二莊母位小韻首字，《切韻指南》近衛庫本、碧琳琅本、《叢書集成》本形訛，當校爲『蛆』，其他版本是。

16 上二穿　○　《廣韻》《集韻》《五音集韻》馬二初母位列字均爲『䂳』。『䂳』，《廣韻》叉瓦切，《集韻》楚瓦切，初馬二上合假；《五音集韻》初瓦切，初母馬韻。《韻鏡》外轉第三十合、《七音略》外轉三十輕中輕、《起數訣》第五十九圖開音濁、《切韻指掌圖》十二圖、《四聲等子》果攝内四歌戈重多輕少韻合口呼初母位，列字均爲『䂳』。『䂳』爲《廣韻》《集韻》《五音集韻》馬二初母位小韻首字，《切韻指南》空位誤，當校補爲『䂳』。

17 上二影　搲　《廣韻》無馬二影母位小韻；《集韻》《五音集韻》烏瓦切，影馬二上合假。《韻鏡》外轉第三十合、《七音略》外轉三十輕中輕、《起數訣》第五十四圖閉音清列字爲『搲』；《切韻指掌圖》空位，《四聲等子》果攝内四歌戈重多輕少韻合口呼影母位，列字爲『㧓』，形訛。『搲』爲《集韻》《五音集韻》馬二影母位小韻首字，《切韻指南》從《集韻》《五音集韻》。

18 去二影　搲　《廣韻》烏吴切，《集韻》烏化切，影禡二去合假；《五音集韻》同《廣韻》。《韻鏡》外轉第三十合、《切韻指掌圖》十四圖、《四聲等子》果攝内四歌戈重多輕少韻合口呼影母位，列字爲『𢸱』；《七音略》外轉三十輕中輕，列字爲『窊』；《起數訣》第五十四圖閉音清，列字爲『㧓』。『𢸱』『窊』爲異體字，『窊』爲《集韻》禡二影母位小韻首字；『𢸱』爲《廣韻》《五音集韻》禡二影母位小韻首字，下收有『搲』字；《韻鏡》從《廣韻》，《切韻指南》列字亦無誤。

19 《切韻指南》爲合韻韻圖，山韻系與删韻系合韻，本圖『假攝入聲字在山攝』，雖韻目僅寫鎋，但黠鎋合韻，可列黠鎋韻字。《五音集韻》黠鎋韻亦合。

20 入二娘　妠　弘治九年本作『妠』；近衛庫本、正德十一年本、文津閣本、碧琳琅本、《叢書集成》本均作『妠』。《廣韻》《集韻》《五音集韻》皆寫作『妠』，《廣韻》《集韻》女劼切，娘鎋二入合山；《五音集韻》同《廣韻》。《韻鏡》外轉第二十二合、《七音略》外轉二十二輕中重、《起數訣》第五十九圖開音濁、《四聲等子》果攝内四歌戈重多輕少韻合口呼娘母位，列字均爲『妠』；《切韻指掌圖》十二圖列字爲『豽』。『妠』爲《廣韻》《集韻》《五音集韻》鎋二知母位小韻首字，下收有『豽』字，列字以『妠』爲佳，《切韻指南》形訛，當校爲『妠』，其他版本是。

21 入二牀　○　《廣韻》無黠二崇母位小韻，《集韻》黠二崇母位列字爲『䶨』，士滑切。《韻鏡》《起數訣》《切韻指掌圖》《四聲等子》均空位；《七音略》外轉二十四輕中重，列字爲『䶨』。『䶨』爲《集韻》黠二崇母位小韻首字，《韻鏡》空位合於諸韻書，《切韻指南》未收，當因平上去均無字，故不配入聲。

22 入二曉　聐　《廣韻》《集韻》古活切，見母末韻，不當列於此位；《五音集韻》荒刮切，曉母鎋韻。《韻鏡》外轉第二十四合列字爲『㿸』；《七音略》外轉二十四輕中重、《切韻指掌圖》十二圖，列字均爲『㿸』；《起數訣》空位；《四聲等子》果攝内四歌戈重多輕少韻合口呼曉母位，列字爲『聐』。『㿸』爲《廣韻》《集韻》鎋二曉母位小韻首字，『聐』爲《五音集韻》鎋二曉母位小韻首字，《韻鏡》《七音略》無誤，《切韻指南》從《五音集韻》。

23 《切韻指南》本圖三等平聲無標目，實收戈韻。

24 平三日 䅗 弘治九年本作『痿』，心母寘韻，誤；近衛庫本作『⿰土委』，正德十一年本、文津閣本、碧琳琅本、《叢書集成》本均作『捼』，日母脂韻，誤。『䅗』，《康熙字典》記：『《集韻》儒隹切，同䅗。又《五音集韻》雖遂切，音邃。義同。或作⿰禾累。』然《廣韻》《集韻》《五音集韻》皆無戈韻日母位小韻。『⿰禾妥』，《康熙字典》記：『《廣韻》《集韻》《韻會》儒隹切，音蕤。長沙謂禾四把曰⿰禾妥。或作䅗。又《五音集韻》息遺切，音綏。義同。』則儒隹切，及蕤字，均爲日母脂韻，不當列於戈韻位。《韻鏡》《七音略》《切韻指掌圖》《四聲等子》均空位；《起數訣》第五十五圖閉音濁，列字爲『捼』。《韻鏡》《七音略》空位是，《切韻指南》誤，當删。

25 《切韻指南》爲合韻韻圖，山韻系與删韻系合韻，本圖『果攝入聲字在宕攝』，但薛月合韻，可列薛月韻字。

26 入三見 ○ 《廣韻》《集韻》《五音集韻》月三見母位列字均爲『厥』。『厥』，《廣韻》《集韻》居月切，見月三入合山；《五音集韻》同《廣韻》。諸家韻圖列字均爲『厥』。《切韻指南》未收，當因平上去均無字，故不配入聲。

27 入三群 ⿰㸚豕 《廣韻》《集韻》《五音集韻》月三群母位列字均爲『⿰角厥』。『⿰角厥』，《廣韻》《集韻》其月切，群月三入合山；《五音集韻》同《廣韻》。《韻鏡》外轉第二十二合列字爲『⿰舟厥』，當爲『⿰角厥』字形訛；《七音略》外轉二十二輕中輕、《起數訣》第四十九圖發音濁、《切韻指掌圖》十二圖，列字均爲『鱖』；《四聲等子》山攝外四輕重俱等韻合口呼群母位，列字爲『橛』。『鱖』爲《廣韻》《集韻》《五音集韻》月三群母位小韻首字，下收有『橛』字，《韻鏡》形訛，當校爲『鱖』，《切韻指南》誤，當校爲『鱖』。

28 入三疑　○　《廣韻》《集韻》《五音集韻》月三疑母位列字均爲『月』。『月』，《廣韻》《集韻》魚厥切，疑月三入合山；《五音集韻》同《廣韻》。諸家韻圖列字均爲『月』。《切韻指南》未收，當因平上去均無字，故不配入聲。

29 入三知　○　《廣韻》《集韻》《五音集韻》薛三知母位列字均爲『輟』。『輟』，《廣韻》陟劣切，《集韻》株劣切，知薛三入合山；《五音集韻》同《廣韻》。諸家韻圖列字均爲『輟』。《切韻指南》未收，當因平上去均無字，故不配入聲。

30 入三徹　○　《廣韻》《集韻》《五音集韻》薛三徹母位列字均爲『皴』。『皴』，《廣韻》椿劣切，《集韻》丑悅切，徹薛三入合山；《五音集韻》同《廣韻》。諸家韻圖列字均爲『皴』。《切韻指南》未收，當因平上去均無字，故不配入聲。

31 入三娘　○　《廣韻》《集韻》《五音集韻》薛三娘母位列字均爲『吶』。『吶』，《廣韻》《集韻》女劣切，娘薛三入合山；《五音集韻》奴劣切。諸家韻圖列字均爲『吶』。《切韻指南》未收，當因平上去均無字，故不配入聲。

32 入三非　○　《廣韻》《集韻》《五音集韻》月三非母位列字均爲『髮』。『髮』，《廣韻》《集韻》方伐切，非月三入合山；《五音集韻》同《廣韻》。諸家韻圖列字均爲『髮』。《切韻指南》未收，當因平上去均無字，故不配入聲。

33 入三敷　〇　《廣韻》《集韻》《五音集韻》月三敷母位列字均爲『怖』。『怖』，《廣韻》拂伐切，《集韻》弗伐切，敷月三入合山；《五音集韻》同《廣韻》。諸家韻書列字均爲『怖』。《切韻指南》未收，當因平上去均無字，故不配入聲。

34 入三奉　〇　《廣韻》《集韻》《五音集韻》月三奉母位列字均爲『伐』。『伐』，《廣韻》《集韻》房越切，奉月三入合山；《五音集韻》同《廣韻》。諸家韻書列字均爲『伐』。《切韻指南》未收，當因平上去均無字，故不配入聲。

35 入三微　〇　《廣韻》《集韻》《五音集韻》月三微母位列字均爲『韈』。『韈』，《廣韻》望發切，《集韻》勿發切，微月三入合山；《五音集韻》同《廣韻》。諸家韻書列字均爲『韈』。《切韻指南》未收，當因平上去均無字，故不配入聲。

36 入三照　〇　《廣韻》《集韻》《五音集韻》薛三章母位列字均爲『拙』。『拙』，《廣韻》職悅切，《集韻》朱劣切，章薛三入合山；《五音集韻》同《廣韻》。諸家韻書列字均爲『拙』。《切韻指南》未收，當因平上去均無字，故不配入聲。

37 入三穿　〇　《廣韻》《集韻》《五音集韻》薛三昌母位列字均爲『歠』。『歠』，《廣韻》昌悅切，《集韻》姝悅切，昌薛三入合山；《五音集韻》同《廣韻》。諸家韻書列字均爲『歠』。《切韻指南》未收，當因平上去均無字，故不配入聲。

38 入三審 ◯ 《廣韻》《集韻》《五音集韻》薛三書母位列字均爲『説』。『説』，《廣韻》失爇切，《集韻》輸爇切，昌薛三入合山；《五音集韻》同《廣韻》。諸家韻書列字均爲『説』。《切韻指南》未收，當因平上去均無字，故不配入聲。

39 入三禪 ◯ 《廣韻》《五音集韻》薛三禪母位列字均爲『啜』。『啜』，《廣韻》殊雪切，禪薛三入合山，《集韻》無薛三禪母位小韻；《五音集韻》同《廣韻》。《韻鏡》《四聲等子》空位；《七音略》外轉二十四輕中重、《起數訣》第四十七圖收音濁、《切韻指掌圖》十二圖，列字均爲『啜』。《切韻指南》未收，當因平上去均無字，故不配入聲。

40 入三曉 旻 弘治九年本、碧琳琅本、《叢書集成》本均作『旻』，近衛庫本、正德十一年本、文津閣本均作『旻』。『旻』，《廣韻》許劣切，《集韻》翾劣切，曉薛三入合山；《五音集韻》許蹶切，曉母薛韻。《韻鏡》外轉第二十四合、《七音略》外轉二十四輕中重，列字均爲『旻』；《切韻指掌圖》十二圖、《四聲等子》山攝外四輕重俱等韻合口呼曉母位，列字均爲『颰』，曉母術韻，誤；《起數訣》空位。『旻』爲《廣韻》《集韻》《五音集韻》薛三曉母位小韻首字，《切韻指南》近衛庫本、正德十一年本、文津閣本誤，當校正爲『旻』，其他版本是。

宕攝内五　開口呼　侷門

明	並	滂	幫	泥	定	透	端	疑	群	溪	見
微	奉	敷	非	孃	澄	徹	知				
茫	○	滂	○	囊	唐	湯	當	卬	○	康	岡
莽	○	髈	榜	曩	蕩	曭	黨	䭺	○	慷	⿰齒亢
漭	傍	○	○	儾	宕	儻	讜	枊	○	抗	鋼
莫	泊	𩓐	愽	諾	鐸	託	沰	咢	○	恪	各
○	○	○	○	○	○	○	○	○	○	○	○
○	○	○	○	○	○	○	○	○	○	○	○
○	○	○	○	○	○	○	○	○	○	○	○
○	○	○	○	○	○	○	○	○	○	○	○
亡	房	芳	方	孃	長	募	張	卬	強	羌	薑
网	○	髣	昉	○	丈	昶	長	仰	勥	⿰石羌	繈
妄	防	訪	放	釀	仗	悵	帳	⿰車卬	弶	唴	彊
○	縛	⿱雨尃	⿰車尃	逽	著	辵	芍	虐	噱	卻	腳
○	○	○	○	○	○	○	○	○	○	○	○
○	⿰馬罰	○	○	饔	○	○	○	○	○	○	○
○	○	○	○	○	○	○	○	○	○	○	○
○	○	○	○	○	○	○	○	○	○	○	○

精 照	清 穿	從 床	心 審	邪 禪	曉	匣	影	喻	來	日	韻
臧	倉	藏	桑	○	炕	航	鴦	○	郎	○	唐
駔	蒼	奘	顙	○	汻	沆	坱	○	朗	○	蕩
葬	槍	藏	喪	○	○	吭	盎	○	浪	○	宕
作	錯	昨	索	○	臛	涸	惡	○	落	○	鐸
莊	創	牀	霜	○	○	○	○	○	○	○	
[illegible]	磢	○	爽	○	○	○	○	○	○	○	
壯	剏	狀	霜	○	○	○	○	○	○	○	
斮	○	斮	○	○	○	○	○	○	○	○	
章	昌	○	商	常	香	○	央	○	良	穰	陽
掌	敞	○	賞	上	響	○	鞅	○	兩	壤	養
障	唱	○	餉	尚	向	○	快	○	亮	讓	樣
灼	綽	○	爍	妁	謔	○	約	○	略	若	藥
將	瑲	牆	襄	詳	○	○	○	陽	○	○	
獎	搶	蔣	想	像	○	○	○	養	○	○	
醬	蹡	匠	捎	○	○	○	○	漾	○	○	
爵	鵲	皭	削	○	○	○	○	藥	○	○	

第十五圖　宕攝内五　開口呼　侷門

《經史正音切韻指南》第十五圖爲宕攝開口圖，對應《韻鏡》内轉第三十一開和《七音略》内轉三十四重中重。一等列目唐蕩宕鐸，三等列目陽養樣藥。二等與四等均無列目，因爲假二等、假四等，故不列。本圖脣音可見刻意選擇，例：平一幫因反切下字爲脣音，平一並反切下字爲合口，則本圖不列，列於合口圖。《五音集韻》陽唐同用。

1 平一見　岡　《廣韻》古郎切，《集韻》居郎切，見唐一平開宕；《五音集韻》同《廣韻》。《韻鏡》内轉第三十一開、《起數訣》第六十圖收音清、《切韻指掌圖》十三圖、《四聲等子》宕攝内五陽唐重多輕少韻江全重開口呼，均列字爲『剛』；《七音略》内轉三十四重中重，列字爲『岡』。『岡』爲《廣韻》《集韻》《五音集韻》唐一見母位小韻首字，《廣韻》下收有『剛』，《韻鏡》無誤。《切韻指南》是。

2 平一溪　康　《廣韻》苦岡切，《集韻》虚郎切，溪唐一平開宕；《五音集韻》同《廣韻》。《韻鏡》内轉第三十一開、《七音略》内轉三十四重中重，列字均爲『穅』；《起數訣》第六十圖收音清、《切韻指掌圖》十三圖、《四聲等子》宕攝内五陽唐重多輕少韻江全重開口呼，列字均爲『康』。『康』爲《廣韻》《五音集韻》唐一溪母位小韻首字，下收有『穅』；『康』『穅』均爲《集韻》唐一溪母位小韻首字；《韻鏡》《七音略》無誤；《切韻指南》從《集韻》。

3 平一疑　卬　《廣韻》五剛切，《集韻》魚剛切，疑唐一平開宕；《五音集韻》同《廣韻》。《韻鏡》内轉第三十一開、《四聲等子》宕攝内五陽唐重多輕少韻江全重開口呼，列字均爲『卬』；《七音略》内轉三十四重中重、《切韻指掌圖》十三圖，列字均爲『昂』；《起數訣》第六十圖收音清，列字爲『仰』。『卬』爲《廣韻》《集韻》《五音集韻》唐一疑母位小韻首字，《集韻》下收有『昂』字；《七音略》無誤；《切韻指南》是。

4 平一定　唐　《廣韻》《集韻》徒郎切，定唐一平開宕；《五音集韻》同《廣韻》《集韻》。《韻鏡》内轉第三十一開，列字爲『堂』；《七音略》内轉三十四重中重，列字爲『棠』；《起數訣》第六十圖收音清、《切韻指掌圖》十三圖、《四聲等子》宕攝内五陽唐重多輕少韻江全重開口呼，列字均爲『唐』。『唐』爲《廣韻》《集韻》《五音集韻》唐一定母位小韻首字，《廣韻》下收有『堂』『棠』；《韻鏡》《七音略》無誤；《切韻指南》是。

5 平一幫　○　《廣韻》《集韻》幫母唐韻此位均有『幫』小韻，『幫』《廣韻》博旁切，《集韻》逋旁切，幫唐一平開宕；《五音集韻》同《廣韻》。《韻鏡》内轉第三十一開、《七音略》外轉三十四重中重、《起數訣》第六十二圖開音清、《切韻指掌圖》十四圖、《四聲等子》宕攝内五陽唐重多輕少韻江全重開口呼，列字均爲『幫』。『幫』爲《廣韻》《集韻》《五音集韻》唐一幫母位小韻首字，因其反切下字爲脣音字，《切韻指南》列於合口圖幫母位。

6 平一滂　滂　《廣韻》普郎切，《集韻》鋪郎切，滂唐一平開宕；《五音集韻》同《廣韻》。《韻鏡》内轉第三十一開、《七音略》内轉三十四重中重、《起數訣》第六十二圖開音清、《切韻指掌圖》十四圖、《四聲等子》宕攝内五陽唐重多輕少韻江全重開口呼，列字均爲「滂」。「滂」爲《廣韻》《集韻》《五音集韻》唐一滂母位小韻首字，因反切下字爲非脣音及合口字，《切韻指南》列於開口圖。

7 平一並　○　《廣韻》《集韻》並母唐韻此位有「傍」小韻，「傍」《廣韻》步光切，《集韻》蒲光切，並唐一平開宕；《五音集韻》同《廣韻》。《韻鏡》内轉第三十一開、《切韻指掌圖》十四圖、《四聲等子》宕攝内五陽唐重多輕少韻江全重開口呼，列字均爲「傍」；《七音略》内轉三十四重中重、《起數訣》第六十二圖開音清，列字爲「旁」。「傍」爲《廣韻》《五音集韻》唐一並母位小韻首字，「旁」爲《集韻》唐一並母位小韻首字，《七音略》無誤；因其反切下字爲合口字，《切韻指南》列於合口圖並母位。

8 平一明　茫　《廣韻》莫郎切，《集韻》謨郎切，明唐一平開宕；《五音集韻》同《廣韻》。《韻鏡》内轉第三十一開、《七音略》内轉三十四重中重，列字均爲「茫」；《起數訣》第六十二圖開音清、《切韻指掌圖》十四圖、《四聲等子》宕攝内五陽唐重多輕少韻江全重開口呼，列字爲「忙」。「茫」爲《廣韻》《集韻》《五音集韻》唐一明母位小韻首字，因反切下字爲非脣音及合口字，《切韻指南》列於開口圖。

9 平一曉 炕 《廣韻》呼郎切，《集韻》虚郎切，曉唐一平開宕；《五音集韻》同《廣韻》。《韻鏡》内轉第三十一開，列字爲『忼』；《七音略》内轉三十四重中重，列字爲『蚢』，匣母唐韻；《起數訣》第六十圖收音清、《切韻指掌圖》十三圖、《四聲等子》宕攝内五陽唐重多輕少韻江全重開口呼，列字均爲『炕』。『炕』爲《廣韻》《集韻》《五音集韻》唐一曉母位小韻首字，《廣韻》下收有『忼』；《韻鏡》無誤，《七音略》誤，當校改爲『炕』；《切韻指南》是。

10 上一透 曭 《廣韻》他朗切，《集韻》坦朗切，透蕩一上開宕；《五音集韻》同《廣韻》。《韻鏡》内轉第三十一開、《起數訣》第六十圖收音清、《切韻指掌圖》十三圖，列字爲『儻』；《七音略》内轉三十四重中重，列字爲『曭』；《四聲等子》宕攝内五陽唐重多輕少韻江全重開口呼，列字爲『矘』。『曭』爲《廣韻》《集韻》《五音集韻》蕩一透母位小韻首字，《廣韻》下收有『儻』『矘』；《韻鏡》無誤；《切韻指南》是。

11 上一幫 榜 《廣韻》北朗切，《集韻》補朗切，幫蕩一上開宕；《五音集韻》同《廣韻》。《韻鏡》内轉第三十一開、《七音略》内轉三十四重中重、《起數訣》第六十二圖開音清、《切韻指掌圖》十四圖，列字均爲『榜』；《四聲等子》宕攝内五陽唐重多輕少韻江全重開口呼，列字爲『髈』。『榜』爲《廣韻》《集韻》《五音集韻》蕩一幫母位小韻首字，因反切下字爲非脣音及合口字，《切韻指南》列於開口圖。

12 上一滂　髈　《廣韻》匹朗切，《集韻》普朗切，滂蕩一上開宕；《五音集韻》同《廣韻》。《韻鏡》内轉第三十一開、《七音略》内轉三十四重中重、《起數訣》第六十二圖開音清、《切韻指掌圖》十四圖、《四聲等子》宕攝内五陽唐重多輕少韻江全重開口呼，列字均爲「髈」。「髈」爲《廣韻》《集韻》《五音集韻》蕩一滂母位小韻首字，因反切下字爲非脣音及合口字，《切韻指南》列於開口圖。

13 上一明　莽　弘治九年本列字爲「莾」；近衛庫本、正德十一年本、文津閣本、碧琳琅本、《叢書集成》本，列字爲「莽」。「莽」，《康熙字典》記：「《干禄字書》俗莽字。」「莽」，《廣韻》模朗切，《集韻》母朗切，《五音集韻》墓朗切，明蕩一上開宕。《韻鏡》内轉第三十一開、《七音略》内轉三十四重中重、《起數訣》第六十二圖開音清、《切韻指掌圖》十四圖、《四聲等子》宕攝内五陽唐重多輕少韻江全重開口呼，列字均爲「莽」。「莽」爲《廣韻》《集韻》《五音集韻》蕩一明母位小韻首字，因反切下字爲非脣音及合口字，《切韻指南》列於開口圖。《切韻指南》弘治九年本列俗體，當校正爲「莽」。

14 上一從　奘　《廣韻》徂朗切，《集韻》在朗切，從蕩一上開宕；《五音集韻》同《廣韻》。《韻鏡》空位；《七音略》内轉三十四重中重、《起數訣》第六十圖收音清、《切韻指掌圖》十三圖、《四聲等子》宕攝内五陽唐重多輕少韻江全重開口呼，列字均爲「奘」。「奘」爲《廣韻》《五音集韻》蕩一從母位小韻首字，《韻鏡》空位誤，當校補「奘」；《切韻指南》是。

15 上一來　朗　《廣韻》盧黨切，來蕩一上開宕；《集韻》蕩韻開口來母未收此字；《五音集韻》同《廣韻》。《韻鏡》内轉第三十一開、《切韻指掌圖》十三圖、《四聲等子》宕攝内五陽唐重多輕少韻江全重開口呼，列字均爲『朗』；《七音略》内轉三十四重中重，列字爲『郎』，爲朗字避諱缺筆，來母蕩韻；《起數訣》空位。『朗』爲《廣韻》《五音集韻》蕩一來母位小韻首字；《七音略》誤。《切韻指南》是。

16 去一疑　枊　弘治九年本、近衛庫本、正德十一年本、文津閣本，列字爲『枊』；碧琳琅本、《叢書集成》本列字爲『柳』。『枊』，《廣韻》五浪切，《集韻》魚浪切，疑宕一去開宕；《五音集韻》同《廣韻》。『柳』，《廣韻》力久切，《集韻》力九切，來母有韻，爲『枊』字形訛。《韻鏡》内轉第三十一開、《七音略》内轉三十四重中重、《切韻指掌圖》十三圖、《四聲等子》宕攝内五陽唐重多輕少韻江全重開口呼，列字均爲『枊』；《起數訣》第六十圖收音清，列字爲『抑』，影母職韻，誤。『枊』爲《廣韻》《集韻》《五音集韻》宕一疑母位小韻首字，《切韻指南》碧琳琅本、《叢書集成》本列字誤，當校改爲『枊』；其餘諸版本是。

17 去一幫　○　《廣韻》《集韻》去一開口幫母位分别有『螃』小韻與『謗』小韻，補曠切，幫宕一去開宕；《五音集韻》同《廣韻》《集韻》。《韻鏡》内轉第三十一開、《七音略》内轉三十四重中重，列字均爲『螃』；《起數訣》第六十二圖開音清、《四聲等子》宕攝内五陽唐重多輕少韻江全重開口呼，列字爲『謗』；《切韻指掌圖》十四圖，列字爲『榜』。『螃』爲《廣韻》宕一幫母位小韻首字；『謗』爲《集韻》宕一幫母位小韻首字；《韻鏡》《七音略》從《廣韻》無誤。因反切下字爲合口，《切韻指南》列於合口圖幫母位。

18 去一滂　〇　《廣韻》無去一滂母位開口小韻，《集韻》去一開口滂母位有『肶』小韻，滂謗切，滂宕一去開宕；《五音集韻》同《集韻》。《韻鏡》《四聲等子》空位；《七音略》内轉三十四重中重，列字爲『肶』；《起數訣》第六十二圖開音清、《切韻指掌圖》十三圖，列字爲『肶』。『肶』爲《集韻》《五音集韻》宕一滂母位小韻首字，《韻鏡》從《廣韻》空位，《七音略》列字形訛，誤；因反切下字爲脣音，《切韻指南》列於合口圖滂母位。

19 去一並　傍　《廣韻》《集韻》蒲浪切，並宕一去開宕；《五音集韻》同《廣韻》《集韻》。《韻鏡》内轉第三十一開、《七音略》内轉三十四重中重、《起數訣》第六十二圖開音清、《切韻指掌圖》十三圖、《四聲等子》宕攝内五陽唐重多輕少韻江全重開口呼，列字均爲『傍』。『傍』爲《廣韻》《集韻》《五音集韻》宕一並母位小韻首字，因反切下字爲開口非脣音字，《切韻指南》列於開口圖。

20 去一明　漭　弘治九年本列字爲『漭』；近衛庫本、正德十一年本，列字爲『漭』；文津閣本、碧琳琅本、《叢書集成》本，列字爲『漭』。『莽』爲『莽』俗體，『漭』從而俗。『漭』，《廣韻》莫朗切，《集韻》莫浪切，明宕一去開宕；《五音集韻》同《集韻》。《韻鏡》内轉第三十一開、《七音略》内轉三十四重中重、《起數訣》第六十二圖開音清、《切韻指掌圖》十四圖、《四聲等子》宕攝内五陽唐重多輕少韻江全重開口呼，列字均爲『漭』。『漭』爲《廣韻》《集韻》《五音集韻》宕一明母位小韻首字，因反切下字爲開口非脣音字，《切韻指南》列於開口圖。

21 去一清　槍　《廣韻》無去一清母開口小韻；《集韻》七浪切，清宕一去開宕；《五音集韻》同《集韻》。《韻鏡》内轉第三十一開、《切韻指掌圖》十三圖，列字均爲『槍』；《七音略》内轉三十四重中重，列字爲『槍』；《起數訣》第六十圖收音清、《四聲等子》宕攝内五陽唐重多輕少韻江全重開口呼，列字爲『遀』。『槍』爲《集韻》《五音集韻》宕一清母位小韻首字，『槍』爲『槍』訛誤，《七音略》誤。《切韻指南》從《集韻》《五音集韻》。

22 去一從　藏　弘治九年本、近衛庫本、正德十一年本、碧琳琅本、《叢書集成》本列字爲『藏』；文津閣本列字爲『藏』，『藏』爲『藏』異體字。『藏』，《廣韻》徂浪切，《集韻》才浪切，從宕一去開宕；《五音集韻》同《廣韻》。《韻鏡》内轉第三十一開、《七音略》内轉三十四重中重、《起數訣》第六十圖收音清、《切韻指掌圖》十三圖、《四聲等子》宕攝内五陽唐重多輕少韻江全重開口呼，列字均爲『藏』。『藏』爲《廣韻》《集韻》《五音集韻》宕一從母位小韻首字，《切韻指南》四庫本改爲『藏』字爲佳，其餘諸版本均是。

23 入一疑　咢　《廣韻》五各切，《集韻》逆各切，疑鐸一入開宕；《五音集韻》同《廣韻》。《韻鏡》内轉第三十一開，列字爲『愕』；《七音略》空位；《起數訣》第六十圖收音清、《切韻指掌圖》十三圖、《四聲等子》宕攝内五陽唐重多輕少韻江全重開口呼，列字均爲『咢』。『咢』爲

《廣韻》《集韻》《五音集韻》鐸一疑母位小韻首字，《廣韻》下收有『愕』字，《韻鏡》無誤，《七音略》空位誤，當校補『咢』，《切韻指南》是。

24 入一端　沰　《廣韻》無入一端母開口小韻，《集韻》當各切，端鐸一入開宕；《五音集韻》同《集韻》。《韻鏡》《切韻指掌圖》均空位；《七音略》內轉三十四重中重、《起數訣》第六十圖收音清、《四聲等子》宕攝內五陽唐重多輕少韻江全重開口呼，列字均爲『沰』。『沰』爲《集韻》《五音集韻》鐸一端母位小韻首字，《韻鏡》從《廣韻》空位是，《七音略》無誤，《切韻指南》從《集韻》《五音集韻》。

25 入一幫　愽　弘治九年本、近衛庫本、碧琳琅本、《叢書集成》本列字爲『愽』；正德十一年本、文津閣本列字爲『博』。『愽』，《康熙字典》記：『《正字通》博字之譌。』故『愽』字當爲『博』字形訛。『博』，《廣韻》補各切，《集韻》伯各切，幫鐸一入開宕；《五音集韻》同《廣韻》。《韻鏡》內轉第三十一開、《切韻指掌圖》十四圖、《四聲等子》宕攝內五陽唐重多輕少韻江全重開口呼，列字均爲『博』；《七音略》內轉三十四重中重、《起數訣》第六十二圖開音清，列字爲『愽』。『博』爲《廣韻》《集韻》《五音集韻》鐸一幫母位小韻首字，《七音略》與《切韻指南》弘治九年本、近衛庫本、碧琳琅本、《叢書集成》本列譌字，當校改爲『博』；正德十一年本、文津閣本是。因反切下字爲非脣音及合口，故列於開口圖。

26 入一滂　顛　《廣韻》《集韻》匹各切，滂鐸一入開宕；《五音集韻》同《廣韻》《集韻》。《韻鏡》

内轉第三十一開、《七音略》内轉三十四重中重、《切韻指掌圖》十四圖，列字均爲『䪙』；《起數訣》第六十二圖開音清、《四聲等子》宕攝内五陽唐重多輕少韻江全重開口呼，列字爲『粕』。『䪙』爲《廣韻》《五音集韻》鐸一滂母位小韻首字，且反切下字爲非脣音開口，故《切韻指南》列於開口圖。

27 入一並　泊　《廣韻》傍各切，《集韻》白各切，並鐸一入開宕；《五音集韻》同《廣韻》。《韻鏡》内轉第三十一開、《七音略》内轉三十四重中重、《起數訣》第六十二圖開音清、《切韻指掌圖》十四圖、《四聲等子》宕攝内五陽唐重多輕少韻江全重開口呼，列字均爲『泊』。『泊』爲《廣韻》《集韻》《五音集韻》鐸一並母位小韻首字，當列於此位；且反切下字爲非脣音開口，故《切韻指南》列於開口圖。

28 入一明　莫　《廣韻》慕各切，《集韻》末各切，明鐸一入開宕；《五音集韻》同《廣韻》。《韻鏡》内轉第三十一開、《七音略》内轉三十四重中重、《起數訣》第六十二圖開音清、《切韻指掌圖》十四圖、《四聲等子》宕攝内五陽唐重多輕少韻江全重開口呼，列字均爲『莫』。『莫』爲《廣韻》《集韻》《五音集韻》鐸一明母位小韻首字，當列於此位；且反切下字爲非脣音開口，故《切韻指南》列於開口圖。

29 入一曉　膗　《廣韻》呵各切，《集韻》黑各切，曉鐸一入開宕；《五音集韻》同《廣韻》。《韻鏡》内轉第三十一開，列字爲『臛』，『臛』爲『膗』的異體字；《七音略》内轉三十四重中重，列字爲

『𦢊』；《起數訣》第六十圖收音清、《切韻指掌圖》十三圖，列字爲『膗』，『膗』當爲『𦢊』訛誤；《四聲等子》宕攝內五陽唐重多輕少韻江全重開口呼，列字爲『郝』。『𦢊』爲《廣韻》《集韻》《五音集韻》鐸一曉母位小韻首字，下收有『郝』；《韻鏡》列異體字無誤；《切韻指南》是。

30 《切韻指南》宕攝二等平聲無標目，實收陽韻照二組字，因爲三等，故不列目。

31 平二穿　創　《廣韻》初良切，《集韻》千羊切，初陽三平開宕；《五音集韻》同《廣韻》。《韻鏡》內轉第三十一開、《起數訣》第六十一圖收音濁、《切韻指掌圖》十三圖、《四聲等子》宕攝內五陽唐重多輕少韻江全重開口呼，列字均爲『瘡』；《七音略》內轉三十四重中重，列字爲『創』。『創』爲《廣韻》《集韻》《五音集韻》陽三初母位小韻首字。下收『瘡』，列字以『創』爲佳。《韻鏡》無誤；《切韻指南》是。

32 宕攝上聲二等無標目，實收養韻照二組字，因爲三等，故不列目。

33 上二照　怈　弘治九年本、近衛庫本、文津閣本、碧琳琅本、《叢書集成》本列字爲『怈』；正德十一年本列字爲『伳』。『怈』，《廣韻》《集韻》均無莊母養韻字；《五音集韻》之爽切，章母養韻。『伳』，無此字，應爲『怈』的形訛。《韻鏡》《七音略》《起數訣》《切韻指掌圖》《四聲等子》均空位。『怈』爲《五音集韻》養三章母位小韻首字。《韻鏡》《七音略》從《廣韻》《集韻》空位；《切韻指南》正德十一年本列字誤，當校改爲『怈』，其餘諸版本從《五音集韻》。按《五音集韻》亦當列於三等位，誤；當删。

34 上二穿　磢　此字當爲『磢』字俗訛。『磢』，《廣韻》初兩切，《集韻》楚兩切，初養三上開宕；《五音集韻》同《廣韻》。《韻鏡》内轉第三十一開、《七音略》内轉三十四重中重、《切韻指掌圖》十三圖，列字均爲『磢』；《起數訣》空位；《四聲等子》宕攝内五陽唐重多輕少韻江全重開口呼，列字位『磢』。『磢』爲《廣韻》《五音集韻》陽三初母位小韻首字，《切韻指南》列字字形爲書寫俗訛，當校正爲『磢』。

35 上二審　爽　此字當爲『爽』字俗訛。『爽』，《廣韻》踈兩切，《集韻》所兩切，生養三上開宕；《五音集韻》同《廣韻》。《韻鏡》内轉第三十一開、《七音略》内轉三十四重中重、《切韻指掌圖》十三圖，列字均爲『爽』；《起數訣》空位；《四聲等子》宕攝内五陽唐重多輕少韻江全重開口呼，列字爲『爽』。『爽』爲《廣韻》《五音集韻》陽三生母位小韻首字，《切韻指南》列字字形爲書寫俗訛，當校正爲『爽』。

36 宕攝二等去聲無標目，實收漾韻。照二組字，因爲三等，故不列目。

37 去二審　霜　《廣韻》無去二生母位開口小韻，《集韻》色壯切，生漾三去開宕，《五音集韻》同《集韻》。《韻鏡》空位；《七音略》内轉三十四重中重、《切韻指掌圖》十三圖，列字均爲『灀』；《起數訣》第六十一圖收音濁，列字爲『霜』；《四聲等子》宕攝内五陽唐重多輕少韻江全重開口呼，列字爲『孀』。『霜』『灀』均爲《集韻》《五音集韻》漾三生母位小韻首字，下收有『孀』。《韻鏡》從《廣韻》空位是，《切韻指南》從《集韻》《五音集韻》。

38 宕攝二等入聲無標目，實收藥韻照二組字，因爲三等，故不列目。

39 入二牀　斮　《廣韻》無入二崇母開口小韻，《集韻》士略切，崇藥三入開宕；《五音集韻》同《集韻》。《韻鏡》空位；《七音略》内轉三十四重中重、《四聲等子》宕攝内五陽唐重多輕少韻江全重開口呼，列字均爲『斮』；《切韻指掌圖》十三圖列字爲『浞』；《起數訣》第六十一圖收音濁列於一等位，誤。『斮』爲《集韻》《五音集韻》藥三崇母位小韻首字，《韻鏡》從《廣韻》空位無誤，《切韻指南》從《集韻》《五音集韻》。

40 平三溪　羌　《廣韻》去羊切，《集韻》墟羊切，溪陽三平開宕；《五音集韻》同《廣韻》。《韻鏡》内轉第三十一開、《起數訣》第六十一圖收音濁、《切韻指掌圖》十三圖，列字均爲『羗』；《七音略》内轉三十四重中重、《四聲等子》宕攝内五陽唐重多輕少韻江全重開口呼，列字均爲『羌』。『羌』爲《廣韻》《集韻》《五音集韻》陽三溪母位小韻首字，『羗』爲『羌』的異體字；《韻鏡》列異體無誤；《切韻指南》是。

41 平三群　强　弘治九年本、正德十一年本、文津閣本、碧琳琅本、《叢書集成》本列字爲『强』；近衛庫本列字爲『強』，『強』爲『强』的異體字。『强』，《廣韻》巨良切，《集韻》渠良切，群陽三平開宕；《五音集韻》同《廣韻》。《韻鏡》内轉第三十一開，列字爲『強』；《七音略》内轉三十四重中重、《起數訣》第六十一圖收音濁、《切韻指掌圖》十三圖，列字均爲『彊』；《四聲等子》宕攝内五陽唐重多輕少韻江全重開口呼，列字爲『强』。『强』爲《廣韻》《五音集韻》陽三群母位小韻首字，『彊』爲《集韻》陽三群母位小韻首字，《韻鏡》列異體無誤；《七音略》從《集韻》；《切韻指南》諸家版本均是。

42 平三疑　卬　《廣韻》《五音集韻》均無平三疑母位開口小韻；『卬』，《集韻》魚殃切，疑陽三平開宕。《韻鏡》《七音略》均空位；《起數訣》第六十一圖收音濁、《切韻指掌圖》十三圖、《四聲等子》宕攝内五陽唐重多輕少韻江全重開口呼，列字均爲『卬』。《韻鏡》《七音略》從《廣韻》空位無誤；《切韻指南》從《集韻》。

43 平三徹　募　《廣韻》褚羊切，《集韻》抽良切，徹陽三平開宕；《五音集韻》同《廣韻》。《韻鏡》内轉第三十一開、《七音略》内轉三十四重中重，列字均爲『倀』；《起數訣》第六十一圖收音濁、《切韻指掌圖》十三圖，列字爲『募』；《四聲等子》宕攝内五陽唐重多輕少韻江全重開口呼，列字爲『萇』，澄母陽韻。『募』爲《廣韻》《集韻》《五音集韻》陽三徹母位小韻首字，下收有『倀』；《韻鏡》《七音略》無誤，《切韻指南》是。

44 平三幫　方　《廣韻》府良切，《集韻》符方切，非陽三平合宕；《五音集韻》同《廣韻》。《韻鏡》内轉第三十一開、《七音略》内轉三十四重中重、《起數訣》第六十三圖開音濁、《切韻指掌圖》十四圖、《四聲等子》宕攝内五陽唐重多輕少韻江全重開口呼，列字均爲『方』。『方』爲《廣韻》《五音集韻》陽三幫母位小韻首字，《廣韻》《五音集韻》切下字爲非脣音及合口字，故《切韻指南》列於開口。

45
平三滂　芳　《廣韻》《集韻》敷方切，敷陽三平合宕；《五音集韻》同《廣韻》《集韻》。《韻鏡》內轉第三十一開、《七音略》內轉三十四重中重、《起數訣》第六十三圖開音濁、《切韻指掌圖》十四圖、《四聲等子》宕攝內五陽唐重多輕少韻江全重開口呼，列字均爲『芳』。『芳』爲《廣韻》《集韻》《五音集韻》陽三滂母位小韻首字，因反切下字『方』入開口，故《切韻指南》沿《韻鏡》列於開口。

46
平三並　房　《廣韻》《集韻》符方切，奉陽三平合宕；《五音集韻》同《廣韻》《集韻》。《韻鏡》內轉第三十一開、《七音略》內轉三十四重中重、《起數訣》第六十三圖開音濁、《切韻指掌圖》十四圖、《四聲等子》宕攝內五陽唐重多輕少韻江全重開口呼，列字均爲『房』。『房』爲《廣韻》《集韻》《五音集韻》陽三並母位小韻首字，因反切下字『方』入開口，故《切韻指南》沿《韻鏡》列於開口。

47
平三明　亡　《廣韻》《集韻》武方切，微陽三平合宕；《五音集韻》同《廣韻》《集韻》。《韻鏡》內轉第三十一開、《七音略》內轉三十四重中重、《切韻指掌圖》十四圖、《四聲等子》宕攝內五陽唐重多輕少韻江全重開口呼，列字均爲『亡』；《起數訣》第六十三圖開音濁，列字爲『亾』，『亾』爲『亡』的異體字。『亡』爲《廣韻》《集韻》《五音集韻》陽三明母位小韻首字，因反切下字『方』入開口，故《切韻指南》沿《韻鏡》列於開口。

48
平三審　商　弘治九年本、正德十一年本、文津閣本、碧琳琅本、《叢書集成》本列字爲

『商』；近衛庫本列字爲『商』。『啇』，《廣韻》式羊切，《集韻》尸羊切，書陽三平開宕；《五音集韻》同《廣韻》。『啇』，《廣韻》都歷切，《集韻》丁歷切，端母錫韻，不當列於此位。《韻鏡》内轉第三十一開、《起數訣》第六十一圖收音濁，列字爲『商』；《七音略》内轉三十四重中重、《切韻指掌圖》十三圖、《四聲等子》宕攝内五陽唐重多輕少韻江全重開口呼，列字均爲『商』。『商』爲《廣韻》《集韻》《五音集韻》陽三書母位小韻首字，作『啇』者乃形訛。《韻鏡》及《切韻指南》近衛庫本誤，均當校改爲『商』，《切韻指南》其餘諸版本是。

49 平三日　穰　《廣韻》汝陽切，《集韻》如陽切，日陽三平開宕；《五音集韻》同《廣韻》。《韻鏡》内轉第三十一開、《起數訣》第六十一圖收音濁、《切韻指掌圖》十三圖、《四聲等子》宕攝内五陽唐重多輕少韻江全重開口呼，列字均爲『穰』；《七音略》内轉三十四重中重，列字爲『禳』。『穰』爲《廣韻》《集韻》《五音集韻》陽三日母位小韻首字，下收有『禳』；《七音略》無誤，《切韻指南》是。

50 上三見　繈　弘治九年本、正德十一年本、文津閣本、碧琳琅本、《叢書集成》本列字爲『繦』；『繈』，《廣韻》居兩切，《集韻》舉兩切，見養三上開宕；《五音集韻》同《廣韻》。《韻鏡》内轉第三十一開、《七音略》内轉三十四重中重、《起數訣》第六十一圖收音濁、《切韻指掌圖》十三圖、《四聲等子》宕攝内五陽唐重多輕少韻江全重開口呼，列字均爲『繈』。『繈』爲《廣韻》《集韻》《五音集韻》養三見母位小韻首字。

51　上三溪　磽　《廣韻》未收，且無上三溪母開口小韻；《集韻》丘仰切，溪養三上開宕；《五音集韻》同《集韻》。《韻鏡》空位；《七音略》内轉三十四重中重、《起數訣》第六十一圖收音濁，列字爲『磽』；《切韻指掌圖》十三圖、《四聲等子》宕攝内五陽唐重多輕少韻江全重開口呼，列字爲『嘵』。『磽』爲《集韻》《五音集韻》養三溪母位小韻首字；《韻鏡》從《廣韻》空位無誤，《七音略》無誤，《切韻指南》從《集韻》《五音集韻》。

52　上三群　勥　《廣韻》其兩切，《集韻》巨兩切，群養三上開宕；《五音集韻》同《廣韻》。《韻鏡》内轉第三十一開、《七音略》内轉三十四重中重，列字均爲『強』；《起數訣》第六十一圖收音濁，列字爲『彊』；《切韻指掌圖》十三圖，列字爲『弶』誤；《四聲等子》宕攝内五陽唐重多輕少韻江全重開口呼，列字爲『勥』。『勥』爲《廣韻》《五音集韻》養三群母位小韻首字，下收有『強』『彊』，《韻鏡》《七音略》無誤，《切韻指南》是。

53　上三幫　昉　弘治九年本、近衛庫本、正德十一年本、文津閣本列字爲『昉』；碧琳琅本、《叢書集成》本列字爲『𠯁』。『昉』，《廣韻》分网切，《集韻》甫兩切，非養三上合宕；《五音集韻》同《廣韻》。『𠯁』，《集韻》撫兩切，敷母養韻，不當列於此位。《韻鏡》内轉第三十一開、《七音略》内轉三十四重中重、《切韻指掌圖》十四圖、《四聲等子》宕攝内五陽唐重多輕少韻江全重開口呼，列字均爲『昉』；《起數訣》第六十三圖開音濁，列字爲『防』，奉母陽韻，誤。『昉』爲《廣韻》《集韻》《五音集韻》養三非母位小韻首字，因切下字網入開口，故《切韻指南》

沿《韻鏡》列於開口；碧琳琅本、《叢書集成》本列字誤，當校改爲『昉』；其餘諸版本均是。

54 上三滂　髣　《廣韻》妃兩切，《集韻》撫兩切，敷養三上合宕；《五音集韻》同《廣韻》。《韻鏡》內轉第三十一開、《七音略》內轉三十四重中重、《切韻指掌圖》十四圖、《四聲等子》宕攝內五陽唐重多輕少韻江全重開口呼，列字均爲『髣』；《起數訣》空位。『髣』爲《廣韻》《集韻》《五音集韻》養三敷母位小韻首字，因切下字爲非脣音開口字，故《切韻指南》沿《韻鏡》列於開口。

55 上三明　罔　《廣韻》文兩切，《集韻》文紡切，微養三上合宕；《五音集韻》同《廣韻》。《韻鏡》內轉第三十一開、《七音略》內轉三十四重中重、《起數訣》第六十三圖開音濁、《切韻指掌圖》十四圖、《四聲等子》宕攝內五陽唐重多輕少韻江全重開口呼，列字均爲『罔』。『罔』爲《廣韻》《集韻》《五音集韻》養三微母位小韻首字，下收有『罔』；《韻鏡》《七音略》無誤；因切下字爲非脣音及合口字，故《切韻指南》沿《韻鏡》列於開口。

56 上三日　壤　弘治九年本列字爲『壤』，近衛庫本列字爲『欀』；正德十一年本、文津閣本、碧琳琅本、《叢書集成》本列字爲『攘』。『壤』，《廣韻》如兩切，《集韻》汝兩切，日養三上開宕；《五音集韻》同《廣韻》。『欀』，《廣韻》息良切，《集韻》思將切，心陽三平開宕；《集韻》寫兩切，心養三上開宕；《廣韻》《集韻》人樣切，日漾三去開宕，均不當列於此。《韻鏡》內轉第三十一開，列字爲『攘』；《七音略》內轉三十四重中重、《起數訣》第六十一圖收音濁、《切韻指掌圖》十三圖、《四聲等子》宕攝內五陽唐重多輕少韻江全重開口呼，列字均爲

『壤』。『壤』爲《廣韻》《集韻》《五音集韻》養三日母位小韻首字，下收『攘』，《韻鏡》無誤；《切韻指南》近衛庫本列字誤，當校改爲『壤』，其餘諸版本均是。

57 去三見　彊　《廣韻》《集韻》居亮切，見漾三去開宕；《五音集韻》同《廣韻》《集韻》。《韻鏡》內轉第三十一開、《切韻指掌圖》十三圖，列字均爲『彊』；《七音略》內轉三十四重中重，列字爲『彊』；《起數訣》第六十一圖收音濁，列字爲『畺』；《四聲等子》宕攝內五陽唐重多輕少韻江全重開口呼，列字爲『殭』。『彊』爲《廣韻》《集韻》《五音集韻》漾三見母位小韻首字，『彊』爲『彊』的異體字，《七音略》列異體字無誤，《切韻指南》是。

58 去三溪　唴　《廣韻》《集韻》丘亮切，溪漾三去開宕；《五音集韻》同《廣韻》《集韻》。《韻鏡》內轉第三十一開、《起數訣》第六十一圖收音濁、《切韻指掌圖》十三圖，列字均爲『唴』；《七音略》內轉三十四重中重、《四聲等子》宕攝內五陽唐重多輕少韻江全重開口呼，列字均爲『唴』。『唴』爲《廣韻》《集韻》《五音集韻》漾三溪母位小韻首字，『唴』當爲『唴』訛誤；《韻鏡》列字形訛，誤；《切韻指南》是。

59 去三群　弶　《廣韻》《集韻》其亮切，群漾三去開宕；《五音集韻》同《廣韻》《集韻》。《韻鏡》內轉第三十一開，列字爲『強』，群母陽韻；《七音略》內轉三十四重中重、《起數訣》第六十一圖收音濁、《切韻指掌圖》十三圖，列字爲『弶』；《四聲等子》宕攝內五陽唐重多輕少韻江全重開口呼，列字爲『强』，群母陽韻。『弶』爲《廣韻》《集韻》《五音集韻》漾三群母位小韻首字；《韻鏡》誤，當校改爲『弶』；《切韻指南》是。

60 去三知　帳　《廣韻》《集韻》知亮切，知漾三去開宕；《五音集韻》同《廣韻》《集韻》。《韻鏡》內轉第三十一開、《起數訣》第六十一圖收音濁、《四聲等子》宕攝內五陽唐重多輕少韻江全重開口呼，列字爲『帳』；《七音略》內轉三十四重中重、《切韻指掌圖》十三圖，列字均爲『悵』，徹母漾韻，誤。『帳』爲《廣韻》《集韻》《五音集韻》漾三知母位小韻首字，《七音略》誤，當校改爲『帳』；《切韻指南》是。

61 去三徹　悵　弘治九年本、正德十一年本、文津閣本、碧琳琅本、《叢書集成》本列字爲『悵』；近衛庫本，列字爲『帳』。『悵』，《廣韻》《集韻》丑亮切，徹漾三去開宕；《五音集韻》同《廣韻》《集韻》。『帳』，《廣韻》《集韻》知亮切，知母漾韻，不當列於此位。《韻鏡》內轉第三十一開、《四聲等子》宕攝內五陽唐重多輕少韻江全重開口呼，列字爲『暢』；《七音略》內轉三十四重中重，列字爲『帳』；《起數訣》第六十一圖收音濁、《切韻指掌圖》十三圖，列字爲『悵』。『悵』爲《廣韻》《集韻》《五音集韻》漾三徹母位小韻首字，下收有『暢』，列字以『悵』爲佳。《韻鏡》無誤；《七音略》及《切韻指南》近衛庫本誤，當校改爲『悵』；《切韻指南》其餘諸版本均是。

62 去三幫　放　《廣韻》《集韻》甫妄切，非漾三去合宕；《五音集韻》同《廣韻》《集韻》。《韻鏡》內轉第三十一開、《七音略》內轉三十四重中重、《起數訣》第六十三圖開音濁、《切韻指掌圖》十四圖、《四聲等子》宕攝内五陽唐重多輕少韻江全重開口呼，列字均爲『放』。『放』爲《廣韻》《集韻》《五音集韻》漾三非母位小韻首字，因切下字『妄』入開口，故《切韻指南》沿《韻鏡》列於開口。

63 去三滂　訪　《廣韻》《集韻》敷亮切，敷漾三去合宕；《五音集韻》同《廣韻》《集韻》。《韻鏡》内轉第三十一開、《七音略》内轉三十四重中重、《起數訣》第六十三圖開音濁、《切韻指掌圖》十四圖、《四聲等子》宕攝内五陽唐重多輕少韻江全重開口呼，列字均爲『訪』。『訪』爲《廣韻》《集韻》《五音集韻》漾三敷母位小韻首字，因切下字爲非脣音開口字，故《切韻指南》沿《韻鏡》列於開口。

64 去三並　防　《廣韻》《集韻》符況也，奉漾三去合宕；《五音集韻》同《廣韻》《集韻》。《韻鏡》内轉第三十一開、《七音略》内轉三十四重中重、《起數訣》第六十三圖開音濁、《切韻指掌圖》十四圖、《四聲等子》宕攝内五陽唐重多輕少韻江全重開口呼，列字均爲『防』。『防』爲《廣韻》《集韻》《五音集韻》漾三奉母位小韻首字，因切下字爲合口，按規則當列於合口，然《切韻指南》沿《韻鏡》列於開口。

65 去三明　妄　《廣韻》巫放切，《集韻》無放切，微漾三去合宕；《五音集韻》同《廣韻》。《韻鏡》内轉第三十一開、《七音略》内轉三十四重中重、《起數訣》第六十三圖開音濁、《切韻指掌圖》十四圖、《四聲等子》宕攝内五陽唐重多輕少韻江全重開口呼，列字均爲『妄』。『妄』

爲《廣韻》《集韻》《五音集韻》漾三微母位小韻首字，《切韻指南》沿《韻鏡》列於開口。

66 入三見　腳　《廣韻》居勺切，《集韻》訖約切，見藥三入開宕；《五音集韻》同《廣韻》。《韻鏡》内轉第三十一開、《四聲等子》宕攝内五陽唐重多輕少韻江全重開口呼，列字均爲『腳』；《七音略》内轉三十四重中重、《起數訣》第六十一圖收音濁、《切韻指掌圖》十三圖，列字均爲『脚』。『腳』爲《廣韻》《集韻》《五音集韻》藥三見母位小韻首字，『脚』爲『腳』的異體字；《七音略》列異體字無誤。《切韻指南》是。

67 入三溪　卻　《廣韻》去約切，《集韻》乞約切，溪藥三入開宕；《五音集韻》同《廣韻》。《韻鏡》内轉第三十一開、《起數訣》第六十一圖收音濁、《四聲等子》宕攝内五陽唐重多輕少韻江全重開口呼，列字均爲『卻』；《七音略》内轉三十四重中重、《切韻指掌圖》十三圖，列字均爲『却』。『卻』爲《廣韻》《集韻》《五音集韻》藥三溪母位小韻首字，『却』爲『卻』的異體字；《七音略》列異體字無誤。《切韻指南》是。

68 入三知　芍　《廣韻》張略切，《集韻》陟略切，知藥三入開宕；《五音集韻》同《廣韻》。《韻鏡》内轉第三十一開，列字爲『芶』；《七音略》内轉三十四重中重、《四聲等子》宕攝内五陽唐重多輕少韻江全重開口呼，列字均爲『芍』；《起數訣》第六十一圖收音濁，列字爲『礿』；《切韻指掌圖》十三圖，列字爲『勺』。『芍』爲《廣韻》《五音集韻》藥三知母位小韻首字，『芶』爲『芍』形訛，《韻鏡》誤，《切韻指南》是。

69 入三徹　㲋　弘治九年本、近衛庫本、正德十一年本、碧琳琅本、《叢書集成》本列字爲『㲋』；文津閣本列字爲『㲋』。『㲋』，《廣韻》丑略切，《集韻》敕略切，徹藥三入開宕；《五音集韻》同《廣韻》。『㲋』，無此字，應爲『㲋』的形訛。《韻鏡》內轉第三十一開、《七音略》內轉三十四重中重、《四聲等子》宕攝內五陽唐重多輕少韻江全重開口呼，列字均爲『辵』；《起數訣》第六十一圖收音濁，列字爲『辵』；《切韻指掌圖》十三圖，列字爲『㲋』。『㲋』爲《廣韻》《五音集韻》藥三徹母位小韻首字，下收有『辵』字，《韻鏡》《七音略》無誤。《切韻指南》文津閣本列字誤，當校改爲『㲋』，其餘諸版本均是。

70 入三澄　著　《廣韻》直略切，《集韻》陟略切，澄藥三入開宕；《五音集韻》同《廣韻》。《韻鏡》內轉第三十一開、《起數訣》第六十一圖收音濁、《切韻指掌圖》十三圖、《四聲等子》宕攝內五陽唐重多輕少韻江全重開口呼，列字均爲『著』，《七音略》內轉三十四重中重，列字爲『着』。『著』爲《廣韻》《集韻》《五音集韻》藥三澄母位小韻首字，『着』爲『著』的異體字；《七音略》列異體字無誤；《切韻指南》是。

71 入三幫　轉　《廣韻》幫母無藥韻小韻，《集韻》方縛切，非藥三入合宕；《五音集韻》同《集韻》。《韻鏡》內轉第三十一開、《七音略》內轉三十四重中重、《起數訣》第六十圖收音清、《切韻指掌圖》十四圖、《四聲等子》宕攝內五陽唐重多輕少韻江全重開口呼，列字均爲『轉』。『轉』爲《集韻》《五音集韻》藥三幫母位小韻首字，《切韻指南》從《集韻》《五音集韻》，沿《韻鏡》列於開口。

72 入三滂　霶　《廣韻》孚縛切，《集韻》拂縛切，敷藥三入合宕；《五音集韻》芳縛切。《韻鏡》内轉第三十一開、《七音略》内轉三十四重中重、《起數訣》第六十圖收音清、《切韻指掌圖》十四圖、《四聲等子》宕攝内五陽唐重多輕少韻江全重開口呼，列字均爲『霶』。『霶』爲《廣韻》《集韻》《五音集韻》藥三滂母位小韻首字，《切韻指南》沿《韻鏡》列於開口。

73 入三並　縛　《廣韻》符钁切，《集韻》伏約切，奉藥三入合宕；《五音集韻》同《廣韻》。《韻鏡》内轉第三十一開、《七音略》内轉三十四重中重、《起數訣》第六十圖收音清、《切韻指掌圖》十四圖、《四聲等子》宕攝内五陽唐重多輕少韻江全重開口呼，列字均爲『縛』。『縛』爲《廣韻》《集韻》《五音集韻》藥三並母位小韻首字，《切韻指南》沿《韻鏡》列於開口。

74 入三審　爍　《廣韻》書藥切，《集韻》式灼切，書藥三入開宕；《五音集韻》同《廣韻》。《韻鏡》内轉第三十一開、《七音略》内轉三十四重中重，列字均爲『鑠』；《起數訣》第六十一圖收音濁，列字爲『爍』，以母藥韻；《切韻指掌圖》十三圖、《四聲等子》宕攝内五陽唐重多輕少韻江全重開口呼，列字均爲『爍』。『爍』爲《廣韻》《五音集韻》藥三書母位小韻首字，下收有『鑠』字，《韻鏡》《七音略》無誤；《切韻指南》是。

75 入三禪　妁　《廣韻》市若切，《集韻》實若切，禪藥三入開宕；《五音集韻》同《廣韻》。《韻鏡》内轉第三十一開、《起數訣》第六十一圖收音濁、《四聲等子》宕攝内五陽唐重多輕少韻江全重開口呼，列字均爲『杓』；《七音略》内轉三十四重中重、《切韻指掌圖》十三圖，列字均爲『妁』。『妁』爲《廣韻》《五音集韻》藥三禪母位小韻首字，下收有『杓』字，《韻鏡》無誤；《切韻指南》是。

76 入三日　若　《廣韻》而灼切，《集韻》日灼切，日藥三入開宕；《五音集韻》同《廣韻》。《韻鏡》内轉第三十一開、《七音略》内轉三十四重中重、《起數訣》第六十一圖收音濁，列字均爲『弱』；《切韻指掌圖》十三圖、《四聲等子》宕攝内五陽唐重多輕少韻江全重開口呼，列字均爲『若』。『若』爲《廣韻》《五音集韻》藥三日母位小韻首字，下收有『弱』字，《韻鏡》《七音略》無誤；《切韻指南》是。

77 宕攝四等平聲無標目，實收陽韻。因爲三等字，故不列目。

78 平四精　将　《廣韻》即良切，《集韻》資良切，《五音集韻》即長切，精陽三平開宕。《韻鏡》内轉第三十一開、《起數訣》第六十一圖收音濁、《四聲等子》宕攝内五陽唐重多輕少韻江全重開口呼，列字均爲『將』；《七音略》内轉三十四重中重，列字爲『蔣』；《切韻指掌圖》十三圖，列字爲『将』。『将』爲《廣韻》《集韻》《五音集韻》陽三精母位小韻首字，下收有『蔣』。『將』爲『将』異體字；《韻鏡》《七音略》無誤；《切韻指南》是。

79 平四清　瑲　《廣韻》七羊切，《集韻》千羊切，清陽三平開宕；《五音集韻》同《廣韻》。《韻鏡》内轉第三十一開、《七音略》内轉三十四重中重、《起數訣》第六十一圖收音濁，列字均爲

『鏘』；《切韻指掌圖》十三圖、《四聲等子》宕攝内五陽唐重多輕少韻江全重開口呼，列字均爲『槍』。『鏘』爲《廣韻》陽三清母位小韻首字，下收有『槍』；『瑲』爲《集韻》《五音集韻》陽三清母位小韻首字，《韻鏡》《七音略》是，《切韻指南》從《集韻》《五音集韻》。

80 平四心　襄　《廣韻》息良切，《集韻》思將切，心陽三平開宕；《五音集韻》同《廣韻》。《韻鏡》内轉第三十一開，列字爲『相』；《七音略》内轉三十四重中重、《起數訣》第六十一圖收音濁、《切韻指掌圖》十三圖、《四聲等子》宕攝内五陽唐重多輕少韻江全重開口呼，列字均爲『襄』。『襄』爲《廣韻》《集韻》《五音集韻》陽三心母位小韻首字，下收有『相』，《韻鏡》無誤，《切韻指南》是。

81 宕攝四等上聲無標目，實收養韻。因爲三等字，故不列目。

82 上四泥　饢　《廣韻》《集韻》無上四泥母開口小韻；《五音集韻》乃𩦎切，泥母養韻。《韻鏡》《七音略》《起數訣》《切韻指掌圖》均空位；《四聲等子》宕攝内五陽唐重多輕少韻江全重開口呼，列字爲『饢』。『饢』，《字匯補》乃綱切，爲泥母一等字。泥母拼合一四等，反切下字『𩦎』，《切韻指南》列於四等。《康熙字典》記：『《廣韻》毗往切，音棒。』若爲毗往切，則爲養韻，音棒則爲講韻。養韻爲三等，不與泥母相拼，《五音集韻》此音當誤。『饢』爲《五音集韻》養三泥母位小韻首字，《韻鏡》《七音略》空位無誤，《切韻指南》從《五音集韻》而誤，當删。

83 上四並　𩦎　《廣韻》毗養切，《集韻》無上四並母開口小韻，《五音集韻》毗饢切，並養三上開宕。《韻鏡》内轉第三十一開、《七音略》内轉三十四重中重、《起數訣》第六十一圖收音濁、《切韻指掌圖》十三圖，均空位；《四聲等子》宕攝内五陽唐重多輕少韻江全重開口呼，列字爲『𩦹』。『𩦹』爲《廣韻》《五音集韻》養三並母位小韻首字，按照門法列於四等位。《韻鏡》《七音略》從《集韻》空位，《切韻指南》是。

84 上四精　𢍜　弘治九年本、近衛庫本、正德十一年本、碧琳琅本、《叢書集成》本列字均爲『𢍜』；文津閣本列字爲『奬』。『𢍜』，《廣韻》即兩切，《集韻》養韻開口無精母字，精養三上開宕；《五音集韻》同《廣韻》。《韻鏡》内轉第三十一開、《起數訣》第六十一圖收音濁、《切韻指掌圖》十三圖、《四聲等子》宕攝内五陽唐重多輕少韻江全重開口呼，列字爲『奬』；《七音略》内轉三十四重中重，列字爲『蔣』。『𢍜』爲《廣韻》《五音集韻》養三精母位小韻首字，下收有『奬』『蔣』。《韻鏡》《七音略》無誤；《切韻指南》諸版本均是。

85 上四清　搶　弘治九年本、近衛庫本、正德十一年本、文津閣本列字爲『搶』；碧琳琅本、《叢書集成》本列字爲『牄』。『搶』，《廣韻》七養切，《集韻》楚兩切，《五音集韻》七兩切，清養三上開宕。『牄』，《集韻》千剛切，清母唐韻，不當列於此位。《韻鏡》内轉第三十一開、《七音略》内轉三十四重中重、《起數訣》第六十一圖收音濁、《切韻指掌圖》十三圖、《四聲等子》宕攝内五陽唐重多輕少韻江全重開口呼，列字均爲『搶』。『搶』爲《廣韻》《五音集韻》養三清母位小韻首字，《切韻指南》碧琳琅本、《叢書集成》本列字誤，當校改爲『搶』，其餘諸版本均是。

86 上四從　篛　《廣韻》無上四從母開口小韻，《集韻》子兩切，《五音集韻》在兩切，從養三上開宕。《韻鏡》《七音略》均空位；《起數訣》第六十一圖收音濁，列字爲『篛』；《切韻指掌圖》十三圖、《四聲等子》宕攝内五陽唐重多輕少韻江全重開口呼，列字均爲『蔣』。『篛』爲《集韻》《五音集韻》養三從母位小韻首字，《韻鏡》《七音略》從《廣韻》空位無誤，《切韻指南》從《集韻》《五音集韻》。

87 上四邪　像　《廣韻》徐兩切，《集韻》似兩切，邪養三上開宕；《五音集韻》同《廣韻》。《韻鏡》内轉第三十一開、《切韻指掌圖》十三圖，列字均爲『像』；《七音略》内轉三十四重中重、《起數訣》第六十一圖收音濁、《四聲等子》宕攝内五陽唐重多輕少韻江全重開口呼，列字均爲『象』。『像』爲《廣韻》《五音集韻》養三邪母位小韻首字，下收有『象』，《七音略》列下收字無誤，《切韻指南》是。

88 宕攝四等入聲無標目，實收藥韻。

89 入四從　皭　《廣韻》在爵切，《集韻》疾雀切，從藥三入開宕；《五音集韻》同《廣韻》。《韻鏡》内轉第三十一開、《七音略》内轉三十四重中重、《起數訣》第六十圖收音清、《切韻指掌圖》十三圖、《四聲等子》宕攝内五陽唐重多輕少韻江全重開口呼，列字均爲『皭』。『皭』爲《廣韻》藥三從母位小韻首字，下收『嚼』字。『嚼』爲《集韻》藥三從母位小韻首字，《韻鏡》《七音略》《切韻指南》均無誤。

宕攝內五　合口呼　侷門

見	溪	群	疑	端知	透徹	定澄	泥孃	幫非	滂敷	並奉	明微
光	⿰骨光	○	○	○	○	○	○	幫	○	傍	○
廣	懬	○	○	○	○	○	○	○	○	○	○
桄	曠	○	○	○	○	○	○	螃	⿰月放	○	○
郭	廓	○	瓁	○	○	○	○	○	○	○	○
○	○	○	○	○	○	○	○	○	○	○	○
○	○	○	○	○	○	○	○	○	○	○	○
○	○	○	○	○	○	○	○	○	○	○	○
○	○	○	○	○	○	○	○	○	○	○	○
㤮	匡	狂	○	○	○	○	○	○	○	○	○
獷	恇	俇	○	○	○	○	○	○	○	○	○
誑	眶	狂	○	○	○	○	○	○	○	○	○
彏	躩	戄	○	○	○	○	○	○	○	○	○
○	○	○	○	○	○	○	○	○	○	○	○
○	○	○	○	○	○	○	○	○	○	○	○
○	○	○	○	○	○	○	○	○	○	○	○
○	○	○	○	○	○	○	○	○	○	○	○

韻	精 照	清 穿	從 床	心 審	邪 禪	曉	匣	影	喻	來	日
唐	○	○	○	○	○	荒	黃	汪	○	○	○
蕩	○	○	○	○	○	慌	晃	⿰氵枉	○	○	○
宕	○	○	○	○	○	荒	攩	汪	○	○	○
鐸	⿰口⿱叉木	○	○	○	○	霍	穫	臒	○	硏	○
	○	○	○	○	○	○	○	○	○	○	○
	○	○	○	○	○	○	○	○	○	○	○
	○	○	○	○	○	○	○	○	○	○	○
	○	○	○	○	○	○	○	○	○	○	○
陽	○	○	○	○	○	○	○	○	王	○	○
養	○	○	○	○	○	怳	○	枉	往	○	○
樣	○	○	○	○	○	況	○	○	迋	○	○
藥	○	○	○	○	○	矆	○	嬳	籰	○	○
	○	○	○	○	○	○	○	○	○	○	○
	○	○	○	○	○	○	○	○	○	○	○
	○	○	○	○	○	○	○	○	○	○	○
	○	○	○	○	○	○	○	○	○	○	○

第十六圖 宕攝内五 合口呼 侷門

《經史正音切韻指南》第十六圖爲宕攝合口圖，對應《韻鏡》内轉第三十二合和《七音略》内轉三十五輕中輕。一等列目唐蕩宕鐸，三等列目陽養様藥。二等與四等均無列目，因爲假二等、假四等，故不列。本圖脣音可見刻意選擇，例平一幫因反切下字爲脣音，平一並反切下字爲合口，而列於合口圖。《五音集韻》陽唐同用。

1 平一幫 幫 《廣韻》博旁切，《集韻》逋旁切，幫唐一平開宕；《五音集韻》同《廣韻》。《韻鏡》内轉第三十一合、《七音略》内轉三十四重中重、《四聲等子》宕攝内五陽唐重多輕少韻江全重開口呼、《起數訣》第六十二圖開音清、《切韻指掌圖》十四圖，列字均爲「幫」。「幫」爲《廣韻》《集韻》《五音集韻》唐一幫母位小韻首字，因其反切下字爲脣音，《切韻指南》將其列入合口圖。

2 平一滂 ○ 《廣韻》《集韻》《五音集韻》均有「滂」小韻，諸家韻圖列字均爲「滂」。「滂」鋪郎切，因反切下字爲非脣音及合口字，故列於開口圖，本圖空位。

3 平一並 傍 《廣韻》步光切，《集韻》蒲光切，並唐一平開宕；《五音集韻》同《廣韻》。《韻鏡》内轉第三十一合、《切韻指掌圖》十四圖、《四聲等子》宕攝内五陽唐重多輕少韻江全重開口呼，列字均爲『傍』；《七音略》内轉三十四重中重、《起數訣》第六十二圖開音清，列字均爲『旁』。『傍』爲《廣韻》《五音集韻》唐一並母位小韻首字，下收有『旁』；因反切下字爲合口字，《切韻指南》列入合口圖。

4 平一明 ◯ 《廣韻》《集韻》《五音集韻》均有『茫』小韻，諸家韻圖列字或爲『茫』，或爲『忙』。『茫』莫郎切，因反切下字爲非脣音及合口字，故列於開口圖，本圖空位。

5 平一曉 荒 《廣韻》《集韻》呼光切，曉唐一平合宕；《五音集韻》同《廣韻》《集韻》。《韻鏡》内轉第三十二合、《起數訣》第六十二圖開音清、《切韻指掌圖》十四圖、《四聲等子》宕攝内五，列字均爲『荒』；《七音略》内轉三十五輕中輕，列字爲『巟』。『荒』爲《廣韻》《五音集韻》唐一曉位小韻首字，下收有『巟』，《七音略》列字無誤，《切韻指南》是。

6 本圖上一幫滂明母均空位，《廣韻》《集韻》《五音集韻》均有字，反切下字爲『朗』，爲非脣音開口字，故均列於開口圖，本圖空位。

7 上一匣 晃 《廣韻》胡廣切，《集韻》户廣切，匣蕩一上合宕；《五音集韻》同《廣韻》。《集韻》此字字形爲『晄』，爲『晃』的異體字；《韻鏡》内轉第三十二合、《起數訣》第六十二圖開音清、《切韻指掌圖》十四圖、《四聲等子》宕攝内五，列字均爲『晃』；《七音略》内轉三十五輕中輕，列字爲『幌』。『晃』爲《廣韻》《集韻》《五音集韻》蕩一匣母位小韻首字，下收有

『幌』，《七音略》列字無誤。《切韻指南》是。

8 去一幫　螃　《廣韻》《集韻》補曠切，幫宕一去開宕；《五音集韻》同《廣韻》《集韻》。《韻鏡》内轉第三十一開、《七音略》内轉三十五重中重、《四聲等子》宕攝内五陽唐重多輕少韻江全重開口呼、《起數訣》第六十二圖開音清、《切韻指掌圖》十四圖，列字爲『謗』。『螃』爲《廣韻》謗《五音集韻》宕一幫母位小韻首字，下收有『謗』；因反切下字爲合口，《切韻指南》列於合口圖。

9 去一滂　⿰月放　《廣韻》宕韻無滂母；《集韻》滂謗切，滂宕一去合宕；《五音集韻》同《集韻》。《韻鏡》内轉第三十一開、《四聲等子》宕攝内五陽唐重多輕少韻江全重開口呼，空位；《七音略》内轉三十五重中重、《起數訣》第六十二圖開音清、《切韻指掌圖》十四圖，列字均爲『⿰月放』。『⿰月放』爲《集韻》《五音集韻》宕一滂母位小韻首字，《韻鏡》從《廣韻》空位；因《集韻》《五音集韻》反切下字爲脣音字，《切韻指南》列於合口圖。

10 本圖去一並明母兩母均空位，《廣韻》《集韻》《五音集韻》均有字，反切下字爲『浪』，爲非脣音開口字，故均列於開口圖，本圖空位。

11 去一匣　攩　弘治九年本、近衛庫本、正德十一年本、碧琳琅本、《叢書集成》本列字爲『攩』；文津閣本列字爲『欓』，《廣韻》多朗切，《集韻》底朗切，端母蕩韻，不當列於此。『攩』，《廣韻》乎曠切，《集韻》胡曠切，匣宕一去合宕；《五音集韻》同《廣韻》。《韻鏡》内轉第三十二合，列字爲『潢』；《七音略》内轉三十五輕中輕、《切韻指掌圖》十四圖、《四聲等子》宕攝内五，列字均爲『攮』；《起數訣》空位。『攮』爲《廣韻》《五音集韻》宕一匣母位小韻首字，下收有『潢』字，《韻鏡》無誤。《切韻指南》文津閣本誤，其餘諸版本是。

12 入一疑　瓁　弘治九年本、近衛庫本、正德十一年本、碧琳琅本、《叢書集成》本列字爲『瓁』；文津閣本空位。『瓁』，《廣韻》《集韻》五郭切，疑鐸一入合宕；《五音集韻》同《廣韻》《集韻》。《韻鏡》内轉第三十二合、《七音略》内轉三十五輕中輕、《起數訣》第六十二圖開音清、《切韻指掌圖》十四圖、《四聲等子》宕攝内五，列字均爲『瓁』。『瓁』爲《廣韻》《集韻》《五音集韻》鐸一疑母位小韻首字，當列於此位，《切韻指南》文津閣本空位，當校補『瓁』；其餘諸版本是。

13 本圖入一脣音均空位，《廣韻》《集韻》《五音集韻》均有序，反切下字爲非脣音開口字，故均列於開口圖，本圖空位。

14 入一精　嘄　《廣韻》《集韻》祖郭切，精鐸一入合宕；《五音集韻》同《廣韻》《集韻》。《韻鏡》《切韻指掌圖》《起數訣》均空位；《七音略》内轉三十五輕中輕列『嘄』字於去聲四等精母位；《四聲等子》宕攝内五，列字爲『嘄』。『嘄』爲《廣韻》《集韻》《五音集韻》鐸一精母位小韻首字，《七音略》列於去聲四等誤；《韻鏡》無字者合於唐五代韻書，無誤；《切韻指南》從《廣韻》是。

15 入一匣　穫　《廣韻》胡郭切，《集韻》黄郭切，匣鐸一入合宕；《五音集韻》同《廣韻》。《韻鏡》内轉第三十二合，列字爲『檴』；《七音略》内轉三十五輕中輕、《起數訣》第六十二圖開音清、《切韻指掌圖》十四圖，列字均爲『穫』；《四聲等子》宕攝内五，列字爲『鑊』，見母藥韻。『穫』爲《廣韻》《集韻》《五音集韻》鐸一匣母位小韻首字，下收有『檴』，《韻鏡》列字無誤，《切韻指南》是。

16 入一影　臒　《廣韻》烏郭切，《集韻》屋郭切，影鐸一入合宕；《五音集韻》同《廣韻》。《韻鏡》内轉第三十二合、《四聲等子》宕攝内五，列字均爲『艧』，此字當爲『雘』字俗訛；《七音略》内轉三十五輕中輕、《起數訣》第六十二圖開音清，列字爲『雘』；《切韻指掌圖》十四圖，列字爲『雘』。『雘』爲《廣韻》《集韻》《五音集韻》鐸一影母位小韻首字，下收有『臒』，《韻鏡》列字訛誤，當校改爲『雘』；《七音略》列字無誤，《切韻指南》是。

17 入一來　碋　《廣韻》《集韻》盧穫切，來鐸一入合宕；《五音集韻》同《廣韻》《集韻》。《韻鏡》空位；《七音略》内轉三十五輕中輕、《起數訣》第六十二圖開音清、《切韻指掌圖》十四圖、《四聲等子》宕攝内五，列字均爲『碋』。『碋』爲《廣韻》《集韻》《五音集韻》鐸一來母位小韻首字，《韻鏡》從唐五代韻書空位，《切韻指南》是。

18 平三見　㤮　《廣韻》無見母陽韻合口字；《集韻》渠王切；《五音集韻》俱王切，見陽三平合宕；《集韻》列字爲『㤮』。《韻鏡》空位；《七音略》内轉三十五輕中輕，列字爲『恇』，誤；《起數訣》第六十三圖開音濁、《切韻指掌圖》十四圖，列字均爲『㤮』；《四聲等子》宕攝内五，列字爲『狌』，疑此字當爲『徃』字形訛，群母養韻。『㤮』爲《集韻》《五音集韻》陽三見母位小韻首字，《七音略》據《集韻》『㤮』字而轉訛；《廣韻》無見母陽韻合口字，《韻鏡》從《廣韻》空位。《切韻指南》列字爲『㤮』字形訛，誤，當校改爲『㤮』。

19 上三見　獷　《廣韻》居往切，《集韻》俱往切，見養三上合宕；《五音集韻》同《廣韻》。《韻鏡》内轉第三十二合，於二等位列『⿱罒界』；《七音略》内轉三十五輕中輕，列字爲『界』形訛；《切韻指掌圖》十四圖、《四聲等子》宕攝内五，列字均爲『獷』；《起數訣》第六十三圖開音濁，列字爲『弄』。『獷』爲《廣韻》《五音集韻》養三見母位小韻首字，『⿱罒界』爲《集韻》養三見母位小韻首字，《韻鏡》形位誤，當改爲『⿱罒界』，列於三等位；《七音略》亦形訛，當校改爲『⿱罒界』。《切韻指南》是。

20 上三溪　恇　《廣韻》去王切，溪陽三平合宕，不當列於此位，《廣韻》養韻無溪母；《集韻》丘往切，溪養三上合宕；《五音集韻》同《集韻》。《韻鏡》空位；《七音略》内轉三十五輕中輕，列字爲『忻』；《起數訣》第六十三圖開音濁、《切韻指掌圖》十四圖、《四聲等子》宕攝内五，列字均爲『恇』。『恇』爲《集韻》《五音集韻》養三溪母位小韻首字；《韻鏡》從《廣韻》空位；《七音略》列字形訛，誤；《切韻指南》是。

21 上三群　俇　《廣韻》《集韻》求往切，群養三上合宕；《五音集韻》同《廣韻》《集韻》。《韻鏡》

内轉第三十二合，於二等位列『俇』；《七音略》内轉三十五輕中輕、《起數訣》第六十三圖開音濁、《切韻指掌圖》十四圖、《四聲等子》宕攝内五，列字均爲『俇』。『俇』爲《廣韻》《集韻》《五音集韻》養三群母位小韻首字，《韻鏡》誤；《切韻指南》是。

22 本圖上一幫滂明三母均空位，《廣韻》《集韻》《五音集韻》均有字，《廣韻》《五音集韻》反切下字均爲『兩』，爲非脣音開口字，故均列於開口圖，本圖空位。

23 上三影　怔　弘治九年本、近衛庫本、正德十一年本、文津閣本列字爲『怔』；碧琳琅本、《叢書集成》本列字爲『性』，心母勁韻，當爲『怔』形訛。『怔』，《廣韻》巨王切，《集韻》渠王切，群母陽韻；《廣韻》渠放切，《集韻》具放切，群母漾韻；《集韻》古況切，見母漾韻；《集韻》局縛切，群母藥韻；無上聲音，疑爲『枉』形訛。『枉』，《廣韻》紆往切，《集韻》嫗往切，影養三上合宕；《五音集韻》同《廣韻》。《韻鏡》内轉第三十二合、《七音略》内轉三十五輕中輕、《起數訣》第六十三圖開音濁、《切韻指掌圖》十四圖、《四聲等子》宕攝内五，列字均爲『枉』。『枉』爲《廣韻》《集韻》《五音集韻》養三影母位小韻首字，『怔』爲『枉』字形訛。《切韻指南》諸版本皆誤，當校改爲『枉』。

24 去三見　誑　《廣韻》居況切，《集韻》古況切，見漾三去合宕；《五音集韻》同《廣韻》。《韻鏡》空位；《七音略》内轉三十五輕中輕、《起數訣》第六十三圖開音濁、《切韻指掌圖》十四圖、《四聲等子》宕攝内五，列字均爲『誑』。『誑』爲《廣韻》《集韻》《五音集韻》漾三見母位小韻首字，《韻鏡》空位，誤，當校補『誑』；《切韻指南》是。

25 去三溪　眶　《廣韻》無溪母漾韻合口字；《集韻》區旺切，溪漾三去合宕；《五音集韻》同《集韻》。《韻鏡》空位；《七音略》内轉三十五輕中輕，列字爲『眐』，當爲避諱缺筆；《起數訣》第六十三圖開音濁、《四聲等子》宕攝内五，列字均爲『眶』；《切韻指掌圖》十四圖，列字爲『眶』，溪母陽韻。『眶』爲《集韻》《五音集韻》漾三溪母位小韻首字；《韻鏡》從《廣韻》空位無誤；《七音略》形訛，誤。《切韻指南》是。

26 去三群　狂　《廣韻》渠放切，《集韻》具放切，群漾三去合宕；《五音集韻》同《廣韻》。《韻鏡》内轉第三十二合，列字位『誑』，《廣韻》居況切，《集韻》古況切，見母漾韻，誤；《七音略》内轉三十五輕中輕、《起數訣》第六十三圖開音濁、《切韻指掌圖》十四圖、《四聲等子》宕攝内五，列字均爲『狂』。『狂』爲《廣韻》《集韻》《五音集韻》漾三群母位小韻首字，《韻鏡》誤。《切韻指南》是。

27 本圖去三脣音均空位，《廣韻》《集韻》《五音集韻》均有字，均列於開口圖。

28 去三曉　況　《廣韻》許訪切，《集韻》許放切，曉漾三去合宕；《五音集韻》同《廣韻》。《韻鏡》内轉第三十二合、《起數訣》第六十三圖開音濁、《切韻指掌圖》十四圖、《四聲等子》宕攝内五，列字均爲『況』；《七音略》内轉三十五輕中輕，列字爲『况』。『況』爲《廣韻》《集韻》《五音集韻》漾三曉母位小韻首字，下收有『况』，《七音略》列字無誤；《切韻指南》是。

29 去三喻　迋　弘治九年本、近衛庫本、正德十一年本、碧琳琅本、《叢書集成》本列字爲「迋」；文津閣本列字爲「廷」。「迋」，《廣韻》《集韻》于放切，云漾三去合宕；《五音集韻》同《廣韻》《集韻》。「廷」，《廣韻》特丁切，《集韻》唐丁切，定母青韻；《廣韻》《集韻》徒徑切，定母徑韻；不當列於此位。《韻鏡》内轉第三十二合、《起數訣》第六十三圖開音濁、《切韻指掌圖》十四圖，列字均爲「旺」；《七音略》内轉三十五輕中輕、《四聲等子》宕攝内五，列字均爲「迋」。「迋」爲《廣韻》《五音集韻》漾三云母位小韻首字，「旺」爲《集韻》漾三云母位小韻首字，列字以「迋」爲佳。《切韻指南》文津閣本誤，當校改爲「迋」，其餘諸版本是。

30 本圖入三脣音均空位，《廣韻》無幫母，滂並兩母有字；《集韻》《五音集韻》均有字，均列於開口圖。

31 入三曉　矆　《廣韻》許縛切，《集韻》怳縛切，曉藥三入合宕；《五音集韻》同《廣韻》。《韻鏡》内轉第三十二合、《起數訣》第六十三圖開音濁，列字均爲「矆」；《七音略》内轉三十五輕中輕、《切韻指掌圖》十四圖、《四聲等子》宕攝内五，列字均爲「矆」。「矆」爲《廣韻》《集韻》《五音集韻》藥三曉母位小韻首字，「矆」爲「矆」的異體字，《韻鏡》列異體字無誤；《切韻指南》是。

曾攝內六　開口呼　侷門

見	溪	群	疑	端	透	定	泥	幫	滂	並	明
				知	徹	澄	孃	非	敷	奉	微
搄	奟	○	○	登	鼟	騰	能	崩	漰	朋	瞢
[illegible]	肯	○	○	等	鼟	䠬	能	○	倗	閍	瞢
亘	堩	○	○	嶝	澄	鄧	䏻	𥦗	[illegible]	倗	懵
裓	刻	○	○	德	忒	特	䘓	北	覆	菔	墨
○	○	○	○	○	○	○	○	○	○	○	○
○	○	○	○	○	○	○	○	○	○	○	○
○	○	○	○	○	○	○	○	○	○	○	○
○	○	○	○	○	○	○	○	○	○	○	○
兢	硱	殑	凝	徵	僜	澂	○	冫	砯	凭	儚
○	○	殑	○	○	庱	澄	○	○	○	憑	○
○	欠	殑	凝	○	覴	瞪	[illegible]	冰	淯	砅	○
殛	䩯	極	嶷	陟	敕	直	匿	○	○	○	○
○	○	○	○	○	○	○	○	○	○	○	○
○	○	○	○	○	○	○	○	○	○	○	○
○	○	○	○	○	○	○	○	○	○	○	○
○	○	○	○	○	○	○	○	○	○	○	○

韻	精照	清穿	從床	心審	邪禪	曉	匣	影	喻	來	日
登	增	[illegible]	層	僧	○	○	恒	鞥	○	棱	○
等	䁞	○	○	○	○	○	亙	○	○	○	○
嶝	增	蹭	贈	[illegible]	○	○	○	○	○	倰	○
德	則	[illegible]	賊	塞	○	黑	劾	餩	○	勒	○
	○	○	磳	殑	○	○	○	○	○	○	○
	○	○	○	殑	○	○	○	○	○	○	○
	○	○	○	○	○	○	○	○	○	○	○
	側	測	崱	色	○	○	○	○	○	○	○
蒸	蒸	稱	繩	升	承	興	○	膺	熊	陵	仍
拯	拯	齒	○	○	○	○	○	○	○	○	耳
證	證	稱	乘	勝	丞	興	○	應	○	餕	認
職	職	瀷	食	識	寔	赩	洫	憶	○	力	日
	䰝	○	繒	緣	○	○	○	○	蠅	○	○
	○	○	○	○	○	○	○	○	○	○	○
	甑	[illegible]	○	○	○	○	○	○	孕	○	○
	即	○	堲	息	○	○	○	○	弋	○	○

第十七圖　曾攝内六　開口呼　侷門

《經史正音切韻指南》第十七圖爲曾攝開口圖，對應《韻鏡》内轉第四十二開、《七音略》内轉四十二重中重。一等列目爲登等嶝德、三等列目爲蒸拯證職，二四等無列目，因二四等均爲假二等及假四等，故無列目。曾攝脣音字均入開口，一般依照《五音集韻》反切下字爲非脣音開口字則進開口的原則，但亦有例外，如平一滂『漰』，反切下字爲『朋』，亦入開口。《五音集韻》蒸登同用。

1　平一見　揯　《廣韻》古恒切，《集韻》居曾切，見登一平開曾；《五音集韻》同《廣韻》。《韻鏡》内轉第四十二開，列字爲『縆』，『緪』之形訛；《七音略》内轉四十二重中重，列字爲『柦』，見母嶝韻，不當列於此位，當爲『揯』之形訛；《起數訣》第七十一圖發音清、《切韻指掌圖》十六圖，列字爲『揯』；《四聲等子》曾攝内八重多輕少韻啓口呼梗攝外八，列字爲『絚』。『揯』爲《廣韻》《集韻》《五音集韻》登一見母位小韻首字，下收有『緪』『絙』字，《韻鏡》《七音略》形訛，《切韻指南》是。

2　平一溪　奛　《廣韻》晡横切，幫庚二平開梗，不當列於此位；《集韻》肯登切，溪登一平開曾；《五音集韻》同《集韻》。《韻鏡》《七音略》《切韻指掌圖》空位；《起數訣》第七十一圖發音清，列字爲『⿱大⿰朋力』，此爲『奟』『⿰朋力』二字合；《四聲等子》曾攝內八重多輕少韻啓口呼梗攝外八，列字爲『奟』。《廣韻》無登一溪母位小韻，『奟』『奟』均爲《集韻》《五音集韻》登一溪母位小韻首字；《韻鏡》《七音略》從《廣韻》空位是；《切韻指南》從《集韻》《五音集韻》。

3 平一清　⿰曾彡　《廣韻》未收，且無登一清母位小韻；《集韻》七曾切，清登一平開曾；《五音集韻》同《集韻》。《韻鏡》《切韻指掌圖》空位；《七音略》內轉四十二重中重、《起數訣》第七十一圖發音清、《四聲等子》曾攝內八重多輕少韻啓口呼梗攝外八，列字均爲『⿰曾彡』。『⿰曾彡』爲《集韻》《五音集韻》登一清母位小韻首字；《韻鏡》從《廣韻》空位是，《七音略》從《集韻》亦無誤，《切韻指南》從《集韻》《五音集韻》。

4 平一匣　恒　《廣韻》《集韻》《五音集韻》胡登切，匣登一平開曾。《韻鏡》內轉第四十二開、《起數訣》第七十一圖發音清、《切韻指掌圖》十六圖、《四聲等子》曾攝內八重多輕少韻啓口呼梗攝外八，列字均爲『恒』；《七音略》內轉四十二重中重，列字爲『峘』。『恒』爲《廣韻》《集韻》《五音集韻》登一匣母位小韻首字，下收有『峘』字，《七音略》無誤，《切韻指南》是。

5 平一影　鞥　《廣韻》烏合切，影合一入開咸，不當列於此位，且《廣韻》無登一影母位小韻；《集韻》一憎切；《五音集韻》於增切，影登一平開曾。《韻鏡》《七音略》《切韻指掌圖》空位；《起數訣》第七十一圖發音清、《四聲等子》曾攝内八重多輕少韻啓口呼梗攝外八，列字爲『鞥』。『鞥』爲《集韻》《五音集韻》登一溪母位小韻首字，《韻鏡》《七音略》從《廣韻》空位是，《切韻指南》從《集韻》《五音集韻》。

6　平一來　棱　《廣韻》魯登切，《集韻》盧登切，來登一平開曾；《五音集韻》同《廣韻》。《韻鏡》内轉第四十二開、《七音略》内轉四十二重中重、《切韻指掌圖》十六圖、《四聲等子》曾攝内八重多輕少韻啓口呼梗攝外八，列字均爲『楞』；《起數訣》第七十一圖發音清，列字爲『稜』，爲『棱』之俗體。『楞』爲《廣韻》登一來母位小韻首字，下收有『棱』『稜』二字；『棱』爲《集韻》《五音集韻》登一來母位小韻首字，下收有『楞』字；『楞』『棱』同爲《五音集韻》登一來母位小韻首字，列字以『楞』爲佳，《切韻指南》亦無誤。

7　上一見　㾘　《廣韻》未收，且無等一見母位小韻；《集韻》孤等切，見等一上開曾；《五音集韻》同《集韻》。《韻鏡》《七音略》《切韻指掌圖》空位；《起數訣》第七十一圖發音清，列字爲『㾘』；《四聲等子》曾攝内八重多輕少韻啓口呼梗攝外八，列字爲『恒』，形訛。『㾘』爲《集韻》《五音集韻》等一見母位小韻首字，《韻鏡》《七音略》從《廣韻》空位是，《切韻指南》從《集韻》《五音集韻》。

8　上一透　䑯　《廣韻》未收，且無等一透母位小韻；《集韻》他等切，透等一上開曾；《五音集韻》同《集韻》。《韻鏡》《七音略》《切韻指掌圖》《四聲等子》均空位；《起數訣》第七十一圖發音清，列字爲『䔲』。『䔲』爲《集韻》《五音集韻》等一透母位小韻首字，《韻鏡》《七音略》從《廣韻》空位是，《切韻指南》從《集韻》《五音集韻》。

9 上一定 蹬 《廣韻》未收，且無等一定母位小韻；《集韻》徒等切，定等一上開曾；《五音集韻》同《集韻》。《韻鏡》《七音略》《切韻指掌圖》空位；《起數訣》第七十一圖發音清、《四聲等子》曾攝内八重多輕少韻啓口呼梗攝外八，列字爲『蹬』。『蹬』爲《集韻》《五音集韻》等一定母位小韻首字，《韻鏡》《七音略》從《廣韻》空位是，《切韻指南》從《集韻》《五音集韻》。

10 上一並 倗 《廣韻》未收，且無等一並母位小韻；《集韻》步等切，並等一上開曾；《五音集韻》同《集韻》。《韻鏡》内轉第四十二開、《起數訣》第七十一圖發音清、《四聲等子》曾攝内八重多輕少韻啓口呼梗攝外八，例字均爲『倗』；《七音略》《切韻指掌圖》空位。『倗』爲《集韻》《五音集韻》等一並母位小韻首字，《韻鏡》當爲後人據《集韻》補入，《七音略》從《廣韻》空位是，《切韻指南》從《集韻》《五音集韻》。

11 上一明 瞢 《廣韻》武登切，明登一平開曾，不當列於此位；《集韻》忙肯切，明等一上開曾；《五音集韻》同《集韻》。《韻鏡》《七音略》空位；《起數訣》第七十一圖發音清，列字爲『懜』，明母嶝韻；《切韻指掌圖》十六圖，列字爲『猛』，明母梗韻，誤；《四聲等子》曾攝内八重多輕少韻啓口呼梗攝外八，列字爲『曹』。《廣韻》無等一明小韻；『曹』爲《集韻》《五音集韻》等一明母位小韻首字，下收有『懵』字；《韻鏡》《七音略》從《廣韻》空位是，《切韻指南》從《集韻》《五音集韻》。

12 上一精　嶒　《廣韻》未收，且無等一精母位小韻；《集韻》子等切，精等一上開曾；《五音集韻》同《集韻》。《韻鏡》内轉第四十二開、《四聲等子》曾攝内八重多輕少韻啓口呼梗攝外八，列字爲『嶒』；《七音略》《切韻指掌圖》空位；《起數訣》第七十一圖發音清，列字爲『噌』，爲『嶒』之形訛。『嶒』爲《集韻》《五音集韻》等一精母位小韻首字，《韻鏡》當爲後人據《集韻》補入，《七音略》從《廣韻》空位是，《切韻指南》從《集韻》《五音集韻》。

13 上一匣　㤺　《廣韻》《集韻》無等一匣母位小韻；《五音集韻》户登切，匣等一上開曾。《韻鏡》《七音略》《起數訣》《切韻指掌圖》《四聲等子》均空位。《韻鏡》《七音略》從《廣韻》空位是，《切韻指南》從《五音集韻》。

14 上一來　◯　《廣韻》無等一來母位小韻；《集韻》有『倰』小韻，朗等切，來等一上開曾；《五音集韻》未收，且無等一來母位小韻。《韻鏡》内轉第四十二開、《四聲等子》曾攝内八重多輕少韻啓口呼梗攝外八，列字爲『倰』；《七音略》《切韻指掌圖》空位；《起數訣》第七十一圖發音清，列字爲『倰』，當爲『倰』之形訛。《韻鏡》爲後人據《集韻》增，《七音略》從《廣韻》空位是，《切韻指南》從《廣韻》《五音集韻》空位。

15 去一溪 堩 弘治九年本、近衛庫本、正德十一年本、文津閣本作『堩』，碧琳琅本、《叢書集成》本作『暅』，曉元三平合山，此字應爲『暅』形訛。『堩』，《廣韻》古鄧切，見嶝一去開曾，不當列於此位；《集韻》口鄧切，溪嶝一去開曾；《五音集韻》同《集韻》。《韻鏡》《七音略》《切韻指掌圖》空位；《起數訣》第七十一圖發音清、《四聲等子》曾攝内八重多輕少韻啓口呼梗攝外八，列字均爲『堩』。『堩』爲《集韻》《五音集韻》嶝一溪母位小韻首字，《五音集韻》下收有『暅』字，列字以『堩』爲佳；《韻鏡》《七音略》從《廣韻》空位是，《切韻指南》從《集韻》《五音集韻》。碧琳琅本、《叢書集成》本《切韻指南》列『暅』形訛，當校正爲『暅』，其他各版本是。

16 去一泥 鼐 《廣韻》奴代切，泥代一去開蟹，不當列於此位；《集韻》寧鄧切，泥嶝一去開曾；《五音集韻》同《集韻》。《韻鏡》《七音略》《切韻指掌圖》空位；《起數訣》第七十一圖發音清，列字爲『鼐』；《四聲等子》曾攝内八重多輕少韻啓口呼梗攝外八，列字爲『[illegible]』，形訛。『鼐』爲《集韻》《五音集韻》嶝一泥母位小韻首字，《韻鏡》《七音略》從《廣韻》空位是，《切韻指南》從《集韻》《五音集韻》。

17 去一滂 [illegible] 《廣韻》《集韻》無嶝一滂母位小韻；《五音集韻》匹亘切，滂嶝一去開曾。《韻鏡》《七音略》《起數訣》《切韻指掌圖》《四聲等子》均空位。『[illegible]』爲《五音集韻》嶝一滂母位小韻首字，《韻鏡》《七音略》從《廣韻》空位是，《切韻指南》從《五音集韻》。

18　去一明　懵　《廣韻》武亘切，《集韻》毋亘切，明嶝一去開曾；《五音集韻》同《廣韻》。《韻鏡》内轉第四十二開、《起數訣》第七十一圖發音清，列字均爲『幪』；《七音略》内轉四十二重中重、《四聲等子》曾攝内八重多輕少韻啓口呼梗攝外八，列字均爲『懵』；《切韻指掌圖》十六圖，列字爲『懜』。『幪』爲《廣韻》嶝一開口明母位小韻首字，下收有『懜』字；『懜』爲《集韻》嶝一開口明母位小韻首字；『懵』爲《五音集韻》小韻首字；《韻鏡》從《廣韻》，《七音略》無誤，《切韻指南》從《五音集韻》。

19　去一來　倰　《廣韻》魯鄧切，《集韻》郎鄧切，來嶝一去開曾；《五音集韻》同《廣韻》。《韻鏡》空位；《七音略》内轉四十二重中重、《切韻指掌圖》十六圖、《四聲等子》曾攝内八重多輕少韻啓口呼梗攝外八，列字均爲『倰』；《起數訣》第七十一圖發音清，列字爲『輘』。『倰』爲《廣韻》《集韻》《五音集韻》嶝一來母位小韻首字，下收有『輘』字，《韻鏡》從唐五代韻書原當無字，《切韻指南》是。

20　入一見　祴　弘治九年本、文津閣本作『祴』，見母咍韻，當是『祴』字之誤；近衛庫本、正德十一年本、碧琳琅本、《叢書集成》本作『祴』。『祴』，《廣韻》古得切，《集韻》訖得切，見德一入開曾；《五音集韻》同《廣韻》。《韻鏡》内轉第四十二開，列字爲『祴』；《七音略》内轉四十二重中重、《切韻指掌圖》十六圖、《四聲等子》曾攝内八重多輕少韻啓口呼梗攝外八，列字均爲『祴』，爲『祴』之形訛；《起數訣》第七十一圖發音清，列字爲『械』，匣母怪韻，當爲

『裓』之形訛。『裓』爲《廣韻》《集韻》《五音集韻》德一見母位小韻首字，《七音略》形訛，文津閣本《切韻指南》列字形訛，當校正爲『裓』，其他各版本是。

21 入一溪　刻　《廣韻》苦得切，《集韻》乞得切，溪德一入開曾；《五音集韻》同《廣韻》。《韻鏡》内轉第四十二開、《七音略》内轉四十二重中重、《切韻指掌圖》十六圖，列字均爲『刻』；《四聲等子》曾攝内八重多輕少韻啓口呼梗攝外八，列字爲『尅』；《起數訣》第七十一圖發音清，列字爲『克』。『刻』爲《廣韻》《五音集韻》德一溪母位小韻首字，下收有『克』『尅』二字；『克』爲《集韻》德一溪母位小韻首字；列字以『刻』爲佳，《切韻指南》是。

22 入一滂　覆　《廣韻》《集韻》《五音集韻》匹北切，滂德一入開曾。《韻鏡》内轉第四十二開空位，《七音略》内轉四十二重中重、《切韻指掌圖》十六圖、《四聲等子》曾攝内八重多輕少韻啓口呼梗攝外八，列字均爲『覆』；《起數訣》第七十一圖發音清，列字爲『復』，爲『覆』之形訛。『覆』爲《廣韻》《五音集韻》德一滂母位小韻首字，下收有『復』字；『復』爲《集韻》德一滂母位小韻首字，列字以『覆』爲佳，《韻鏡》從唐五代韻書空位，反切下字雖爲脣音，仍入合口，《切韻指南》是。

23 入一並　菔　《廣韻》蒲北切，《集韻》鼻墨切，並德一入開曾；《五音集韻》同《廣韻》。《韻鏡》内轉第四十二開、《七音略》内轉四十二重中重，列字均爲『菔』；《切韻指掌圖》十六圖，列字爲『蔔』；《四聲等子》曾攝内八重多輕少韻啓口呼梗攝外八，列字爲『萠』，爲『菔』之形訛。『菔』爲《廣韻》《集韻》《五音集韻》德一並母位小韻首字，下收有『蔔』字，反切下字雖爲脣音，仍入合口，《切韻指南》是。

24 本圖二等無列目，二等平聲均收蒸三等字、二等上聲收拯三等字、二等入聲收職三等字，《五音集韻》均列於二等位，無標目以表現收字實爲三等。

25 平二床　磳　《廣韻》仕兢切，《集韻》士冰切，崇蒸三平開曾；《五音集韻》士兢切，牀蒸三平開曾。《韻鏡》空位；《七音略》内轉四十二重中重、《起數訣》第七十二圖收音濁，列字均爲『磳』；《切韻指掌圖》十六圖、《四聲等子》曾攝内八重多輕少韻啓口呼梗攝外八，列字均爲『崢』，崇母庚韻。『磳』爲《廣韻》蒸三開口崇母位小韻首字，爲《五音集韻》蒸三牀母位小韻首字，列字以『磳』字爲佳。《韻鏡》舊本本無此字，當補『磳』字。《切韻指南》是。

26 平二審　殑　《廣韻》山矜切，《集韻》色矜切，生蒸三平開曾；《五音集韻》同《廣韻》。《韻鏡》空位；《七音略》内轉四十二重中重，列字爲『殑』；《起數訣》第七十二圖收音濁，列字爲『殑』，當爲『殑』形訛；《切韻指掌圖》十六圖、《四聲等子》曾攝内八重多輕少韻啓口呼梗攝外八，列字均爲『生』，生母庚韻。『殑』爲《廣韻》《集韻》《五音集韻》蒸三生母位小韻首字，《韻鏡》誤脱，《切韻指南》是。

27 上二審　殑　《廣韻》色庱切，《集韻》色拯切，生拯三上開曾；《五音集韻》同《廣韻》。《韻鏡》空位；《七音略》内轉四十二重中重，列字爲『殅』；《起數訣》第七十二圖收音濁，列字爲『婛』，群母拯韻，爲『殑』之形訛；《切韻指掌圖》十六圖、《四聲等子》曾攝内八重多輕少韻啓口呼梗攝外八，列字均爲『省』，生母梗韻。『殅』爲《廣韻》《集韻》《五音集韻》拯三審母位小韻首字，《韻鏡》空位誤，《切韻指南》是。

28 入二照　側　《廣韻》阻力切，《集韻》札色切，莊職三入開曾；《五音集韻》同《廣韻》。《韻鏡》内轉第四十二開、《七音略》内轉四十二重中重，列字均爲『稄』；《起數訣》第七十二圖收音濁、《切韻指掌圖》十六圖，列字均爲『側』；《四聲等子》曾攝内八重多輕少韻啓口呼梗攝外八，列字爲『責』，莊母麥韻。『稄』爲《廣韻》《五音集韻》職三開口照母位小韻首字，下收有『側』字；『側』爲《集韻》職三開口莊母位小韻首字，下收有『稄』字；《韻鏡》《七音略》從《廣韻》，《切韻指南》從《集韻》是。

29 入二牀　崱　《廣韻》士力切，崇職三入開曾；《集韻》實側切，船職三入開曾；《五音集韻》同《廣韻》。《韻鏡》内轉第四十二開、《七音略》内轉四十二重中重、《起數訣》第七十二圖收音濁、《切韻指掌圖》十六圖，列字均爲『崱』；《四聲等子》曾攝内八重多輕少韻啓口呼梗攝外八，列字爲『賾』，崇母麥韻。『崱』爲《廣韻》《五音集韻》職三開口崇母位小韻首字，《切韻指南》從《廣韻》《五音集韻》。

30 《切韻指南》曾攝三等平聲標目爲蒸，實收蒸韻。

31 平三澄　澂　《廣韻》直陵切，《集韻》持陵切，澄蒸三平開曾；《五音集韻》同《廣韻》。《韻鏡》内轉第四十二開、《七音略》内轉四十二重中重、《起數訣》第七十二圖收音濁、《切韻指掌圖》十六圖、《四聲等子》曾攝内八重多輕少韻啓口呼梗攝外八，列字均爲『澄』。『澂』爲《廣韻》蒸三澄母位小韻首字，下收有『澄』字；『澂』，《康熙字典》記：『亦作澄』；《韻鏡》等諸韻圖皆無誤，『澂』『澄』同爲《集韻》《五音集韻》蒸三澄母位小韻首字，《切韻指南》是。

32 平三幫　冫　《廣韻》筆陵切，《集韻》收字爲『仌』，『冫』之異體字，非陵切，幫蒸三平開曾；《五音集韻》同《廣韻》。《韻鏡》内轉第四十二開，《四聲等子》曾攝内八重多輕少韻啓口呼梗攝外八，列字均爲『冰』；《七音略》内轉四十二重中重，列字爲『氷』，『冰』之異體字；《起數訣》第七十一圖發音清，列字爲『仌』；《切韻指掌圖》十六圖，列字爲『兵』，幫母庚韻。『冫』爲《廣韻》《五音集韻》蒸三幫母位小韻首字，下收有『冰』；『仌』『冰』同爲《集韻》蒸三幫母位小韻首字，列字以『冫』爲佳，《韻鏡》《七音略》無誤，《切韻指南》是。

33 平三滂　砅　《廣韻》蒸三滂母位有『砅』小韻，《五音集韻》此位有『砅』小韻。『砅』，《康熙字典》記：『……砅字當从氷作砅。其从水作砅者，後人傳寫之譌耳。《正字通》特正其謬，定从水者音例，與厲通。與《説文》合。从氷者爲水擊石聲，是也。』『砅』當爲『砅』之形訛。『砅』，《廣韻》《集韻》披冰切，滂蒸三平開曾；《五音集韻》反切同《廣韻》。《韻鏡》内轉第四十二開，列字爲『砅』；《七音略》内轉四十二重中重、《切韻指掌圖》十六圖、《四聲等子》曾攝内八重多輕少韻啓口呼梗攝外八，列字均爲『砅』；《起數訣》第七十一圖發音清，列字爲『淜』。『砅』爲《廣韻》蒸三開口滂母位小韻；『淜』爲《集韻》蒸三開口滂母位小韻首字，下收有『砅』字；『砅』爲《五音集韻》蒸三開口滂母位小韻首字，列字以『砅』爲佳，《韻鏡》從《廣韻》列『砅』，《七音略》《切韻指南》列字是。

34 平三明　儚　《廣韻》未收，且無蒸三明母位小韻；《集韻》亡冰切，明蒸三平開曾；《五音集韻》同《集韻》。《韻鏡》空位；《七音略》内轉四十二重中重、《起數訣》第七十一圖發音清、《四聲等子》曾攝内八重多輕少韻啓口呼梗攝外八，列字均爲『儚』；《切韻指掌圖》十六圖，列字爲『朙』，明母庚韻。『儚』爲《集韻》《五音集韻》蒸三開口明母位小韻首字，《韻鏡》從《廣韻》空位，《切韻指南》從《集韻》《五音集韻》。

35 平三審　升　《廣韻》識蒸切，《集韻》書蒸切，書蒸三平開曾；《五音集韻》同《集韻》。《韻鏡》内轉第四十二開、《四聲等子》曾攝内八重多輕少韻啓口呼梗攝外八、《起數訣》第七十二圖收音濁，列字均爲『升』；《七音略》内轉四十二重中重，列字爲『昇』；《切韻指掌圖》十六圖，列字爲『聲』，書母清韻。『升』爲《廣韻》《集韻》《五音集韻》蒸三開口書母位小韻首字，下收有『昇』字，《七音略》無誤，《切韻指南》是。

36 平三禪　承　《廣韻》署陵切，《集韻》辰陵切，禪蒸三平開曾；《五音集韻》同《集韻》。《韻鏡》内轉第四十二開、《七音略》内轉四十二重中重、《四聲等子》曾攝内八重多輕少韻啓口呼梗攝外八，列字均爲『丞』；《起數訣》第七十二圖收音濁，列字爲『承』；《切韻指掌圖》十六圖，列字爲『成』，《廣韻》禪母清韻，《集韻》禪母蒸韻。『承』爲《廣韻》蒸三禪母位小韻首字，下收有『丞』字；『承』爲《集韻》《五音集韻》蒸三禪母位小韻首字，下收有『丞』『成』二字，《切韻指南》是。

37 平三喻 熊 《廣韻》羽弓切，云東三平合通，不當列於此位，且《廣韻》無蒸三云母位小韻；《集韻》矣殑切，云蒸三平開曾；《五音集韻》同《集韻》。《韻鏡》内轉第四十二開、《切韻指掌圖》十六圖，列字均爲『蠅』，以母蒸韻，當列四等位；《七音略》空位；《起數訣》第七十二圖收音濁、《四聲等子》曾攝内八重多輕少韻啓口呼梗攝外八，列字均爲『熊』。『熊』爲《集韻》《五音集韻》蒸三開口云母位小韻首字，《韻鏡》《七音略》誤，《切韻指南》從《集韻》《五音集韻》。

38 平三來 陵 《廣韻》力膺切，《集韻》閭承切，來蒸三平開曾；《五音集韻》同《廣韻》。《韻鏡》内轉第四十二開、《起數訣》第七十二圖收音濁、《切韻指掌圖》十六圖、《四聲等子》曾攝内八重多輕少韻啓口呼梗攝外八，列字均爲『陵』；《七音略》内轉四十二重中重，列字爲『夌』。『陵』爲《廣韻》《五音集韻》蒸三開口來母位小韻首字，下收有『夌』字；『夌』爲《集韻》蒸三開口來母位小韻首字；列字以『陵』爲佳，《七音略》無誤，《切韻指南》是。

39 上三群　殑　《廣韻》《集韻》《五音集韻》其拯切，群拯三上開曾。《韻鏡》《起數訣》空位；《七音略》内轉四十二重中重、《四聲等子》曾攝内八重多輕少韻啓口呼梗攝外八，列字均爲『殑』；《切韻指掌圖》十六圖，列字爲『徎』，澄母靜韻。『殑』爲《廣韻》《集韻》《五音集韻》拯三開口群母位小韻首字，《韻鏡》從唐五代韻書空位，《切韻指南》是。

40 上三澄　澄　弘治九年本、近衛庫本、正德十一年本、碧琳琅本、《叢書集成》本作『澂』，文津閣本作『瀓』。『澄』，直庚切，澄蒸三平開曾，不當列於此位，且《廣韻》無拯三澄母位小韻；《集韻》《五音集韻》直拯切，澄拯三上開曾。『瀓』，《廣韻》他登切，透母登韻；一音台鄧切，透母嶝韻，均不合於此位。《韻鏡》《七音略》《起數訣》空位；《切韻指掌圖》十六圖、《四聲等子》曾攝内八重多輕少韻啓口呼梗攝外八，列字爲『徎』，澄母靜韻。『澄』爲《集韻》《五音集韻》拯三開口澄母位小韻首字，《韻鏡》《七音略》從《廣韻》空位是，文津閣本《切韻指南》誤，當校改爲『澄』，其他各版本是。

41 上三並　凴　《廣韻》扶冰切，並蒸三平開曾，不合於此位；《集韻》皮殑切，並拯三上開曾；《五音集韻》同《集韻》。《韻鏡》《七音略》《切韻指掌圖》均空位；《起數訣》第七十一圖發音清、《四聲等子》曾攝内八重多輕少韻啓口呼梗攝外八，列字均爲『凴』。《廣韻》拯三開口無並母；『凴』爲《集韻》《五音集韻》拯三開口並母位小韻首字，《韻鏡》《七音略》從《廣韻》空位是，《切韻指南》從《集韻》《五音集韻》。

42　上三穿　齒　《廣韻》昌里切，昌止三上開止，且《廣韻》無拯三昌母位小韻；《集韻》稱拯切，昌拯三上開曾；《五音集韻》同《集韻》。《韻鏡》《七音略》《起數訣》《切韻指掌圖》均空位；《四聲等子》曾攝内八重多輕少韻啓口呼梗攝外八，列字爲『𠏿』，尺拯切。『齒』爲《集韻》《五音集韻》拯三開口昌母位小韻首字，下收有『𠏿』，《韻鏡》《七音略》從《廣韻》空位是，《切韻指南》從《集韻》《五音集韻》。

43　上三日　耳　《廣韻》而止切，日止三上開止，且《廣韻》無拯三日母位小韻；《集韻》仍拯切，日拯三上開曾；《五音集韻》同《集韻》。《韻鏡》《七音略》《起數訣》《切韻指掌圖》均空位；《四聲等子》曾攝内八重多輕少韻啓口呼梗攝外八，列字爲『認』，日母證韻。『耳』爲《集韻》《五音集韻》拯三開口日母位小韻首字，《韻鏡》《七音略》從《廣韻》空位是，《切韻指南》從《集韻》《五音集韻》。

44　《切韻指南》曾攝三等去聲標目爲證，實收證韻。

45　去三溪　炊　《廣韻》《集韻》無證三溪母位小韻；《五音集韻》口孕切，溪證三去開曾。《韻鏡》《七音略》《起數訣》均空位；《切韻指掌圖》十六圖、《四聲等子》曾攝内八重多輕少韻啓口呼梗攝外八，列字均爲『慶』，溪母映韻。『炊』爲《五音集韻》證三開口溪母位小韻首字，《韻鏡》《七音略》從《廣韻》空位是，《切韻指南》從《五音集韻》。

46　去三群　殑　弘治九年本、近衛庫本、正德十一年本、文津閣本作『殑』，碧琳琅本、《叢書集成》本作『硗』。『殑』，《廣韻》其餕切，《集韻》其孕切，群證三去開曾；《五音集韻》同《廣韻》。《韻鏡》内轉第四十二開、《七音略》内轉四十二重中重，列字均爲『殑』；《起數訣》第七十二圖收音濁，列字爲『旎』，此字當爲『殑』字俗；《切韻指掌圖》十六圖、《四聲等子》曾攝内八重多輕少韻啓口呼梗攝外八，列字均爲『競』，群母映韻。『殑』爲《廣韻》《集韻》《五音集韻》證三群母位小韻首字，碧琳琅本、《叢書集成》本《切韻指南》列『殑』形訛，當校正爲『殑』，其他各版本是。

47 去三疑　凝　《廣韻》牛餕切，《集韻》牛孕切，疑證三去開曾；《五音集韻》同《廣韻》。《韻鏡》内轉第四十二開、《起數訣》第七十二圖收音濁、《切韻指掌圖》十六圖、《四聲等子》曾攝内八重多輕少韻啓口呼梗攝外八，列字均爲『凝』；《七音略》空位。『凝』爲《廣韻》《集韻》《五音集韻》證三開口疑母位小韻首字，《七音略》空位誤，《切韻指南》是。

48 去三澄　瞪　《廣韻》丈證切，《集韻》澄應切，澄證三去開曾；《五音集韻》從《廣韻》。《韻鏡》内轉第四十二開、《七音略》内轉四十二重中重，列字均爲『瞪』；《起數訣》第七十二圖收音濁，列字爲『眙』；《切韻指掌圖》十六圖、《四聲等子》曾攝内八重多輕少韻啓口呼梗攝外八，列字均爲『鄭』，澄母勁韻。『瞪』爲《廣韻》證三開口澄母位小韻首字；『眙』『澄』均爲《集韻》《五音集韻》證三開口澄母位小韻首字，《切韻指南》是。

49 去三孃　㲩　弘治九年本、近衛庫本、正德十一年本、碧琳琅本、《叢書集成》本作『㲩』，文津閣本作『㐊』。『㐊』，《廣韻》未收，且無證三娘母位小韻；《集韻》尼證切，娘證三去開曾；《五音集韻》同《集韻》。《韻鏡》《七音略》《起數訣》《切韻指掌圖》均空位；《四聲等子》曾攝内八重多輕少韻啓口呼梗攝外八，列字爲『㐊』。『㐊』爲《集韻》《五音集韻》小韻首字，《韻鏡》《七音略》從《廣韻》空位是，《切韻指南》從《集韻》《五音集韻》，然文津閣本列字形訛，當校改爲『㐊』，其他版本是。

50 去三幫　冰　《廣韻》筆陵切，幫蒸三平開曾，不當列於此位；《集韻》逋孕切，幫證三去開曾；《五音集韻》同《集韻》。《韻鏡》《七音略》均空位；《起數訣》第七十一圖發音清，列字爲『氷』，當爲『冰』之異體；《切韻指掌圖》十六圖、《四聲等子》曾攝内八重多輕少韻啓口呼梗攝外八，列字均爲『柄』，幫母映韻。《廣韻》未收，且無證三幫母位小韻，『冰』爲《集韻》證三開口幫母位小韻首字，《韻鏡》《七音略》從《廣韻》空位是，《切韻指南》從《集韻》《五音集韻》。

51 去三滂　澝　《廣韻》《集韻》未收，且無證三滂母位小韻；《五音集韻》匹孕切，滂證三去開曾。《韻鏡》《七音略》《起數訣》《切韻指掌圖》均空位；《四聲等子》曾攝内八重多輕少韻啓口呼梗攝外八，列字爲『砅』，滂母蒸韻。『澝』爲《五音集韻》證三開口滂母位小韻首字，《韻鏡》《七音略》從《廣韻》《集韻》空位是，《切韻指南》從《五音集韻》。

52 去三並　砅　《廣韻》《集韻》證韻並母開口三等有『凭』小韻，未收此字。『凭』，《廣韻》皮證切；《集韻》皮孕切，又砯小韻，蒲應切，並證三去開曾；《五音集韻》此位有『砯』小韻，反切同《集韻》。《韻鏡》内轉第四十二開、《七音略》内轉四十二重中重、《起數訣》第七十一圖發音清、《四聲等子》曾攝内八重多輕少韻啓口呼梗攝外八，列字均爲『凭』；《切韻指掌圖》十六圖，列字爲『病』，並母映韻。『凭』爲《廣韻》《集韻》證三並母位小韻首字；『砯』爲《五音集韻》證三開口並母位小韻首字，收有『凭』字；《韻鏡》《七音略》從《廣韻》是，《切韻指南》從《五音集韻》。

53　去三禪　丞　《廣韻》《集韻》《五音集韻》常證切，禪證三去開曾。《韻鏡》内轉第四十二開，列字爲『剩』，船母證韻；《七音略》内轉四十二重中重、《起數訣》第七十二圖收音濁、《四聲等子》曾攝内八重多輕少韻啓口呼梗攝外八，列字均爲『丞』；《切韻指掌圖》十六圖，列字爲『乘』，船母證韻。『丞』爲《廣韻》《集韻》《五音集韻》證三禪母位小韻首字，《韻鏡》誤，《切韻指南》是。

54　入三疑　嶷　弘治九年本、近衛庫本、正德十一年本、文津閣本作『嶷』，碧琳琅本、《叢書集成》本作『疑』。『嶷』，《廣韻》魚力切，《集韻》鄂力切，疑職三去開曾；《五音集韻》同《廣韻》。『疑』，《廣韻》語其切，疑之三平開止；《集韻》鄂力切，疑職三去開曾；《五音集韻》同《集韻》。《韻鏡》内轉第四十二開、《七音略》内轉四十二重中重、《起數訣》第七十二圖收音濁、《四聲等子》曾攝内八重多輕少韻啓口呼梗攝外八，列字均爲『嶷』；《切韻指掌圖》十六圖，列字爲『逆』，疑母陌韻。『嶷』爲《廣韻》《集韻》《五音集韻》職三疑母位小韻首字，《集韻》《五音集韻》下收有『疑』，依《廣韻》『疑』不當列於此，《切韻指南》碧琳琅本、《叢書集成》本列字從《五音集韻》雖無誤，但校正爲『嶷』更佳，其他版本是。

55 入三徹　敕　弘治九年本、近衛庫本、正德十一年本、文津閣本作『敕』，碧琳琅本、《叢書集成》本作『敇』。『敕』，《廣韻》恥力切，《集韻》蓄力切，徹職三去開曾；《五音集韻》同《廣韻》。《韻鏡》內轉第四十二開、《七音略》內轉四十二重中重、《起數訣》第七十二圖收音濁、《切韻指掌圖》十六圖、《四聲等子》曾攝內八重多輕少韻啓口呼梗攝外八，列字均爲『敕』。『敕』爲《廣韻》《集韻》《五音集韻》職三徹母位小韻首字，碧琳琅本、《叢書集成》本列字誤，當校正爲『敕』，其他各版本是。

56 入三澄　直　弘治九年本、近衛庫本、正德十一年本、文津閣本作『直』，碧琳琅本、《叢書集成》本作『直』，爲『直』俗。『直』，《廣韻》除力切，《集韻》逐力切，澄職三去開曾；《五音集韻》徐力切。《韻鏡》內轉第四十二開、《七音略》內轉四十二重中重、《起數訣》第七十二圖收音濁、《切韻指掌圖》十六圖、《四聲等子》曾攝內八重多輕少韻啓口呼梗攝外八，列字均爲『直』。『直』爲《廣韻》《集韻》《五音集韻》職三澄母位小韻首字，《切韻指南》碧琳琅本、《叢書集成》本列字爲『直』俗體，當校正，其他各版本是。

57 入三幫　○　《廣韻》《集韻》有『逼』小韻，《廣韻》彼側切，《集韻》筆力切，幫職三入開曾；

《五音集韻》同《廣韻》。《韻鏡》内轉第四十二開、《七音略》内轉四十二重中重、《切韻指掌圖》十六圖、《四聲等子》曾攝内八重多輕少韻啓口呼梗攝外八，列字均爲『逼』；《起數訣》空位。『逼』爲《廣韻》《集韻》《五音集韻》職三幫母位小韻首字；因其反切下字爲非脣音開口字，按《切韻指南》一般規則當列於開口，《切韻指南》却列於合口。

58 入三滂 ◯ 《廣韻》《集韻》有『堛』小韻，《廣韻》芳逼切，《集韻》拍逼切，滂職三入開曾；《五音集韻》同《廣韻》。《韻鏡》内轉第四十二開、《切韻指掌圖》十六圖，列字爲『愊』；《七音略》内轉四十二重中重、《四聲等子》曾攝内八重多輕少韻啓口呼梗攝外八，列字均爲『堛』；《起數訣》空位。『堛』爲《廣韻》《集韻》《五音集韻》職三滂母位小韻首字，下收有『愊』字，列字以『堛』爲佳；因其反切下字爲脣音字，按《切韻指南》一般規則當列於合口。

59 入三並 ◯ 《廣韻》《集韻》有『愎』小韻，《廣韻》符逼切，《集韻》弼力切，並職三入開曾；《五音集韻》復逼切，音韻地位同《廣韻》《集韻》。《韻鏡》内轉第四十二開、《七音略》内轉四十二重中重、《切韻指掌圖》十六圖、《四聲等子》曾攝内八重多輕少韻啓口呼梗攝外八，列字均爲『愎』；《起數訣》空位。『愎』爲《廣韻》《集韻》《五音集韻》職三並母位小韻首字；因《廣韻》《五音集韻》反切下字爲脣音，按《切韻指南》一般規則當列於合口。

60 入三明 ◯ 《廣韻》《集韻》有『窅』小韻，《廣韻》亡逼切，《集韻》密逼切，明職三入開曾；《五音集韻》同《廣韻》。《韻鏡》内轉第四十二開、《七音略》内轉四十二重中重、《切韻指掌圖》十六圖、《四聲等子》曾攝内八重多輕少韻啓口呼梗攝外八，列字均爲『窨』；《起數訣》空位。『窨』爲《廣韻》《集韻》《五音集韻》職三明母位小韻；因其反切下字爲脣音字，按《切韻指南》一般規則當列於合口。

61 入三匣　洊　《廣韻》《集韻》未收，且職韻無匣母小韻；《五音集韻》户式切，匣職三入開曾。《康熙字典》記：『《玉篇》户式切，音檄。露光也。』《五音集韻》此音切，當據《玉篇》。《韻鏡》《七音略》《起數訣》《切韻指掌圖》《四聲等子》均空位。『洊』爲《五音集韻》職三匣母位小韻首字，《韻鏡》《七音略》從《廣韻》《集韻》空位是，《切韻指南》從《五音集韻》。

62 入三日　日　《廣韻》無職三日母位小韻；《集韻》而力切，日職三去開曾；《五音集韻》同《集韻》。《韻鏡》《切韻指掌圖》均空位；《起數訣》第七十二圖收音濁、《七音略》内轉四十二重中重、《四聲等子》曾攝内八重多輕少韻啓口呼梗攝外八，列字均爲『日』。《廣韻》職三開口無日母，『日』《廣韻》日母質韻；『日』爲《集韻》《五音集韻》職三開口日母位小韻首字，《韻鏡》《七音略》從《廣韻》空位是，《切韻指南》從《集韻》《五音集韻》。

63 《切韻指南》曾攝四等平聲無標目，實收三等精組及喻四母蒸韻字。

64 平四精　䰝　《廣韻》未收，且蒸三無精母位小韻；《集韻》即凌切，精蒸三平開曾；《五音集韻》同《集韻》。《韻鏡》空位；《七音略》内轉四十二重中重，列字爲『驓』，從母蒸韻，當爲『䰝』形訛；《起數訣》第七十一圖發音清，列字爲『䰝』；《切韻指掌圖》十六圖、《四聲等子》

曾攝内八重多輕少韻啓口呼梗攝外八，蒸三無精母位小韻，列字爲『精』，精母清韻。『䰝』爲《集韻》《五音集韻》蒸三開口精母位小韻首字，《韻鏡》從《廣韻》空位是，《切韻指南》從《集韻》《五音集韻》。

65 平四心　線　《廣韻》未收，且無蒸三心母位小韻；《集韻》息淩切，心蒸三平開曾；《五音集韻》息陵切。《韻鏡》空位；《七音略》内轉四十二重中重、《起數訣》第七十一圖發音清，列字均爲『線』。《切韻指掌圖》十六圖、《四聲等子》曾攝内八重多輕少韻啓口呼梗攝外八，列字爲『清』，清母清韻。『線』爲《集韻》《五音集韻》蒸三心母位小韻首字，《韻鏡》從《廣韻》空位是，《切韻指南》從《集韻》《五音集韻》。

66 平四喻　蠅　《廣韻》《集韻》《五音集韻》余陵切，以蒸三平開曾。《韻鏡》内轉第四十二開、《七音略》内轉四十二重中重、《切韻指掌圖》十六圖，均列『蠅』於喻三位，誤；《起數訣》第七十一圖發音清，列字爲『蠅』；《四聲等子》曾攝内八重多輕少韻啓口呼梗攝外八，列字爲『盈』，以母青韻。『蠅』爲《廣韻》《集韻》《五音集韻》蒸三以母位小韻首字，按韻圖規制當列於四等，《切韻指南》是。

67 《切韻指南》曾攝四等去聲無標目，實收證韻精組及喻四母字。

68 去四清　𢒦　《廣韻》未收，且無職三清母位小韻；《集韻》七孕切，清證三去開曾；《五音集韻》同《集韻》。《韻鏡》内轉第四十二開，列字爲『𢒦』；《七音略》《起數訣》空位；《切韻指掌圖》十六圖、《四聲等子》曾攝内八重多輕少韻啓口呼梗攝外八，列字均爲『⿰青色』，清母徑韻。『⿰曾彡』爲《集韻》《五音集韻》證三清母位小韻首字，《韻鏡》列字當爲後人補入，《七音略》從《廣韻》空位，《切韻指南》從《集韻》《五音集韻》。

69 去四喻　孕　《廣韻》《集韻》《五音集韻》以證切，以證三去開曾。《韻鏡》内轉第四十二開、《起數訣》第七十一圖發音清（四庫本）誤入三等位；《七音略》内轉四十二重中重、《切韻指掌圖》十六圖、《四聲等子》曾攝内八重多輕少韻啓口呼梗攝外八，於四等位列『孕』字。『孕』爲《廣韻》《集韻》《五音集韻》證三以母位小韻首字，《韻鏡》此字誤入三等位，《切韻指南》是。

曾攝內六　合口呼　侷門

見	溪	群	疑	端 知	透 徹	定 澄	泥 孃	幫 非	滂 敷	並 奉	明 微
肱	鞃	○	○	○	○	○	○	○	○	○	○
○	○	○	○	○	○	○	○	○	○	○	○
○	○	○	○	○	○	○	○	○	○	○	○
國	○	○	○	○	○	○	○	○	○	○	○
○	○	○	○	○	○	○	○	○	○	○	○
○	○	○	○	○	○	○	○	○	○	○	○
○	○	○	○	○	○	○	○	○	○	○	○
○	○	○	○	○	○	○	○	○	○	○	○
○	○	○	○	○	○	○	○	○	○	○	○
○	○	○	○	○	○	○	○	○	○	○	○
○	○	○	○	○	○	○	○	○	○	○	○
○	○	○	○	○	○	○	○	逼	堛	愎	窨
○	○	○	○	○	○	○	○	○	○	○	○
○	○	○	○	○	○	○	○	○	○	○	○
○	○	○	○	○	○	○	○	○	○	○	○
○	○	○	○	○	○	○	○	○	○	○	○

第十八圖　曾攝内六　合口呼

精照	清穿	從床	心審	邪禪	曉	匣	影	喻	來	日	韻
○	○	○	○	○	薨	弘	泓	○	○	○	登
○	○	○	○	○	○	○	○	○	○	○	等
○	○	○	○	○	○	○	○	○	○	○	嶝
○	○	○	○	○	窢	或	○	○	○	○	德
○	○	○	○	○	○	○	○	○	○	○	
○	○	○	○	○	○	○	○	○	○	○	
○	○	○	○	○	○	○	○	○	○	○	
○	○	○	○	○	○	○	○	○	○	○	
○	○	○	○	○	○	○	○	耾	○	○	蒸
○	○	○	○	○	○	○	○	○	○	○	
○	○	○	○	○	○	○	○	○	○	○	
○	○	○	○	○	洫	○	○	域	○	○	職
○	○	○	○	○	○	○	○	○	○	○	
○	○	○	○	○	○	○	○	○	○	○	
○	○	○	○	○	○	○	○	○	○	○	
○	○	○	○	○	○	○	○	○	○	○	

第十八圖　曾攝内六　合口呼　侷門

《經史正音切韻指南》第十八圖爲曾攝合口圖，對應《韻鏡》内轉第四十三合、《七音略》内轉四十三輕中輕。一等列目爲登等嶝德、三等列目爲蒸〇〇職，因上去無字故不列目。二四等無目無字。本圖僅入聲三等有脣音。《五音集韻》蒸登同用。

1 平一見　肱　《廣韻》古弘切，《集韻》姑弘切，見登一平合曾；《五音集韻》同《廣韻》。《韻鏡》内轉第四十三合、《七音略》内轉四十三輕中輕、《四聲等子》曾攝内八重多輕少韻合口呼梗攝外二，列字均爲『肱』；《起數訣》空位；《切韻指掌圖》十五圖於二等位列『肱』字，一等位列字爲『觥』，見母庚韻。『肱』爲《廣韻》《集韻》《五音集韻》登一見母位小韻首字，《切韻指南》是。

2 平一溪　鞃　《廣韻》胡肱切，匣登一平合曾，不當列於此位；《集韻》苦弘切，溪登一平合曾；《五音集韻》同《集韻》。《韻鏡》《四聲等子》《起數訣》空位；《七音略》内轉四十三輕中輕，列字爲『鞃』；《切韻指掌圖》十五圖於二等位列『鞃』字，一等位空位。『鞃』爲《集韻》《五音集韻》登一溪母位小韻首字，《韻鏡》從《廣韻》空位，《七音略》從《集韻》，《切韻指南》

從《集韻》《五音集韻》。

3 平一影　泓　《廣韻》烏宏切，影耕二平合梗，不當列於此位；《集韻》乙肱切，影登一平合曾；《五音集韻》同《集韻》。《韻鏡》內轉第四十三合、《四聲等子》曾攝內八重多輕少韻合口呼梗攝外二，列字均爲『泓』；《七音略》《起數訣》空位；《切韻指掌圖》十五圖於一等位列『泓』。『泓』爲《集韻》《五音集韻》登一影母位小韻，《七音略》從《廣韻》空位是，《韻鏡》列『泓』應爲後人據《集韻》所添，《切韻指南》從《集韻》《五音集韻》。

4 入一曉　䎕　《廣韻》呼或切，《集韻》忽或切，曉德一入合曾；《五音集韻》同《廣韻》。《韻鏡》《起數訣》空位；《七音略》內轉四十三輕中輕，列字爲『䎕』；《切韻指掌圖》十五圖於二等位列『𠜾』，曉母麥韻，應爲形訛；《四聲等子》曾攝內八重多輕少韻合口呼梗攝外二，列字爲『䎕』。《韻鏡》空位應爲因循唐五代韻書舊式，『䎕』爲《廣韻》《集韻》《五音集韻》德一曉母位小韻首字，《切韻指南》是。

5 平三喻　眃　《廣韻》王分切，云文三平合臻，不當列於此位；《集韻》筠冰切，云蒸三平合曾；《五音集韻》同《集韻》。《韻鏡》《七音略》《起數訣》《切韻指掌圖》《四聲等子》均空位。『眃』爲《集韻》《五音集韻》蒸三云母位小韻，《韻鏡》《七音略》從《廣韻》空位是，《切韻指南》從《集韻》《五音集韻》。

6 入三幫　逼　《廣韻》彼側切，《集韻》筆力切，幫職三入開曾；《五音集韻》同《廣韻》。《韻鏡》内轉第四十二開、《七音略》内轉四十二重中重、《切韻指掌圖》十六圖、《四聲等子》曾攝内八重多輕少韻啓口呼梗攝外八，列字均爲『逼』；《起數訣》空位。『逼』爲《廣韻》《集韻》《五音集韻》職三幫母位小韻首字，因其反切下字爲非脣音開口字，按《切韻指南》一般規則當列於開口圖，《切韻指南》列於合口。

7 入三滂　堛　《廣韻》芳逼切，《集韻》拍逼切，滂職三入開曾；《五音集韻》同《廣韻》。《韻鏡》内轉第四十二開、《切韻指掌圖》十六圖，列字爲『愊』；《七音略》内轉四十二重中重、《四聲等子》曾攝内八重多輕少韻啓口呼梗攝外八，列字均爲『堛』；《起數訣》空位。『堛』爲《廣韻》《集韻》《五音集韻》職三滂母位小韻首字，下收有『愊』字，列字以『堛』爲佳；因其反切下字爲脣音，且下字『逼』入合口，按《切韻指南》一般規則當列於合口。

8 入三並　愎　《廣韻》符逼切，《集韻》弼力切，並職三入開曾；《五音集韻》復逼切，音韻地位同《廣韻》《集韻》。《韻鏡》内轉第四十二開、《七音略》内轉四十二重中重、《切韻指掌圖》十六圖、《四聲等子》曾攝内八重多輕少韻啓口呼梗攝外八，列字均爲『愎』；《起數訣》空位。『愎』爲《廣韻》《集韻》《五音集韻》職三並母位小韻首字；因其反切下字爲脣音且《廣韻》《五音集韻》反切下字『逼』入合口，按《切韻指南》一般規則當列於合口。

9 入三明　䀛　《廣韻》亡逼切，《集韻》密逼切，明職三入開曾；《五音集韻》同《廣韻》。《韻鏡》内轉第四十二開、《七音略》内轉四十二重中重、《切韻指掌圖》十六圖、《四聲等子》曾攝內八重多輕少韻啓口呼梗攝外八，列字均爲『奤』；《起數訣》空位。『奤』爲《廣韻》《集韻》《五音集韻》職三明母位小韻；因其反切下字爲脣音，且反切下字『逼』入合口，按《切韻指南》一般規則當列於合口。

梗攝外七　開口呼　廣門

見	溪	群	疑	端知	透徹	定澄	泥孃	幫非	滂敷	並奉	明微
○○○○	○○○○	○○○○	○○○○	○○○○	○○○○	○○○○	○○○○	○○○○	○○○○	○○○○	○○○○
庚梗更格	鏗伉○客	○○○○	娙○鞕虉	朾盯倀摘	瞠○牚𤺄	棖瑒鋥宅	儜檸○扌	閍浜迸伯	怦絣亨𢸍	彭鮩傡白	甍猛孟陌
驚警敬戟	卿○慶隙	檠○競劇	迎○迎逆	貞最○䵂	檉逞遉彳	呈徎鄭擲	○○寧○	兵○柄碧	○○寎𨥣	平○病欂	明○命○
頸剄徑激	輕謦罄憿	頸痙○○	娙脛○鷁	丁頂矴的	汀珽聽剔	庭挺定悌	寧𩔗寗鑈	并鞞摒壁	娉頩聘僻	瓶竝屛擗	名眳詺覓

精照	清穿	從床	心審	邪禪	曉	匣	影	喻	來	日	韻
○	○	○	○	○	○	○	○	○	○	○	
○	○	○	○	○	○	○	○	○	○	○	
○	○	○	○	○	○	○	○	○	○	○	
○	○	○	○	○	○	○	○	○	○	○	
争	琤	傖	生	○	脝	行	甖	○	磷	○	庚
睁	瀞	○	省	○	𧩙	幸	㽋	○	冷	○	梗
諍	瀞	○	生	○	𧩙	行	瀴	○	○	○	諍
責	策	齚	栜	○	赫	覈	戹	○	礐	○	陌
征	○	○	聲	成	○	○	霙	○	跉	穰	清
整	○	○	○	○	○	○	影	○	令	颿	靜
政	○	○	聖	盛	○	○	映	○	令	○	勁
隻	尺	麝	釋	石	虩	○	○	○	○	○	昔
精	清	情	星	餳	馨	刑	嬰	盈	靈	○	青
井	請	靜	省	○	鷚	婞	癭	郢	領	○	迥
精	倩	淨	性	○	欦	脛	纓	○	零	○	徑
積	皵	籍	昔	席	赦	檄	益	繹	劙	○	錫

青韻宜併入清韻

第十九圖　梗攝外七　開口呼　廣門

《經史正音切韻指南》第十九圖爲梗攝開口圖，圖左標有『青韻宜併入清韻』。對應《韻鏡》外轉第三十三開及外轉第三十五開、《七音略》外轉三十六重中輕及外轉三十八重中重。本圖一等無列目無列字，係因梗攝無一等字；二等列目爲庚梗諍陌，平聲韻目爲『庚』，但實收庚韻（二等）耕韻二韻；上聲韻目爲『梗』，實收梗韻（二等）耿韻二韻；去聲韻目爲『諍』，實收映韻（二等）諍韻二韻；入聲韻目爲『陌』，實收陌韻（二等）麥韻二韻。《五音集韻》中，庚耕已合爲一韻，韻目爲庚；梗耿合爲一韻，韻目爲梗；諍敬合爲一韻，韻目爲諍；陌麥合爲一韻，韻目爲陌。可見《切韻指南》本圖二等列目與《五音集韻》完全相合。三等列目爲清青、靜迥、勁徑、昔錫，平聲實收《廣韻》庚韻（三等）及清韻，上聲實收梗韻（三等）及靜韻，去聲實收映韻（三等）及勁韻，入聲實收陌昔韻。圖内三等列字，未反映出青清合韻，只于列目及圖左題字體現。青（以平賅上去）在《廣韻》中爲四等，本圖無四等字，因其與三等合韻。《五音集韻》中青清未合韻，庚（耕）清同用，青獨用。《切韻指南》韻圖列字與《五音集韻》同，圖面構成表現了青清合韻。《切韻指南》梗攝字多入開口，與其他攝的脣音排列規則多不同。

1 《切韻指南》二等平聲標目爲『庚』，實收庚、耕二韻字。（《五音集韻》已合併爲庚韻。）

2 平二孃　儜　弘治九年本、近衛庫本、正德十一年本、文津閣本，列字均爲『儜』；碧琳琅本、《叢書集成》本，列字爲『儜』，當爲『儜』字俗訛。『儜』，《廣韻》女耕切，《集韻》尼耕切，娘耕二平開梗；《五音集韻》同《廣韻》。《韻鏡》外轉第三十五開、《起數訣》第六十九圖收音濁、《四聲等子》重多輕少韻啓口呼梗攝外八，列字爲『儜』；《七音略》外轉三十八重中重、《切韻指掌圖》十六圖，列字爲『獰』，《廣韻》娘母庚韻，《集韻》娘母耕韻，楊軍校此字當爲『儜』字形訛。『儜』爲《廣韻》《集韻》耕韻、《五音集韻》庚二孃母位小韻首字，各韻圖字形略有差異均爲書寫差異。《七音略》列字誤，《切韻指南》碧琳琅本、《叢書集成》本列字俗訛，當校改爲『儜』，其他版本是。

3 平二幫　閍　《廣韻》甫盲切，《集韻》晡橫切，幫庚二平開梗；《五音集韻》同《廣韻》，但爲合口。《韻鏡》外轉第三十三開、《切韻指掌圖》十六圖，列字均爲『閍』；《七音略》外轉三十六重中輕，列字爲『𥛱』；《四聲等子》重多輕少韻啓口呼梗攝外八，列字爲『繃』，幫母耕韻；《起數訣》第六十四圖發音清，列字爲『祊』。『閍』爲《廣韻》《五音集韻》庚韻幫母位小韻首字，下收有『祊』字；『𥛱』爲《集韻》庚二幫母位小韻首字，下收有『閍』，列字以『閍』爲佳。《七音略》列字無誤；《切韻指南》若反切下字爲脣音或合口字，多列於合口圖，《切韻指南》或是據《集韻》列於開口圖，然《五音集韻》列於合口，故列於合口圖更佳。

4 平二滂　怦　《廣韻》普耕切，《集韻》披耕切，滂耕二平開梗；《五音集韻》同《廣韻》。《韻鏡》外轉第三十五開，列字爲『怦』；《七音略》外轉三十八重中重、《起數訣》第六十八圖收音清、《四聲等子》重多輕少韻啓口呼梗攝外八，列字均爲『怦』；《切韻指掌圖》十六圖，列字爲『烹』，滂母庚韻。『怦』爲《廣韻》《集韻》耕韻，《五音集韻》庚二滂母位小韻首字，且《廣韻》下收有『伻』字，列字以『怦』爲佳。《韻鏡》無誤；《切韻指南》因反切下字爲非脣音開口字，故列於開口圖。

5 平二並　彭　《廣韻》薄庚切，《集韻》蒲庚切，並庚二平開梗；《五音集韻》同《廣韻》。《韻鏡》外轉第三十三開、《七音略》外轉三十六重中輕、《起數訣》第六十四圖發音清、《切韻指掌圖》十六圖，列字均爲『彭』；《四聲等子》重多輕少韻啓口呼梗攝外八，列字爲『輣』，《廣韻》並母庚韻與耕韻。『彭』爲《廣韻》《集韻》《五音集韻》庚二並母位小韻首字，《切韻指南》因反切下字爲非脣音開口字，故列於開口圖。

6 平二明　甍　《廣韻》莫耕切，《集韻》謨耕切，明耕二平開梗；《五音集韻》同《廣韻》。《韻鏡》外轉第三十五開、《七音略》外轉三十八重中重、《起數訣》第六十五圖發音濁，列字均爲『甍』；《切韻指掌圖》十六圖，列字爲『盲』，明母庚韻；《四聲等子》重多輕少韻啓口呼梗攝外八，列字爲『萠』，各韻書均未收此字，當爲『萌』字形訛。『甍』爲《廣韻》《集韻》耕韻，《五音集韻》庚二明母位小韻首字，且下收有『萌』字，列字以『甍』爲佳，《切韻指南》因反切下字爲非脣音開口字，故列於開口圖。

7 平二照　争　弘治九年本，列字爲『争』；近衛庫本、正德十一年本、文津閣本、碧琳琅本、《叢書集成》本，列字均爲『爭』，『争』『爭』互爲異體。『爭』，《廣韻》側莖切，《集韻》甾莖切，莊耕二平開梗；《五音集韻》同《廣韻》。《韻鏡》外轉第三十五開、《七音略》外轉三十八重中重、《起數訣》第六十九收音濁、《切韻指掌圖》十六圖、《四聲等子》重多輕少韻啓口呼梗攝外八，列字均爲『爭』。『爭』爲《廣韻》《集韻》耕韻，《五音集韻》庚二莊母位小韻首字，《切韻指南》諸家版本皆是。

8 平二穿　琤　弘治九年本，列字爲『琤』；近衛庫本、正德十一年本、文津閣本，列字爲『琤』；碧琳琅本、《叢書集成》本，列字均爲『琤』，諸版本均爲書寫差異。《廣韻》《集韻》《五音集韻》字形爲『琤』。『琤』，《廣韻》楚耕切，《集韻》初耕切，初耕二平開梗；《五音集韻》同《廣韻》。《韻鏡》外轉第三十五開、《七音略》外轉三十八重中重、《起數訣》第六十九收音濁、《切韻指掌圖》十六圖、《四聲等子》重多輕少韻啓口呼梗攝外八，列字均爲『琤』。『琤』爲《廣韻》《集韻》耕韻，《五音集韻》庚二初母位小韻首字，《切韻指南》諸家版本皆是。

9 平二影　甖　《廣韻》烏莖切，《集韻》於莖切，影耕二平開梗；《五音集韻》同《廣韻》。《韻鏡》外轉第三十五開、《起數訣》第六十五圖發音濁，列字爲『甖』；《七音略》外轉三十八重中重、《切韻指掌圖》十六圖、《四聲等子》重多輕少韻啓口呼梗攝外八，列字均爲『甖』。

『甖』爲《廣韻》耕韻，《五音集韻》庚二影母位小韻首字，均下收有『罌』字，『甖』與『罌』同爲《集韻》小韻首字。列字以『甖』爲佳，《韻鏡》無誤，《切韻指南》是。

10 平二來　磷　《廣韻》力珍切，來母真韻；《集韻》力耕切，來耕二平開梗；《五音集韻》同《集韻》。依《廣韻》不當列於此位，依《集韻》《五音集韻》可列於此位。《韻鏡》《切韻指掌圖》梗攝圖均空位；《七音略》外轉三十八重中重、《起數訣》第六十五圖發音濁、《四聲等子》重多輕少韻啓口呼梗攝外八，列字均爲『磷』。《廣韻》耕二、庚二均無來母位小韻，『磷』爲《集韻》耕韻，《五音集韻》庚二來母位小韻首字，《韻鏡》從《廣韻》空位，《切韻指南》從《集韻》《五音集韻》。

11 《切韻指南》二等上聲標目爲『梗』，實收梗、耿二韻字。（《五音集韻》已合併爲梗韻。）

12 上二溪　伉　《廣韻》梗韻與耿韻均無溪母位小韻，《集韻》苦杏切，溪梗二上開梗；《五音集韻》同《集韻》。《韻鏡》空位；《七音略》外轉三十六重中輕，列字爲『沆』，匣母蕩韻，當爲『伉』字訛誤；《起數訣》第六十五圖發音濁、《四聲等子》重多輕少韻啓口呼梗攝外八，列字爲『伉』；《切韻指掌圖》十六圖，列字爲『阬』，溪母庚韻，不當列於此位。『伉』爲《集韻》《五音集韻》梗二溪母位小韻首字，《韻鏡》從《廣韻》空位；《七音略》列字誤，《切韻指南》從《集韻》《五音集韻》。

13 上二知　盯　《廣韻》《集韻》張梗切，知梗二上開梗；《五音集韻》同《廣韻》。《韻鏡》外轉第三十三開、《切韻指掌圖》十六圖、《四聲等子》重多輕少韻啓口呼梗攝外八，列字爲『町』；《七音略》外轉三十六重中輕、《起數訣》第六十五圖發音濁，列字爲『打』，《集韻》端母迥韻。『町』爲《廣韻》《集韻》《五音集韻》梗二知母位小韻首字，《七音略》列字爲類隔，應以『町』爲佳；《切韻指南》從《廣韻》《集韻》《五音集韻》。

14 上二孃　檸　弘治九年本、近衛庫本、正德十一年本、文津閣本，列字爲『檸』；碧琳琅本、《叢書集成》本，列字均爲『檸』。『檸』，《廣韻》《集韻》拏梗切，娘梗二上開梗；《五音集韻》同《廣韻》。《韻鏡》外轉第三十三開，列字爲『擰』，當爲書寫刊刻誤；《七音略》外轉三十六重中輕、《起數訣》第六十五圖發音濁、《切韻指掌圖》十六圖、《四聲等子》重多輕少韻啓口呼梗攝外八，列字爲『檸』。『檸』爲《廣韻》《集韻》《五音集韻》梗二娘母位小韻首字，《切韻指南》碧琳琅本、《叢書集成》本列字俗訛，當校改爲『檸』，其他版本是。

15 上二幫　浜　《廣韻》布梗切，《集韻》百猛切，幫梗二上開梗；《五音集韻》同《廣韻》。《韻鏡》外轉第三十三開、《七音略》外轉三十六重中輕、《切韻指掌圖》十六圖，列字爲『浜』；《起數訣》第六十四圖發音清，列字爲『炳』，梗三等字；《四聲等子》重多輕少韻啓口呼梗攝外八，列字爲『迸』，幫母耿韻。『浜』爲《廣韻》《集韻》《五音集韻》梗二幫母位小韻首字，因《廣韻》《五音集韻》反切下字爲非脣音開口字，故《切韻指南》列於開口。

16 上二滂　皏　《廣韻》《集韻》普幸切，滂耿二上開梗；《五音集韻》同《廣韻》《集韻》。《韻鏡》

外轉第三十五開、《七音略》外轉三十八重中重、《起數訣》第六十五圖發音濁、《切韻指掌圖》十六圖、《四聲等子》重多輕少韻啓口呼梗攝外八，列字爲『䴵』。『䴵』爲《廣韻》《集韻》耿韻，《五音集韻》梗韻滂母位小韻首字，《切韻指南》因反切下字爲非脣音開口字，故列於開口圖。

17 上二並　鮩　《廣韻》蒲猛切，並梗二上開梗；《集韻》蒲幸切，並耿二上開梗；《五音集韻》同《廣韻》。《韻鏡》外轉第三十五開、《起數訣》第六十五圖發音濁，列字爲『鮩』；《七音略》外轉三十八重中重，列字爲『鮩』，《集韻》並母梗韻；《切韻指掌圖》十六圖、《四聲等子》重多輕少韻啓口呼梗攝外八，列字爲『併』，並母耿韻。『鮩』爲《廣韻》《五音集韻》梗二並母位小韻首字；《七音略》無誤；《切韻指南》從《廣韻》《五音集韻》，且《廣韻》《五音集韻》反切下字雖爲脣音字，但反切下字『猛』入開口，故『鮩』字亦列於開口。

18 上二明　猛　《廣韻》莫幸切，《集韻》母梗切，《五音集韻》莫杏切，明梗二上開梗。《韻鏡》外轉第三十三開、《七音略》外轉三十六重中輕、《起數訣》第六十四圖發音清、《切韻指掌圖》十六圖，列字爲『猛』；《四聲等子》重多輕少韻啓口呼梗攝外八，列字爲『𥉁』，《廣韻》明母耿韻，《集韻》明母梗韻。『猛』爲《廣韻》《集韻》《五音集韻》梗二明母位小韻首字，《切韻指南》因反切下字爲非脣音開口字，而列於開口圖。

19 上二照　睁　《廣韻》梗韻與耿韻開口二等均無莊母小韻。《集韻》側杏切，莊梗二上開梗；

《五音集韻》同《集韻》。《韻鏡》《七音略》《切韻指掌圖》皆空位；《起數訣》第六十四圖發音清、《四聲等子》重多輕少韻啓口呼梗攝外八，列字爲『睁』。《集韻》《五音集韻》梗韻莊母位小韻僅收有『睁』字，《韻鏡》《七音略》從《廣韻》，空位是；《切韻指南》從《集韻》《五音集韻》。

20 上二穿　⿰氵靚　《廣韻》梗韻與耿韻開口二等均無初母小韻，《集韻》差梗切，《五音集韻》初梗切，初梗二上開梗。《韻鏡》《七音略》《切韻指掌圖》均空位；《起數訣》第六十四圖發音清、《四聲等子》重多輕少韻啓口呼梗攝外八，列字爲『⿰氵靚』。『⿰氵靚』爲《集韻》《五音集韻》梗二初母位小韻首字，《韻鏡》《七音略》從《廣韻》，空位是；《切韻指南》從《集韻》《五音集韻》。

21 上二影　⿰牜⿱㚘目　《廣韻》梗韻與耿韻開口二等均無影母小韻；《集韻》於杏切，影梗二上開梗；《五音集韻》同《集韻》。《韻鏡》外轉第三十三開、《切韻指掌圖》十六圖，列字爲『⿱㚘目』，爲合口字，不當列於此位；《七音略》空位；《起數訣》第六十五圖發音濁、《四聲等子》重多輕少韻啓口呼梗攝外八，列字爲『⿰牜⿱㚘目』。『⿰牜⿱㚘目』爲《集韻》《五音集韻》梗二影母位小韻首字，《韻鏡》誤，當校改爲『⿰牜⿱㚘目』；《七音略》從《廣韻》，空位是；《切韻指南》從《集韻》《五音集韻》。

22 上二來　冷　《廣韻》魯打切，《集韻》魯杏切，來梗二上開梗；《五音集韻》同《廣韻》。《韻鏡》外轉第三十三開、《起數訣》第六十五圖發音濁、《切韻指掌圖》十六圖、《四聲等子》重多輕少韻啓口呼梗攝外八，列字均爲『冷』；《七音略》外轉三十六重中輕，列字爲『泠』，《康熙字典》記：『《唐韻》《集韻》《韻會》郎丁切，音靈。』此記來母青韻，又來母迥韻，均不當列於此位。『冷』爲《廣韻》《集韻》《五音集韻》梗二來母位小韻首字，《七音略》列字誤，當校改爲『冷』，《切韻指南》是。

23 《切韻指南》二等去聲標目爲『諍』，實收映、諍二韻字。（《五音集韻》已合併爲諍韻）

24 去二疑　鞕　《廣韻》五爭切，疑諍二去開梗；《集韻》魚孟切，疑映二去開梗；《五音集韻》同《集韻》。《韻鏡》外轉第三十五開、《起數訣》第六十五圖發音濁、《切韻指掌圖》十六圖、《四聲等子》重多輕少韻啓口呼梗攝外八，列字均爲『硬』，《廣韻》疑母諍韻，《集韻》疑母映韻；《七音略》空位。『鞕』爲《廣韻》《五音集韻》諍韻、《集韻》映韻疑母位小韻首字，《廣韻》《集韻》下收『硬』字，列字以『鞕』爲佳。唐五代韻書諍韻無疑母字，《廣韻》『鞕』『硬』二字均誤入諍韻。《韻鏡》從《廣韻》，《七音略》合於唐五代韻書與《集韻》，《切韻指南》從《廣韻》《五音集韻》。

25 去二澄　鋥　《廣韻》《集韻》除更切，澄映二去開梗；《五音集韻》同《廣韻》。《韻鏡》外轉第三十三開、《起數訣》第六十五圖發音濁、《四聲等子》重多輕少韻啓口呼梗攝外八，列字均爲『鋥』；《七音略》外轉三十六重中輕，列字爲『鎊』，滂母唐韻，不當列於此位；《切韻指掌圖》十六圖，列字爲『瞕』。『鋥』爲《廣韻》《集韻》映二，《五音集韻》諍韻澄母位小韻首字，下收『瞕』字。《七音略》誤，《切韻指南》是。

26 去二幫　迸　《廣韻》《集韻》北諍切，幫諍二去開梗；《五音集韻》同《廣韻》《集韻》。《韻鏡》

外轉第三十五開、《七音略》外轉三十八重中重、《起數訣》第六十八收音清、《切韻指掌圖》十六圖、《四聲等子》重多輕少韻啓口呼梗攝外八，列字均爲『迸』。『迸』爲《廣韻》《集韻》《五音集韻》諍韻幫母位小韻首字，且反切下字爲非脣音開口字，故《切韻指掌圖》列於開口圖。

27 去二滂　亨　《廣韻》諍二、映二均無滂母位小韻。『亨』，《集韻》普孟切，滂映二去開梗；《五音集韻》同《集韻》。《韻鏡》外轉第三十三開，列字爲『烹』，當爲后人據《集韻》補入；《七音略》《切韻指掌圖》空位；《起數訣》第六十四圖發音清，列字爲『亨』；《四聲等子》重多輕少韻啓口呼梗攝外八，列字爲『軯』，滂母諍韻。《廣韻》諍韻、映韻均無滂母位小韻，『亨』爲《集韻》映二、《五音集韻》諍韻滂母位小韻首字，《韻鏡》列字誤；《七音略》從《廣韻》空位無誤； 若反切下字爲脣音字，《切韻指掌圖》多列於合口圖，但《五音集韻》『孟』入開口，《切韻指南》當是據此而列於開口圖。

28 去二並　倂　《廣韻》《集韻》蒲迸切，並諍二去開梗；《五音集韻》同《廣韻》《集韻》。《韻鏡》外轉第三十五開、《七音略》外轉三十八重中重、《起數訣》第六十八收音清、《切韻指掌圖》十六圖、《四聲等子》重多輕少韻啓口呼梗攝外八，列字均爲『倂』。『倂』爲《廣韻》《集韻》《五音集韻》諍韻並母位小韻首字，其反切下字爲脣音字，多列於合口圖，但《五音集韻》『迸』入開口，故本圖據此列於開口圖。

29 去二明　孟　《廣韻》《集韻》莫更切，明映二去開梗；《五音集韻》同《廣韻》《集韻》。《韻鏡》

外轉第三十三開、《七音略》外轉三十六重中輕、《起數訣》第六十四圖發音清、《切韻指掌圖》十六圖，列字均爲『盂』；《四聲等子》空位誤。『盂』爲《廣韻》《集韻》映二，《五音集韻》諍韻明母位小韻首字，因反切下字爲非脣音開口字，故《切韻指南》列於開口。

30　去二照　諍　《廣韻》《集韻》《五音集韻》字形爲『諍』，與『諍』互爲異體。『諍』，《廣韻》《集韻》側迸切，莊諍二去開梗；《五音集韻》同《廣韻》。《韻鏡》外轉第三十五開、《七音略》外轉三十八重中重、《起數訣》第六十九收音濁、《切韻指掌圖》十六圖、《四聲等子》重多輕少韻啓口呼梗攝外八，列字均爲『諍』，各韻書字形不同皆爲書寫差異。『諍』爲《廣韻》《集韻》《五音集韻》諍韻莊母位小韻首字，《切韻指南》是。

31　去二穿　瀙　《廣韻》疾政切，從勁三去開梗，古文『爭』字，不當列於此位；《集韻》楚慶切，《五音集韻》楚敬切，初映三去開梗，可列於此位。《韻鏡》敬（映）韻處空位；《七音略》外轉三十六重中輕、《起數訣》第六十五圖發音濁、《切韻指掌圖》十六圖、《四聲等子》重多輕少韻啓口呼梗攝外八，列字均爲『瀙』。『瀙』反切下字爲三等字，按正音憑切門法列於二等位。《集韻》該小韻僅收有『瀙』字；《五音集韻》標爲二等。『瀙』爲《集韻》《五音集韻》映三初母位小韻首字。《韻鏡》從《廣韻》空位；《七音略》從《集韻》，《切韻指南》從《集韻》《五音集韻》。

32　去二審　生　《廣韻》所敬切，《集韻》所慶切，生映三去開梗；《五音集韻》同《廣韻》。《韻鏡》空位；《七音略》外轉三十六重中輕，列字爲『土』，當爲字形模糊之故；《起數訣》第六十五圖發音濁，列字爲『性』，心母徑韻，又心母勁韻，均不當列於此位；《切韻指掌圖》十六圖、《四聲等子》重多輕少韻啓口呼梗攝外八，列字均爲『生』。『生』反切下字爲三等字，按正音憑切門法列於二等位。『生』爲《廣韻》《集韻》映三，《五音集韻》諍韻生母位小韻首字；《韻鏡》空位爲存早期韻圖舊式，《七音略》列字模糊，當爲『生』字，《切韻指南》是。

33　去二曉　𧩙　弘治九年本，列字爲『𧩙』；近衛庫本、正德十一年本、文津閣本、碧琳琅本、《叢書集成》本，列字均爲『𧩙』。《廣韻》字形爲『𧩙』，許更切，《集韻》作『𧨉』字，亨孟切，曉映二上開梗；《五音集韻》作『𧩙』字，餘同《廣韻》。『𧩙』爲『𧨉』之異體，聲符『幸』有異體『㚔』和『㚔』，故『𧩙』爲『𧩙』字俗體。《韻鏡》空位；《七音略》外轉三十六重中輕、《切韻指掌圖》十六圖，列字爲『𧩙』；《起數訣》第六十五圖發音濁，列字爲『悻』；《四聲等子》重多輕少韻啓口呼梗攝外八，列字爲『𧩙』。《廣韻》映韻二等曉母位僅收『𧩙』字；『悻』爲《集韻》映二曉母位小韻首字，『𧩙』爲《五音集韻》諍韻曉母位小韻首字；據余迺永《廣韻校注》記：『「㚔」聲字宜入諍韻。』列字以『𧨉』字爲佳，《韻鏡》空位誤，《七音略》列字無誤，《切韻指南》弘治九年本列字從《五音集韻》，其他版本列字俗訛，當校正爲『𧩙』。

34　去二影　瀴　《廣韻》《集韻》於孟切，影映二去開梗；《五音集韻》同《廣韻》《集韻》。《韻鏡》外轉第三十五開，列字爲『瀴』，《廣韻》影母諍韻，《集韻》影母映韻；《七音略》外轉三十六重中輕、《起數訣》第六十五圖發音濁，列字均爲『瀴』；《切韻指掌圖》十六圖，列字爲『嫈』；《四聲等子》重多輕少韻啓口呼梗攝外八，列字爲『𧞤』，爲『𧞤』字形訛。『瀴』爲《廣韻》《集韻》《五音集韻》諍韻影母位小韻首字，下收有『𧞤』字，列字以『瀴』爲佳，《韻鏡》無誤，《切韻指南》是。

35 《切韻指南》梗攝二等入聲標目爲『陌』，實收陌、麥二韻字。（《五音集韻》已合併爲陌韻）

36 入二疑　鷊　《廣韻》五革切，《集韻》逆革切，疑麥二入開梗；《五音集韻》同《廣韻》。《韻鏡》外轉第三十五開、《四聲等子》重多輕少韻啓口呼梗攝外八，列字爲『鷊』；《七音略》外轉三十六重中輕、《起數訣》第六十五圖發音濁、《切韻指掌圖》十六圖，列字均爲『額』，疑母陌韻。『鷊』爲《廣韻》《集韻》麥韻，《五音集韻》陌韻疑母位小韻首字；『額』爲《集韻》陌韻疑母位小韻首字；《七音略》從《集韻》，《切韻指南》從《廣韻》《五音集韻》。

37 入二徹　㾖　《集韻》丑厄切，徹麥二入開梗；《五音集韻》同《集韻》。《韻鏡》外轉第三十五開，空位；《切韻指掌圖》十六圖，列字爲『拆』，徹母陌韻；《七音略》外轉三十八重中重，列字爲『蹢』，澄母麥韻，不當列於此位；《起數訣》第六十五圖發音濁，列字爲『坼』，徹母陌韻；《四聲等子》重多輕少韻啓口呼梗攝外八，列字爲『墌』。《廣韻》陌二、麥二均無徹母位小韻，『㾖』爲《集韻》麥韻，《五音集韻》陌韻徹母位小韻首字；《韻鏡》從《廣韻》空位，《七音略》列字誤，當校改爲『㾖』；《切韻指南》從《集韻》《五音集韻》。

38 入二孃　疒　《廣韻》尼戹切，《集韻》尼厄切，娘麥二入開梗；《五音集韻》同《集韻》。《韻鏡》外轉第三十五開、《七音略》外轉三十八重中重空位；《起數訣》第六十九收音濁、《四聲等子》重多輕少韻啓口呼梗攝外八，列字爲『疒』；《切韻指掌圖》十六圖，列字爲『搦』，娘母陌韻。『疒』爲《廣韻》《集韻》麥韻、《五音集韻》陌韻娘母位小韻首字，《韻鏡》《七音略》空位誤，《切韻指南》是。

39 入二幫　伯　《廣韻》《集韻》博陌切，《五音集韻》博陌切，幫陌二入開梗。《韻鏡》外轉第三十三開、《七音略》外轉三十六重中輕、《切韻指掌圖》十六圖，列字爲『伯』；《起數訣》第六十四圖發音清，列字爲『百』；《四聲等子》重多輕少韻啓口呼梗攝外八，列字爲『檗』，幫母陌韻。『伯』爲《廣韻》《五音集韻》陌二幫母位小韻首字，下收『百』字；《集韻》小韻首字爲『百』，下收『伯』字。列字以『伯』爲佳，《切韻指南》是；但反切下字爲脣音字，按一般規則當列於合口，《五音集韻》『陌』入開口，故本圖據此列於開口。

40 入二滂　擆　《廣韻》普麥切，《集韻》匹麥切，《五音集韻》普革切，滂麥二入開梗。《韻鏡》外轉第三十五開、《七音略》外轉三十八重中重、《起數訣》第六十八收音清、《四聲等子》重多輕少韻啓口呼梗攝外八，列字爲『擆』；《切韻指掌圖》十六圖，列字爲『拍』，滂母陌韻。『擆』爲《廣韻》《集韻》麥韻、《五音集韻》陌韻滂母位小韻首字；《五音集韻》反切下字爲非脣音開口字，故《切韻指南》列於開口圖。

41　入二並　白　《廣韻》傍陌切，《集韻》薄陌切，並陌二入開梗；《五音集韻》同《廣韻》。《韻鏡》外轉第三十三開、《七音略》外轉三十六重中輕、《起數訣》第六十四圖發音清、《切韻指掌圖》十六圖，列字爲『白』；《四聲等子》重多輕少韻啓口呼梗攝外八，列字爲『僻』，不當列於此位。『白』爲《廣韻》《集韻》《五音集韻》陌二並母位小韻首字，《切韻指南》是；但反切下字爲脣音開口，按一般規則當列於合口，《五音集韻》『白』入開口，故本圖據此列於開口。

42　入二穿　策　《廣韻》《集韻》未收此字。《廣韻》《集韻》麥韻初母位小韻首字爲『策』字，『策』字當爲『筞』形訛。『筞』，《廣韻》楚革切，《集韻》測革切，初麥二入開梗。《五音集韻》列字爲『筞』，楚革切，初母麥韻。《韻鏡》外轉第三十五開、《七音略》外轉三十八重中重、《四聲等子》重多輕少韻啓口呼梗攝外八，列字爲『筞』；《起數訣》第六十九收音濁，列字爲『簎』，初母陌韻三等；《切韻指掌圖》十六圖，列字爲『測』，初母職韻。『筞』爲《廣韻》《集韻》麥韻初母位小韻首字，《切韻指南》據《五音集韻》字形而訛，當校改爲『筞』。

43　入二床　齚　《廣韻》《五音集韻》鋤陌切，崇陌二入開梗；《集韻》實窄切，船陌三入開梗。《韻鏡》外轉第三十三開、《七音略》外轉三十六重中輕，列字爲『齚』；《起數訣》第六十五圖發音濁，列字爲『柞』，《廣韻》《集韻》崇母陌韻；《切韻指掌圖》十六圖，列字爲『崱』，崇母職韻；《四聲等子》重多輕少韻啓口呼梗攝外八，列字爲『賾』，崇母麥韻。『齚』爲《廣韻》《五音集韻》陌二崇母位小韻首字，《集韻》爲船母，《切韻指南》從《廣韻》《五音集韻》。

44 入二審　棟　《廣韻》未收此字，《集韻》色窗切，生陌二入開梗。《廣韻》陌韻二等無生母小韻，麥韻生母位有『棟』小韻。『棟』，《廣韻》山責切，《集韻》色責切，生麥二入開梗；《五音集韻》同《廣韻》。《韻鏡》外轉第三十五開、《七音略》外轉三十八重中重、《起數訣》第六十九圖收音濁、《四聲等子》重多輕少韻啓口呼梗攝外八，列字爲『棟』；《切韻指掌圖》十六圖，列字爲『色』，生母職韻。『棟』爲《五音集韻》麥韻生母位小韻首字，《集韻》下亦收有『棟』字，《切韻指南》從《五音集韻》。

45 入二來　礐　《廣韻》《集韻》力摘切，來麥二入開梗；又《集韻》離宅切，來陌二入開梗；《五音集韻》反切同《廣韻》，爲來母陌韻。《韻鏡》外轉第三十三開、《四聲等子》重多輕少韻啓口呼梗攝外八，列字爲『礐』；《七音略》外轉三十六重中輕空位，將『礐』字誤列於陌韻日母位，誤；《起數訣》第六十五發音濁，列字爲『學』，當爲『礐』字形訛；《切韻指掌圖》十六圖空位。『礐』爲《廣韻》麥韻來母小韻首字、《集韻》《五音集韻》陌韻二等來母小韻首字，《七音略》誤，《切韻指南》是。

46 本圖四等與三等標目同欄，四等標目空欄。三等標目列清靜勁昔、青迥徑錫。清韻爲三等韻，青韻爲四等韻。《五音集韻》清庚合韻，故存《廣韻》標目爲庚韻，而《五音集韻》爲清韻，下文均作『《五音集韻》同《廣韻》』。

47 平三見　驚　《廣韻》舉卿切，《集韻》居卿切，見庚三平開梗；《五音集韻》同《廣韻》。《韻鏡》外轉第三十三開、《七音略》外轉三十六重中輕、《起數訣》第六十五圖發音濁、《切韻指掌圖》十六圖，列字均爲『京』；《四聲等子》曾攝内八重多輕少韻啓口呼梗攝外八，列字爲『兢』，見母蒸韻。『驚』爲《廣韻》庚三，《五音集韻》清韻開口見母位小韻首字，下收有『京』字；『京』爲《集韻》小韻首字；《韻鏡》《七音略》無誤，《切韻指南》從《廣韻》《五音集韻》。

48 平三溪　卿　弘治九年本、文津閣本，列字均爲『卿』；近衛庫本、正德十一年本、碧琳琅本、《叢書集成》本，列字均爲『卿』。《廣韻》《集韻》《康熙字典》均未收『卿』『卿』字形，此二字當爲『卿』異體。『卿』，《廣韻》去京切，《集韻》丘京切，溪庚三平開梗；《五音集韻》音同《廣韻》，字形爲『卿』。《韻鏡》外轉第三十三開，列字爲『卿』；《七音略》外轉三十六重中輕、《起數訣》第六十五圖發音濁，列字均爲『卿』；《切韻指掌圖》十六圖，列字爲『卿』；《四聲等子》曾攝内八重多輕少韻啓口呼梗攝外八，列字爲『硱』，溪母蒸韻。『卿』爲《廣韻》《集韻》庚三、《五音集韻》清韻開口溪母位小韻首字，列字以『卿』爲佳，《韻鏡》《七音略》及《切韻指南》諸家版本列異體亦無誤，《切韻指南》是。

49 平三疑　迎　《廣韻》語京切，《集韻》魚京切，疑庚三平開梗；《五音集韻》同《廣韻》。《韻鏡》空位；《七音略》外轉三十六重中輕、《起數訣》第六十五圖發音濁、《切韻指掌圖》十六圖，列字均爲『迎』；《四聲等子》曾攝内八重多輕少韻啓口呼梗攝外八，列字爲『凝』，疑母蒸韻。『迎』爲《廣韻》《集韻》庚三、《五音集韻》清韻開口疑母位小韻首字。《韻鏡》空位誤，

《切韻指南》是。

50 平三知　貞　《廣韻》陟盈切，《集韻》知盈切，知清三平開梗；《五音集韻》同《廣韻》。《韻鏡》《起數訣》空位；《七音略》外轉三十八重中重，列字爲『楨』；《切韻指掌圖》十六圖，列字爲『貞』；《四聲等子》曾攝内八重多輕少韻啓口呼梗攝外八，列字爲『徵』，知母蒸韻。『貞』爲《廣韻》《五音集韻》清韻開口知母位小韻首字，下收有『楨』字；《韻鏡》空位誤，《七音略》無誤；《切韻指南》是。

51 平三徹　檉　《廣韻》丑貞切，《集韻》癡貞切，徹清三平開梗；《五音集韻》同《廣韻》。《韻鏡》空位；《七音略》外轉三十八重中重、《起數訣》第六十五圖發音濁、《切韻指掌圖》十六圖，列字均爲『檉』；《四聲等子》曾攝内八重多輕少韻啓口呼梗攝外八，列字爲『僜』，徹母蒸韻。『檉』爲《廣韻》《集韻》《五音集韻》清韻開口徹母位小韻首字；《韻鏡》空位誤，《切韻指南》是。

52 平三澄　呈　《廣韻》直貞切，《集韻》馳貞切，澄清三平開梗；《五音集韻》同《廣韻》。《韻鏡》空位；《七音略》外轉三十八重中重、《起數訣》第六十五圖發音濁，列字均爲『呈』；《切韻指掌圖》十六圖、《四聲等子》曾攝内八重多輕少韻啓口呼梗攝外八，列字爲『澄』，澄母蒸韻。『呈』爲《廣韻》《集韻》《五音集韻》清韻澄母位小韻首字；《韻鏡》空位誤，《切韻指南》是。

53 平三幫　兵　《廣韻》甫明切，《集韻》晡明切，幫庚三平開梗；《五音集韻》同《廣韻》。《韻鏡》外轉第三十三開、《七音略》外轉三十六重中輕、《起數訣》第六十四圖發音清、《切韻指掌圖》十六圖、《四聲等子》曾攝内八重多輕少韻合口呼梗攝外二，列字均爲『兵』。『兵』爲《廣韻》《集韻》庚三、《五音集韻》清韻幫母位小韻首字，按一般規則，反切下字爲脣音，當列於合口；但《五音集韻》『明』入開口，故《切韻指南》據此列於開口圖。

54 平三並　平　《廣韻》符兵切，《集韻》蒲兵切，並庚三平開梗；《五音集韻》同《廣韻》。《韻鏡》外轉第三十三開、《七音略》外轉三十六重中輕、《起數訣》第六十四圖發音清、《切韻指掌圖》十六圖、《四聲等子》曾攝内八重多輕少韻合口呼梗攝外二，列字均爲『平』。『平』爲《廣韻》《集韻》庚三、《五音集韻》清韻開口並母位小韻首字；按一般規則，反切下字爲脣音，當列於合口，《五音集韻》『兵』入開口，故《切韻指南》本圖據此列於開口。

55 平三明　明　《廣韻》武兵切，《集韻》眉兵切，明庚三平開梗；《五音集韻》同《廣韻》。《韻鏡》外轉第三十三開、《七音略》外轉三十六重中輕、《起數訣》第六十四圖發音清、《四聲等子》曾攝内八重多輕少韻合口呼梗攝外二，列字均爲『明』；《切韻指掌圖》十六圖，列字爲『朙』，『朙』『明』爲異體字。『明』爲《廣韻》《集韻》庚三、《五音集韻》清韻開口明母位小韻首字；按一般規則，反切下字爲脣音，當列於合口，《五音集韻》『兵』入開口，故《切韻指南》本圖據此列於開口。

56 《切韻指南》三等上聲梗靜通用，故存《廣韻》標目爲梗韻而《五音集韻》爲靜韻，下文均作『《五音集韻》同《廣韻》』。

57 上三群 ○ 《廣韻》靜韻、梗三均無群母位小韻，《集韻》靜韻有『頳』小韻，渠領切。《康熙字典》記：『《廣韻》《集韻》渠飲切，音噤。《集韻》顛頳，懦劣。又《玉篇》怒也。又《廣韻》《集韻》渠領切，音痙。義同。又《廣韻》于禁切，音訡。頳（齠），切齒怒貌。』按群母無三等，『頳，渠領切』意與『渠飲切』完全相同。『頳』，渠飲切，群寢三去開深，此音爲正，『渠領切』音切當誤。諸家韻圖亦均未列字，故《集韻》收音有誤。《五音集韻》靜三群母位有『痙』小韻，下收有『頳』字，故《切韻指南》此位當補『痙』或『頳』字。

58 上三知 最 《廣韻》靜韻、梗三開口無知母小韻；《集韻》知領切，知靜三上開梗；《五音集韻》同《集韻》。《韻鏡》《切韻指掌圖》均空位；《七音略》外轉三十八重中重、《起數訣》第六十五圖發音濁、《四聲等子》曾攝内八重多輕少韻啓口呼梗攝外八，列字均爲『最』。『最』爲《集韻》《五音集韻》靜韻知母位小韻首字，《韻鏡》從《廣韻》空位，《七音略》從《集韻》，《切韻指南》從《集韻》《五音集韻》。

59 上三澄 徎 《廣韻》《集韻》丈井切，澄靜三上開梗；《五音集韻》同《廣韻》《集韻》。《韻鏡》空位；《七音略》外轉三十八重中重，列字爲『裎』，《康熙字典》記：『《字彙》音呈。人姓。《正字通》譌字。』《起數訣》第六十五圖發音濁、《切韻指掌圖》十六圖、《四聲等子》曾攝内八重多輕少韻啓口呼梗攝外八，列字均爲『徎』。『徎』爲《廣韻》《集韻》《五音集韻》靜三澄母位小韻首字；《韻鏡》空位誤，《七音略》列謁字誤；《切韻指南》是。

60 上三來 令 《廣韻》力政切，來勁三去開梗，不當列於此位，《集韻》盧景切，來梗三上開梗；《五音集韻》同《集韻》。《韻鏡》外轉第三十五開、《七音略》外轉三十八重中重、《起數訣》第六十五圖發音濁，列字均爲『領』，《廣韻》良郢切，來靜三上開梗；《切韻指掌圖》十六圖，列字爲『冷』，來母梗二；《四聲等子》曾攝内八重多輕少韻啓口呼梗攝外八，列字爲『倰』，來母登韻。『領』爲《廣韻》《集韻》靜韻來母位小韻首字，『令』爲《五音集韻》靜韻來母位小韻首字，《韻鏡》《七音略》從《廣韻》是，《切韻指南》從《集韻》《五音集韻》。

61 上三日 駬 《廣韻》梗三、靜韻均無日母位小韻；《集韻》如穎切，日靜三上開梗；《五音集韻》同《集韻》。《韻鏡》《七音略》《切韻指掌圖》均空位；《起數訣》第六十五圖發音濁，列字爲『𩤊』，『駬』字形訛；《四聲等子》曾攝内八重多輕少韻啓口呼梗攝外八，列字爲『稔』，日母寢韻。『駬』爲《集韻》《五音集韻》靜韻日母位小韻首字，《韻鏡》《七音略》空位，《切韻指南》從《集韻》《五音集韻》。

62 《切韻指南》三等去聲映勁合韻，故存《廣韻》標目爲映，而《五音集韻》爲勁韻，下文均作『《五音集韻》同《廣韻》』。

63 去三孃 䙚 《廣韻》映三、勁韻均無娘母位小韻；《集韻》女正切，娘勁三去開梗；《五音集韻》同《集韻》。《韻鏡》《起數訣》《切韻指掌圖》均空位；《七音略》外轉三十八重中重，列字爲『竈』；《四聲等子》曾攝内八重多輕少韻啓口呼梗攝外八，列字爲『㲽』，泥母徑韻。『竈』爲《集韻》《五音集韻》勁韻娘母位小韻首字；《韻鏡》《七音略》從《廣韻》空位；《切韻指南》從《集韻》《五音集韻》。

64 去三幫　柄　《廣韻》《集韻》陂病切，幫映三去開梗；《五音集韻》同《廣韻》《集韻》。《韻鏡》外轉第三十三開、《七音略》外轉三十六重中輕、《起數訣》第六十四圖發音清、《切韻指掌圖》十六圖、《四聲等子》曾攝内八重多輕少韻啓口呼梗攝外八，列字均爲『柄』。『柄』爲《廣韻》《集韻》映三、《五音集韻》勁韻幫母位小韻首字；按一般規則，反切下字爲脣音，當列於合口，本圖列於開口。

65 去三滂　㾘　《廣韻》勁韻滂母『聘』小韻未收，映三開口無滂母小韻；《集韻》鋪病切，滂映三去開梗；《五音集韻》同《集韻》。《韻鏡》《七音略》《切韻指掌圖》空位；《起數訣》第六十四圖發音清，列字爲『㾘』；《四聲等子》曾攝内八重多輕少韻啓口呼梗攝外八，列字爲『砅』，滂母蒸韻。『㾘』爲《集韻》映三、《五音集韻》勁韻滂母位小韻首字；《韻鏡》《七音略》從《廣韻》無誤；《切韻指南》從《集韻》，按一般規則，反切下字爲脣音，當列於合口，本圖列於開口。

66 去三並　病　《廣韻》《集韻》皮命切，並映三去開梗；《五音集韻》同《廣韻》《集韻》。《韻鏡》

外轉第三十三開、《七音略》外轉三十六重中輕、《起數訣》第六十四圖發音清、《切韻指掌圖》十六圖，列字均爲『病』；《四聲等子》曾攝内八重多輕少韻啓口呼梗攝外八，列字爲『凭』，並母證韻。『病』爲《廣韻》《集韻》映三、《五音集韻》勁韻並母位小韻首字，按一般規則，反切下字爲脣音，當列於合口，本圖列於開口。

67 去三明　命　《廣韻》《集韻》眉病切，明映三去開梗；《五音集韻》同《廣韻》《集韻》。《韻鏡》外轉第三十三開、《起數訣》第六十四圖發音清、《切韻指掌圖》十六圖，列字均爲『命』；《七音略》外轉三十六重中輕，列字爲『孟』，明母二等映韻；《四聲等子》空位。『命』爲《廣韻》《集韻》映三、《五音集韻》勁韻明母位小韻首字；《七音略》誤，當校改爲『命』字；按一般規則，反切下字爲脣音，當列於合口，《切韻指南》本圖列於開口。

68 《切韻指南》三等入聲昔陌合韻，故存《廣韻》標目爲陌韻，而《五音集韻》爲昔韻，下文均作『《五音集韻》同《廣韻》』。

69 入三見　覲　《廣韻》未收；《集韻》紀彳切，《五音集韻》紀逆切，見昔三入開梗。《韻鏡》外轉第三十三開、《七音略》外轉三十六重中輕、《起數訣》第六十五圖發音濁，列字均爲『戟』，見三陌韻；《切韻指掌圖》十六圖、《四聲等子》曾攝内八重多輕少韻啓口呼梗攝外八，列字均爲『殛』，見母職韻。『戟』爲《廣韻》《集韻》陌三開口見母位小韻首字，《五音集韻》昔韻見母位小韻下收字。『覲』爲《集韻》《五音集韻》昔韻開口見母位小韻首字，列字以『戟』爲佳。

70 《韻鏡》《七音略》亦無誤；《切韻指南》從《集韻》《五音集韻》。

入三溪　隙　弘治九年本、近衛庫本、正德十一年本、文津閣本，列字均爲『隙』；碧琳琅本、《叢書集成》本，列字均爲『隟』。『隟』，《康熙字典》記：『《正字通》俗隙字。』『隙』，《廣韻》綺戟切，《集韻》乞逆切；《五音集韻》綺戟切，溪陌三入開梗。《韻鏡》外轉第三十三開、《七音略》外轉三十六重中輕，列字均爲『隟』，『隟』字俗體；《起數訣》第六十五圖發音濁、《切韻指掌圖》十六圖，列字爲『隙』；《四聲等子》曾攝内八重多輕少韻啓口呼梗攝外八，列字爲『鞿』，溪母職韻。『隙』爲《廣韻》《集韻》陌三、《五音集韻》昔韻溪母位小韻首字，列字以『隙』爲佳，《切韻指南》碧琳琅本、《叢書集成》本列字是；《韻鏡》《七音略》與《切韻指南》其餘版本列俗體字，校正爲『隙』更佳。

71 入三徹　彳　《廣韻》《集韻》丑亦切，徹昔三入開梗；《五音集韻》同《廣韻》《集韻》。《韻鏡》《七音略》空位；《起數訣》第六十五圖發音濁，列字爲『彳』；《切韻指掌圖》十六圖、《四聲等子》曾攝内八重多輕少韻啓口呼梗攝外八，列字均爲『敕』，徹母職韻。『彳』爲《廣韻》《集韻》《五音集韻》昔韻徹母位小韻首字；《韻鏡》《七音略》空位誤；《切韻指南》是。

72 入三澄　擲　《廣韻》《集韻》直炙切，澄昔三入開梗；《五音集韻》同《廣韻》《集韻》。《韻鏡》外轉第三十五開，列字爲『擲』；《七音略》空位；《起數訣》第六十五圖發音濁，列字爲『擿』；《切韻指掌圖》十六圖、《四聲等子》曾攝内八重多輕少韻啓口呼梗攝外八，列字均爲

『直』，澄母職韻。『擲』爲《廣韻》《集韻》《五音集韻》昔韻澄母位小韻首字，下收有『擿』字，列字以『擲』爲佳；《七音略》空位誤，《切韻指南》是。

73 入三幫　碧　《廣韻》彼役切，《集韻》兵彳切；《五音集韻》彼戟切，幫昔三入開梗。《韻鏡》外轉第三十五開、《七音略》外轉三十八重中重、《起數訣》第六十四圖發音清，列字均爲『碧』；《切韻指掌圖》十六圖、《四聲等子》曾攝内八重多輕少韻啓口呼梗攝外八，列字均爲『逼』，幫母職韻。『碧』爲《廣韻》《集韻》《五音集韻》昔韻幫母位小韻首字，反切下字爲非脣音開口字，故《切韻指南》列於開口圖。

74 入三滂　鉔　弘治九年本、近衛庫本、正德十一年本、碧琳琅本、《叢書集成》本，列字均爲『鉔』；文津閣本，列字爲『鉔』。『鉔』，《康熙字典》記：『《廣韻》徒盍切，《集韻》敵盍切，音蹋。《説文》下平缶也。《廣雅》瓶也。又《集韻》鋪彳切。義同。』此記『鉔』徒盍切，定母盍韻。《廣韻》昔韻、陌三均無滂母小韻；『鉔』，《集韻》鋪彳切，《五音集韻》鋪戟切，滂昔三入開梗。《韻鏡》空位；《七音略》外轉三十八重中重，列字爲『鉔』，《康熙字典》記：『《集韻》亡范切。同錽。馬首飾也。又孚梵切，音泛。與釩同。杯也。』此記『亡范切』，明范三上合咸；『孚梵切』，敷梵三去合咸，均不當列於此位，《七音略》誤，當爲『鉔』字形訛；《起數訣》第六十四圖發音清，列字爲『鉔』；《切韻指掌圖》十六圖，列字爲『愊』，滂母職韻；《四聲等子》曾攝内八重多輕少韻啓口呼梗攝外八，列字爲『堛』，滂母職韻。『鉔』爲《集韻》《五音集韻》昔韻滂母位小韻首字，列字以『⿰金乏』爲佳。《韻鏡》空位誤，《七音略》與《切韻指南》文津閣本列字形訛，均當校改爲『⿰金乏』字；《切韻指南》其餘版本皆從《集韻》《五音集韻》，且反切下字爲非脣音開口字，故《切韻指南》列於開口圖。

75 入三並　欂　《廣韻》弼戟切，並陌三入開梗；《集韻》平碧切，《五音集韻》扶碧切，並昔三入開梗。《韻鏡》外轉第三十五開，列字爲『擿』，列字與《韻鏡》外轉第三十三開重出，當校改爲『欂』；《七音略》外轉三十八重中重、《起數訣》第六十四圖發音清，列字均爲『欂』；《切韻指掌圖》十六圖、《四聲等子》曾攝內八重多輕少韻啓口呼梗攝外八，列字均爲『愎』，並母職韻。『欂』爲《廣韻》陌三並母位小韻首字，《集韻》《五音集韻》昔韻並母位小韻首字，《切韻指南》是。

76 入三照　隻　《廣韻》《集韻》均未收此字，入三章母位有『隻』小韻，『隻』爲『隻』字異體。『隻』，《廣韻》《集韻》之石切，章昔三入開梗；《五音集韻》同《廣韻》《集韻》。《韻鏡》外轉第三十五開，列字爲『隻』；《七音略》外轉三十八重中重、《起數訣》第六十四圖發音清，列字均爲『隻』；《切韻指掌圖》十六圖、《四聲等子》曾攝內八重多輕少韻啓口呼梗攝外八，列字均爲『職』，章母職韻。『隻』爲《廣韻》《集韻》《五音集韻》昔韻章母位小韻首字，《七音略》《切韻指南》列異體，校正爲『隻』更佳。

77 入三床　麝　《廣韻》食夜切，《集韻》食亦切，船昔三入開梗；《五音集韻》同《集韻》。《韻鏡》外轉第三十五開，列字爲『射』；《七音略》外轉三十八重中重，列字爲『麝』；《起數訣》《切韻指掌圖》空位；《四聲等子》曾攝内八重多輕少韻啓口呼梗攝外八，列字爲『食』。『麝』爲《廣韻》《五音集韻》昔韻船母位小韻首字，下收有『射』字，《韻鏡》亦無誤，《切韻指南》是。

78

入三審　釋　弘治九年本、正德十一年本、文津閣本、碧琳琅本、《叢書集成》本，列字均爲『釋』；近衛庫本列字爲『釋』。『釋』，《廣韻》《集韻》施隻切，書昔三入開梗；《五音集韻》同《廣韻》《集韻》。《韻鏡》外轉第三十五開、《七音略》外轉三十八重中重，列字均爲『釋』；《起數訣》第六十四圖發音清，列字爲『釋』，古勞切，誤，當校改爲『釋』字；《切韻指掌圖》十六圖、《四聲等子》曾攝内八重多輕少韻啓口呼梗攝外八，列字均爲『識』，書母職韻。『釋』，《康熙字典》記：『《廣韻》《集韻》《韻會》《正韻》施隻切，音釋。《説文》漬米也。』『釋』『釋』音同。『釋』爲《廣韻》《集韻》《五音集韻》昔韻書母位小韻首字，《切韻指南》近衛庫本列字是，其餘版本列字雖音同，但校正爲『釋』更佳。

79

入三曉　虢　《康熙字典》記：『《正字通》虢字之譌。』《五音集韻》字形爲『虢』。『虢』，《廣韻》許郤切，《集韻》迄逆切，《五音集韻》許戟切，曉陌三入開梗；另《集韻》火彳切，曉昔三入開梗。以上兩種音切，均可列於此位。《韻鏡》《七音略》均空位；《起數訣》第六十五圖發音濁，列字爲『虢』；《切韻指掌圖》十六圖、《四聲等子》曾攝内八重多輕少韻啓口呼梗攝外八，列字均爲『艴』，曉母職韻。『虩』爲《廣韻》《集韻》《五音集韻》陌三開口曉母位小韻首字，《韻鏡》《七音略》空位誤，當校補『虩』字，《切韻指南》列字沿《五音集韻》之訛，當校改爲『虩』字。

80 入三來 ○ 《廣韻》昔韻、陌三均無來母小韻，《集韻》《五音集韻》昔韻來母位均有『𠠎』小韻。『𠠎』，《集韻》令益切，來昔三入開梗；《五音集韻》同《集韻》；但《五音集韻》列於四等。《韻鏡》外轉第三十五開、《七音略》外轉三十八重中重、《起數訣》第六十五圖發音濁，列字均爲『𠠎』；《切韻指掌圖》十六圖、《四聲等子》曾攝内八重多輕少韻啓口呼梗攝外八，列字均爲『力』，來母職韻。『𠠎』爲《集韻》《五音集韻》昔韻來母位小韻首字，《韻鏡》當是後人據《集韻》補入；《七音略》據《集韻》列字；《切韻指南》依《五音集韻》列於四等，三等位空位。

81 《切韻指南》四等字無標目，且注『青韻宜併入清韻』，考四等列字，平聲實收清青二韻字。

82 平四見 頸 《集韻》吉成切，見清三平開梗；《五音集韻》同《集韻》。《廣韻》《集韻》《五音集韻》青韻四等另有『經』小韻。《韻鏡》外轉第三十五開、《七音略》外轉三十八重中重、《起數訣》第六十八收音清、《切韻指掌圖》十六圖、《四聲等子》重多輕少韻啓口呼梗攝外八，列字均爲『經』，見母青韻。『經』爲《廣韻》《集韻》《五音集韻》青韻見母位小韻首字，『頸』爲《集韻》《五音集韻》清韻見母位小韻首字，《切韻指南》據《集韻》《五音集韻》列字。

83 平四疑 娙 《廣韻》清韻與青韻均無疑母位小韻；《集韻》五刑切，疑青四平開梗；《五音集韻》同《集韻》。《韻鏡》第三十三開、《起數訣》第六十五發音濁，列字均爲『迎』，疑母庚韻或映韻，均不當列於此位；《四聲等子》重多輕少韻啓口呼梗攝外八，列字爲『娙』。《廣韻》清韻與青韻均無疑母位小韻，『娙』爲《集韻》《五音集韻》青韻疑母位小韻首字，《韻鏡》第三十三圖列字誤，《切韻指南》從《集韻》《五音集韻》。

84 平四透　汀　《廣韻》他丁切，《集韻》湯丁切，透青四平開梗；《五音集韻》同《廣韻》。《韻鏡》外轉第三十五開、《切韻指掌圖》十六圖，列字爲『汀』；《七音略》外轉三十八重中重、《四聲等子》重多輕少韻啓口呼梗攝外八，列字均爲『聽』；《起數訣》第六十八收音清，列字爲『聽』字，『聽』『聽』二字互爲異體字。『汀』爲《廣韻》《五音集韻》青韻透母位小韻首字，下收『聽』字；『聽』爲《集韻》青韻透母位小韻首字，下收『汀』字，列字以『汀』爲佳。《七音略》無誤；《切韻指南》從《廣韻》《五音集韻》。

85 平四定　庭　弘治九年本，列字爲『庭』；近衛庫本、正德十一年本、文津閣本、碧琳琅本、《叢書集成》本，列字均爲『庭』。《廣韻》《集韻》字形爲『庭』。『庭』，《廣韻》特丁切，《集韻》唐丁切，定青四平開梗；《五音集韻》同《廣韻》。《韻鏡》外轉第三十五開、《七音略》外轉三十八重中重、《切韻指掌圖》十六圖，列字爲『庭』，『庭』『庭』互爲異體字；《起數訣》第六十八收音清，列字爲『庭』字；《四聲等子》重多輕少韻啓口呼梗攝外八，列字爲『亭』，定母青韻。『庭』爲《廣韻》《集韻》《五音集韻》青韻定母位小韻首字，下收『亭』字。列字以『庭』爲佳，

《韻鏡》《七音略》是,《切韻指南》弘治九年本列『庭』字無誤,其餘版本列字是。

86　平四泥　寧　《廣韻》奴丁切,《集韻》囊丁切,泥青四平開梗;《五音集韻》同《廣韻》。《韻鏡》外轉第三十五開,列字爲『寍』字,爲『寧』字形訛;《七音略》外轉三十八重中重、《起數訣》第六十八收音清、《切韻指掌圖》十六圖,列字爲『寧』字;《四聲等子》重多輕少韻啓口呼梗攝外八,列字爲『寕』,『寧』『寕』互爲異體字。『寧』爲《廣韻》《集韻》《五音集韻》青韻泥母位小韻首字,《韻鏡》列字形訛,《切韻指南》是。

87　平四幫　并　《廣韻》府盈切,《集韻》卑盈切,幫清三平開梗;《五音集韻》同《廣韻》。《韻鏡》外轉第三十三開,列字爲『幷』,『幷』『并』二字互爲異體字;《七音略》外轉三十六重中輕、《起數訣》第六十四發音濁、《切韻指掌圖》十六圖、《四聲等子》重多輕少韻啓口呼梗攝外八,列字爲『并』字。『并』爲《廣韻》《集韻》《五音集韻》清韻幫母位小韻首字,《韻鏡》列異體字無誤;《切韻指南》因反切下字爲非脣音開口字而列於開口圖。

88　平四滂　聘　《廣韻》《集韻》匹正切,滂母勁韻,不當列於此位;又《集韻》匹名切,滂清三平開梗;《五音集韻》同《集韻》,可列於此位。《韻鏡》外轉第三十五開、《七音略》外轉三十八重中重、《起數訣》第六十四發音濁、《切韻指掌圖》十六圖、《四聲等子》重多輕少韻啓口呼梗攝外八,列字均爲『竮』字。『竮』,普丁切,滂青四平開梗,爲《廣韻》《集韻》《五音集韻》青韻滂母位小韻首字,當列於此位,《韻鏡》《七音略》是。『聘』爲《集韻》清韻滂母位小韻首字，《五音集韻》清韻滂母位亦僅收『聘』，《切韻指南》從《集韻》《五音集韻》，且因反切下字爲非脣音開口字而列於開口圖。

89 平四並　瓶　《廣韻》薄經切，《集韻》旁經切，並青四平開梗；《五音集韻》同《廣韻》。《韻鏡》外轉第三十五開、《七音略》外轉三十八重中重、《切韻指掌圖》十六圖、《四聲等子》重多輕少韻啓口呼梗攝外八，列字爲『瓶』；《起數訣》第六十八收音清，列字爲『缾』，『缾』『瓶』二字互爲異體字。『瓶』爲《廣韻》《集韻》《五音集韻》青韻並母位小韻首字，當列於此位，且《切韻指南》因反切下字爲非脣音開口字而列於開口圖。

90 平四明　名　《廣韻》武并切，《集韻》弥并切，明清三平開梗；《五音集韻》同《廣韻》。又《集韻》忙經切，《五音集韻》莫經切，明青四平開梗，據該音亦可列於此位。《韻鏡》外轉第三十三開、《七音略》外轉三十六重中輕、《起數訣》第六十四發音濁、《切韻指掌圖》十六圖，列字爲『名』；《起數訣》第六十八收音清、《四聲等子》重多輕少韻啓口呼梗攝外八，列字爲『冥』，《廣韻》明母青韻。『名』爲《廣韻》《集韻》《五音集韻》清韻明母位小韻首字，亦爲《集韻》《五音集韻》青韻明母位『冥』小韻下收字，『溟』，莫經切。清韻音反切下字『并』爲脣音，按一般規則當列於合口；《集韻》《五音集韻》青韻音反切下字『經』爲非脣音開口字，故本圖按此音切列於開口圖。

91 平四邪　餳　弘治九年本、近衛庫本、正德十一年本、碧琳琅本、《叢書集成》本，列字爲

『餳』；文津閣本，列字爲『餳』。《康熙字典》記：『按《重編廣韻》云：餳，徐盈切，當从昜，《正韻》从易誤。餳，徒郎切，當从昜，今混爲一字，非。《字彙》既有餳字，从徐盈反，復于餳字作徐盈、徒郎二切，尚未了然於字書之誤也。』又曰：『《重編廣韻》：餳，徐盈切。餳，徒郎切。各不相蒙。』按：『餳』『餳』均可爲『徐盈切』，考《廣韻》《集韻》均寫作『餳』，《五音集韻》字形爲『餳』。『餳』，《廣韻》《集韻》徐盈切，邪清三平開梗，《五音集韻》同《廣韻》。《韻鏡》外轉第三十三開、《七音略》外轉三十六重中輕、《起數訣》第六十四發音濁、《切韻指掌圖》十六圖，列字爲『餳』；《四聲等子》重多輕少韻啓口呼梗攝外八，列字爲『餳』。『餳』爲《廣韻》《集韻》《五音集韻》清韻邪母位小韻首字，《切韻指南》諸本皆是，文淵閣本從《五音集韻》。

92 平四匣　刑　《廣韻》户經切，《集韻》乎經切，匣青四平開梗；《五音集韻》同《廣韻》。《韻鏡》外轉第三十五開，列字爲『刑』；《七音略》外轉三十八重中重、《起數訣》第六十八收音清、《切韻指掌圖》十六圖、《四聲等子》重多輕少韻啓口呼梗攝外八，列字爲『形』。『形』爲《集韻》青韻匣母位小韻首字，下收有『刑』字；『形』與『刑』同爲《廣韻》《五音集韻》『刑』小韻下收字，《韻鏡》《七音略》《切韻指南》均無誤。

93 《切韻指南》四等上聲無標目，且注『青韻宜併入清韻』，考等内所有字，實收靜迥二韻字。

94 上四見　到　《廣韻》古挺切，《集韻》古頂切，見迥四上開梗；《五音集韻》同《廣韻》。《韻鏡》外轉第三十五開、《起數訣》第六十八收音清、《四聲等子》重多輕少韻啓口呼梗攝外八，列字爲『剄』；《七音略》外轉三十八重中重、《切韻指掌圖》十六圖，列字爲『頸』，見母靜韻。『剄』爲《廣韻》《集韻》《五音集韻》迥韻見母位小韻首字，《七音略》錯列『靜』韻字于迥韻處，誤；《切韻指南》列字是。

95　上四溪　謦　弘治九年本、近衛庫本、正德十一年本、碧琳琅本、《叢書集成》本，列字爲『謦』；文津閣本，列字爲『馨』，《廣韻》呼刑切，《集韻》醯經切，曉青四平開梗；《五音集韻》同《廣韻》，不當列於此位。『謦』，《廣韻》去挺切，《集韻》棄挺切，溪迥四上開梗；《五音集韻》同《廣韻》，可列於此位，『馨』當爲『謦』形訛。《韻鏡》外轉第三十五開空位；《七音略》外轉三十八重中重，列字爲『剄』，見母迥韻，誤；《起數訣》第六十八收音清、《切韻指掌圖》十六圖、《四聲等子》重多輕少韻啓口呼梗攝外八，列字爲『謦』。『謦』爲《廣韻》《集韻》《五音集韻》迥韻溪母位小韻首字，《韻鏡》空位爲誤脱，《七音略》列字誤；《切韻指南》是。

96　上四群　痙　《廣韻》巨郢切，《集韻》巨井切，群靜三上開梗；《五音集韻》同《廣韻》。《韻鏡》外轉第三十五開、《起數訣》第六十四發音濁、《切韻指掌圖》十六圖，列字爲『痙』；《七音略》外轉三十八重中重群母位空位，於外轉三十六重中輕疑母四等位列『痙』，誤，《四聲等子》空位。『痙』爲《廣韻》《集韻》《五音集韻》靜韻群母位小韻首字，《七音略》誤；《切韻指南》是。

97　上四透　珽　《廣韻》他鼎切，《集韻》他頂切，透迥四上開梗；《五音集韻》同《廣韻》。《韻鏡》外轉第三十五開，列字爲『侹』；《七音略》外轉三十八重中重，列字爲『挺』，《廣韻》爲定母字，《集韻》透母迥韻，依《集韻》可列於此位；《起數訣》第六十八收音清，列字爲『挺』，爲『挺』字俗訛；《切韻指掌圖》十六圖，列字均爲『珽』；《四聲等子》重多輕少韻啓口呼梗攝外八，列字爲『廷』，《廣韻》定母青韻，不當列於此位。『珽』爲《廣韻》《五音集韻》迥韻透母位小韻首字，下收『侹』字；『珽』『侹』『挺』三字又同爲《集韻》『壬』小韻下收字。《韻鏡》《七音略》無誤，《切韻指南》從《廣韻》《五音集韻》。

98 上四定　挺　《廣韻》徒鼎切，《集韻》待鼎切，定迥四上開梗；《五音集韻》同《廣韻》。《韻鏡》外轉第三十五開、《四聲等子》重多輕少韻啓口呼梗攝外八，列字爲『挺』；《七音略》《起數訣》空位；《切韻指掌圖》十六圖，列字爲『梃』，爲『梃』字俗訛。『挺』爲《廣韻》《集韻》《五音集韻》迥韻定母位小韻首字，下收有『梃』字，列字以『挺』爲佳。《七音略》空位，誤，《切韻指南》列字是。

99 上四泥　顊　《廣韻》《集韻》乃挺切，泥迥四上開梗；《五音集韻》同《廣韻》《集韻》。《韻鏡》外轉第三十五開，列字爲『頲』，當爲『顊』字形訛；《七音略》外轉三十八重中重、《起數訣》第六十八收音清、《切韻指掌圖》十六圖、《四聲等子》重多輕少韻啓口呼梗攝外八，列字均爲『顊』。『顊』爲《廣韻》《集韻》《五音集韻》迥韻泥母位小韻首字，《韻鏡》列字形訛，誤；《切韻指南》是。

100 上四幫　鞞　《廣韻》《集韻》補鼎切，幫迥四上開梗；《五音集韻》同《廣韻》《集韻》。《韻鏡》外轉第三十五開、《七音略》外轉三十八重中重、《起數訣》第六十八收音清，列字爲『鞞』；《切韻指掌圖》十六圖，列字爲『餅』，幫母靜韻；《四聲等子》重多輕少韻啓口呼梗攝外八，列字爲『鞞』。『鞞』爲《廣韻》《集韻》《五音集韻》迥韻幫母位小韻首字，《切韻指南》是，且因反切下字爲非脣音開口字而列於開口圖。

101 上四滂　頩　《廣韻》匹迥切，《集韻》普迥切，滂迥四上開梗；《五音集韻》同《廣韻》。《韻鏡》外轉第三十五開、《七音略》外轉三十八重中重、《起數訣》第六十八收音清、《切韻指掌圖》十六圖、《四聲等子》重多輕少韻啓口呼梗攝外八，列字均爲『頩』。《廣韻》《集韻》《五音集韻》迥韻滂母位均僅收『頩』，《切韻指南》是，且因反切下字爲非脣音開口字而列於開口圖。

102 上四並　竝　《廣韻》蒲迥切，《集韻》部迥切，並迥四上開梗；《五音集韻》同《廣韻》。《韻鏡》外轉第三十五開、《七音略》外轉三十八重中重、《切韻指掌圖》十六圖，列字爲『並』；《起數訣》第六十八收音清、《四聲等子》重多輕少韻啓口呼梗攝外八，列字爲『竝』。『竝』爲《廣韻》《集韻》《五音集韻》迥韻並母位小韻首字，下收有『並』字，列字以『竝』爲佳，《韻鏡》《七音略》無誤，《切韻指南》是，且因反切下字爲非脣音開口字而列於開口圖。

103 上四明　眳　《廣韻》莫迥切，《集韻》母迥切，明迥四上開梗；《五音集韻》同《廣韻》。《韻鏡》外轉第三十五開、《七音略》外轉三十八重中重、《起數訣》第六十八收音清、《切韻指掌圖》十六圖、《四聲等子》重多輕少韻啓口呼梗攝外八，列字均爲『茗』。『茗』爲《廣韻》《集韻》《五音集韻》迴韻明母位小韻首字，下收有『眳』字。列字以『茗』爲佳，《切韻指南》亦無誤，且因反切下字爲非脣音開口字而列於開口圖。

104 上四曉　鴞　《廣韻》靜韻與迥韻均無曉母位小韻；《集韻》呼頂切，曉迥四上開梗；《五音集韻》同《集韻》。《韻鏡》《七音略》《切韻指掌圖》均空位；《起數訣》第六十八收音清、《四聲等子》重多輕少韻啓口呼梗攝外八，列字均爲『鴞』。『鴞』爲《集韻》《五音集韻》迥韻曉母位小韻首字，《韻鏡》《七音略》從《廣韻》空位無誤；《切韻指南》從《集韻》《五音集韻》。

105 上四影　廮　《廣韻》《集韻》於郢切，影靜三上開梗；《五音集韻》同《廣韻》《集韻》。《韻鏡》外轉第三十三開、《七音略》外轉三十六重中輕、《起數訣》第六十四發音濁，列字爲『廮』；《切韻指掌圖》空位；《四聲等子》重多輕少韻啓口呼梗攝外八，列字爲『巊』，影母迴韻。『廮』爲《廣韻》《集韻》《五音集韻》靜韻影母位小韻首字，下收有『廮』字，《切韻指南》無誤。

106 上四來　領　《廣韻》良郢切，《集韻》里郢切，來靜三上開梗；《五音集韻》同《廣韻》。《廣韻》迴韻來母有『笭』小韻，《廣韻》《集韻》郎鼎切，《五音集韻》力鼎切，來迴四上開梗。《韻鏡》外轉第三十五開、《七音略》外轉三十八重中重，靜韻處列字爲『領』，迴韻處列字爲『笭』；《起數訣》第六十八收音清，列字爲『蘏』；《四聲等子》重多輕少韻啓口呼梗攝外八，列字爲『泠』，來母迥韻；《切韻指掌圖》十六圖，列字爲『領』。『領』爲《廣韻》《集韻》《五音集韻》靜韻來母位小韻首字，『笭』爲《廣韻》《五音集韻》迥韻來母位小韻首字，《廣韻》爲三等字，《五音集韻》青清合韻，『笭』列於四等；《切韻指南》據《五音集韻》列字。

107 本圖四等去聲標目空欄，然考等内所有列字，去聲實收勁徑二韻字。

108 去四見　徑　《廣韻》《集韻》古定切，見徑四去開梗；《五音集韻》同《廣韻》《集韻》。《韻鏡》外轉第三十五開，列字爲『徑』；《七音略》外轉三十八重中重、《起數訣》第六十八圖收音清、《四聲等子》曾攝内八重多輕少韻啓口呼梗攝外八，列字均爲『徑』；《切韻指掌圖》十六圖，列字爲『勁』，見母勁韻。『徑』爲《廣韻》《集韻》《五音集韻》徑韻見母位小韻首字，下收有『徑』字，列字以『徑』爲佳，《韻鏡》亦無誤，《切韻指南》是。

109 去四溪　罄　弘治九年本、正德十一年本、文津閣本、碧琳琅本、《叢書集成》本，列字均爲『罄』；近衛庫本列字爲『罄』。『罄』，《廣韻》苦定切，《集韻》詰定切，溪徑四去開梗；《五音集韻》同《廣韻》。《韻鏡》外轉第三十五開、《七音略》外轉三十八重中重、《切韻指掌圖》十六圖，列字均爲『罄』，『缶』爲『缶』之異體，『罄』從而俗；《起數訣》第六十八圖收音清，列字爲『罄』；《四聲等子》曾攝内八重多輕少韻啓口呼梗攝外八，列字爲『磬』，溪母徑韻。『罄』爲《廣韻》《集韻》《五音集韻》徑韻溪母位小韻首字，《切韻指南》近衛庫本列異體字俗，當校正爲『罄』，其餘版本皆是。

110 去四端　矴　《廣韻》《集韻》丁定切，端徑四去開梗；《五音集韻》同《廣韻》《集韻》。《韻鏡》外轉第三十五開、《切韻指掌圖》十六圖、《四聲等子》曾攝内八重多輕少韻啓口呼梗攝外八，列字均爲『矴』；《七音略》外轉三十八重中重，列字爲『叮』，《廣韻》《集韻》當經切，端青四平開梗，誤；《起數訣》第六十八圖收音清，列字爲『釘』。『矴』爲《廣韻》《集韻》《五音集韻》徑韻端母位小韻首字，下收有『釘』字。《七音略》列字誤，《切韻指南》是。

111 去四泥　寗　《廣韻》《集韻》乃定切，泥徑四去開梗；《五音集韻》同《廣韻》《集韻》。《韻鏡》外轉第三十五開、《起數訣》第六十八圖收音清，列字均爲『寗』；《七音略》外轉三十八重中重、《切韻指掌圖》十六圖，列字均爲『甯』；《四聲等子》曾攝内八重多輕少韻啓口呼梗攝外八，列字爲『佞』。『寗』，《康熙字典》記：『又《類篇》从心作甯。司馬氏曰：甯从冉，非是。今詳用部甯字注。』『甯』『寗』爲異體字。『寗』爲《廣韻》《集韻》《五音集韻》徑韻泥母位小韻首字，下收有『佞』字。《韻鏡》列異體字亦無誤，《切韻指南》是。

112 去四幫　摒　《廣韻》卑政切，《集韻》卑正切，幫勁三去開梗；《五音集韻》同《廣韻》。《韻鏡》外轉第三十三開，列字爲『栟』，幫母清韻，當爲『拼』字誤，『拼』《集韻》卑正切，幫母勁韻；《七音略》外轉三十六重中輕、《起數訣》第六十四圖發音清、《四聲等子》曾攝内八重多輕少韻合口呼梗攝外二，列字爲『摒』；《切韻指掌圖》十六圖，列字爲『併』。『摒』爲《廣韻》《集韻》《五音集韻》勁韻幫母位小韻首字，下收有『併』字，列字以『摒』爲佳。《韻鏡》列字誤，《切韻指南》因反切下字爲非脣音開口字而列於開口圖。

113 去四滂　聘　《廣韻》《集韻》匹正切，滂勁三去開梗；《五音集韻》同《廣韻》《集韻》。《韻鏡》外轉第三十三開、《七音略》外轉三十六重中輕、《起數訣》第六十四圖發音清、《四聲等子》曾攝内八重多輕少韻合口呼梗攝外二，列字均爲「聘」；《切韻指掌圖》十六圖，列字爲「併」。「聘」爲《廣韻》《集韻》《五音集韻》勁韻滂母位小韻首字，下收有「併」字，列字以「聘」爲佳；《切韻指南》因反切下字爲非脣音開口字而列於開口圖。

114 去四並　屏　弘治九年本，列字爲「屏」；近衛庫本、正德十一年本、文津閣本、碧琳琅本、《叢書集成》本，列字均爲「併」。「屏」，《廣韻》薄經切，並青四平開梗；《集韻》步定切，並勁三去開梗；《五音集韻》同《集韻》；按《集韻》《五音集韻》可列於此位。「併」，《廣韻》《集韻》卑正切，幫勁三去開梗，不當列於此位，當爲「偋」字誤。《韻鏡》外轉第三十三開、《七音略》外轉三十六重中輕、《起數訣》第六十四圖發音清、《四聲等子》曾攝内八重多輕少韻合口呼梗攝外二，列字均爲「偋」；《切韻指掌圖》十六圖，列字爲「庰」。「偋」爲《廣韻》《集韻》《五音集韻》勁韻並母位小韻首字，下收有「庰」字，列字「偋」爲佳，《切韻指南》弘治九年本從《集韻》《五音集韻》，其餘版本皆誤，均當校改爲「偋」字，且因反切下字爲非脣音開口字，故列於開口圖。

115 去四明　詺　《廣韻》《集韻》彌正切，明勁三去開梗；《五音集韻》同《廣韻》《集韻》。《韻鏡》

外轉第三十三開、《七音略》外轉三十六重中輕、《起數訣》第六十四圖發音清、《四聲等子》曾攝内八重多輕少韻合口呼梗攝外二，列字均爲『詺』；《切韻指掌圖》十六圖，列字爲『暝』，明母徑韻。『詺』爲《廣韻》《集韻》《五音集韻》勁韻明母位小韻首字，《切韻指南》因反切下字爲非脣音開口字而列於開口圖。

116 去四從　凈　弘治九年本、文津閣本，列字均爲『凈』；近衛庫本、正德十一年本、碧琳琅本、《叢書集成》本，列字均爲『淨』。《廣韻》《集韻》未收『凈』字形，此字當爲『淨』字形訛。『淨』，《廣韻》疾政切，《集韻》疾正切，從勁三去開梗；《五音集韻》同《廣韻》。《韻鏡》外轉第三十三開、《七音略》外轉三十六重中輕、《四聲等子》曾攝内八重多輕少韻啓口呼梗攝外八，列字均爲『淨』；《起數訣》第六十四圖發音清、《切韻指掌圖》十六圖，列字爲『凈』，亦爲『淨』字形訛。『淨』爲《廣韻》《集韻》《五音集韻》勁韻從母位小韻首字；《切韻指南》弘治九年本、文津閣本列字形訛，當校改爲『淨』字，其餘版本是。

117 去四曉　欦　《集韻》馨正切，《五音集韻》許令切，曉勁三去開梗。《韻鏡》《七音略》《切韻指掌圖》均空位；《起數訣》第六十四圖發音清，列字爲『歆』，『欦』字誤；《四聲等子》曾攝内八重多輕少韻啓口呼梗攝外八，列字爲『欦』。『欦』爲《集韻》《五音集韻》勁韻曉母小韻首字；《韻鏡》《七音略》從《廣韻》空位，《切韻指南》從《集韻》《五音集韻》。

118 去四影　纓　《廣韻》勁韻無影母位小韻，徑韻亦無影母位小韻；《集韻》於正切，《五音集韻》於政切，影勁三去開梗。《韻鏡》《起數訣》《切韻指掌圖》均空位；《七音略》外轉三十六重中輕，列字爲『纓』；《四聲等子》曾攝内八重多輕少韻啓口呼梗攝外八，列字爲『瑩』，影母徑韻。『纓』爲《集韻》《五音集韻》勁韻影母位小韻首字，《切韻指南》從《集韻》《五音集韻》。

119 本圖四等入聲標目空欄，實收錫昔二韻字。

120 入四溪　甈　弘治九年本、正德十一年本、文津閣本、碧琳琅本、《叢書集成》本，列字均爲『甈』；近衛庫本列字爲『燩』。『甈』，《集韻》苦席切，溪昔三入開梗；《五音集韻》同《集韻》。『燩』，《廣韻》苦擊切，《集韻》詰歷切，溪錫四入開梗；《五音集韻》同《廣韻》。《韻鏡》《七音略》昔韻溪母均空位。《韻鏡》外轉第三十五開、《七音略》外轉三十八重中重，列字均爲『燩』；《起數訣》第六十八圖收音清、《切韻指掌圖》十六圖、《四聲等子》曾攝内八重多輕少韻啓口呼梗攝外八，列字均爲『喫』。『甈』爲《集韻》《五音集韻》昔韻溪母位小韻首字；『燩』爲《廣韻》《五音集韻》錫韻溪母位小韻首字，下收有『喫』字。《切韻指南》列字均是，弘治九年本、正德十一年本、文津閣本、碧琳琅本、《叢書集成》本均從《集韻》《五音集韻》，近衛庫本從《廣韻》《五音集韻》。

121 入四疑　鷁　《廣韻》五歷切，《集韻》倪歷切，疑錫四入開梗；《五音集韻》同《廣韻》。《韻鏡》外轉第三十五開、《四聲等子》曾攝内八重多輕少韻啓口呼梗攝外八，列字爲『鷁』；《七音略》

《切韻指掌圖》均空位；《起數訣》第六十八圖收音清，列字爲『鶂』。『鷁』爲《廣韻》《集韻》《五音集韻》錫韻疑母位小韻首字，下收有『鶂』字；《七音略》空位誤，《切韻指南》是。

122 入四透　剔　《廣韻》《集韻》他歷切，透錫四入開梗；《五音集韻》同《廣韻》《集韻》。《韻鏡》外轉第三十五開、《七音略》外轉三十八重中重、《起數訣》第六十八圖收音清，列字均爲『逖』；《切韻指掌圖》十六圖列字爲『惕』；《四聲等子》曾攝内八重多輕少韻啓口呼梗攝外八，列字爲『剔』。『逖』爲《廣韻》《集韻》《五音集韻》錫四開口透母位小韻首字，下收有『惕』『剔』二字，列字以『逖』爲佳；且『剔』爲《集韻》《五音集韻》昔韻溪母位小韻首字，《切韻指南》從《集韻》《五音集韻》。

123 入四定　悌　《廣韻》昔韻無定母小韻，錫韻定母『荻』小韻亦未收；《集韻》待亦切；《五音集韻》特亦切，定昔三入開梗。《韻鏡》《七音略》均空位；《起數訣》第六十四圖發音清，列字爲『悌』；《切韻指掌圖》十六圖，列字爲『狄』，定母錫韻；《四聲等子》曾攝内八重多輕少韻啓口呼梗攝外八，列字爲『糴』，定母錫韻。『悌』爲《集韻》《五音集韻》昔韻定母位小韻首字，《韻鏡》《七音略》從《廣韻》空位，《切韻指南》從《集韻》。

124 入四泥　鑈　《廣韻》昔韻無泥母小韻，錫韻泥母位『惄』小韻亦未收；《集韻》奴刺切；《五音集韻》奴剔切，泥昔三入開梗。《韻鏡》《七音略》均空位；《起數訣》第六十四圖發音清，列字爲『悌』；《切韻指掌圖》十六圖，列字爲『溺』，泥母錫韻；《四聲等子》曾攝内八重多輕少韻啓口呼梗攝外八，列字爲『惄』，泥母錫韻。『鑈』爲《集韻》《五音集韻》昔韻泥母位小韻首字，《韻鏡》《七音略》從《廣韻》空位，《切韻指南》從《集韻》。

125 入四幫　辟　《廣韻》《集韻》必益切，幫昔三入開梗；《五音集韻》同《廣韻》《集韻》。《韻鏡》外轉第三十三開、《七音略》外轉三十六重中輕、《起數訣》第六十四圖發音清，列字均爲『辟』；《切韻指掌圖》十六圖，列字爲『璧』；《四聲等子》曾攝内八重多輕少韻啓口呼梗攝外八，列字爲『璧』，幫母錫韻。『辟』爲《廣韻》《集韻》《五音集韻》昔韻幫母小韻首字，下收有『璧』字，列字以『辟』爲佳，《切韻指南》是，因反切下字爲非脣音開口，故列於開口圖。

126 入四滂　僻　《廣韻》芳辟切，《集韻》匹辟切，滂昔三入開梗；《五音集韻》同《廣韻》。《韻鏡》外轉第三十三開、《七音略》外轉三十六重中輕、《起數訣》第六十四圖發音清，列字均爲『僻』；《切韻指掌圖》十六圖、《四聲等子》曾攝内八重多輕少韻啓口呼梗攝外八，列字均爲『霹』。『僻』爲《廣韻》《集韻》《五音集韻》昔韻滂母位小韻首字，下收有『霹』字，列字以『僻』爲佳，《切韻指南》是，因反切下字『辟』入開口，幫列於開口圖。

127 入四並　擗　弘治九年本、文津閣本，列字爲『擗』；近衛庫本、正德十一年本、碧琳琅本、《叢書集成》本，列字均爲『檘』。『擗』，《廣韻》房益切，《集韻》毗亦切，並昔三入開梗；《五音集韻》同《廣韻》。『檘』，《集韻》蒲兵切，並庚三平開梗，不當列於此位。《韻鏡》外轉第三十三開、《七音略》外轉三十六重中輕、《起數訣》第六十四圖發音清、《切韻指掌圖》十六圖，列字均爲

『擗』；《四聲等子》曾攝内八重多輕少韻啓口呼梗攝外八，列字爲『甓』，並母錫韻。『擗』爲《廣韻》《集韻》《五音集韻》昔韻並母位小韻首字，《切韻指南》弘治九年本、文津閣本，列字是；《切韻指南》近衛庫本、正德十一年本、碧琳琅本、《叢書集成》本列字誤，當校正爲『擗』字；因反切下字爲非脣音開口，故列於開口圖。

128 入四明　覓　《廣韻》《集韻》莫狄切，明錫四入開梗；《五音集韻》同《廣韻》《集韻》。《韻鏡》外轉第三十五開、《切韻指掌圖》十六圖、《四聲等子》曾攝内八重多輕少韻啓口呼梗攝外八，列字均爲『覓』；《七音略》外轉三十八重中重，列字爲『覔』，當爲『覓』字俗體；《起數訣》第六十八圖收音清，列字爲『系』，此字當爲『糸』字誤。『覓』爲《廣韻》《集韻》《五音集韻》錫韻明母位小韻首字，下收有『糸』字，列字以『覓』爲佳，《切韻指南》是；因反切下字爲非脣音開口，故列於開口圖。

129 入四清　皵　《廣韻》《集韻》七迹切，清昔三入開梗；《五音集韻》同《廣韻》《集韻》。《韻鏡》外轉第三十三開，列字爲『刺』；《七音略》外轉三十六重中輕、《起數訣》第六十四圖發音清，列字均爲『皵』；《切韻指掌圖》十六圖、《四聲等子》曾攝内八重多輕少韻啓口呼梗攝外八，列字均爲『戚』，清母錫韻。『皵』爲《廣韻》《集韻》《五音集韻》昔韻精母位小韻首字，下收有『刺』字，列字以『皵』爲佳。《韻鏡》亦無誤；《切韻指南》是。

130 入四來　⿰磊刂　《廣韻》昔三開口無來母小韻、錫四開口來母『靂』小韻未收；《集韻》狼狄切，來錫四入開梗；《五音集韻》郎擊切，來母錫韻，可列於此位。《韻鏡》外轉第三十五開，列字爲『靂』，《廣韻》郎擊切，《集韻》狼狄切，來錫四入開梗；《七音略》外轉三十八重中輕，列字爲『歷』；《起數訣》第六十四圖發音清，列字爲『曆』；《切韻指掌圖》空位；《四聲等子》曾攝内八重多輕少韻啓口呼梗攝外八，列字爲『瓑』，來母錫韻。『靂』爲《廣韻》《五音集韻》錫韻來母位小韻首字，下收有『歷』『曆』二字，且《五音集韻》中亦下收有『瓑』，列字以『靂』爲佳，《七音略》亦無誤；『秝』爲《集韻》小韻首字，下收有『瓑』字，《切韻指南》從《集韻》《五音集韻》。

梗攝外七 合口呼 廣門

見	溪	群	疑	端知	透徹	定澄	泥孃	幫非	滂敷	並奉	明微
○	○	○	○	○	○	○	○	○	○	○	○
○	○	○	○	○	○	○	○	○	○	○	○
○	○	○	○	○	○	○	○	○	○	○	○
○	○	○	○	○	○	○	○	○	○	○	○
觵	銧	○	○	○	○	○	○	○	○	○	○
礦	[illegible]	○	○	○	○	○	○	○	○	○	○
○	○	○	○	○	○	○	○	○	○	○	○
蟈	[illegible]	趡	○	○	○	○	○	○	○	○	○
○	○	○	○	○	○	○	○	○	○	○	○
憬	憬	○	○	○	○	○	○	丙	○	○	皿
潁	[illegible]	○	○	○	○	○	○	○	○	○	○
欔	躩	○	○	○	○	○	○	○	○	○	○
泂	傾	瓊	○	○	○	○	○	○	○	○	○
熲	頃	○	○	○	○	○	○	○	○	○	○
扃	[illegible]	○	○	○	○	○	○	○	○	○	○
郹	闃	○	○	○	○	○	○	○	○	○	○

精照	清穿	從床	心審	邪禪	曉	匣	影	喻	來	日	韻
○	○	○	○	○	○	○	○	○	○	○	
○	○	○	○	○	○	○	○	○	○	○	
○	○	○	○	○	○	○	○	○	○	○	
○	○	○	○	○	○	○	○	○	○	○	
○	○	○	○	○	諻	宏	泓	宖	○	○	庚
○	○	○	○	○	澋	卝	甇	○	○	○	梗
○	○	○	○	○	轟	蝗	宖	○	○	○	諍
擆	○	趚	摵	○	謋	矆	擭	嚄	○	○	陌
○	○	○	○	○	兄	○	罃	榮	○	○	清 青
○	○	○	○	○	克	○	○	永	○	○	靜 迥
○	○	○	○	○	𥧾	○	○	詠	○	○	勁 徑
蕞	○	○	○	○	○	○	○	棫	○	○	昔 錫
屧	○	○	騂	○	騂	○	縈	營	○	○	
○	○	○	頳	○	怳	迥	瀅	潁	○	○	
○	○	○	○	○	夐	濴	鎣	○	○	○	
○	夐	○	○	○	瞁	○	○	役	○	○	

第二十圖　梗攝外七　合口呼　廣門

《經史正音切韻指南》第二十圖爲梗攝合口圖，對應《韻鏡》外轉第三十四合及外轉第三十六合、《七音略》内轉三十七輕中輕及外轉三十九輕中輕。二等列目爲庚梗諍陌，同開口圖，與《五音集韻》同。三等列目亦與開口圖同，在列字中也未表現出清青合韻。本圖四等有字無目，平聲實收清青二韻，上聲實收靜迥二韻，去聲實收勁徑二韻，入聲實收錫昔二韻。在四等列字中體現了『青韻併入清韻』。與《五音集韻》青獨用不同。

1　平聲二等標目爲『庚』，實收庚二、耕兩韻字。

2　平二溪　銧　《廣韻》《集韻》未收此字。《廣韻》梗二耕韻均無溪母位小韻；《集韻》小韻首字爲『㝐』，口觥切，溪庚二平合梗。《五音集韻》小韻首字爲『銧』，其餘同《集韻》。《韻鏡》《切韻指掌圖》空位；《七音略》内轉三十七輕中輕、《起數訣》第六十七圖開音濁、《四聲等子》重多輕少韻合口呼梗攝外二，列字均爲『㝐』。『銧』，《康熙字典》記：『《玉篇》口觥切，音㝐。《五音集韻》器名。』『㝐』爲《集韻》庚二溪母位小韻首字，『銧』爲《五音集韻》庚韻溪母小韻首字，《韻鏡》從《廣韻》空位；《七音略》從《集韻》；《切韻指南》從《五音集韻》。

3 平二曉　諻　《廣韻》虎横切，《集韻》呼横切，曉庚二平合梗；《五音集韻》同《廣韻》。《韻鏡》外轉第三十四合、《起數訣》第六十七圖開音濁、《四聲等子》重多輕少韻合口呼梗攝外二，列字均爲『諻』；《七音略》内轉三十七輕中輕，列字爲『湟』，匣母唐韻，不當列於此位；《切韻指掌圖》十五圖，列字爲『轟』，曉母耕韻。『諻』爲《廣韻》《集韻》《五音集韻》庚二曉母位小韻首字，《七音略》列字誤，《切韻指南》是。

4 平二喻　宖　《廣韻》《集韻》梗攝二等無喻母字；《五音集韻》于萌切，喻耕二平合梗。《集韻》：『宖』，乎萌切，《説文》屋響也；另有『烏宏切』，亦爲屋響也。『于萌切』，屋響也。《集韻》有『宏』，《説文》：『屋深也。』《康熙字典》記：『《廣韻》户萌切，《韻會》胡肱切，《正韻》胡萌切，並音宏。《説文》屋響也。《玉篇》安也。按《説文》宏，屋深響也；宖屋響也。諸家訓宖，音義俱同宏。』可見『宖』實爲『宏』字，匣母耕韻。《五音集韻》當是從《集韻》列於喻母。《韻鏡》《七音略》《切韻指掌圖》均空位。《起數訣》第六十九圖收音濁、《四聲等子》重多輕少韻合口呼梗攝外二，影母位列字爲『宖』。『宖』爲《五音集韻》庚韻喻母位小韻首字，喻母本無二等字，當是《五音集韻》時影喻無别，故列於二等。《韻鏡》《七音略》從《廣韻》空位無誤；《切韻指南》從《五音集韻》列『宖』字，此字當爲匣母字，當校删。

5 上聲二等標目爲梗，實收梗、耿兩韻字。

6 上二曉　澋　《廣韻》梗韻與耿韻均無曉母字。《集韻》呼猛切，曉梗二上合梗；《五音集韻》同《集韻》。《韻鏡》《七音略》空位；《起數訣》第六十七圖開音濁、《切韻指掌圖》十五圖、《四聲等子》重多輕少韻合口呼梗攝外二，列字均爲『濖』。《集韻》《五音集韻》梗二曉母位小韻皆收有『濖』字，《韻鏡》《七音略》從《廣韻》空位；《切韻指南》從《集韻》《五音集韻》。

7 上二匣　卝　《廣韻》乎䁝切，《集韻》胡猛切，《五音集韻》乎礦切，匣梗二上合梗。《韻鏡》外轉第三十四合、《七音略》内轉三十七輕中輕、《四聲等子》重多輕少韻合口呼梗攝外二，列字均爲『卝』，但《七音略》將『卝』字列於三等位，誤；《起數訣》第六十七圖開音濁，列字爲『丱』，見母諫韻，列字誤，當爲『卝』字形訛；《切韻指掌圖》空位。『卝』爲《廣韻》《集韻》《五音集韻》梗二匣母位小韻首字，《七音略》列位誤；《切韻指南》是。

8 上二影　䁝　《廣韻》《集韻》烏猛切，影梗二上合梗；《五音集韻》同《廣韻》。《韻鏡》《切韻指掌圖》空位；《七音略》内轉三十七輕中輕、《起數訣》第六十七圖開音濁、《四聲等子》重多輕少韻合口呼梗攝外二，列字均爲『䁝』。『䁝』爲二等字，但《七音略》將此字列於三等位，當抄胥之誤。『䁝』爲《廣韻》《集韻》《五音集韻》梗二影母位小韻首字，《七音略》列位誤，《切韻指南》是。

9 去聲二等標目爲『諍』，實收映、諍兩韻字。

10 去二影　⿱穴弘　《廣韻》烏橫切，影映二去合梗；《集韻》該小韻僅收有『⿱穴泓』字；《五音集韻》列字反切均同《廣韻》。《韻鏡》外轉第三十四合；《七音略》內轉三十七輕中輕、《切韻指掌圖》十五圖、《四聲等子》重多輕少韻合口呼梗攝外二，列字均爲『𥨍』；《起數訣》第六十七圖開音濁，列字爲『𥨍』。『𥨍』爲《廣韻》映韻、《五音集韻》諍韻影母位小韻首字，《切韻指南》是。

11 入聲二等標目爲陌，實收陌、麥兩韻字。

12 入二見　蟈　《廣韻》《集韻》古獲切，見麥二入合梗；《五音集韻》同《廣韻》。《韻鏡》外轉第三十六合、《四聲等子》重多輕少韻合口呼梗攝外二，列字均爲『蟈』；《七音略》外轉三十九輕中輕，列字爲『馘』；《起數訣》第七十圖收音清，列字爲『聝』；《切韻指掌圖》十五圖，列字爲『虢』，見母陌韻。『蟈』爲《廣韻》麥韻、《五音集韻》陌韻二等見母位小韻首字，下收『馘』『聝』二字；《集韻》小韻首字同爲『馘』和『聝』，下收『蟈』字，列字以『蟈』字爲佳。《七音略》無誤；《切韻指南》從《廣韻》《五音集韻》。

13 入二溪　𧎳　《廣韻》丘擭切，《集韻》廓擭切，溪陌二入合梗；《五音集韻》同《廣韻》。《韻鏡》《切韻指掌圖》空位；《七音略》內轉三十七輕中輕，列字爲『𧎳』；《起數訣》第六十七圖開音濁，列字爲『劐』；《四聲等子》重多輕少韻合口呼梗攝外二，列字爲『劐』，溪母麥韻。『𧎳』爲《廣韻》《五音集韻》陌韻溪母位小韻首字，下收『劐』；《集韻》小韻首字爲『劐』，下收『𧎳』字，列字以『𧎳』字爲佳。《韻鏡》空位誤；《切韻指南》從《廣韻》《五音集韻》。

14 入二群　𧾵　弘治九年本、正德十一年本、文津閣本、碧琳琅本、《叢書集成》本，列字爲『𧾵』；近衛庫本列字爲『䙞』，列字形訛。《廣韻》《集韻》字形爲『𧾵』，求獲切，群麥二入合梗；《五音集韻》同《廣韻》。《韻鏡》外轉第三十四合，列字爲『𧾻』，當是『𧾵』字之誤；《七音略》外轉三十九輕中輕，列字爲『𧾻』，亦爲『𧾵』字之誤；《起數訣》第七十圖收音清、《切韻指掌圖》十五圖，列字爲『𧾵』；《四聲等子》空位。《廣韻》麥韻群母小韻僅收有『𧾵』字，『𧾵』爲《集韻》陌韻、《五音集韻》麥韻群母位小韻首字，《韻鏡》《七音略》列字形訛，誤；《切韻指南》近衛庫本列字訛誤，當校正爲『𧾵』，其他版本是。

15 入二曉　謋　《廣韻》虎伯切，《集韻》霍虢切，曉陌二入合梗；《五音集韻》虎擭切，其餘同《廣韻》。《韻鏡》外轉第三十四合、《七音略》内轉三十七輕中輕，列字爲『砉』；《起數訣》第六十七圖開音濁，列字爲『謋』；《切韻指掌圖》十五圖、《四聲等子》重多輕少韻合口呼梗攝外二，列字爲『剨』，《廣韻》曉母麥韻，《集韻》曉母陌韻。『謋』爲《廣韻》《集韻》《五音集韻》陌二曉母位小韻首字，下收有『砉』字，《集韻》《五音集韻》另收有『剨』字，列字以『謋』爲佳，《韻鏡》《七音略》無誤；《切韻指南》是。

16 入二匣　嚄　《廣韻》胡伯切，《集韻》胡陌切，《五音集韻》胡馘切，匣陌二入合梗。《韻鏡》外轉第三十四合、《七音略》内轉三十七輕中輕，列字爲『嚄』；《起數訣》第六十七圖開音濁、《切韻指掌圖》十五圖、《四聲等子》重多輕少韻合口呼梗攝外二，列字爲『獲』，《廣韻》匣母麥韻，《集韻》匣母陌韻。『嚄』爲《廣韻》《五音集韻》陌二曉母位小韻首字，且《五音集韻》下收『獲』字；《集韻》小韻首字爲『獲』，下收『嚄』字。列字以『嚄』爲佳，《切韻指南》從《廣韻》《五音集韻》。

17 入二影　擭　《廣韻》一號切，《集韻》屋虢切，影陌二入合梗；《五音集韻》同《廣韻》。《韻鏡》外轉第三十四合、《起數訣》第六十七圖開音濁、《切韻指掌圖》十五圖、《四聲等子》重多輕少韻合口呼梗攝外二，列字爲『擭』；《七音略》內轉三十七輕中輕，列字爲『韄』。『擭』爲《廣韻》《集韻》《五音集韻》陌二曉母位小韻首字，下收『韄』字，列字以『擭』爲佳。《七音略》無誤；《切韻指南》是。

18 入二喻　噧　《廣韻》未收；《集韻》雩白切，《五音集韻》云虢切，云陌二入合梗。另《集韻》『噧』收於『獲』小韻下，作『胡陌切』，匣母陌韻。依《廣韻》不當列於此位，依《集韻》《五音集韻》可列於此位。《韻鏡》《起數訣》《切韻指掌圖》空位；《七音略》內轉三十七輕中輕、《四聲等子》重多輕少韻合口呼梗攝外二，列字爲『噧』。喻母本無二等字，『噧』爲《五音集韻》陌二喻母位小韻首字，《五音集韻》影喻合流，可列於二等；《七音略》當是據《集韻》列字，《切韻指南》從《集韻》《五音集韻》。

19 平聲三等標目爲清青，實列庚清韻字。

20 平三影　謍　《廣韻》未收；《集韻》娟營切，影清三平合梗；《五音集韻》同《集韻》。《韻鏡》

《切韻指掌圖》均空位；《七音略》内轉三十七輕中輕、《起數訣》第六十七圖開音濁，列字均爲『罃』；《四聲等子》曾攝内八重多輕少韻合口呼梗攝外二，列字爲『縈』。『縈』爲《集韻》清韻影母位小韻首字，下收有『罃』字，《五音集韻》影母清韻位亦僅收『罃』字。《韻鏡》從《廣韻》空位，《七音略》據《集韻》列字，《切韻指南》從《五音集韻》。

21　平三喻　榮　《廣韻》永兵切，《集韻》于平切，云庚三平合梗；《五音集韻》同《廣韻》。《韻鏡》外轉第三十四合、《四聲等子》曾攝内八重多輕少韻合口呼梗攝外二，列字均爲『營』，以母清韻，誤；《起數訣》第六十七圖開音濁、《七音略》内轉三十七輕中輕、《切韻指掌圖》十五圖，列字均爲『榮』。『榮』爲《廣韻》《集韻》《五音集韻》庚三云母位小韻首字，《韻鏡》列字誤，《切韻指南》是。

22　上聲三等標目爲靜迥，實收梗韻字。

23　上三見　憬　《廣韻》《集韻》俱永切，見梗三上合梗；《五音集韻》同《廣韻》《集韻》。《韻鏡》外轉第三十四合、《七音略》内轉三十七輕中輕，列字均爲『璟』；《起數訣》《切韻指掌圖》《四聲等子》均空位。『憬』爲《廣韻》《集韻》《五音集韻》梗三見母位小韻首字，下收有『璟』字，列字以『憬』爲佳，《韻鏡》《七音略》亦無誤，《切韻指南》是。

24　上三溪　憬　《廣韻》梗三無溪母位小韻，且靜三合口溪母『頃』小韻未收；《集韻》孔永切，溪梗三上合梗；《五音集韻》同《集韻》。《韻鏡》外轉第三十四合，列字爲『憬』；《七音略》

《起數訣》《切韻指掌圖》《四聲等子》均空位。『憬』爲《集韻》《五音集韻》梗三溪母位小韻首字，《韻鏡》當爲後人據《集韻》補，《切韻指南》從《集韻》《五音集韻》。

25 上三幫　丙　《廣韻》兵永切，《集韻》補永切，幫梗三上開梗；《五音集韻》同《廣韻》。《韻鏡》《七音略》《起數訣》《切韻指掌圖》均列於開口圖；《四聲等子》曾攝內八重多輕少韻合口呼梗攝外二，列字爲『丙』。『丙』反切下字亦非脣音，按一般規則當列於開口，且梗攝開口圖中空位，《切韻指南》列於合口圖。

26 上三明　皿　《廣韻》武永切，《集韻》眉永切，明梗三上開梗；《五音集韻》同《廣韻》。《韻鏡》《七音略》《起數訣》《切韻指掌圖》均空位；《四聲等子》曾攝內八重多輕少韻合口呼梗攝外二，列字爲『皿』。『皿』反切下字亦非脣音，按一般規則當列於開口，且梗攝開口圖中空位，《切韻指南》列於合口圖。

27 上三曉　克　《廣韻》許永切，《集韻》況永切，曉梗三上合梗；《五音集韻》同《廣韻》。《韻鏡》外轉第三十四合、《起數訣》第六十七圖開音濁、《切韻指掌圖》十五圖、《四聲等子》曾攝內八重多輕少韻合口呼梗攝外二，列字均爲『克』；《七音略》空位。『克』爲《廣韻》《集韻》《五音集韻》梗三曉母位小韻首字，《七音略》空位誤，《切韻指南》是。

28 上三喻　永　《廣韻》《集韻》于憬切，云梗三上合梗；《五音集韻》同《廣韻》《集韻》。《韻鏡》外轉第三十四合、《起數訣》第六十七圖開音濁、《切韻指掌圖》十五圖、《四聲等子》曾攝內八重多輕少韻合口呼梗攝外二，列字均爲『永』；《七音略》空位。『永』爲《廣韻》《集韻》《五音集韻》梗三云母位小韻首字，《七音略》空位誤，《切韻指南》是。

29 去聲三等標目爲勁徑，實收映韻字。

30 去三見　彔　《康熙字典》記：『《玉篇》居詠切，扃去聲。清也。』《廣韻》《集韻》映韻、勁韻均無見母位小韻；《五音集韻》居詠切，見勁三去合梗。《韻鏡》《七音略》《起數訣》《切韻指掌圖》《四聲等子》均空位。《五音集韻》勁三合口見母位僅收『彔』字，《切韻指南》從《五音集韻》。

31 去三溪　寎　《廣韻》映韻、勁韻均無溪母位小韻；《集韻》丘詠切，溪映三去合梗；《五音集韻》同《集韻》。《韻鏡》《七音略》《起數訣》《切韻指掌圖》《四聲等子》均空位。『寎』爲《集韻》映韻、《五音集韻》勁韻溪母位小韻首字，《切韻指南》從《集韻》《五音集韻》。

32 去三曉　寎　《廣韻》映韻無曉母位小韻，且勁三曉母位『敻』小韻亦未收；《集韻》況病切，曉映三去合梗；《五音集韻》同《集韻》。《韻鏡》《七音略》均空位；《切韻指掌圖》十五圖，列字爲『敻』，曉母勁韻；《起數訣》第六十七圖開音濁、《四聲等子》曾攝内八重多輕少韻合口呼梗攝外二，列字均爲『寎』。《集韻》《五音集韻》均憑切列於合口，《切韻指南》從《集韻》《五音集韻》。

33 入三見　欔　弘治九年本、文津閣本、碧琳琅本、《叢書集成》本，列字爲『欔』，當爲『欔』字書寫訛誤；近衛庫本、正德十一年本，列字均爲『攫』。『欔』，《康熙字典》記：『《集韻》厥縛切，音钁。木名。《正字通》鍫屬。與钁同類。』此記『欔』厥縛切，見母藥韻，不當列於此位。『欔』當爲『攫』字誤。『攫』，《廣韻》昔三合口無見母小韻；《集韻》俱碧切，見昔三入合梗；《五音集韻》同《集韻》。《韻鏡》《七音略》《切韻指掌圖》均空位；《起數訣》第六十七圖開音濁、《四聲等子》曾攝内八重多輕少韻合口呼梗攝外二，列字均爲『攫』。『攫』爲《集韻》《五音集韻》昔韻見母位小韻首字，《切韻指南》近衛庫本、正德十一年本從《集韻》《五音集韻》；其餘版本列字誤，當校改爲『攫』字。

34　入三溪　躩　《廣韻》昔韻無溪母位小韻；《集韻》有『躩』小韻，虧碧切，溪昔三入合梗；《五音集韻》同《集韻》，『躩』當爲『躩』字形訛。《韻鏡》《七音略》《切韻指掌圖》均空位；《起數訣》第六十七圖開音濁、《四聲等子》曾攝内八重多輕少韻合口呼梗攝外二，列字均爲『躩』。『躩』爲《集韻》《五音集韻》昔韻溪母位小韻首字，《韻鏡》《七音略》從《廣韻》空位，《切韻指南》從《集韻》《五音集韻》，然形訛，當校改爲『躩』。

35　入三照　莫　《廣韻》之役切，章昔三入合梗；《集韻》昔韻無章母位小韻；《五音集韻》同《廣韻》。《韻鏡》外轉第三十四合精母位列『莫』；《七音略》《起數訣》《切韻指掌圖》《四聲等子》均空位。楊軍認爲唐五代韻書昔韻章母、精母均無此小韻，因《廣韻》誤收此字，使後人據《廣韻》誤增於《韻鏡》，而《切韻指南》亦從《廣韻》《五音集韻》誤增，均當删。

36 入三喻　棫　《廣韻》未收，《集韻》于𣅀切，以錫四入合梗；《五音集韻》同《集韻》。《韻鏡》《七音略》《四聲等子》均空位；《起數訣》第七十圖收音清，列字爲『棫』；《切韻指掌圖》十五圖，列字爲『域』，云母職韻。『棫』爲《集韻》《五音集韻》錫韻以母位小韻首字，《韻鏡》《七音略》從《廣韻》空位，《切韻指南》從《集韻》《五音集韻》。

37 《切韻指南》四等字未列標目，考圖内列字，四等平聲實收清青兩韻字。

38 平四見　泂　《廣韻》户頂切，匣迥四上合梗；《集韻》涓熒切，《五音集韻》古螢切，見青四平合梗；依《廣韻》不當列於此位，依《集韻》《五音集韻》可列於此位；《五音集韻》列於四等位。《韻鏡》外轉第三十六合、《七音略》外轉三十九輕中輕、《起數訣》第七十圖收音清、《切韻指掌圖》十五圖、《四聲等子》重多輕少韻合口呼梗攝外二，列字均爲『扃』，《廣韻》見母青韻。『扃』爲《廣韻》《集韻》《五音集韻》青韻見母位小韻首字，且《集韻》《五音集韻》中下收有『泂』，《切韻指南》從《集韻》《五音集韻》。

39 平四溪　傾　《廣韻》去營切，《集韻》窺營切，溪清三平合梗；《五音集韻》同《廣韻》；《五音集韻》列於四等位。《韻鏡》外轉第三十四合、《七音略》内轉三十七輕中輕、《起數訣》第六十六圖開音清、《切韻指掌圖》十五圖、《四聲等子》重多輕少韻合口呼梗攝外二，均于四等位列『傾』。『傾』爲《廣韻》《集韻》《五音集韻》清韻溪母位小韻首字，按韻圖規制列於四等，《切韻指南》是。

40

平四群　瓊　《廣韻》渠營切，《集韻》葵營切，群清三平合梗；《五音集韻》同《廣韻》；《五音集韻》列於四等位。《韻鏡》外轉第三十四合、《七音略》内轉三十七輕中輕、《起數訣》第六十六圖開音清、《切韻指掌圖》十五圖、《四聲等子》重多輕少韻合口呼梗攝外二，列字均爲『瓊』。『瓊』爲《廣韻》《集韻》《五音集韻》清韻群母位小韻首字，按韻圖規制列於四等，《切韻指南》是。

41

平四精　屦　《廣韻》清韻、青韻均無精母位小韻；《集韻》子坰切，《五音集韻》子洞切，精青四平合梗。《韻鏡》《七音略》《切韻指掌圖》均空位；《起數訣》第七十圖收音清、《四聲等子》重多輕少韻合口呼梗攝外二，列字均爲『屦』。『屦』爲《集韻》《五音集韻》青韻精母位小韻首字，《韻鏡》《七音略》從《廣韻》空位；《切韻指南》從《集韻》《五音集韻》。

42

平四心　騂　《廣韻》息營切，《集韻》思營切，心清三平合梗；《五音集韻》同《廣韻》。《韻鏡》外轉第三十四合、《起數訣》第六十六圖開音清，列字爲『觪』；《七音略》空位；《切韻指掌圖》十五圖、《四聲等子》重多輕少韻合口呼梗攝外二，列字均爲『騂』。『騂』爲《廣韻》《五音集韻》清韻心母小韻首字；『觪』爲《集韻》小韻首字，下收『騂』字。《韻鏡》列字無誤；《七音略》空位誤；《切韻指南》是。

43

平四曉　騂　《廣韻》息營切，心清三平合梗；《集韻》許營切，曉清三平合梗；《五音集韻》同《集韻》；依《廣韻》不當列於此位，依《集韻》《五音集韻》可列於此位。《韻鏡》外轉第三十四合、《起數訣》第六十六圖開音清、《切韻指掌圖》十五圖、《四聲等子》重多輕少韻合口呼梗攝外二，列字均爲『眴』，《廣韻》火營切，曉母清韻；《七音略》内轉三十七輕中輕，列字爲『眴』。『眴』字形訛。《廣韻》清韻曉母位僅收『眴』；『眴』爲《集韻》清韻曉母位小韻首字，下收有『騂』，『騂』爲《五音集韻》清韻曉母位小韻首字，下收有『眴』字。《韻鏡》從《廣韻》是；《七音略》列字形訛，誤；《切韻指南》從《五音集韻》。

44　平四匣　○　弘治九年本空位，近衛庫本、正德十一年本、文津閣本、碧琳琅本、《叢書集成》本，列字均爲『熒』。『熒』，《廣韻》户扃切，《集韻》玄扃切，匣青四平合梗；《五音集韻》同《廣韻》。《韻鏡》外轉第三十六合、《七音略》外轉三十九輕中輕、《起數訣》第七十圖收音清、《切韻指掌圖》十五圖、《四聲等子》重多輕少韻合口呼梗攝外二，列字均爲『熒』。『熒』爲《廣韻》《集韻》《五音集韻》青韻匣母位小韻首字，《切韻指南》弘治九年本空位誤，當校補『熒』，其餘版本是。

45　平四喻　營　《廣韻》余傾切，《集韻》維傾切，以清三平合梗；《五音集韻》同《廣韻》，喻母清韻。《韻鏡》外轉第三十四合，列字爲『榮』，云母庚韻，誤；《七音略》内轉三十七輕中輕、《起數訣》第六十六圖開音清、《切韻指掌圖》十五圖、《四聲等子》重多輕少韻合口呼梗攝外二，列字均爲『營』。『營』爲《廣韻》《集韻》《五音集韻》清韻以母位小韻首字，《韻鏡》誤；《切韻指南》是。

46 四等上聲字無標目，實收靜迥兩韻字。

47 上四見　熲　《廣韻》古迥切，見迥四上合梗；《五音集韻》同《廣韻》；《集韻》此小韻字形爲『熲』，畎迥切，見迥四上合梗，趙振鐸校此字爲『熲』形訛。《韻鏡》外轉第三十六合、《七音略》外轉三十九輕中輕，列字爲『熲』；《起數訣》《四聲等子》均空位；《切韻指掌圖》十五圖，列字爲『囧』，見母靜韻。『熲』爲《廣韻》《五音集韻》迥韻見母位小韻首字，《切韻指南》從《廣韻》《五音集韻》。

48 上四心　穎　《廣韻》未收，《集韻》騂穎切，《五音集韻》騂頃切，心靜三上合梗。《韻鏡》《七音略》《起數訣》《切韻指掌圖》均空位；《四聲等子》重多輕少韻合口呼梗攝外二，列字爲『穎』。《韻鏡》《七音略》從《廣韻》空位；《廣韻》靜韻、迥韻均無心母位小韻；『穎』爲《集韻》《五音集韻》靜韻心母位小韻首字，《韻鏡》《七音略》從《廣韻》空位，《切韻指南》從《集韻》《五音集韻》。

49 上四曉　怳　《廣韻》許昉切，曉養三上合宕；《集韻》吁請切，曉靜三上合梗，反切下字雖爲開口韻，然反切上字帶有圓脣性質，可列於合口圖；《五音集韻》吁熲切，曉母靜韻；依《廣韻》不當列於此位，依《集韻》《五音集韻》可列於此位。《韻鏡》外轉第三十四合三等位列字爲『苋』，《七音略》內轉三十七輕中輕，四等位列『苋』，《集韻》曉母梗韻。楊軍認爲唐五代韻書均無此小韻，《韻鏡》當是後人據《集韻》所增，而《七音略》列位錯誤，當列於三等位。

《起數訣》第七十圖收音清，列字爲『憻』，曉母麥韻，誤；《切韻指掌圖》十五圖、《四聲等子》重多輕少韻合口呼梗攝外二，列字爲『詗』，《廣韻》曉母迥韻。『侀』爲《集韻》《五音集韻》靜韻曉母位小韻首字，《韻鏡》列字當是後人據《集韻》所增；《七音略》列位誤；《切韻指南》從《集韻》《五音集韻》。

50 上四匣　迥　弘治九年本、近衛庫本、正德十一年本、文津閣本、碧琳琅本、《叢書集成》本，列字均爲『迥』。《康熙字典》記：『迥，通作泂。俗作迴。』《廣韻》《集韻》《五音集韻》字形亦均爲『迥』，《廣韻》户頂切，《集韻》户茗切，《五音集韻》户頃切，匣迥四上合梗。《韻鏡》外轉第三十六合、《起數訣》第七十圖收音清，列字爲『迴』，『迴』爲『迥』字之俗體；《七音略》外轉三十九輕中輕、《切韻指掌圖》十五圖、《四聲等子》重多輕少韻合口呼梗攝外二，列字爲『迥』。『迥』爲《廣韻》《集韻》《五音集韻》迥韻匣母位小韻首字，《韻鏡》與《切韻指南》弘治九年本列俗體，校改爲『迥』爲佳，《切韻指南》其餘版本是。

51 上四喻　潁　《廣韻》餘頃切，《集韻》庾頃切，以靜四上合梗；《五音集韻》同《廣韻》。《韻鏡》外轉第三十四合、《七音略》内轉三十七輕中輕，列字爲『潁』；《起數訣》第六十六圖開音清、《切韻指掌圖》十五圖、《四聲等子》重多輕少韻合口呼梗攝外二，列字均爲『潁』。『潁』爲《廣韻》《集韻》《五音集韻》迥韻影母位小韻首字，下收有『潁』字，《韻鏡》《七音略》無誤；《切韻指南》是。

52 四等去聲無標目，實收勁、徑兩韻字。

53 去四溪 高 《廣韻》勁韻、徑韻均無溪母位小韻；《集韻》傾夐切，《五音集韻》口夐切，溪勁三去合梗。《韻鏡》《七音略》《起數訣》《切韻指掌圖》均空位；《四聲等子》曾攝内八重多輕少韻合口呼梗攝外二，列字爲『高』。『高』爲《集韻》《五音集韻》勁韻溪母位小韻首字，《韻鏡》《七音略》從《廣韻》空位，《切韻指南》從《集韻》《五音集韻》。

54 去四曉 夐 《廣韻》休正切，《集韻》虛政切，曉勁三去合梗；《五音集韻》休高切，曉母徑韻。《韻鏡》列於三等位，楊軍校之爲誤列；《七音略》内轉三十七輕中輕、《起數訣》第六十六圖開音清，列字均爲『夐』；《切韻指掌圖》《四聲等子》空位；『夐』爲《廣韻》《集韻》勁韻，《五音集韻》徑韻曉母位小韻首字，《韻鏡》列位誤，《切韻指南》是。

55 去四匣 濴 《廣韻》勁韻、徑韻均無匣母位小韻；《集韻》胡鎣切，匣徑四去合梗；《五音集韻》同《集韻》。《韻鏡》《七音略》《切韻指掌圖》均空位；《起數訣》第七十圖收音清、《四聲等子》曾攝内八重多輕少韻合口呼梗攝外二，列字均爲『濴』。『濴』爲《集韻》《五音集韻》徑韻匣母位小韻首字，《韻鏡》《七音略》從《廣韻》空位，《切韻指南》從《集韻》《五音集韻》。

56 入聲四等無標目，實收錫、昔兩韻字。

57 入四見 郥 《廣韻》古闃切，《集韻》局闃切，見錫四入合梗；《五音集韻》同《廣韻》。《韻鏡》外轉第三十六合、《四聲等子》曾攝内八重多輕少韻合口呼梗攝外二，列字均爲『郹』；《七音略》外轉三十九，列字爲『臬』，《廣韻》五結切，《集韻》倪結切，疑屑四入開山，列字誤，當爲『狊』字形訛；《起數訣》第七十圖收音清，列字爲『臭』，『狊』字形訛；《切韻指掌圖》十五圖，列字爲『郥』，當爲『郹』字形訛。『郹』爲《廣韻》《集韻》《五音集韻》錫韻見母位小韻首字，下收有『狊』字，列字以『郹』爲佳。《七音略》列字形訛，誤；《切韻指南》是。

58 入四溪　䦨　弘治九年本、近衛庫本、正德十一年本、文津閣本、碧琳琅本、《叢書集成》本，列字均爲『闃』。『䦨』，《康熙字典》未收，當爲『闃』形訛。『闃』，《廣韻》苦鶪切，《集韻》苦狊切，溪錫四入合梗；《五音集韻》同《廣韻》。《韻鏡》外轉第三十六合、《七音略》外轉三十九、《切韻指掌圖》十五圖、《四聲等子》曾攝内八重多輕少韻合口呼梗攝外二，列字均爲『䦨』，『闃』字形訛；《起數訣》第七十圖收音清，列字爲『闃』。『闃』爲《廣韻》《集韻》《五音集韻》錫韻溪母位小韻首字。《韻鏡》《七音略》列字均形訛，誤；《切韻指南》弘治九年本列字形訛，當校改爲『闃』字；《切韻指南》其餘版本皆是。

59 入四清　旻　《廣韻》《集韻》七役切，清昔三入合梗；《五音集韻》同《廣韻》《集韻》。《韻鏡》外轉第三十四合、《起數訣》第六十六圖開音清，列字均爲『旻』；《七音略》《切韻指掌圖》《四聲等子》均空位。『旻』爲《廣韻》《集韻》《五音集韻》昔三合口清母位小韻首字，《七音略》空位誤，《切韻指南》是。

60 入四曉　瞁　《廣韻》許役切，《集韻》呼役切，曉昔三入合梗；《五音集韻》同《廣韻》。《韻鏡》外轉第三十四合，列字爲「瞁」；《七音略》内轉三十七輕中輕、《起數訣》第六十六圖開音清，列字均爲「瞁」，「瞁」字形訛；《切韻指掌圖》《四聲等子》均空位。「瞁」爲《廣韻》《集韻》《五音集韻》昔韻曉母位小韻首字，《七音略》列字誤，《切韻指南》是。

流攝內七

獨韻

狹門

見	溪	群	疑	端知	透徹	定澄	泥孃	幫非	滂敷	並奉	明微
鉤	彄	○	齵	兜	偷	頭	羺	○	捊	裒	呣
苟	口	○	藕	斗	黈	䕱	穀	掊	剖	部	母
遘	寇	○	偶	鬭	透	豆	耨	○	仆	蔀	茂
穀	哭	○	擢	穀	禿	獨	耨	卜	扑	暴	木
○	○	○	○	○	○	○	○	○	○	○	此併
○	○	○	○	○	○	○	○	○	○	○	下入
○	○	○	○	○	○	○	○	○	○	○	二頭
○	○	○	○	○	○	○	○	○	○	○	字等
鳩	丘	裘	牛	輈	抽	儔	惆	不	飆	浮	謀
久	糗	舅	[illegible]	肘	丑	紂	狃	缶	恒	婦	○
救	[illegible]	舊	[illegible]	晝	畜	胄	糅	富	副	復	莓
菊	曲	局	玉	瘃	楝	躅	傉	工	○	[illegible]	娟
樛	區	虯	聱	○	○	○	○	彪	○	淲	繆
糾	[illegible]	蟉	○	○	○	○	○	○	○	○	○
赳	[illegible]	[illegible]	○	○	○	○	○	○	○	○	謬
○	○	○	○	○	○	○	○	○	○	○	○

精	清	從	心	邪	曉	匣	影	喻	來	日	
照	穿	床	審	禪							韻
鯫	誰	剽	涑	○	齁	侯	謳	○	樓	○	侯
走	趣	鯫	叜	鯫	吼	厚	歐	○	塿	○	厚
奏	輳	剽	瘶	○	蔻	候	漚	○	陋	○	候
鏃	瘯	族	速	○	嗀	縠	屋	○	祿	○	屋
鄒	搊	愁	搜	○	○	○	○	○	○	○	
掫	鞇	𣘯	溲	○	○	○	○	○	○	○	
皺	簉	驟	瘦	○	○	○	○	○	○	○	
縬	珿	鷟	縮	○	○	○	○	○	○	○	
周	犨	○	收	讎	休	○	憂	尤	劉	柔	尤
帚	醜	○	首	受	朽	○	颵	有	柳	蹂	有
呪	臭	舊	狩	授	齅	○	憂	宥	溜	輮	宥
燭	娖	贖	束	蜀	旭	○	○	○	錄	辱	燭
遒	秋	酋	脩	囚	飍	○	幽	猷	鏐	○	
酒	○	湫	滫	○	○	○	黝	酉	○	○	
僦	趥	就	秀	岫	螑	○	幼	狖	○	○	
足	促	○	粟	續	○	○	○	欲	○	○	

第二十一圖　流攝内七　獨韻　狹門

《經史正音切韻指南》第二十一圖爲流攝，圖右標爲「獨韻」，《切韻指掌圖》中即爲獨韻。舒聲對應《韻鏡》内轉第三十七開、《七音略》内轉四十重中重。舒聲一等列目爲侯厚候，三等列目爲尤有宥。二四等無列目，二等收字均爲尤韻（以平賅上去），四等平聲實收尤、幽韻字，尤韻字均爲精組聲母。本圖二等無標目，實爲尤韻，假二等。四等列字有《廣韻》幽韻字，無標目因《五音集韻》尤幽合韻、侯獨用。圖左雖未説明尤幽合韻，以無標目的形式體現。一等入聲配屋韻，三等配燭韻，均爲通入，對應《韻鏡》内轉第一開、内轉第二開合入聲字。《切韻指南》中通入已配遇攝。《切韻指掌圖》一等配德，二等配櫛，三等配質迄，四等配質，差異較大。《四聲等子》一三等均配屋韻，且標明幽併入尤韻。

1　平一端　兜　《廣韻》《集韻》字形爲「兜」，《五音集韻》字形爲「兠」，形訛。「兜」，《廣韻》《集韻》當侯切，端侯一平開流；《五音集韻》音同《廣韻》《集韻》。《韻鏡》内轉第三十七開、《起數訣》第七十三圖開音清，列字均爲「兠」；《七音略》内轉四十重中重，列字爲「兠」；《切韻指掌圖》四圖，列字爲「兠」，訛；《四聲等子》流攝内六全重無輕韻，列字爲「吺」。「兜」爲《廣韻》侯一端母位小韻首字，下收有『投』字，列字以『兜』爲佳，《七音略》《切韻指南》列字形訛，當校改爲『兠』。

2 平一滂　捊　《廣韻》薄侯切，並侯一平開流，不當列於此位；《集韻》普溝切，滂侯一平開流；《五音集韻》同《集韻》。《韻鏡》内轉第三十七開、《七音略》内轉四十重中重、《切韻指掌圖》四圖，空位；《起數訣》第七十三圖開音清，列字爲『桴』；《四聲等子》流攝内六全重無輕韻，列字爲『捊』。『捊』爲《集韻》《五音集韻》侯一滂母位小韻首字，下收有『桴』字。《韻鏡》《七音略》從《廣韻》空位無誤，《切韻指南》從《集韻》《五音集韻》。

3 平一來　樓　弘治九年本、正德十一年本、近衛庫本、碧琳琅本、《叢書集成》本，列字均爲『樓』；文津閣本列字爲『僂』。『樓』，《廣韻》落侯切，《集韻》郎矦切，來侯一平開流；《五音集韻》同《廣韻》。《韻鏡》内轉第三十七開、《切韻指掌圖》四圖，列字均爲『樓』；《七音略》内轉四十重中重、《起數訣》第七十三圖開音清、《四聲等子》流攝内六全重無輕韻，列字均爲『婁』。『樓』爲《廣韻》《五音集韻》侯一來母位小韻首字，下收有『婁』『僂』二字；『樓』爲《集韻》侯一來母位小韻下收字，列字以『樓』爲佳，《七音略》無誤，《切韻指南》正德十一年本、近衛庫本、碧琳琅本、《叢書集成》本，列『樓』字是；文津閣本列『僂』字亦無誤。

4 上一透　黈　《廣韻》天口切，《集韻》他口切，透厚一上開流；《五音集韻》同《廣韻》。《韻鏡》内轉第三十七開，列字爲『黈』；《七音略》内轉四十重中重，列字爲『姓』，《廣韻》《集韻》

息正切，心勁三去開梗；『姓』當爲『娃』字訛。《起數訣》第七十三圖開音清，列字爲『難』，此字當爲『黈』字誤；《切韻指掌圖》四圖、《四聲等子》流攝内六全重無輕韻，列字均爲『䴤』。『䴤』爲《廣韻》《五音集韻》厚一透母位小韻首字，下收有『娃』『黈』二字，列字以『䴤』爲佳，《韻鏡》無誤，《七音略》形訛，當校改爲『娃』，《切韻指南》是。

5　上一定　蕍　《廣韻》《集韻》徒口切，定厚一上開流；《五音集韻》同《廣韻》。《韻鏡》内轉第三十七開，列字爲『蕍』，爲『蕍』字形訛；《七音略》内轉四十重中重、《切韻指掌圖》四圖、《四聲等子》流攝内六全重無輕韻，列字均爲『蕍』；《起數訣》第七十三圖開音清，列字爲『鋀』。『鋀』爲《集韻》厚一定母小韻首字，下收有『蕍』字；『蕍』爲《廣韻》《五音集韻》厚一定母位小韻首字，列字以『蕍』爲佳。《韻鏡》形訛，當校改爲『蕍』，《切韻指南》是。

6　上一並　部　弘治九年本、正德十一年本、文津閣本、碧琳琅本、《叢書集成》本，列字均爲『部』；近衛庫本空位。『部』，《廣韻》蒲口切，《集韻》薄口切，並厚一上開流；《五音集韻》同《廣韻》。《韻鏡》内轉第三十七開、《七音略》内轉四十重中重、《起數訣》第七十三圖開音清、《切韻指掌圖》四圖、《四聲等子》流攝内六全重無輕韻，列字均爲『部』。『部』爲《廣韻》《集韻》《五音集韻》厚一並母位小韻首字，《切韻指南》正德十一年本、文津閣本、碧琳琅本、《叢書集成》本，列『部』字是；近衛庫本當校補『部』字。

7　上一從　鯫　《廣韻》《集韻》仕垢切，從厚一上開流；《五音集韻》同《廣韻》《集韻》。《韻鏡》

内轉第三十七開、《切韻指掌圖》四圖、《四聲等子》流攝内六全重無輕韻，列字均爲『鯫』；《七音略》内轉四十重中重，列字爲『鮿』，《廣韻》陟葉切，《集韻》陟涉切，知葉三入開咸；均不當列於此位，此字當爲『鯫』字形訛，《七音略》誤，當校改爲『鯫』；《起數訣》第七十三圖開音清，列字爲『鯫』。『鯫』爲《廣韻》《集韻》《五音集韻》厚一從母位小韻首字，《七音略》形訛，《切韻指南》是。

8 上一心　叜　《廣韻》《集韻》蘇后切，心厚一上開流；《五音集韻》同《廣韻》《集韻》。《韻鏡》内轉第三十七開、《起數訣》第七十三圖開音清、《切韻指掌圖》四圖，列字爲『叟』；《七音略》内轉四十重中重，列字爲『藪』；《四聲等子》流攝内六全重無輕韻，列字爲『叜』。『叜』爲《廣韻》《集韻》《五音集韻》厚一心母位小韻首字，下依次收有『叟』『藪』二字，於『叜』字下注上同，二字爲異體字。列字以『叜』爲佳，《韻鏡》《七音略》無誤，《切韻指南》是。

9 上一邪　鱜　《廣韻》《集韻》厚韻無邪母位小韻；《五音集韻》徐垢切，邪厚一上開流。《韻鏡》内轉第三十七開、《七音略》内轉四十重中重、《起數訣》第七十三圖開音清、《切韻指掌圖》四圖、《四聲等子》流攝内六全重無輕韻，均無列字。《五音集韻》徐垢切，爲一等字，不與邪母相拼，故該音切誤。《切韻指南》從《五音集韻》而誤，當删。

10 上一來　塿　弘治九年本、近衛庫本、正德十一年本、文津閣本、碧琳琅本，列字均爲

『塿』；《叢書集成》本列字爲『摟』。『塿』，《廣韻》郎斗切，《集韻》朗口切，來厚一上開流；《五音集韻》同《廣韻》。『摟』，落侯切，來侯一平開流，不當列於此位。《韻鏡》内轉第三十七開、《七音略》内轉四十重中重、《起數訣》第七十三圖開音清、《切韻指掌圖》四圖、《四聲等子》流攝内六全重無輕韻，列字均爲『塿』。『塿』爲《廣韻》《集韻》《五音集韻》厚一來母位小韻首字，《切韻指南》《叢書集成》本列字誤，當校改爲『塿』，其他版本列『塿』者是。

11 去一溪　寇　弘治九年本、近衛庫本、正德十一年本、文津閣本，列字均爲『寇』；碧琳琅本、《叢書集成》本，列字均爲『寇』。『寇』，《廣韻》苦候切，《集韻》丘候切，溪候一去開流；《五音集韻》同《廣韻》。《韻鏡》内轉第三十七開，列字爲『寇』；《七音略》内轉四十重中重、《切韻指掌圖》四圖，列字均爲『寇』；《起數訣》第七十三圖開音清，列字爲『寇』；《四聲等子》，列字爲『寇』。『寇』『寇』，《廣韻》《集韻》均未收，此二字均爲『寇』字形訛。『寇』『寇』爲異體字。『寇』爲《廣韻》《集韻》《五音集韻》候一溪母位小韻首字，《七音略》列『寇』形訛，《切韻指南》近衛庫本、正德十一年本、文津閣本，列『寇』字是；碧琳琅本、《叢書集成》本，列『寇』字亦無誤。

12 去一定　豆　《廣韻》田候切，《集韻》大透切，定候一去開流；《五音集韻》同《廣韻》。《韻鏡》内轉第三十七開，列字爲『逗』；《七音略》内轉四十重中重、《起數訣》第七十三圖開音清、《切韻指掌圖》四圖、《四聲等子》流攝内六全重無輕韻，列字均爲『豆』。『豆』爲《廣韻》《集韻》《五音集韻》候一定母位小韻首字，下收有『逗』字，《韻鏡》無誤，《切韻指南》是。

13 去一泥　槈　《廣韻》奴豆切，《集韻》乃豆切，泥候一去開流；《五音集韻》同《廣韻》。《韻鏡》内轉第三十七開、《七音略》内轉四十重中重、《起數訣》第七十三圖開音清、《切韻指掌圖》四圖、《四聲等子》流攝内六全重無輕韻，列字均爲『耨』。『槈』爲《廣韻》《五音集韻》候一泥母位小韻首字，下收有『耨』字，列字以『槈』字爲佳，《韻鏡》《七音略》無誤，《切韻指南》從《集韻》。

14 去一心　瘷　弘治九年本、正德十一年本、文津閣本、碧琳琅本、《叢書集成》本，列字均爲『瘷』；近衛庫本列字爲『瘷』，形訛。『瘷』，《廣韻》蘇奏切，《集韻》先奏切，心候一去開流；《五音集韻》同《廣韻》。『瘷』，生母麥韻，不當列於此位。《韻鏡》内轉第三十七開、列字爲『瘷』；《七音略》内轉四十重中重，列字爲『瘷』，誤，爲『瘷』字形訛；《起數訣》第七十三圖開音清，列字爲『漱』；《四聲等子》流攝内六全重無輕韻、《切韻指掌圖》四圖，列字均爲『嗽』。『瘷』爲《廣韻》《五音集韻》候一心母位小韻首字，下收有『嗽』『漱』二字。列字以『瘷』爲佳，《七音略》形訛。《切韻指南》近衛庫本形訛，當校改爲『瘷』字；其他版本是。

15 去一曉　蔻　弘治九年本、近衛庫本、正德十一年本、文津閣本，列字均爲『蔻』；碧琳琅本、《叢書集成》本，列字均爲『蔻』。『蔻』，《廣韻》呼漏切，《集韻》許候切，曉候一去開流；

《五音集韻》同《廣韻》。《韻鏡》内轉第三十七開、《七音略》内轉四十重中重、《切韻指掌圖》四圖，列字均爲『詬』；《起數訣》第七十三圖開音清，列字爲『蔻』；《四聲等子》流攝内六全重無輕韻，列字爲『蔻』。『蔻』爲《廣韻》《五音集韻》候一曉母位小韻首字，下收有『詬』『蔻』二字。列字以『蔻』爲佳，《韻鏡》《七音略》無誤，《切韻指南》諸本皆是。

16 去一匣　候　弘治九年本、正德十一年本、文津閣本、碧琳琅本、《叢書集成》本，列字均爲『候』；近衛庫本，列字爲『侯』。『候』，《廣韻》胡溝切，《集韻》下溝切，匣侯一去開流；《五音集韻》同《廣韻》。『侯』，户鉤切，匣侯一平開流，不當列於此位。《韻鏡》内轉第三十七開、《七音略》内轉四十重中重、《起數訣》第七十三圖開音清、《切韻指掌圖》四圖、《四聲等子》流攝内六全重無輕韻，列字均爲『候』。『候』爲《廣韻》《集韻》《五音集韻》候一匣母位小韻首字，《切韻指南》近衛庫本當校改爲『候』字，其他版本是。

17 去一來　陋　《廣韻》盧候切，《集韻》郎豆切，來候一去開流；《五音集韻》同《廣韻》。《韻鏡》内轉第三十七開、《切韻指掌圖》四圖、《四聲等子》流攝内六全重無輕韻，列字均爲『陋』；《七音略》空位；《起數訣》第七十三圖開音清，列字爲『肥』，《廣韻》《集韻》均未收，此字當爲『陋』字形訛，當校改爲『陋』字。『陋』爲《廣韻》《五音集韻》候一匣母位小韻首字，列字以『陋』爲佳。《七音略》空位誤，當校補『陋』字，《切韻指南》是。

18 本圖入聲一等字與通攝重出者，不再單列，只校異處。

19 入一疑　𤛓　弘治九年本、近衛庫本、正德十一年本、碧琳琅本、《叢書集成》本，列字均爲『𤛓』；文津閣本列字爲『擢』。『𤛓』，《廣韻》五沃切，《集韻》吾沃切，疑沃一入合通；《五音集韻》同《廣韻》。『擢』，直角切，澄覺二入開江，不當列於此位。《韻鏡》內轉第二開合、《切韻指掌圖》二圖、《四聲等子》流攝內六全重無輕韻，列字均爲『𤛓』；《七音略》內轉第二輕中輕，空位，當校補『𤛓』；《起數訣》第七十三圖開音清，列字爲『鏃』，《廣韻》《集韻》作木切，精屋一入合通；不當列於此位。『𤛓』爲《廣韻》《集韻》《五音集韻》沃一疑母位小韻首字，列字以『𤛓』爲佳，《切韻指南》近衛庫本、正德十一年本、碧琳琅本、《叢書集成》本，列『𤛓』字是；文津閣本列字誤，當校改爲『𤛓』字。

20 入一曉　嚳　近衛庫本、正德十一年本、文津閣本，列字均爲『嚳』；碧琳琅本、《叢書集成》本，列字均爲『嚳』。《廣韻》《集韻》此字字形爲『壴』，《廣韻》《集韻》呼木切，曉屋一入合通；《五音集韻》此字字形爲『嚳』，音同《廣韻》《集韻》。《韻鏡》內轉第一開、《起數訣》第七十三圖開音清，列字爲『熇』；《七音略》內轉第一重中重，列字爲『豰』，《廣韻》匣母屋韻，不當列於此，誤；《切韻指掌圖》二圖，列字爲『嚳』，誤；《四聲等子》流攝內六全重無輕韻，列字爲『殼』。《五音集韻》『嚳』形訛，當爲『壴』。『殼』爲《廣韻》《集韻》屋一曉母位小韻首字，下收有『熇』字，列字以『殼』爲佳；《韻鏡》無誤，《七音略》列字誤；《切韻指南》各版本字形均誤，當校正爲『殼』。

21 入一來　禄　弘治九年本、正德十一年本、碧琳琅本，列字均爲『禄』；近衛庫本、文津閣本、《叢書集成》本，列字均爲『祿』。『禄』『祿』二字爲異體字。『禄』，《廣韻》《集韻》盧谷切，影屋一入合通；《五音集韻》同《廣韻》《集韻》。《韻鏡》内轉第一開、《七音略》内轉第一重中重、《起數訣》第七十三圖開音清、《切韻指掌圖》二圖、《四聲等子》流攝内六全重無輕韻，列字均爲『禄』。『禄』爲《廣韻》《集韻》《五音集韻》屋一來母位小韻首字，《切韻指南》諸本列字均是。

22 《切韻指南》二等位無標目，考圖内列字，二等平聲實爲尤韻照二組字。

23 平二審　搜　《廣韻》所鳩切，《集韻》踈鳩切，生尤三平開流；《五音集韻》同《廣韻》。《韻鏡》内轉第三十七開、《七音略》内轉四十重中重、《起數訣》第七十四圖收音濁、《切韻指掌圖》四圖、《四聲等子》流攝内六全重無輕韻，列字均爲『捜』。『捜』爲《廣韻》《集韻》《五音集韻》尤三生母位小韻首字，下收有『搜』字，『捜』『搜』二字爲異體字。按韻圖規制列於二等，實爲三等字，列字以『捜』爲佳，《韻鏡》《七音略》無誤，《切韻指南》是。

24 《切韻指南》二等位無標目，但考圖内列字，二等上聲實爲有韻照二組字。

25 上二審　溲　《廣韻》踈有切，《集韻》所九切，生有三開流；《五音集韻》同《廣韻》。《韻鏡》内轉第三十七開，列字爲『湊』，《廣韻》倉奏切，《集韻》千候切，生候一去開流；不當列於此位，當校改爲『溲』字。《七音略》内轉四十重中重，列字爲『溲』；《起數訣》第七十四圖收音濁，列字爲『浚』，『浚』形訛，當校改爲『浚』字；《切韻指掌圖》四圖、《四聲等子》流攝内六全重無輕韻，列字均爲『溲』。『浚』『溲』二字爲異體字，《廣韻》『浚亦作溲』。『浚』爲《廣韻》《集韻》《五音集韻》有三生母位小韻首字，按韻圖規制列於二等，實爲三等字，列字以『浚』爲佳，《韻鏡》誤，《切韻指南》是。

26 《切韻指南》二等位無標目，但考圖内列字，二等去聲實爲宥韻照二組字。

27 去二照　皺　《廣韻》《集韻》側救切，莊宥三上開流；《五音集韻》同《廣韻》《集韻》。《韻鏡》内轉第三十七開、《起數訣》第七十四圖收音濁、《切韻指掌圖》四圖、《四聲等子》流攝内六全重無輕韻，列字均爲『皺』；《七音略》内轉四十重中重，列字爲『㑳』。『㑳』爲《集韻》宥三莊母位小韻下收字；『皺』爲《廣韻》《五音集韻》宥三莊母位小韻首字，爲《集韻》宥三莊母位小韻下收字。按韻圖規制列於二等，實爲三等字，列字以『皺』爲佳，《七音略》從《集韻》無誤，《切韻指南》是。

28 去二審　痠　《廣韻》所祐切，《集韻》所户切，生宥三去開流；《五音集韻》同《廣韻》。《韻鏡》内轉第三十七開、《七音略》内轉四十重中重、《起數訣》第七十四圖收音濁、《切韻指掌圖》四圖、《四聲等子》流攝内六全重無輕韻，列字均爲『瘦』。『痠』爲《廣韻》《集韻》《五音集韻》宥三生母位小韻首字，下收有『瘦』字，注：『上同。』『痠』『瘦』二字爲異體字。按韻圖規制列於二等，實爲三等字，列字以『痠』爲佳，《韻鏡》《七音略》無誤，

《切韻指南》是。

29 本圖入聲字與通攝完全一致，故不重複出校。

30 平三群 裘 《廣韻》巨鳩切，《集韻》渠尤切，群尤三平開流；《五音集韻》同《廣韻》。《韻鏡》内轉第三十七開、《七音略》内轉四十重中重、《起數訣》第七十四圖收音濁、《切韻指掌圖》四圖、《四聲等子》流攝内六全重無輕韻，列字均爲「求」。「裘」爲《廣韻》《集韻》《五音集韻》尤三群母位小韻首字，下收有「求」字，列字以「裘」爲佳，《韻鏡》《七音略》無誤，《切韻指南》是。

31 平三孃 惆 弘治九年本、《叢書集成》本，列字均爲「惆」；近衛庫本、正德十一年本、文津閣本、碧琳琅本，列字均爲「惆」。「惆」，《廣韻》去秋切，溪尤三平開流；《集韻》丑鳩切，徹尤三平開流；均不當列於此位，此字疑爲「惆」字誤。「惆」，《廣韻》未收；《集韻》《五音集韻》尼猷切，娘尤三平開流。《韻鏡》《七音略》空位；《起數訣》第七十四圖收音濁、《切韻指掌圖》四圖、《四聲等子》流攝内六全重無輕韻，列字均爲「惆」，溪母尤韻，誤。「惆」爲《集韻》《五音集韻》小韻首字，《切韻指南》從《集韻》，近衛庫本、正德十一年本、文津閣本、碧琳琅本，列字是；弘治九年本、《叢書集成》本列字形訛，當校改爲「惆」。

32 平三滂 飆 《廣韻》匹尤切，《集韻》披尤切，滂尤三平開流；《五音集韻》同《廣韻》。《韻鏡》内轉第三十七開，空位；《七音略》内轉四十重中重、《切韻指掌圖》四圖、《四聲等子》流攝内六全重無輕韻，列字均爲『飆』；《起數訣》第七十四圖收音濁，列字爲『鷉』，當爲『飆』字形訛。『飆』爲《廣韻》《集韻》《五音集韻》尤三滂母位小韻首字，《韻鏡》空位誤，《切韻指南》是。

33 平三明　謀　《廣韻》莫浮切，明尤三平開流；《集韻》未收；《五音集韻》同《廣韻》。《韻鏡》内轉第三十七開、《七音略》内轉四十重中重、《四聲等子》流攝内六全重無輕韻，列字均爲『謀』；《起數訣》《切韻指掌圖》均空位。『謀』爲《廣韻》《五音集韻》尤三明母位小韻首字，《切韻指南》依《廣韻》當列於三等位，是。但《切韻指南》注：『併入頭等。』則爲反映時音特點，『謀』字語音變化，已演變爲一等字，《切韻指南》在遵從經史注音基礎上，用此方式表現時音。

34 平三穿　犨　《廣韻》赤周切，《集韻》蚩周切，昌尤三平開流；《五音集韻》同《廣韻》。《韻鏡》内轉第三十七開、《起數訣》第七十四圖收音濁、《四聲等子》流攝内六全重無輕韻，列字均爲『犨』；《七音略》内轉四十重中重、《切韻指掌圖》四圖，列字均爲『犫』。『犨』爲《廣韻》《集韻》《五音集韻》尤三昌母位小韻首字，下收有『犫』字。『犨』『犫』爲異體字，列字以『犨』爲佳，《韻鏡》無誤，《切韻指南》是。

35 平三影　憂　《廣韻》《集韻》於求切，影尤三平開流；《五音集韻》同《廣韻》《集韻》。《韻鏡》内轉第三十七開、《七音略》内轉四十重中重，列字均爲『優』；《起數訣》第七十四圖收音濁、《切韻指掌圖》四圖、《四聲等子》流攝内六全重無輕韻，列字均爲『憂』。『憂』爲《廣韻》《集韻》《五音集韻》尤三影母位小韻首字，下收有『優』字，列字以『憂』爲佳，《韻鏡》《七音略》無誤，《切韻指南》是。

36 平三來　劉　《廣韻》《集韻》力求切，來尤三平開流；《五音集韻》同《廣韻》《集韻》。《韻鏡》内轉第三十七開、《四聲等子》流攝内六全重無輕韻，列字爲『劉』；《七音略》内轉四十重中重、《起數訣》第七十四圖收音濁、《切韻指掌圖》四圖，列字爲『留』。『劉』爲《廣韻》《五音集韻》尤三來母位小韻首字，下收有『留』字。列字以『劉』爲佳，《七音略》無誤，《切韻指南》是。

37 上三見　久　弘治九年本、近衛庫本、正德十一年本、文津閣本、《叢書集成》本，列字均爲『乆』；碧琳琅本，列字爲『久』。『乆』，《廣韻》舉有切，《集韻》已有切，見有三上開流；《五音集韻》同《廣韻》。《韻鏡》内轉第三十七開，列字爲『久』；《七音略》内轉四十重中重、《切韻指掌圖》四圖，列字爲『乆』；《起數訣》第七十四圖收音濁、《四聲等子》流攝内六全重無輕韻，列字均爲『九』。『乆』『久』二字爲異體字。『久』爲《廣韻》《集韻》有三見母位小韻首字，下收有『九』字。列字以『久』爲佳，《七音略》無誤，《切韻指南》諸本皆是。

38 上三群　舅　《廣韻》其九切，《集韻》巨九切，群有三上開流；《五音集韻》同《廣韻》。《韻鏡》内轉第三十七開、《七音略》内轉四十重中重、《起數訣》第七十四圖收音濁，均列字爲

『臼』;《切韻指掌圖》四圖、《四聲等子》流攝内六全重無輕韻,列字均爲『舅』。『舅』爲《廣韻》《五音集韻》有三群母位小韻首字,下收有『臼』字,列字以『舅』爲佳,《韻鏡》《七音略》無誤,《切韻指南》是。

39 上三疑　⿰齒兼　《廣韻》未收疑母小韻;《集韻》牛久切,疑有三上開流;《五音集韻》同《集韻》。《韻鏡》《七音略》《切韻指掌圖》《起數訣》均空位;《四聲等子》流攝内六全重無輕韻,列字爲『⿰齒兼』。『⿰齒兼』爲《集韻》有三疑母位小韻首字,《五音集韻》該小韻僅收此字。《切韻指南》從《集韻》《五音集韻》。

40 上三孃　狃　《廣韻》《集韻》女久切,孃有三上開流;《五音集韻》同《廣韻》《集韻》。《韻鏡》内轉第三十七開、《起數訣》第七十四圖收音濁,列字爲『紐』;《七音略》内轉四十重中重、《切韻指掌圖》四圖、《四聲等子》流攝内六全重無輕韻,列字均爲『狃』。『狃』爲《廣韻》《五音集韻》有三孃母位小韻首字,下收有『紐』字。列字以『狃』爲佳,《韻鏡》無誤,《切韻指南》是。

41 上三滂　⿰忄豆　《廣韻》芳否切,滂有三上開流;《集韻》有三滂母小韻未收;《五音集韻》同《廣韻》。《韻鏡》内轉第三十七開、《七音略》内轉四十重中重、《起數訣》第七十四圖收音濁、《切韻指掌圖》四圖,列字均爲『紑』;《四聲等子》流攝内六全重無輕韻,列字爲『秠』,敷母脂韻,誤。『⿰忄豆』爲《廣韻》《五音集韻》有三滂母位小韻首字,下收有『紑』字,《韻鏡》《七音略》無誤,《切韻指南》是。

42 上三審　首　《廣韻》書九切,《集韻》始九切,書有三上開流;《五音集韻》同《廣韻》。《韻鏡》内轉第三十七開,列字爲『首』;《七音略》空位,當校補『首』字;《起數訣》第七十四圖收音濁、《切韻指掌圖》四圖、《四聲等子》流攝内六全重無輕韻,列字均爲『手』。『首』爲《廣韻》《集韻》《五音集韻》有三書母位小韻首字,下收有『手』字。列字以『首』爲佳,《七音略》空位誤,《切韻指南》是。

43 上三喻　有　《廣韻》《集韻》云久切,云有三上開流;《五音集韻》同《廣韻》《集韻》。《韻鏡》内轉第三十七開、《切韻指掌圖》四圖、《四聲等子》流攝内六全重無輕韻,列字爲『有』;《七音略》内轉四十重中重,列字爲『酉』,《廣韻》與久切,《集韻》以九切,當列喻紐四等,當校改爲『有』字。《起數訣》第七十四圖收音濁,列字爲『柚』,以母有韻,當列於四等位,當校改爲『有』字。『有』爲《廣韻》《集韻》《五音集韻》有三云母位小韻首字,《七音略》誤,《切韻指南》是。

44 去三群　舊　弘治九年本、《叢書集成》本,列字均爲『舊』;近衛庫本、正德十一年本、碧琳琅本,列字均爲『𦾔』。『舊』,《廣韻》《集韻》巨救切,群宥三去開流;《五音集韻》同《廣韻》《集韻》。『舊』『𦾔』爲異體字。《韻鏡》内轉第三十七開,列字爲『𦾔』,當爲『舊』形訛;《七音略》内轉四十重中重、《起數訣》第七十四圖收音濁、《切韻指掌圖》四圖、《四聲等子》流攝内六全重無輕韻，列字均爲『舊』。『舊』爲《廣韻》《集韻》《五音集韻》宥三群母位小韻首字，《韻鏡》列字形訛。《切韻指南》近衛庫本、正德十一年本、碧琳琅本是，弘治九年本、《叢書集成》本，列異體雖無誤，但校改爲『舊』字更佳。

45 去三徹 畜 《廣韻》《集韻》丑救切，徹宥三去開流；《五音集韻》同《廣韻》《集韻》。《韻鏡》内轉第三十七開，空位誤，當校補『畜』字；《七音略》内轉四十重中重、《起數訣》第七十四圖收音濁、《四聲等子》流攝内六全重無輕韻，列字均爲『畜』；《切韻指掌圖》四圖，列字爲『俞』。『畜』爲《廣韻》《集韻》《五音集韻》宥三徹母位小韻首字，下收有『俞』字，列字以『畜』爲佳，《韻鏡》空位誤，《切韻指南》是。

46 去三孃 糅 弘治九年本、近衛庫本、正德十一年本、碧琳琅本、《叢書集成》本，列字均爲『糅』；文津閣本列字爲『楺』。『糅』，《廣韻》《集韻》女救切，娘宥三去開流；《五音集韻》同《廣韻》《集韻》。『楺』，人九切，日有三上開流，不當列於此位。《韻鏡》内轉第三十七開、《七音略》内轉四十重中重、《切韻指掌圖》四圖、《四聲等子》流攝内六全重無輕韻，列字均爲『糅』；《起數訣》第七十四圖收音濁，列字爲『⿰米桑』，『糅』字之訛。『糅』爲《廣韻》《集韻》《五音集韻》宥三娘母位小韻首字，《切韻指南》弘治九年本、近衛庫本、正德十一年本、碧琳琅本、《叢書集成》本是；文津閣本誤，當校改爲『糅』字。

47 去三明 莓 《廣韻》亡救切，明宥三去開流；《集韻》《五音集韻》無明母小韻。《韻鏡》内轉第三十七開、《起數訣》第七十四圖收音濁，列字均爲『莓』；《七音略》内轉四十重中重、《切韻指掌圖》四圖，列字均爲『苺』，『苺』『莓』爲異體字；《四聲等子》流攝内六全重無輕韻，列字爲『娼』，明母沃韻。《七音略》無誤，《切韻指南》依《廣韻》當列於三等位，是。然《切韻指南》注：『併入頭等。』則爲反映時音特點，『莓』字語音變化，已演變爲一等字，《切韻指南》在遵從經史注音基礎上，用此方式表現時音。

48 去三照　呪　《廣韻》《集韻》職救切，章宥三去開流；《五音集韻》同《廣韻》《集韻》。《韻鏡》内轉第三十七開，列字爲『咒』；《七音略》内轉四十重中重、《切韻指掌圖》四圖、《四聲等子》流攝内六全重無輕韻，列字均爲『呪』；《起數訣》第七十四圖收音濁，列字爲『祝』。《廣韻》宥三章母未收『咒』字形。《韻鏡》從《廣韻》，字形當爲後人改，宜校改爲『呪』字。『呪』爲《廣韻》《五音集韻》宥三章母小韻首字，列字以『呪』爲佳，《韻鏡》誤，《切韻指南》是。

49 去三床　𦒐　《廣韻》《集韻》未收船母該小韻；《五音集韻》食救切，船宥三去開流。《韻鏡》《七音略》《起數訣》《切韻指掌圖》《四聲等子》均空位。《康熙字典》：『《五經文字》𦒐，經典相承，隸省作壽。《玉篇》古文壽字。注詳土部十一畫。』故此字當爲『壽』。『壽』，《廣韻》承呪切，禪宥三去開流。故『𦒐』字音切有誤，當爲禪母宥韻。《五音集韻》收此字爲船母，當爲船禪不分致誤。《切韻指南》據《五音集韻》誤而誤，當删。

50 去三影　憂　《廣韻》未收影母小韻；《集韻》於救切，影宥三去開流；《五音集韻》同《集韻》。《韻鏡》内轉第三十七開、《七音略》内轉四十重中重、《切韻指掌圖》四圖，均空位；《起數訣》第七十四圖收音濁、《四聲等子》流攝内六全重無輕韻，列字均爲『憂』。《廣韻》宥三開口無影母，『憂』爲《集韻》《五音集韻》宥三影母位小韻首字，列字以『憂』爲佳，《切韻指南》從《集韻》《五音集韻》。

51 本圖入聲三等字與通攝重出者，不再出校，只校異處。

52 入三非　匚　弘治九年本、正德十一年本、文津閣本、碧琳琅本、《叢書集成》本，列字均爲『匚』；近衛庫本，列字爲『工』。『匚』，《廣韻》未收；《集韻》甫玉切，非燭三入合通；《五音集韻》同《集韻》。『工』，古紅切，見東一平合通，不當列於此位。《韻鏡》内轉第二開合，列字爲『轐』，『轐』爲《廣韻》燭三非母位小韻首字；《七音略》空位，當校補『轐』字；《起數訣》第七十四圖收音濁、《切韻指掌圖》二圖、《四聲等子》流攝内六全重無輕韻，列字均爲『福』，幫母屋韻。『匚』爲《集韻》《五音集韻》燭三非母位小韻首字，列字以『匚』爲佳，《七音略》誤，《切韻指南》弘治九年本、正德十一年本、文津閣本、碧琳琅本、《叢書集成》本從《集韻》《五音集韻》；《切韻指南》近衛庫本誤，當校改爲『匚』字。

53 入三敷　○　《廣韻》《集韻》屋三開口滂母位均有『蝮』小韻。『蝮』，《廣韻》《集韻》芳福切，滂屋入開三通；《五音集韻》同《廣韻》。《韻鏡》内轉第一開、《七音略》内轉第一重中重、

《切韻指掌圖》二圖、《四聲等子》流攝内六全重無輕韻，列字均爲『蝮』；《起數訣》第七十四圖收音濁，列字爲『覆』。『蝮』爲《廣韻》《集韻》《五音集韻》屋三滂母位小韻首字，下收有『覆』字，《切韻指南》空位誤，當校補『蝮』字。

54 入三微　媢　弘治九年本、近衛庫本、正德十一年本、碧琳琅本、《叢書集成》本，列字均爲『媢』；文津閣本，列字爲『目』。『媢』，《廣韻》莫沃切，微沃三入合通；《集韻》某玉切，《五音集韻》武玉切，微燭三入合通。『目』，莫六切，明屋三入合通，亦可列於此位。《韻鏡》内轉第二開合，列『媦』字，爲『媢』字形訛；《七音略》内轉第二輕中輕，列字爲『媢』；《起數訣》《切韻指掌圖》，均空位；《四聲等子》流攝内六全重無輕韻，列字爲『繆』，明母屋韻。『媢』爲《集韻》《五音集韻》燭三微母位小韻首字，列字以『媢』爲佳。《韻鏡》列字爲形訛，誤。《切韻指南》文津閣本校改爲『媢』字更佳，列『目』字當係《五音集韻》屋燭無别；其餘諸本從《集韻》《五音集韻》。

55 入三來　録　弘治九年本、近衛庫本、正德十一年本、碧琳琅本，列字均爲『録』；文津閣本、《叢書集成》本，列字均爲『錄』。『録』『錄』爲異體字。『録』，《廣韻》力玉切，《集韻》龍玉切，來燭三入合通；《五音集韻》同《廣韻》。《韻鏡》内轉第二開合、《七音略》内轉第二輕中輕，列字均爲『録』；《起數訣》第七十四圖收音濁、《切韻指掌圖》二圖、《四聲等子》流攝内六全重無輕韻，列字均爲『六』，來母屋韻。『録』爲《廣韻》《集韻》《五音集韻》燭三來母位小韻首字，列字以『録』爲佳，《切韻指南》諸版本皆是。

56 《切韻指南》爲合韻韻圖，四等位雖無標目，但考圖内所有字，四等平聲實收尤、幽韻字，尤韻字均爲精組聲母。

57 平四溪　區　《廣韻》未收；《集韻》羌幽切，溪幽三平開流；《五音集韻》從《集韻》。《韻鏡》内轉第三十七開、《七音略》内轉四十重中重、《切韻指掌圖》四圖，列字均爲『怵』；《起數訣》第七十三圖開音清、《四聲等子》流攝内六全重無輕韻，列字均爲『區』。『怵』爲《廣韻》幽三溪母位小韻首字；『區』爲《集韻》幽三溪母位小韻首字。《韻鏡》《七音略》從《廣韻》列字；《切韻指南》從《集韻》《五音集韻》。

58 平四群　蚪　弘治九年本、近衛庫本、正德十一年本、文津閣本、《叢書集成》本，列字均爲『蚪』；碧琳琅本，列字爲『虯』。『蚪』，《康熙字典》記：『《唐韻》《韻會》當口切，音斗。《類篇》蝌蚪，蟲名。詳見蝌字注。通作斗。』此記當口切，端母厚韻，不當列於此位，爲『虯』字形訛。『虯』，《廣韻》《集韻》《五音集韻》渠幽切，群幽三平開流。《韻鏡》内轉第三十七開，列字爲『蟉』，『虯』字形訛；《七音略》内轉四十重中重、《起數訣》第七十三圖開音清、《切韻指掌圖》四圖，列字均爲『虯』；《四聲等子》流攝内六全重無輕韻，列字爲『璆』。『虯』爲《廣韻》《集韻》《五音集韻》幽三群母位小韻首字，下收有『璆』字。《韻鏡》列字形訛；《切韻指南》弘治九年本、近衛庫本、正德十一年本、文津閣本、《叢書集成》本是；碧琳琅本誤，當校改爲『虯』字。

59 平四疑　聱　《廣韻》語虯切，《集韻》倪虯切，疑幽三平開流；《五音集韻》同《廣韻》。《韻鏡》內轉第三十七開、《起數訣》第七十三圖開音清、《切韻指掌圖》四圖，列字爲『聱』；《七音略》《四聲等子》均空位，當校補『聱』字。『聱』爲《廣韻》《集韻》《五音集韻》幽三疑母位小韻首字，《七音略》空位誤，《切韻指南》是。

60 平四並　淲　《廣韻》皮彪切，《集韻》步幽切，《五音集韻》皮休切，並幽三平開流。《韻鏡》內轉第三十七開、《切韻指掌圖》四圖，列字均爲『滮』；《七音略》內轉四十重中重、《四聲等子》流攝內六全重無輕韻，列字均爲『淲』；《起數訣》第七十三圖開音清，列字爲『飍』，《集韻》並母幽韻。『淲』，《康熙字典》記：『按今《詩》本作滮。』『淲』『滮』二字爲異體字。『淲』爲《廣韻》《五音集韻》幽三並母位小韻首字，列字以『淲』爲佳，《韻鏡》無誤，《切韻指南》是。

61 平四精　遒　《廣韻》自秋切，《集韻》將由切，《五音集韻》即由切，精尤三平開流。《韻鏡》內轉第三十七開，列字爲『啾』，精母尤韻；《七音略》內轉四十重中重、《起數訣》第七十三圖開音清，列字爲『䅵』，精母幽韻；《切韻指掌圖》四圖、《四聲等子》流攝內六全重無輕韻，列字均爲『揫』。考《韻鏡》內轉第三十七開四等位列尤、幽韻字，其精組字全部列尤韻字；《七音略》內轉四十重中重，精組字唯精母列幽韻字；《切韻指南》精組聲母字均爲尤韻，故取尤韻字爲佳。『遒』爲《廣韻》《五音集韻》尤三精母位小韻首字，下收有

『啾』『揫』二字。列字以『遒』爲佳，《韻鏡》無誤，《七音略》列精母幽韻字亦無誤，《切韻指南》是。

62 平四從　酋　《廣韻》自秋切，《集韻》字秋切，從尤三平開流；《五音集韻》同《廣韻》。《韻鏡》内轉第三十七開，列字爲『遒』；《七音略》内轉四十重中重，列字爲『茜』，《廣韻》《集韻》所六切，生屋三入合通，《七音略》誤，爲『酋』字形訛；《起數訣》第七十三圖開音清、《切韻指掌圖》四圖、《四聲等子》流攝内六全重無輕韻，列字均爲『酋』。『酋』爲《廣韻》《集韻》《五音集韻》尤三從母位小韻首字，下收有『遒』字。列字以『酋』爲佳，《韻鏡》無誤，《七音略》形訛，《切韻指南》是。

63 平四喻　猷　《廣韻》以周切，《集韻》夷周切，以尤三平開流；《五音集韻》同《廣韻》。《韻鏡》内轉第三十七開、《七音略》内轉四十重中重、《起數訣》第七十三圖開音清、《切韻指掌圖》四圖、《四聲等子》流攝内六全重無輕韻，列字爲『由』。『猷』爲《廣韻》《五音集韻》尤三以母位小韻首字，下收有『由』字。列字以『猷』爲佳，《韻鏡》《七音略》無誤，《切韻指南》是。

64 《切韻指南》爲合韻韻圖，四等位雖無標目，但考圖内所有字，四等上聲實收黝、有韻字。

65 上四見　糾　《廣韻》居黝切，《集韻》吉酉切，見黝三上開流；《五音集韻》同《廣韻》。《韻鏡》内轉第三十七開、《切韻指掌圖》四圖、《四聲等子》流攝内六全重無輕韻，列字爲『糾』；

《七音略》空位，當校補『糾』；《起數訣》第七十三圖開音清，列字爲『斜』，以母麻韻，誤。『糾』爲《廣韻》《集韻》《五音集韻》黝三見母位小韻首字，《七音略》空位誤，《切韻指南》是。

66 上四溪　嬺　《廣韻》無溪母小韻；《集韻》苦糺切，溪黝三上開流；《五音集韻》同《集韻》。《韻鏡》内轉第三十七開、《七音略》内轉四十重中重、《切韻指掌圖》四圖，均空位；《起數訣》第七十三圖開音清、《四聲等子》流攝内六全重無輕韻，列字均爲『嬺』。『嬺』爲《集韻》《五音集韻》黝三溪母位小韻首字。《韻鏡》《七音略》從《廣韻》，空位無誤；《切韻指南》從《集韻》《五音集韻》。

67 上四喻　酉　《廣韻》與久切，《集韻》以九切，以有三上開流；《五音集韻》同《廣韻》。《韻鏡》内轉第三十七開、《切韻指掌圖》四圖、《四聲等子》流攝内六全重無輕韻，列字均爲『酉』；《七音略》空位，當校補『酉』字；《起數訣》第七十三圖開音清，列字爲『柚』，以母宥韻。『酉』爲《廣韻》《集韻》《五音集韻》有三以母位小韻首字，《七音略》空位誤，《切韻指南》是。

68 《切韻指南》爲合韻韻圖，四等位雖無標目，但考圖内所有字，四等去聲實收幼、宥韻字。

69 去四見　赳　《廣韻》幼韻、宥韻均無去四見母位小韻；《集韻》古幼切，見幼三去開流；《五音集韻》同《集韻》。《韻鏡》《七音略》《切韻指掌圖》均空位；《起數訣》第七十三圖開音清，列字爲『糾』，爲『糾』字形訛；《四聲等子》流攝内六全重無輕韻，列字爲『糾』。『赳』爲

《集韻》《五音集韻》幼三見母位小韻首字，下收有『䡂』字，《韻鏡》《七音略》從《廣韻》空位，《切韻指南》從《集韻》《五音集韻》。

70 去四曉　蟂　《廣韻》宥、幼二韻無曉母；《集韻》火幼切，曉幼三去開流；《五音集韻》同《集韻》。《韻鏡》内轉第三十七開、《七音略》内轉四十重中重、《切韻指掌圖》四圖，均空位；《起數訣》第七十三圖開音清、《四聲等子》流攝内六全重無輕韻，列字均爲『蟂』。『蟂』爲《集韻》《五音集韻》幼三曉母位小韻首字，列字以『蟂』字爲佳，《韻鏡》《七音略》從《廣韻》空位，《切韻指南》從《集韻》《五音集韻》。

71 本圖入聲假四等字與通攝重出者，不再出校，只校異處。且《切韻指南》爲合韻韻圖，四等位雖無標目，但考圖内所有字，四等入聲實收燭、屋韻字。

72 入四清　促　《廣韻》七玉切，《集韻》趨玉切，清燭三入合通；《五音集韻》同《廣韻》。《韻鏡》内轉第二開合、《七音略》内轉第二輕中輕，列字均爲『促』；《起數訣》第七十三圖開音清、《切韻指掌圖》二圖、《四聲等子》流攝内六全重無輕韻，列字均爲『鼀』，清母屋韻。『促』爲《廣韻》《集韻》《五音集韻》燭三清母位小韻首字，列字以『促』爲佳，《切韻指南》是。

73 入四從　○　弘治九年本、近衛庫本、正德十一年本、碧琳琅本、《叢書集成》本均空位；文津閣本，列字爲『𪔂』。『𪔂』，《廣韻》才六切，《集韻》子六切，從屋三入合通；《五音集韻》同

《廣韻》。《韻鏡》内轉第二開合、《七音略》内轉第二輕中輕、《切韻指掌圖》二圖，列字均爲『𪚺』；《起數訣》第七十三圖開音清、《四聲等子》流攝内六全重無輕韻，列字均爲『摵』。『𪚺』爲《廣韻》《五音集韻》屋三從母位小韻首字，《集韻》屋三從母位『摵』小韻下收字。《切韻指南》文津閣本是；弘治九年本、近衛庫本、正德十一年本、碧琳琅本、《叢書集成》本，當校補『𪚺』字。

74　入四喻　欲　弘治九年本，列字爲『欱』；近衛庫本、正德十一年本、文津閣本、碧琳琅本、《叢書集成》本，列字均爲『欲』。『欱』當爲『欲』形訛。『欲』，《廣韻》余蜀切，《集韻》俞玉切，以燭三入合通；《五音集韻》同《廣韻》。《韻鏡》内轉第二開合，列字爲『欲』；《七音略》空位，當校補『欲』字；《切韻指掌圖》二圖、《起數訣》第七十三圖開音清、《四聲等子》流攝内六全重無輕韻，列字均爲『育』，以母屋韻。『欲』爲《廣韻》《集韻》《五音集韻》燭三以母位小韻首字，《切韻指南》弘治九年本，當校改爲『欲』；《切韻指南》近衛庫本、正德十一年本、文津閣本、碧琳琅本、《叢書集成》本是。

深攝內八

獨韻

狹門

見	溪	群	疑	端	透	定	泥	幫	滂	並	明
				知	徹	澄	孃	非	敷	奉	微
○	○	○	○	○	○	○	○	○	○	○	○
○	○	○	○	○	○	○	○	○	○	○	○
○	○	○	○	○	○	○	○	○	○	○	○
○	○	○	○	○	○	○	○	○	○	○	○
○	○	○	○	○	○	○	○	○	○	○	○
○	○	○	○	○	○	○	○	○	○	○	○
○	○	○	○	○	○	○	○	○	○	○	○
○	○	○	○	○	○	○	○	○	○	○	○
金	欽	琴	吟	碪	琛	沈	紝	○	○	○	○
錦	顩	噤	僸	戡	踸	朕	拰	稟	品	○	○
禁	搇	靲	吟	揕	闖	鴆	賃	稟	○	○	○
急	泣	及	岌	縶	湁	蟄	孨	鵖	○	駜	○
○	○	○	○	○	譫	○	○	○	○	○	○
○	○	○	○	○	○	○	○	○	○	○	○
○	○	○	○	○	○	○	○	○	○	○	○
○	○	○	○	○	○	○	○	○	○	○	○

精照	清穿	從床	心審	邪禪	曉	匣	影	喻	來	日	韻
○	○	○	○	○	○	○	○	○	○	○	
怎	○	○	○	○	吽	○	○	○	○	○	
○	○	○	○	○	○	○	○	○	○	○	
○	○	○	○	○	○	○	○	○	○	○	
兂	參	岑	森	○	○	○	○	○	○	○	
[illegible]	墋	顉	痒	○	○	○	○	○	○	○	
譖	讖	[illegible]	滲	○	○	○	○	○	○	○	
戢	届	霵	歰	○	○	○	○	○	○	○	
斟	[illegible]	○	深	諶	歆	○	音	○	林	任	侵
枕	瀋	葚	沈	甚	廞	○	歙	○	廩	荏	寑
枕	瀋	○	深	甚	諴	○	蔭	䕲	臨	妊	沁
執	斟	○	溼	十	吸	○	邑	熠	立	入	緝
祲	侵	[illegible]	心	尋	○	○	愔	淫	○	○	
[illegible]	寑	蕈	罧	○	○	○	○	潭	○	○	
浸	沁	[illegible]	[illegible]	鐔	○	○	○	䶐	○	○	
[illegible]	緝	集	[illegible]	習	○	○	揖	熠	○	○	

第二十二圖　深攝内八　獨韻　狹門

《經史正音切韻指南》第二十二圖爲深攝，《切韻指掌圖》中即爲獨韻。對應《韻鏡》内轉第三十八合、《七音略》内轉四十一重中重。本圖一等有列字無標目，一等位兩個列字，均據《五音集韻》列，與其他韻書均不合。三等標目侵寢沁緝，二四等有字無標目，爲假二等、假四等及重紐字，實爲三等，故不標目。

1 《切韻指南》深攝一等上聲無標目，實收寢韻。

2 上一精　怎　《廣韻》《集韻》寢韻無精母小韻；《五音集韻》子吽切，精寢一上開深。《韻鏡》《七音略》《起數訣》《切韻指掌圖》均空位；《四聲等子》全重無輕韻深攝内七，列字爲「怎」。《康熙字典》記：「《五音集韻》子吽切，語辭也。五音篇中此字無切脚可稱，昌黎子定作枕字第一等呼之，可謂正矣，今此寢韻中，精母之下剏立切脚，其吽字，曉母下安呼怎切，兩字遞相爲韻切之，豈不善哉。按此字，廣韻，集韻皆未收，唯韓孝彦《五音集韻》收之。」「怎」爲《五音集韻》寢一精母位小韻首字，《切韻指南》從《五音集韻》。

3 上一曉　吽　《廣韻》呼后切，曉母侯韻；《集韻》許后切，曉母厚韻；另《集韻》有於金切，影母侵韻；依《廣韻》《集韻》均不當列於此位；《五音集韻》呼怎切，曉寑一上開深。《韻鏡》《七音略》《起數訣》《切韻指掌圖》均空位；《四聲等子》全重無輕韻深攝内七，列字爲『吽』。『吽』爲《五音集韻》寑一曉母位小韻首字，《切韻指南》從《五音集韻》。

4 《切韻指南》深攝二等平聲寸無標目，實收侵韻三等，故以無標目表明爲假二等。

5 平二照　先　《廣韻》側吟切，《集韻》緇簪切，莊侵三平開深；《五音集韻》同《廣韻》。《韻鏡》内轉第三十八合、《七音略》内轉四十一重中重、《切韻指掌圖》六圖，列字均爲『簪』；《起數訣》第七十六圖、《四聲等子》全重無輕韻深攝内七，列字均爲『先』。『先』爲《廣韻》《集韻》侵三莊母位和《五音集韻》侵韻照母小韻首字，《廣韻》下收『簪』字，《五音集韻》中『簪』與『先』同爲小韻首字，列字以『先』爲佳。《韻鏡》《七音略》列『簪』字無誤；《切韻指南》從《廣韻》，是。

6 平二穿　嵾　弘治九年本、近衛庫本、正德十一年本、碧琳琅本、《叢書集成》本，列字均爲『嵾』；文津閣本列字爲『參』。『嵾』，《廣韻》楚簪切，《集韻》初簪切，初侵三平開深；《五音集韻》同《廣韻》。《韻鏡》内轉第三十八合、《切韻指掌圖》六圖、《四聲等子》全重無輕韻深攝内七，列字爲『嵾』；《七音略》内轉四十一重中重，列字均爲『參』；《起數訣》第七十六圖，列字爲『叅』字，『叅』『參』爲異體字。『嵾』爲《廣韻》《集韻》侵三初母位小韻首字，《廣韻》下收『參』字，《五音集韻》中『參』與『嵾』同爲小韻首字，列字以『嵾』爲佳。《七音略》列『參』

字無誤；《切韻指南》從《廣韻》《五音集韻》，是。

7 《切韻指南》深攝二等上聲無標目，實收寢韻三等。

8 上二照　⿰晉頁　《廣韻》寢韻無莊母位小韻；《集韻》章荏切，章寢三上開深，不當列於此位。《五音集韻》側踸切，照母寢韻；《集韻》末又有『⿰晉頁』小韻，側踸切，則爲莊母寢韻，與《五音集韻》同，且適于此位。《韻鏡》内轉第三十八合、《起數訣》第七十六圖、《四聲等子》全重無輕韻深攝内七，列字爲『⿰晉頁』，《七音略》《切韻指掌圖》均空位。『⿰晉頁』爲《集韻》寢三莊母位、《五音集韻》寢韻照母小韻首字，當列於此位，各韻圖字形略均爲書寫差異。《七音略》從《廣韻》空位無誤，《切韻指南》從《集韻》與《五音集韻》。

9 上二穿　墋　弘治九年本、近衛庫本、正德十一年本、文津閣本，列字均爲『墋』；碧琳琅本、《叢書集成》本，列字爲『⿰王參』。《廣韻》《集韻》未收『⿰王參』字，當爲『墋』字訛誤。『墋』，《廣韻》初朕切，《集韻》《五音集韻》楚錦切，初寢三上開深。《韻鏡》内轉第三十八合、《切韻指掌圖》六圖、《四聲等子》全重無輕韻深攝内七，列字均爲『墋』；《起數訣》第七十六圖，列字爲『嘇』，『嘇』在《集韻》中爲咸攝字，不當列於此位；《七音略》内轉四十一重中重，列字爲『磣』。『墋』爲《廣韻》《集韻》《五音集韻》小韻首字，下收有『磣』字，列字以『墋』字爲佳。《七音略》列『磣』字無誤，《切韻指南》是。

10 上二床　顜　弘治九年本、正德十一年本、碧琳琅本、《叢書集成》本，列字均爲『顜』；近衛庫本、文津閣本，列字爲『頪』。《廣韻》《集韻》皆無『𩑛』字。『𩑛』，《康熙字典》記：『《廣韻》《集韻》士瘁切，岑上聲。𩑛顪，醜貌。或作頪。』《廣韻》『𩑛』亦爲士瘁切、醜貌，故『𩑛』『𩑛』當互爲異體。『𩑛』，《廣韻》《集韻》士瘁切，崇寑三上開深；《五音集韻》同《廣韻》，字形爲『𩑛』。《韻鏡》内轉第三十八合，列字爲『𩑛』；《七音略》内轉四十一重中重，列字爲『𩑛』；《起數訣》第七十六圖，列字爲『頪』；《四聲等子》全重無輕韻深攝内七、《切韻指掌圖》六圖，列字均爲『𩑛』。『𩑛』爲《廣韻》《集韻》寑三崇母位小韻首字，『𩑛』爲《五音集韻》中寑二床母小韻首字。『頪』與『𩑛』同爲《集韻》寑三崇母位小韻首字，列字以『𩑛』字爲佳。《韻鏡》從《廣韻》列字是，《切韻指南》《七音略》亦無誤。《切韻指南》沿《五音集韻》列字，訛。

11 上二審　瘁　《廣韻》踈錦切，《集韻》所錦切，生寑三上開深；《五音集韻》同《廣韻》。《韻鏡》内轉第三十八合、《起數訣》第七十六圖、《切韻指掌圖》六圖，列字均爲『瘁』；《七音略》内轉四十一重中重、《四聲等子》全重無輕韻深攝内七，列字爲『瘁』，當爲『瘁』字形訛；《起數訣》列字爲『瘁』，《廣韻》《集韻》從母止攝，當爲『瘁』字形訛。『瘁』爲《廣韻》《集韻》《五音集韻》寑三生母位小韻首字，《七音略》列字誤，《切韻指南》是。

12 去二床　稽　《廣韻》侵韻三等平聲字，依《廣韻》不當列於此位。《廣韻》深攝無床母；《集韻》岑譖切，崇沁三去開深；《五音集韻》同《集韻》。《韻鏡》《切韻指掌圖》《七音略》均空位；《起數訣》第七十六圖、《四聲等子》全重無輕韻深攝内七，列字爲『稽』字。『稽』爲《集韻》《五音集韻》沁三崇母位小韻首字，當列於此位。《韻鏡》《七音略》從《廣韻》空位亦無誤，《切韻指南》從《集韻》《五音集韻》。

13 《切韻指南》深攝二等入聲無標目，實收三等緝韻。

14 入二審　歰　《廣韻》色立切，《集韻》色入切，生緝三入開深；《五音集韻》同《廣韻》。《韻鏡》內轉第三十八合、《七音略》內轉四十一重中重、《切韻指掌圖》六圖、《起數訣》第七十六圖、《四聲等子》全重無輕韻深攝內七，列字均爲「澀」字，「澀」與「歰」爲異體字，《康熙字典》記：「《唐韻》《韻會》色立切，《集韻》《正韻》色入切，音濇。與歰同。」「歰」字爲《廣韻》《集韻》《五音集韻》緝三生母位小韻首字，《廣韻》下收有「澀」，並注「上同」；「澀」亦爲《集韻》《五音集韻》小韻首字。列字以「歰」爲佳，《韻鏡》《七音略》列字無誤，《切韻指南》列字是。

15 上三溪　顩　《廣韻》欽錦切，溪寑三上開深；《集韻》牛錦切，疑母寑韻；依《廣韻》可列於此位，依《集韻》不當列於此位；《五音集韻》同《廣韻》。《韻鏡》內轉第三十八合、《七音略》內轉四十一重中重、《起數訣》第七十六圖、《切韻指掌圖》六圖、《四聲等子》全重無輕韻深攝內七，列字均爲「坅」。「顩」爲《廣韻》《五音集韻》寑三溪母位小韻首字，「坅」爲《集韻》寑三溪母位小韻首字，《韻鏡》《七音略》列「坅」字無誤。

16 上三知　戡　《廣韻》張甚切，《集韻》陟甚切，知寑三上開深；《五音集韻》同《廣韻》。《韻鏡》內轉第三十八合、《切韻指掌圖》六圖、《四聲等子》全重無輕韻深攝內七，列字均爲

『戡』；《七音略》内轉四十一重中重、《起數訣》第七十六圖，列字爲『⿱般心』，『戡』爲《廣韻》《五音集韻》寢三知母位小韻首字，《廣韻》下收『炈』字，『炈』爲《集韻》寢三知母位小韻首字。列字以『戡』爲佳，《七音略》列字形訛，《切韻指南》從《廣韻》《五音集韻》，列字是。

17 上三孃　拰　《廣韻》《集韻》尼凜切，孃寢三上開深；《五音集韻》尼廩切，餘同《廣韻》。《韻鏡》内轉第三十八合、《起數訣》第七十六圖、《切韻指掌圖》六圖，列字均爲『拰』；《七音略》内轉四十一重中重，列字爲『栣』，同『𢱢』字，『𢱢』，《廣韻》爲寢三日母位下收字，當爲『拰』字形訛；《四聲等子》全重無輕韻深攝内七，列字爲『衽』，爲《廣韻》寢三日母位小韻下收字，當爲『拰』字形訛。『拰』爲《廣韻》《集韻》《五音集韻》寢三孃母位小韻首字，《七音略》列字形訛，《切韻指南》是。

18 上三幫　禀　近衛庫本、正德十一年本、文津閣本、碧琳琅本、《叢書集成》本，列字爲『稟』。《廣韻》《集韻》《五音集韻》未收有『禀』字形，《五音集韻》記『稟俗作禀』，『稟』字爲《廣韻》正字，《廣韻》《集韻》寢韻三等幫母位小韻首字爲『稟』，筆錦切，幫寢三上開深，《五音集韻》同《廣韻》。《康熙字典》記，『禀，《正字通》俗稟字。《唐韻》《集韻》《韻會》力錦切，音懍』。《韻鏡》内轉第三十八合、《七音略》内轉四十一重中重、《四聲等子》全重無輕韻深攝内七，列字均爲『禀』；《切韻指掌圖》六圖列字爲『稟』，《起數訣》第七十五圖明本空位，四庫本列字爲『禀』。『禀』字可列於此位，《切韻指南》無誤。

19 上三曉　廞　《廣韻》《集韻》羲今切；《五音集韻》許錦切，曉寢三上開深。《韻鏡》内轉第三十八合、《切韻指掌圖》六圖、《四聲等子》全重無輕韻深攝内七，列字均爲『廞』；《七音略》内轉四十一重中重，列字爲『嶔』，《廣韻》《集韻》溪寢三平開深，不當列於此位；《起數訣》第七十六圖，列字爲『廞』，當爲『廞』字形訛。『廞』爲《廣韻》《集韻》《五音集韻》寢三曉母位小韻首字，當列於此位，《七音略》列字誤，《指南》是。

20 上三影　歆　《廣韻》《集韻》於錦切，影寢三上開深；《五音集韻》同《廣韻》。《韻鏡》内轉第三十八合、《七音略》内轉四十一重中重、《起數訣》第七十六圖、《切韻指掌圖》六圖、《四聲等子》全重無輕韻深攝内七，列字均爲『歆』。《康熙字典》記：『歆，《廣韻》《集韻》《玉篇》古文飲字。』『歆』字同『飲』字，二者爲異體字。『歆』爲《廣韻》《集韻》《五音集韻》寢三曉母位小韻首字，《廣韻》下收『飲』字，《集韻》『飲』同爲小韻首字，《切韻指南》從《廣韻》《五音集韻》，列字以『歆』爲佳，《韻鏡》《七音略》列字亦無誤，《切韻指南》是。

21 上三來　廩　弘治九年本、正德十一年本、文津閣本、碧琳琅本、《叢書集成》本，列字均爲『廩』；近衛庫本，列字爲『稟』，當爲『廩』字形訛。『廩』，《廣韻》《集韻》力稔切，來寢三上開深；《五音集韻》同《廣韻》。《韻鏡》内轉第三十八合、《起數訣》第七十六圖、《四聲等子》全重無輕韻深攝内七，列字均爲『稟』；《七音略》内轉四十一重中重，列字爲『凜』，『凜』與『凜』二者爲異體字；《切韻指掌圖》六圖，列字爲『廩』。『廩』爲《廣韻》《集韻》《五音集韻》

寑三來母位小韻首字，《廣韻》《集韻》下收『凜』字，列字以『廩』爲佳。《韻鏡》列『廩』字、《七音略》列『澟』字，均無誤，《切韻指南》近衛庫本列字形訛，當校改爲『廩』，其他版本列字是。

22 去三澄　鴆　弘治九年本、正德十一年本、文津閣本、碧琳琅本、《叢書集成》本，列字均爲『鴆』；近衛庫本，列字爲『鳩』，當爲『鴆』字形訛。『鴆』，《廣韻》《集韻》直禁切，澄沁三去開深；《五音集韻》同《廣韻》。《韻鏡》內轉第三十八合、《七音略》內轉四十一重中重、《起數訣》第七十六圖、《切韻指掌圖》六圖、《四聲等子》全重無輕韻深攝內七，列字均爲『鴆』。『鴆』字爲《廣韻》《集韻》《五音集韻》沁三澄母位小韻首字，當列於此位，《切韻指南》近衛庫本形訛，當校改爲『鴆』，其他版本列字是。

23 去三幫　禀　弘治九年本、近衛庫本、正德十一年本、文津閣本、碧琳琅本、《叢書集成》本，列字爲『稟』。《廣韻》沁韻無幫母小韻；《集韻》收字爲『稟』，逋鴆切，幫母沁三去開深，『稟』與『禀』爲異體字；《五音集韻》同《集韻》。《韻鏡》空位；《七音略》內轉四十一重中重、《起數訣》第七十五圖、《四聲等子》全重無輕韻深攝內七，列字爲『禀』；《切韻指掌圖》六圖，列字爲『稟』。『稟』字爲《集韻》《五音集韻》沁三幫母位小韻首字，列字以『稟』爲佳。《韻鏡》從《廣韻》空位無誤，《切韻指南》從《集韻》，諸本列字均無誤。

24 去三穿　瀋　《廣韻》昌枕切，昌母寑韻，不當列於此位，且沁三無昌母位小韻；《集韻》鴟禁切，《五音集韻》尺禁切，昌沁三去開深。《韻鏡》《七音略》均空位；《起數訣》第七十六圖、《切韻指掌圖》六圖、《四聲等子》全重無輕韻深攝内七，列字爲『瀋』。『瀋』字爲《集韻》《五音集韻》沁三昌母位小韻首字，《韻鏡》《七音略》從《廣韻》空位亦無誤，《切韻指南》從《集韻》《五音集韻》。

25 去三曉　譿　《廣韻》未收此字，且沁韻無曉母小韻；《集韻》火禁切，曉沁三去開深；《五音集韻》同《集韻》。《韻鏡》《七音略》《切韻指掌圖》皆空位；《起數訣》第七十六圖，列字爲『譀』，《廣韻》《集韻》爲咸攝字，列字誤，此字當爲『譿』字形訛；《四聲等子》全重無輕韻深攝内七，列字爲『譿』。『譿』字爲《集韻》《五音集韻》沁三曉母位小韻首字，《韻鏡》《七音略》從《廣韻》，空位無誤；《切韻指南》從《集韻》《五音集韻》。

26 去三影　䕃　弘治九年本、近衛庫本、正德十一年本、文津閣本，列字爲『䕃』；碧琳琅本、《叢書集成》本，列字爲『蔭』。『䕃』，《廣韻》《集韻》於禁切，影沁三去開深；《五音集韻》同《廣韻》。《韻鏡》内轉第三十八合、《七音略》内轉四十一重中重、《切韻指掌圖》六圖，列字爲『䕃』；《起數訣》第七十六圖、《四聲等子》全重無輕韻深攝内七，列字均爲『蔭』，『䕃』與『蔭』二字爲異體字。『䕃』字爲《廣韻》《集韻》沁三影母位小韻首字，《五音集韻》沁三影母位小韻首字爲『隂』，《切韻指南》從《廣韻》《五音集韻》，諸版本均無誤。

27 去三日　妊　《廣韻》汝鴆切，《集韻》如鴆切，日沁三去開深；《五音集韻》同《廣韻》。《韻鏡》内轉第三十八合，列字爲『紝』；《七音略》内轉四十一重中重、《起數訣》第七十六圖，列字爲『妊』；《切韻指掌圖》六圖、《四聲等子》全重無輕韻深攝内七，列字爲『任』。『妊』字爲《廣韻》《集韻》《五音集韻》沁三日母位小韻首字，下收『紝』『任』二字，《切韻指南》從《廣韻》，《韻鏡》列『紝』字無誤，列字以『妊』爲佳，《切韻指南》是。

28 入三疑　岌　弘治九年本、近衛庫本、正德十一年本、碧琳琅本、《叢書集成》本，列字爲『岌』；文津閣本，列字爲『㗣』。『岌』，《廣韻》魚及切，《集韻》逆及切，疑緝三入開深，《集韻》下收『㗣』字；《五音集韻》同《廣韻》。《韻鏡》内轉第三十八合、《七音略》内轉四十一重中重、《起數訣》第七十六圖、《切韻指掌圖》六圖、《四聲等子》全重無輕韻深攝内七，列字均爲『岌』。『岌』爲《廣韻》《集韻》《五音集韻》緝三疑母位小韻首字，當列於此位，《切韻指南》諸版本皆是。

29 入三並　鵖　《廣韻》皮及切，《集韻》訖立切，《五音集韻》北及切，並緝三入開深。《韻鏡》内轉第三十八合、《切韻指掌圖》六圖，列字均爲『鵖』字；《七音略》内轉四十一重中重，並母位空位，將『鵖』字列於明母位，爲字訛位誤；《四聲等子》全重無輕韻深攝内七，列字爲『鴔』字，『鴔』與『鵖』爲異體字，《康熙字典》記：『鴔，《集韻》匐急切。同鵖。』《起數訣》深攝並母處空位。『鵖』爲《廣韻》《五音集韻》緝三並母位小韻首字，《集韻》小韻首字爲『鴔』，未收『鵖』字，《切韻指南》從《廣韻》《五音集韻》。

30 入三照　執　弘治九年本、正德十一年本、文津閣本、碧琳琅本、《叢書集成》本，列字爲

『執』；近衛庫本，列字爲『執』，當爲『執』字形訛。『執』，《廣韻》之入切，《集韻》質入切，章緝三入開深；《五音集韻》同《廣韻》。《韻鏡》內轉第三十八合、《七音略》內轉四十一重中重、《起數訣》第七十六圖、《切韻指掌圖》六圖、《四聲等子》全重無輕韻深攝內七，列字均爲『執』。『執』字爲《廣韻》《集韻》《五音集韻》緝三章母位小韻首字，當列於此位，《指南》近衛庫本當校正爲『執』，其餘版本均是。

31 入三穿　卙　《廣韻》昌汁切，《集韻》叱入切，昌緝三入開深；《五音集韻》同《廣韻》。《韻鏡》內轉第三十八合、《七音略》內轉四十一重中重、《起數訣》第七十六圖、《切韻指掌圖》六圖，列字均爲『卙』，《廣韻》章母侵韻，列字誤，當爲『卙』字形訛；《四聲等子》全重無輕韻深攝內七，列字爲『卙』。『卙』爲《廣韻》《集韻》《五音集韻》緝三昌母位小韻首字，《韻鏡》《七音略》列字均誤，《指南》是。

32 入三審　溼　『溼』字當爲『溼』字形訛。《廣韻》《集韻》失入切，書緝三入開深；《五音集韻》同《廣韻》。《韻鏡》內轉第三十八合、《七音略》內轉四十一重中重、《起數訣》第七十六圖、《切韻指掌圖》六圖、《四聲等子》全重無輕韻深攝內七，列字均爲『濕』字，書母緝韻。『濕』本爲水名，爲『溼』俗訛字，故有乾濕義。《康熙字典》記：『溼，俗作濕。《徐鉉曰》今人不知，以濕爲此字。濕乃水名，非此也。《毛氏曰》濕，本合韻，託合切，水名。後誤以爲乾溼字。』『溼』爲《廣韻》《集韻》《五音集韻》緝三書母位小韻首字，《韻鏡》《七音略》列字誤，爲俗訛，《切韻指南》是。

33 《切韻指南》深攝四等平聲無標目，實收侵韻三等。

34 平四透　䃪　弘治九年本、正德十一年本、文津閣本、碧琳琅本、《叢書集成》本，列字爲『䃪』；近衛庫本，列字爲『蟾』，當爲『蟾』字形訛，『蟾』咸攝字，不當列於此位。《廣韻》侵韻透母位無字，『䃪』在《廣韻》中爲咸攝字；《集韻》天心切，透侵三平開深；《五音集韻》同《集韻》。《韻鏡》內轉第三十八合、《切韻指掌圖》六圖、《起數訣》第七十五圖，列字均爲『䃪』字；《七音略》《四聲等子》均空位。『䃪』列於《集韻》最末，反切上字爲透母，下字爲三等，無法拼合；《集韻》天心切，䃪䑢，吐舌貌；《廣韻》咸攝添小韻下，䃪䑢，吐舌；義完全相同，則此字『天心切』，當爲類隔，侵三透母已有『琛』小韻，故《集韻》侵韻末列此字，當係誤增，當刪。《五音集韻》從《集韻》而訛。《七音略》從《廣韻》空位無誤。『䃪』字爲《集韻》《五音集韻》侵三透母位小韻首字，《切韻指南》從《集韻》，由韻書到韻圖均誤，當刪。

35 平四從　鮼　《廣韻》昨淫切，《集韻》才淫切，從侵三平開深；《五音集韻》同《廣韻》。《韻鏡》內轉第三十八合，列字爲『鮼』；《七音略》內轉四十一重中重，列字爲『灊』；《起數訣》第七十五圖，列字爲『篙』；《切韻指掌圖》六圖，列字爲『鮼』，當爲『鮼』字俗；《四聲等子》全重無輕韻深攝內七，列字爲『埐』。『鮼』字爲《廣韻》《集韻》《五音集韻》侵三從母位小韻首字，《廣韻》下收有『灊』『埐』二字，列字以『鮼』字爲佳；《七音略》列『灊』無誤，《切韻指南》是。

36 平四喻　淫　弘治九年本、正德十一年本、文津閣本、碧琳琅本、《叢書集成》本，列字爲『滛』；近衛庫本列字爲『滛』，當爲形訛。『淫』，《廣韻》餘針切，《集韻》夷針切，以侵三平開深；《五音集韻》同《廣韻》。《七音略》内轉四十一重中重、《切韻指掌圖》六圖、《四聲等子》全重無輕韻深攝内七，列字均爲『淫』字；《韻鏡》内轉第三十八合、《起數訣》第七十五圖，列字爲『滛』，各韻書均未收此字，此字當爲『淫』字形訛。『淫』爲《廣韻》《集韻》《五音集韻》侵三以母位小韻首字，《韻鏡》列『滛』字形訛，《切韻指南》是。

37 《切韻指南》深攝四等上聲無標目，實收寑韻三等字。

38 上四溪　○　《切韻指南》此處空位，然《廣韻》寑三溪母位有『顩』小韻。『顩』，《廣韻》欽錦切，溪寑三上開深；《集韻》牛錦切，疑寑三上開深；《五音集韻》同《廣韻》。《韻鏡》内轉第三十八合，列字爲『顩』；《七音略》《切韻指掌圖》《起數訣》《四聲等子》空位。『顩』爲《廣韻》《五音集韻》寑三溪母位小韻首字，《韻鏡》從《廣韻》，《七音略》《切韻指南》空位不當，當校補『顩』字於此位。

39 上四端　○　《廣韻》無寑三端母位小韻；《集韻》寑三端母位有『㕨』小韻當審切，端寑三上開深；《五音集韻》同《廣韻》。《韻鏡》《七音略》《切韻指掌圖》《四聲等子》空位；《起數訣》第七十五圖，列字爲『㕨』。『㕨』爲《集韻》寑三端母位小韻首字，《韻鏡》《七音略》從《廣韻》，空位無誤。《切韻指南》從《廣韻》《五音集韻》空位。

40 上四清　寢　弘治九年本、正德十一年本、文津閣本、碧琳琅本、《叢書集成》本，列字爲『寢』；近衛庫本，列字爲『寝』，『寢』與『寝』爲異體字。『寢』，《廣韻》《集韻》七稔切，清寢三上開深；《五音集韻》同《廣韻》。《韻鏡》内轉第三十八合、《切韻指掌圖》六圖、《起數訣》第七十五圖、《四聲等子》全重無輕韻深攝内七，列字均爲『寢』字；《七音略》内轉四十一重中重，列字爲『寑』，《康熙字典》：『《集韻》寢古作寑』，《説文解字》：『寑，寢古文。』『寑』字爲《廣韻》《集韻》《五音集韻》寢三清母位小韻首字，《廣韻》下收有『寢』字；『寢』爲《集韻》小韻首字，《韻鏡》《切韻指南》列『寢』字無誤。《切韻指南》從《集韻》，近衛庫本列異體字無誤，其餘諸本列字均是。

41 上四喻　潭　《廣韻》《集韻》以荏切，以寢三上開深；《五音集韻》同《廣韻》。《韻鏡》空位；《七音略》内轉四十一重中重、《切韻指掌圖》六圖、《四聲等子》全重無輕韻深攝内七，列字均爲『潭』；《起數訣》第七十五圖，列字爲『潭』。『潭』字爲《廣韻》《集韻》《五音集韻》寢三以母位小韻首字，《韻鏡》空位誤，《切韻指南》從《廣韻》《五音集韻》。

42 《切韻指南》深攝四等去聲無標目，實收三等沁韻字。

43 去四從　⿰魚岑　《廣韻》昨淫切，《集韻》才淫切，從侵三平開深，均不當列於此位；《五音集韻》才鴆切，從沁三去開深。《韻鏡》《七音略》《起數訣》《切韻指掌圖》《四聲等子》均空位。《廣韻》《集韻》沁韻無從母小韻，《韻鏡》《七音略》空位是。《康熙字典》記：『《廣韻》昨淫切，《集韻》才淫切，音鬵。與鈐同。』『又《集韻》鋤簪切，音岑。義同。』『鈐』字爲《五音集韻》沁韻從母位小韻首字，《切韻指南》從《五音集韻》。

43 去四心　勸　《廣韻》沁韻無心母小韻；《集韻》思沁切，心沁三去開深；《五音集韻》同《集韻》。《韻鏡》《七音略》《切韻指掌圖》均空位；《起數訣》第七十五圖、《四聲等子》全重無輕韻深攝内七，列字均爲『勸』字。『勸』字爲《集韻》《五音集韻》沁三心母位小韻首字，《韻鏡》《七音略》從《廣韻》空位無誤，《切韻指南》從《集韻》。

44 去四邪　鐔　《廣韻》徐林切，邪母侵韻，不當列於此位；《廣韻》邪母無沁韻小韻。《集韻》尋浸切，邪沁三去開深；《五音集韻》同《集韻》。《韻鏡》《七音略》均空位；《切韻指掌圖》六圖、《四聲等子》全重無輕韻深攝内七，列字均爲『鐔』字；《起數訣》第七十五圖，列字爲『蕈』。『鐔』字爲《集韻》《五音集韻》沁三邪母位小韻首字，下收有『蕈』字，《韻鏡》《七音略》從《廣韻》，空位無誤；《切韻指南》從《集韻》《五音集韻》。

45 去四喻　魫　此字當爲『鼥』書寫俗體，《廣韻》未收此字，且無喻四母字。『鼥』，《集韻》淫沁切，以沁三去開深；《五音集韻》同《集韻》。《韻鏡》《七音略》均空位；《切韻指掌圖》六圖，列字爲『𩔰』，《廣韻》云母沁韻；《四聲等子》全重無輕韻深攝内七，列字爲『鼥』字；《起數訣》第七十五圖，列字爲『鼔』，滂母屋韻，列字誤，『鼔』字當爲『鼥』字形訛。《廣韻》以母沁韻無字，『䶈』字爲《集韻》《五音集韻》沁三以母位小韻首字，《韻鏡》《七音略》從《廣韻》，空位無誤；《切韻指南》從《集韻》《五音集韻》。

46 《切韻指南》深攝四等入聲無標目，實收三等緝韻字。

47 入四心　𣪠　《廣韻》先立切，《集韻》息入切，心緝三入開深；《五音集韻》同《廣韻》。《韻鏡》內轉第三十八合、《切韻指掌圖》六圖、《四聲等子》全重無輕韻深攝內七，列字均爲『𣪠』字；《七音略》內轉四十一重中重、《起數訣》第七十五圖，列字均爲『靸』字，『靸』和『𣪠』爲異體字，《康熙字典》記：『𣪠，《玉篇》亦作靸。』『靸，《集韻》亦作鞈靸。』『𣪠』爲《廣韻》緝三心母位小韻首字，『𣪠』『靸』同爲《集韻》《五音集韻》緝三心母位，列字以『𣪠』字爲佳；《七音略》列『靸』字無誤，《切韻指南》從《廣韻》《五音集韻》。

咸攝外八　獨韻　狹門

見	弇	感	紺	閤	緘	鹼	韽	夾	黚	檢	○	劫	兼	孂	兼	頰
溪	龕	坎	勘	溘	鵮	床	歉	恰	㦐	預	○	㾀	謙	脥	傔	愜
群	○	○	靲	○	○	○	○	○	鍼	儉	鐱	衱	涅	○	○	○
疑	玵	頷	儑	儑	巖	𩓓	顑	脛	䶨	顩	驗	○	○	○	○	○
端 知	耽	黕	馾	答	詀	䶬	䶬	劄	霑	○	○	輒	䯔	點	店	聑
透 徹	舑	菼	賧	榻	○	𠑆	○	𧵳	覘	諂	覘	鍤	添	忝	㮇	帖
定 澄	覃	禫	醰	沓	㦐	湛	賺	㲮	𤆘	湛	○	牒	甜	簟	磹	牒
泥 孃	南	腩	妠	納	諵	𦊞	諵	図	黏	○	○	聶	鮎	淰	念	苶
幫 非	○	○	○	○	○	○	○	○	砭	貶	窆	鴔	○	○	○	○
滂 敷	○	○	○	○	○	○	○	○	○	○	○	姂	○	○	○	○
並 奉	○	○	○	○	[illegible]	○	[illegible]	○	狎	○	○	○	○	○	○	○
明 微	姏	[illegible]	姏	○	菱	○	○	○	○	○	○	○	○	乏	○	○

精	清	從	心	邪	曉	匣	影	喻	來	日	
照	穿	床	審	禪							韻
簪	參	蠶	三	○	峆	含	諳	佔	藍	○	覃
昝	慘	歜	糝	○	喊	頷	晻	○	覽	○	感
篸	謲	暫	三	○	顑	鑑	暗	○	顲	○	勘
帀	趇	雜	趿	○	欱	盇	姶	○	拉	○	合
漸	攙	巉	攕	○	㰹	咸	𤞤	佔	鑑	○	咸
斬	醶	瀺	摲	○	喊	豏	黯	○	臉	○	豏
蘸	𩶖	儳	釤	○	歛	陷	韽	○	鑑	○	陷
眨	插	𨄊	翜	○	呷	洽	鴨	○	拉	○	洽
詹	韂	○	苫	棎	𡝗	○	淹	炎	廉	髥	鹽
黵	○	○	陝	剡	險	○	奄	○	斂	冉	琰
占	𨇨	○	閃	贍	○	○	㤿	○	殮	染	豔
讋	謵	○	攝	涉	偞	○	敏	曄	獵	讘	葉
尖	籤	潛	銛	燅	馦	嫌	懕	鹽	鬑	○	
憯	憯	漸	纖	錟	○	鼸	黶	琰	○	○	
𢧜	壍	潛	䃸	○	○	○	厭	豔	稴	○	
接	蕺	捷	爕	○	弽	協	魘	葉	甄	○	

合口呼

第二十三圖　咸攝外八　狹門　合口呼(一圖)

《經史正音切韻指南》第二十三圖爲咸攝外八獨韻圖,圖左標有『合口呼』。《切韻指掌圖》第五圖即爲獨韻。主要對應《韻鏡》外轉第三十九開與外轉第四十合(當爲開)、《七音略》外轉三十一重中重與外轉三十二重中輕。本圖列字,在《廣韻》中均爲開口,《切韻指南》列爲合口。一等標目覃感勘合,實收覃談、感敢、勘闞、合盍韻字。《五音集韻》覃談合韻,韻目爲覃;上去入聲合韻後,韻目分別爲感、勘、合。《切韻指南》一等標目與《五音集韻》同。二等標目咸豏陷洽,實收咸銜、豏檻、陷鑑、洽狎韻字;亦因《五音集韻》咸銜合韻,韻目爲咸、豏、陷、洽。三等標目鹽琰艷葉,四等無標目,實收添忝㮇怗韻字,及鹽琰艷葉韻假四等及重紐四等字。正德十一年本、文津閣本、碧琳琅本、《叢書集成》本國左均標有『合口呼』;近衛庫本韻圖右欄均自上而下標有『咸攝外八　合口呼　狹門』,圖左無標識。此韻圖實際列字均爲開口呼,《切韻指南》標『合口呼』誤,當校改爲『開口呼』。《廣韻》咸攝開口脣音均入本圖,且均符合反切下字爲非脣音開口字的原則。

1　本圖平聲一等標目爲覃,實爲覃談合韻。

2

平一溪　龕　弘治九年本、正德十一年本，列字均爲『龕』，《字彙·龍部》：『龕字之譌』；近衛庫本、文津閣本、碧琳琅本、《叢書集成》本，列字均爲『龕』。『龕』，《廣韻》口含切，《集韻》枯含切，溪覃一平開咸；《五音集韻》同《廣韻》。《韻鏡》外轉第三十九開、《七音略》外轉三十一重中重、《起數訣》第七十七圖發音清，列字均爲『龕』；《切韻指掌圖》五圖，列字爲『坩』，溪母談韻；《四聲等子》咸攝外八重輕俱等韻，列字爲『堪』。『龕』爲《廣韻》《集韻》覃一溪母位小韻首字，下收有『堪』字，列字以『龕』字爲佳，《切韻指南》正德十一年本形訛，當校改爲『龕』，其他版本列『龕』字者是。

3

平一疑　玵　弘治九年本、正德十一年本、文津閣本、碧琳琅本、《叢書集成》本，列字均爲『玵』；近衛庫本，列字爲『頋』，誤。『玵』，《廣韻》未收，《集韻》玉甘切，疑談一平開咸；《五音集韻》五甘切，疑母覃韻。《韻鏡》第四十合、《七音略》外轉三十二重中輕，均空位。《指南》列目爲覃，《廣韻》《集韻》覃一疑母位小韻首字爲『䜱』；《韻鏡》外轉第三十九開、《七音略》外轉三十一重中重、《起數訣》第七十七圖發音清、《切韻指掌圖》五圖、《四聲等子》咸攝外八重輕俱等韻，列字均爲『䜱』；『玵』爲《集韻》談一疑母位小韻首字，《指南》未取覃韻疑母位字，而據《集韻》《五音集韻》取談韻疑母字。《切韻指南》近衛庫本列『頋』字誤，當校改爲『玵』，其他版本列『玵』字者無誤。

4

平一透　舑　《廣韻》他酣切，《集韻》他甘切，透談一平開咸；《五音集韻》反切同《廣韻》，透母覃韻。《韻鏡》外轉第四十合、《切韻指掌圖》五圖，列字均爲『舑』；《七音略》外轉三十二重中輕，列字爲『蚺』，《康熙字典》記：『《正字通》俗蚦字。』『蚺』爲『蚦』之俗體；『蚦』，《廣韻》汝鹽切，《集韻》如占切，日鹽三平開咸，不當列於此；《起數訣》第七十九圖發音清，明本列字爲『聃』，四庫本列字爲『耼』。《四聲等子》咸攝外八重輕俱等韻，列字爲『貪』，透母覃韻。『舑』爲《廣韻》《集韻》談一開口透母位小韻首字，下收有『聃』字，列字以『舑』字爲佳。《七音略》列『蚺』字誤。《切韻指南》從《廣韻》《集韻》《五音集韻》。

5 平一明　姏　《廣韻》武酣切，《集韻》謨甘切，明談一平開咸；《五音集韻》同《廣韻》。《韻鏡》外轉第四十合、《七音略》外轉三十二重中輕、《起數訣》第七十九圖發音清、《切韻指掌圖》五圖、《四聲等子》咸攝外八重輕俱等韻，列字均爲『姏』。『姏』爲《廣韻》《集韻》《五音集韻》談一開口明母位小韻首字，且反切下字爲非脣音開口字，《切韻指南》列於開口。

6 平一精　簮　弘治九年本列字爲『簮』；近衛庫本、正德十一年本、文津閣本、碧琳琅本、《叢書集成》本，列字均爲『簪』。『簪』，《廣韻》作含切，《集韻》祖含切，精覃一平開咸；《五音集韻》同《廣韻》。《韻鏡》外轉第三十九開、《七音略》外轉三十二重中輕、《起數訣》第七十九圖發音清、《四聲等子》咸攝外八重輕俱等韻，列字均爲『簪』；《切韻指掌圖》五圖，列字爲『鐕』，精母覃韻。『簪』爲《廣韻》《集韻》覃一開口精母位小韻首字，『簮』『簪』二字爲異體字，《切韻指南》列『簮』字爲異體字，無誤，其他版本列『簪』爲正體字更佳。

7 平一從　蠶　弘治九年本、正德十一年本、文津閣本、碧琳琅本、《叢書集成》本，列字爲『蠶』；近衛庫本列字爲『蠶』，形訛。『蠶』，《廣韻》昨含切，《集韻》徂含切，從覃一平開咸；《五音集韻》同《廣韻》。《韻鏡》外轉第三十九開、《七音略》外轉三十一重中重、《四聲等子》咸攝外八重輕俱等韻，列字均爲『蠶』；《起數訣》第七十七圖發音清，列字爲『蠺』，訛；《切韻指掌圖》五圖，列字爲『蹔』，從母談韻。『蠶』爲《廣韻》《集韻》覃一從母位小韻首字，《切韻指南》近衛庫本形訛，當校改爲『蠶』，其他版本列『蠶』字者是。

8 平一喻　佔　弘治九年本、正德十一年本、文津閣本、碧琳琅本、《叢書集成》本，列字均爲『佔』；近衛庫本空位。《廣韻》談韻以紐無小韻。『佔』，《廣韻》餘針切，以侵三平開深，不當列於此位；《集韻》與甘切，以談一平開咸；《五音集韻》同《集韻》。《韻鏡》《七音略》《切韻指掌圖》均空位；《起數訣》第七十七圖發音清、《四聲等子》咸攝外八重輕俱等韻，列字均爲『佔』。『佔』爲《集韻》《五音集韻》談一以母位小韻首字，《韻鏡》《七音略》從《廣韻》空位，無誤；《切韻指南》近衛庫本空位誤，當校補『佔』字。

9 本圖上聲一等標目爲感，實爲感敢合韻。

10 上一疑　顉　《廣韻》《集韻》五感切，疑感一上開咸；《五音集韻》同《廣韻》《集韻》。《韻鏡》外轉第三十九開，列字爲『顉』。《七音略》外轉三十一重中重、《起數訣》第七十七圖發音清、《切韻指掌圖》五圖、《四聲等子》咸攝外八重輕俱等韻，列字均爲『顉』。『顉』爲《廣韻》感一疑母位小韻首字。『鋇』『頜』二字同爲《集韻》感一疑母位小韻首字；《玉篇》『鋇』字下注：『亦作「頜」』；《韻鏡》無誤。《切韻指南》是。

11 上一透　菼　《廣韻》《集韻》吐感切，透敢一上開咸；《五音集韻》同《廣韻》《集韻》。《韻鏡》外轉第四十合、《切韻指掌圖》五圖，列字均爲『菼』；《七音略》外轉三十二重中輕，列字均爲『菼』；《起數訣》第七十九圖發音清、《四聲等子》咸攝外八重輕俱等韻，列字爲『襑』，透母感韻。『菼』爲《廣韻》《集韻》敢一透母位、《五音集韻》感一透母位小韻首字，下收有『菼』字，注：『上同。』『菼』『菼』二字爲異體字。列字爲『菼』爲佳，《韻鏡》無誤，《切韻指南》是。

12 上一明　媎　《廣韻》謨敢切，《集韻》母敢切，明敢一上開咸。《五音集韻》同《廣韻》，明母覃韻。《韻鏡》外轉第四十合，《七音略》外轉第三十二重中輕、《切韻指掌圖》五圖，列字均爲『媎』；《起數訣》發音清第七十圖，明本列字爲『㜾』，四庫本空位；《四聲等子》咸攝外八重輕俱等韻，列字爲『㜾』，《集韻》明母感韻。『媎』爲《廣韻》《集韻》《五音集韻》敢一明母小韻首字，且反切下字爲開口非脣音，故《切韻指南》列於開口。

13 上一精　昝　《廣韻》《集韻》子感切，精感一上開咸；《五音集韻》同《廣韻》《集韻》。《韻鏡》外轉第三十九開，列字爲『寁』；《七音略》外轉三十一重中重、《四聲等子》咸攝外八重輕俱等韻，列字均爲『昝』；《起數訣》第七十七圖發音清，明本列字爲『寁』，四庫本列字爲『寁』，精母敢韻。《切韻指掌圖》五圖，列字爲『鬵』，精母敢韻。『昝』爲《廣韻》《集韻》《五音集韻》

感一精母位小韻首字，下收有『寁』『𩞄』，列字以『昝』爲佳，《韻鏡》無誤，《切韻指南》是。

14 上一從　歜　弘治九年本、正德十一年本、文津閣本、碧琳琅本、《叢書集成》本，列字爲『歜』；近衛庫本列字爲『獨』，形訛。『歜』，《廣韻》《集韻》徂感切，從感一上開咸；《五音集韻》同《廣韻》《集韻》。《韻鏡》外轉第三十九開、《七音略》外轉三十一重中重、《起數訣》第七十七圖發音清、《切韻指掌圖》五圖、《四聲等子》咸攝外八重輕俱等韻，列字均爲『歜』。『歜』爲《廣韻》《集韻》《五音集韻》感一從母位小韻首字，《切韻指南》近衛庫本列字形訛，當校改爲『歜』，其他版本列『歜』字者是。

15 上一曉　喊　《廣韻》呼唵切，《集韻》虎感切，曉感一上開咸；《五音集韻》呼覽切。《韻鏡》外轉第三十九開、《起數訣》第七十七圖發音清、《四聲等子》咸攝外八重輕俱等韻，列字均爲『顑』。《七音略》外轉三十一重中重、《切韻指掌圖》五圖，列字均爲『喊』。『顑』爲《廣韻》《集韻》感一曉母位小韻首字，《集韻》下收有『喊』字，『喊』爲《五音集韻》感一曉母位小韻首字；《七音略》無誤。《切韻指南》從《五音集韻》。

16 上一影　晻　弘治九年本、正德十一年本、文津閣本、碧琳琅本、《叢書集成》本，列字均爲『晻』；近衛庫本列字爲『晻』，形訛。『晻』，《廣韻》烏感切，《集韻》鄔感切，影感一上開咸；《五音集韻》同《廣韻》。《韻鏡》外轉第三十九開、《起數訣》第七十七圖發音清、《四聲等子》咸攝外八重輕俱等韻，列字均爲『晻』；《七音略》外轉三十一重中重，列字爲『唵』；《切韻指掌圖》五圖，列字爲『埯』，影母敢韻。『晻』爲《廣韻》《集韻》《五音集韻》感一影母位小韻首字，下收有『唵』字，列字以『晻』爲佳，《七音略》無誤。《切韻指南》近衛庫本形訛，當校改爲『晻』，其他版本列『晻』字者是。

17 本圖去聲一等標目爲勘，實爲勘闞合韻。

18 去一群　黅　《廣韻》巨金切，群侵三平開深，不當列於此位；《集韻》其闇切，群勘一去開咸；《五音集韻》同《集韻》。《韻鏡》《七音略》《切韻指掌圖》咸攝圖均空位；《起數訣》第七十七圖發音清、《四聲等子》咸攝外八重輕俱等韻，列字均爲『黅』。《廣韻》勘一無群母；『黅』爲《集韻》勘一群母位小韻首字。《韻鏡》《七音略》從《廣韻》空位，亦無誤；《切韻指南》從《集韻》。

19 去一明　姏　《廣韻》武酣切，明母淡韻；《集韻》莫紺切，明勘一去開咸；《五音集韻》同《集韻》。《韻鏡》《七音略》《切韻指掌圖》均空位；《起數訣》第七十七圖發音清，列字爲『紺』，形訛；《四聲等子》咸攝外八重輕俱等韻，列字均爲『姏』。《廣韻》勘一無明母；『姏』爲《集韻》《五音集韻》勘一明母位小韻首字。《韻鏡》《七音略》從《廣韻》空位，亦無誤。《切韻指南》從《集韻》《五音集韻》。

20 去一匣　鑑　《廣韻》格懺切，見鑑二去開咸，不當列於此位；《集韻》胡暫切，匣闞一去開咸；《五音集韻》反切同《集韻》，匣母勘韻。《韻鏡》外轉第四十合、《七音略》外轉三十二重中輕、《切韻指掌圖》五圖、《四聲等子》咸攝外八重輕俱等韻，列字均爲『憨』；《起數訣》第七十九圖發音清，明本空位，四庫本列字爲『盇』，誤。『憨』爲《廣韻》闞一匣母位小韻首字，『鑑』爲《集韻》《五音集韻》闞一匣母位小韻首字。《韻鏡》《七音略》無誤。《切韻指南》從《集韻》《五音集韻》。

21 本圖入聲一等標目爲合，實爲合盇合韻。

22 入一溪　溘　《廣韻》口荅切，《集韻》渴合切，溪合一入開咸；《五音集韻》口答切。《韻鏡》外轉第三十九開，列字爲『溘』。《七音略》外轉三十一重中重、《切韻指掌圖》五圖、《四聲等子》咸攝外八重輕俱等韻，列字均爲『榼』，溪母盇韻。楊軍《七音略校注》：「本書『榼』已列於三十二轉，再列本轉非也。當依《韻鏡》列『溘』。」《起數訣》第七十七圖發音清，列字爲『匌』。『溘』爲《廣韻》《五音集韻》合一溪母位小韻首字，下收有『匌』字，列字以『溘』字爲佳，《七音略》誤，《切韻指南》是。

23 入一疑　儑　《廣韻》五合切，《集韻》鄂合切，疑合一入開咸；《五音集韻》五盇切。《韻鏡》外轉第三十九開、《四聲等子》咸攝外八重輕俱等韻，列字均爲『㬎』；《七音略》外轉三十一重中重，列字爲『⿰目巠』，《廣韻》五剄切，《集韻》研領切，疑迥四上開梗；不當列於此位，楊軍《七音略校注》：『此位當列㬎字』；《起數訣》第七十七圖發音清，列字爲『⿰口㬎』；《切韻指掌圖》五圖，列字爲『儑』。『㬎』爲《廣韻》合一疑母位小韻首字，下收有『⿰口㬎』『儑』字；『儑』爲

24 入一透　㯓　弘治九年本、近衛庫本、正德十一年本、碧琳琅本、《叢書集成》本，列字爲『㯓』；文津閣本列字爲『㩉』，形訛。『㯓』，《康熙字典》記：『同榻。』『榻』，《廣韻》吐盍切，《集韻》託盍切，透盍一入開咸；《五音集韻》反切同《廣韻》，透母合韻。《韻鏡》外轉第三十九開，列字爲『鎝』；《七音略》外轉第三十一重中重，列字爲『鎝』；《廣韻》《集韻》合一透母位小韻首字爲『鎝』；楊軍《七音略校注》：『本書治至本誤，當正作「鎝」。』《韻鏡》外轉第四十合、《七音略》外轉三十二重中輕、《起數訣》第七十九圖發音清、《切韻指掌圖》五圖，列字均爲『榻』；《四聲等子》咸攝外八重輕俱等韻，列字爲『鎝』，透母合韻；『榻』爲《廣韻》《集韻》盍一透母位小韻首字；『榻』『㯓』同爲《五音集韻》合一透母位小韻首字；《切韻指南》文津閣本形訛，當校改爲『㯓』，其他版本列『㯓』字者是。

25 入一精　帀　《廣韻》子荅切，《集韻》作荅切，精合一入開咸；《五音集韻》同《廣韻》。《韻鏡》外轉第三十九開、《起數訣》第七十七圖發音清，列字爲『帀』；《七音略》外轉三十一重中重、《切韻指掌圖》五圖、《四聲等子》咸攝外八重輕俱等韻，列字均爲『匝』，《康熙字典》記：『《增韻》帀俗作匝。』『匝』爲『帀』之俗體。『帀』爲《廣韻》《集韻》《五音集韻》合一精母位小韻首字，《七音略》取俗體字，亦無誤。《切韻指南》是。

26 本圖平聲二等標目爲咸，實爲咸銜合韻。

27 平二澄　㺖　《康熙字典》記：『《廣韻》《集韻》丘廉切，音謙。㺖㥦，意不安也。又《集韻》湛咸切。又《廣韻》苦減切，《集韻》口減切，音槏，義同。』此記《廣韻》丘廉切，溪添四平開咸；苦減切，溪豏二上開咸，均不當列於此位。『㺖』，《集韻》湛咸切，澄咸二平開咸；《五音集韻》同《集韻》。《韻鏡》《七音略》《切韻指掌圖》均空位；《起數訣》第七十八圖發音濁、《四聲等子》咸攝外八重輕俱等韻，列字均爲『㺖』。《廣韻》咸韻無澄母，『㺖』爲《集韻》《五音集韻》咸二澄母位小韻首字；《韻鏡》《七音略》從《廣韻》空位，《切韻指南》從《集韻》《五音集韻》。

28 平二並　䰉　《廣韻》白銜切，《集韻》皮咸切，並銜二平開咸；《五音集韻》反切同《廣韻》，並母咸韻。《韻鏡》外轉第四十合、《七音略》外轉三十二重中輕、《切韻指掌圖》五圖，列字均爲『䰉』；《起數訣》第七十八圖發音濁，明本列字爲『㴸』，四庫本列字爲『䟺』，明本形訛。《四聲等子》空位。『䰉』爲《廣韻》《五音集韻》銜二並母位小韻首字，『䟺』爲《集韻》銜二並母位小韻首字；且反切下字爲非脣音開口，故列於開口圖。

29 平二明　䶢　弘治九年本、正德十一年本、文津閣本、《叢書集成》本、碧琳琅本，列字爲『䶢』；近衛庫本。列字爲『䶢』。《廣韻》咸韻明紐無小韻；『䶢』，《集韻》亡咸切，明咸二平開咸；《五音集韻》同《集韻》。《韻鏡》《七音略》《切韻指南圖》空位；《起數訣》第七十八圖發音濁，列字爲『䶢』；《四聲等子》咸攝外八重輕俱等韻，列字爲『䶢』；『䶢』，《康熙字典》

記：『《類篇》同蔢。』『蔢』爲《集韻》《五音集韻》咸二明母位小韻首字，列字以『蔢』字爲佳。李新魁《韻鏡校正》：『此位《集韻》有「蔢」，亡咸切。《王三》《廣韻》不列。』《韻鏡》《七音略》從《廣韻》空位；《切韻指南》近衛庫本形訛，當校改爲『蔢』，其他版本列『蔢』字者從《集韻》。

30 平二照　漸　《廣韻》子廉切，精鹽三平開咸，不當列於此位；《集韻》側銜切，莊銜二平開咸；《五音集韻》反切同《集韻》，莊母咸韻。《韻鏡》《七音略》《切韻指掌圖》，均空位；《四聲等子》咸攝外八重輕俱等韻，列字爲『尖』；《起數訣》第八十圖發音濁，列字爲『漸』。《廣韻》銜二與咸二莊母均無小韻；《集韻》咸二莊母位有『尖』小韻。李新魁《韻鏡校正》：『此位《集韻》有尖字，壯咸切。本書及《七音略》《指掌圖》不列此字；《等子》誤作尖。』『漸』爲《集韻》《五音集韻》銜二莊母位小韻首字；《韻鏡》《七音略》從《廣韻》空位；《切韻指南》從《集韻》《五音集韻》。

31 平二穿　攙　弘治九年本列字爲『攙』；其他版本列字均爲『攙』。『攙』字，當爲『攙』字形訛。『攙』，《廣韻》楚銜切，《集韻》初銜切，初銜二平開咸；《五音集韻》同《廣韻》。《韻鏡》外轉第四十合、《七音略》外轉三十二重中輕、《起數訣》第八十圖發音濁、《切韻指掌圖》五圖、《四聲等子》咸攝外八重輕俱等韻，列字均爲『攙』。『攙』爲《廣韻》《集韻》《五音集韻》銜二初母位小韻首字，《切韻指南》弘治九年本列字形訛，當校改爲『攙』，其他版本列字是。

32 平二影　猎　《廣韻》乙咸切，《集韻》於咸切，影咸二平開咸；《五音集韻》同《廣韻》。《韻鏡》外轉第三十九開、《切韻指掌圖》五圖、《四聲等子》咸攝外八重輕俱等韻，列字均爲『猎』；《七音略》外轉三十一重中重，列字爲『偣』，此字爲『猎』字形訛。《起數訣》第七十八圖發音濁，明本列字爲『猎』，四庫本列字爲『偣』，四庫本形訛。『猎』爲《廣韻》《集韻》《五音集韻》咸二影母位小韻首字，《七音略》列字形訛，《切韻指南》是。

33 平二喻　佔　《集韻》《五音集韻》弋咸切，以咸二平開咸；《五音集韻》同《集韻》。《康熙字典》記：『《廣韻》同尤。』『尤』，《廣韻》以周切，以尤三平開流或餘針切，以侵三平開流，不當列於此位。《集韻》《七音略》《切韻指掌圖》均空位；《起數訣》第七十八圖發音濁，列字爲『佔』，『佔』字形訛。《四聲等子》咸攝外八重輕俱等韻，列字均爲『佔』。《廣韻》咸韻無以母；『佔』爲《集韻》《五音集韻》咸二以母位小韻首字；《韻鏡》《七音略》從《廣韻》空位，《切韻指南》從《集韻》《五音集韻》。

34 平二來　⿰鬼監　《廣韻》銜韻來母無小韻；《集韻》力陷切，來銜二平開咸；《五音集韻》同《集韻》。《韻鏡》《七音略》《切韻指掌圖》均空位；《起數訣》第八十圖發音濁、《四聲等子》咸攝外八重輕俱等韻，列字均爲『⿰鬼監』。『⿰鬼監』爲《集韻》《五音集韻》銜二來母位小韻首字，《韻鏡》《七音略》從《廣韻》空位，《切韻指南》從《集韻》《五音集韻》。

35 平二日　〇　《廣韻》咸銜無日母；《集韻》咸二亦無日母，銜二小韻首字爲『䫲』，而銜切，日銜二平開咸；《五音集韻》咸韻無日母。《韻鏡》《七音略》《切韻指掌圖》《四聲等子》均空位；《起數訣》第八十圖發音濁，列字爲『頔』。《切韻指南》從《廣韻》《五音集韻》空位。

36 本圖上聲二等標目爲賺，實爲賺檻合韻。

37 上二知　⿰鹵占　《廣韻》陟陷切，知陷二去開咸，又竹咸切，知咸二平開咸，均不當列於此位；『《集韻》竹減切，知賺二上開咸；《五音集韻》同《集韻》。《韻鏡》《七音略》《切韻指掌圖》均空位；《起數訣》第七十八圖發音濁，列字爲『⿰齒占』，形訛；《四聲等子》咸攝外八重輕俱等韻，列字均爲『⿰鹵占』。《廣韻》賺檻二韻無知母；『⿰鹵占』爲《集韻》賺二知母位小韻首字，列字以『⿰鹵占』字爲佳。《韻鏡》《七音略》從《廣韻》空位。《切韻指南》從《集韻》《五音集韻》。

38 上二孃　⿱罒図　《廣韻》《集韻》女減切，娘賺二上開咸；《五音集韻》同《廣韻》《集韻》。《韻鏡》外轉第三十九開、《切韻指掌圖》五圖、《四聲等子》咸攝外八重輕俱等韻，列字均爲『⿱罒図』；《七音略》空位。『⿱罒図』爲《廣韻》賺二娘母位小韻首字；『図』爲《集韻》賺二娘母位小韻首字。楊軍《七音略校注》：『本書此位無字，恐是誤脱。』《七音略》誤脱，《切韻指南》是。

39 上二照　斬　弘治九年本、正德十一年本、文津閣本、碧琳琅本、《叢書集成》本，列字均爲『斬』；近衛庫本列字爲『斬』，形訛。『斬』，《廣韻》側減切，《集韻》阻減切，莊賺二上開咸；《五音集韻》同《廣韻》。《韻鏡》外轉第三十九開、《七音略》外轉三十一重中重、《起數訣》第七十八圖發音濁、《切韻指掌圖》五圖、《四聲等子》咸攝外八重輕俱等韻，列字均爲『斬』。『斬』爲《廣韻》《集韻》《五音集韻》賺二莊母位小韻首字，《切韻指南》近衛庫本形訛，當校改爲『斬』，其他版本列『斬』字者是。

40 上二牀　瀺　《廣韻》《集韻》士減切，崇豏二上開咸；《五音集韻》同《廣韻》《集韻》。《韻鏡》外轉第三十九開、《切韻指掌圖》五圖、《四聲等子》咸攝外八重輕俱等韻，列字均爲『瀺』；《七音略》外轉三十一重中重，列字爲『巉』。『瀺』爲《廣韻》《集韻》《五音集韻》豏二崇母位小韻首字，《集韻》下亦收有『巉』字，列字以『瀺』字爲佳；《七音略》列『巉』字，亦無誤；《切韻指南》是。

41 上二曉　喊　《廣韻》呼豏切，《集韻》火斬切，曉豏二上開咸；《五音集韻》同《廣韻》。《韻鏡》外轉第三十九開、《起數訣》第七十八圖發音濁、《四聲等子》咸攝外八重輕俱等韻，列字均爲『喊』；《七音略》外轉三十一重中重，列於曉母感韻，豏韻空位；《切韻指掌圖》五圖，列於曉母感韻，豏韻列字爲『㺂』，曉母檻韻。『喊』爲《廣韻》《集韻》《五音集韻》豏二曉母位小韻首字，列字以『喊』字爲佳。楊軍《七音略校注》：『本書此位無字，與各韻書未合，《韻鏡》列「喊」合於《廣韻》。』《七音略》空位誤；《切韻指南》是。

42 本圖去聲二等標目爲陷，實爲陷鑑合韻。

43 去二見　鮨　《廣韻》《集韻》公陷切，見陷二去開咸；《五音集韻》同《廣韻》《集韻》。《韻鏡》外轉第三十九開，列字爲『鮨』；《七音略》外轉三十一重中重，列字爲『韂』；《起數訣》第七十八圖發音濁，列字爲『歉』，誤；《切韻指掌圖》五圖，列字爲『鑑』，見母鑑韻；《四聲等子》

咸攝外八重輕俱等韻，列字爲『監』，見母鑑韻。『䲨』爲《廣韻》《五音集韻》陷二見母位小韻首字，下收有『顲』字；『顲』爲《集韻》陷二見母位小韻首字，《七音略》無誤。《切韻指南》是。

44 去二疑　顩　《廣韻》玉陷切，《集韻》五陷切，疑陷二去開咸；《五音集韻》同《廣韻》《集韻》。《韻鏡》外轉第三十九開、《切韻指掌圖》五圖、《四聲等子》咸攝外八重輕俱等韻，列字均爲『顩』；《七音略》外轉三十一重中重，列字爲『顄』，《廣韻》《集韻》呼紺切，曉勘一去開咸，此字當爲『顩』字形訛；《起數訣》第七十八圖發音濁，列字爲『㺌』。『顩』爲《廣韻》《五音集韻》陷二疑母位小韻首字；『㺌』爲《集韻》陷二疑母位小韻首字；《七音略》誤，《切韻指南》是。

45 去二澄　賺　弘治九年本、近衛庫本、正德十一年本、碧琳琅本、《叢書集成》本，列字均爲『賺』；文津閣本列字爲『賺』，形訛。『賺』，《廣韻》佇陷切，《集韻》直陷切，澄陷二去開咸；《五音集韻》同《廣韻》《集韻》。《韻鏡》空位；《七音略》外轉三十一重中重、《切韻指掌圖》五圖，列字均爲『賺』；《起數訣》第七十八圖發音濁，明本列字爲『賺』，四庫本列字爲『賺』，明本列字俗；《四聲等子》咸攝外八重輕俱等韻，列字爲『謙』。『賺』爲《廣韻》《集韻》《五音集韻》陷二澄母位小韻首字，下收有『謙』字，列字以『賺』爲佳。《切韻指南》文津閣本形訛，當校改爲『賺』，其他版本列『賺』字者是。

46 去二並　埿　《廣韻》蒲鑑切，《集韻》薄鑑切，並鑑二去開咸；《五音集韻》同《廣韻》。《韻鏡》外轉第四十合、《七音略》外轉三十二重中輕、《起數訣》第七十九圖發音清、《四聲等子》

咸攝外八重輕俱等韻，列字均爲『埿』；《切韻指掌圖》五圖，列字爲『湴』。『埿』爲《廣韻》《集韻》《五音集韻》鑑二並母位小韻首字，下收有『湴』字，且反切下字爲非脣音開口，故《切韻指南》列於開口。

47 去二照　覱　《廣韻》子鑑切，《集韻》子鑒切，精鑑二去開咸；《五音集韻》反切同《廣韻》，莊母陷韻。按反切上字爲精母字，此字當入一等位，但鑑韻只有二等，故爲類隔切，實爲莊母。《韻鏡》外轉第四十合、《七音略》外轉三十二重中輕、《起數訣》第八十圖發音濁，列字均爲『覱』；《切韻指掌圖》五圖、《四聲等子》咸攝外八重輕俱等韻，列字爲『蘸』，莊母陷韻。『覱』爲《廣韻》《集韻》《五音集韻》鑑二莊母位小韻首字，《五音集韻》沿前期韻書反切類隔，列於照二位。

48 去二穿　鑯　《廣韻》《集韻》未收；《五音集韻》初陷切，初陷二去開咸。《七音略》空位；《起數訣》第八十圖發音濁、《切韻指掌圖》五圖、《四聲等子》咸攝外八重輕俱等韻，列字均爲『懺』，初母鑑韻。『懺』爲《廣韻》《集韻》鑑韻初母位小韻首字，下未收『鑯』字。『鑯』爲《五音集韻》陷二初母位小韻首字，《切韻指南》從《五音集韻》。

49 去二牀　儳　《廣韻》仕陷切，崇陷二去開咸；《集韻》仕懺切，崇母鑑韻；《五音集韻》士陷切，崇母陷韻。《韻鏡》第四十合、《七音略》外轉第三十二重中輕、《起數訣》第八十圖發音濁、《切韻指掌圖》五圖，列字均爲『鑱』；《七音略》外轉第三十一重中重、《四聲等子》咸攝外八重輕俱等韻，列字均爲『儳』。《廣韻》《集韻》鑑二崇母位小韻首字爲『鑱』；『儳』爲《廣韻》《五音集韻》陷二崇母位小韻首字，《切韻指南》從《廣韻》《五音集韻》。

50 去二匣　陷　弘治九年本、正德十一年本、文津閣本、碧琳琅本、《叢書集成》本，列字爲『陷』；近衛庫本列字爲『陷』。『陷』，《廣韻》户韽切，《集韻》乎韽切，匣陷二去開咸；《五音集韻》同《廣韻》。《韻鏡》外轉第三十九開、《七音略》外轉三十一重中重、《切韻指掌圖》五圖、《四聲等子》咸攝外八重輕俱等韻，列字爲『陷』。《起數訣》第七十八圖發音濁，明本列字寫作『陷』，四庫本列字爲『陷』，明本誤。『陷』爲《廣韻》《集韻》《五音集韻》陷二匣母位小韻首字，『陷』『陷』二字爲異體字，《切韻指南》正德十一年本、文津閣本、碧琳琅本、《叢書集成》本，列『陷』字是；近衛庫本列『陷』字亦無誤。

51 去二影　韽　弘治九年本、正德十一年本、文津閣本、碧琳琅本、《叢書集成》本，列字均爲『韽』；近衛庫本列字爲『韽』，形訛。『韽』，《廣韻》《集韻》於陷切，影陷二去開咸；《五音集韻》同《廣韻》《集韻》。《韻鏡》外轉第三十九開、《七音略》外轉三十一重中重、《起數訣》第七十八圖發音濁，列字均爲『韽』；《切韻指掌圖》五圖，列字爲『黯』，影母檻韻；《四聲等子》咸攝外八重輕俱等韻，列字爲『韽』。『韽』爲《廣韻》《集韻》《五音集韻》陷二影母位小韻首字，《切韻指南》近衛庫本形訛，當校改爲『韽』，其他版本列『韽』字者是。

52 去二來　䶢　《廣韻》陷韻無來母；《集韻》力陷切，來陷二去開咸；《五音集韻》同《集韻》。

《韻鏡》《七音略》《切韻指掌圖》《四聲等子》均空位；《起數訣》第七十八圖發音濁，列字爲『顲』，誤。『⿰鬼監』爲《集韻》陷二來母位小韻首字；《韻鏡》《七音略》從《廣韻》空位；《切韻指南》從《集韻》。

53 本圖入聲二等標目爲洽，實爲洽狎合韻。

54 入二徹 ⿰貝臿 弘治九年本、正德十一年本、碧琳琅本、《叢書集成》本，列字均爲『⿰貝臿』；近衛庫本、文津閣本，列字爲『⿰貝𦥯』。『⿰貝臿』，《廣韻》未收，《集韻》敕洽切，徹洽二入開咸；《五音集韻》同《集韻》，字形爲『⿰貝𦥯』。《韻鏡》外轉第三十九開、《七音略》外轉三十一重中重、《切韻指掌圖》五圖、《四聲等子》咸攝外八重輕俱等韻，列字均爲『⿱臿皿』；《起數訣》空位，誤。『⿱臿皿』爲《廣韻》《集韻》《五音集韻》洽二徹母位小韻首字，《集韻》《五音集韻》下收『⿰貝臿』字，列字以『⿱臿皿』字爲佳，《韻鏡》《七音略》無誤。『⿰貝臿』『⿰貝𦥯』二字爲書寫差異，《切韻指南》從《集韻》《五音集韻》，諸版本皆無誤。

55 入二澄 ⿰罙毛 《廣韻》洽韻無澄母；《集韻》徒洽切，澄洽二入開咸；《五音集韻》同《集韻》。《韻鏡》外轉第三十九開、《起數訣》第七十七圖發音清、《四聲等子》咸攝外八重輕俱等，列字均爲『⿰罙毛』；《七音略》空位；《切韻指掌圖》五圖，列字爲『渫』，崇母洽韻。『⿰罙毛』爲《集韻》洽二澄母位小韻首字，《七音略》從《廣韻》空位，無誤，《切韻指南》從《集韻》《五音集韻》。

56 入二孃 ⿴囗乂 《廣韻》女洽切，《集韻》昵洽切，娘洽二入開咸；《五音集韻》同《廣韻》。《韻鏡》外轉第三十九開、《切韻指掌圖》五圖、《四聲等子》咸攝外八重輕俱等韻，列字均爲『図』；《七音略》外轉三十一重中重，列字爲『⿱竹図』；《起數訣》第七十七圖發音清，明本列字爲『⿴囗工』，四庫本列字爲『因』，均誤。『図』爲《廣韻》《集韻》《五音集韻》洽二娘母位小韻首字，《集韻》下亦收有『⿱竹図』字，列字以『図』字爲佳；《七音略》列『⿱竹図』字，亦無誤；《切韻指南》是。

57 入二照 眨 《廣韻》《集韻》《五音集韻》側洽切，莊洽二入開咸；《韻鏡》外轉第三十九開、《七音略》外轉三十一重中重，列字均爲『貶』；李新魁《韻鏡校正》：『「貶」字當爲「眨」字之譌，應據《廣韻》改。』《韻鏡》《七音略》形訛。《切韻指掌圖》五圖，列字爲『眨』；《起數訣》第七十七圖發音清，列字爲『庴』，誤。《四聲等子》咸攝外八重輕俱等韻，列字爲『肞』，形訛。『眨』爲《廣韻》《集韻》《五音集韻》洽二莊母位小韻首字，《切韻指南》是。

58 入二穿 插 弘治九年本、正德十一年本、碧琳琅本、《叢書集成》本，列字均爲『插』；近衛庫本、文津閣本，列字爲『揷』。『插』，《廣韻》楚洽切，《集韻》測洽切，初洽二入開咸。《韻鏡》外轉第三十九開、《七音略》外轉三十一重中重、《起數訣》第七十七圖發音清、《切韻指掌圖》五圖、《四聲等子》咸攝外八重輕俱等韻，列字均爲『揷』。《起數訣》第七十七圖發音清，列字爲『臿』；『揷』爲《廣韻》洽二初母位小韻首字，下收有『臿』字；列字以『揷』爲佳；『揷』『插』二字爲異體字。《切韻指南》近衛庫本、文津閣本列『揷』字是，其他版本列『插』字亦無誤。

59 入二牀 箑 《廣韻》士洽切，崇洽二入開咸；《集韻》實洽切，禪洽二入開咸，不當列於此位。《韻鏡》外轉第三十九開、《四聲等子》咸攝外八重輕俱等韻，列字均爲『逢』；《七音略》外轉三十一重中重，列字爲『趏』；《起數訣》第七十七圖發音清、《切韻指掌圖》五圖，列字爲『煠』。『逢』爲《廣韻》洽二崇母位小韻首字，下收有『煠』『趏』二字，列字以『逢』字爲佳，《七音略》無誤，《切韻指南》是。

60 入二來　𥘑　《廣韻》未收；《集韻》力洽切，來洽二入開咸；《五音集韻》同《集韻》。《韻鏡》《七音略》《切韻指掌圖》均空位；《起數訣》第七十七圖發音清、《四聲等子》咸攝外八重輕俱等韻，列字均爲『𥘑』。《廣韻》洽韻無來母；『𥘑』爲《集韻》《五音集韻》洽二來母位小韻首字，列字以『𥘑』字爲佳。《韻鏡》《七音略》從《廣韻》空位，亦無誤。《切韻指南》從《集韻》《五音集韻》。

61 平三見　黚　弘治九年本、正德十一年本、文津閣本、碧琳琅本、《叢書集成》本，列字均爲『黚』；近衛庫本列字爲『黜』，徹母術韻，當爲形訛。『黚』，《廣韻》巨淹切，群鹽三平開咸，不當列於此位；《集韻》紀炎切，見鹽三平開咸；《五音集韻》同《集韻》。《韻鏡》外轉第三十九開，列字爲『廉』，爲『兼』字形譌；《七音略》《切韻指掌圖》均空位；《起數訣》第七十八圖發音濁，列字爲『黚』；《四聲等子》咸攝外八重輕俱等韻，列字爲『黔』，群母鹽韻。『兼』，《廣韻》古甜切，見添四平開咸；《集韻》堅嫌切，見沾四平開咸；不當列於此位，《韻鏡》誤，當删。《廣韻》鹽韻無見母。『黚』爲《集韻》鹽三見母位小韻首字，《切韻指南》近衛庫本形訛，當校改爲『黚』，其他版本列『黚』字者從《集韻》《五音集韻》。

62 平三溪　⿰忄咸　《廣韻》《集韻》丘廉切，溪鹽三平開咸；《五音集韻》同《廣韻》《集韻》。《韻鏡》空位；《七音略》外轉三十一重中重，列字爲『⿰火咸』，《康熙字典》記：『《五音集韻》直廉切，音⿱天火。鉗也。』此記直廉切，澄母鹽韻；不當列於此位；李新魁《韻鏡校正》：『《七音略》譌作「⿰火咸」，本書不列。』《起數訣》第七十八圖發音濁、《切韻指掌圖》五圖、《四聲等子》咸攝外八重輕俱等韻，列字均爲『⿰忄咸』。『⿰忄咸』爲《廣韻》《集韻》《五音集韻》鹽三溪母位小韻首字；《韻鏡》空位誤，當校補『⿰忄咸』字；《七音略》誤，當校改爲『⿰忄咸』字；《切韻指南》是。

63 平三群　鍼　《廣韻》巨鹽切，《集韻》其鹽切，群鹽三平開咸；《五音集韻》同《廣韻》，列於三等。《韻鏡》《四聲等子》均空位；《七音略》外轉三十一重中重、《切韻指掌圖》五圖，列字均爲『箝』，列於三等；《起數訣》第七十八圖發音濁，列字爲『鍼』。『箝』爲《廣韻》《集韻》鹽韻重紐三等群母位小韻首字，《廣韻》下收有『鍼』字。李新魁《韻鏡校正》：『此位《廣韻》《集韻》有「箝」字，其淹切；《切三》亦有此字，注曰「或作鉗」。《七音略》《指掌圖》以「箝」字列於鹽韻三等，四等不列「鉗」字，甚是。《廣韻》又有「鍼」，巨鹽切，居韻末，《切韻考》以此字與「箝」字音同而刪之。《磨光》《七音略》以「鍼」字入另一圖鹽韻四等處。』《韻鏡》空位誤。『鍼』爲《五音集韻》鹽三群母位小韻首字，《切韻指南》從《五音集韻》。

64 平三澄　⿱天火　《廣韻》直廉切，《集韻》持廉切，澄鹽三平開咸；《五音集韻》同《廣韻》。《韻鏡》外轉第三十九開、《起數訣》第七十八圖發音濁、《切韻指掌圖》五圖、《四聲等子》咸攝外八重輕俱等韻，列字均爲『兲』；《七音略》空位，楊軍《七音略校注》：『切三、王一、王二、王三鹽韻皆無此字。』又言『本書無此字，合切三等。』『兲』爲《廣韻》《集韻》《五音集韻》鹽三澄母位小韻首字，列字以『兲』字爲佳。《切韻指南》是。

65 平三幫　砭　《廣韻》府廉切，《集韻》悲廉切，幫鹽三平開咸；《五音集韻》同《廣韻》。《韻鏡》外轉第四十合、《七音略》外轉三十二重中輕、《起數訣》第七十七圖發音清、《切韻指掌圖》五圖、《四聲等子》咸攝外八重輕俱等韻，列字均爲『砭』。『砭』爲《廣韻》《集韻》《五音集韻》鹽三幫母位小韻首字，且反切下字爲非脣音開口，《切韻指南》列於開口。

66 平三並　狎　《廣韻》胡甲切，匣狎二入開咸，不當列於此位；《集韻》有『猈』小韻，蒲瞻切，並鹽三平開咸，實爲鹽韻重紐四等；《五音集韻》反切同《集韻》，字形爲『狎』，列於三等。《韻鏡》《七音略》《切韻指掌圖》均空位；《起數訣》第八十圖發音濁，列字爲『狎』，列於匣母位，亦誤；《四聲等子》咸攝外八重輕俱等韻，列字爲『凡』，並母凡韻。《廣韻》《集韻》鹽韻重紐三等無並母。《韻鏡》《七音略》同《廣韻》空位，無誤。『猈』爲《集韻》鹽韻重紐四等並母位小韻首字，『狎』爲《五音集韻》鹽三並母位小韻首字，《切韻指南》依《五音集韻》列字。然『狎』以『甲』爲聲符，當爲入聲，此字當刪。

67 平三禪　棎　《廣韻》視占切，《集韻》時占切，禪鹽三平開咸；《五音集韻》同《廣韻》。《韻鏡》外轉第三十九開、《切韻指掌圖》五圖，列字均爲『棎』；《七音略》外轉三十一重中重，列字爲『蟾』；《起數訣》第七十八圖發音濁，列字爲『探』，形訛；《四聲等子》空位。『棎』爲《廣韻》《集韻》《五音集韻》鹽三禪母位小韻首字，《廣韻》下收有『蟾』字，列字以『棎』字爲佳；《七音略》無誤；《切韻指南》是。

68 平三曉　𡟫　《廣韻》丑廉切，徹鹽三平開咸，不當列於此位；《集韻》火占切，曉鹽三平開咸，實爲重紐四等；《五音集韻》同《集韻》，列於三等。《韻鏡》外轉第三十九開、《起數訣》第七十八圖發音濁，列字均爲『𡟫』，且列於三等；《七音略》空位；《切韻指掌圖》五圖、《四聲等子》咸攝外八重輕俱等韻，列字均爲『杴』，曉母嚴韻。《廣韻》鹽三無曉母；『𡟫』爲《集韻》鹽韻重紐四等曉母位小韻首字，《七音略》從《廣韻》《集韻》空位；『𡟫』爲《五音集韻》鹽三曉母位小韻首字，《切韻指南》從《五音集韻》。

69 平三來　廉　弘治九年本、近衛庫本、正德十一年本、碧琳琅本、《叢書集成》本，列字爲『廉』；文津閣本列字爲『𢋄』。『廉』，《廣韻》力鹽切，《集韻》離鹽切，來鹽三平開咸；《五音集韻》同《廣韻》。《韻鏡》外轉第三十九開、《七音略》外轉三十一重中重、《切韻指掌圖》五圖、《四聲等子》咸攝外八重輕俱等韻，列字均爲『廉』；《起數訣》第七十七圖發音清，明本列字爲『𢋄』，四庫本列字爲『廉』，形訛。『𢋄』『廉』二字爲異體字。『廉』爲《廣韻》《集韻》《五音集韻》鹽三來母位小韻首字，《切韻指南》文津閣本列異體無誤，當校改爲『廉』，其他版本列『廉』字者是。

70　上三疑　顩　《廣韻》魚檢切，疑琰三上開咸；《集韻》魚檢切，疑儼三上開咸；《五音集韻》同《廣韻》。《韻鏡》外轉第三十九開、《切韻指掌圖》五圖，列字均爲『顩』；《七音略》《起數訣》均空位；楊軍《七音略校注》：『本書當是據《廣韻》而誤列於四等，當據《韻鏡》列於三等。』《四聲等子》咸攝外八重輕俱等韻，列字爲『儼』，疑母儼韻。『顩』爲《廣韻》《五音集韻》琰重紐三等疑母位小韻首字。《七音略》誤，《切韻指南》是。

71　上三徹　諂　《廣韻》《集韻》丑琰切，徹琰三上開咸；《五音集韻》同《廣韻》《集韻》。《韻鏡》外轉第三十九開、《切韻指掌圖》五圖、《四聲等子》咸攝外八重輕俱等韻，列字均爲『諂』；《七音略》外轉三十一重中重，列字爲『謟』，透母豪韻，誤；《起數訣》第七十八圖發音濁，明本列字爲『謟』，四庫本列字爲『諂』，明本誤。『諂』爲《廣韻》《集韻》《五音集韻》琰三徹母位小韻首字，《七音略》列字誤；《切韻指南》是。

72　上三幫　貶　《廣韻》方歛切，《集韻》悲檢切，幫琰三上開咸；《五音集韻》同《廣韻》。《韻鏡》外轉第四十合、《七音略》外轉三十二重中輕、《起數訣》第七十七圖發音清、《切韻指掌圖》五圖，列字爲『貶』；《四聲等子》空位。『貶』爲《廣韻》《集韻》《五音集韻》琰三幫母位小韻首字，且反切下字爲非脣音開口，故《切韻指南》列於開口。

73　上三章　蟾　《廣韻》都敢切，端敢一上開咸，不當列於此位。《集韻》又有小韻『颭』，職琰切，章琰三上開咸；另有『黵』小韻，止染切，章琰三上開咸；《集韻》兩小韻重出，當合；《五音集韻》合而爲『黵』小韻，止染切，下收有『颭』字。《韻鏡》外轉第三十九開、《七音略》外轉三十一重中重、《起數訣》第七十八圖發音濁、《切韻指掌圖》五圖、《四聲等子》咸攝外八重輕俱等韻，列字均爲『颭』。『黵』爲《集韻》《五音集韻》琰三章母位小韻首字，《切韻指南》從《五音集韻》。

74 上三來　歛　弘治九年本、列字爲『歛』；近衛庫本、正德十一年本、文津閣本、碧琳琅本、《叢書集成》本，列字均爲『斂』。『歛』，《廣韻》良冉切，《集韻》力冉切，來琰三上開咸；《五音集韻》同《廣韻》。《韻鏡》外轉第三十九開、《七音略》外轉三十一重中重、《起數訣》第七十七圖發音清、《切韻指掌圖》五圖，列字均爲『歛』；《四聲等子》咸攝外八重輕俱等韻，列字均爲『斂』。『斂』爲《廣韻》《集韻》《五音集韻》琰三來母位小韻首字，列字以『斂』字爲佳。『斂』『歛』二字爲異體字。《韻鏡》《七音略》無誤，《切韻指南》諸版本皆無誤。

75 上三日　冉　《廣韻》《集韻》而琰切，日琰三上開咸；《五音集韻》同《廣韻》《集韻》。《韻鏡》外轉第三十九開、《切韻指掌圖》五圖、《起數訣》第七十七圖發音清、《四聲等子》咸攝外八重輕俱等韻，列字均爲『冉』；《七音略》空位；楊軍《七音略校注》：『本書此位無字，與諸韻書未合。』『冉』爲《廣韻》《集韻》《五音集韻》琰三日母位小韻首字，列字以『冉』字爲佳。《七音略》空位誤；《切韻指南》是。

76 本圖去聲三等標目爲豔，實爲豔驗合韻。

77 去三群　鐱　《廣韻》未收；《集韻》千廉切，清鹽三平開咸，不當列於此位。《五音集韻》渠驗切，群豔三去開咸，當列於此位。《康熙字典》：『《集韻》千廉切，音籤。臿也。又《玉篇》渠驗切，音儉。金也。』《五音集韻》：『渠驗切』當是據《玉篇》取之。《韻鏡》《七音略》《起數訣》《四聲等子》均空位；《切韻指掌圖》五圖，列字爲『芡』，群母琰韻。『鐱』爲《五音集韻》豔三群母位小韻首字，《切韻指南》從《五音集韻》。

78 去三幫　宆　弘治九年本列字爲『宆』，形訛；近衛庫本、正德十一年本、文津閣本、碧琳琅本、《叢書集成》本，列字均爲『窆』。『窆』，《廣韻》方驗切，《集韻》彼驗切，幫豔三去開咸；《五音集韻》方占切。《韻鏡》外轉第三十九開、《七音略》外轉三十一重中重、《起數訣》第八十圖發音濁、《切韻指掌圖》五圖、《四聲等子》咸攝外八重輕俱等韻，列字均爲『窆』。『窆』爲《廣韻》《集韻》《五音集韻》豔三幫母位小韻首字，《切韻指南》弘治九年本形訛，當校改爲『窆』，其他版本列『窆』字者是。

79 去三穿　䠨　弘治九年本、正德十一年本、文津閣本、碧琳琅本、《叢書集成》本，列字均爲『䠨』；近衛庫本列字爲『䠨』，形訛。『䠨』，《廣韻》《集韻》昌豔切，昌豔三去開咸；《五音集韻》同《廣韻》《集韻》。《韻鏡》外轉第三十九開，列字爲『䠨』，爲『䠨』字訛；《七音略》外轉三十一重中重，列字爲『䠨』；《起數訣》空位；《切韻指掌圖》五圖、《四聲等子》咸攝外八重輕俱等韻，列字均爲『襜』，《康熙字典》記：『《正字通》襜字之譌。按《史記·李牧傳》滅襜襤，兩字俱从衣。《字彙》重入示部，誤。』此字當爲『襜』字形訛；『蹌』爲《廣韻》《五音集韻》韂三章母位小韻首字，下收有『襜』字，列字以『蹌』字爲佳。《切韻指南》近衛庫本形訛，當校改爲『蹌』，其他版本列『蹌』字者是。

80 去三日　染　各版本字形均爲『染』字，爲『染』字俗。『染』，《廣韻》《集韻》而豔切，日豔三去開咸；《五音集韻》同《廣韻》《集韻》。《韻鏡》外轉第三十九開、《七音略》外轉三十一重中重、《切韻指掌圖》五圖、《四聲等子》咸攝外八重輕俱等韻，列字均爲『染』；《起數訣》空位。『染』爲《廣韻》《集韻》豔三日母位小韻首字，《切韻指南》是，字形校正爲『染』爲佳。

81 入三見　㡇　弘治九年本列字爲『㡇』；近衛庫本列字爲『𦁒』；正德十一年本、碧琳琅本、《叢書集成》本，列字爲『𦁒』；文津閣本列字爲『𦁒』。『㡇』，《廣韻》居輒切，《集韻》㦸葉切，見葉三入開咸；《五音集韻》字形爲『𦁒』，居怯切，形訛。《韻鏡》外轉第三十九開、《七音略》外轉三十一重中重、《起數訣》第七十七圖發音清，列字均爲『𦁒』，『㡇』形訛；《切韻指掌圖》五圖、《四聲等子》咸攝外八重輕俱等韻，列字均爲『刦』，見母業韻。『㡇』爲《廣韻》《集韻》葉三見母位小韻首字，《韻鏡》《七音略》形訛，《切韻指南》弘治九年本是，文津閣本形訛，其餘版本從《五音集韻》形訛，當校改爲『㡇』。

82 入三溪　㾜　《廣韻》《集韻》去涉切，溪葉三入開咸；《五音集韻》去𦁒切。《韻鏡》外轉第三十九開、《切韻指掌圖》五圖，列字均爲『⿸疒匧』；《七音略》外轉三十一重中重，列字爲『㾜』，《集韻》：『或作⿸疒匧』，『⿸疒匧』『㾜』二字爲異體字；《起數訣》第七十七圖發音清，明本列字爲『⿸疒匧』，四庫本列字爲『抾』，溪母業韻。《四聲等子》咸攝外八重輕俱等韻，列字爲『怯』，《集韻》溪母葉韻。『⿸疒匧』爲《廣韻》《五音集韻》葉三溪母位小韻首字，《七音略》無誤，《切韻指南》是。

83 入三群　衱　《廣韻》其輒切，《集韻》極曄切，群葉三入開咸；《五音集韻》其刼切。《韻鏡》外轉第三十九開、《七音略》外轉三十一重中重，列字均爲『笈』；《切韻指掌圖》五圖，列字爲『跲』，見母洽韻；《起數訣》《四聲等子》均空位；『衱』爲《廣韻》《集韻》《五音集韻》葉三群母位小韻首字，下收有『笈』字，列字以『衱』字爲佳。《韻鏡》《七音略》無誤。《切韻指南》是。

84 入三徹　鍤　弘治九年本、正德十一年本、碧琳琅本、《叢書集成》本，列字均爲『鍤』；近衛庫本、文津閣本，列字均爲『⿰金⿱千日』。『鍤』，《廣韻》丑輒切，《集韻》勑涉切，徹葉三入開咸；《五音集韻》同《廣韻》。《韻鏡》外轉第三十九開、《七音略》外轉三十一重中重、《起數訣》第七十九圖發音清、《切韻指掌圖》五圖、《四聲等子》咸攝外八重輕俱等韻，列字均爲『鍤』。『鍤』爲《廣韻》葉三徹母位小韻首字，『⿰金⿱千日』爲『鍤』書寫俗。《切韻指南》正德十一年本、碧琳琅本、《叢書集成》本列字是，近衛庫本、文津閣本，列『⿰金⿱千日』字亦無誤。

85 入三幫　鵖　此字當爲『⿰目鳥』字形訛。『⿰目鳥』，《廣韻》居輒切，見葉三入開咸，不當列於此位；

《集韻》貶耴切，幫葉三入開咸；《五音集韻》貶輒切，幫母葉韻，字形爲『鴘』。《韻鏡》《七音略》《切韻指掌圖》《四聲等子》均空位；《起數訣》第七十八圖發音濁，明本列字爲『鴘』，四庫本空位。《廣韻》業三無幫母；『鴘』爲《集韻》葉三幫母位小韻首字；《韻鏡》《七音略》從《廣韻》空位，無誤，《切韻指南》從《五音集韻》。

86 入三滂 奿 《廣韻》房法切，奉乏三入合咸；又《廣韻》起法切，溪乏三入合咸；按《廣韻》均不當列於此位。《集韻》匹耴切，滂葉三入開咸；《五音集韻》匹輒切，滂母葉韻。《韻鏡》《七音略》《切韻指掌圖》《切韻指南》均空位；《四聲等子》咸攝外八重輕俱等韻，列字爲『奿』。《廣韻》業韻無脣音，葉三無滂母。『奿』爲《集韻》《五音集韻》葉三滂母位小韻首字，列字以『奿』字爲佳。《韻鏡》《七音略》從《廣韻》空位，亦無誤。《切韻指南》列字從《集韻》《五音集韻》。

87 入三照 讋 弘治九年本、近衛庫本、正德十一年本、碧琳琅本、《叢書集成》本，列字均爲『讋』；文津閣本列字爲『龞』，形訛。『讋』，《廣韻》之涉切，《集韻》質涉切，章葉三入開咸；《五音集韻》同《廣韻》。《韻鏡》外轉第三十九開、《七音略》外轉三十一重中重、《起數訣》第七十八圖發音濁、《切韻指掌圖》五圖、《四聲等子》咸攝外八重輕俱等韻，列字均爲『讋』。『讋』爲《廣韻》《集韻》《五音集韻》葉三章母位小韻首字，《切韻指南》文津閣本形訛，當校改爲『讋』，其他版本列『讋』字者是。

88 入三牀 ◯ 《廣韻》《五音集韻》葉業船母位無字；《集韻》葉韻船母小韻首字爲『涉』，實攝切，船葉三入開咸。《韻鏡》《七音略》均空位；《起數訣》第七十八圖發音濁、《切韻指掌圖》五圖，列字爲『涉』；《四聲等子》咸攝外八重輕俱等韻，列字爲『燮』，心母怗韻。『涉』爲《集韻》葉三船母位小韻首字，《韻鏡》《七音略》從《廣韻》空位，《切韻指南》從《五音集韻》，空位。

89 入三曉 偞 《廣韻》葉韻無曉母。『偞』，《廣韻》呼牒切，曉帖四入開咸，不當列於此位；《集韻》虛涉切，曉葉三入開咸；《五音集韻》同《集韻》，曉母葉韻，爲三等。《韻鏡》外轉第三十九開，列字爲『偞』，誤；《起數訣》《七音略》均空位；《切韻指掌圖》五圖、《四聲等子》咸攝外八重輕俱等韻，列字均爲『脅』，曉母業韻。『偞』爲《集韻》葉三曉母位小韻首字，爲重紐四等字，當列於四等；《韻鏡》誤，《七音略》從《廣韻》空位。《五音集韻》爲三等，《切韻指南》從《五音集韻》列字。

90 入三喻 曄 弘治九年本、正德十一年本、文津閣本、碧琳琅本，列字均爲『曄』；近衛庫本列字爲『曄』；《叢書集成》本列字爲『眭』，避諱。『曄』，《廣韻》筠輒切，《集韻》域輒切，云葉三入開咸；《五音集韻》于輒切。《韻鏡》外轉第三十九開、《七音略》外轉三十一重中重，列字均爲『曄』；《切韻指掌圖》五圖列字爲『曄』；《四聲等子》咸攝外八重輕俱等韻，列字爲『葉』，以母葉韻；『曄』爲《廣韻》《集韻》《五音集韻》葉三云母位小韻首字，下收有『曄』字，列字以『曄』字爲佳。《韻鏡》《七音略》無誤，《切韻指南》正德十一年本、文津閣本、碧琳琅本列字是；近衛庫本列『曄』字亦無誤；《叢書集成》本列字誤，當校改爲『曄』。

91 本圖四等無標目，平聲四等收添鹽韻字。

92 平四見　兼　《廣韻》古甜切，《集韻》堅嫌切，見添四平開咸；《五音集韻》同《廣韻》，見鹽四等。《韻鏡》空位，誤列於三等位；《七音略》外轉三十一重中重、《起數訣》第七十九圖發音清、《切韻指掌圖》五圖、《四聲等子》咸攝外八重輕俱等韻，列字均爲『兼』；《起數訣》第七十九圖發音清，列字爲『𠔥』，『𠔥』『兼』二字異體。『兼』爲《廣韻》《集韻》添四見母位小韻首字，《五音集韻》鹽四見母位小韻首字，《切韻指南》是。

93 平四群　涅　《廣韻》添韻群母無小韻；《集韻》苦兼切，群沾四平開咸；《五音集韻》其兼切爲四等位。《韻鏡》外轉第三十九開，列字爲『鉗』；《七音略》《起數訣》《切韻指掌圖》《四聲等子》均空位。李新魁《韻鏡校正》：『鉗字當入三等鹽韻』，《韻鏡》誤。《七音略》從廣韻空位亦無誤。『涅』爲《集韻》沾四、《五音集韻》鹽韻四等位群母位小韻首字，《切韻指南》從《集韻》《五音集韻》。

94 平四並　○　《集韻》有『猈』小韻，蒲瞻切，並鹽三平開咸，實爲鹽韻重紐四等。《五音集韻》反切同《集韻》，列於三等。《韻鏡》《七音略》《切韻指掌圖》《四聲等子》《起數訣》均空位；《五音集韻》無四等，《切韻指南》從《五音集韻》空位。

95 平四精　尖　《廣韻》子廉切，《集韻》將廉切，精鹽三平開咸；《五音集韻》同《廣韻》《集韻》。《韻鏡》外轉第四十合，列字爲『笺』；《七音略》外轉三十二重中輕，列字爲『蹔』，《廣韻》昨含切，從覃一平開咸；又《廣韻》昨甘切，《集韻》財甘切，從談一平開咸，均不當列於此位。《起數訣》第七十七圖發音清、《切韻指掌圖》五圖、《四聲等子》咸攝外八重輕俱等韻，列字均爲『尖』。『尖』爲《廣韻》《集韻》《五音集韻》鹽三精母位小韻首字，下收有『笺』字，列字以『尖』字爲佳。按韻圖規制列於四等位，實爲三等字。《韻鏡》無誤，《七音略》誤。《切韻指南》是。

96 平四清　籤　《廣韻》七廉切，《集韻》千廉切，清鹽三平開咸；《五音集韻》同《廣韻》《集韻》。《韻鏡》外轉第四十合、《切韻指掌圖》五圖，列字均爲『籤』；《七音略》外轉三十二重中輕、《四聲等子》咸攝外八重輕俱等韻，列字均爲『僉』；《起數訣》第七十七圖發音清，列字爲『籤』，『籤』形訛。『籤』爲《廣韻》《集韻》《五音集韻》鹽三清母位小韻首字，下收有『僉』字，列字以『籤』字爲佳。按韻圖規制列於四等位，實爲三等字。《七音略》無誤，《切韻指南》是。

97 平四從　潛　《廣韻》昨鹽切，《集韻》慈鹽切，從鹽三平開咸；《五音集韻》同《廣韻》。《韻鏡》外轉第四十合、《七音略》外轉三十二重中輕、《起數訣》第七十七圖發音清、《四聲等子》咸攝外八重輕俱等韻，列字均爲『潛』；《切韻指掌圖》五圖，列字爲『潜』。『潜』，《康熙字典》記：『《字彙》俗潛字。』『潛』爲《廣韻》《集韻》《五音集韻》鹽三從母位小韻首字。按韻圖規制列於四等位，實爲三等字。《切韻指南》是。

98 平四邪 燅 《廣韻》徐鹽切，《集韻》徐廉切，邪鹽三平開咸；《五音集韻》同《廣韻》。《韻鏡》外轉第四十合、《起數訣》第七十七圖發音清、《切韻指掌圖》五圖、《四聲等子》咸攝外八重輕俱等韻，列字均爲『燅』；《七音略》外轉三十二重中輕，列字爲『燖』。『燅』爲《廣韻》《集韻》《五音集韻》鹽三邪母位小韻首字，《廣韻》下收有『燖』字，注：『同上。』『燅』『燖』二字爲異體字。列字以『燅』爲佳。按韻圖規制列於四等位，實爲三等字。《七音略》無誤，《切韻指南》是。

99 平四匣 嫌 《廣韻》户兼切，《集韻》賢兼切，匣添四平開咸；《五音集韻》同《廣韻》。《韻鏡》外轉第三十九開、《四聲等子》咸攝外八重輕俱等韻，列字均爲『嫌』；《七音略》《切韻指掌圖》均空位；楊軍《七音略校注》：『《韻鏡》列嫌。嫌是四等添韻字，《韻鏡》所列是，本書誤列於三等位。當據正。』《起數訣》第七十九圖發音清，明本列字爲『嫌』，四庫本列字爲『鰜』，四庫本誤。『嫌』爲《廣韻》《集韻》添四匣母位小韻首字。《七音略》空位誤。《切韻指南》是。

100 本圖四等無標目，上聲四等收忝琰韻字。

101 上四溪 脥 《廣韻》《集韻》謙琰切，溪琰三上開咸；《五音集韻》同《廣韻》。《韻鏡》空位；《七音略》外轉三十二重中輕，列字爲『脥』；《起數訣》第七十七圖發音清，列字爲『脥』，形訛；《切韻指掌圖》五圖、《四聲等子》咸攝外八重輕俱等韻，列字均爲『嗛』，溪母忝韻。『脥』爲《廣韻》《集韻》《五音集韻》琰重紐四等溪母位小韻首字，因韻圖規制列於四等，實爲三等字，列字以『脥』字爲佳。《切韻指南》是。

102 上四明 㛪 《廣韻》明忝切，《集韻》美忝切，明忝四上開咸；《五音集韻》同《廣韻》。《韻鏡》外轉第三十九開、《起數訣》第七十九圖發音清、《四聲等子》咸攝外八重輕俱等韻，列字均爲『㛪』；《七音略》外轉三十一重中重列于三等，楊軍《七音略校注》：『《韻鏡》列「㛪」……本書誤列於三等，當依《韻鏡》正。』《切韻指掌圖》空位。『㛪』爲《廣韻》《集韻》《五音集韻》忝四明母位小韻首字，列字以『㛪』字爲佳，《七音略》誤，《切韻指南》是。

103 上四精 僭 弘治九年本、正德十一年本、文津閣本、碧琳琅本、《叢書集成》本，列字均爲『僭』；近衛庫本列字爲『僣』。『僭』，《廣韻》子念切，精㮇四去開咸，不當列於此位；《集韻》子忝切，精忝四上開咸；《五音集韻》同《集韻》。《韻鏡》外轉第三十九開、《七音略》外轉三十一重中重、《切韻指掌圖》均空位；《四聲等子》咸攝外八重輕俱等韻，列字均爲『僭』；《起數訣》第七十九圖發音清，明本列字爲『借』，四庫本列字爲『憯』，形訛。《廣韻》忝韻無精母；『僭』爲《集韻》忝四精母位小韻首字，《切韻指南》近衛庫本形訛，當校改爲『僭』字，其他版本列『僭』字者是。

104 上四清 憯 弘治九年本、正德十一年本、碧琳琅本、《叢書集成》本，列字均爲『憯』；近衛庫本、文津閣本，列字爲『憯』。『憯』，《廣韻》青忝切，《集韻》此忝切，清忝四上開咸；《五音集韻》同《廣韻》。《韻鏡》外轉第三十九開、《七音略》外轉三十一重中重，列字均爲『憯』；《起數訣》第七十九圖發音清，明本列字爲『憯』，四庫本列字爲『僉』，誤；《切韻指掌圖》五圖、《四聲等子》咸攝外八重輕俱等韻，列字均爲『憸』，清母鹽韻。『憯』爲《廣韻》《集韻》《五音集韻》忝四清母位小韻首字，列字以『憯』字爲佳；『憯』『憯』二字爲異體字。《切韻指南》正德十一年本、碧琳琅本、《叢書集成》本列『憯』字是；近衛庫本、文津閣本，列『憯』字亦無誤。

105 上四心　𦃀　《廣韻》琰三無心母；《集韻》纖琰切，心琰三上開咸；《五音集韻》同《集韻》。《韻鏡》《切韻指掌圖》均空位；《七音略》外轉三十二重中輕，列字爲『憸』；《起數訣》第七十七圖發音清、《四聲等子》咸攝外八重輕俱等韻，列字均爲『𦃀』。『𦃀』爲《集韻》《五音集韻》琰三心母位小韻首字。按韻圖規制列於四等位，實爲三等字。《韻鏡》從《廣韻》空位，亦無誤；《七音略》形訛；《切韻指南》從《集韻》《五音集韻》。

106 上四邪　餤　《廣韻》琰三無邪母；『餤』，《廣韻》以冉切，以琰三上開咸，不當列於此位；《集韻》習琰切，邪琰三上開咸；《五音集韻》同《集韻》。《韻鏡》《七音略》《切韻指掌圖》均空位；《四聲等子》咸攝外八重輕俱等韻，列字爲『緂』，透母敢韻。『餤』爲《集韻》《五音集韻》琰三邪母位小韻首字。按韻圖規制列於四等位，實爲三等字。《切韻指南》從《集韻》《五音集韻》。

107 上四影　黶　《廣韻》《集韻》於琰切，影琰三上開咸；《五音集韻》同《廣韻》《集韻》。《韻鏡》外轉第四十合、《起數訣》第七十七圖發音清、《切韻指掌圖》五圖、《四聲等子》咸攝外八重輕俱等韻，列字均爲『黶』；《七音略》外轉三十二重中輕，列字爲『黶』。『黶』爲《廣韻》《集韻》《五音集韻》琰三影母位小韻首字，《集韻》下亦收有『黶』字，列字以『黶』字爲佳。按韻圖規制列於四等位，實爲三等字。《七音略》無誤，《切韻指南》是。

108 上四喻　琰　弘治九年本、近衛庫本、正德十一年本、文津閣本，列字均爲『琰』；碧琳琅本、《叢書集成》本，列字均爲『琰』。『琰』，《廣韻》《集韻》以冉切，以琰三上開咸；《五音集韻》同《廣韻》《集韻》。《韻鏡》外轉第四十合、《七音略》外轉三十二重中輕、《起數訣》第七十七圖發音清、《切韻指掌圖》五圖、《四聲等子》咸攝外八重輕俱等韻，列字均爲『琰』。『琰』爲《廣韻》《集韻》《五音集韻》琰三以母位小韻首字。按韻圖規制列於四等位，實爲三等字。『琰』『琰』二字爲異體字。《切韻指南》近衛庫本、正德十一年本、文津閣本，列『琰』字是；碧琳琅本、《叢書集成》本，列『琰』字亦無誤。

109 本圖四等無標目，去聲四等收㮇韻字。

110 去四見　兼　《廣韻》古念切，《集韻》吉念切，見㮇四去開咸；《五音集韻》音切同《廣韻》，見母㮇韻四等。《韻鏡》外轉第三十九開、《七音略》外轉三十一重中重，列字均爲『趝』；《切韻指掌圖》五圖、《四聲等子》咸攝外八重輕俱等韻，列字均爲『兼』。『趝』爲《廣韻》㮇四見母位小韻首字，列字以『趝』字爲佳，《韻鏡》《七音略》是，『兼』爲《五音集韻》黏韻見母小韻首字，並爲四等，《切韻指南》從《五音集韻》。

111 去四定　磹　弘治九年本、近衛庫本列爲『磹』，正德十一年、文津閣本、碧琳琅本、《叢書集成》本，列字爲『磹』。『磹』字當爲『磹』形訛。『磹』，《廣韻》《集韻》徒念切，定㮇四入開咸；《五音集韻》同《集韻》。《韻鏡》外轉第三十九開、《七音略》外轉三十一重中重、《起數訣》第七十九圖發音清、《切韻指掌圖》五圖、《四聲等子》咸攝外八重輕俱等韻，列字均爲『磹』。『磹』爲《廣韻》《集韻》㮇四《五音集韻》黏四定母位小韻首字，《切韻指南》弘治九年本、近衛庫本列字形訛，當校改爲『磹』，其他版本是。

112 去四精　𪢊　弘治九年本、正德十一年本、文津閣本、碧琳琅本、《叢書集成》本，列字爲『𪢊』；近衛庫本，列字爲『𪢊』，心母鹽韻，形訛。『𪢊』，《廣韻》《集韻》子黏切，精黏三去開咸；《五音集韻》同《廣韻》《集韻》。《韻鏡》外轉第四十合、《七音略》外轉三十二重中輕、《四聲等子》咸攝外八重輕俱等韻，列字均爲『𪢊』；《起數訣》第七十九圖發音清，列字爲『𪢊』，形訛；《切韻指掌圖》五圖，列字爲『僣』，透母屑韻。『𪢊』爲《廣韻》《集韻》《五音集韻》黏三精母位小韻首字，按韻圖規制列於四等，實爲三等字，《切韻指南》近衛庫本形訛，當校改爲『𪢊』，其他版本列『𪢊』字者是。

113 去四從　潛　《廣韻》《集韻》慈黏切，從黏三去開咸；《五音集韻》同《廣韻》《集韻》。《韻鏡》

外轉第四十合、《七音略》外轉三十二重中輕、《起數訣》第七十九圖發音清、《四聲等子》咸攝外八重輕俱等韻，列字均爲「潛」；《切韻指掌圖》五圖，列字爲「瞥」，從母黯韻。「潛」爲《廣韻》《集韻》《五音集韻》黯四黯三從母位小韻首字，「潛」爲其俗體。列字以「潛」爲佳。《切韻指南》是。《韻鏡》《七音略》列俗體亦無誤。

114 去四心 䃸 弘治九年本、正德十一年本、文津閣本、碧琳琅本、《叢書集成》本，列字爲「䃸」；近衛庫本列字爲「殲」，精母鹽韻，不當列於此位，形訛。「䃸」，《廣韻》《集韻》先念切，心㮇四去開咸；《五音集韻》同《廣韻》《集韻》。《韻鏡》外轉第三十九開、《七音略》外轉三十一重中重、《切韻指掌圖》五圖、《四聲等子》咸攝外八重輕俱等韻，列字均爲「䃸」；《起數訣》第七十九圖發音清，明本列字爲「䃸」，四庫本空位，列「䃸」字於上四，均誤。「䃸」爲《廣韻》《集韻》㮇四、《五音集韻》黯四心母位小韻首字，列字以「䃸」字爲佳。《切韻指南》近衛庫本形訛，當校改爲「䃸」，其他版本列「䃸」字者是。

115 去四影 厭 《廣韻》《集韻》於黯切，影黯三去開咸，實爲重紐四等字；《五音集韻》於念切，影母黯韻四等。《韻鏡》外轉第三十九開、《七音略》外轉三十二重中輕、《起數訣》第七十七圖發音清、《四聲等子》咸攝外八重輕俱等韻，列字均爲「厭」；《切韻指掌圖》五圖，列字爲「醃」，《廣韻》影母㮇韻、《集韻》影母黯韻。「厭」爲《廣韻》《集韻》《五音集韻》黯重四影母位小韻首字，《切韻指南》是。

116 去四喻　豔　《廣韻》《集韻》以贍切，以豔三去開咸；《五音集韻》同《廣韻》《集韻》。《韻鏡》外轉第三十九開、《起數訣》第七十七圖發音清、《四聲等子》咸攝外八重輕俱等韻，列字均爲『艷』；《七音略》外轉三十二重中輕，列字爲『豔』；《切韻指掌圖》空位。《集韻》：『豔，隸作艷。』『艷』『豔』二字爲異體字。『豔』爲《廣韻》《集韻》《五音集韻》豔三以母位小韻首字，按韻圖規制列於四等，實爲三等字。《韻鏡》無誤。《切韻指南》是。

117 本圖四等無標目，入聲四等收怗葉韻字。

118 入四透　帖　弘治九年本列字爲『帖』；近衛庫本、正德十一年本、文津閣本、碧琳琅本、《叢書集成》本，列字爲『怗』。『怗』，《廣韻》他協切，《集韻》字形爲『帖』，託協切，透怗四入開咸；《五音集韻》同《廣韻》。《韻鏡》外轉第三十九開，列字爲『怗』；《七音略》外轉三十一重中重、《切韻指掌圖》五圖、《四聲等子》咸攝外八重輕俱等韻，列字均爲『帖』。『怗』爲《廣韻》《五音集韻》怗四透母位小韻首字，下收有『帖』字。列字以『怗』爲佳，《七音略》無誤。《切韻指南》弘治九年本列『帖』字無誤，其他版本是。

119 入四定　牒　《廣韻》徒協切，《集韻》達協切，定怗四入開咸；《五音集韻》同《廣韻》。《韻鏡》外轉第三十九開、《起數訣》第七十九圖發音清、《切韻指掌圖》五圖、《四聲等子》咸攝外八重輕俱等韻，列字均爲『牒』；《七音略》空位，楊軍《七音略校注》：『本書未列，恐有誤脱。《韻鏡》則合於切三、《廣韻》。』『牒』爲《廣韻》《集韻》《五音集韻》怗四定母位小韻首字，列字以『牒』字爲佳，《七音略》誤脱，《切韻指南》是。

120 入四清　蕺　《廣韻》未收，《集韻》千俠切，清帖四入開咸；《五音集韻》千協切。《韻鏡》外轉第三十九開、《切韻指掌圖》五圖、《四聲等子》咸攝外八重輕俱等韻，列字爲『妾』，清母葉韻；李新魁《韻鏡校正》：『妾，《廣韻》在葉韻。案本書四十轉四等葉韻已列此字，此重出，不合。』《韻鏡》誤，當删。《七音略》《起數訣》從《廣韻》空位；『蕺』爲《集韻》《五音集韻》帖（怗）四精母位小韻首字，《切韻指南》是。

121 入四心　燮　弘治九年本、正德十一年本，列字均爲『䜌』；近衛庫本、文津閣本、碧琳琅本、《叢書集成》本，列字均爲『燮』。『燮』，《廣韻》蘇協切，《集韻》悉協切，心怗四入開咸；《五音集韻》蘇協切。《韻鏡》外轉第三十九開，列字爲『變』，《廣韻》彼眷切，《集韻》彼卷切，幫線三去開山；均不當列於此位，爲『燮』字形訛。《七音略》外轉三十一重中重、《起數訣》第七十九圖發音清、《切韻指掌圖》五圖、《四聲等子》咸攝外八重輕俱等韻，列字均爲『燮』。『燮』爲《廣韻》《集韻》怗四心母位小韻首字，《韻鏡》誤。『䜌』爲『燮』字形訛。《切韻指南》近衛庫本、文津閣本、碧琳琅本、《叢書集成》本，列『燮』字是；正德十一年本列『䜌』誤，當校改爲『燮』。

122 入四曉　弽　《廣韻》呼牒切，《集韻》呼帖切，曉怗四入開咸；《五音集韻》同《廣韻》。《韻鏡》外轉第三十九開、《七音略》外轉三十一重中重、《起數訣》第七十九圖發音清，列字均爲

『㛍』；《切韻指掌圖》五圖、《四聲等子》咸攝外八重輕俱等韻，列字均爲『弽』。『弽』爲《廣韻》怗四曉母位小韻首字，下收有『㛍』字；『㛍』爲《集韻》帖四曉母位小韻首字，下收有『弽』字；《韻鏡》《七音略》無誤。『弽』爲《五音集韻》葉四曉母位小韻首字，《切韻指南》是。

123 入四匣　恊　《廣韻》未收，《集韻》檄頰切，匣帖四入開咸；《五音集韻》字形爲『恊』，胡頰切，匣母葉韻。《韻鏡》外轉第四十合，列字爲『挾』；李新魁《韻鏡校正》：「查《集韻》挾字又入狎韻，子洽切（論音切本當在洽韻），依反切上字則當列四等。本書以挾字列此，乃同《集韻》。」《韻鏡》無誤。《七音略》《起數訣》從《廣韻》空位；《切韻指掌圖》五圖、《四聲等子》咸攝外八重輕俱等韻，列字均爲『恊』，匣母怗韻。『恊』，《康熙字典》：「《正字通》同「愶」。詳「愶」字注。按此字从心，與「恊」字从十者不同。」『恊』爲《集韻》《五音集韻》葉四匣母位小韻首字。《切韻指南》從《集韻》《五音集韻》。

咸攝外八　狹門

見	溪	群	疑	端知	透徹	定澄	泥孃	幫非	滂敷	並奉	明微
黚	顩	黔	嚴	○	○	諵	○	○	芝	凡	瑷
○	凵	拑	广	○	闒	○	○	腇	釩	范	鋑
鵮	欠	𥎊	釅	○	○	○	黏	○	汎	梵	䡵
劫	怯	跲	業	○	獼	墷	𩗺	法	姑	乏	○

精	清	從	心	邪	曉	匣	影	喻	來	日	
照	穿	床	審	禪							韻
夂	○	○	○	○	䪁	○	醃	炎	○	○	凡
拈	○	○	○	○	險	○	埯	槏	○	○	范
○	○	○	痱	○	脋	○	俺	○	獫	○	梵
○	○	○	○	○	脅	○	腌	鍂	○	○	乏

第二十四圖　咸攝外八　狹門　合口呼（二圖）

《經史正音切韻指南》第二十四圖爲咸攝外八狹門圖，僅收三等凡范梵乏韻字。對應《韻鏡》外轉第四十合鹽嚴韻及外轉第四十一合凡韻（舉平以賅上去入），《七音略》外轉三十三輕中輕與外轉三十二重中輕。三等標目爲凡范梵乏，平聲實收凡嚴鹽韻字、上聲實收范儼琰韻字、去聲實收梵釅豔韻字、入聲實收乏業韻字。《五音集韻》凡嚴合韻，韻目字『凡』；范儼合韻，韻目字『范』；梵釅合韻，韻目字『梵』；乏業合韻，韻目字『乏』。《切韻指南》標目同《五音集韻》。在三等中還收有鹽韻，所收鹽韻字，屬《五音集韻》凡韻。正德十一年本、碧琳琅本、《叢書集成》本韻圖右欄均自上而下標有『咸攝外八狹門』；近衛庫本、文津閣本，韻圖右欄均自上而下標有『咸攝外八合口呼狹門』，較其他版本多『合口呼』三字。《切韻指南》咸攝較早期韻圖變化較大，咸攝原本爲開合合韻，而《切韻指南》分獨韻（實爲開口）與合口（未標開合），表現了語音合流面貌，原本合口呼的凡韻，部分字的讀音已經與讀開口的鹽嚴韻字合流。

1　咸攝三等平聲標目爲凡，實收凡嚴鹽韻。

2　平三見　黔　《廣韻》巨淹切，群鹽三平開咸；《集韻》居嚴切，見嚴三平開咸；《五音集韻》

反切同《集韻》，列於凡韻。『黔』爲《集韻》嚴三見母位小韻首字，《切韻指南》在咸攝外八獨韻狹門合口呼已列有見母字，不當重出。然《五音集韻》『黔』歸於凡韻，故《切韻指南》從《五音集韻》列字。

3 平三溪　顩　《廣韻》直稔切，澄寑上開三深；又魚檢切，疑琰上開三咸，均不當列於此位；《集韻》丘凡切，溪凡三平開咸。《五音集韻》反切同《集韻》，列於凡韻。《切韻指南》於此位列『顩』當從《集韻》《五音集韻》，校改爲『㲸』。

4 平三群　黔　《廣韻》巨金切，群侵平開三深，不當列於此位；又巨淹切，群鹽平開三咸；《集韻》其鹽切，群鹽三平開咸；《五音集韻》反切同《集韻》，列於凡韻。《切韻指南》從《五音集韻》。

5 平三疑　嚴　《廣韻》語轗切，《集韻》魚杴切，疑嚴三平開咸；《五音集韻》反切同《廣韻》，列於凡韻。『嚴』爲《廣韻》《集韻》嚴三疑母位小韻首字，爲《五音集韻》凡三疑母位小韻首字，《切韻指南》從《五音集韻》。

6 平三澄　詀　《廣韻》直廉切，《集韻》直嚴切，澄嚴三平開咸；《五音集韻》反切同《集韻》，列於凡韻。《切韻指南》從《五音集韻》。

7 平三幫　◯　《廣韻》凡嚴韻幫母無字；《集韻》有『芝』，甫凡切，幫凡三平合咸；《五音集韻》凡韻幫母無字。《韻鏡》外轉第四十一合，列字爲『䒦』；《七音略》《起數訣》空位；《切韻指掌圖》五圖、《四聲等子》咸攝外八重輕俱等韻，列字爲『砭』，幫母鹽韻。李新魁《韻鏡校正》：『以砭字列此位，與《廣韻》《集韻》不合。』《韻鏡》誤，當删。《切韻指南》從《廣韻》《五音集韻》空位是。

8 平三滂　芝　弘治九年本、正德十一年本、碧琳琅本、《叢書集成》本，列字均爲『芝』；近衛庫本、文津閣本，列字均爲『芝』，《廣韻》之而切，此字當爲『芝』字形訛。『芝』，《廣韻》匹凡切，滂凡三平合咸；《集韻》甫凡切，幫凡三平合咸，據《集韻》不當列於此位；《五音集韻》反切同《廣韻》爲敷母。《韻鏡》外轉第四十一合、《切韻指掌圖》五圖，列字均爲『芝』；《七音略》外轉三十三輕中輕、《起數訣》第八十圖發音濁，列字均爲『芝』，形訛；《四聲等子》咸攝外八重輕俱等韻，列字爲『砭』，幫母鹽韻。『芝』爲《廣韻》凡三滂母位、《五音集韻》凡三敷母位小韻首字，列字以『芝』字爲佳。《切韻指南》正德十一年本、碧琳琅本、《叢書集成》本列『芝』字是；弘治九年本、近衛庫本、文津閣本，列『芝』字者誤，當校改爲『芝』。

9 平三並　凡　《廣韻》符芝切，《集韻》符咸切，並凡三平合咸；《五音集韻》符炎切，爲奉母。《韻鏡》外轉第四十一合、《七音略》外轉三十三輕中輕、《切韻指掌圖》五圖、《四聲等子》咸攝外八重輕俱等韻，列字均爲『凡』。《起數訣》第八十圖發音濁，列字爲『凢』；『凢』『凡』二字爲異體字。『凡』爲《廣韻》《集韻》凡三並母位《五音集韻》凡三奉母位小韻首字，《切韻指南》是。

10平三明　⿰王乏　弘治九年本、文津閣本，列字均爲『⿰王乏』；近衛庫本、正德十一年本、碧琳琅本、《叢書集成》本，列字均爲『⿰王夋』，此字當爲『⿰王乏』字形訛。《廣韻》凡嚴韻明母無字；《集韻》亡凡切，明凡三平開咸；《五音集韻》反切同《集韻》，爲微母。《韻鏡》外轉第四十一合，列字爲『⿰王夋』，『⿰王乏』形訛；《四聲等子》咸攝外八重輕俱等韻，列字均爲『⿰王乏』；《七音略》《切韻指掌圖》均空位；《起數訣》第八十圖發音濁，列字爲『⿰王乏』。『⿰王乏』爲《集韻》凡三明母位小韻首字，列字以『⿰王乏』字爲佳。《切韻指南》弘治九年本、文津閣本列『⿰王乏』字者從《集韻》《五音集韻》；近衛本、正德十一年本、碧琳琅本、《叢書集成》本列『⿰王夋』字誤，當從《集韻》《五音集韻》，校改爲『⿰王乏』。

11平三照　厃　《廣韻》職廉切，章鹽三平開咸；《集韻》之廉切，章鹽三平開咸；《五音集韻》反切同《集韻》，列於凡韻。《切韻指南》從《五音集韻》。

12平三曉　⿰音僉　《廣韻》《集韻》虛嚴切，曉嚴三平開咸；《五音集韻》反切同《廣韻》《集韻》，列於凡韻。《切韻指南》從《五音集韻》。

13平三影　醃　《廣韻》《集韻》於嚴切，影嚴三平開咸；《五音集韻》反切同《廣韻》《集韻》，列於凡韻。《切韻指南》從《五音集韻》。

14平三喻　炎　《廣韻》《集韻》于廉切，云鹽三平開咸。《五音集韻》于凡切，列於凡韻。《切韻指南》從《五音集韻》。

15 此圖三等上聲標目爲范，實收范儼琰韻。

16 上三見 ○ 《廣韻》《集韻》儼范韻均無見母；《五音集韻》凡韻無見母。《韻鏡》外轉第四十一合，列字爲「拑」；《七音略》外轉三十三輕中輕，列字爲「⿰扌丩」；《起數訣》空位。「拑」，《廣韻》巨淹切，群鹽三平開咸；《集韻》极笵切，群范三上合咸；不當列於此位。楊軍《韻鏡校箋》：「當刪。《七音略》亦當刪。」《韻鏡》《七音略》均誤。《切韻指南》從《廣韻》《集韻》《五音集韻》，空位是。

17 上三溪 凵 《廣韻》丘犯切，《集韻》口犯切，溪范三上合咸；《五音集韻》同《廣韻》。《韻鏡》外轉第四十一合、《七音略》外轉三十三輕中輕，列字均爲「凵」；《起數訣》第八十圖發音濁，明本列字爲「凵」，四庫本空位，四庫本誤。《切韻指掌圖》五圖，列字爲「⿰冉頁」，溪母琰韻；《四聲等子》咸攝外八重輕俱等韻，列字爲「欦」，溪母儼韻。「凵」爲《廣韻》《集韻》《五音集韻》范三溪母位小韻首字，列字以「凵」字爲佳。《切韻指南》是。

18 上三群 拑 《廣韻》巨淹切，群鹽三平開咸；《集韻》极笵切，群范三上合咸。《五音集韻》巨范切，列於凡韻。《切韻指南》從《五音集韻》。

19 上三疑 冂 《廣韻》莫狄切，明錫四入開梗，不當列於此位；《集韻》五犯切，疑范三上合咸；《五音集韻》同《集韻》。《韻鏡》外轉第四十一合、《切韻指掌圖》五圖，列字均爲「顩」，《廣韻》《集韻》魚檢切，疑琰三上開咸；《七音略》空位；《起數訣》第八十圖發音濁，列字爲

「门」；《四聲等子》咸攝外八重輕俱等韻，列字爲『儼』，疑母儼韻。《廣韻》范韻無疑母；『门』爲《集韻》范三疑母位小韻首字，列字以『门』字爲佳。《切韻指南》從《集韻》《五音集韻》。

20 上三徹　僴　弘治九年本、正德十一年本、文津閣本、碧琳琅本、《叢書集成》本，列字均爲『僴』；近衛庫本列字爲『僴』。『僴』，《廣韻》《集韻》丑犯切，徹范三上合咸；《五音集韻》同《廣韻》《集韻》，然收於豏韻。《韻鏡》外轉第四十一合，列字爲『僴』；《七音略》外轉三十三輕中輕，列字爲『僴』；《起數訣》第八十圖發音濁，明本列字爲『僴』，四庫本列字爲『僴』，二字均爲『僴』字形訛；《切韻指掌圖》五圖、《四聲等子》咸攝外八重輕俱等韻，列字均爲『諂』，徹母琰韻。『僴』爲《廣韻》《集韻》范三徹位小韻首字。列字以『僴』爲佳。『僴』爲『僴』書寫俗。《切韻指南》弘治九年本、正德十一年本、文津閣本、碧琳琅本、《叢書集成》本列『僴』字者是，近衛庫本列『僴』，校正爲『僴』爲佳。據《廣韻》《集韻》當列於此；然若據《五音集韻》『僴』收於豏韻，在《切韻指南》咸攝外八獨韻圖中，列琰韻『諂』字，此位當爲重出。當刪。

21 上三幫　腇　《廣韻》府犯切，《集韻》補范切，幫范三上合咸；《五音集韻》同《廣韻》，爲非母，字形爲『腇』。《韻鏡》外轉第四十一合、《起數訣》第八十圖發音濁，列字均爲『腇』；《七音略》外轉三十三輕中輕，列字爲『膠』，形訛；《切韻指掌圖》五圖、《四聲等子》咸攝外八重輕俱等韻，列字均爲『朘』；『朘』爲『朘』字形訛。『朘』爲《廣韻》《集韻》范三幫母位小韻首字，《五音集韻》形訛爲『朘』，《切韻指南》是。

22 上三滂　釩　《廣韻》《集韻》峯范切，滂范三上合咸；《五音集韻》同《廣韻》《集韻》，爲敷母。《韻鏡》外轉第四十一合、《七音略》外轉三十三輕中輕、《切韻指掌圖》五圖、《四聲等子》咸攝外八重輕俱等韻，列字均爲『釩』；《起數訣》第八十圖發音濁，列字爲『釩』，《康熙字典》記：『龍龕俗亂字』，當爲『釩』字誤。『釩』爲《廣韻》《集韻》《五音集韻》范三滂母位小韻首字，《切韻指南》是。

23 上三並　范　《廣韻》防錽切，《集韻》父錽切，並范三上合咸；《五音集韻》同《廣韻》，爲奉母。《韻鏡》外轉第四十一合、《七音略》外轉三十三輕中輕、《起數訣》第八十圖發音濁、《切韻指掌圖》五圖、《四聲等子》咸攝外八重輕俱等韻，列字均爲『范』。『范』爲《廣韻》《集韻》范三並母位小韻首字，《切韻指南》是。

24 上三明　錽　《廣韻》《集韻》亡范切，明范三上合咸；《五音集韻》万范切，爲微母。《韻鏡》外轉第四十一合、《七音略》外轉三十三輕中輕、《起數訣》第八十圖發音濁、《切韻指掌圖》五圖、《四聲等子》咸攝外八重輕俱等韻，列字均爲『錽』。『錽』爲《廣韻》《集韻》《五音集韻》范三明母位小韻首字，《切韻指南》是。

25 上三照　拈　《廣韻》奴兼切，泥添四平開咸，不當列於此位；《集韻》章貶切，章儼三上開咸；《五音集韻》章鈘切，列於范韻。《切韻指南》從《五音集韻》。

26 上三曉 險 《廣韻》虚檢切，曉琰三上開咸；《集韻》希埯切，曉儼三上開咸；《五音集韻》反切同《集韻》，列於范韻。『險』爲《集韻》儼三曉母位小韻首字，爲《五音集韻》范三曉母位小韻首字，《切韻指南》從《五音集韻》。

27 上三影 埯 《廣韻》於廣切，《集韻》倚廣切，影儼三上開咸；《五音集韻》反切同《廣韻》，列於范韻。『埯』爲《廣韻》《集韻》儼三曉母位小韻首字，爲《五音集韻》范三曉母位小韻首字，《切韻指南》是。

28 上三喻 㨹 《廣韻》苦減切，溪豏二上開咸，《集韻》胡范切，匣范三上合咸，均不當列於此位；《廣韻》《集韻》范儼韻云紐無字；《五音集韻》有范切，云范三上合咸。『㨹』爲《五音集韻》范三喻母位小韻首字，《切韻指南》從《五音集韻》。

29 本圖三等去聲標目爲梵，實收梵釅韻字。

30 去三見 劒 《廣韻》《集韻》居欠切，見梵三去合咸；《五音集韻》同《廣韻》《集韻》。《韻鏡》外轉第四十一合、《七音略》外轉三十三輕中輕、《起數訣》第八十圖發音濁、《切韻指掌圖》五圖，列字均爲『劒』；《四聲等子》咸攝外八重輕俱等韻，列字爲『劍』，《集韻》見母驗韻。『劒』爲《廣韻》《集韻》《五音集韻》梵三見母位小韻首字，《切韻指南》是。

31 去三溪 欠 《廣韻》《集韻》去劒切，溪梵三去合咸；《五音集韻》同《廣韻》《集韻》。《韻鏡》

外轉第四十一合、《七音略》外轉三十三輕中輕、《起數訣》第八十圖發音濁、《切韻指掌圖》五圖、《四聲等子》咸攝外八重輕俱等韻，列字均爲『欠』；『欠』爲《廣韻》《集韻》《五音集韻》梵三溪母位小韻首字，《切韻指南》是。

32 去三群 砛 《廣韻》丘釅切，溪釅三去開咸，不當列於此位；《集韻》巨欠切，群釅三去開咸；《五音集韻》反切同《集韻》，列於梵韻。『砛』爲《集韻》驗(釅)三群母位小韻首字，爲《五音集韻》梵三群母位小韻首字。《切韻指南》從《五音集韻》。

33 去三疑 㢛 《廣韻》《集韻》未收；《廣韻》《集韻》釅韻疑紐有『釅』小韻，《廣韻》魚欠切，《集韻》魚窆切，疑釅三去開咸；『㢛』，《五音集韻》魚欠切，列於梵韻。《起數訣》第八十圖發音濁、《四聲等子》咸攝外八重輕俱等韻，列字均爲『釅』；《切韻指掌圖》五圖，列字爲『驗』。《康熙字典》：『㢛，《玉篇》魚欠切，音釅。小貌。』《切韻指南》從《五音集韻》。

34 去三孃 黏 《廣韻》女廉切，娘鹽三平開咸；《集韻》女驗切，娘驗(釅)三去開咸；《五音集韻》反切同《集韻》，列於梵韻。『黏』爲《集韻》驗(釅)三娘母位小韻首字，爲《五音集韻》梵三娘母位小韻首字，《切韻指南》從《五音集韻》。

35 去三滂 汎 《廣韻》《集韻》孚梵切，滂梵三去開咸；《五音集韻》反切同《廣韻》《集韻》，爲敷母。《韻鏡》外轉第四十一合、《七音略》外轉三十三輕中輕，列字均爲『汎』；《起數訣》第八十圖發音濁、《切韻指掌圖》五圖，列字均爲『泛』；《四聲等子》咸攝外八重輕俱等韻，列字爲『窆』，非母醶韻；『汎』爲《廣韻》梵三滂母位小韻首字，下收有『泛』字，注：『上同。』『汎』『泛』二字爲異體字。列字以『汎』爲佳，《切韻指南》是。

36 去三並 梵 《廣韻》《集韻》扶泛切，並梵三去合咸；《五音集韻》反切同《廣韻》《集韻》，爲奉母。《韻鏡》外轉第四十一合、《七音略》外轉三十三輕中輕、《起數訣》第八十圖發音濁、《切韻指掌圖》五圖、《四聲等子》咸攝外八重輕俱等韻，列字均爲『梵』。『梵』爲《廣韻》《集韻》梵三並母位、《五音集韻》梵三敷母位小韻首字，《切韻指南》是。

37 去三明 菱 《廣韻》亡劒切，《集韻》亡梵切，明梵三去開咸；《五音集韻》反切同《廣韻》，爲微母。《韻鏡》外轉第四十一合、《七音略》外轉三十三輕中輕、《起數訣》第八十圖發音濁、《切韻指掌圖》五圖、《四聲等子》咸攝外八重輕俱等韻，列字均爲『菱』；『菱』爲《廣韻》《集韻》梵三明母位、《五音集韻》梵三敷母位小韻首字，《切韻指南》是。

38 去三書 ⿸疒并 《五音集韻》列字爲『⿸疒并』，式劒切，皮破。此字當爲『⿸疒冄』字誤，『⿸疒冄』，《說文解字》：皮剥也。從疒冄聲。《康熙字典》記：『《集韻》如占切，音顩。又式劒切，音閃。』《韻鏡》《七音略》空位；《切韻指掌圖》五圖、《四聲等子》咸攝外八重輕俱等韻，列字均爲『閃』，書母琰韻；《起數訣》第八十圖發音清，列字爲『痈』，《正字通》：『俗⿸疒冄字。』《五音集韻》義與『⿸疒冄』字同，字形訛誤，《切韻指南》從《五音集韻》訛，當校改爲『⿸疒冄』。

39 去三曉 脅 《廣韻》許欠切，《集韻》虛欠切，曉驗（釅）三去開咸；《五音集韻》反切同《廣韻》，列於梵韻。《切韻指南》從《五音集韻》。

40 去三影　俺　《廣韻》於劒切，影梵三去開咸；《集韻》梵韻影紐無字。《五音集韻》同《廣韻》。《韻鏡》《起數訣》空位，李新魁《韻鏡校正》：『《集韻》無此小韻。本書不列此字，與《集韻》合。』《七音略》外轉三十三輕中輕，列字爲『俺』；《切韻指掌圖》五圖，列字爲『猒』；《四聲等子》咸攝外八重輕俱等韻，列字爲『掩』，影母琰韻；『俺』爲《廣韻》梵三影母位小韻首字，《韻鏡》無誤，《切韻指南》是。

41 去三來　獫　《廣韻》釅韻無來母；《集韻》力劒切，來釅三去開咸。《五音集韻》反切同《集韻》，列於梵韻。《切韻指南》從《五音集韻》。

42 本圖三等入聲標目爲乏，實收乏業韻字。

43 入三見　刧　此字當爲『劫』形訛；『劫』，《廣韻》居怯切，《集韻》訖業切，見業三入開咸；《五音集韻》反切同《廣韻》，列於乏韻，字形爲『刧』。《韻鏡》外轉第四十一合、《七音略》外轉三十二重中輕、《起數訣》第八十圖發音濁，列字均爲『刧』；《切韻指掌圖》五圖，列字爲『劫』；《四聲等子》咸攝外八重輕俱等韻，列字爲『刦』；『劫』爲《廣韻》《集韻》業三見母位小韻首字，注：『俗作刧。』『刧』爲『劫』之俗字。《集韻》下亦收有『刦』『⿰糹力』二字；『刧』，《康熙字典》記：『《韻會》刦俗作刧。《荀子・王制篇》齊桓公刧於魯莊。又劫通作刧。』《五音集韻》字形爲俗字，《切韻指南》從《五音集韻》。

44 入三溪　怯　《廣韻》去劫切，《集韻》乞業切，溪業三入開咸；《五音集韻》反切同《廣韻》，列於乏之韻。《韻鏡》外轉第四十合、《七音略》外轉三十二重中輕、《四聲等子》咸攝外八重輕俱等韻，列字爲『怯』；《起數訣》第八十圖發音濁，列字爲『猲』，溪母乏韻；《切韻指掌圖》五圖列字爲『㾀』，溪母葉韻。『怯』爲《廣韻》《集韻》業三溪母位小韻首字，《五音集韻》列於乏韻，《切韻指南》從《五音集韻》。

45 入三群　跲　《廣韻》巨業切，《集韻》極業切，群業三入開咸；《五音集韻》反切同《廣韻》，列於乏之韻。《韻鏡》外轉第四十合、《起數訣》第八十圖發音濁、《切韻指掌圖》五圖，列字均爲『跲』；《七音略》《四聲等子》空位，楊軍《七音略校注》：『本書此位不列，合於唐五代韻書。《韻鏡》則合於《廣韻》等。』『跲』爲《廣韻》業三群母位小韻首字。《七音略》無誤。《切韻指南》從《五音集韻》。

46 入三疑　業　《廣韻》魚怯切，《集韻》逆怯切，疑業三入開咸；《五音集韻》反切同《廣韻》，列於乏之韻。《韻鏡》外轉第四十合、《七音略》外轉三十二重中輕、《起數訣》第八十圖發音濁、《切韻指掌圖》五圖、《四聲等子》咸攝外八重輕俱等韻，列字均爲『業』；『業』爲《廣韻》《集韻》業三疑母位《五音集韻》乏三群母位小韻首字，《切韻指南》從《五音集韻》。

47 入三徹　䀹　弘治九年本、正德十一年本、文津閣本、碧琳琅本、《叢書集成》本，列字均爲『䀹』；近衛庫本列字爲『㵗』。『䀹』，《廣韻》丑法切，《集韻》敕法切，徹乏三入合咸；《五音集韻》同《廣韻》。《韻鏡》空位；《七音略》外轉三十三輕中輕、《起數訣》第八十圖發音濁，列字均爲『𤞞』；《切韻指掌圖》五圖、《四聲等子》咸攝外八重輕俱等韻，列字均爲『鍤』，徹母葉韻。『𤞞』爲《廣韻》乏三徹母位小韻首字，列字以『𤞞』字爲佳，《韻鏡》空位誤；《五音集韻》列於乏韻，《切韻指南》從《五音集韻》。『獅』『𤞞』二字爲異體字。《切韻指南》弘治九年本、正德十一年本、文津閣本、碧琳琅本、《叢書集成》本列『𤞞』字者是；近衛庫本列『獅』字校爲『𤞞』字更佳。

48 入三澄　𡑞　《廣韻》業韻澄紐無字；《集韻》直業切，澄業三入合咸；《五音集韻》反切同《集韻》，列於乏韻。《韻鏡》《七音略》空位；《起數訣》第八十圖發音濁，列字爲『𡑞』；《切韻指掌圖》五圖、《四聲等子》咸攝外八重輕俱等韻，列字均爲『牒』，澄母葉韻。『𡑞』爲《集韻》業三、《五音集韻》乏三澄母位小韻首字，列字以『𡑞』字爲佳。《韻鏡》《七音略》從《廣韻》空位，無誤。《切韻指南》從《五音集韻》。

49 入三孃　𤝞　弘治九年本、正德十一年本、文津閣本、碧琳琅本、《叢書集成》本，列字均爲『𤝞』；近衛庫本空位。『𤝞』，《廣韻》女法切，《集韻》昵法切，娘乏三入合咸；《五音集韻》反切同《廣韻》，列於乏韻。《韻鏡》外轉第四十合、《七音略》外轉三十三輕中輕，列字均爲『𤝞』；《切韻指掌圖》五圖、《四聲等子》咸攝外八重輕俱等韻、《切韻指南》咸攝外八合口呼狹門，列字均爲『聶』，娘母葉韻。『𤝞』爲《廣韻》《集韻》《五音集韻》乏三娘母位小韻首字，列字以『瓬』字爲佳。《切韻指南》弘治九年本、正德十一年本、文津閣本、碧琳琅本、《叢書集成》本列『瓬』字，從《五音集韻》，近衛庫本空位誤，當從《五音集韻》校補『瓬』字。

50 入三幫　法　《廣韻》方乏切，《集韻》弗乏切，幫乏三入合咸；《五音集韻》反切同《廣韻》，列於乏韻，爲非母。《韻鏡》外轉第四十一合、《七音略》外轉三十三輕中輕、《起數訣》第八十圖發音濁、《切韻指掌圖》五圖、《四聲等子》咸攝外八重輕俱等韻，列字均爲『法』；『法』爲《廣韻》《集韻》乏三幫母位、《五音集韻》乏三非母位小韻首字，列字以『法』字爲佳，《切韻指南》是。

51 入三滂　㚢　《廣韻》孚法切，滂乏三入合咸；《集韻》未收此字，其乏韻滂母有『𣩐』小韻，叵乏切；《五音集韻》反切同《廣韻》，列於乏韻爲敷母。《韻鏡》外轉第四十一合、《七音略》外轉三十三輕中輕、《起數訣》第八十圖發音濁、《切韻指掌圖》五圖、《四聲等子》咸攝外八重輕俱等韻，列字均爲『㚢』；『㚢』爲《廣韻》乏三滂母位、《五音集韻》乏三敷母位小韻首字，列字以『㚢』字爲佳。《切韻指南》是。

52 入三並　乏　《廣韻》房法切，《集韻》扶法切，並乏三入合咸；《五音集韻》反切同《廣韻》，列於乏韻爲奉母。《韻鏡》外轉第四十一合、《七音略》外轉三十三輕中輕、《起數訣》第八十圖發音濁、《切韻指掌圖》五圖、《四聲等子》咸攝外八重輕俱等韻，列字均爲『乏』；『乏』爲《廣韻》《集韻》乏三並母位、《五音集韻》乏三奉母位小韻首字，列字以『乏』字爲佳。《切韻指南》是。

53 入三曉　脅　《廣韻》虚業切，《集韻》迄業切，曉業三入開咸；《五音集韻》反切同《廣韻》，列於乏韻。《韻鏡》外轉第四十合、《七音略》外轉三十二重中輕、《起數訣》第八十圖發音濁、《切韻指掌圖》五圖、《四聲等子》咸攝外八重輕俱等韻，列字均爲「脅」；「脅」爲《廣韻》《集韻》業三曉母位小韻首字，列字以「脅」字爲佳。《五音集韻》列於乏韻，《切韻指南》從《五音集韻》。

54 入三影　腌　《廣韻》於業切，《集韻》乙業切，影業三入開咸；《五音集韻》反切同《廣韻》，列於乏韻。《韻鏡》外轉第四十合、《七音略》外轉三十二重中輕，列字均爲「腌」；《切韻指掌圖》五圖，列字爲「敏」；《起數訣》第八十圖發音濁、《四聲等子》咸攝外八重輕俱等韻，列字爲「腌」。「腌」爲《廣韻》《集韻》業三影母位小韻首字，《五音集韻》列於乏韻，《切韻指南》從《五音集韻》。

55 入三喻　鎑　《廣韻》未收，《集韻》谷盍切，見盍一入開咸，不當列於此位；《廣韻》《集韻》業乏韻云紐無字；《五音集韻》于劫切，云乏三入合咸。「鎑」爲《五音集韻》乏三喻母位小韻首字，《切韻指南》從《五音集韻》。

《經史正音切韻指南》版本情況簡介

一、明弘治九年本

明弘治九年（一四九六）金臺釋子思宜重刊本，藏於中國國家圖書館。據婁育考證，該版本當據《切韻指南》原本或『近似原本』之版本，較能反映《切韻指南》原貌，故選爲底本。

二、明正德八年本

該版本爲日本京都近衛文庫藏明刊本。其中劉鑑自序後無刊刻時間，在文獻末，標『時正德八年歲次癸酉菊月吉日文林郎知湖廣京山縣事邱夏玄書』。正德八年（一五一三），癸酉年。爲區別正德十一年本，本書稱八年本爲近衛庫本。成書時間較早，故列爲參校本一。

三、明正德十一年本

該版本爲京都大學藏《五音集韻》所附，於劉鑑自序後有『明正德十一年五月端陽日金臺衍法寺褒覺恒壽梓重刊』。明正德十一年（一五一六），丙子年。本書稱爲正德本。該版本流傳較廣，故列爲參校本二。

四、文津閣本

四庫提要『乾隆四十九年』（一七八四），據婁育考證，文津閣四庫本極有可能直接承繼於嘉靖四十三年本（一五六四）。嘉靖四十三年本在内容、編例等方面與前期版本有明顯差異，故列爲參校本三。

五、碧琳琅館叢書本

《碧琳館叢書》由方氏碧琳琅館一九〇九年刊刻，劉鑑自序後有『大明萬曆五年五月端陽日，圓通如彩重刊』。此本據明萬曆五年本（一五七七），由如彩重刊。該版本在版式、字體等方面對萬曆五年本有所改動，非原萬曆五年刻本的重刊。可探求萬曆本面貌，本書稱碧琳琅本，列爲參校本四。

六、叢書集成續編本

《叢書集成續編》所收版本爲萬曆五年本，劉鑑自序後有『大明萬曆五年五月端陽日』，未提及重刊，未知是否爲萬曆五年原本，故作爲萬曆本之補正，故列爲參校本五。

參考文獻

一、《經史正音切韻指南》所據版本

[一]（元）劉鑑《經史正音切韻指南》，中國國家圖書館藏明弘治九年刊本。
[二]（元）劉鑑《經史正音切韻指南》，日本京都近衛文庫藏明刊本。
[三]（元）劉鑑《切韻指南》，京都大學藏《五音集韻》所附正德十一年刊本。
[四]（元）劉鑑《經史正音切韻指南》，《文津閣四庫全書》，商務印書館，二〇〇六年。
[五]（元）劉鑑《切韻指南》，《碧琳琅館叢書》，方氏碧琳琅館，一九〇九年。
[六]（元）劉鑑《切韻指南》，《叢書集成續編（七十四册）》，臺北市新文丰出版公司，一九八九年。

二、韻書

[一]余迺永《新校互注宋本廣韻》，上海辭書出版社，二〇〇〇年。
[二]趙振鐸《集韻校本》，上海辭書出版社，二〇一三年。
[三]（金）韓道昭《五音集韻》，美國加利福尼亞大學伯克利分校藏明正德刻嘉靖三十八年（一五五九）釋本贊重修本。
[四]（清）張玉書《康熙字典》，漢語大詞典出版社，二〇〇二年。

三、韻圖

[一]《宋本廣韻·永禄本韻鏡》，江蘇教育出版社，二〇〇二年。
[二]（宋）鄭樵《通志七音略》，元至治本。
[三]（宋）司馬光《宋本切韻指掌圖》，中華書局，一九八六年。
[四]（宋）祝泌《皇極經世解起數訣》，南京圖書館藏明本。
[五]（宋）無名氏《四聲等子》，咫進齋叢書第三集。

[六]方孝嶽《廣韻韻圖》，中華書局，一九八八年。
[七]（日）佐佐木猛《集韻切韻譜》，中國書店，二〇〇〇年。

四、校注文獻

[一]龍宇純《韻鏡校注》，藝文印書館，一九七二年。
[二]李新魁《韻鏡校正》，中華書局，一九八二年。
[三]陳廣忠《韻鏡通釋》，上海辭書出版社，二〇〇三年。
[四]楊軍《七音略校注》，上海辭書出版社，二〇〇三年。
[五]楊軍《韻鏡校箋》，浙江大學出版社，二〇〇七年。

五、相關專著

[一]（日）大矢透《韻鏡考》，明名堂印刷所，一九二四年。
[二]趙蔭棠《等韻源流》，商務印書館，一九五七年。
[三]王力《漢語音韻》，中華書局，二〇一三年。

[四]應裕康《清代韶圖之研究》，弘道文化事業有限公司，一九七二年。
[五]陳新雄《等韻述要》，藝文印書館，一九九九年。
[六]李新魁《漢語等韻學》，中華書局，一九八三年。
[七]孔仲温《韻鏡研究》，學生書局，一九八七年。
[八]姜聿華《中國傳統語言學要籍述論》，書目文獻出版社，一九九二年。
[九]魏建功《古音系研究》，中華書局，一九九六年。
[一〇]曾運乾《音韻學講義》，中華書局，一九九六年。
[一一]潘文國《韻圖考》，華東師範大學出版社，一九九七年。
[一二]李紅《宋本切韻指掌圖研究》，吉林人民出版社，二〇一二年。
[一三]婁育《經史正音切韻指南文獻整理與研究》，中央民族大學出版社，二〇一四年。
[一四]吕昭明《東亞漢語音韻學的觀念與方法》，元華文創股份有限公司，二〇一七年。

六、相關學位論文

[一]竺家寧《〈四聲等子〉蠡測》，臺灣師範大學國文研究所碩士論文，一九七二年。
[二]姚榮松《〈切韻指掌圖〉研究》，臺灣師範大學國文研究所碩士論文，一九七三年。

[三]林平和《明代等韻學之研究》，臺灣政治大學博士論文，一九七五年。
[四]（韓）李玉珠《〈四聲等子〉研究》，梨花女子大學校大學院中語中文學科碩士論文，一九九七年。
[五]賴金旺《〈字學元元〉音系研究》，中國文化大學中國文學研究所碩士論文，二〇〇一年。
[六]劉曉英《〈字學元元〉音系研究》，湖南師範大學漢語言文字學碩士論文，二〇〇三年。
[七]董小征《〈五音集韻〉與〈切韻指南〉音系之比較研究》，福建師範大學，二〇〇四年。
[八]吴文慧《〈四聲等子〉與〈經史正音切韻指南〉比較研究》，臺灣師範大學國文學系碩士論文，二〇〇五年。
[九]洪梅《近代漢語等呼觀念的演化研究》，福建師範大學，二〇〇六年。
[一〇]嚴至誠《宋元語文雜叢所見等韻資料研究》，香港中文大學中國語言及文學課程哲學碩士論文，二〇〇六年。
[一一]于建松《早期韻圖研究》，蘇州大學，二〇〇七年。
[一二]遊亞榮《宋元等韻門法新探》，華中科技大學，二〇〇八年。
[一三]耿軍《元代漢語音系研究——以〈中原音韻〉音系爲中心》，蘇州大學，二〇〇九年。
[一四]魏薇《韻圖中入聲韻與陰陽聲韻相配研究》，福建師範大學，二〇〇九年。
[一五]洪梅《中古入聲韻在明清韻書中的演變研究》，福建師範大學，二〇一〇年。

［一六］婁育《〈經史正音切韻指南〉考：以著録、版本、音系研究爲中心》，厦門大學，二〇一〇年。
［一七］逆亞榮《宋元韻圖五種用字研究》，華中科技大學，二〇一一年。
［一八］秦曰龍《清抄本〈五音通韻〉研究》，吉林大學，二〇一一年。
［一九］王嬌《〈音韻清濁鑒〉音系研究》，福建師範大學，二〇一二年。
［二〇］劉曉麗《〈五音集韻〉韻圖編纂及其研究》，福建師範大學，二〇一三年。
［二一］方茹《〈五音集韻〉與〈切韻指南〉韻字比較研究》，中國傳媒大學，二〇一五年。
［二二］彭文英《〈古今韻會舉要〉與〈切韻指南〉比較研究》，福建師範大學，二〇一六年。
［二三］葉曉芳《中古以來深咸二攝韻尾演變及其在閩方言中的體現》，福建師範大學，二〇二〇年。
［二四］孫夢城《陝西古代音韻學史研究》，陝西師範大學，二〇二一年。
［二五］肖銀鳳《〈韻譜約觀〉研究》，南昌大學，二〇二一年。
［二六］于上官《切韻圖史》，吉林大學，二〇二一年。

七、期刊文獻

[一]白右尹《俄藏黑水城文獻〈解釋歌義〉研究》，《經學文獻研究集刊》，二〇一七年。
[二]曹正義《等韻圖内外轉補説》，《山東大學文科論文集刊》一九八四年第一期，第一—九頁。
[三]陳開林《〈讀書敏求記〉條辨》，《蘇州教育學院學報》第三十四卷，二〇一七年第六期，第五—九頁、第八二頁。
[四]（日）大巖本幸次《〈五音集韻〉研究略史》，《東北大學中國語學文學論集》二〇〇〇年第五期，第一三—三四頁。
[五]逯亞榮《『喻下憑切』研究》，《語言研究》第三十一卷，二〇一一年第三期，第一二四—一二六頁。
[六]董同龢《〈切韻指掌圖〉中幾個問題》，《歷史語言所集刊》第十七本，第一九五—二一二頁。
[七]董小征《〈五音集韻〉與〈切韻指南〉韻母系統之比較研究》，《福建論壇（人文社會科學版）》二〇〇六年第一版，第一九六—一九七頁。
[八]馮蒸《論〈切韻指掌圖〉三四等對立中的重紐與準重紐》，《語言》第二卷，二〇〇〇年，第一〇三—一七三頁。

［九］馮蒸《論〈四聲等子〉和〈切韻指掌圖〉的韻母系統及其構擬》，《漢語音韻學論文集》，首都師範大學出版社，一九九七年，第二三〇—二五三頁。
［一〇］（日）福田襄之介《〈五音集韻〉び〈五音類聚四聲篇海〉につぃて》，《岡山大學法文學部學術紀要》一九五六年第七期，第三一—三九頁。
［一一］（日）岡本勳《〈五音集韻〉と〈古今韻會舉要〉》，《中京國文學》二〇〇〇年第十九期，第一五—二五頁。
［一二］高明《〈經史正音切韻指南〉之研究》，《南洋大學學報》一九七二年第六期，第一—一八頁。
［一三］宮欽第《論近代漢語入聲韻尾的演變過程》，《漢語史與漢藏語研究》二〇一八年第一期，第八三—九三頁。
［一四］孔德明《論等韻門法歸字列等的基本原則》，《語文研究》一九八五年第二期，第三〇—三三頁。
［一五］李國華《從兩個韻圖的對比中看明清時期的語音發展變化》，《雲南民族學院學報》一九八四年第四期，第七九—八二頁。
［一六］李軍《漢語等韻文獻的整理與漢語等韻學史、古典音系學的構建》，《湖南師範大學社會科學學報》第四十九輯，二〇二〇年第一期，第一一—一三頁。

[一七] 李新魁《〈康熙字典〉的兩種韻圖》，《辭書研究》一九八〇年第一期，第一七四—一八二頁。
[一八] 李新魁《論内外轉》，《李新魁自選集》，大象出版社，一九九九年，第二三〇—二四二頁。
[一九] 李新魁《〈起數訣〉研究》，《音韻學研究》第三輯，中華書局，一九九四年，第一—四一頁。
[二〇] 李新魁《韻鏡研究》，《語言研究》，一九八一年，第一二五—一六六頁。
[二一] 李行傑《〈經史正音切韻指南〉在音韻學上的意義——等韻述聞之壹》，《厦門大學·第三十八届國際漢藏語會議論文提要》，青島大學師範學院，二〇〇五年第一期。
[二二] 林秉娟、張平忠《〈韻鏡〉一系韻圖脣音韻字開合在〈四聲等子〉一系韻圖中的演變》，《福建教育學院學報》第十一輯，二〇一〇年第二期，第九三—九六頁。
[二三] 林琳《中古牙喉音開合口在〈等子〉壹系韻圖中的演變》，《福建師大福清分校學報》二〇一〇年第六期，第一〇五—一〇八頁。
[二四] 林慶勳《〈經史正音切韻指南〉與〈等韻切音指南〉比較研究》，《華岡碩士論文提要》，華岡出版部，一九七三年，第四一四—四一九頁。
[二五] 劉揚濤、婁育《〈切韻指南〉圖心列字十一本對勘（上）——『明本』一系》，《漢語史學報》二〇〇九年第一期，第七五—八五頁。
[二六] 婁育《〈切韻指南〉版本問題拾零》，《中國典籍與文化》二〇一三年第四期，第七六—八

三頁。
[二七]婁育《〈切韻指南〉的版本系統》，《中國典籍與文化》二〇一四年第四期，第五八—六七頁。
[二八]婁育《〈切韻指南〉全書内容及列字傳承特點》，《黄典誠教授百年誕辰紀念文集》，厦門大學出版社，二〇一三年。
[二九]婁育、葉寶奎《近代漢語共同語標準音的演進綫索——以元代等韻文獻〈切韻指南〉的音系探討爲基礎》，《文化學刊》二〇一八年第五卷，第一六九—一七三頁。
[三〇]婁育、趙小丹《近代以來〈經史正音切韻指南〉研究綜覽》，《漢語史研究集刊》，二〇〇九年，第三〇八—三二四頁。
[三一]魯國堯《〈盧宗邁切韻法〉述評》，《中國語文》，一九九二年，第四〇一—四〇九頁。
[三二]魯國堯《〈盧宗邁切韻法〉述評（續）》，《中國語文》，一九九三年，第三三—四二頁。
[三三]羅常培《〈通志·七音略〉研究》，《羅常培語言學論文集》，商務印書館，二〇〇四年，第一三九—一五五頁。
[三四]吕斌《淺談等韻圖産生的背景以及〈切韻指南〉的特點與優點》，《許昌師範學院學報》一九九九年第三期，第八二—八三頁。
[三五]吕昭明《論文獻的譜系關係：以〈經史正音切韻指南〉爲核心文本的初步考察？》，《東

海中文學報》二〇一五年第二十九期，第一七九—二一二頁。

［三六］馬珂《〈咫進齋叢書〉版本研究——兼談〈咫進齋叢書〉第四集》，《山東圖書館學刊》二〇二二年第一期，第一〇五—一〇九頁。

［三七］馬重奇《〈起數訣〉與〈廣韻〉〈集韻〉比較研究——〈皇極經世解起數訣〉研究之一》，《語言研究（增刊）》，一九九四年，第九〇—一一五頁。

［三八］馬重奇《〈起數訣〉與〈韻鏡〉〈七音略〉比較研究——〈皇極經世解起數訣〉研究之二》，《語言研究（增刊）》，一九九六年，第二八〇—三〇〇頁。

［三九］聶鴻音《黑水城抄本〈解釋歌義〉和早期等韻門法》，《寧夏大學學報（哲學社會科學版）》一九九七年第四期，第一四—一七頁。

［四〇］聶鴻音《智公、忍公和等韻門法的創立》，《中國語文》二〇〇五年第二期，第一八〇—一八二頁。

［四一］寧忌浮《〈切韻指南〉的脣音開合與入配陰陽——〈切韻指南〉研究之二》，《社會科學戰綫》一九九三年第六期，第二五四—二六五頁。

［四二］寧忌浮《〈切韻指南〉脣音字分析——〈切韻指南〉研究之三》，《學術研究叢刊》一九九一年第三期，第五〇—五五頁。

［四三］寧忌浮《〈五音集韻〉與等韻學》，《音韻學研究》第三輯，中華書局，一九九四年。

［四四］寧忌浮《〈切韻指南〉的列字和空圈——〈切韻指南〉研究之一》，《吉林大學社會科學學報》一九九五年第四期，第七六—八四頁。
［四五］寧忌浮《〈切韻指南〉入聲韻兼配陰陽試析》，《語言研究（增刊）》，一九九一年，第一四頁。
［四六］（韓）裴宰奭《宋代入聲字韻尾變遷研究》，《古漢語研究》二〇〇二年第四期，第二九—三三五頁。
［四七］沈建民《談〈切韻指南〉與〈五音集韻〉的關係》，《學術論叢（第二集）》，雲南大學出版社，一九九〇年，第三四〇—三五四頁。
［四八］史存直《關於『等』和『門法』》，《漢語音韻學論文集》，華東師範大學出版社，一九九七年。
［四九］（日）水谷誠《〈五音集韻〉について》，《早稻田大學大學院文學研究科紀要別册》，一九八〇年第六期，第一一九—一四九頁。
［五〇］（日）水谷誠《〈五音集韻〉における〈廣韻〉と相違する反切用字について》，《中京大學教養論叢》第二十三輯，一九八三年第四期，第六四九—六七三頁。
［五一］孫强《江火・等韻學基本規則——内外轉》，《徐州師範大學學報》一九九九年第四期，第二四—二八頁。

［五二］唐作藩《〈四聲等子〉研究》《語言文字學論文集——慶祝王力先生學術活動五十年》，知識出版社，一九八九年，第二九一—三一二頁。
［五三］王曦《咫進齋叢書〈四聲等子〉版本研究》，《湖南社會科學》二〇〇八年第二期，第二〇七—二〇九頁。
［五四］王兆鵬《試論宋元科舉考試與韻圖》，《漢字文化》一九九九年第三期，第二八—三〇頁。
［五五］蕭振豪《〈重編改正四聲全形等子〉初探——兼論〈四聲等子〉與〈指玄論〉的關係》，《語言研究》第三十五輯，二〇一五年第四期，第七二—八〇頁。
［五六］謝建娘《論中古以來的異攝趨同現象》，《唐山師範學院學報》第三十四輯，二〇一二年第四期，第二九—三二頁。
［五七］謝雲飛《〈切韻指掌圖〉與〈四聲等子〉之成書年代考》，《學粹》第九卷第一期，一九六八年，第八五—一〇一頁。
［五八］幸之《内外轉及其研究》，《江西師院學報（哲學社會科學版）》一九八三年第二期，第五九—六七、第一八頁。
［五九］許紹早《切韻指掌圖試析》，《音韻學研究》第三輯，中華書局，一九九四年，第八九—一〇一頁。
［六〇］楊軍《〈韻鏡校證〉續正》，《古漢語研究》二〇〇一年第二期。

［六一］葉寶奎《〈切韻指南〉『入配陰陽』初探》，『唐宋切韻圖』國際學術研討會會議論文（貴陽），二〇〇七年。
［六二］葉鍵得《〈經史正音切韻指南·玉鑰匙門法〉析論》，臺北市立師範學院應用語言文學研究所，二〇〇六年。
［六三］張平忠《〈韻鏡〉一系韻圖齒音開合在〈等子〉一系韻圖中的演變》，《福建教育學院學報》二〇〇五年第四期，第六七—七〇頁。
［六四］張玉來《内外轉補釋》，《山東師範大學學報（社會科學版）》一九八八年第一期，第七一—七八頁。
［六五］張玉來《二十世紀音韻學研究成就概觀》，《漢語史與漢藏語研究》二〇一八年第二期，第一三二—一六七頁。
［六六］（日）中村雅之《〈蒙古字韻〉と〈五音集韻〉》，《日本中國語學會·中國語學》第二四〇號，一九九三年，第二一一—二三〇頁。
［六七］鍾樹梁《從〈切韻指掌圖〉到〈切音指南〉及所謂漢語韻母由『豐富』到『偏枯』和『時音』問題——中國音韻學研究之三》，《成都大學學報（社會科學版）》一九八三年第二期，第六八—七七頁。
［六八］周世箴《論〈切韻指掌圖〉中的入聲》，《語言研究》一九八六年第二期。

［六九］朱媞媞《宋元三種等韻圖對〈廣韻〉重紐字的處理比較研究》，《福建教育學院學報》第十輯，二〇〇九年第六期，第八〇—八三頁。

［七〇］竺家寧《宋元韻圖入聲分配及其音系研究》，《中正大學學報》第四卷第一期，一九九三年。

附：

中國國家圖書館藏

明弘治九年刊本《經史正音切韻指南》

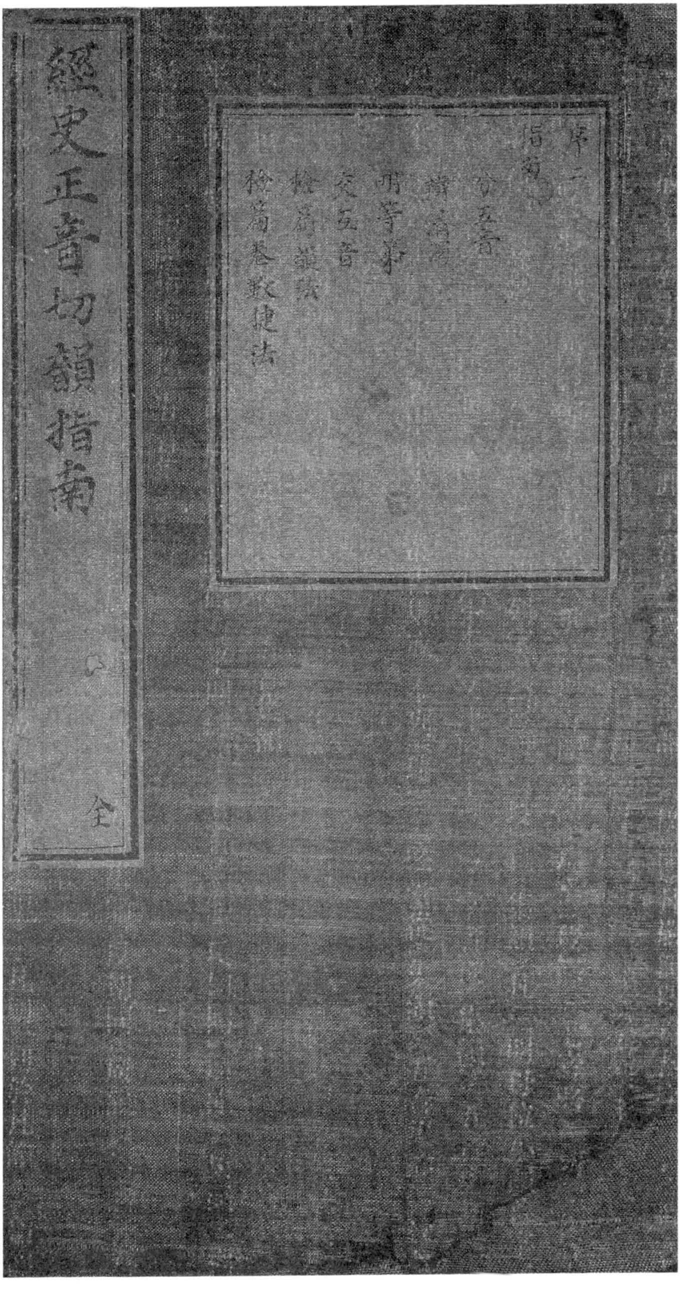
經史正音切韻指南
全
序二
指南
分五音
辯清濁
明等第
交互音
檢篇韻法
檢篇卷數捷法

經史正音切韻指南序

夫讀書必執韻執韻須知切切乃為學之急務儒之不可闕者古有四聲等子為傳流之正宗然而中間分析尚有未明不能曲盡其旨又且溺於經堅仕然之法而失其真者多矣安西劉鑑士明通儒也特造書府來訪於余出示其所編前賢未載不傳之秘欲鋟諸梓以廣其傳名曰經史正音切韻指南余嘉其能求古之道以正今之失俾四方學者得其全書易求誨於先覺云後至元丙子歲仲冬吉日

雲谷熊澤民序

聲韻之學其來尚矣凡窮經傳史以聲求字必得韻而後知韻必得法而後明法必得傳而後

通誠諸韻之總括訂字之權衡也雖五土之音均同一致孰不以韻爲則焉但能歸韻母之横竪審清濁之重輕即知切脚皆有名派聲音妙用本乎自然若以淳淺小法一槩求切而不究其源者予亦未敢輕議其非但恐施於誦讀之間則習爲蔑裂矣略如時忍切腎字時掌切上字同是濁音皆當呼如去聲却將上字呼如清音賞字其蹇切件字其兩切強字亦如去聲又以強字呼如清音磃丘仰切字然則亦以時忍切如哂字其蹇切如遣字可乎倘因礙致思而欲叩其詳者止是清濁之分也又如符羈切如肥字本是皮字都江切如當字本是樁字士魚切如殊字本是鋤字詳里切如洗字本是似字

此乃門法之分也如是誤者豈勝道耶其雖稽
齋癸稱貴菊稱韭字之類乃方言之不可憑者
則不得已而姑從其俗至讀聖賢之書首貴乎
知音其可不稽其本哉其或稽者非口授難明
幸得傳者歸正隨謬者成風以致天下之書不
能同其音也故僕於暇日因其舊制次成十六
通攝作檢韻之法析繁補隙詳分門類并私述
玄關六段總括諸門盡其蘊奧名之曰經史正
音切韻指南與韓氏五音集韻互爲體用諸韻
字音皆由此韻而出也未兼附字音動靜顯與
朋友共之庶爲斯文之一助云爾至元二年歲
在丙子良月關中劉鑑士明自序
皆大明弘治九年仲冬吉日金臺釋子思宜重刊

新編經史正音切韻指南

分五音

見溪羣疑是牙音
端透定泥舌頭音　知徹澄孃舌上音
幫滂並明重脣音　非敷奉微輕脣音
精清從心邪齒頭音　照穿床審禪正齒音
曉匣影喻是喉音　來日半舌半齒音

辨清濁

端見純清與此知　精隨照影及幫非
次清十字審心曉　穿透滂敷清徹溪
全濁羣邪澄並匣　從禪定奉與床齊
半清半濁微孃喻　疑日明來共八泥

明等第

端精二位兩頭居　知照中間次第呼
来曉見幫居四等　日非三等外全無

交互音

知照非敷遞互通　泥孃穿徹用時同
澄床疑喻相連屬　六母交叅一處窮

檢篇韻法

篇中類出韻中字　韻內分開篇內音
見字求聲篇內檢　知聲取字韻中尋

檢篇卷數捷法

一序二見溪三內是群疑端透泥定四澄孃徹五知幫滂六內取明並七爲基非敷微八奉精清從九歸心邪十內有照穿牀十一審禪行十二曉匣影十三喻母俱十四來日十五宜

通攝內一

	見	溪	群	疑	端	透	定	泥	幫	滂	並	明
					知	徹	澄	孃	非	敷	奉	微
	公	空	頣	㟜	東	通	同	齈	○	俸	蓬	蒙
	贑	孔	○	湡	董	侗	動	䙪	琫	○	菶	蠓
	貢	控	○	○	涷	痛	洞	齈	○	○	𢹎	幪
	穀	哭	○	擢	穀	秃	獨	耨	卜	扑	暴	木
	○	○	○	○	○	○	○	○	○	○	○	○
	○	○	○	○	○	○	○	○	○	○	○	○
	○	○	○	○	○	○	○	○	○	○	○	○
	○	○	○	○	○	○	○	○	○	○	○	○
侷門	恭	銎	蛩	顒	中	蹱	重	醲	封	峯	逢	犛
	拱	恐	梁	○	冢	寵	重	○	覂	捧	奉	○
	供	恐	共	○	湩	蹱	重	○	諷	葑	俸	艨
	輂	曲	局	玉	瘃	梀	躅	傉	工	蝮	幞	媢
	○	○	○	○	○	○	○	○	○	○	○	○
	○	○	○	○	○	○	○	○	○	○	○	○
	○	○	○	○	○	○	○	○	○	○	○	○
	○	○	○	○	○	○	○	○	○	○	○	○

精	清	從	心	邪	曉	匣	影	喻	來	日		
照	穿	床	審	禪							韻	
葼	怱	叢	檧	〇	烘	洪	翁	〇	籠	〇	東	冬
總	〇	嵸	𢾭	〇	嗊	澒	蓊	〇	曨	〇	董	〇
稯	謥	[illegible]	送	〇	烘	哄	甕	〇	弄	〇	送	宋
鏃	瘯	族	速	〇	[illegible]	穀	屋	〇	禄	〇	屋	沃
〇	〇	崇	〇	〇	〇	〇	〇	〇	〇	〇		
〇	〇	〇	〇	〇	〇	〇	〇	〇	〇	〇		
〇	〇	[illegible]	〇	〇	〇	〇	〇	〇	〇	〇		
縬	珿	鷟	縮	〇	〇	〇	〇	〇	〇	〇		
鍾	衝	〇	舂	鱅	胷	雄	邕	〇	龍	茸	鍾	此攝指掌作獨韻獨韻者所用之字不出本圖之内
腫	[illegible]	〇	〇	尰	洶	〇	擁	〇	隴	宂	腫	
種	揰	〇	〇	〇	〇	〇	雍	〇	贚	[illegible]	用	
燭	婌	贖	束	蜀	旭	〇	〇	〇	録	辱	燭	
縱	樅	從	蜙	松	〇	〇	〇	容	〇	〇		
縱	愡	〇	悚	〇	〇	〇	〇	勇	〇	〇		
縱	〇	從	〇	頌	〇	〇	〇	用	〇	〇		
足	促	〇	粟	續	〇	〇	〇	欲	〇	〇		

江攝外一

見幫曉喻屬開知照來日屬合

	明微	並奉	滂敷	幫非	泥孃	定澄	透徹	端知	疑	群	溪	見
平	厖	龐	胮	邦	膿	幢	惷	椿	峴	○	腔	江
上	𠈌	棒	㩧	綁	擃	○	○	○	○	○	控	講
去	㤶	○	肨	○	鬞	䡴	𦽇	戇	○	○	颵	絳
入	邈	雹	璞	剝	搦	濁	逴	斲	嶽	㠥	殼	覺

開口呼（見溪群疑）　合口呼（端知透徹定澄泥孃）　開口呼（幫非滂敷並奉明微）

精 照	清 穿	從 床	心 審	邪 禪	曉	匣	影	喻	來	日	韻	
○	囪	淙	雙	○	肛	栙	胦	○	瀧	○	江	此攝指掌 亦作獨韻
○	傯	○	聳	○	傋	項	慃	○	○	○	講	
○	糉	漴	淙	○	惷	巷	○	○	○	○	絳	
捉	娖	浞	朔	○	吒	學	渥	○	犖	○	覺	
合口呼					開口呼				合口呼			

止攝內二

開口呼　通門

見	溪	群	疑	端	透	定	泥	幫	滂	並	明
				知	徹	澄	孃	非	敷	奉	微
○	○	○	○	○	○	○	○	○	○	○	○
○	○	○	○	○	○	○	○	○	○	○	○
○	○	○	○	○	○	○	○	○	○	○	○
○	○	○	○	○	○	○	○	○	○	○	○
○	○	○	○	○	○	○	○	陂	○	○	糜
○	○	○	○	○	○	○	○	彼	破	被	羙
○	○	○	○	○	○	○	○	○		合口呼	○
○	○	○	○	○	○	○	○	○			○
飢	攲	奇	狋	知	絺	馳	尼	陂	鈹	皮	糜
几	起	技	擬	徵	褫	豸	狔	彼	破	被	羙
冀	器	芰	[illegible]	智	杘	緻	膩	賁	帔	備	[illegible]
暨	○	姞	耴	窒	抶	秩	暱	筆	拂	弼	密
○	○	祇	[illegible]	○	○	○	○	卑	紕	舭	彌
枳	企	○	○	○	體	弟	○	匕	諀	婢	渳
繫	棄	○	○	帝	○	地	○	庳	譬	鼻	寐
吉	詰	佶	[illegible]	窒	○	耋	[illegible]	必	匹	邲	蜜

入声字見於臻攝

日	來	喻	影	匣	曉	邪	心	從	清	精
						禪	審	床	穿	照
○	○	○	○	○	○	○	○	○	○	○
○	○	○	○	○	○	○	○	○	○	○
○	○	○	○	○	○	○	○	○	○	○
○	○	○	○	○	○	○	○	○	○	○
○	○	○	○	○	○	○	釃	茌	差	菑
○	○	○	○	○	○	○	史	士	剢	批
○	○	○	○	○	○	○	駛	○	廁	裝
○	○	○	○	○	○	○	瑟	齜	剢	櫛
而	離	○	醫	○	犧	時	詩	○	鴟	支
爾	邐	矣	倚	○	喜	視	始	舓	齒	止
二	吏	○	懿	○	戲	嗜	屍	示	郄	志
日	栗	○	乙	○	肸	䅸	失	實	叱	質
○	○	移	伊	○	咦	詞	思	慈	雌	貲
○	○	以	○	○	○	似	枲	薺	此	姊
○	○	異	撎	系	○	寺	四	自	次	恣
○	○	逸	一	○	欯	○	悉	疾	七	堲

韻：脂 旨 至 質

微韻宜併入脂韻

微 尾 未 物

止攝內二　合口呼　通門　入聲字見於臻攝

見	溪	群	疑	端 知	透 徹	定 澄	泥 孃	幫 非	滂 敷	並 奉	明 微
○	○	○	○	○	○	○	○	○	○	○	○
○	○	○	○	○	○	○	○	○	○	○	○
○	○	○	○	○	○	○	○	○	○	○	○
○	○	○	○	○	○	○	○	○	○	○	○
○	○	○	○	○	○	○	○	○	○	○	○
○	○	○	○	○	○	○	○	○	○	○	○
○	○	○	○	○	○	○	○	○	○	○	○
○	○	○	○	○	○	○	○	○	○	○	○
龜	虧	逵	危	追	○	鎚	○	非	霏	肥	微
軌	巋	跪	硊	○	摧	○	萎	匪	斐	膹	尾
媿	喟	匱	僞	轛	○	墜	諉	沸	費	狒	未
亥	屈	倔	崛	怞	黜	朮	貀	弗	拂	佛	物
頍	闚	葵	○	○	○	○	○	○	○	○	○
癸	跬	揆	峞	○	○	○	○	○	○	○	○
瞡	觖	悸	○	○	○	○	○	○	○	○	○
橘	○	繘	○	○	○	○	○	○	○	○	○

微韻宜併入脂韻

韻	精 照	清 穿	從 床	心 審	邪 禪	曉	匣	影	喻	來	日
	〇			〇	〇	〇	〇	〇	〇	〇	〇
	〇	〇	〇	〇	〇	〇	〇	〇	〇	〇	〇
	〇	〇	〇	〇	〇	〇	〇	〇	〇	〇	〇
	〇	〇	〇	〇	〇	〇	〇	〇	〇	〇	〇
	蘂	衰	〇	衰	〇	〇	〇	〇	〇	〇	〇
	〇	揣	〇	〇	〇	〇	〇	〇	〇	〇	〇
	〇	〇	〇	帥	〇	〇	〇	〇	〇	〇	〇
	剟	〇	〇	率	〇	〇	〇	〇	〇	〇	〇
微	錐	吹	〇	〇	垂	麾	〇	逶	帷	纍	痿
尾	捶	〇	〇	水	菙	毇	〇	委	蔿	壘	蘂
未	惴	吹	〇	銳	睡	毀	〇	餧	位	類	枘
物	〇	出	術	絀	〇	颰	〇	蔚	[illegible]	律	〇
	嶉	[illegible]	厜	綏	隨	隓	〇	洼	惟	〇	〇
	觜	[illegible]	〇	髓	[illegible]	瞲	〇	〇	葰	〇	〇
	醉	翠	萃	邃	遂	孈	〇	恚	遺	〇	〇
	卒	焌	崒	卹	〇	獝	驈	〇	聿	〇	〇

脂旨至質

遇攝內三　獨韻　侷門

入声字在遇摄

	見	溪	群	疑	端知	透徹	定澄	泥孃	幫非	滂敷	並奉	明微
一等平	孤	枯	○	吾	都	𤤻	徒	奴	逋	鋪	酺	摸
一等上	古	苦	○	五	覩	土	杜	怒	補	普	簿	姥
一等去	顧	絝	○	誤	妒	菟	渡	笯	布	怖	捕	暮
一等入	穀	哭	○	擢	豰	禿	獨	耨	卜	扑	暴	木
二等平	○	○	○	○	○	○	○	○	○	○	○	○
二等上	○	○	○	○	○	○	○	○	○	○	○	○
二等去	○	○	○	○	○	○	○	○	○	○	○	○
二等入	○	○	○	○	○	○	○	○	○	○	○	○
三等平	居	虛	渠	魚	豬	攄	除	袽	跗	敷	扶	無
三等上	舉	去	巨	語	貯	楮	佇	女	甫	撫	父	武
三等去	據	㰦	遽	御	著	絮	箸	女	付	赴	附	務
三等入	輂	曲	局	玉	瘃	楝	躅	傉	工	○	幞	媢
四等平	○	○	○	○	○	○	○	○	○	○	○	○
四等上	○	○	○	○	○	○	○	○	○	○	○	○
四等去	○	○	○	○	○	○	○	○	○	○	○	○
四等入	○	○	○	○	○	○	○	○	○	○	○	○

精照	清穿	從床	心審	邪禪	曉	匣	影	喻	來	日	韻
祖	麤	徂	蘇	○	呼	胡	烏	侉	盧	○	模
祖	蔖	粗	○	○	虎	户	隖	○	魯	○	姥
作	厝	祚	訴	○	謼	濩	汙	○	路	○	暮
鏃	瘯	族	速	○	嗀	縠	屋	○	禄	○	屋
葅	初	鉏	疏	○	○	○	○	○	○	○	
阻	楚	齟	所	○	○	○	○	○	○	○	
詛	楚	助	䟽	○	○	○	○	○	○	○	
○	○	鸀	數	○	○	○	○	○	○	○	
諸	樞	○	書	蜍	虛	○	於	于	臚	如	魚
[illegible]	杵	紓	暑	野	許	○	淤	羽	呂	汝	語
翥	處	○	恕	署	嘘	○	飫	芋	慮	洳	御
燭	娖	贖	束	蜀	旭	○	○	○	録	辱	燭
且	疽	○	胥	徐	○	○	○	余	○	○	虞
苴	取	咀	諝	敘	○	○	○	與	○	○	麌
怚	覷	聚	絮	屐	○	○	○	豫	○	○	遇
足	促	○	粟	續	○	○	○	欲	○	○	

蟹攝外二

開口呼　廣門

見	溪	群	疑	端/知	透/徹	定/澄	泥/孃	幫/非	滂/敷	並/奉	明/微
該	開	○	皚	[illegible]	胎	臺	能	○	娝	陪	○
改	愷	○	騃	等	[illegible]	駘	乃	[illegible]	俖	倍	穤
蓋	磕	隑	艾	帶	泰	大	柰	貝	霈	旆	眛
葛	渴	○	嶭	怛	闥	達	捺	○	○	○	[illegible]
皆	揩	○	崖	榸	搋	[illegible]	[illegible]	碩	崴	排	䁹
鍇	楷	箉	騃	釞	○	徥	嬭	擺	帆	罷	買
誡	烗	[illegible]	睚	媞	蠆	○	[illegible]	辥	○	○	賣
鶛	稿	○	聐	哳	獺	噠	痆	捌	汃	拔	傛
○	○	○	○	○	○	○	○	○	○	○	○
○	○	○	○	○	○	○	○	○	○	○	○
猘	憩	偈	劓	[illegible]	跐	滯	婦	○	○	○	○
暨	○	姞	耴	窒	抶	秩	暱	筆	拂	弼	密
雞	谿	○	倪	低	梯	[illegible]	泥	䠋	砒	鼙	迷
鷄	啓	○	堄	邸	體	弟	禰	[illegible]	頩	陛	米
計	契	○	詣	帝	替	第	泥	閉	媲	薜	謎
吉	詰	洁	齧	窒	○	耊	昵	必	匹	邲	蜜

精照	清穿	從床	心審	邪禪	曉	匣	影	喻	來	日	韻
栽	猜	裁	鰓	○	咍	孩	哀	頤	來	○	咍
宰	采	在	諰	○	海	亥	欸	䑂	[illegible]	○	海
載	縩	載	賽	○	餀	害	藹	○	賴	○	儫
鬢	攃	巀	䕓	○	顎	曷	遏	○	剌	○	曷
齋	釵	豺	崽	○	俙	諧	娃	○	唻	○	皆
抧	𡾊	○	灑	○	○	蟹	挨	○	攋	○	駭
瘵	差	𢔩	曬	○	譮	邂	隘	○	○	○	怪
札	剎	鍘	殺	○	瞎	黠	軋	○	○	○	鎋
○	擣	○	○	○	○	○	○	○	○	茾	齊
○	茝	○	○	○	○	○	○	○	○	疠	薺
制	掣	挈	世	逝	歇	○	緆	○	例	○	祭
質	叱	實	失	寔	肸	○	乙	○	栗	日	質
齎	妻	齊	西	○	醯	奚	鷖	○	黎	○	齊
濟	泚	薺	洗	○	○	徯	吟	○	禮	○	薺
霽	砌	嚌	細	○	欸	蒵	翳	賢	麗	○	霽
堲	七	疾	悉	○	款	○	一	逸	○	○	質

代韻宜併入泰韻

祭韻宜併入霽韻

指南　九

蟹攝外二　合口呼　廣門

見	溪	群	疑	端知	透徹	定澄	泥孃	幫非	滂敷	並奉	明微
傀	恢	○	鮠	磓	蓷	穨	懮	栢	肧	裴	枚
領	䫥	○	頠	腲	骽	錞	餧	悖	琣	琲	浼
憒	塊	聵	磑	對	退	隊	内	背	配	佩	妹
括	闊	○	枂	掇	侻	奪	○	撥	鏺	跋	末
媧	匯	○	詭	○	○	儧	○	○	○	○	○
乖	胯	○	○	儶	○	撑	○	○	○	○	○
卦	蒯	髽	聵	膪	顡	鰶	取	庍	湃	憊	昒
劀	劼	○	刖	鵽	纇	○	妠	○	○	○	○
○	○	○	○	○	○	○	○	○	○	○	○
○	○	○	○	○	○	○	○	○	○	○	○
劌	𤼸	衛	緣	綴	惙	鏋	○	廢	肺	吠	○
亥	屈	倔	崛	怵	黜	术	貀	弗	拂	佛	物
圭	睽	○	巋	○	○	○	○	○	○	眭	○
○	○	○	○	○	○	○	○	○	○	○	○
桂	䙆	○	○	○	○	○	○	○	劇	○	○
橘	○	繘	○	○	○	○	○	○	○	○	○

精	清	從	心	邪	曉	匣	影	喻	來	日	
照	穿	床	審	禪							韻
嗺	崔	摧	膗	○	灰	回	隈	○	靁	○	灰
摧	皠	辠	崔	○	賄	瘣	猥	阭	磥	○	賄
晬	倅	啐	碎	○	誨	潰	[illegible]	[illegible]	顡	○	隊
繓	撮	柮	剟	○	豁	活	斡	○	捋	○	末
○	[illegible]	膗	蓑	○	[illegible]	懷	蛙	○	[illegible]	○	皆
○	撮	○	○	○	扮	夥	崴	○	○	○	駭
○	啐	擺	[illegible]	○	[illegible]	壞	[illegible]	○	○	○	怪
茁	篡	○	刷	○	聒	頢	婠	○	○	○	鎋
○	○	○	○	栘	○	○	○	○	○	○	齊
○	○	○	○	○	○	○	○	○	○	○	
贅	毳	○	稅	[illegible]	喙	○	穢	衛	○	芮	廢
○	出	術	絀	○	[illegible]	○	蔚	[illegible]	律	○	術
○	○	○	○	○	睳	攜	烓	○	○	○	齊
○	○	○	○	○	○	○	○	○	○	○	薺
繐	毳	○	歲	篲	嘒	慧	○	銳	○	○	霽
卒	焌	崒	卹	○	獝	驈	○	聿	○	○	術

泰韻合口字宜併入隊韻

廢韻宜併入霽韻

臻攝外三　開口呼

見	溪	群	疑	端 知	透 徹	定 澄	泥 孃	幫 非	滂 敷	並 奉	明 微
根	齦	○	垠	○	吞	○	○	○	○	○	○
頣	墾	領	限	○	○	○	○	○	○	○	○
艮	硍	○	鎧	○	⿸疒吞	○	○	○	○	○	○
扢	○	○	⿰犭豈	○	○	○	○	○	○	○	○
○	○	○	○	○	○	○	○	○	○	○	○
○	○	○	○	○	○	○	○	○	○	○	○
○	○	○	○	○	○	○	○	○	○	○	○
○	○	○	○	○	○	○	○	○	○	○	○
巾	緊	⿰犭堇	銀	珍	𪒳	陳	紉	彬	砏	貧	珉
巹	螼	○	釿	駗	辴	紖	○	○	○	○	愍
⿰扌巾	掀	慬	憖	鎮	疢	敶	○	○	○	○	愍
暨	○	姞	耴	窒	抶	秩	暱	筆	拂	弼	密
○	○	趣	○	顛	天	田	年	賓	繽	頻	民
緊	螼	○	○	○	○	○	○	臏	⿰石求	牝	泯
○	菣	○	○	○	○	○	○	儐	汖	○	○
吉	詰	佶	⿰馬色	窒	○	耋	昵	必	匹	邲	蜜

通門

精照	清穿	從牀	心審	邪禪	曉	匣	影	喻	来	日	韻
○	○	○	○	○	○	痕	恩	○	○	○	痕
○	○	○	洒	○	○	很	穏	○	○	○	很
○	○	○	摌	○	○	恨	[illegible]	○	○	○	恨
○	○	○	○	○	○	麧	○	○	○	○	没
臻	瀙	蓁	莘	○	○	○	○	○	○	○	
[illegible]	齔	濜	○	○	○	○	○	○	○	○	
縥	櫬	酳	阠	○	○	○	○	○	○	○	
櫛	刹	齜	瑟	○	○	○	○	○	○	○	
真	瞋	神	申	辰	欣	○	咽	○	粦	仁	真
軫	○	○	矤	腎	[illegible]	○	迎	○	嶙	忍	軫
震	○	○	胂	慎	衅	○	隱	○	遴	刃	震
質	叱	實	失	䔿	肸	○	乙	○	栗	日	質
津	親	秦	新	○	鴆	礥	因	寅	○	○	
儘	笉	盡	囟	○	○	○	○	引	○	○	
晉	親	○	信	賮	○	○	印	胤	○	○	
堲	七	疾	悉	○	款	○	一	逸	○	○	

發韻宜併入真韻

殷隱焮迄

臻攝外三 合口呼 通門

聲母	一等平	一等上	一等去	一等入	二等平	二等上	二等去	二等入	三等平	三等上	三等去	三等入	四等平	四等上	四等去	四等入
見	昆	鯀	睔	骨	○	○	○	○	麏	⿸广君	攈	亥	均	○	昀	橘
溪	坤	閫	困	窟	○	○	○	○	囷	稛	壼	屈	○	麡	○	○
群	○	○	○	○	○	○	○	○	羣	窘	郡	倔	⿱匋心	○	○	繘
疑	⿰亻軍	○	顐	⿰犭豈	○	○	○	○	輑	輑	○	崛	○	○	○	○
端 知	敦	⿰山頁	⿰虫頁	咄	○	○	○	○	屯	○	鈍	⿰忄出	○	○	○	○
透 徹	暾	畽	⿰黑享	宊	○	○	○	○	椿	⿰禾盾	○	黜	○	○	○	○
定 澄	屯	囤	鈍	突	○	○	○	○	⿰酉屯	⿰虫享	○	术	○	○	○	○
泥 孃	黁	⿰火内	嫩	訥	○	○	○	○	○	○	○	貀	○	○	○	○
幫 非	奔	本	奔	不	○	○	○	○	分	粉	糞	弗	○	○	○	○
滂 敷	濆	翉	噴	誖	○	○	○	○	芬	忿	湓	拂	○	○	○	○
並 奉	盆	獖	坌	勃	○	○	○	○	汾	憤	分	佛	○	○	○	○
明 微	門	懣	悶	沒	○	○	○	○	文	吻	問	物	○	○	○	○

精 照	清 穿	從 牀	心 審	邪 禪	曉	匣	影	喻	來	日	韻
尊	村	存	孫	○	昏	魂	昷	○	論	○	魂
⿰尊刂	忖	鱒	損	○	緫	混	穩	○	怨	○	混
焌	寸	鐏	巽	○	惛	慁	搵	○	論	○	慁
卒	猝	捽	窣	○	忽	搰	頞	○	⿰束攴	○	沒
竣	⿰忄肯	○	○	○	○	○	○	○	○	○	
○	○	○	○	○	○	○	○	○	○	○	
○	○	○	○	○	○	○	○	○	○	○	
⿰叕出	○	○	率	○	○	○	○	○	○	○	
諄	春	脣	○	純	薰	○	贇	筠	掄	犉	諄
準	蠢	盾	賰	○	○	○	惲	殞	輪	蝡	準
稕	○	順	舜	○	訓	○	醞	運	論	閏	稕
○	出	術	絀	○	颰	○	蔚	颮	律	○	術
遵	逡	鷷	荀	旬	○	○	蜵	勻	○	○	
○	蹲	⿸疒鳥	筍	楯	○	○	○	尹	○	○	
儁	○	○	⿰彳夋	殉	○	○	○	○	○	○	
卒	焌	崒	卹	○	獝	驈	○	聿	○	○	

文韻宜併入諄韻

文吻問物

山攝外四　開口呼　廣門

見	溪	群	疑	端	透	定	泥	幫	滂	並	明
				知	徹	澄	孃	非	敷	奉	微
干	看	○	豻	單	灘	壇	難	○	○	○	○
笴	侃	○	○	亶	坦	但	攤	○	○	○	○
旰	侃	○	岸	旦	炭	憚	灘	○	○	○	○
葛	渴	○	嶭	怛	闥	達	捺	○	○	○	鴇
閒	慳	○	顏	儃	○	撚	然	○	○	辦	○
簡	齦	○	眼	○	㬋	○	赧	○	肹	阪	○
諫	○	○	鴈	○	㬋	袒	㬮	扮	○	辦	慢
鶡	鬝	○	聐	哳	獺	躂	痆	捌	汃	拔	𠍲
攓	愆	乾	言	邅	脠	纏	○	○	○	○	㒙
蹇	繾	件	齴	展	搌	邅	趁	辡	鴘	辯	免
建	傻	健	彥	驏	○	邅	輾	變	○	卞	○
孑	揭	傑	孼	哲	屮	轍	○	𠜩	○	別	○
甄	牽	○	妍	顛	天	田	秊	鞭	篇	便	眠
繭	遣	○	齞	典	腆	殄	撚	○	篇	楩	○
見	譴	○	硯	殿	瑱	電	晛	編	鶣	便	麪
結	挈	○	齧	窒	鐵	姪	涅	鷩	撆	蹩	蔑

精	清	從	心	邪	曉	匣	影	喻	來	日	
照	穿	床	審	禪							韻
鑯	餐	殘	跚	○	頇	寒	安	○	蘭	○	寒
趲	○	瓚	散	○	罕	旱	侒	○	嬾	○	旱
賛	粲	㜺	繖	○	漢	翰	按	○	爛	○	翰
鬢	攃	巀	躠	○	顯	曷	遏	○	剌	○	曷
○	貚	虥	山	○	羴	閑	黰	○	斕	○	山
醆	剗	棧	産	○	○	限	軋	○	○	○	產
○	羼	輚	訕	○	○	骭	晏	○	○	○	諫
札	刹	鐁	殺	○	瞎	黠	軋	○	○	○	鎋
饘	○	○	羶	鋋	嘕	○	焉	漹	連	然	仙
膳	闡	○	燃	善	幰	○	㫮	○	輦	蹨	獮
戰	硟	○	扇	繕	獻	○	躽	○	𨓍	䎡	線
哲	掣	舌	設	○	娎	紇	𦃃	○	列	熱	薛
箋	千	前	仙	次	祆	賢	煙	延	蓮	○	
翦	淺	踐	獮	綫	顯	峴	蝘	演	○	○	
箭	蒨	賤	霰	羨	韅	見	宴	衍	練	○	
節	切	截	屑	○	夻	纈	噎	抴	○	○	

元韻宜与仙韻通
押獮當合入寬韻

元
阮
願
月

山攝外四　合口呼　廣門

見	溪	群	疑	端知	透徹	定澄	泥孃	幫非	滂敷	並奉	明微
官	寬	○	岏	端	湍	團	渜	[illegible]	潘	縏	瞞
管	款	○	輐	短	疃	斷	煗	粄	坢	伴	滿
貫	鏉	○	玩	鍛	彖	段	偄	半	判	叛	縵
括	闊	○	枂	掇	侻	奪	○	撥	鏺	跋	末
關	○	[illegible]	頑	○	○	窀	奻	班	攀	○	蠻
○	○	○	○	[illegible]	○	○	○	版	○	○	矕
慣	○	[illegible]	薍	○	○	○	奻	扮	襻	○	○
劀	[illegible]	○	刖	鵽	[illegible]	○	妠	○	○	○	○
勬	卷	權	元	[illegible]	猭	椽	○	蕃	飜	煩	樠
卷	捲	圈	阮	轉	腞	篆	[illegible]	反	[illegible]	飯	晚
眷	䎝	倦	願	囀	掾	傳	○	販	嬔	飯	万
蹶	闕	[illegible]	月	輟	綴	○	呐	髮	怖	伐	韈
消	○	○	○	○	○	○	○	○	○	○	○
之	犬	蜎	○	○	○	○	○	褊	○	○	緬
睊	駽	○	○	○	○	○	○	○	○	○	○
玦	闋	○	○	○	○	○	○	○	○	○	○

精	清	從	心	邪	曉	匣	影	喻	來	日		
照	穿	床	審	禪							韻	
鑽	鋑	攢	酸	○	歡	桓	剜	○	鑾	○	桓	
纂	⿱毳心	○	算	鄹	㬇	緩	椀	○	卵	○	緩	
穳	竄	攢	筭	○	喚	換	惋	○	亂	○	換	
繓	撮	柮	⿰雪刂	○	豁	活	斡	○	捋	○	末	
跧	○	狗	栓	○	豩	湲	彎	○	𪇆	○	山	
⿰虫巽	⿰忄産	撰	○	○	○	睆	綰	○	○	○	產	
孨	簒	饌	⿱竹奉	○	○	患	綰	○	○	○	諫	
茁	篹	○	刷	○	聐	頢	婠	○	○	○	鎋	
專	穿	船	○	遄	暄	○	嬽	員	攣	堧	元	仙
剸	舛	○	○	腨	烜	○	宛	遠	臠	輭	阮	獮
剸	釧	○	縳	⿰扌叀	楦	○	怨	瑗	戀	⿰口耎	願	線
拙	歠	○	說	啜	⿱日叉	○	噦	越	劣	爇	月	薛
鐫	詮	全	宣	旋	鋗	玄	淵	沿	○	○		
臇	○	雋	選	⿱艹夐	蠉	泫	蜎	兖	○	○		
恮	縓	泉	選	漩	絢	縣	餇	掾	○	○		
蕝	膬	絕	雪	⿱艹叏	血	穴	抉	悅	○	○		

元韻宜与先韻通
抑不當合入寬韻

効攝外五 獨韻 廣門

見	溪	群	疑	端知	透徹	定澄	泥孃	幫非	滂敷	並奉	明微
高	尻	○	敖	刀	饕	陶	猱	褒	橐	袍	毛
暠	考	○	䫜	倒	討	道	瑙	寶	皫	抱	蓩
誥	鎬	㯳	傲	到	韜	導	腝	報	[illegible]	暴	帽
各	恪	○	咢	沰	託	鐸	諾	博	[illegible]	泊	莫
交	敲	○	聱	嘲	颮	桃	鐃	包	胞	庖	茅
絞	巧	○	齩	獠	䎐	○	獿	飽	砲	鮑	卯
教	敲	○	樂	罩	趠	棹	橈	豹	奅	靤	皃
覺	殼	巏	嶽	○	○	○	○	剝	璞	雹	邈
驕	趫	喬	○	朝	超	鼂	○	鑣	○	瀌	苗
矯	槁	驕	○	○	巐	肇	○	表	麃	藨	○
驕	趬	嶠	虓	○	超	召	○	裱	○	○	廟
腳	卻	噱	虐	芍	㲋	著	逽	○	○	○	○
驍	蹺	翹	堯	貂	祧	迢	嬈	飆	[illegible]	瓢	蜱
皎	磽	[illegible]	[illegible]	鳥	朓	窕	嬲	褾	縹	摽	眇
叫	竅	翹	顤	弔	糶	藋	尿	標	剽	驃	妙
○	○	○	○	○	○	○	○	○	○	○	○

精照	糟	早	竈	作	𦗢	爪	抓	○	昭	沼	照	灼	焦	湫	醮	爵
清穿	操	草	操	錯	䜈	煼	抄	○	怊	麨	覞	綽	鍫	悄	陗	鵲
從牀	曹	皁	漕	昨	巢	䰫	𤍬	○	○	○	○	○	樵	潐	噍	嚼
心審	騷	嫂	喿	索	梢	數	稍	○	燒	少	少	爍	宵	小	笑	削
邪禪	○	○	○	○	○	○	○	○	韶	紹	邵	妁	○	○	○	○
曉	蒿	好	秏	臛	虓	嗃	孝	吒	嚻	○	○	謔	膮	𪄥	𣀇	○
匣	豪	晧	号	涸	肴	澩	效	學	○	○	○	○	○	○	○	○
影	爊	襖	奥	惡	顱	拗	靿	握	妖	夭	○	約	要	杳	要	○
喻	○	○	○	○	猇	○	○	○	鴞	○	○	○	遥	鷕	燿	藥
來	勞	老	嫪	落	顟	𨞦	○	○	燎	繚	尞	略	聊	了	顟	○
日	○	○	○	○	○	○	○	○	饒	擾	饒	若	○	○	○	○
韻	豪	皓	号	鐸	肴	巧	效	覺	宵	小	笑	藥				

平上去入

	見	溪	群	疑	端	透	定	泥	幫	滂	並	明
					知	徹	澄	孃	非	敷	奉	微
果攝內四	歌	珂	翗	莪	多	佗	駝	那	○	○	○	○
	哿	可	○	我	嚲	袉	爹	橠	○	○	○	○
	箇	坷	○	餓	跢	拖	馱	奈	○	○	○	○
	各	恪	○	咢	沰	託	鐸	諾	○	○	○	○
假攝外六	嘉	䶗	○	牙	奓	侘	茶	拏	巴	葩	爬	麻
	檟	跒	○	雅	[illegible]	奼	䟻	絮	把	土	跁	馬
	駕	髂	○	迓	吒	詫	蛇	胗	霸	忚	飫	禡
	[illegible]	[illegible]	○	聐	哳	獺	噠	痆	捌	汃	拔	[illegible]
狹門	迦	佉	伽	○	○	○	○	○	○	○	○	○
	○	○	○	○	○	○	○	○	○	○	○	○
	○	○	○	○	○	○	○	○	○	○	○	○
	孑	揭	傑	○	○	○	○	○	○	○	○	○
果攝入聲字在宕攝 假攝入聲字在山攝	○	○	○	○	爹	○	○	膣	○	○	○	哶
	○	○	○	○	哆	○	○	○	○	○	○	乜
	○	歌	○	○	○	○	○	○	○	○	○	○
	○	偰	○	○	窒	○	○	涅	○	○	○	蔑

精照	清穿	從床	心審	邪禪	曉	匣	影	喻	來	日	韻
[illegible]	蹉	醝	娑	○	訶	何	阿	○	羅	○	歌
左	瑳	蒫	縒	○	歌	荷	閜	○	欏	○	哿
佐	○	○	些	○	呵	賀	椏	○	邏	○	箇
作	錯	昨	索	○	臛	涸	惡	○	落	○	鐸
樝	叉	楂	鯊	○	煆	遐	鴉	○	○	○	麻
鮓	奼	槎	灑	○	閜	下	啞	○	藞	○	馬
詐	瘥	乍	嗄	○	嚇	暇	亞	○	○	○	禡
札	剎	鐁	殺	○	瞎	黠	軋	○	○	○	鎋
遮	車	蛇	奢	闍	○	○	○	○	儸	若	
若	奲	○	捨	社	○	○	○	○	跍	若	
柘	赿	射	舍	[illegible]	○	○	○	○	○	偌	
晢	掣	舌	設	○	○	○	○	○	○	○	
嗟	䃈	査	些	衺	苛	○	○	耶	○	○	
姐	且	姐	寫	灺	○	○	○	野	○	○	
唶	笡	褯	蝑	謝	○	○	○	夜	○	○	
節	切	截	屑	○	○	○	○	抴	○	○	

開口呼 內外混等

果攝內四

假攝外六 狹門

果攝入声字在宕攝 假攝入声字在山攝

見	溪	群	疑	端	透	定	泥	幫	滂	並	明
				知	徹	澄	孃	非	敷	奉	微
戈	科	○	訛	陊	詑	牠	挼	波	頗	婆	摩
果	顆	○	姽	埵	妥	隋	姽	跛	叵	爸	麼
過	課	○	臥	桗	唾	惰	愞	播	破	棓	磨
郭	廓	○	雘	○	○	○	○	○	○	○	○
瓜	誇	○	⿰化欠	檛	○	○	○	○	○	○	○
寡	髁	○	瓦	⿱丆人	⿱⿰禾叉木	○	○	○	○	○	○
坬	跨	○	瓦	○	○	⿱艹磋	○	○	○	○	○
劀	⿰骨力	○	刖	鵽	須	○	⿰女丙	○	○	○	○
○	骪	瘸	○	○	○	○	○	○	○	○	○
○	○	○	○	○	○	○	○	○	○	○	○
○	○	○	○	○	○	○	○	○	○	○	○
○	闕	瘚	○	○	○	○	○	○	○	○	○
○	○	○	○	○	○	○	○	○	○	○	○
○	○	○	○	○	○	○	○	○	○	○	○
○	○	○	○	○	○	○	○	○	○	○	○
○	○	○	○	○	○	○	○	○	○	○	○

合口呼

精照	清穿	從床	心審	邪禪	曉	匣	影	喻	來	日	韻
侳	遳	矬	莎	○	○	和	倭	訏	臝	○	戈
○	脞	坐	鎖	○	火	禍	婐	○	裸	○	果
挫	剉	座	膹	○	貨	和	涴	○	臝	○	過
嘬	○	○	○	○	霍	穫	臒	○	硦	○	鐸
挫	○	○	○	○	華	華	窊	○	[illegible]	○	麻
㘴	䂳	○	葰	○	○	踝	搲	○	○	○	馬
○	○	○	誜	○	化	摦	搲	○	○	○	禡
茁	纂	○	刷	○	聒	頢	婠	○	○	○	鎋
○	○	○	○	○	鞾	○	肥	○	臠	䅗	
○	○	○	○	○	○	○	○	○	○	○	
○	○	○	○	○	○	○	○	○	○	○	
○	○	○	○	○	旻	○	噦	○	劣	爇	
○	○	○	○	○	○	○	○	○	○	○	
○	○	○	○	○	○	○	○	○	○	○	
○	○	○	○	○	○	○	○	○	○	○	
○	○	○	○	○	○	○	○	○	○	○	

宕攝內五

開口呼

侶門

見	溪	群	疑	端	透	定	泥	幫	滂	並	明
				知	徹	澄	孃	非	敷	奉	微
岡	康	○	卬	當	湯	唐	囊	○	滂	○	茫
䴚	慷	○	䭹	黨	曭	蕩	曩	榜	髈	○	莽
鋼	抗	○	枊	讜	儻	宕	儾	○	○	傍	漭
各	恪	○	咢	沰	託	鐸	諾	愽	⿰革頁	泊	莫
○	○	○	○	○	○	○	○	○	○	○	○
○	○	○	○	○	○	○	○	○	○	○	○
○	○	○	○	○	○	○	○	○	○	○	○
○	○	○	○	○	○	○	○	○	○	○	○
薑	羌	强	卬	張	⿱艹昜	長	孃	方	芳	房	亡
繈	⿰石羌	勥	仰	長	昶	丈	○	昉	髣	○	网
彊	唴	弶	⿰車卬	帳	悵	仗	釀	放	訪	防	妄
腳	卻	噱	虐	芍	辵	著	逽	⿰車尃	⿱雨尃	縛	○
○	○	○	○	○	○	○	○	○	○	○	○
○	○	○	○	○	○	○	⿳⺈罒良	○	○	驃	○
○	○	○	○	○	○	○	○	○	○	○	○
○	○	○	○	○	○	○	○	○	○	○	○

精	清	從	心	邪	曉	匣	影	喻	來	日	
照	穿	床	審	禪							韻
臧	倉	藏	桑	○	炕	航	鴦	○	郎	○	唐
駔	蒼	奘	顙	○	汻	沆	坱	○	朗	○	蕩
葬	槍	藏	喪	○	○	吭	盎	○	浪	○	宕
作	錯	昨	索	○	臛	涸	惡	○	落	○	鐸
莊	創	牀	霜	○	○	○	○	○	○	○	
[illegible]	磢	○	爽	○	○	○	○	○	○	○	
壯	刱	狀	霜	○	○	○	○	○	○	○	
斮	○	斮	○	○	○	○	○	○	○	○	
章	昌	○	商	常	香	○	央	○	良	穰	陽
掌	敞	○	賞	上	響	○	鞅	○	兩	壤	養
障	唱	○	餉	尚	向	○	怏	○	亮	讓	様
灼	綽	○	爍	妁	謔	○	約	○	略	若	藥
將	瑲	牆	襄	詳	○	○	○	陽	○	○	
蔣	搶	[illegible]	想	像	○	○	○	養	○	○	
醬	蹡	匠	相	○	○	○	○	漾	○	○	
爵	鵲	嚼	削	○	○	○	○	藥	○	○	

宕攝內五

合口呼

侷門

見	溪	群	疑	端	透	定	泥	幫	滂	並	明
				知	徹	澄	孃	非	敷	奉	微
光	䯏	○	○	○	○	○	○	幫	○	傍	○
廣	懬	○	○	○	○	○	○	○	○	○	○
桄	曠	○	○	○	○	○	○	螃	膀	○	○
郭	廓	○	瓁	○	○	○	○	○	○	○	○
○	○	○	○	○	○	○	○	○	○	○	○
○	○	○	○	○	○	○	○	○	○	○	○
○	○	○	○	○	○	○	○	○	○	○	○
○	○	○	○	○	○	○	○	○	○	○	○
[illegible]	匡	狂	○	○	○	○	○	○	○	○	○
獷	恇	俇	○	○	○	○	○	○	○	○	○
誑	眶	狂	○	○	○	○	○	○	○	○	○
矍	躩	戄	○	○	○	○	○	○	○	○	○
○	○	○	○	○	○	○	○	○	○	○	○
○	○	○	○	○	○	○	○	○	○	○	○
○	○	○	○	○	○	○	○	○	○	○	○
○	○	○	○	○	○	○	○	○	○	○	○

韻	日	來	喻	影	匣	曉	邪 禪	心 審	從 床	清 穿	精 照
唐	○	○	○	汪	黄	荒	○	○	○	○	○
蕩	○	○	○	汪	晃	慌	○	○	○	○	○
宕	○	○	○	汪	攩	荒	○	○	○	○	○
鐸	○	[illegible]	○	臒	穫	霍	○	○	○	○	[illegible]
	○	○	○	○	○	○	○	○	○	○	○
	○	○	○	○	○	○	○	○	○	○	○
	○	○	○	○	○	○	○	○	○	○	○
	○	○	○	○	○	○	○	○	○	○	○
陽	○	○	王	○	○	○	○	○	○	○	○
養	○	○	往	枉	○	怳	○	○	○	○	○
樣	○	○	迋	○	○	況	○	○	○	○	○
藥	○	○	籰	嬳	○	矆	○	○	○	○	○
	○	○	○	○	○	○	○	○	○	○	○
	○	○	○	○	○	○	○	○	○	○	○
	○	○	○	○	○	○	○	○	○	○	○
	○	○	○	○	○	○	○	○	○	○	○

曾攝内六　開口呼　侷門

見	溪	群	疑	端知	透徹	定澄	泥孃	幫非	滂敷	並奉	明微
揯	𣊚	○	○	登	鼟	騰	能	崩	漰	朋	瞢
㥏	肯	○	○	等	鼟	蹬	能	○	倗	棚	瞢
亘	堩	○	○	嶝	澄	鄧	[illegible]	𠝹	𩸞	倗	懵
裓	刻	○	○	德	忒	特	[illegible]	北	覆	菔	墨
○	○	○	○	○	○	○	○	○	○	○	○
○	○	○	○	○	○	○	○	○	○	○	○
○	○	○	○	○	○	○	○	○	○	○	○
○	○	○	○	○	○	○	○	○	○	○	○
兢	硱	殑	凝	徵	僜	澂	○	冫	砯	凭	儚
○	○	殑	○	○	庱	澄	○	○	○	凴	○
○	[illegible]	殑	凝	○	覴	瞪	[illegible]	冰	湆	砅	○
殛	𩍜	極	嶷	陟	敕	直	匿	○	○	○	○
○	○	○	○	○	○	○	○	○	○	○	○
○	○	○	○	○	○	○	○	○	○	○	○
○	○	○	○	○	○	○	○	○	○	○	○
○	○	○	○	○	○	○	○	○	○	○	○

精	清	從	心	邪	曉	匣	影	喻	來	日	
照	穿	床	審	禪							韻
增	⿰曾彡	層	僧	○	○	恒	鞥	○	棱	○	登
䁞	○	○	○	○	○	⿸厂亘	○	○	○	○	等
增	蹭	贈	齎	○	○	○	○	○	倰	○	嶝
則	[illegible]	賊	塞	○	黒	劾	餩	○	勒	○	德
○	○	磳	殑	○	○	○	○	○	○	○	
○	○	○	殑	○	○	○	○	○	○	○	
○	○	○	○	○	○	○	○	○	○	○	
側	測	崱	色	○	○	○	○	○	○	○	
蒸	稱	繩	升	承	興	○	膺	熊	陵	仍	蒸
拯	齒	○	○	○	○	○	○	○	○	耳	拯
證	稱	乘	勝	丞	興	○	應	○	餕	認	證
職	瀷	食	識	寔	赩	淢	憶	○	力	日	職
⿰耳曾	○	繒	綅	○	○	○	○	蠅	○	○	
○	○	○	○	○	○	○	○	○	○	○	
甑	⿰曾彡	○	○	○	○	○	○	孕	○	○	
即	○	堲	息	○	○	○	○	弋	○	○	

曾攝內六　合口呼　侷門

見	溪	群	疑	端 知	透 徹	定 澄	泥 孃	幫 非	滂 敷	並 奉	明 微
肱	鞃	○	○	○	○	○	○	○	○	○	○
○	○	○	○	○	○	○	○	○	○	○	○
○	○	○	○	○	○	○	○	○	○	○	○
國	○	○	○	○	○	○	○	○	○	○	○
○	○	○	○	○	○	○	○	○	○	○	○
○	○	○	○	○	○	○	○	○	○	○	○
○	○	○	○	○	○	○	○	○	○	○	○
○	○	○	○	○	○	○	○	○	○	○	○
○	○	○	○	○	○	○	○	○	○	○	○
○	○	○	○	○	○	○	○	○	○	○	○
○	○	○	○	○	○	○	○	○	○	○	○
○	○	○	○	○	○	○	○	逼	堛	愎	䁿
○	○	○	○	○	○	○	○	○	○	○	○
○	○	○	○	○	○	○	○	○	○	○	○
○	○	○	○	○	○	○	○	○	○	○	○
○	○	○	○	○	○	○	○	○	○	○	○

韻	精照	清穿	從床	心審	邪禪	曉	匣	影	喻	來	日
登	○	○	○	○	○	薨	弘	泓	○	○	○
等	○	○	○	○	○	○	○	○	○	○	○
嶝	○	○	○	○	○	○	○	○	○	○	○
德	○	○	○	○	○	帟	或	○	○	○	○
	○	○	○	○	○	○	○	○	○	○	○
	○	○	○	○	○	○	○	○	○	○	○
	○	○	○	○	○	○	○	○	○	○	○
	○	○	○	○	○	○	○	○	○	○	○
蒸	○	○	○	○	○	○	○	○	耺	○	○
	○	○	○	○	○	○	○	○	○	○	○
	○	○	○	○	○	○	○	○	○	○	○
職	○	○	○	○	○	洫	○	○	域	○	○
	○	○	○	○	○	○	○	○	○	○	○
	○	○	○	○	○	○	○	○	○	○	○
	○	○	○	○	○	○	○	○	○	○	○
	○	○	○	○	○	○	○	○	○	○	○

梗攝外七 開口呼 廣門

見	溪	群	疑	端	透	定	泥	幫	滂	並	明
				知	徹	澄	孃	非	敷	奉	微
○	○	○	○	○	○	○	○	○	○	○	○
○	○	○	○	○	○	○	○	○	○	○	○
○	○	○	○	○	○	○	○	○	○	○	○
○	○	○	○	○	○	○	○	○	○	○	○
庚	鏗	○	娙	打	瞠	棖	儜	閍	怦	彭	甍
梗	伉	○	○	盯	○	瑒	檸	浜	絣	鮩	猛
更	○	○	鞕	倀	牚	鋥	○	迸	亨	併	孟
格	客	○	虉	摘	[illegible]	宅	[illegible]	伯	[illegible]	白	陌
驚	卿	檠	迎	貞	檉	呈	○	兵	○	平	明
警	○	○	○	最	逞	裎	○	○	○	○	○
敬	慶	競	迎	○	遉	鄭	[illegible]	柄	寎	病	命
覲	隙	劇	逆	[illegible]	彳	擲	○	碧	[illegible]	欂	○
頸	輕	頸	娙	丁	汀	庭	寧	并	聘	瓶	名
剄	謦	痙	脛	頂	珽	挺	[illegible]	鞞	頩	竝	眳
徑	罄	○	○	矴	聽	定	寗	拼	聘	屛	詺
激	燩	○	鷁	的	剔	悌	[illegible]	壁	僻	擗	覓

精照	清穿	從床	心審	邪禪	曉	匣	影	喻	來	日	韻
○	○	○	○	○	○	○	○	○	○	○	
○	○	○	○	○	○	○	○	○	○	○	
○	○	○	○	○	○	○	○	○	○	○	
○	○	○	○	○	○	○	○	○	○	○	
爭	琤	傖	生	○	脝	行	甖	○	磷	○	庚
睜	瀞	○	省	○	𧩨	幸	[illegible]	○	冷	○	梗
諍	瀞	○	生	○	[illegible]	行	瀴	○	○	○	諍
責	策	齚	栜	○	赫	覈	戹	○	礐	○	陌
征	○	○	聲	成	○	○	霙	○	跉	穰	清
整	○	○	○	○	○	○	影	○	令	[illegible]	靜
政	○	○	聖	盛	○	○	映	○	令	○	勁
隻	尺	麝	釋	石	虩	○	○	○	○	○	昔
精	清	情	星	餳	馨	刑	嬰	盈	靈	○	
井	請	靜	省	○	鼆	婞	廮	郢	領	○	
精	倩	淨	性	○	欸	脛	纓	○	零	○	
積	皵	籍	昔	席	款	檄	益	繹	劇	○	

青韻宜併入清韻

青迥徑錫

梗攝外七　合口呼　廣門

明微	並奉	滂敷	幫非	泥孃	定澄	透徹	端知	疑	群	溪	見
○	○	○	○	○	○	○	○	○	○	○	○
○	○	○	○	○	○	○	○	○	○	○	○
○	○	○	○	○	○	○	○	○	○	○	○
○	○	○	○	○	○	○	○	○	○	○	○
○	○	○	○	○	○	○	○	○	○	銧	觵
○	○	○	○	○	○	○	○	○	○	界	礦
○	○	○	○	○	○	○	○	○	○	○	○
○	○	○	○	○	○	○	○	○	趡	螂	蟈
○	○	○	○	○	○	○	○	○	○	○	○
皿	○	○	丙	○	○	○	○	○	○	憬	憬
○	○	○	○	○	○	○	○	○	○	窉	潁
○	○	○	○	○	○	○	○	○	○	躩	欔
○	○	○	○	○	○	○	○	○	瓊	傾	泂
○	○	○	○	○	○	○	○	○	○	頃	熲
○	○	○	○	○	○	○	○	○	○	高	扃
○	○	○	○	○	○	○	○	○	○	闃	郹

精照	清穿	從床	心審	邪禪	曉	匣	影	喻	來	日	韻
○	○	○	○	○	○	○	○	○	○	○	
○	○	○	○	○	○	○	○	○	○	○	
○	○	○	○	○	○	○	○	○	○	○	
○	○	○	○	○	○	○	○	○	○	○	
○	○	○	○	○	諻	宏	泓	宖	○	○	庚
○	○	○	○	○	濕	卝	䁝	○	○	○	梗
○	○	○	○	○	轟	蝗	宖	○	○	○	諍
擂	○	趚	摵	○	謋	矍	擭	噊	○	○	陌
○	○	○	○	○	兄	○	謍	榮	○	○	清
○	○	○	○	○	兌	○	○	永	○	○	靜
○	○	○	○	○	窬	○	○	詠	○	○	勁
菓	○	○	○	○	○	○	○	棫	○	○	昔
屐	○	○	騂	○	騂	○	禜	營	○	○	青
○	○	○	頴	○	怳	迥	濙	頴	○	○	迥
○	○	○	○	○	敻	濙	鎣	○	○	○	徑
○	旻	○	○	○	瞁	○	○	役	○	○	錫

流攝內七　獨韻　狹門

見		鉤	苟	遘	穀	○	○	○	○	鳩	久	救	輂	樛	糾	赳	○
溪		彄	口	寇	哭	○	○	○	○	丘	糗	齨	曲	區	嫗	[illegible]	○
群		○	○	○	○	○	○	○	○	裘	舅	舊	局	虯	蟉	𧿳	○
疑		齵	藕	偶	擢	○	○	○	○	牛	[illegible]	鼿	玉	聱	○	○	○
端	知	兜	斗	鬭	豰	○	○	○	○	輈	肘	晝	瘃	○	○	○	○
透	徹	偷	黈	透	禿	○	○	○	○	抽	丑	畜	楝	○	○	○	○
定	澄	頭	蕍	豆	獨	○	○	○	○	儔	紂	胄	躅	○	○	○	○
泥	孃	羺	㝅	搙	耨	○	○	○	○	惆	狃	糅	傉	○	○	○	○
幫	非	○	掊	○	卜	○	○	○	○	不	缶	富	上	彪	○	○	○
滂	敷	捊	剖	仆	扑	○	○	○	○	颩	恒	副	○	○	○	○	○
並	奉	裒	部	[illegible]	暴	○	○	○	○	浮	婦	復	帿	滮	○	○	○
明	微	呣	母	茂	木	此下二字併入頭等				謀	○	莓	娟	繆	○	謬	○

精照	清穿	從床	心審	邪禪	曉	匣	影	喻	來	日	韻
緅	謅	鄹	涑	○	齁	侯	謳	○	樓	○	侯
走	趣	鯫	叜	鱫	吼	厚	歐	○	塿	○	厚
奏	輳	剽	瘶	○	蔻	候	漚	○	陋	○	候
鏃	蔟	族	速	○	嗀	穀	屋	○	禄	○	屋
鄒	搊	愁	搜	○	○	○	○	○	○	○	
掫	⿰革取	⿰禾聚	溲	○	○	○	○	○	○	○	
皺	簉	驟	瘦	○	○	○	○	○	○	○	
縬	珿	鷟	縮	○	○	○	○	○	○	○	
周	犨	○	收	讎	休	○	憂	尤	劉	柔	尤
帚	醜	○	首	受	朽	○	⿵風幼	有	栁	蹂	有
呪	臭	鷲	狩	授	齅	○	憂	宥	溜	輮	宥
燭	婌	贖	束	蜀	旭	○	○	○	錄	辱	燭
遒	秋	酋	脩	囚	飍	○	幽	猷	鏐	○	
酒	○	湫	滫	○	○	○	黝	酉	○	○	
僦	⿺走夋	就	秀	岫	螑	○	幼	狖	○	○	
足	促	○	粟	續	○	○	○	欲	○	○	

深攝內八　獨韻　狹門

見	溪	群	疑	端 知	透 徹	定 澄	泥 孃	幫 非	滂 敷	並 奉	明 微
○	○	○	○	○	○	○	○	○	○	○	○
○	○	○	○	○	○	○	○	○	○	○	○
○	○	○	○	○	○	○	○	○	○	○	○
○	○	○	○	○	○	○	○	○	○	○	○
○	○	○	○	○	○	○	○	○	○	○	○
○	○	○	○	○	○	○	○	○	○	○	○
○	○	○	○	○	○	○	○	○	○	○	○
○	○	○	○	○	○	○	○	○	○	○	○
金	欽	琴	吟	碪	琛	沈	訨	○	○	○	○
錦	顉	噤	僸	戡	踸	朕	拰	稟	品	○	○
禁	搇	訡	吟	揕	闖	鴆	賃	稟	○	○	○
急	泣	及	岌	縶	湁	蟄	孴	鵖	○	駜	○
○	○	○	○	○	𦧺	○	○	○	○	○	○
○	○	○	○	○	○	○	○	○	○	○	○
○	○	○	○	○	○	○	○	○	○	○	○
○	○	○	○	○	○	○	○	○	○	○	○

韻	日	來	喻	影	匣	曉	邪禪	心審	從床	清穿	精照
	○	○	○	○	○	○	○	○	○	○	○
	○	○	○	○	○	吽	○	○	○	○	怎
	○	○	○	○	○	○	○	○	○	○	○
	○	○	○	○	○	○	○	○	○	○	○
	○	○	○	○	○	○	○	森	岑	嵾	先
	○	○	○	○	○	○	○	𤵸	顉	墋	先頁
	○	○	○	○	○	○	○	滲	𥡝	讖	譖
	○	○	○	○	○	○	○	澀	霵	届	戢
侵	任	林	○	音	○	歆	諶	深	○	瞫	斟
寑	荏	廩	○	歙	○	廞	甚	沈	葚	瀋	枕
沁	妊	臨	䫐	蔭	○	譀	甚	深	○	瀋	枕
緝	入	立	熤	邑	○	吸	十	溼	○	斟	執
	○	○	淫	愔	○	○	尋	心	鮗	侵	祲
	○	○	潭	○	○	○	○	罧	蕈	寑	醋
	○	○	鼳	○	○	○	鐔	窗+力	鮗	沁	浸
	○	○	熠	揖	○	○	習	㲎	集	緝	喋

咸攝外八　獨韻　狹門

見	溪	群	疑	端	透	定	泥	幫	滂	並	明
				知	徹	澄	孃	非	敷	奉	微
弇	龕	○	玵	耽	舑	覃	南	○	○	○	姏
感	坎	○	顉	黕	菼	禫	腩	○	○	○	[illegible]
紺	勘	靲	儑	馾	賧	醰	妠	○	○	○	姏
閤	溘	○	儑	答	榙	沓	魶	○	○	○	○
緘	鵮	○	巖	詀	○	㦰	諵	○	○	趫	菱
鹻	床	○	顩	䶢	僴	湛	罱	○	○	○	○
鮨	歉	○	顑	䶢	○	賺	諵	○	○	逞	○
夾	恰	○	𦗟	劄	䞢	㓤	図	○	○	○	○
黚	㦰	鍼	齻	霑	覘	㶣	黏	砭	○	狎	○
檢	䫡	儉	顩	○	諂	湛	○	貶	○	○	○
○	○	鐱	驗	○	覘	○	○	窆	○	○	○
𥾮	㾀	衱	○	輒	鍤	牒	聶	鴘	姂	○	○
兼	謙	湼	○	髺	沗	甜	鮎	○	○	○	○
孂	脥	○	○	點	忝	簟	淰	○	○	○	叕
兼	傔	○	○	店	㮇	磹	念	○	○	○	○
頰	愜	○	○	聑	帖	牒	苶	○	○	○	○

韻	精	清	從	心	邪	曉	匣	影	喻	來	日
	照	穿	床	審	禪						
覃	簪	參	蠶	三	○	峆	含	諳	佔	藍	○
感	昝	慘	歜	糂	○	喊	頷	腌	○	覽	○
勘	篸	謲	暫	三	○	顑	鑑	暗	○	顲	○
合	帀	⿺走參	雜	趿	○	欱	盍	姶	○	拉	○
咸	漸	攙	巉	纖	○	㰹	咸	⿰犭音	佔	⿱臨見	○
豏	斬	醶	瀺	摲	○	喊	豏	黯	○	臉	○
陷	⿱斬見	⿰魚斬	儳	⿱髟斬	○	⿰魚欠	陷	⿰金音	○	⿱監見	○
洽	眨	插	⿱𥫗達	翣	○	呷	洽	鴨	○	⿰礻立	○
鹽	詹	韂	○	苫	棎	㛽	○	淹	炎	廉	髯
琰	黵	○	○	陝	剡	險	○	奄	○	斂	冉
豔	占	⿰足詹	○	閃	贍	○	○	㤿	○	殮	染
葉	讋	謵	○	攝	涉	偞	○	⿰奄攵	曄	獵	讘
	尖	籤	潛	銛	燅	馦	嫌	懕	鹽	鬑	○
	僣	憯	漸	⿰糸僉	錟	○	鼸	黶	琰	○	○
	殲	塹	潛	⿰石韱	○	○	○	厭	豔	稴	○
	接	蕺	捷	⿱穴炎	○	弽	恊	魘	葉	⿰兼瓦	○

合口呼

咸攝外八　狹門

見	溪	群	疑	端 知	透 徹	定 澄	泥 孃	幫 非	滂 敷	並 奉	明 微
黚	顉	黔	巖	○	○	詶	○	○	芝	凡	[illegible]
○	凵	拑	门	○	僴	○	○	腇	鈒	范	[illegible]
劒	欠	[illegible]	[illegible]	○	○	○	黏	○	泛	梵	[illegible]
劫	怯	跲	業	○	[illegible]	壏	[illegible]	法	[illegible]	乏	○

精 照	清 穿	從 床	心 審	邪 禪	曉	匣	影	喻	來	日	韻
夂	○	○	○	○	𩐮	○	醃	炎	○	○	凡
拈	○	○	○	○	險	○	埯	搛	○	○	范
○	○	○	痱	○	脅	○	俺	○	獫	○	梵
○	○	○	○	○	脅	○	腌	鎑	○	○	乏

門法玉鑰匙目録　總一十三門

玉鑰匙門法

（一）音和者謂切腳二字上者爲切下者爲韻先將上一字歸知本母於爲韻等內本母下便是所切之字是名音和門故曰音和切字起根基等母同時便莫疑記取古紅公式樣故教學切起初知

（二）類隔者謂端等一四爲切韻逢二三便切知

等字知等二三爲切韻逢一四都切端等字爲種類阻隔而音不同也故曰類隔如都江切椿字徒減切湛字之類是也唯有陟邪切爹字是麻韻不定切

㊂窠切者謂知等第三爲切韻逢精等影喻第四並切第三爲不離知等第三之本窠也故曰窠切如陟遥切朝字直猷切儔字之類是也

㊃輕重交互者謂幫等重音爲切韻逢有非等處諸母第三便切輕脣字非等輕脣爲切韻逢一二四皆切重脣字故曰輕重交互如匹尤切颩字芳桮切肧字之類是也

㊄振救者謂不問輕重等第但是精等字爲切韻逢諸母第三並切第四是振救門振者舉也

整也救者護也爲舉其綱須能整三四救護精等之位也故曰振救如私兆切小字詳邏切似字之類是也

⑥正音憑切者謂照等第一爲切（照等第一即四等中第二是也）韻逢諸母三四並切照一爲正齒音中憑切也故曰正音憑切如楚居切初側鳩切鄒字之類是也

⑦精照互用者謂但是精等字爲切韻逢諸母第二只切照一字照等第一爲切韻逢諸母第一都切精一字故曰精照互用如士垢切鯫字則減切斬字之類是也

⑧寄韻憑切者謂照等第二爲切（照等第二即等中第二也）韻逢一四並切照二言雖寄於別韻只憑爲切之等也故曰寄韻憑切如昌來切犓字昌紿切茝字

之類是也
⑨喻下憑切者謂單喻母下三等為覆四等為仰仰覆之間只憑為切之等也故曰喻下憑切如余招切遥字于聿切颶字之類是也
⑩日寄憑切者謂日字母下第三為切韻逢一二四並切第三故曰日寄憑切如汝來切荋字儒華切捼如延切然字之類是也
⑪通廣者謂唇牙喉下為切以脂韻真諄是名通仙祭清霄號廣門韻逢來日知照三通廣門中四上存所謂通廣者以其第三通及第四等也故曰通廣如符真切頻芳連切篇字之類是也
⑫侷狹者亦謂唇牙喉下為切韻逢東鍾陽魚

蒸爲偈尤臨侵麻狹中依韻逢精等喻下四偈狹三上莫生疑所謂偈狹者爲第四等字少第三等字多故曰偈狹如去羊切羗字許由切休字之類是也

⑬内外者謂脣牙喉舌来日下爲切韻逢照一内轉切三外轉切二故曰内外如古雙切江矣殊切熊字之類是也

十三門法終

總括玉鑰匙玄關歌訣

牙音

切時若用見溪群四等音和隨韻隣隣至也此四母下字隨四等韻去皆是音和如古紅切公古行切庚豈俱切區古賢切堅字之類是也

照類兩中一作韻兩中一於四等中爲第二也後

皆倣此內三外二自名分韻逢兩中一即分內
外如居霜切姜是內三門古雙切江是外一二門
精雙喻四為其法猲狹須歸三上親韻逢精二
喻四於偈狹門中切第三如去羊切羌是偈門
巨監切鹹是狹門来日舌三并照二来日舌三
照二皆是第三等也廣通必取四為真韻逢来
日舌三照二於廣通門中切第四等也如渠脂
切祇是通門居正切勁是廣門

舌音

一四端泥三二知一等四等歸端等二等三等
歸知等梋乘類隔已明之端等一四與知等二
三於玉鑰匙內已明言之矣知逢影喻精邪四
窠切憑三有定基只是知母第三為切韻逢精

等影喻第四並切第三是也正齒兩中一韻處
內三外二表玄微 韻逢正齒音兩等中第一即
分內外如丁釃切知是內三門德山切徻是外
二門是也舌頭舌上輕分析留與學人作指歸

脣音

幫非為切最分明照一須隨內外形 韻逢照一
即分內外如夫側切逼是內三門布山切班是
二門來日舌三并照二廣通第四取真名韻逢
来日舌三照二於廣通門中切第四如符真切
頻並通門芳連切篇是廣門精雙喻四為其韻
偈狹却將三上逈 韻逢精二并喻四於偈狹門
中切為第三如府容切風是偈門缺狹門切脚
輕見重形須切重 輕脣音為切隨韻切出重脣

音字是輕重交互門如武登切曹方閑切媥字之類是也重逢輕等必歸輕重唇音爲切隨韻切出輕唇字亦是輕重交互門如匹尤切飆芳杯切肧字之類是也唯有東尤非等下相違不與衆同情重遇前三隨重體重謂重唇音在第一等名後一𠔃遇前三等諸毋下字爲韻當切出輕唇音字令却是重唇字如莫浮切謀莫六切目字之類是也輕逢後一就輕聲輕謂第三等輕唇音爲前三𠔃遇後一等諸毋下字爲韻當切出重唇字令却是輕唇音字如馮貢切鳳字之類是也

齒音

精邪𠔃見一爲韻定向兩中一上認精邪五毋

下字為切韻逢四等中第一定要向精邪一四兩等中切出第一等字只是音和門四二相違互用呼韻逢四等第二當切出照等字四三還歸四名振韻逢諸母第三並切第四是振救門照初却見四中一互用還歸精一順韻逢四等第一當切出精等字逢三遇四盡歸初正音憑切成規訓韻逢諸母三四並切照一是正音憑切門如士尤切愁是第三憑切門山幽切摻是第四憑切門照二若逢一四中只從寄韻三中論照二即四等中第三也後皆倣此韻逢一四並切照二如昌來切犃昌紿切茝字之類是也切三韻二不離初第三照等為切韻逢第二照等只切第二如充山切獑字之類是也精照昭

然真可信

喉音

曉喻四音隨韻至法同見等不差叅曉匣影喻四音隨四等韻去皆是音和亦如見等無少差叅也韻三來日連知照通廣門中四上擔韻逢來日知照三等於通廣門中切第四如下珎切韻是通門呼世切𣢾是廣門精喻四時何以辨當於侷狹第三函韻逢精等喻下四於侷侷狹門中巠切第三如許容切胷是侷門許由切休是狹門如逢照一言三二韻逢照一內轉切三外轉切二也喻母復從三四談除曉匣影三母外並從單喻母三等四等言之若逢仰覆但憑切三等為覆四等為仰仰覆之間只憑為切之等

也如余招切遥是仰于聿切颿是覆玄論分明
有指南

半舌半齒音

來逢四類但音和四類即四等也隨四等韻去
皆是音和切日上憑三寄韻歌日字母下為切
韻逢一二四止要切於第三是日寄憑切門如
汝來切荋如延切然字之類是也全得照初分
內外韻逢照一即分內外精雙喻四事如何謂
來逢精双喻四如何為法廣通侷狹憑三等於
廣通侷狹門中切第三是也如力小切撩是廣
門力遂切類是通門良蔣切兩是侷門力鹽切
廉是狹門四位相通理不訛玄妙欲求端的處
五音該盡更無過　通止遇果　江蟹臻山

檢韻十六攝内八轉

上 用色貼子 對貼八字 宕曾流深

下 用色貼子 對貼八字 效假梗咸

内八轉

東董送屋　　脂旨至質

通攝 冬○宋沃　　止攝

鍾腫用燭　　微尾未物

魚語御屋　　歌哿箇鐸

遇攝 虞麌遇燭　　果攝

模姥暮沃　　戈果過鐸

陽養樣藥　　蒸極證職

宕攝　　曾攝

唐蕩宕鐸　　登等嶝德

尤有宥燭

流攝
侯厚候屋
内轉歌訣
通攝東冬韻繼鍾
遇攝魚虞模三位
宕攝陽唐君記取
流攝尤侯無他用
外八轉

江攝江講絳覺

深攝侵寢沁緝
止攝脂微次第窮
果攝歌戈二韻從
曾攝蒸登兩韻風
深攝孤侵在後宮

薺薺霽(廢祭)質
皆駭怪鎋
蟹攝
灰賄隊末
咍海(代泰)曷

真軫震質
諄準稕術
文吻問物
臻攝
殷隱焮迄
痕狠恨没
魂混慁沒
宵小笑藥
效攝
肴巧効覺
豪皓号鐸
庚梗諍陌
梗攝
清静勁昔

元阮願月
寒旱翰曷
山攝
桓緩換末
山產諫鎋
仙獮綿薛
假攝
麻馬禡鎋
覃感勘合
鹽琰豔葉
咸攝

青迥徑錫　咸鎌陷洽
凡梵梵乏

外轉歌訣

江攝孤江只是江　蟹攝齊皆灰咍強
臻攝真魂六韻正　山攝仙元五韻昌
效攝宵肴豪三位　假攝孤麻鎮一方
梗攝庚清青色字　咸攝覃鹽凡四鄉
入聲九攝通宕曾深○江臻山梗咸
咸通曾梗宕江山　深臻九攝入聲全
流遇四等通攝借　咍皆開合在寒山
齊止借臻鄰曾梗　高交元本宕江邊
歌戈一借岡光一　四三并二卻歸山

叶聲韻

揔曽二攝與通疑　止攝無時蟹攝推
江宕略同流衆遇　用時交互較量宜

輕唇十韻

輕韻東鍾微與元　凡虞文廢亦同然
更有陽尤皆一體　不該十韻重中編

辨開合不倫

諸韻切法皆有定式唯開合一門絕無憑據直須於開合兩處韻中較訂始見分明如蒲干切槃下没切紇俱萬切建字之類是也古呂

夫藝有精粗學有是否藝之粗者堪容學之否者宜辯如今之切韻者多用因煙人然經堅丁顛之類此法極是浮淺乃前賢訓蒙誘引切韻入門之法耳甚不足為儒者所尚反害其正音

如古今韻會中打字作丁疋切其不知按類隔門法却切過字上聲其打字本是都令切按類隔門法切作爭字上聲不知後世緣何變作打字此字訛父如卦字本是怪字之類甚不可便作丁疋切此其不知正音切法是以管窺天傳流而失其真者也又將反切二字說作子母相生之義此等瑣碎穿鑿皆是從此法中來故使後之學者疑惑而不決其實反切二字本同一義反即切也切即反也如德紅切反云德丁顛東再作德紅反切云德丁顛東或作反或作切皆可通用是字雖異而義同也學者詳之 反平声

呼吸辨

凡字之聲出者為呼不出者為吸略如東通刀

叨四字其東字與刀字屬吸通字與叨字皆屬
呼

鄉談辯括

鄉談豈但分南北　每郡相鄰便不同
經史故教音韻證　不因指示又難通

又

屢見高明賢氣質　渺無憑據字從訛
韻明經史方歸正　信是儒宗第一科

詳夫東冬脂微真殷等每二韻中酌其五音清濁輕重等第字音並同是不當分而分者及乎元魂二韻聲相背戾而反通押是何其谷此之不倫也然而攷文之事孰敢擅專宜待名公賢士倘肎閲.

上攷正而復明之俾吾儕皆得便益是亦斯文之幸也

平声東冬脂微真殷諄文仙元清青鹽凡上声旨尾語麌軫隱準吻獮阮靜迥琰范去声送宋至未御遇泰代霽祭廢震焮稕問綫願勁徑豔梵入声屋沃質迄術物薛月昔錫葉之

凡可併者小字當併入大字韻中

經史動静字音

凡字之動者在諸經史當以朱筆圈之静者不當圈也

王平声君也君有天下曰王去声

女上声如也以女嫁人曰女去声

妻平声與夫齊者也以女適夫曰妻去声

親平声婣也婚婣相謂曰親去声

賓平声客也以禮會賓曰賓去声

衣平声身章也施諸身曰衣去声

冠平声首服也加諸首曰冠去声

枕上声藉首木也首在木曰枕去声

飲上声酒漿也所以歠曰飲去声

麾平声旌旗也所以使人曰麾去声

氷平声水凝也所以寒物曰氷去声

膏平声脂凝也所以潤物曰膏去声

文平声采章也所以飾物曰文去声

粉上声白飾也所以傅物曰粉去声

巾平声所以飾物曰巾去声

熏平声煙出也所以薰物曰熏去声

陰（平聲）氣之濁也所以庇物曰陰（去聲）

秉（上聲）取也所以取食曰秉（去聲）

輕（平聲）浮也所以自用曰輕（去聲）

兩（上聲）偶數也物相偶曰兩（去聲）

三（平聲）奇數也審用其數曰三（去聲）

左（上聲）左手也左右助之曰左（去聲）

右（上聲）右手也左右助之曰右（去聲）

先（平聲）前也前之曰先（去聲）

卑（平聲）下也下之曰卑（去聲）

遠（上聲）疏也疏之曰遠（去聲）

離（平聲）兩也兩之曰離（去聲）

傍（平聲）近也近之曰傍（去聲）

空（平聲）虛也虛之曰空（去聲）

沉平声沒也沒之曰沉去声
重平声再也再之曰重去声
數上声計之也計之有多少曰數去声
量平声酌也酌之有大小曰量去声
度入声約也約之有長短曰度去声
高平声崇也度高曰高去声
深平声下也測深曰深去声
長平声永也揆長曰長去声
廣上声闊也量廣曰廣去声
染上声濡也既濡曰染去声
折旨列切屈也既屈曰折常列切
別彼列切辨也既辨曰別皮列切
貫平声穿也既穿曰貫去声

縫（平声）紩也既紩曰縫（去声）

過（平声）逾也既逾曰過（去声）

斷（都管切）絶也既絶曰斷（徒管切）

盡（即忍切）極也既極曰盡（慈忍切）

分（平声）别也既别曰分（去声）

解（佳買切）釋也既釋曰解（胡買切）

行（平声）履也履迹曰行（去声）

施（平声）行也行惠曰施（去声）

相（平声）共也共助曰相（去声）

從（平声）随也随後曰從（去声）

走（上声）趨也趨嚮曰走（去声）

奔（平声）趨也趨走曰奔（去声）

散（上声）分也分布曰散（去声）

還平声回也回遶曰還去声

和平声調也調絮曰和去声

調平声和也和適曰調去声

凝平声結也結固曰凝去声

彊平声堅也堅固曰彊去声

齊平声等也等平曰齊去声

延平声長也長引曰延去声

著張略切置也置定曰著直略切

冥平声暗也暗甚曰冥去声

塵平声土也土污曰塵去声

煎平声烹也火烹曰煎去声

炙之石切炮也炮肉曰炙之夜切

收平声斂也斂穫曰收去声

歛上声收也收聚曰歛去声

陳平声列也成列曰陳去声

呼平声声也號声曰呼去声

悔上声過也改過曰悔去声

如平声似也審似曰如去声

應平声當也相當曰應去声

當平声宜也得宜曰當去声

帥入声總也總人者曰帥去声

将平声持也持衆者曰将去声

監平声莅也莅事者曰監去声

使上声命也将命者曰使去声

援平声引也引者曰援去声

障平声壅也壅者曰障去声

防（平声）禦也禦者曰防（去声）

任（平声）堪也堪其事曰任（去声）

中（平声）任也任其宜曰中（去声）

間（平声）中也厠其中曰間（去声）

足（即玉切）止也益而止曰足（子句切）

勝（平声）舉也舉之克曰勝（去声）

觀（平声）視也謂視曰觀（去声）

號（平声）呼也謂呼曰號（去声）

争（平声）闘也謂闘曰争（去声）

迎（平声）逆也謂逆曰迎（去声）

攻（平声）伐也謂伐曰攻（去声）

守（上声）保也謂保曰守（去声）

選（上声）擇也謂擇曰選（去声）

聽平声聆也聆謂之聽去声

禁平声制也制謂之禁去声

知平声識別也識謂之知去声

思平声慮度也慮謂之思去声

評平声訂也訂語謂之評去声

論平声說也說言謂之論去声

便平声欲也得所欲謂之便去声

好上声善也嚮所善謂之好去声

惡烏各反否也心所否謂之惡烏故切

喜上声悅也情所欲謂之喜去声

怨平声尤之也意有所尤謂之

操平声持也志有所持謂之操去声

語上声言也以言告之謂之語去声

令平聲使也所使之言謂之令去聲

教平聲使也所使之言謂之教去聲

雨上聲天澤也謂雨自上下曰雨去聲

宿息逐切止也謂日星所止舍曰宿息救切

種上聲五穀也謂播穀曰種去聲

生平聲育也謂育子曰生去聲

乳上聲生子也謂飼子曰乳去聲

吹平聲呴也謂呴氣曰吹去聲

烝平聲氣噓也謂氣噓而澤曰烝去聲

經平聲東西謂東西其緯曰經去聲

緣平聲循也謂循飾其傍曰緣去聲

編平聲次也謂所次列曰編上聲

封平聲授爵土也謂所授爵土曰封去聲

載濁音去声舟車所致物也謂致物曰載清音去声
張平声陳也謂所陳事曰張去声
藏平声入也謂物所入曰藏去声
處上声居也謂所居曰處去声
爨平声炊也謂所炊處曰爨去声
柱上声支也謂支木曰柱去声
乘平声登車也謂其車曰乘去声
卷上声曲也謂其曲曰卷去声
祝之六切祭主贊詞者也謂贊詞曰祝職救切
要平声約也謂約書曰要去声
傳平声授也記所授曰傳去声
名平声目也目諸物曰名去声
首上声頭也頭所嚮曰首去声

蹄平声獸足也足相躛曰蹄去声

始上声初也緩言有初曰始去声

聞平声聆聲也聲著於外曰聞去声

稱平声舉也舉事得宜曰稱去声

譽平声稱也稱名當體曰譽去声

平平声均也品物定法曰平去声

治平声理也致理成功曰治去声

衷平声中也處事用中曰衷去声

裁平声制也體制合宜曰裁去声

勞平声勤也賞勤勸功曰勞去声

興平声舉也舉物寓意曰興去声

累上声連也牽連為敗曰累去声

與上声授也授而共之曰與去声

比（上声）近也近而親之曰比（去声）

難（平声）艱也動而有所艱曰難（去声）

繫（古詣切）屬也屬而有所着曰繫（胡計切）

爲（平声）造也造而有所循曰爲（去声）

遲（平声）緩也緩而有所待曰遲（去声）

屬（之欲切）聯也聯而有所係曰屬（去声）

享（上声）獻也神受其獻曰享（去声）

棺（平声）柩也以柩斂尸曰棺（去声）

緘（平声）束也謂齊棺束曰緘（去声）

含（平声）實口中也謂口中實曰含（去声）

遣（上声）送也送終之物曰遣（去声）

引（上声）曳也曳車之綍曰引（去声）

臨（平声）莅也哭而莅喪曰臨（去声）

取於人曰假（上声）與之曰假（去声）
取於人曰借（子亦切）與之曰借（子夜切）
取於人曰乞（入声）與之曰乞（去声）
取於人曰貸（他得切）與之曰貸（他代切）
毀之曰壞（音怪）毀曰壞（戶怪切）
毀他曰敗（博怪切）自毀曰敗（蒲敗切）
壞他曰毀（上声）自壞曰毀（去声）
上化下曰風（平声）下剌上曰風（去声）
上臨下曰見（古電切）下朝上曰見（胡彦切）
視之曰見（古電切）示之曰見（胡彦切）
下曰上曰告（古沃切）上布下曰告（古報切）
上育下曰養（上声）下奉上曰養（去声）
上賦下曰共（平声）下奉上曰共（去声）

有所亡曰遺平聲 有所與曰遺去聲

設之曰施書之切 及之曰施羊吏

因而改曰更平聲 捨故而作曰更去聲

除之曰去上聲 自離曰去去聲

聚之曰畜勑六切 養之曰畜許六切

死亡曰喪平聲 失亡曰喪去聲

意遺曰忘平聲 意背曰忘去聲

善功曰巧上聲 偽功曰巧去聲

懼之急曰恐上聲 疑之曰恐去聲

復之速曰還旋音 緩之曰還圜音

命中曰射羊益切 以禮曰射神夜切

制師從已曰取七庾切 屬已事師曰取七句切

上委下曰仰去聲 下瞻上曰仰上聲

凡廣曰大（徒蓋切）其極曰大（土蓋切）
凡微曰少（上声）其降曰少（去声）
焉（於乾切）何也常居語初焉（于乾切）中也常居語末
相合曰會（胡外切）聚合曰會（古外切）
開謂之披（平声）分謂之披（上声）
揚謂之播（上声）布謂之播（上声）
下謂之降（古巷切）伏謂之降（戶江切）
傾曰覆（入声）蓋曰覆（去声即是敷救副二音）
聲和曰樂（五角切）志和曰樂（盧各切）
旦日曰朝（陟遥切）旦見曰朝（直遥切）
餐謂之食（時力切）餉謂之食（祥志切）
目汁曰涕（上声土礼切又音弟）鼻汁曰涕（他計切）
剌謂之刺（入声）傷謂之刺（去声）

承曰奉(扶勇切)拱曰奉(扶用切)

人之美稱曰父(音甫)家之尊曰父(扶雨切)

著謂之被(皮彼切)寢衣也覆謂之被(平義切)

牽和曰合(古盍切)自和曰合(胡閤切)

居高定體曰上(時亮切)自下而升曰上(時掌切)

居卑定體曰下(胡雅切)自上而降曰下(胡駕切)

居其後曰後(胡苟切)從其後曰後(胡遘切)

相鄰曰近(巨謹切)相親曰近(巨刃切)

四方廣大曰夏(胡雅切)中夏也萬物盛大曰夏(胡嫁切)冬

夏也

動靜字音終

助緣比丘道謹

《宋元切韻學文獻叢刊》總目（八種）